武汉青山长江大桥施工技术

张春新　刘承亮　胡海波　谢红跃　编著

中国铁道出版社有限公司

2022年·北　京

图书在版编目(CIP)数据

武汉青山长江大桥施工技术/张春新等编著．—北京：中国铁道出版社有限公司，2022.6

ISBN 978-7-113-28729-0

Ⅰ.①武… Ⅱ.①张… Ⅲ.①长江-公路桥-桥梁工程-工程技术-武汉 Ⅳ.①U448.14

中国版本图书馆 CIP 数据核字(2021)第 278589 号

书　　名：武汉青山长江大桥施工技术
作　　者：张春新　刘承亮　胡海波　谢红跃

策　　划：时　博
责任编辑：时　博　　**编辑部电话：**(010)51873162　　**电子邮箱：**crph@163.com
封面设计：刘　莎
责任校对：焦桂荣
责任印制：樊启鹏

出版发行：中国铁道出版社有限公司(100054，北京市西城区右安门西街 8 号)
网　　址：http://www.tdpress.com
印　　刷：北京建宏印刷有限公司
版　　次：2022 年 6 月第 1 版　2022 年 6 月第 1 次印刷
开　　本：787 mm×1 092 mm 1/16　**印张：**28　**字数：**687 千
书　　号：ISBN 978-7-113-28729-0
定　　价：150.00 元

编辑委员会

序

习近平总书记指出，创新是一个民族进步的灵魂，是一个国家兴旺发达的不竭动力，也是中华民族最深沉的民族禀赋。桥梁，屹立于江河湖海、贯穿于山川峡谷，是人类聪明智慧的结晶，是时代科技创新的象征。

1953年，为修建万里长江第一桥——武汉长江大桥，中央人民政府政务院决定成立武汉大桥工程局。作为肩负引领中国桥梁事业发展使命的共和国长子，便在其红色基因中刻入了敢于创新、善于创新的密码。68年来，一代代大桥人“坚守质量、传承创新”，用智慧和汗水铸就了中国现代桥梁史上的一座座丰碑，推动中国现代桥梁事业实现从学习到自强、从追赶到领先的历史性跨越。

2021年4月30日，中铁大桥局集团有限公司建造的武汉青山长江大桥建成通车，这是大桥人勇攀桥梁科技高峰的又一力作。大桥全长7 548 m，桥面宽48 m，是世界上跨度最大的全漂浮体系斜拉桥，也是目前长江上最宽的桥梁，具有“大跨、重载、超宽”三大特点，科技含量之高、技术难度之大，前所未有。自2015年12月23日开工建设以来，中铁大桥局集团有限公司全体参建人员致力于施工工法的创新和施工工艺的变革，攻克了大直径变截面桩基施工等一系列桥梁建设史上罕见的难题，大幅提升了施工效率，确保了大桥建设的安全、优质、高效，也为特大型现代化桥梁建设积累了宝贵的经验。武汉青山长江大桥共获得17项发明专利、14项实用新型专利，5项省部级工法。2017年，在交通运输部全国公路工程质量安全督查情况总结的通报中，武汉青山长江大桥是唯一一项点名表扬的工程项目。武汉青山长江大桥还先后被授予湖北省公路水运“平安工地”建设示范工程、中国中铁绿色施工科技示范工程等荣誉称号。

现在，武汉青山长江大桥宛如彩虹轻盈飞跃大江两岸，天堑又增通途。大桥人不负重托，向世界展示了中国一流的建桥水平，向党和人民交出了一份满意的答卷，向中国共产党百年华诞献上了一份厚礼。为总结本项目施工技术和管理经验，促进现代斜拉桥施工技术和施工管理的提升，大桥局参建技术人员、施工管理人员认真总结，共完成科学技术创新、施工管理创新等论文近百篇，我们从中甄选了具有代表性的文章五十余篇，汇编成册出版，供广大桥梁科技建设者参阅，以期共同推动我国的桥梁事业走向新的里程碑。

向武汉青山长江大桥全体建设者致敬！

中铁大桥局集团有限公司董事长：

2021年10月8日

目 录

总体施工组织与管理

大型临时工程

下部结构施工

上部结构施工

项目科研管理及施工监控

其他管理

总体施工组织与管理

武汉青山长江大桥总体施工组织与管理

张春新　刘承亮

1　概　　述

1.1　工程简介

1.1.1　地理位置

武汉青山长江大桥是武汉市四环线跨越长江的控制性工程，位于洪山区、化工区及黄陂区境内，大桥横跨天兴洲洲尾，上距天兴洲公铁两用桥约 6.5 km，下距阳逻长江公路大桥约 9.5 km。南岸接线起点为化工新区八吉府街新集村附近，终点位于黄陂区武湖农场汉施公路(S111)以北。项目地理位置见图 1。

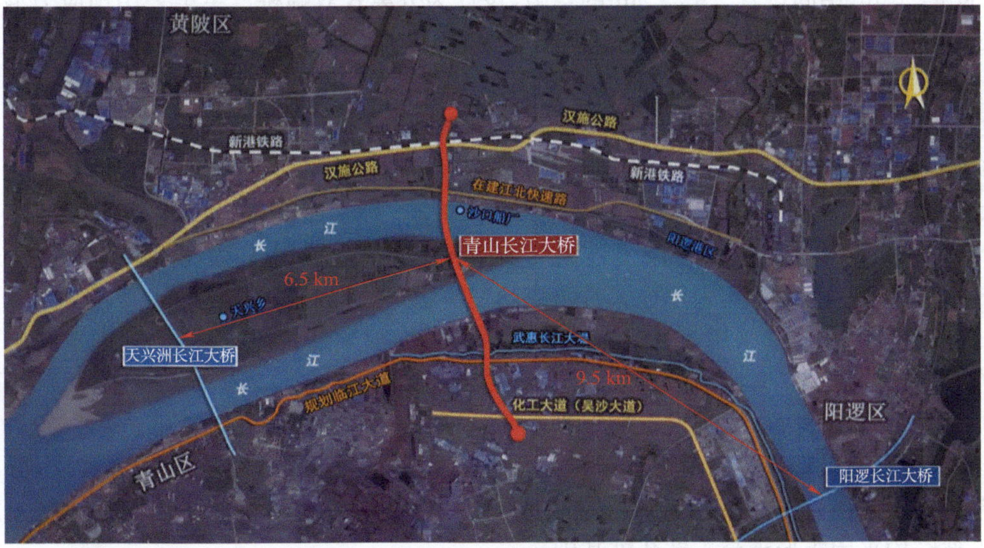

图 1　武汉青山长江公路大桥地理位置

1.1.2　桥跨布置

大桥全线桥跨布置为：3×33 m 南引桥连续 T 梁＋(32＋2×41＋29)m 跨乙烯管廊结合梁＋(4×33＋8×30＋3×40＋10×30＋3×40＋7×30＋3×40＋5×30)m 南引桥连续 T 梁＋(50＋2×85＋50)m 跨南岸大堤连续箱梁＋[(44＋50＋44)＋2×(4×50)]m 跨南岸滩地连续箱梁＋(350＋938＋350)m 钢箱及钢箱结合梁斜拉桥＋[4×(3×60)＋(53.8＋60＋53.8)]m 跨天兴洲滩地连续箱梁＋(65＋3×110＋65)m 跨北汉副通航孔连续箱梁＋(6×

50)m 跨北岸滩地连续箱梁＋(80＋120＋80)m 跨北岸大堤连续箱梁＋(29×30)m 北引桥连续 T 梁＋(50＋75＋50＋35)m 跨汉施公路连续箱梁＋(2×35)m 北引桥连续 T 梁＋(13×30)m 北引桥连续 T 梁，全桥长 7 547.6 m，桥跨布置见图 2。

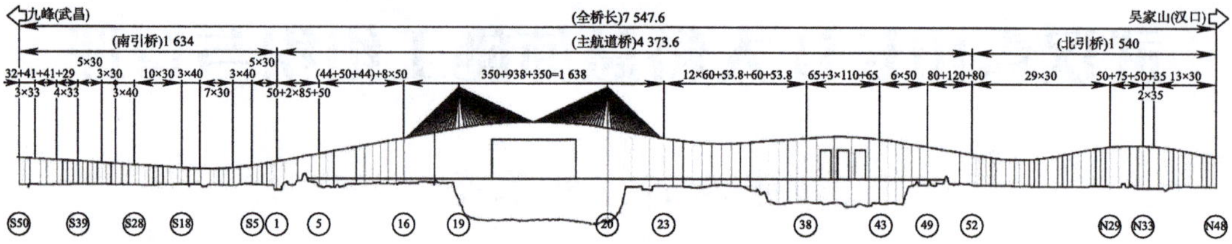

图 2　武汉青山长江大桥桥式布置(单位：m)

1.1.3　桥梁结构

南汉主航道桥桥跨布置为(100＋102＋148＋938＋148＋102＋100)＝1 638 m 斜拉桥，采用双塔双索面全漂浮体系，主跨主梁采用整体式钢箱梁，边跨采用钢—混凝土结合梁主梁(即钢箱结合梁)。主塔采用 A 型混凝土塔，无下横梁，塔柱设置一道上横梁和承台系梁，北塔高 279.5 m，南塔高 271.5 m。南、北塔基础采用 60 根钻孔桩，按摩擦桩设计，梅花型行列式布置，承台为整体式哑铃型结构。

北汉副通航孔桥跨布置为(65＋110＋110＋110＋65)m 五跨预应力混凝土连续梁桥，桥面总宽 41.0 m，中间设置 2×25 cm 的空隙，设计为分离式双幅桥。主梁采用预应力混凝土(C50)变截面连续箱梁，墩身为钢筋混凝土实体墩，基础采用钻孔灌注桩。

滩地引桥与跨堤孔桥均采用预应力混凝土连续箱梁结构，左右分幅布置，其中滩地引桥主梁采用等高度预应力混凝土结构，跨堤孔桥主梁采用变高度预应力混凝土结构，梁高采用圆曲线变化。连续箱梁截面均为单箱双室直腹板截面，墩柱采用混凝土实体墩，基础采用矩形承台＋钻孔桩基础。

陆地引桥均采用预应力混凝土连续 T 梁结构，主梁为预制 T 梁，跨径有 30 m、33 m、35 m、40 m 四种，下部结构采用柱式桥墩或门型桥墩＋钻孔桩基础。

跨乙烯管廊桥主梁采用多纵梁正交异性桥面板钢板梁结构，沿道路中心线主梁分为两幅，左幅主梁全宽 20.25 m，横向共六片纵梁，右幅主梁全宽 24.25 m，横向共七片纵梁，下部结构采用三柱式框架墩，墩顶设矩形盖梁，基础采用矩形承台＋钻孔桩基础。

跨汉施公路及新港铁路桥上部结构采用分离式预应力混凝土等宽变高连续梁，分幅布置，单幅桥梁采用直腹式单箱双室结构，梁高以二次抛物线变化，桥墩采用钢筋混凝土双柱墩，下部结构采用矩形承台＋钻孔桩基础。

1.1.4　主要技术标准

公路等级：双向八车道高速公路；

设计速度：100 km/h；

荷载等级：1.3 倍公路Ⅰ级；

桥梁结构设计基准期：100 年；

桥梁标准横断面宽度：主桥宽 48 m，引桥宽 41 m(图 3)；

桥面布置：0.5 m 防撞护栏＋3.25 m 紧急停车带＋(4×3.75)m 行车道＋0.75 m 路缘

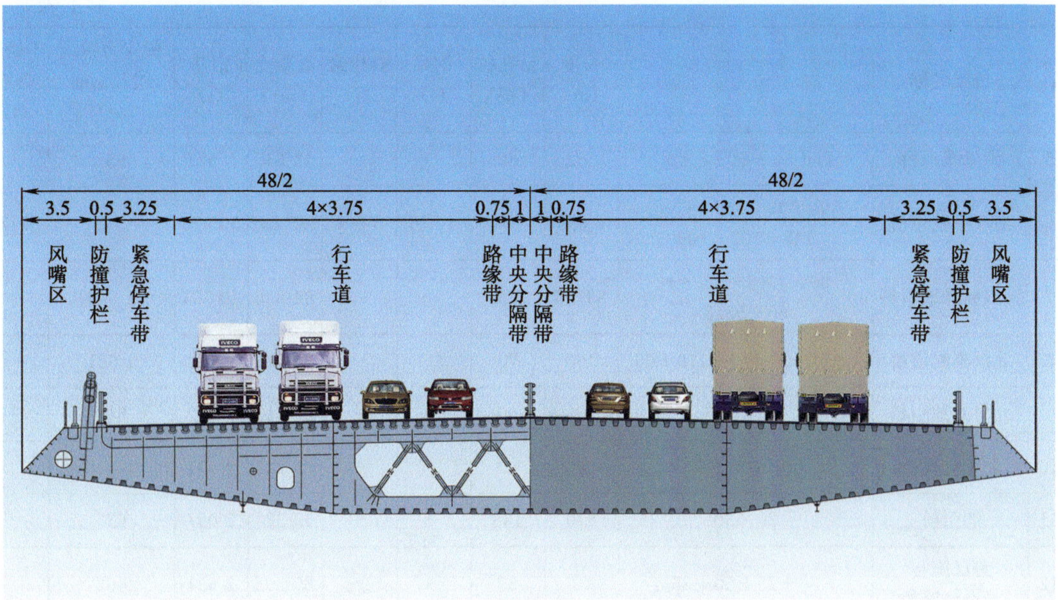

图 3　主桥横断面布置(单位:m)

带+2.0 m中央分隔带+0.75 m路缘带+(4×3.75)m行车道+3.25 m紧急停车带+0.5 m防撞护栏,净宽41 m;

最大纵坡:3.0%;最小纵坡:0.5%(桥面排水需要);

横坡:双向2%;

耐久性设计环境类别:Ⅰ类;

抗震设防标准:引桥抗震设防烈度为6度;

主航道桥抗震设防水准取用如下:

E1地震作用下(100年超越概率10%)的水平地震动峰值加速度 $A_{max}=0.128\,6g$;

E2地震作用下(100年超越概率4%)的水平地震动峰值加速度 $A_{max}=0.154\,9g$。

1.1.5　主要工程量

武汉青山长江大桥主要工程数量见表1。

表1　武汉青山长江大桥主要工程数量

序号	桥梁名称	跨径组合(m)	长度(m)	钻孔桩(根)	钢梁(t)	斜拉索(t)	混凝土(m^3)	钢筋(t)	预应力钢绞线及钢筋(t)	不锈钢钢筋(t)
1	南岸引桥	3×33	99	21	—	—	6 461	832	75	—
2	跨乙烯管廊桥	32+2×41+29	143	60	2 951	—	11 597	1 010	—	—
3	南岸引桥	4×33+8×30+3×40+10×30+3×40+7×30+3×40+5×30	1 392	260	—	—	85 785	10 960	1 124	—
4	南跨堤孔桥	50+85×2+50	270	52	—	—	25 351	3 496	627	—

续上表

序号	桥梁名称	跨径组合（m）	长度（m）	钻孔桩（根）	钢梁（t）	斜拉索（t）	混凝土（m^3）	钢筋（t）	预应力钢绞线及钢筋（t）	不锈钢钢筋（t）
5	南岸滩地桥	44+50+44+8×50	538	80	—	—	42 645	5 577	987	—
6	南汊主航道桥	100+102+148+938+148+102+100	1 638	194	4 816	6 504	185 892	30 475	342	727
7	天兴洲滩地引桥	60×4×3+53.8+60+53.8	887.6	152	—	—	84 836	10 594	1 646	—
8	北汊副航道桥	65+110+110+110+65	460	72	—	—	72 686	9 686	1 621	—
9	北岸滩地引桥	6×50	300	50	—	—	29 445	3 572	544	—
10	北跨堤孔桥	80+120+80	280	48	—	—	35 227	4 991	1 108	—
11	北引桥	29×30	870	168	—	—	55 324	7 097	636	—
12	跨汉施与新港铁路桥	50+75+50+35	210	80	—	—	25 303	3 634	462	—
13	北引桥	2×35+13×30	460	144	—	—	41 547	4 877	536	—
14	防护桩	—	45/30	60/60	—	—	17 558	1 050	—	—
15	合　计	—	7 547.6	1 381	51 127	6 504	719 657	97 851	9 708	727

1.2　河道水位情况

1.2.1　河道情况

桥址所在武汉河段的主流自沌口走白沙洲北汊，过龟、蛇山节点，沿武昌深槽下行，平顺进入天兴洲南汊，在天兴洲周围北汊和南汊汇流后沿左岸水口经阳逻下行。

本项目所处的天兴洲河段位于武汉河段下游，江中天兴洲将河段分为南、北两汊，天兴洲南侧也称青山夹水道，上起余家头，下至王家屋，全长约 14 km，为常年主航道。枯水期，受天兴洲右缘边滩淤长的影响，该水道上段航宽相对较窄，同时在青山夹水道右岸武钢运河口附近常出现浅滩，影响该段航行条件。天兴洲北汊又称沙口水道，现已淤积衰退，仅中洪水期可供部分中小型船舶进出。主河槽宽度为 2 660～2 720 m，两岸均设有堤防，分别为武湖长江干堤和武惠堤，堤岸稳定性好，堤外地形相对平坦。

武湖大堤上起江咀，下止武湖闸，全长 18.765 km，为 3 级堤防。堤顶高程 28.9～29.1 m，堤顶面宽 6～8 m。该堤段堤内外居民密集，堤外分布有宽 400 m 左右民垸。

武惠堤下起白浒山，上于建设村接工业港堤，全长约 20 km，为武昌保护圈的重要组成部分。武惠堤堤基土主要为冲积、冲～湖积堆积物，结构复杂，有单一结构、双层结构和多层结构三种类型。武惠堤为确保干堤，堤防设计洪水位为 27.23～27.49 m，堤顶加高 2.0 m。

桥位河段处于变迁河段，近 70 年来，天兴洲汊道主支汊易位，北汊分流分沙比逐渐减小，南汊分流分沙比逐渐增大，河床深泓由北汊向南汊转移，北汊床沙由于河床淤积而细化，南汊床沙由于河床冲刷而粗化，存在河道崩岸现象。

1.2.2 水文情况

桥址区地表水主要为长江水，水位主要受季节性影响；南汊水面宽约 1 000 m、北汊宽约 1 100 m，水位高程为 9.33～26.9 m。桥址处历年水位统计见图 4、图 5。

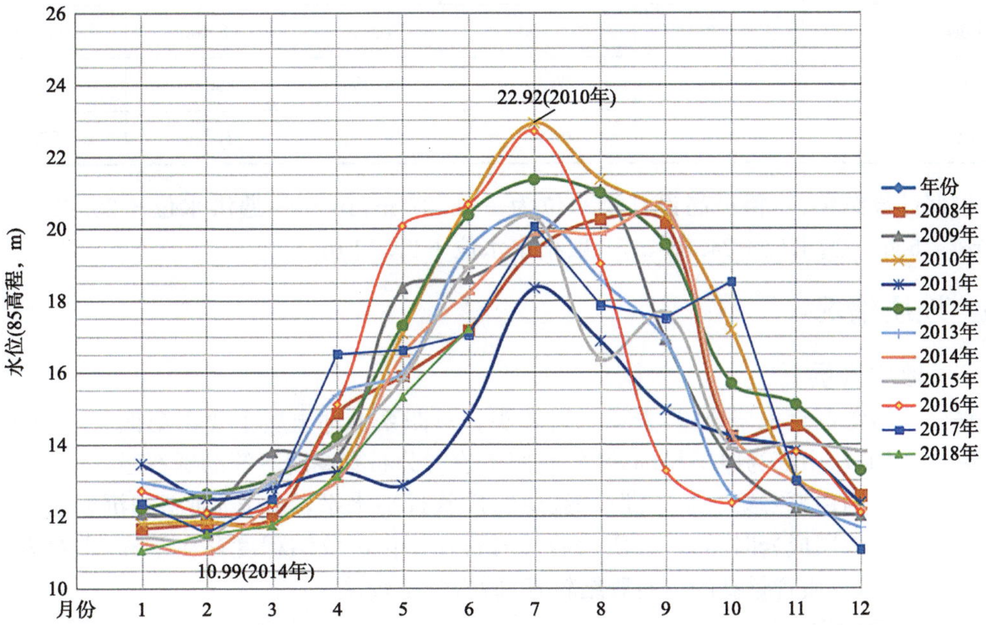

图 4　桥址处历年逐月水位最小值统计成果

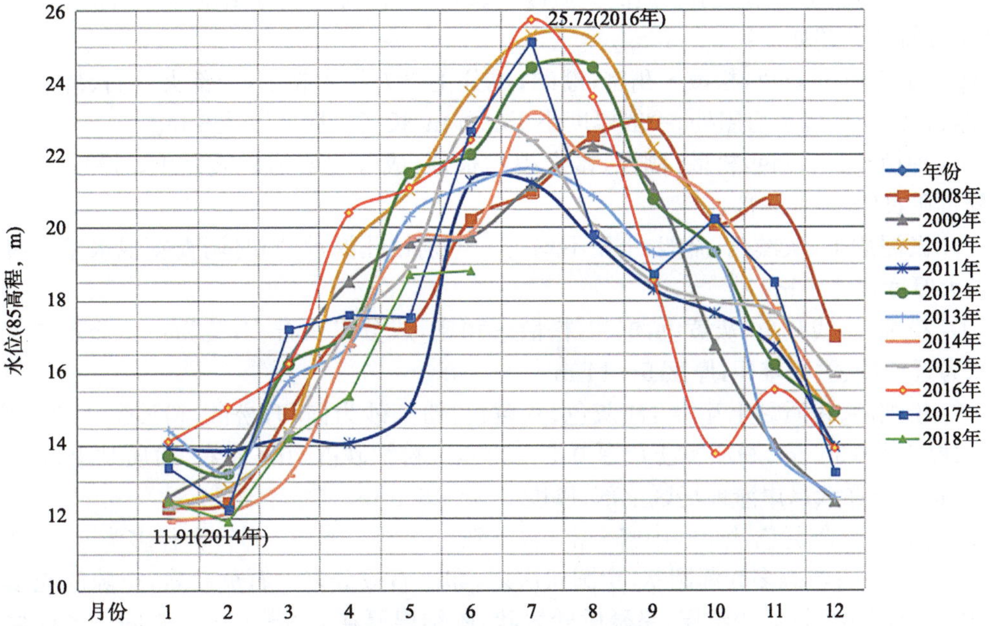

图 5　桥址处历年逐月水位最大值统计成果

大桥桥位处设计洪峰流量可直接采用汉口站的洪峰流量，设计洪水位通过汉口站与阳逻水位站相互关系进行计算，成果见表2。

表2 青山大桥位设计洪水及设计洪水位成果

频率(%)	0.33	1	5	10	20
设计洪峰流量(m^3/s)	83 700	77 700	75 300	68 400	62 500
水位(85高程,m)	28.07	27.27	26.95	25.85	24.88
水位(吴淞,m)	30.17	29.38	29.05	27.95	26.98

根据计算结果，本桥最高设计洪水位为+28.07 m，10年一遇洪水位+25.85 m、流速2.5 m/s，5年一遇水位+24.88 m，一般枯水水位+11.92 m。

1.3 地质情况

1.3.1 地质岩层

场区均被第四系土层覆盖，未见基岩露头。第四系上部土层主要由第四系全新统一般冲积黏性土构成，中部为厚层粉细砂层，底部不连续分布有厚度不等的砾石层。

下伏基岩为白垩—第三系东湖群“红层”，产状近乎水平，属内陆河湖相沉积层。此外，白垩—第三系地层成岩时间短，岩质软弱且岩石在桥位区胶结程度存在差异，主要表现在：由于岩性差异，泥质含量高的岩石胶结较好，砂岩胶结较差。

1.3.2 地质构造

根据工程地质勘察报告及现场调查，场地覆盖层主要为第四系全新统及以上更新统砂土地层，基岩为白垩—第三系软质的泥质砂岩、砂质泥岩、弱～微胶结砂岩。地层按成因、成分及工程特征分述如下：

①$_1$ 填筑土：灰黄色，松散～稍密；潮湿，成分主要为粉质黏土，局部夹碎石、碎砖。分布在道路、长江防洪堤及房屋处，一般厚度小于2.0 m，长江洪堤处厚达5 m。

①$_2$ 种植土：灰黄色，松散，潮湿，富含植物根须，成分主要为粉质黏土。厚度0.5 m左右，分布在农田、滩地表部。

①$_3$ 淤泥质土：灰黑色，流塑，土质不均匀。个别钻孔揭示，同时调查发现水塘中有所分布，最大厚度达3.1 m。

①$_4$ 粉细砂：浅灰色、灰黄色，饱和，松散～稍密，成分以长石、石英为主。分布在长江河道中，为近期冲、洪积堆积，厚度5～14 m。

②$_1$ 粉细砂、粉质黏土互层：浅灰色、灰黄色；粉细砂为饱和，松散，粉质黏土为可塑；粉细砂层厚1.0～50 cm，粉质黏土层厚0.5～30 cm；粉细砂占70%左右，粉质黏土占30%左右。层状分布在武昌岸滩地场区上部，厚度6.0～15.9 m。

②$_2$ 圆砾土：灰黄色，饱和，中密～密实，卵砾石含量55%～65%，直径多为0.2～2 cm，部分为3～5 cm；卵砾多为浑圆状，次圆状次之；卵砾石成分多为石英砂岩，空隙间充填粉细砂。该层上部多见钙质胶结层，呈硬质砂岩状，胶结层厚在0.3～1.0 m之间。场区层状分布，厚度0.9～12.4 m。

③$_1$ 中风化粉砂泥质岩：灰绿色、紫红色，粉砂质泥状结构，层状构造，层理产状近水平；节理不发育；岩芯完整，芯样以10～40 cm柱状为主，个别长达60 cm；质级软；局部夹与泥质

粉砂岩中，主要分布于武昌岸。

③$_2$ 中风化泥质粉砂岩：紫红色，泥质粉砂状结构，层状构造，层理产状近水平；节理不发育；岩芯完整，芯样以 15～50 cm 柱状为主，部分为 60～80 cm 长柱状，最长达 1.0 m，个别不规则短柱状；质较软，锤击易碎；局部夹 10～20 cm 泥岩。

③$_3$ 中风化弱胶结砂岩：紫红色，砂状结构，层状构造；成岩作用极差；岩芯呈 10～30 cm 柱状；质极软，锤轻敲即碎。场区层状、透镜体状分布。

1.4 工程特点及难点

1.4.1 工程特点

(1)桥梁跨度大：武汉青山长江大桥主跨 938 m，是目前世界上跨度最大的钢箱及钢箱结合梁斜拉桥，也是世界上最大跨度的全漂浮体系斜拉桥。

(2)桥面幅度宽：主桥斜拉桥钢梁宽 48 m，是当前长江上最宽的桥梁。

(3)索塔体量大：斜拉桥索塔高 279.5 m，是世界上最高的 A 型桥塔，主塔承台尺寸为 99.6 m×39.2 m×9 m，是目前世界上最大的哑铃型承台。基础采用哑铃型双壁钢套箱围堰施工，围堰长 103.8 m，宽 43.4 m，总面积 3 380 m^2，是目前世界上最大的哑铃型双壁钢围堰。

(4)桥面荷载重：本桥设计荷载按 1.3 倍公路Ⅰ级荷载设计，项目建成后是武汉市过境重载车辆的主要过江通道。

1.4.2 工程难点

(1)大直径变截面钻孔桩施工：主塔基础采用直径 2.5～3 m 的变直径钻孔桩，钻孔深度 113 m，钢筋笼加工复杂，钻孔施工技术难度大。

(2)超大哑铃型围堰施工：北主塔承台采用双壁钢围堰施工方案，围堰长 103.8 m，宽 43.4 m，承台施工时内外水头差 30 m，是世界上最大的哑铃型双壁钢围堰。围堰的制造、下河、浮运、接高、下沉等工序复杂。

(3)主塔及斜拉索施工：主塔采用无下横梁 A 型塔，塔高 279.5 m，是世界上第一 A 型高塔，主塔塔柱施工周期长，安全风险高，施工难度大。

斜拉索最大索长达 504 m，重 60 t，索力大，安装难度大，保证斜拉索制造、安装质量，从而保证桥梁线型是主桥施工的难点之一。

(4)主梁施工：主梁边跨结合梁顶推重量大、距离远、安装精度和施工控制难度大；主跨大跨度超宽钢箱梁悬拼施工难度大，现场焊接控制要求高，合龙难度大。

(5)主桥位于武汉最大码头(武钢外贸码头)和武汉最大锚地(王家屋锚地，图 6)之间，是长江武汉段黄金航道，航运极为繁忙，桥位处水深航道窄，水上施工安全风险高，海事、航道、水务部门监管严，对外协调组织难度大。

(6)北跨线桥施工：北跨线桥上跨汉施公路、新港铁路、地铁 21 号线，下穿“岱阳二回”“阳滩线”两条 220 kV 高压，同时墩位处有阳逻煤气主管道、国防光缆等，施工防护、安全监控和协调工作极为复杂。北跨线桥施工环境见图 7。

1.5 主要工程进展

2011 年 12 月 17 日，由武汉交通工程建设投资集团有限公司牵头组成的联合体在武汉青山长江大桥投资人招标中成功中标。

图 6　桥位处王家屋锚地

图 7　北跨线桥施工环境

2015 年 1 月 12 日，青山大桥项目通过国家发展和改革委员会核准，同年 10 月 3 日项目初步设计获得交通运输部批复，12 月 23 日大桥开工仪式在工地举行，湖北省委常委、武汉市委书记、市长等领导出席，项目正式开工。

2016 年 3 月 18 日，主塔墩基础钻孔桩全部施工完成，同年 11 月 27 日主塔墩承台全部施工完成；南、北主塔分别于 2018 年 4 月 10 日、6 月 16 日完成封顶。

2018 年 10 月 9 日、12 月 28 日，南、北引桥相继合龙，2019 年 5 月 16 日主桥中跨钢箱梁合龙，至此青山大桥项目全线贯通。

2　施工组织机构

根据工程线路分布特点，项目实施分级管理，在现场成立中铁大桥局武汉青山长江大桥项目经理部及一、二、三分部。

项目经理部下设六部两室：工程技术部、物资机械部、工程经济部、安全环保部、质量管理部、财务部、综合办公室、工地试验室。一分部设在长江南岸，二分部设在天兴洲，三分部设在长江北岸，三个分部统一接受项目经理部管理，各分部均对应配置六部两室，具体实施现场施工管理工作。项目施工组织机构见图 8。

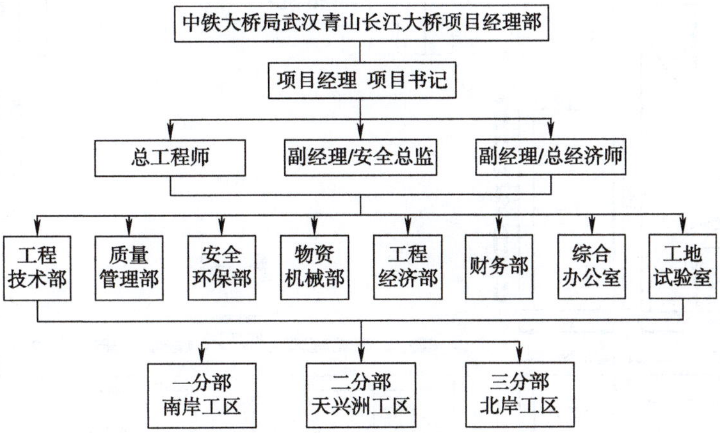

图 8 项目施工组织机构

3 分项目部工程分工

根据项目地理位置及工程特点，各分项目部分工见表 3。

表 3 各分项目部施工内容分工

序号	分项目部名称	所属子公司	项 目 分 工
1	一分部	一公司	从主桥 19 号墩往南到项目起点之间部分，全长约 3 261 m
2	二分部	五公司	从主桥 20 号墩至北汊副航道桥 40 号墩之间部分，全长约 1 937 m
3	三分部	七公司	从北汊副航道桥 40 号墩往北到项目终点部分，全长约 2 350 m

4 场地布置

4.1 项目驻地

4.1.1 项目经理部

经现场踏勘比选，项目经理部驻地选定会友酒店，具体地址为武汉市黄陂区武湖镇汉施公路梅教街特 1 号。项目经理部总占地面积 1 580 m^2，设有办公区、生活区、活动场地及停车场等功能区。项目经理部紧靠汉施公路，交通便利，且距离施工线路较近，便于施工生产安排及管理。

4.1.2 一分部

一分部选定大众码头堆料场西侧荒地作为项目部驻地，位于主桥 17 号墩西侧 100 m 处，四周地势开阔，紧邻既有道路，交通较为便利。项目部位置距离施工线路较近，便于施工生产安排，方便管理。项目驻地占地面积共 17.1 亩，项目驻地及协力队伍生活区总布置图见图 9。

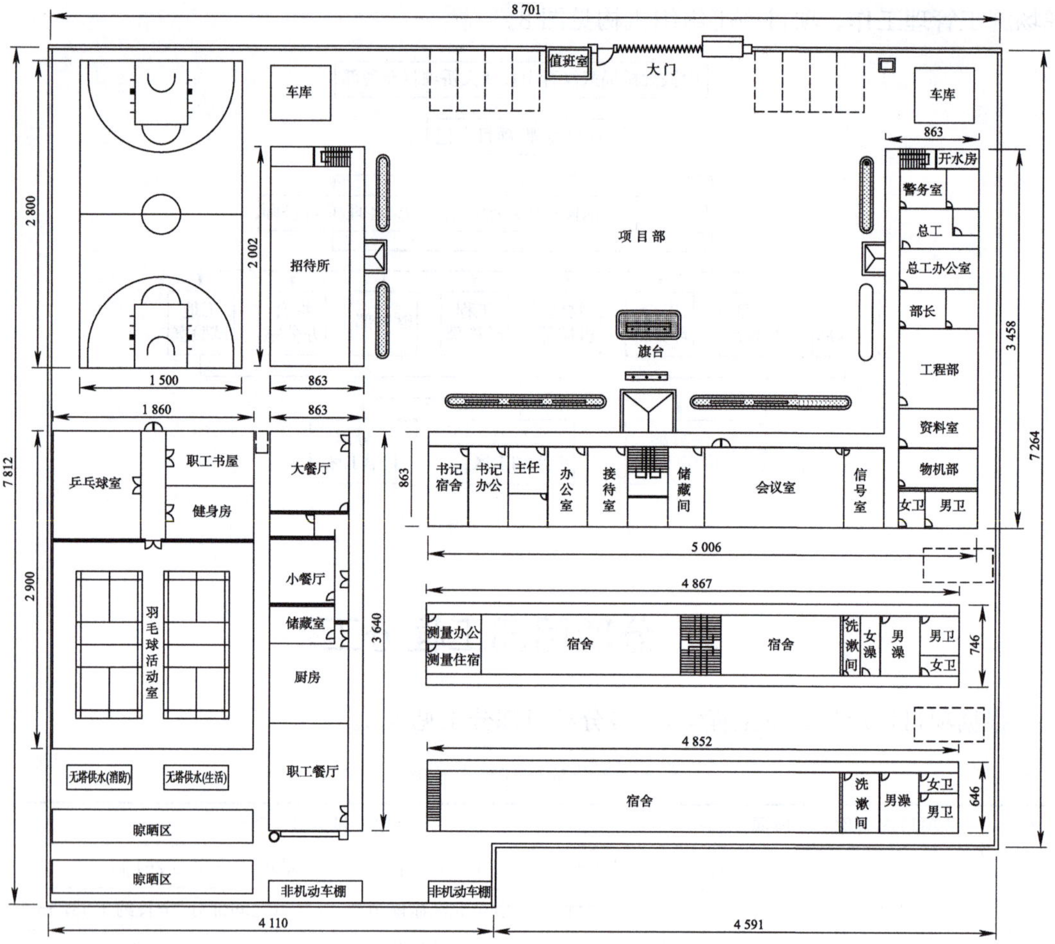

图 9　一分部项目驻地总体布置(单位:cm)

4.1.3　二分部

二分部总驻地建设面积 24.5 亩,地面高程按+24.5 m 吹填,满足防洪要求。其中生活区设置在天兴洲上防洪子堤内,面积 11.3 亩;协力队伍生活设置在二分部驻地附近,占地面积 11.3 亩。二分部项目驻地及协力队伍生活区总布置图见图 10。

4.1.4　三分部

三分部项目驻地及协力队伍生活区设于武湖花楼街沙口分场处,占地面积约 22.1 亩,详见图 11。

4.2　江边会议室

本项目按武汉青山长江大桥建设有限公司《标准化指导意见》的要求,在天兴洲上设置一个约 1 295 m^2 的江边会议室,会议室位于天兴洲岸边靠近 21 号墩处,江边会议室兼作职工培训中心,采用 A 级岩棉防火活动板房。

天兴洲江边会议室平面布置见图 12。

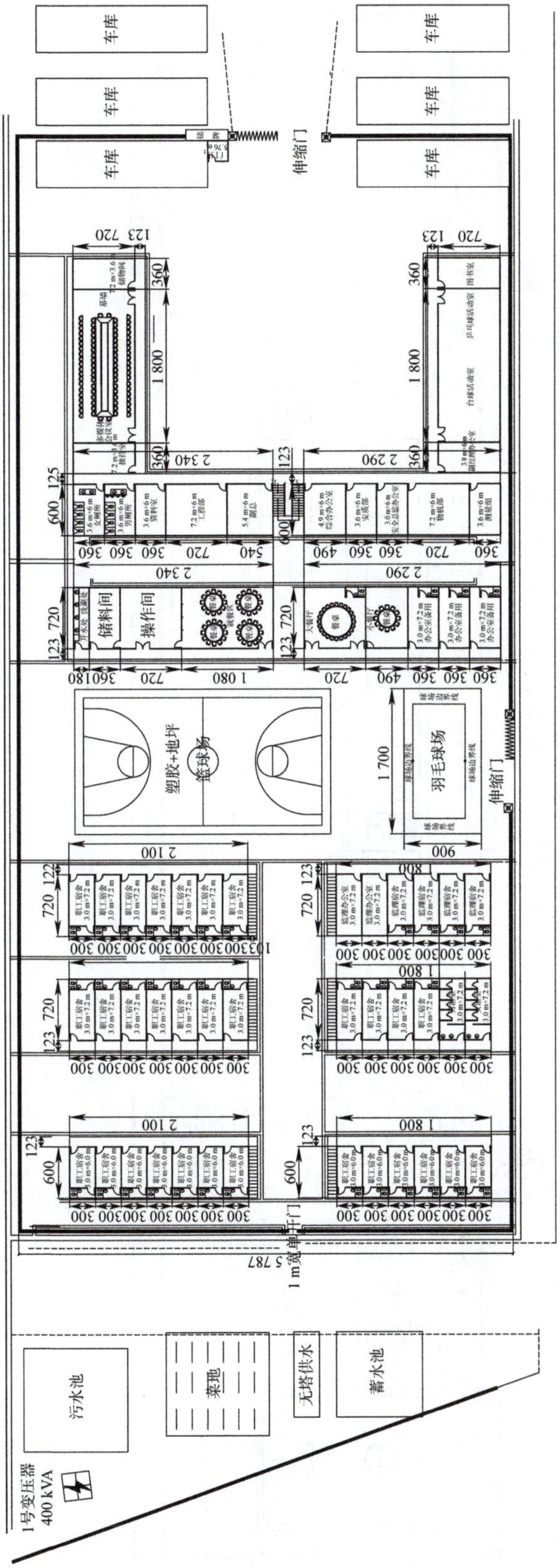

图 10　二分部项目驻地平面布置(单位:cm)

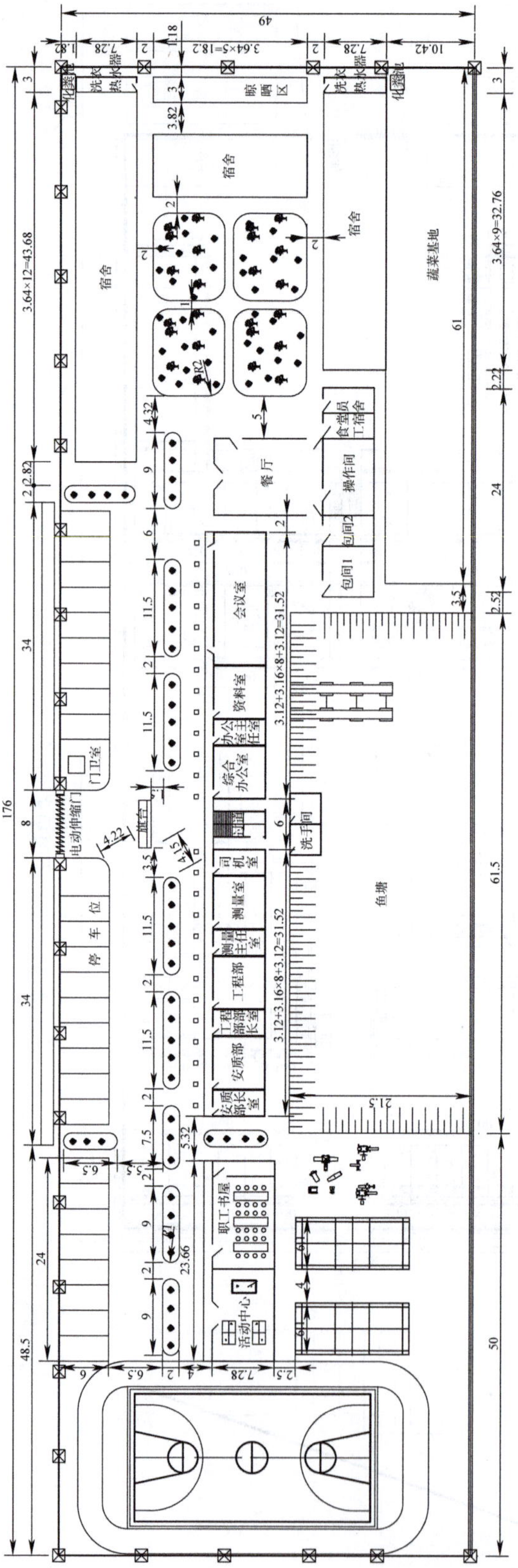

图11　三分部项目驻地平面布置(单位:m)

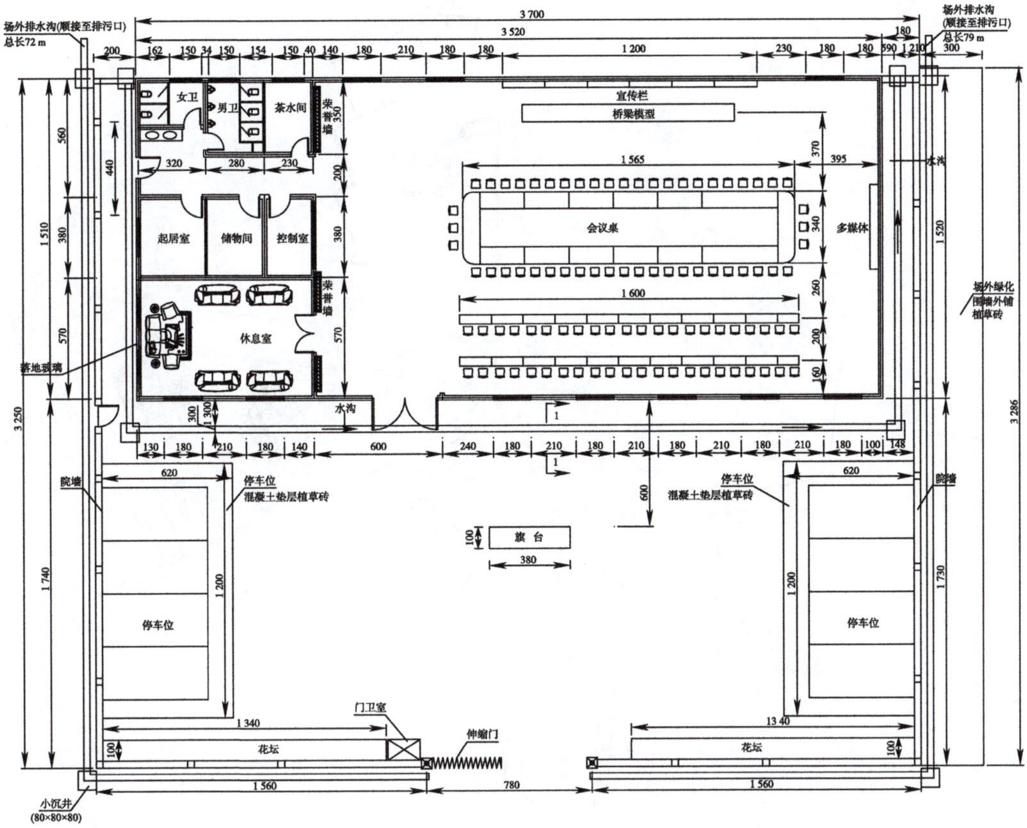

图 12　江边会议室平面布置(单位:cm)

4.3　施工生产区

4.3.1　一分部生产区

一分部主要生产区分设于大桥南岸 15 号～18 号墩两侧,总占地面积约 70 亩。在 15 号墩西侧场地布置 1 个钢筋加工厂,占地约 16.4 亩;在建德码头南侧宏源达堆料场(主桥17 号～18 号墩东侧)建立混凝土搅拌站,占地面积 21.2 亩;在 19 号墩上游大众码头与金华码头交接处设钢筋加工车间,占地约 5.5 亩;在 17 号墩上游侧布置中心试验室,占地约2.5 亩;19 号墩材料堆放场地、泥浆池占用大众码头堆料场约 15.4 亩;钢结构加工厂,占地约 9.6 亩;桥面板预制场 1 座,占地面积 4.3 亩。

在南岸滩地引桥左幅 6 号～8 号墩上游侧设置一座 T 梁预制梁场,梁场长(横桥向)285 m,最大截面宽(纵桥向)151.5 m,占地面积近 53 亩。

引桥施工生产区根据项目征拆情况合理布置。

一分部主要生产区总布置见图 13,南岸 T 梁预制场平面布置见图 14。

4.3.2　二分部生产区

二分部主要生产区设于天兴洲岸边 21 号～24 号墩两侧,占地面积约 45 亩。在 22 号墩下游侧布置 2 个钢筋加工车间,单个车间面积 1 320 m^2(合 2 亩);在钢筋车间旁侧建立混凝土搅拌站,占地面积 19.1 亩;试验室占地约 1.5 亩;桥面板预制场 1 座,位于 22 号墩附近下

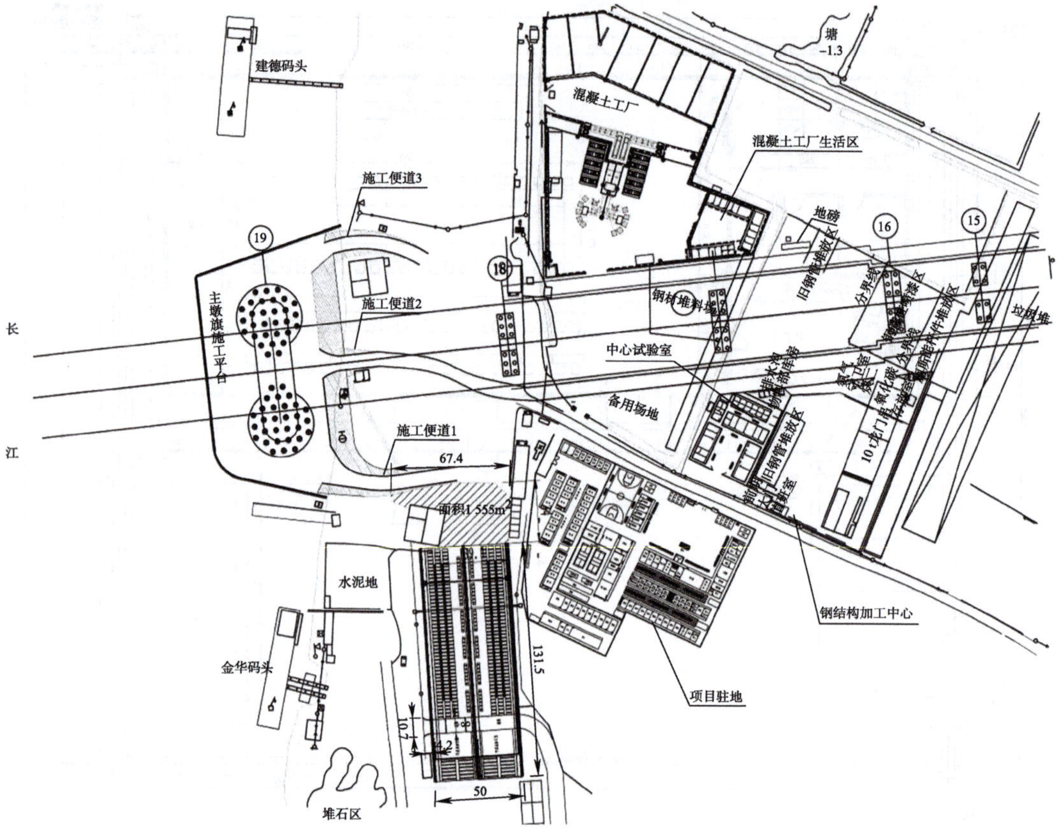

图 13　一分部生产区总体布置(单位:m)

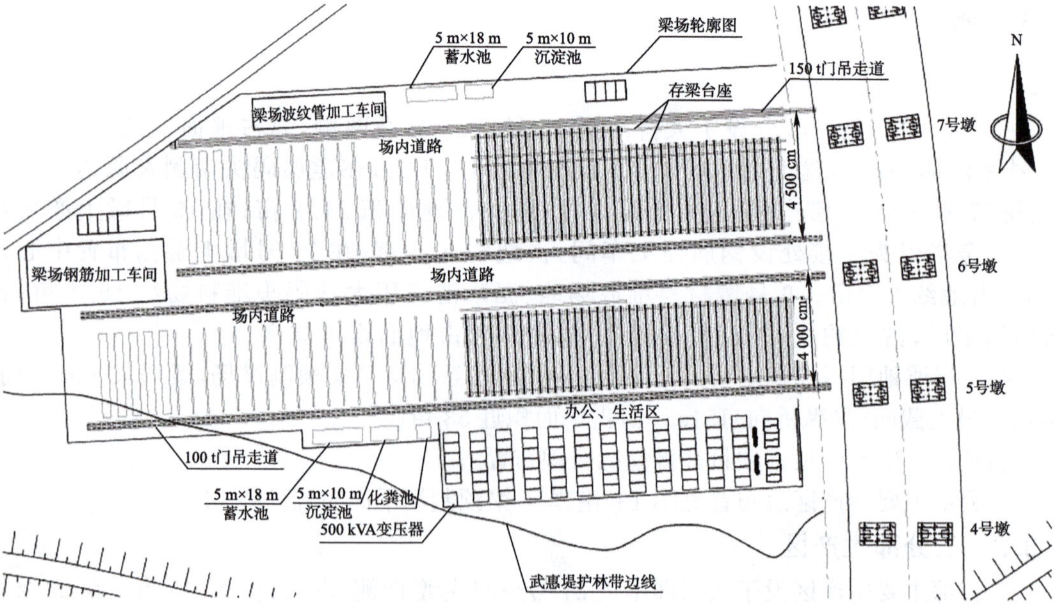

图 14　南岸 T 梁预制场平面布置

游侧与钢筋车间相邻，占地面积 4.3 亩；钢结构加工车间 2 座，单个车间面积 1 320 m^2(合 2 亩)；钢结构车间原材料及半成品存放区，占地约 40 亩。引桥施工生产区根据项目生产情况合理布置。二分部生产区总体布置见图 15。

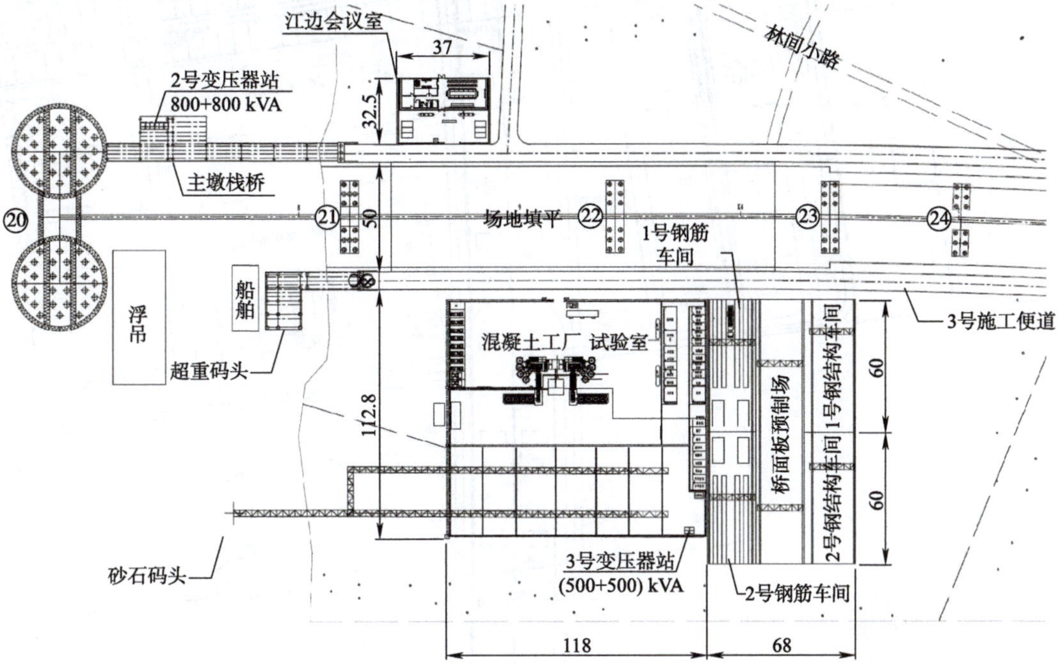

图 15　二分部生产区总体布置(单位：m)

4.3.3　三分部生产区

三分部生产区分设于黄陂区武湖大堤外线路下游侧江边，总占地面积约 52.7 亩。钢筋加工车间占地约 3.6 亩；混凝土搅拌站占地面积约 23.7 亩；机械车辆停放区、试验室及废旧料存放厂占地约 8.8 亩；周转材料存放中心区占地约 5.3 亩；半成品堆放区占地约 7.9 亩；物质中心库占地约 2.7 亩。

在北岸陆地引桥 N18 号～N25 号墩右侧设置一座预制 T 梁场，梁场长(纵桥向)200.8 m，最大截面宽(横桥向)53 m，占地面积 16 亩。

三分部生产区总体布置见图 16，北岸预制 T 梁场平面布置见图 17。

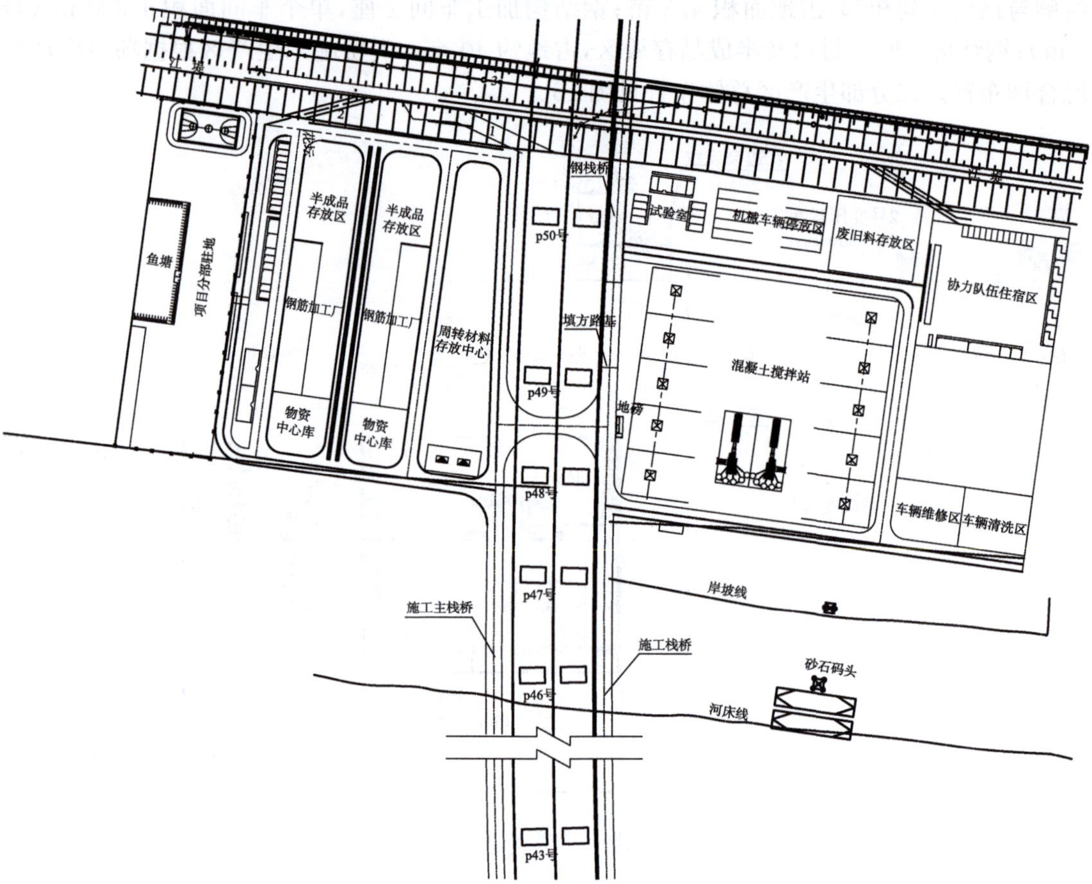

图 16　三分部生产区总体布置

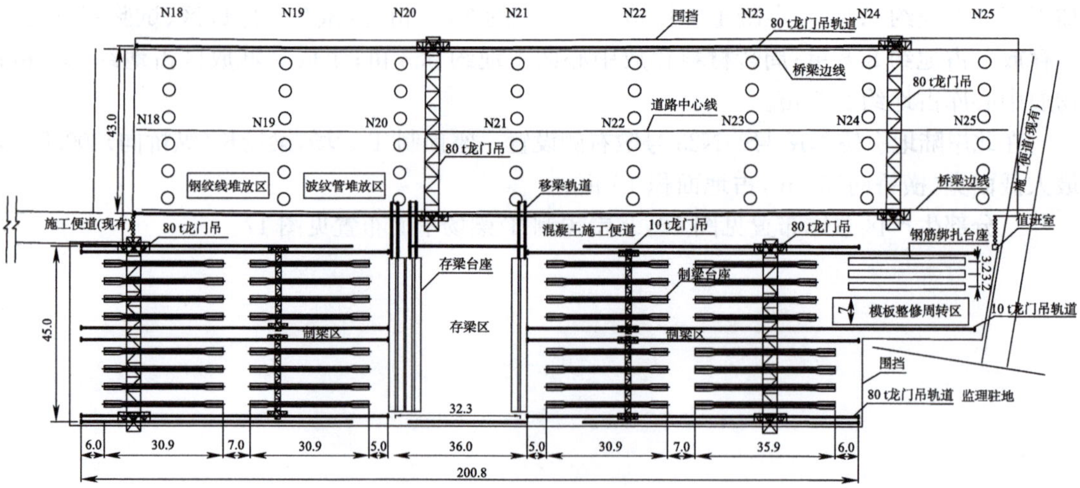

图 17　北岸预制 T 梁场平面布置(单位:m)

5 主要施工机械设备

主要施工机械设备见表 4。

表 4 武汉青山长江大桥主要施工机械设备

序号	机械名称		型号规格	单位	数量	备注
1	混凝土工厂机械	混凝土工厂	2×HZS120,2×HZS180	座	3	各工区混凝土工厂
2		搅拌车	9 m^3	台	若干	
3		汽车泵	—	台	若干	
4		拖泵(柴油)	HBT90/80/60	台	若干	
5		地磅	150 t	台	6	
6	起重机械	浮吊	800 t	艘	1	主桥钢梁节段吊装
7		浮吊	200/150/50 t	艘	若干	水上吊装作业
8		门吊	100 t	台	8	T 梁预制场作业
9		门吊	50/20/10 t	台	若干	
10		动臂塔吊	1 000 t·m	台	4	主塔施工
11		塔吊	—	台	若干	引桥施工
12		履带吊机、汽车吊机	—	台	若干	
13		架桥机	150 t	台	2	T 梁安装
14		桥面板吊机	50 t	台	2	主桥桥面板安装
15		架梁吊机	500 t	台	2	主桥钢梁架设
16	施工船舶	拖轮	3 590/2 640 马力	艘	6	20 号墩围堰运输
17		拖轮	600 马力	艘	3	水上运输动力
18		工程铁驳	—	艘	若干	
19		钢梁运输铁驳	3 000 t	艘	6	
20		打桩船		艘	1	
21		抛锚船		艘	1	
22		测量船		艘	1	
23	围堰施工机械	吸泥机	ϕ420/ϕ250 mm	套	若干	
24		空压机	23 m^3/h	台	18	
25		高压泵	125D5	台	16	
26		清水泵	200 m^3	台	10	
27		多级离心泵	90 m^3	台	10	
28		震动锤	YZ-300	台	2	主塔墩基础施工
29		震动锤	EP1300/EP800	台	4	主塔墩基础施工
30		震动锤	—	台	若干	引桥施工

续上表

序号	机 械 名 称		型 号 规 格	单位	数量	备　　注
31	钻孔桩施工	旋挖钻机	TR550c	台	2	主桥施工
32		旋挖钻机	TR460	台	8	主桥施工
33		旋挖钻机	TR400/TR220	台	若干	北汊、引桥施工
34		空压机	21.5 m^3/h	台	若干	
35		泥浆泵	3PN	台	若干	
36		制浆机	ZJ800	台	若干	
37	其他机械设备	运梁台车	150 t	台	4	T 梁运输
38		施工挂篮	自制	套	18	
39		主塔施工电梯		套	4	主塔施工
40		主塔液压爬模		套	4	主塔施工
41		数控弯曲机	32 mm	台	13	钢筋车间配置
42		钢筋笼滚焊机	2.5 m	台	3	钢筋车间配置
43		钢筋调直机		台	12	钢筋车间配置
44		钢筋切断机		台	12	钢筋车间配置
45		卷板机	3 m	台	3	钢结构车间配置
46		卷扬机	—	台	若干	
47		张拉千斤顶	YCW24～500	台	24	
48		真空压浆泵	—	台	8	
49		混凝土整平提浆机	TZ5100	台	4	混凝土梁施工
50		压路机		辆	2	
51		挖掘机	2 m^3	辆	20	
52		推土机	T200	辆	8	
53		自卸汽车		辆	10	
54		平板运输车	30 t	辆	10	
55		变压器	300～1 000 kVA	台	若干	施工用电
56		发电机	250 kW	台	若干	停电备用
57	钢梁架设起顶设备	步履式顶推器	500 t	台	64	
58		液压千斤顶	200 t/100 t	套	12	
59		液压泵站	—	套	4	与液压顶配套
60		控制系统	—	套	2	与液压顶配套
61	沥青施工设备	沥青混合料拌和站	林泰格 CSM4000G	座	1	
62		摊铺机	—	台	2	
63		沥青运输车	—	台	20	
64		沥青洒布车	—	台	1	
65		压路机	—	台	12	

6 水电供应

6.1 生活生产用水

现场生活用水均采用自来水，由最近的自来水接口引入至各分部驻地内。生产用水采用地下水或长江水，生产区内均设有净水池（三级沉淀池），地下水或长江水抽取后先引入净水池内净化，经水质检测合格后再投入使用。

6.2 电力供应

青山岸施工用电由武钢引入，施工现场采用 10 kV 高压线路沿着南引线（红线以内）供电至 19 号墩岸边，总容量为 4 200 kVA。武湖岸施工用电从武湖岸桥址下游 10 km 阳逻开闭所引出，沿汉施公路架设 10 kV 高压线路至桥址武湖岸。天兴洲施工用电由武湖岸电网采用 10 kV 双电源引入，通过水下电缆供给天兴洲洲上施工用电。

7 主要施工方案

7.1 北主塔墩基础施工方案

20 号（北）主塔墩位于长江南汉主航道内，距离天兴洲南岸约 100 m，墩位处水深较大，基础采用先围堰后平台的施工方案，围堰既是承台施工的挡水结构，同时也是钻孔桩施工的平台。

20 号主塔墩围堰采用双壁钢套箱的结构形式，底节围堰在青山船厂整体制造，制造完成后利用船厂既有斜船架下水，用拖轮整体浮运到墩位，采用锚碇系统进行精确定位。围堰定位完成后，采用 200 t 浮吊辅以电动液压振动锤插打 24 根支承钢护筒到稳定深度，然后将底节围堰挂桩形成固定平台，控制平台顶高程为＋24.0 m。插打剩余钢护筒，在围堰内支架顶面搭设型钢＋钢板作为钻孔桩施工平台，采用四台旋挖钻机进行钻孔施工，桩基施工完成后，进行围堰接高。接高完成后选择合适的时机在围堰双壁内注水下沉并着床，随后吸泥下沉，待围堰下沉至设计高程后对围堰内河床面进行清理，浇筑封底混凝土，封底混凝土达设计强度后围堰内抽水，施工承台。

7.2 南主塔墩基础施工方案

19 号（南）主塔墩位于长江南岸岸坡上，墩位处河床高程在＋11.4～＋20.5 m 之间。综合考虑总体工期安排及水文条件，并结合旋挖钻机成孔速度，19 号墩采用先吹填筑岛方案施工钻孔桩，再插打锁口钢管桩围堰，围堰内开挖、吸泥、浇筑封底混凝土、抽水施工承台的总体施工方案。

7.3 边墩及辅助墩基础施工方案

主桥边墩、辅助墩均为陆地墩，直接在墩位处平整场地、埋设钢护筒后进行钻孔桩作业，钻孔桩采用旋挖钻成孔，桩基采用导管灌注水下混凝土。钻孔桩施工完成后插打钢板桩围堰施工承台，承台混凝土浇筑按大体积混凝土施工要求进行质量控制。

墩身采用翻模法施工，模板采用整体钢模板，由专业厂家制造生产，外侧带有操作平台以方便模板施工，墩身混凝土采用输送泵泵送，浇筑完毕后及时养护，墩身空心段混凝土施工质量按薄壁空心墩施工要求进行质量控制。

辅助墩墩身间系梁及边墩墩帽施工均采用现浇支架法进行施工，支架上部采用型钢分配梁及模板作为承重结构，下部采用钢管支架作为支承结构，支架与承台顶面预埋件连接。系梁与墩帽混凝土均采用一次性浇筑，按照大体积混凝土进行施工质量控制。

7.4 主塔施工方案

南、北主塔均采用爬模施工，南塔共分为 48 个节段，北塔共分为 49 个节段，塔柱外侧采用 ZMP-100 型液压自爬模，内侧标准段使用井筒平台，爬模按照 6 m 标准节段施工。

下塔柱实心段第 1 节采用翻模模板，实心段与塔座一起浇筑，从第 2 节段开始采用液压爬模施工。

中、上塔柱爬模施工方法与下塔柱施工相同，模板除异形段内模用普通木模外，其余均使用爬模施工。在中塔柱内侧设置水平横撑来抵消塔柱内倾产生的水平力，塔柱合龙段施工完成后拆除水平横撑。上塔柱钢锚梁由墩旁塔吊进行吊装，首节钢锚梁采用支架法进行定位，剩余钢锚梁均由锚梁上设置的匹配件进行快速定位。主塔混凝土全部浇筑完毕，且钢锚梁安装就位后，再对索塔锚固区预应力进行张拉，张拉时上、下游塔柱平行进行。

主塔上横梁采用托架法与两侧塔柱同步施工，在塔身上安装预埋件、焊接牛腿，安装桁架，在桁架上安装分配梁、贝雷梁，搭设支架现浇的施工方法进行横梁施工，横梁(含上、下倒角部分)分两次浇筑，第一次浇筑高度 3 m，第二次浇筑高度 3 m。为克服支架变形、混凝土收缩及第二次浇筑混凝土时对底面产生的裂缝，第一次浇筑混凝土后张拉部分预应力束；上横梁施工完毕后，张拉第二批预应力束，完成上横梁施工。

7.5 主梁架设方案

大桥主、边跨主梁采用不同的施工方案。边跨钢梁部分采用在主塔墩拼装焊接钢梁节段，由主塔墩向边墩顶推到位的施工方案，上部混凝土桥面板采用预制架设法施工。主跨钢箱梁在边跨结合梁安装完成后，采用由架梁吊机按从两岸主塔墩向跨中方向逐步悬臂架设的施工方案。

钢梁节段在工厂制造、试拼装，试拼完成后解散成单元节段，然后经水路运至现场，采用驳船存放，钢梁不上岸。

7.5.1 边跨钢梁架设

主塔墩搭设墩旁托架作为边跨钢梁部分的拼装平台，辅助墩与主塔墩、辅助墩与边墩之间间隔 30 m 布置一个临时墩，墩旁托架、临时墩、辅助墩顶均布置步履式顶推器作为钢梁顶推的主要设备。在墩旁托架及临时墩拼装完成后利用 800 t 浮吊架设边跨第一节段钢梁，然后吊装钢导梁并与第一节段钢梁连接，由顶推器将已架设钢梁及导梁往边跨方向顶推一个节段长度距离，然后利用浮吊吊装下一节段钢梁，与第一节段钢梁连接后继续向边跨方向顶推，以此循环，后续钢梁节段均由浮吊直接从水面整体起吊至托架顶部拼装，每拼装完三个节段钢梁，整体向边跨方向顶推三个节段长度，直到完成边跨钢梁顶推架设。边跨钢梁两侧的风嘴因顶推施工与塔柱冲突，在厂内制造时未进行安装，待现场边跨钢梁全部顶推到位且钢梁线型调整到位后，利用履带吊机进行安装。

7.5.2 边跨桥面板结合施工

主桥边跨混凝土桥面板采用预制架设法进行安装，现场采用湿接缝通过剪力钉与钢梁连成整体。桥面板在预制场内按设计型号与安装顺序进行预制，预制完成后在专用存放场地存放超过 180 d。边跨钢梁顶推到位后利用 200 t 浮吊在主墩位置处拼装 50 t 桥面架板机，桥面架板机可通过轨道在钢梁顶部走行，每走行到位后可完成区域内桥面板吊装的吊装，单侧共走行 19 次完成全部桥面板安装。桥面板安装后，按顺序安装湿接缝钢筋然后浇筑湿接缝混凝土，完成桥面板结合。根据设计要求及钢梁体系转换各工况受力情况，桥面板湿接缝划分为不同区域共分 4 批完成浇筑。

7.5.3 中跨钢梁架设及合龙

中跨钢箱梁采用 500 t 架梁吊机整节段直接从水面起吊后进行悬臂架设。边跨钢梁体系转换完成后利用主塔塔吊在钢梁悬臂处拼装架梁吊机，钢梁节段在厂内制造完成后通过水路运至现场待吊装位置处，由架梁吊机利用专用吊具进行吊装，精确对位后进行环口连接施工完成钢梁节段安装。每安装完成一个钢梁节段后对称挂设边跨及中跨斜拉索并进行张拉。架设至中跨合龙口，脱空并拆除其余临时支点，完成钢梁合龙。

8 主要施工技术管理及创新

8.1 超大哑铃型围堰制造下水工艺

20 号墩围堰平面尺寸为 103.8 m×43.4 m，高 37 m，哑铃型结构，是世界上平面尺寸最大哑铃型围堰。由于本围堰复杂的结构型式，常规制造方法工期长，质量控制难度大，常规气囊法下水工艺无法满足下水要求。项目部研究了围堰单元件制造、大模块组拼施工技术，采用了斜船架法下水技术，成功实现了超大哑铃型围堰的快速制造和平稳下水。从制造到下水仅仅用了两个月时间，打破了大桥局同类工程施工记录。

8.2 “锁口钢管桩＋土工管袋”吹砂筑岛施工工艺

19 号墩位于长江岸坡上，原设计为钻孔平台施工方案，通过充分研究，决定采用筑岛施工方案，项目部立即与海事、航道、水务等部门沟通协调，成功实现了“锁口钢管桩＋土工管袋”吹砂筑岛施工，筑岛面积 120 m×70 m，水深达 12 m，化水上施工为陆地施工，降低了安全风险，提升了承台施工质量。

8.3 大直径变截面旋挖钻深水基础施工工艺

首创大直径变截面旋挖钻深水基础施工工艺，深水基础成孔效率大大提高。根据本工程的地质条件，项目部提出了长江大直径深水基础快速施工方案，通过理论研究和试桩试验，成功实现了本项目变截面大直径深孔钻孔桩基础的旋挖钻施工工艺(直径 3 m 变 2.5 m，钻深 113 m)，83 天完成了主塔桩基(共计 60 根)施工，经第三方检测均为一类桩，刷新了集团公司大跨桥梁桩基施工记录。

8.4 不锈钢钢筋新型材料的使用

首次在内河流域应用“SS-HRB”(不锈钢筋-普通螺纹钢)混合使用技术,解决了大体积异型深水承台钢筋锈蚀问题,从根本上保障了复杂应力状态下主墩基础的耐久性。

8.5 正交异性U肋双面焊接新技术

针对青山大桥重载交通的运营特点,研究钢梁正交异性板U肋双面焊接新技术,将U肋的可靠熔深提高到90%,使得U肋处的抗疲劳性能远高于常规焊接工艺,提高了桥梁的耐久性。

8.6 “多节段同步架设,步履式顶推”新技术

青山大桥是世界上最大跨度的钢箱及钢箱结合梁斜拉桥,边跨叠合梁节段尺寸大,现场安装难度高,为保证叠合梁焊接质量和拼装线性,项目部采用了工厂8节段长线法拼装,工地3节段短线法安装,研究了设计了边跨结合梁多点步履式同步顶推施工新技术,有效地保证了架梁拼装质量,提高了钢梁安装功效。

8.7 大跨度结合梁斜拉桥体系转换新技术

作为世界上最大跨度的钢箱及钢箱结合梁斜拉桥,边跨叠合梁三维尺寸均较大(边跨结合梁长350 m,最大跨度148 m,宽48 m,梁高4.5 m),采用预应力实现体系转换难度非常大,研究了一种支点强迫位移、横向反拉的施工技术,有效地解决了大跨超宽结合梁的体系转换难题。

8.8 全漂浮体系斜拉桥中跨合龙技术

针对世界第一的全漂浮体系斜拉桥,夏季合龙,桥位气温变化大,基本风压大,钢梁的合龙安全风险高、技术难度大,首次采用了双向顶推的辅助合龙方案,研究设计了一系列的辅助合龙装置,完美实现了大跨度漂浮体系斜拉桥的精确合龙

8.9 天兴洲右缘防护技术

南汊河道水深流急,河床地质抗冲刷性能差,主墩施工后,河床最大局部冲刷达15 m,岸线后退近20 m,为确保天兴洲右缘岸线安全,特别是21号墩安全,青山大桥增设了天兴洲右缘守护专题。天兴洲右缘守护工程采用“水中沉排+水下抛石镇角+路上护坡”的施工方案,有效保障了成桥后天兴洲岸线和21号墩的结构安全。

8.10 桥梁新机械、新设备的使用

施工中采用了一系列新机械、新设备提升工程建设质量,例如首次采用国内自主研发的TR550大型旋挖钻机进行长江深水基础施工,采用ZSL1150大型动臂式塔吊进行锚梁一牛腿整体吊装,采用800 t浮吊进行边跨结合梁的快速安装,自主研制CQ500型钢梁起重机进行主跨钢梁吊装等。新设备的广泛应用使得复杂的工序化繁为简,使得危险的工序平稳可控。

9　安全质量环保措施

9.1　安全管理体系

项目经理部成立以项目经理为组长，安全总监、项目总工程师为副组长，职能部门和施工队负责人为组员的安全领导小组。安全环保部负责项目日常工作。项目部配置安全员，专职负责施工现场的安全管理工作，作业队配备专职安全员，工班设兼职安全员，形成全员参加的安全体系。

本项目安全保证体系分工作保证、组织保证、制度保证三大类保证措施。安全生产体系详细内容见图18。

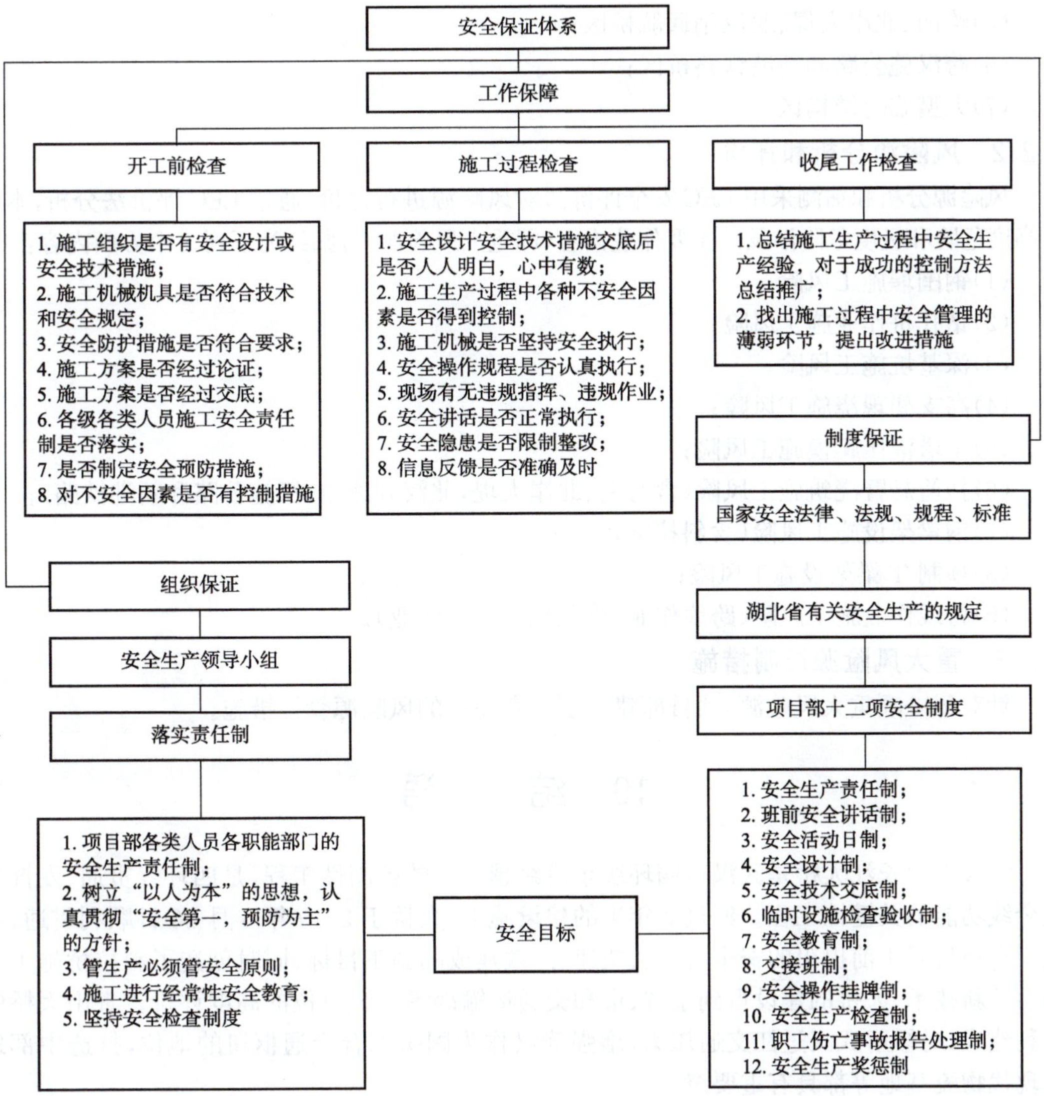

图18　安全保证体系

9.2 风险源分析

基于武汉市四环线青山长江公路大桥的建设环境条件，对施工过程中存在的风险源进行归类、分析和评价，主要包括潜在的事故类型、可能存在的致险因子、风险赋值及其风险级别等内容。

9.2.1 风险源归类

本项目风险源的归类主要分为七个部分：

(1)陆地引桥连续 T 梁桥区；

(2)跨乙烯管廊桥区；

(3)跨南岸、北岸、天兴洲滩地连续箱梁桥区；

(4)主桥斜拉桥区；

(5)跨南、北岸大堤、北汊副通航桥区；

(6)跨汉施公路和新港铁路桥区；

(7)大型临时结构区。

9.2.2 风险源分析和评价

风险源分析和估测采用 LEC 安全评价法对风险源进行评价，通过 LEC 评价法分析，本项目高度危险和极度危险涉及的主要作业内容(即重大风险源)可归纳为下列 8 个方面内容：

(1)钢围堰施工风险；

(2)钻孔桩作业施工风险；

(3)深基坑施工风险；

(4)高支架现浇施工风险；

(5)主塔液压爬模施工风险；

(6)挂篮悬臂浇筑施工风险(含跨南、北岸大堤，北汊副通航，汉施公路和新港铁路)；

(7)钢梁架设施工风险(含斜拉索)；

(8)预制 T 梁架设施工风险；

(9)跨线作业施工风险(跨线作业、跨危化品管廊作业)。

9.2.3 重大风险源控制措施

针对每一项重大风险源，项目部建立了一套完整的风险源管控措施。

10 结　　语

武汉青山长江大桥是武汉市四环线东段跨越长江的控制性工程，是四环线贯通、发挥环线全线功能的关键性工程。经过 3 年半的建设施工，大桥于 2019 年 5 月 16 日顺利贯通，实现了在项目开工前提出的安全、优质、快速、高效建成的施工目标，同时创造了斜拉桥施工中的多项新技术，大桥的建设得到了省、市和交通运输部等上级单位的高度评价。青山大桥的胜利建成，对缓解武汉过江交通压力，增强武汉作为国家综合交通枢纽的地位，打造中部地区现代物流基地等都具有重要意义。

大型临时工程

项目部标准化建设

高培成　唐清孝　罗　航

1　概　述

项目部标准化建设是现代工程管理的要求，有利于项目管理的标准化、规范化、精细化，能有效地提升驻地建设质量、安全、环保管理水平和企业文明施工形象。青山大桥线路全长 7.548 km，从南至北跨过化工区、长江主航道桥、洪山区（天兴洲）、长江北汊、黄陂区。为便于现场管理，在长江两岸及天兴洲上分别设置了 3 处标准化驻地（图 1）。

图 1　青山大桥项目部

2　建设原则

(1)项目部建设应遵守法律法规的规定和符合有关主管部门的规定要求，遵循“因地制宜，节约土地，保护环境，安全可靠，规范有序，功能完备，布设合理，方便生活，满足生产”的原则。

(2)项目经理部选址基本要求：

①靠近现场，管理方便，不受施工干扰，有条件的尽量设置在标段中部或靠近关键工点施工现场；

②交通便利，尽量靠近公路；

③通信畅通，满足信息化管理要求；

④严禁设置在泥洪水位下等危险区域，避开取土、弃土场、坍方等地段；

⑤避开高压线路及高大树木，与通信、天然气等地下管线保持一定距离。

(3)青山大桥项目部建设根据《湖北省高速公路建设标准化指南》《武汉市四环线青山长江公路大桥工地建设标准化指导意见》《中铁大桥局项目标准化建设塑形手册》执行。

3　总体规划

3.1　项目部建设总体要求

(1)项目经理部驻地采用院落式封闭管理，办公区、生活区、车辆停放区、活动场地等功能区设置科学合理，严格区分，与生产区分离，各功能区面积满足规定要求，庭院内适当绿化，环境优美整洁。

(2)办公区内必须设项目经理室、各部门办公室和档案资料室、会议室等，其他业务科室根据各项目具体情况自行设定。

(3)生活区内设宿舍、食堂、浴室、厕所、文体活动室、图书室等。

(4)驻地内设置车辆停放区，应搭建遮雨棚，车辆停放区面积能满足要求。

(5)活动场地根据条件应配置室外文体设施，如篮球场、羽毛球场等活动场所。

(6)项目部合理配备防火、防盗设施。

(7)项目经理部驻地必须设置生活污水处理设施，尽量减少对附近生态环境造成影响。

3.2　项目部规划方案

(1)项目部房屋建设共 3 593.94 m^2，采用 A 级防火活动板房，以双层结构为主，院内划分为办公区、住宿区、活动区、休闲娱乐区等，布置见图 2。

(2)项目部正门采用伸缩移动门，设 LED 显示屏，东南两面围墙采用铁艺透视围墙，西北面采用烧结砖砌封闭式围墙，围墙高 2 m。

(3)项目部院内主要道路采用 C30 混凝土硬化，厚 20 cm，其余部分采用 10cm 厚 C30 混凝土硬化，部分铺设空心透水砖。

(4)项目部生活及消防均采用无塔供水，热水采用空气能集中供应；院内排水采用明沟＋暗管形式，雨污分离，处理后集中外排。

4　驻地建设

4.1　场地处理

为避免汛期受长江水位影响，项目部地面高程设置为＋24.8 m，根据面层、垫层厚度确定原场地填筑高度，场地填筑采用素土填筑，分层摊铺碾压成型。

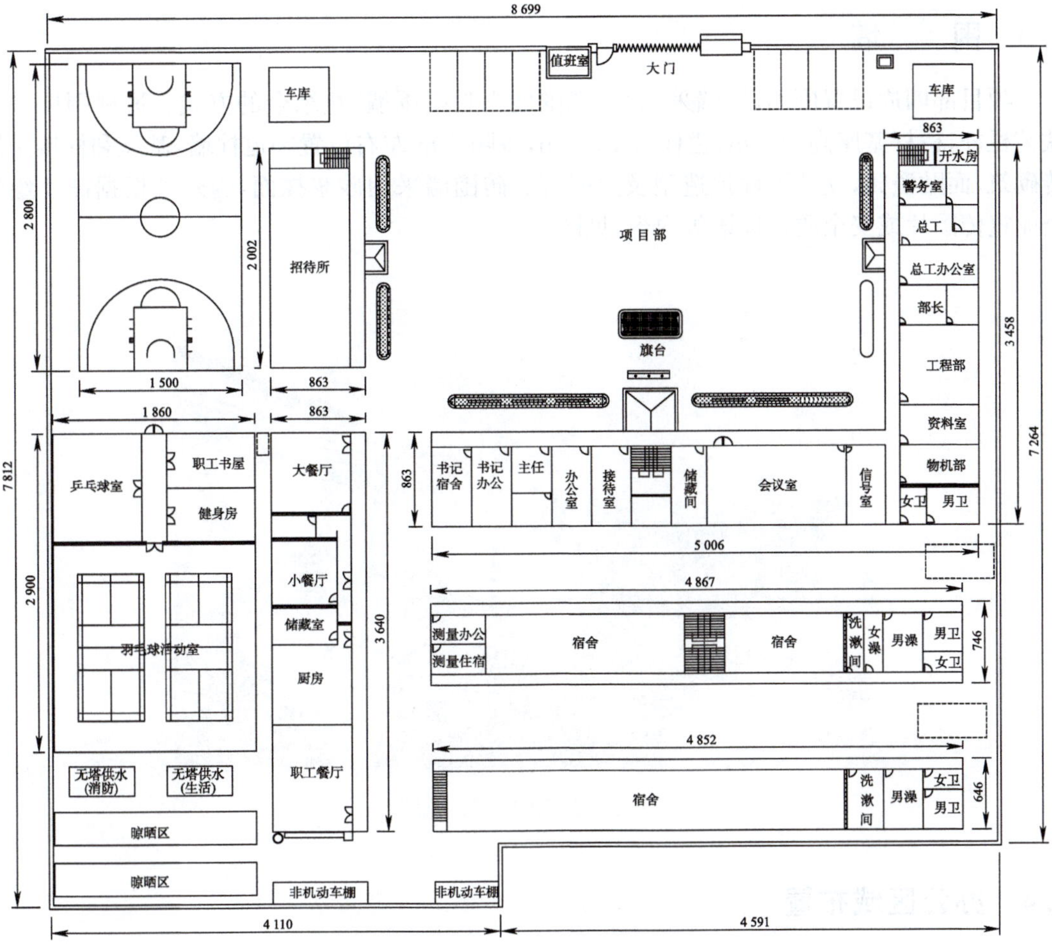

图 2　青山大桥项目部平面布置(单位:cm)

驻地内主要道路垫层采用碎石或砂砾垫层，面层采用 C25 混凝土硬化处理。其他部位采用绿化和混凝土硬化相结合。

4.2　项目部大门

项目部采用封闭式管理，大门设置综合考虑车辆人员通行的功能实现及塑形需要，采用伸缩移动门加平开小门，伸缩门门洞作为塑形门牌，另一侧对称设置砖砌门卫室，见图 3。

图 3　项目部大门

4.3 围　　墙

项目部四周设置围墙，围墙采用“透视围墙＋封闭围墙”相结合的方式。透视围墙采用铁艺栏杆，栏杆基座高 50 cm，栏杆高 150 cm，每隔 5 m 左右设置一道柱墙，基座和柱墙采用砖砌筑，面贴瓷砖，立柱设柱顶造型及照明灯。砖围墙采用砂浆抹面，内外墙根据需要绘制企业宣传图片或安全质量标语等内容，见图 4。

图 4　项目部门前文化墙

4.4　办公区域布置

4.4.1　总体设计

(1)办公房门窗齐全，通风、照明良好，房间净空高度不低于 2.6 m。

(2)各部门办公室在办公楼超前进行规划分配，并根据各部门需求进行室内开关插座、网络设备、照明灯具、取暖设施等的定位设置(图 5)。

图 5　项目部办公室

4.4.2 会议室

(1)会议室为项目内外会务开展的重点场所,在建设之初进行专项规划,见图 6。

(2)会议室规划综合考虑室内办公桌摆放,会议系统布置、塑形布置、空调插座照明灯具等,提前对各管线预埋及设备尺寸进行规划定制,以满足会议室功能及展示形象需要。

图 6 项目部会议室布置

4.5 生活区域布置

4.5.1 职工宿舍

(1)宿舍一层采用瓷砖地面(图 7),二层采用复合木地板地面,同时一层设置防潮层,二层设置降噪措施。

(2)宿舍单双职工宿舍分栋统一设置,人员人均住宿面积约 10 m^2/人。

(3)每栋宿舍楼卫浴间集中在一侧设置,便于集中设置给排水设施,同时确保居住区安静。

图 7 职工宿舍

4.5.2 职工食堂

(1)为满足职工就餐及会务接待的需求，食堂以厨房为中心，左右两侧分别设置职工餐厅及招待餐厅。

(2)食堂净空高度 2.8 m，职工餐厅、操作间、接待餐厅采用不同吊顶形式；室内地面均采用瓷砖地面，操作间周边墙体粘贴瓷砖。

(3)食堂操作间根据使用需求提前进行厨房灶具、储藏设施、操作洗漱、通风设施等的规划设计，确定设备选用、尺寸功率大小，以及设备室内摆放、供电、给排水、通风设置；燃料罐单独设置存放间。

4.5.3 公用厕所

(1)公用厕所采用分散布设，各楼栋各楼层均选取一间作为厕所，厕所做好男、女厕所分割，内部再利用隔断进行隔离。

(2)公用厕所内地面均采用防滑地砖，二楼做好楼层防水及楼面承重处理，室内配备通风措施。

4.5.4 公用浴室

公用浴室主要设置于生活区，各楼栋均设置一处。每处男女浴室分开布设，内部均采用隔断隔离。浴室内满足冷暖热水供应，并设置浴霸、肥皂架、挂钩、橱衣柜等设施，浴室地面采用防滑地砖，PVC 吊顶，室内设置排水明沟，采用百叶窗通风。

4.5.5 洗手池

生活区各楼层均配备洗手池，一层采用砖砌、二层采用不锈钢水池，砖砌洗手池采用白瓷砖外包；室外洗手池上部设置遮雨棚。

4.5.6 晾衣棚

晾衣棚采用不锈钢管制作，顶棚采用透明材料搭建，设置在生活区周边，供施工人员晾晒衣服使用，见图 8。

图 8　项目部晾衣棚

4.6 休闲娱乐区域

休闲娱乐场地根据现场条件配置有：篮球场、羽毛球场、儿童游乐场、台球活动区、乒乓球区、健身器材区、阅读室及心理咨询室等，见图 9。

图 9 休闲娱乐区域

4.7 消防设施

项目部消防采用消防栓加移动式消防设施方案(图 10)，各楼栋处均设置有消防栓出口，通过暗埋管道连接供水设施，满足场内消防及日常场地冲洗需要。移动式消防设施主要为手提式灭火器，档案资料室、会议室、食堂等处单独配置。

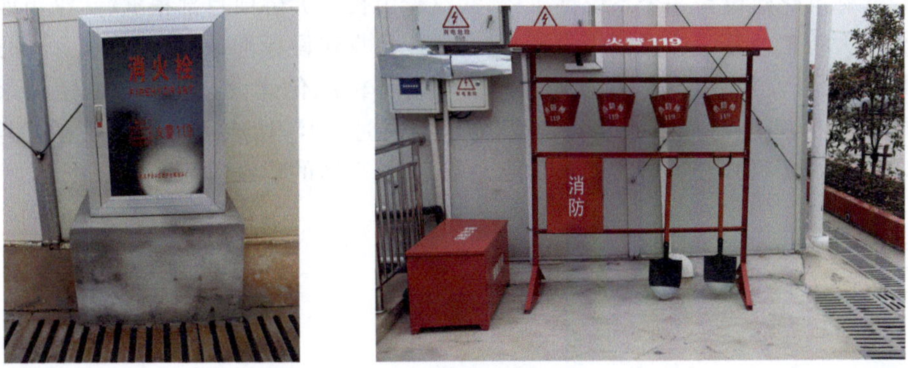

图 10 项目部消防设施

4.8 排水设施

项目部内场地一般按照中心高、四周低的原则进行设置，面层排水坡度不小于 1%。院内雨水及生活污水分流设置，雨水采用排水沟进行外排，生活污水通过暗管经沉淀池分级沉淀后外排。

4.9 生活用水

(1)考虑周边水源情况，项目部生活用水采用自来水。

(2)生活用水进入项目部后，通过 20 m^3 储水罐及加压设施进行供应，经暗埋管道，进入各用水部位，暗埋管道在各楼栋外均设置有独立阀门，便于维护。

(3)生活区热水采用空气能热水进行集中供应。办公楼及厨房均设置有开水房，配备净水设施及电加热箱，保证饮水供应。

4.10 驻地绿化

为塑造项目部整体形象，同时美化职工生活环境，项目部在建设前将绿化建设纳入整体规划；结合项目部整体布局，项目部正面围墙外侧设置绿化带，在办公区前院以及职工宿舍楼之间设置绿化花池，见图 11。

图 11 项目部绿化实景

5 结 语

项目部标准化建设是一个系统性工程，武汉青山长江大桥项目部根据《武汉市四环线青山长江公路大桥工地建设标准化指导意见》及企业自身建设标准，结合项目实际，通过细致、完善的规划、设计及建造过程，有效地实现了项目部标准化建设。在日常的使用跟踪中发现，该项目部在实现项目部内部办公、生活需求的同时，圆满达成了建设验收、外部接待、会务开展、活动承接等功能需求，实现了功能完备、高效宜居的建设目标。

标准化试验室规划与实施

王俊峰　郑东彪

1　概　　述

工地试验室是桥梁施工中一项重要的临建设施，是桥梁建设质量的重要保障。武汉青山长江大桥项目共设立一个工地试验室及两个试验分室。在大桥南岸设立工地试验室，全面负责武汉青山长江大桥项目试验检测工作。

2　工地试验室选址

根据现场调查情况并结合本桥的总体施工方案、工期计划，工地试验室靠近南岸项目部驻地，占地 1 552.2 m^2，采用院落式封闭管理(图 1)。选址区域位于原有通江公路边上，交通便利。试验室与南岸项目驻地隔路正对，用水用电均可直接从项目部引入，满足供水、供电需求；周边排水设施完善合理；通信畅通，满足信息化管理要求。

图 1　工地试验室实景

3　工地试验室标准化建设

依据《湖北省高速公路建设标准化指南第三分册　工地试验室建设及管理》以及《武汉市四环线青山长江公路大桥工地建设标准化指导意见》，工地试验室设置办公室、资料室、集料室、水泥混凝土室、胶材室、力学室、标养室、检测室、结构室、耐久室、化学室、储藏室和样品室等共 14 间，平面布置见图 2。

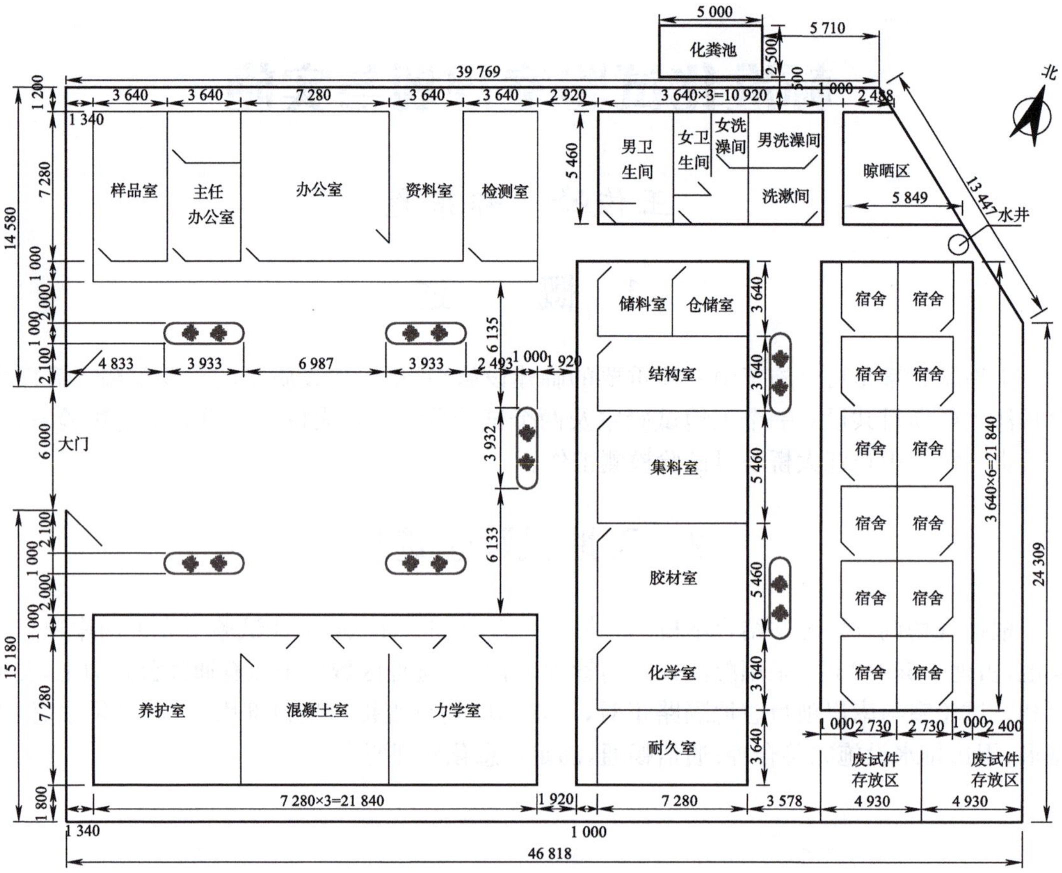

图 2　青山大桥工地试验室平面布置(单位:mm)

3.1　试验室总体布局及要求

(1)办公室、资料室、胶凝室、混凝土室、化学分析室、力学室配备空调，标准养护室配备自动养护系统。

(2)胶凝室、混凝土室、标养室、耐久室、化学室均设置自来水水池，水池布置适用、美观。水泥混凝土室地面设置水槽，方便设备及场地清洗。

(3)试验室办公区域与功能室分开设置。

(4)试验室电路为独立变压器，一机一闸且安装漏电保护器。

(5)标准养护室内设置试件养护架，养护架具有一定的刚度条件，其高度不宜高于 150 cm，且对养护架编号。

(6)压力机、万能材料试验机等力学设备设置金属防护罩或安全防护网。

(7)配置各种消防设施，包括灭火器、消防砂、消防桶、消防锹等工具。

3.2　试验室标准化建设

(1)对检测环境有条件要求的检测室,配置相应设施。各检测室在墙体上悬挂温湿度表,离地 160 cm 左右。标准养护室在房屋对角墙体位置布置不少于两个温湿度表。

(2)操作台高度控制在 70～90 cm,台面宽度 60～80 cm,采用整体橱柜结构设置。

(3)职责、机构框图、各检测室的仪器设备操作规程等框图要上墙(白底黑字),制作尺寸为高 90 cm、宽 60 cm 的标牌,框图(底线)距操作台顶面不小于 60 cm 的墙体上。

3.3　试验室信息化管理

(1)工地试验室主任全面负责本单位工地试验室信息化管理工作。

(2)工地试验室配备信息化管理员,具体实施本标段的信息化工作。

(3)按要求配备软、硬件设施,确保信息管理系统运行稳定可靠。

3.4　各功能室配置要求

3.4.1　集料室

集料室实景见图 3。

(1)试验操作台仪器布置:静水天平、压碎值试验仪、砂石标准方孔筛、滴定装置一套、电热鼓风干燥箱。

(2)操作台台下柜:秒表、容量瓶、李氏比重瓶、游标卡尺、针片状规准仪。

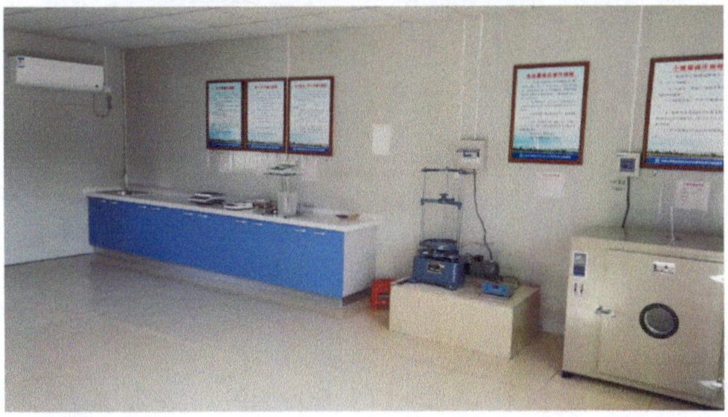

图 3　集料室

3.4.2　水泥室

水泥室实景见图 4。

(1)水泥室地面仪器布置:水泥标准养护箱、负压筛、胶砂流动度测定仪。

(2)试验操作台仪器布置:水泥胶砂搅拌机、水泥净浆搅拌机、水泥稠度及凝结时间测定仪、电子天平、沸煮箱、雷氏夹测定仪。

(3)操作台台下柜:比重瓶、水泥胶砂试模、水泥抗压夹具。

(4)胶砂振实台基础:高度 400 mm 的混凝土基座,混凝土基座下放一层厚 5 mm 天然橡胶弹性衬垫。水泥胶砂流动度测定仪基础:400 mm×400 mm×690 mm,基座顶面放一层厚 5 mm 天然橡胶弹性衬垫。

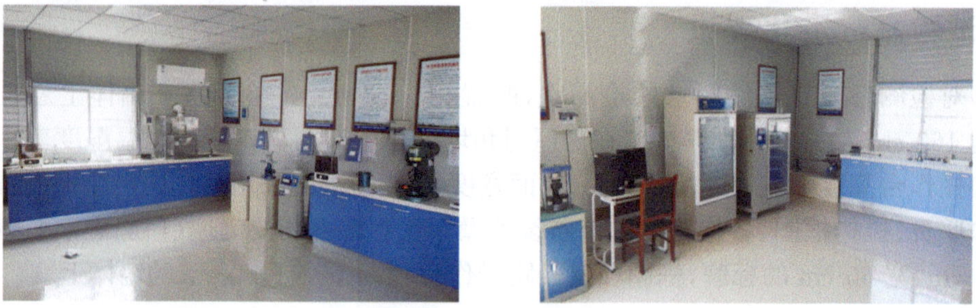

图 4　水泥室

3.4.3　化学分析室

化学分析室实景见图 5。

(1)化学室地面仪器布置:高温电阻炉、恒温水浴、化学药品柜、废液瓶等。

(2)试验操作台仪器布置:分析天平、比表面积测定仪、滴定架台、比重瓶、容量瓶、电子天平等。

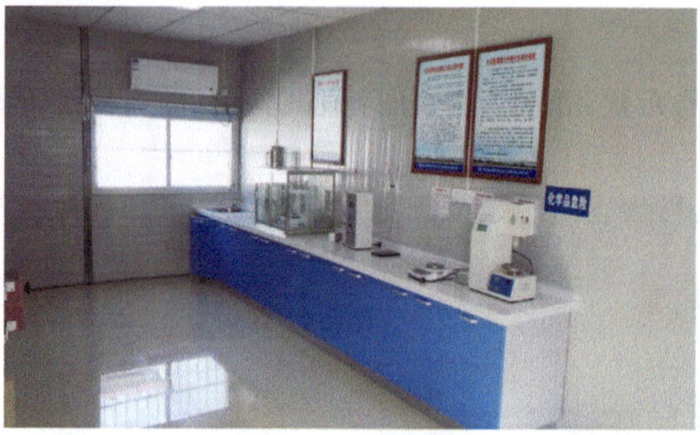

图 5　化学分析室

3.4.4　力学室

力学室实景见图 6。

力学室地面仪器布置:万能材料试验机(1 000 kN)、数显式压力试验机(2 000 kN)、300 kN拉力试验机、钢筋标距仪、游标卡尺。

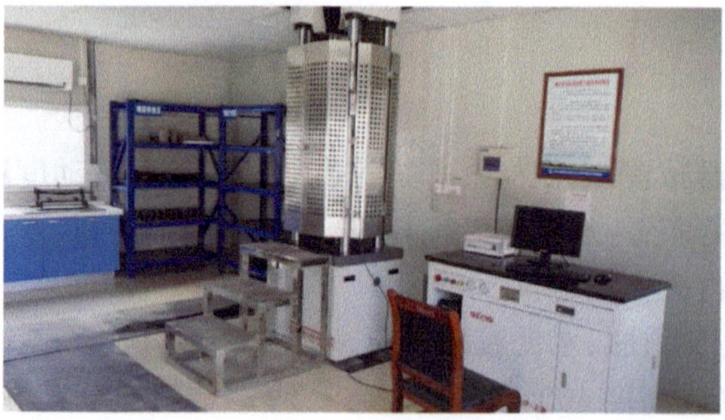

图 6　力学室

3.4.5 水泥混凝土室

混凝土室实景见图7。

(1)地面仪器布置:水泥混凝土振动台、水泥混凝土搅拌机、电子秤、混凝土贯入阻力仪、混凝土含气量测定仪。

(2)试验操作台仪器布置:电子天平、量筒、量杯、比长仪等。

(3)设置3个集料仓,仓长90 cm、宽90 cm、高60 cm,料仓间隔墙厚60 mm。

(4)操作台台下柜:坍落度筒、混凝土抗压试模、混凝土弹性模量试模、容量筒。

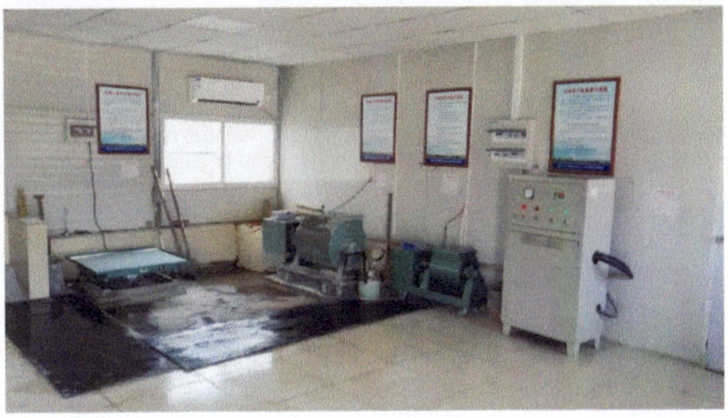

图7 混凝土室

3.4.6 耐久室

(1)耐久室地面仪器布置:抗渗仪、真空保水机、切割机。

(2)试验操作台仪器布置:电通量测定仪、量筒、量杯等。

3.4.7 结构室

(1)结构室地面仪器布置:扭矩系数仪、硬度计、标准砝码。

(2)试验操作台仪器布置:配套设施和工具等。

3.4.8 样品室

(1)样品室分待检区、已检区、留样区。

(2)样品柜规格:长150 cm、宽50 cm、高130 cm,分4层,每层40 cm,样品柜脚高5 cm。

3.4.9 标养室

(1)标养室设备:自动喷淋设备。

(2)标养室内部设置防水设施,在标养室的地面上设置水沟(8 cm×5 cm),确保标养室地面无明显积水;在墙角设置集水井(80 cm×80 cm×50 cm),集水井上方加盖钢筋网。

(3)试件架采用焊接的铁框架,试件架规格:净深55 cm、高160 cm,分4层,每层30 cm,架高40 cm,每层试件架中间的钢筋间距为5 cm。

3.4.10 办公室

(1)行业技术标准、操作规程、技术规范等文件配套齐并放置于文件柜内。

(2)在靠近门口处墙壁的上方粘贴晴雨表。

3.4.11 资料室

配备足够的资料柜和一定的防潮、防火设施。

4 结 语

青山大桥工地试验室标准化建设严格按照湖北省交通运输厅、武汉青山长江大桥建设有限公司有关要求完成，为有效提升试验室管理水平和试验检测工作质量打下了基础，实现了工地试验室硬件环境标准化、内部管理规范化、试验检测信息化，为项目质量管理提供更加有力的保障。

标准化钢筋加工车间建设

李　宁　康雄辉

1　概　　述

武汉青山长江大桥工程全线使用钢筋型号种类繁多，数量大，为加强钢筋加工质量及效率管控、便于管理，确定了钢筋采用工厂化加工成半成品或成品再运至现场进行绑扎、安装的方案。在项目南岸工地设置标准化钢筋加工车间。

2　设计及建设原则

(1)结构安全可靠，造价经济合理。

(2)钢筋加工能力满足现场生产需要。

(3)选用材料做到常规通用、可周转利用、搭拆方便。

(4)钢筋加工车间设置要符合安全文明工地标准化要求，包括基础设施标准化、机械设备自动化、施工管理规范化。

3　标准化钢筋车间建设

3.1　基础设施建设

钢筋加工车间设置于19号墩上游大众码头与金华码头交接处，场址处地面高程+25.3～+25.5 m。车间长80 m(立柱中心距)，宽45.96 m(立柱中心距)，占地面积3 676.8 m^2(5.52亩)，采用全封闭大棚(大棚采用红顶白墙)。标准化钢筋加工车间布置见图1。

3.1.1　厂房结构

钢筋加工场顶棚采用全封工业厂房建设方案，四周封闭，预留进出场大门，厂房长80 m，宽(25.24+21.24)m，屋架主横梁及承重立柱采用焊接H型钢，屋面檩条采用C型钢(图2)。立柱与底部C30扩大基础通过预埋件栓接固定。边立柱高11.95 m，中立柱13.25 m，屋面坡度1∶19/1∶16。

屋面板采用0.5 mm厚单层彩钢板，与檩条采用自攻螺母连接，同时每8 m设置1条采光带，保证日间照明。墙板采用0.4 mm底层彩钢板，与墙梁采用自攻螺母连接。

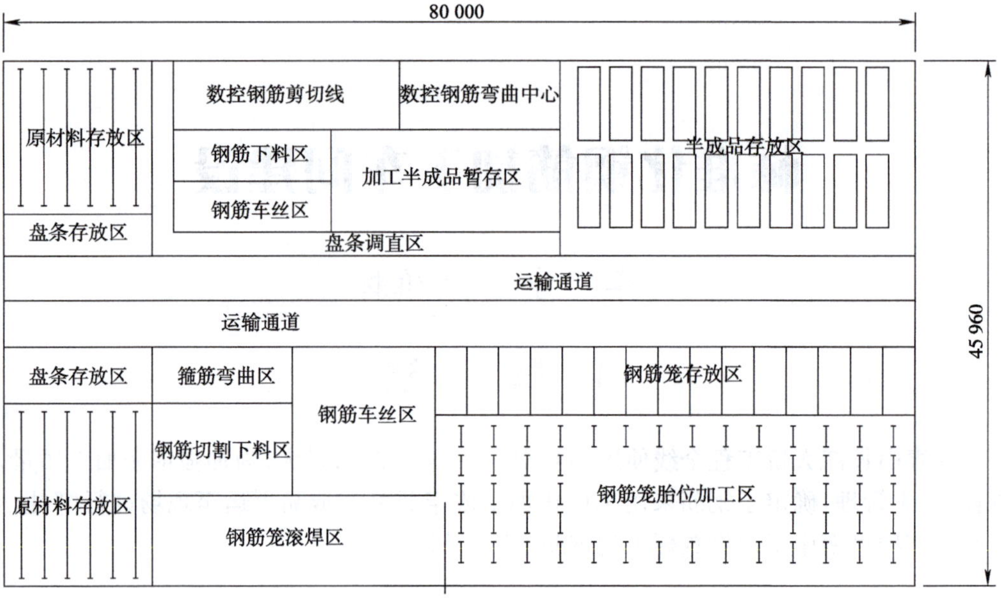

图 1　钢筋加工车间平面布置(单位:mm)

图 2　钢筋加工车间杆件拼装

3.1.2　功能区布置

钢筋加工场场区内根据功能划分为原材料存放区,成品、半成品堆放区,钢筋加工区,通道及临时用料堆放区。各种原材料和成品、半成品均进行抄垫堆放,做好防潮工作,避免与酸、碱等腐蚀性物质接触,见图 3。

图 3　材料堆放

3.2 机械设备配置

为提高钢筋加工车间的机械化及自动化水平，提高工作效率，钢筋加工车间内配备了4台10 t桁吊及3台数控钢筋加工设备，包括先进的数控钢筋剪切机、数控钢筋弯曲机以及钢筋笼滚焊机。桁吊负责场区内的原材料及成品、半成品的吊运工作，减少人工搬运，提高工作效率，与门式吊机相比减少了对场内空间的占用。

数控钢筋弯曲机适用于各种钢筋规格的生产弯曲，与传统手工加工钢筋相比，工作效率高、劳动消耗低，而且加工精度高，成型速度快，能有效保证钢筋成品及构件质量，见图4。

人工制作钢筋笼存在较多缺点，如尺寸误差较大、缠绕不紧、整体松散、焊接热变形导致钢筋笼变形等。采用全自动变径滚焊机制作钢筋笼，主筋、螺旋筋间距均匀，机械旋转，螺旋筋与主筋缠绕精密；先成型后加内加强筋，确保了成品钢筋笼整体顺直，加工质量高，见图5。

图4 数控钢筋弯曲机

图5 钢筋笼滚焊机

数控钢筋弯箍机可将冷轧、热轧盘条钢筋、螺纹钢筋进行矫直、弯曲、切断，一次加工成品，从盘条直接加工出箍筋，只需2人操作，快速、省工、省料，见图6。

图6 数控钢筋弯箍机

3.3 文明施工及规范化管理

(1)钢筋加工场进门处设置加工场铭牌和“施工重地、闲人免进”的警示、警告标志，设置齐全标识标牌及图表，并悬挂在醒目位置见图7。

(2)各功能区、原材料堆放区设置明显的分区标识牌，显示出各种原材料的基本情况、检验状态和进场数量等，分区存放合格材料与不合格材料。建立台账，分批次登记，并同时建立消耗台账。

（3）钢筋制作区设置各种型号钢筋大样图，全自动滚焊机、数控钢筋弯曲机、数控钢筋弯箍机和桁吊旁边分别设置操作规程标识牌，指导工人安全操作。

图 7　文明施工规范化

（4）钢筋制品半成品、成品堆放区设置检验标识牌，标明材料的名称、使用部位、检验状态等。

（5）场区内悬挂安全生产标语，时刻提醒作业人员注意安全，提高作业人员的安全生产意识。

（6）钢筋加工场内所有使用的设备均进行标识，明确操作人员。现场作业人员佩戴胸牌，特殊工种操作人员持证上岗，操作人员要熟练掌握机械设备的操作规程，熟悉机械的构造、性能及保养规程。

（7）组织作业人员进行安全技术交底及安全教育培训，同班组签订安全责任书，制定安全管理奖惩制度。作业人员进入施工现场均穿戴相应劳动保护用品。现场管理人员统一制服挂牌上岗，安全监察人员佩戴安全袖标。

4　结　　语

武汉青山长江大桥标准化钢筋加工车间结构可靠、布置紧凑，先后安全度过了两次特大洪水和两次雪灾。钢筋车间采用工业厂房生产作业模式，功能分区合理、作业高效，便于施工组织、管理和控制质量，累计加工各类型钢筋制品 37 000 余吨，所制产品加工质量好，材料损耗率低，平均损耗率仅为 1.05%，为工程的顺利实施发挥了积极作用。

标准化 T 梁预制场建设

尹超杰　李　强

1　概　　述

武汉青山长江大桥南岸陆地引桥 S1～S42 号、S48～S50 号墩上部结构均为 T 梁，自南向北桥跨布置为：3×33 m ＋4×33 m＋8×30 m＋3×40 m＋10×30 m＋3×40 m＋7×30 m＋3×40 m＋5×30 m，共计预制 T 梁 835 片，其中 30m T 梁 540 片，33m T 梁 133 片，40m T 梁 162 片，均采用场内预制方式。

2　选址及场地布置

T 梁预制场选址综合考虑以下原则：

(1)少占或不占用耕地；

(2)尽量减少填方或弃方工程量，减少工程投入；

(3)考虑交通是否便利，道路线性是否满足架梁要求；

(4)考虑与混凝土拌和站的相对位置确保混凝土供应；

(5)充分考虑汛期对梁场的影响；

(6)考虑雨季施工的场内排水问题。

经过综合比选，预制梁场设置在滩地引桥 4～8 号墩左侧，长 285 m，宽 152 m，占地面积约 53 亩，场址距离混凝土拌和站大约 500 m，距离架梁提升站大约 300 m。场地选址见图 1。

梁场内布置有制梁区、存梁区、封闭式钢筋加工车间、办公及生活区四大核心区域，并建有波纹管加工车间、预应力材料超市、钢筋整体绑扎台位、循环供水及养护系统等配套设施，真正实现了 T 梁预制的标准化、工厂化、装配化。

在总体建设布局上，靠近桥梁侧为存梁区，以方便 T 梁的存放及架设需要，存梁区台座按双层存梁，可存梁 168 片。制梁区设置在桥梁远端，共设置 36 个制梁台座，其中 40 m 制梁台座 9 个，30 m、33 m 制梁台座 27 个。钢筋加工车间设置在桥梁最远端，在钢筋加工车间与制梁台座之间设置钢筋绑扎台座、钢筋吊架台座，钢筋绑扎台座共设置 6 个，钢筋吊架台座 2 个，梁场纵向设置 150 t、100 t 门吊各 1 台，10 t 门吊 5 台。

场地布置见图 2。

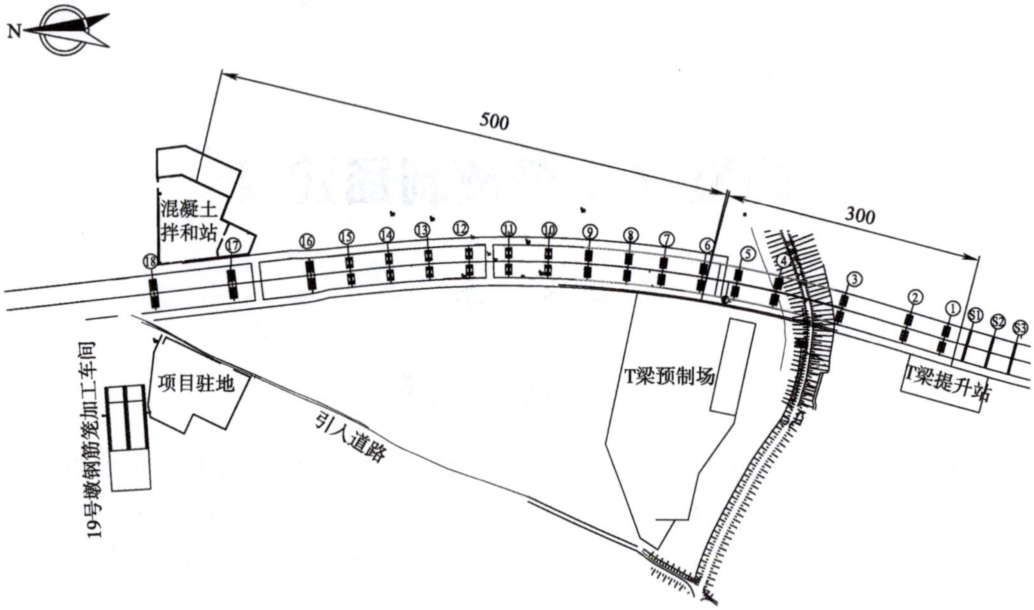

图1 T梁预制场选址(单位:m)

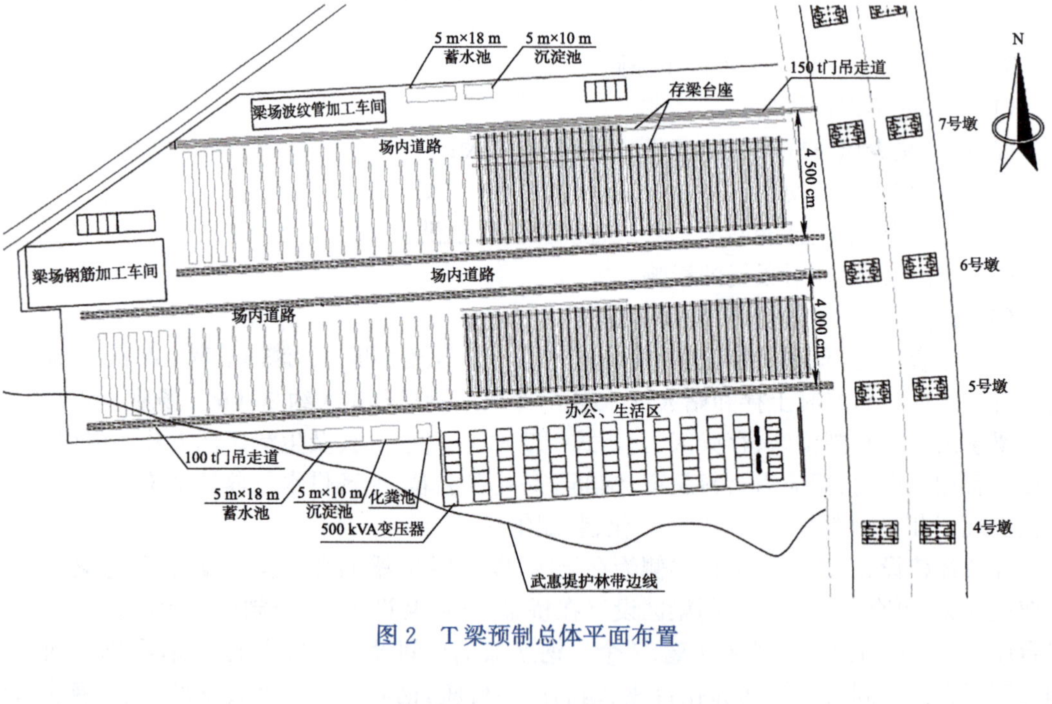

图2 T梁预制总体平面布置

3 标准化T梁预制场建设

3.1 地基处理施工

T梁预制场上游位于砂石料堆放场,下游靠近便道侧为水塘,因原地基承载力较小,沉降变形较大，采用宕渣换填和粉喷桩加固。

地基处理方法为：将水塘内的水抽至排水沟内，清除塘内积水、淤泥、草皮等杂物，分层回填宕渣，回填过程中采用推土机进行推平，用 18 t 振动压路机进行分层碾压，分层碾压。回填完成后，在制梁台座、水塘外存梁台座基础和门吊轨道基础部位进行粉喷桩施工。

3.2 台座施工

3.2.1 制梁台座

T 梁预制场共设置制梁台座 36 个，其中 40m T 梁制梁台座 9 个，30 m、33 m 制梁台座 27 个，见图 3。

图 3 制梁台座

制梁台座反拱从跨中向两端按二次抛物线变化，在大量预制 T 梁前，先做试验梁，进行观测，根据实际情况调整向下的预拱度值。相邻台座中心距 5.6 m，平面布置利于模板的拆装及钢绞线的张拉操作。

3.2.2 存梁台座

预制梁场内存梁区按梁长的不同分为 40m T 梁、33m T 梁存放区和 30m T 梁存放区，存梁台座双层存放，可存梁 168 片，极限存梁能力为 200 片。存梁台座基础及台身均采用 C30 混凝土浇筑，见图 4。

图 4 存梁台座及存梁

3.2.3　钢筋绑扎台座

钢筋绑扎台座主要是控制钢筋的位置和间距、垂直度等标准。钢筋绑扎台座在设计、加工制作时考虑台座的强度、刚度等荷载要求，还考虑钢筋绑扎作业的方便、钢筋的定位准确，确保钢筋绑扎、安装在设计、规范允许的范围内，见图 5。

图 5　钢筋绑扎台座

3.3　自动化喷淋系统

传统的预制梁体喷淋养护存在顶腹板养护不到位、不及时、人工投入多且浪费水资源等缺点，不利于质量、成本控制，与当前倡导的“绿色施工”相悖。

自动化喷淋养护系统通过喷淋控制柜将水泵、压力控制器、电磁阀、顶板养护管路箱、四分扇形喷嘴、循环生态水池有效地结合起来，构成系统的自动化框架。该系统具有智能化程度高、人机交互简便、远程操控、构件易更换、水资源循环再利用等诸多优点，见图 6。

图 6　自动化喷淋系统

3.4　不锈钢模板

为有效解决钢模面板锈蚀问题，减少模板周转除锈、清理工作量，保证 T 梁外观质量，

T 梁底模及侧模均采用不锈钢复合面板，从工装控制上保证了梁体外观质量，见图 7。

图 7　不锈钢模板

3.5　配套钢筋加工车间

T 梁钢筋加工均在梁场钢筋加工车间进行加工，加工成半成品后在钢筋加工车间半成品存放架上进行存放，安装时运输至钢筋绑扎台座处进行安装。

钢筋的剪切下料采用数控剪切线，半成品采用数控钢筋弯曲机、数控钢筋弯箍机进行自动化加工制作，有效保证了钢筋加工的精度，大大提高了加工效率，见图 8。

图 8　钢筋加工车间

4 物资管理

4.1 预应力材料存放

T 梁用锚具、喇叭口、螺旋筋等预应力材料按批次进场检验合格后，在单独设置的预应力材料库房集中存放，库房内挂设物资管理制度、材料标识牌，材料进出场由专人负责登记监管，见图 9。

图 9　预应力材料存放车间

4.2 金属波纹管加工及存放

梁场单独设置金属波纹管加工车间，根据施工进度需要，匹配性加工，加工成型的金属波纹管在车间内的标准存放架上集中存放，见图 10。

图 10　波纹管加工及存放车间

5 结　　语

武汉青山长江大桥预制梁场在建设之初确立了“标准化、信息化、绿色环保、工艺创新”的指导思想，在梁场建设过程中，注重前期策划，充分利用 BIM 技术。施工过程中坚持高标准，积极开展技术攻关、工艺创新，通过自动喷淋养护系统、绿色水循环系统、不锈钢模板、数控加工设备、用电标准化等一批新工艺、新材料、新技术、新设备的应用，大大提高了施工功效，在努力打造精品工程的同时，还节约了施工成本。

标准化混凝土搅拌站建设

胡　帆　宋子强

1　概　　述

混凝土搅拌站是建筑、桥梁、道路等工程施工中的必备设备，搅拌站由搅拌主机、物料称量系统、物料输送系统、物料贮存系统和控制系统等5大系统以及砂石料仓排系统等附属系统组成。在桥梁工程中，尤其是混凝土结构桥梁，建立标准化、规范化搅拌站，合理规划选址，优化搅拌站布局，将影响整个工程的施工进度。

武汉四环线青山长江公路大桥项目共设置三座混凝土搅拌站，分别是化工分区搅拌站、天兴洲分区搅拌站及武湖分区搅拌站。化工分区混凝土搅拌站占地面积为22.3亩，站内设置2套HZS120搅拌站，负责青山大桥一分部混凝土的供应，混凝土总供应量约29.1万m^3。天兴洲分区混凝土搅拌站占地20.7亩，站内设置2套HZS120搅拌站，负责青山大桥二分部混凝土的供应，混凝土总供应量约22.0万m^3。武湖分区混凝土搅拌站占地23.7亩，站内设置2套HZS120搅拌站，负责青山大桥三分部混凝土的供应，混凝土总供应量约21.1万m^3。

2　搅拌站设置

2.1　搅拌站选址

混凝土搅拌站遵循“因地制宜，节约土地，保护环境，安全可靠，规范有序，功能完备，布设合理，方便生活，满足生产”的原则进行布设。

化工分区搅拌站位于主桥17～18号墩东侧，占地面积14 900 m^2，四周地势开阔，紧邻既有道路，且距离长江岸边100 m左右，岸上交通及水上运输便利，搅拌站位置位于主桥施工区域，便于混凝土供应的生产安排，方便管理。化工分区搅拌站选址布置见图1。

天兴洲分区混凝土工厂与钢筋车间相邻，位于22号墩附近下游侧，与两条施工便道在混凝土工厂前交汇，方便现场施工，整个混凝土工厂占地面积13 824 m^2。天兴洲分区搅拌站选址布置见图2。

武湖分区搅拌站布置于桥位下游江边处，便于砂子、石料的起坡。站名全称为中铁大桥局武汉青山长江大桥项目经理部三分部搅拌站，搅拌站包含砂石料码头及实验室相关配套设施，搅拌站及相关配套设施设计使用时间为4年，建筑面积为15 840 m^2。为保证混凝土供应顺利，便于现场施工，混凝土供应半径在 3 km 以内，搅拌站四周环绕施工便道，搅拌站排水系统完善，消防设施齐全。武湖分区搅拌站选址布置见图 3。

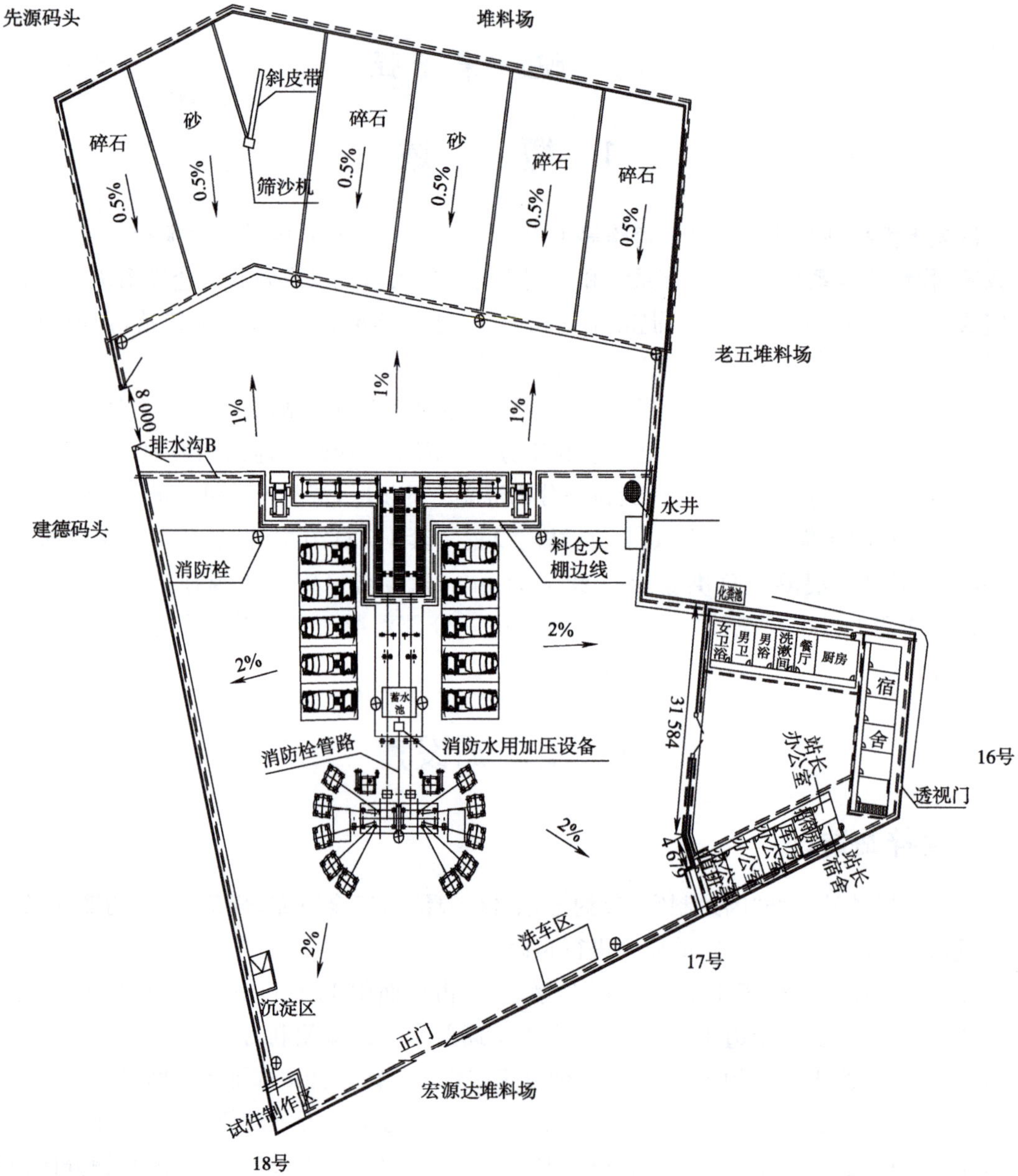

图 1　化工分区搅拌站选址布置(单位:mm)

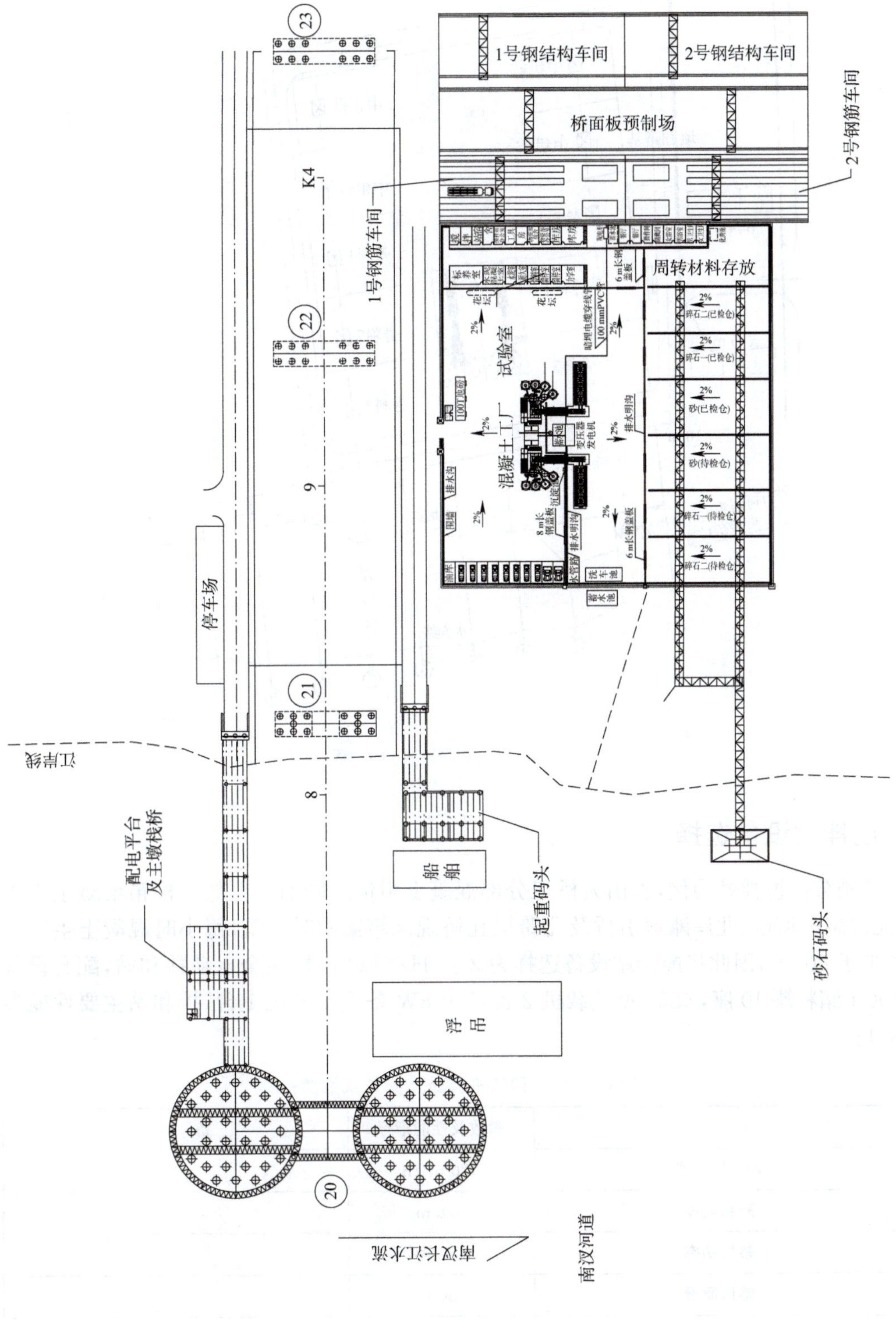

图 2 天兴洲分区搅拌站选址布置

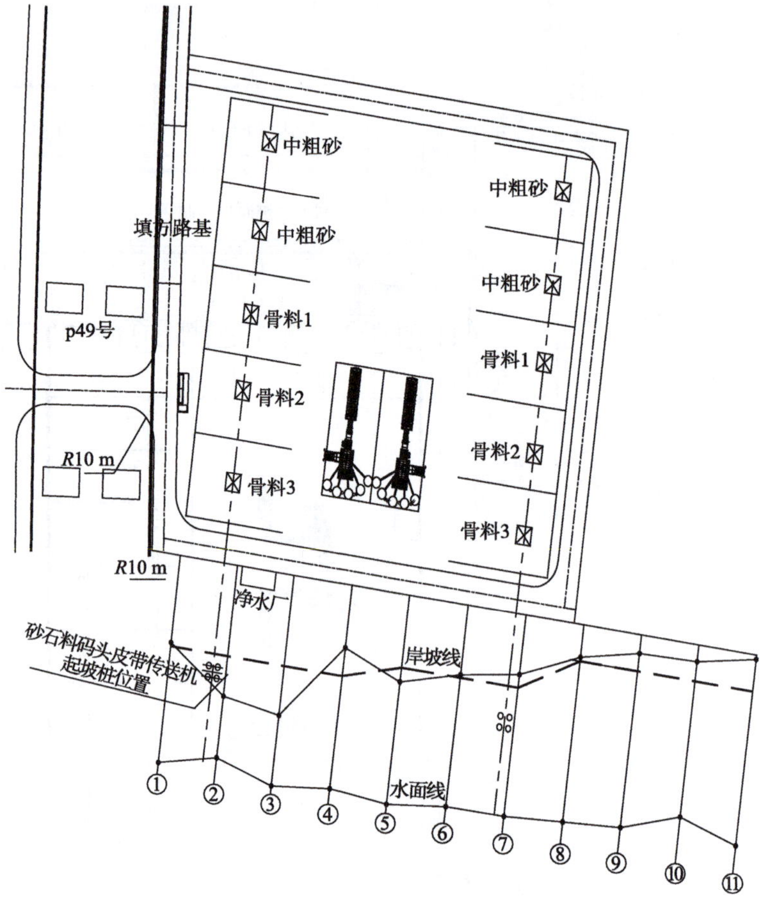

图 3　武湖分区搅拌站选址布置

2.2　搅拌站设备选择

以武湖分区搅拌站为例，青山大桥三分部混凝土用量高峰期为上部结构箱梁凝土浇筑时期，北汉副航道桥、北岸滩地引桥及北跨堤孔桥现浇箱梁同时浇筑，每小时混凝土生产方量不得少于 80 m^3，因此将搅拌站设备选择为 2 台 HZS120 高性能全自动拌和站，配套设备包括 100 t 储料罐 10 座，ZL50 型装载机 2 台，500 kW 备用发电机 1 台，拌和站主要性能参数见表 1。

表 1　HZS120 型拌和站主要技术参数及性能指标

序号	名　称	参数及性能指标	备　注
1	理论生产率	120 m^3/h	
2	卸料高度	3.8 m	
3	整机功率	225 kW	
4	整机质量	50 t	

续上表

序号	名称		参数及性能指标	备注
5	配料系统	骨料储料仓容量	20 m^3×4	
		上料高度	2.5 m	
6	电子秤	计量精度	±2%	骨料称量

2.3 搅拌站功能分区

武湖分区混凝土搅拌站总长 132 m,宽 120 m,占地面积约 15 840 m^2,场地四周采用高度 2.5 m 的砖砌围墙进行封闭,搅拌站主要分为拌和区、存料仓、车辆停放区、道路等(图 4)。共设置 10 个存料仓,单个存料区面积约 778 m^2,存料仓上方搭设钢框架彩钢棚对原材料进行防护。料仓按不同粒径、不同品种分类存放。搅拌站设运输车辆停放场地一处,能够满足不少于 6 辆混凝土运输及砂石料倒运车辆停放。

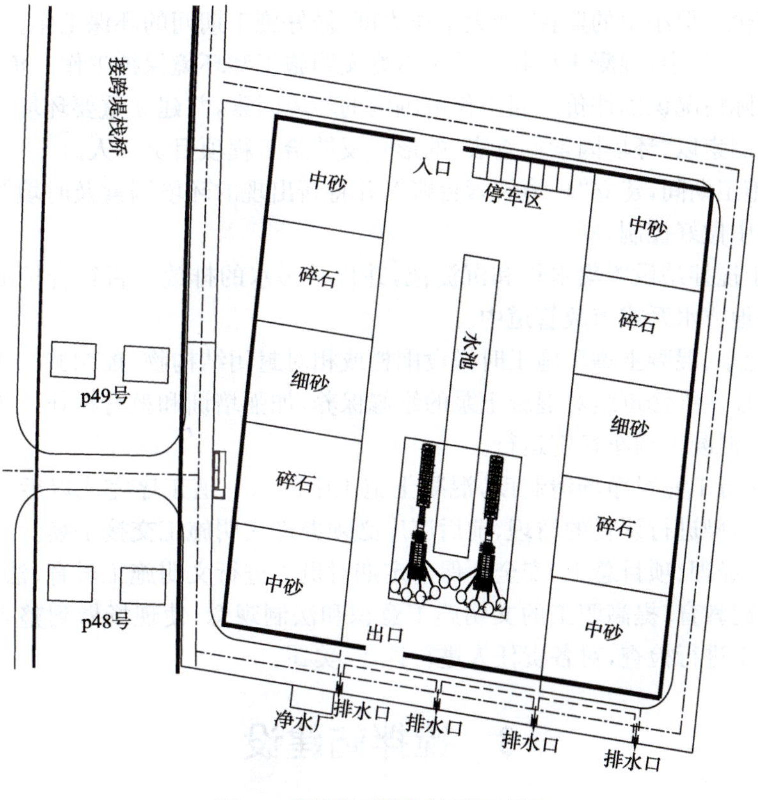

图 4　武湖分区搅拌站平面布置

2.4 搅拌站建设标准化要求

(1)搅拌区、存料区、停洗车区、道路等区域均采用 C30 混凝土硬化处理,其他场区采用 C20 混凝土硬化处理。

(2)场内所有硬化地面均设置不小于 2%的排水坡,地面水采用排水沟汇集,经沉淀净化处理后排放。

(3)粗、细骨料按“待检区”和“合格区”分别存放,不同品种和不同规格的粗、细骨料用隔墙分离。

(4)搅拌站场地用围墙进行封闭,围墙高度为 2.5 m,采用砖砌后水泥砂浆抹面。

(5)搅拌站设大门一处,宽度为 8 m。搅拌站大门门柱上悬挂不锈钢标牌。

(6)安全、消防、环保设施齐全有效,标识规范、醒目。

2.5 标准化安全文明环保管理制度

搅拌站施工与维护人员担负搅拌站的环保职责,搅拌站扬尘污染、噪声污染、废水污染是必须解决的问题。共同营造良好施工环境是为文明施工提供更好的工作空间,更好地提高生产效率,响应武汉市的环保要求。

搅拌站建设及使用过程中建立了一系列的安全文明环保管理制度,相关制度如下:

(1)依据工程环境保护工作的需要,项目部成立环保管理小组,搅拌站站长及施工人员接受项目部安全环保小组的监控,加大工作力度,做好施工期间的环保工作。

(2)在施工过程中,混凝土搅拌站站长做好文明施工和环境保护工作。负责人根据工程的实际情况识别评价所属工作范围内的环境因素,并建立重要环境因素清单,并将新出现的环境因素以“环境因素调查表”的形式反馈给工程项目负责人。

(3)工程施工期间,建立“环境因素台账”,并将新出现的环境因素及时填写在“环境因素台账”中,施工中做好控制。

(4)混凝土搅拌站设置集水坑和沉淀池,并化验污水的排放是否符合标准要求,然后决定是否排放到地方水系或市政管道中。

(5)混凝土泵、混凝土罐车施工时搭设围栏或相对封闭结构物,控制并减少噪声排放,同时加强混凝土设备维修班组对混凝土泵的维修保养,加强培训和教育操作工人的环保意识,保证混凝土泵、混凝土罐车稳定运行。

(6)认真执行工完料净场清制度,混凝土施工中的每一道工序完成以后,必须按要求对施工中造成的污染进行认真的清理,前后工序必须办理文明施工交接手续。

(7)由项目经理、项目总工、安全环保部定期对员工进行文明施工教育、法律和法规知识教育及遵章守纪教育,提高职工的文明施工意识和法制观念,使现场做到整齐、清洁、有序,每月对文明施工进行检查,对各责任人进行评比、奖罚。

3 搅拌站建设

3.1 场地整平处理

场地整平施工一般工艺流程包括:清表及原地面碾压→基底垫层施工→检验土质→分层铺土→分层压实→修整找平→检查验收。

场地整平施工中应注意以下质量控制要点:①场地整平铺土采用分层铺设碾压,虚铺土不得超过规定厚度,以免铺土下部难以压实;②铺土碾压次数不得低于规定次数,不得少压或漏压;③严格控制填土材料,有机物质过多的土质不得使用;④对含水率偏低的干土,碾压时应适当洒水加以润湿;对含水率偏高的湿土,应加以晾晒或掺以适当干土,如呈现“橡皮土”现象时,应将其挖出,重新换好土再予以压实;⑤填土施工中,定位桩、水准点等应设置明显,填运土方时不得碰撞,并定期复测检查这些桩点是否移动和下沉,发现问题及时处理;⑥回填土过程中不得长时间日晒、雨淋、泡水,要求连续作业,尽快完成;遇雨及时用塑料布遮盖,场地内提前预留排水明沟。

3.2 场地基础建设

待混凝土搅拌站场地平整完成后,需对搅拌站料罐及其他承载力要求较高区域进行基础处理。其中,料罐基础采用插打钢管桩加承台的基础形式,搅拌站其他区域采用开挖回填夯实及基础混凝土浇筑来提高承载力。

料罐基础钢管桩施工采用振动打桩机锤击施工,待插打钢管经检查验收合格后,将振动打桩机与夹持器吊起,与钢管桩对位、夹紧,用振动打桩机下沉钢管桩时,桩锤、液压夹持器及管桩的轴线一致,不得有过大偏差(一般以 2 cm 为度),振动下沉钢管桩过程中,如发现偏位和倾斜,应停锤进行纠正。

钢管桩插打施工以设计桩底高程控制为主,插打贯入度为辅,若无异常情况发生,即可停锤。如桩底高程距设计规定差别超过 2 m 时,应及时上报、研究处理。同时钢管桩下沉至设计桩底高程后贯入度出现异常也应及时上报。未经批准,不得进行下一道工序,且同一排桩的最终贯入度应大致相同。在钢管桩施工完成后,整平基坑地基浇筑垫层,后绑扎承台钢筋浇筑承台混凝土。

搅拌站其他区域基础处理采用混凝土硬化处理加强地基承载力,根据现场地质调查情况,基础开挖地段土层为填筑土、淤泥质土、砂土,对于基坑开挖深度大于 1.2 m 位置,为防止基坑积水及基坑坑壁塌方,采用放坡开挖(放坡起点:基底,放坡系数:1/0.75),并在基础开挖外围设置集水井,用水泵将水排出基坑。基础开挖到设计基础底高程后,清除基坑积水,依次换填 20 cm 厚比例 3∶7石灰土、20 cm 厚砖渣并夯实。基底换填处理完成后,部分区域基础需按照搅拌站设计图绑扎受力钢筋,然后立模,最后浇筑混凝土。在浇筑混凝土前需对钢筋及模板等隐蔽工程进行验收,并做好隐蔽工程验收记录。

3.3 水电线路施工

青山大桥北岸搅拌站生活用水采用城市自来水,通过地下暗埋水管自项目驻地引至搅拌站生活区域;生产用水采用地下水,通过地下打井,采用 ϕ80 mm 管引入水泵房蓄水池内。

搅拌站场内采用雨污分流方式排水。地面雨水通过地面汇水坡就近汇入四周排水沟,汇水坡坡度 2%;明沟采用砖砌明沟,坡度 3‰,汇入主排水沟;污水排水采用 PVC 排水管,坡度 3‰,暗管经由窨井交汇,最终引向搅拌站主排污渠道。排水沟截面尺寸见图 5。

施工用电由开闭所高压出线柜经跨堤支架跨越武湖大堤后,沿施工便道外侧埋设引致北汊主栈桥上游侧箱式变电站。施工驻地内,在北汊栈桥上游侧设置 1 号、2 号两台变压器,1 号变压器为 1 000 kVA 箱变,负责水上施工及搅拌站施工的生产用电。搅拌站内电缆尽量采用地埋形式,需提前预留相应管道。为确保临时停电混凝土灌注不中断,在 1 号变压器附近配置 1 台 300 kW 柴油发电机备用。

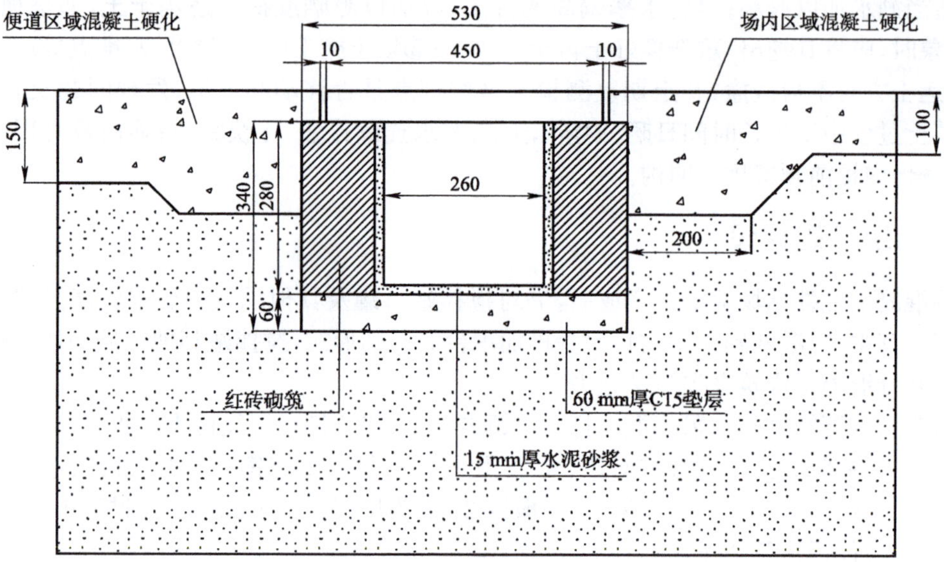

图 5　排水沟截面尺寸示意(单位:mm)

3.4　标准化搅拌设备安装

待基础混凝土达到强度后,开始进行设备安装(图 6)。搅拌站设备安装主要包括以下几个步骤:

3.4.1　主机安装

先组拼主机,再将主机的支腿与主机架用螺栓连接,主机与主机架用螺栓固定进行起吊,立于基础预埋件,再拧紧支腿螺栓。

3.4.2　输送机安装

在地面用螺栓把皮带输送机桁架连接,紧固后用起吊机吊起输送机架,另一台吊机协助将输送机安装到位。

3.4.3　配料机安装

先安装配料机的输送,再用吊机吊于基础内,后把配料机的称量系统安装完成后固定于基础上。

3.4.4　粉料仓安装

先安装粉料仓附件,再把粉料仓整体吊装安置于基础上。

3.4.5　螺旋输送机安装

将螺旋输送机对接好,注意电机的完整性,再起吊安装,保证螺旋机进口与粉仓出口的位置一致性。

3.4.6　操作控制室安装

安装控制室底盘架、支腿、转向台、梯子,都必须保证螺栓的紧固,若控制室为单独可直接封房,对于已经封闭好的控制室支腿连接必须紧固。

图 6　标准混凝土搅拌站

3.4.7　电器安装

布线前，仔细检查电缆是否完好，有无破损，断路和短路现象，电力电缆的绝缘和电阻状况是否良好。

3.5　搅拌站试运行

3.5.1　单机试运行

1. 气路系统

启动空压机，待压力达到额定值后，检查气路是否有泄漏，有则停机及时排除。再分别启动各控制电磁阀，检查各气缸是否灵活，各料门、蝶阀开关是否可靠。

2. 平皮带输送机

在空载状态下测定电机电流是否正常，观察机械转动是否正常，观察输送带的跑偏与打滑情况，检查所有托辊是否处于正常工作状态。

在负荷状态下重复进行空载状态的全部项目并检查清扫器的工作效能。

3. 斜皮带输送机

在空载状态检查传送机传送速度是否与平皮带输送机相同。

在负荷状态下检查平皮带输送机负荷状态所有项目，检查重锤拉紧装置的工作状态。

4. 水路系统

在空载状态下检查电机转向是否正确，测定电机电流是否正常、有无异常响声。

在负荷状态进行空载状态的全部项目，检查管路是否泄漏。

3.5.2　联动试运行

(1)设备的联动试运行必须在单机试运行正常后进行，进行时应先启动空压机，待气路系统压力达到额定值后再启动其他设备进行联动试运行。联动试运行分为空载和负荷运行两步进行。

(2)在空载运行过程中，应调整各部关系，消除故障隐患，协调各部动作，试运行到能保持正常工作 30 min 以上位置。

(3)载负荷试运行过程中,观察和测定以下项目:

①观察皮带输送机,螺旋输送机、搅拌机等运行的情况,测定其电机电流及轴承温升;

②观察输送机尾部导料槽有无料堆积及散料现象;

③测定给料、程料、输送、搅拌、卸料等各阶段时间;

④观察除尘机吸尘效果;

⑤测定混凝土生产率。

4 结　　语

武汉青山长江大桥混凝土搅拌站布局及设计合理,承担并完成了青山长江大桥的混凝土生产任务,为工程施工顺利进行奠定了基础。

搅拌站建设及使用过程中制订并采取了一系列的标准化管理制度及措施,本项目在工程施工过程中以标准化安全文明环保管理制度为准绳,规范混凝土搅拌站运营及维护,降低了污染物排放,赢得了业主及质检单位的认可。

临时施工用电方案研究

王仕豪

1 工程概况

武汉青山长江大桥项目战线长，被长江和天兴洲分为三个部分，分别属于三个行政区，为便于管理，根据初步施工组织设计，该项目分为三个施工分部：一分部位于青山化工区，自长江江心以南，从主桥19号墩往南到乙烯快速路之间部分，长约3 261 m；二分部位于洪山区的天兴洲，自江心向北跨越天兴洲洲尾至长江北汊40号墩，全长约1 937 m；三分部位于黄陂区，自长江北汊40号墩向北跨过汉施公路至农耕年华终点部分，全长约2 350 m。

2 施工临时用电负荷计算

根据武汉青山长江大桥初步施工组织设计中的总体规划和施工安排、办公和生活区的场地布置和规划、钢筋车间和钢结构车间的布置和规划、混凝土工厂的布置和规划、大桥建设全过程中的高峰用电阶段（钻孔桩基础施工时期）拟同时开工的作业面和作业点，以及拟同时投入的设备种类、型号规格和数量，考虑设备的额定功率、需要系数、功率因数、有功功率、无功功率和同时系数等，计算出施工临时用电总负荷为10 971 kVA，其中，一分部（青山化工分部）施工临时用电负荷为4 104 kVA；二分部（天兴洲分部）施工临时用电负荷为4 079 kVA；三分部（黄陂分部）施工临时用电负荷为2 788 kVA。

3 施工临时用电方案的比选

因大桥南岸附近的王家屋锚地所锚泊的船只从大桥桥位（19号墩）上游一直延伸至下游，挤占了在长江主河道敷设水下过江高压电缆的安全施工水域，致使水下过江高压电缆需要从船舶锚泊作业区穿越，存在重大安全风险，因此不宜采用高压电一次接入再分送至三个施工分部的方案，故本项目临时施工用电只对江北、江南两岸分开供电的方案进行比选。

3.1 南岸供电方案比选

经对大桥南岸周边的变电站进行实地调研勘查，距离南岸施工现场（一分部）较近的变电站有3座，分别是：白玉山110 kV变电站、北湖110 kV变电站、武钢工业港10 kV临江开闭所。具体方案如下：

3.1.1 白玉山 110 kV 变电站

白玉山变电站位于白玉山公园旁，该变电站距离南岸施工现场(一分部)约 10 km，由于距离较远、供电路径不畅通，多处路段无架空线通道，需绕行或敷设地下电缆，相对投入费用较高。为白玉山变电站至南岸新建开闭所线路见图 1。

图 1　白玉山变电站至南岸新建开闭所线路示意

3.1.2 北湖变电站

北湖变电站位于青山区北湖片区，距离南岸项目施工区(一分部)域约 9 km，该站供电容量可满足施工用电的需求。但是其周边环境复杂，架空线路无法架设，需重新建设电缆通道，故投入费用也较高。北湖变电站至南岸开闭所线路见图 2。

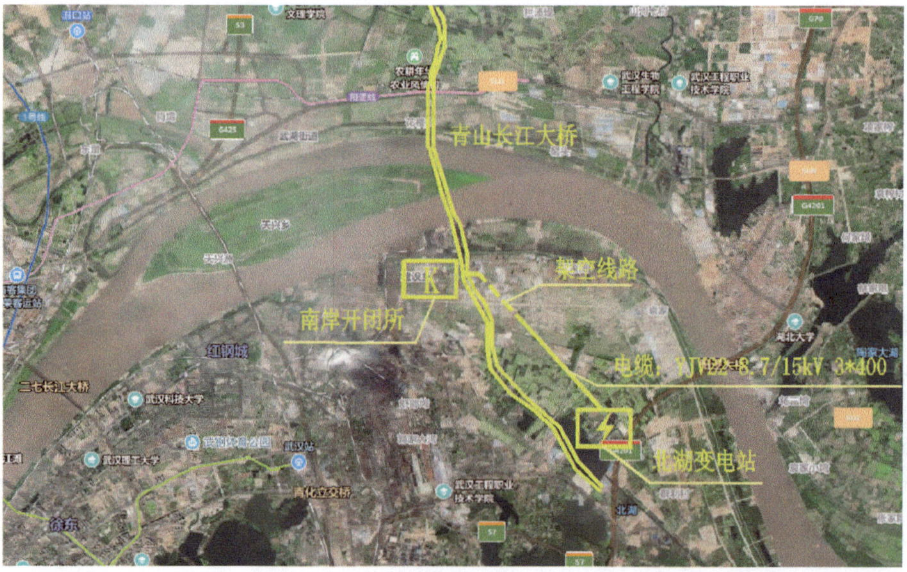

图 2　北湖变电站至南岸开闭所线路示意

3.1.3 武钢工业港内 10 kV 临江开闭所

武钢工业港内 10 kV 临江开闭所距离南岸施工区域约 3 km，开闭所剩余容量为 6 000 kVA，可满足一分部施工用电(4 530 kVA)的需求，可由临江开闭所提供主备供电源，然后通过架空电缆方式至一分部新建的 10 kV 开闭所，再由开闭所送至施工现场的箱式变压器。武钢工业港临江开闭所至南岸新建开闭所线路见图 3。

图 3　武钢工业港临江开闭所至南岸新建开闭所线路示意

本着在满足南岸区域(一分部)施工用电需求的前提下尽可能降低费用投入的原则，经过综合对比分析可知，选择从武钢工业港内 10 kV 临江开闭所接入高压电源至南岸施工区域(一分部)的供电方案最为可行和经济。

3.2 北岸供电方案比选

经对大桥北岸周边的变电站进行实地调研勘查，距离北岸施工现场较近的变电站有 2 座，分别是：武湖万咀 110 kV 变电站和武钢江北公司 110 kV 变电站。具体方案如下：

3.2.1 武湖万咀 110 kV 变电站

位于黄陂区武湖农场武汉街道的立山路旁的万咀变电站，距离北岸施工区域约 7 km，需新建供电电缆通道穿过汉施公路，再沿发展路上大堤采用架空线路沿大堤至施工现场。由于此线路走向和规划中江北快速通道形成重叠，后期迁移工程量较大，停电时间较长，过程中会给大桥的施工造成较大影响，同时投入的费用也相对较高。万咀变电站至北岸开闭所线路见图 4。

3.2.2 武钢江北公司 110 kV 变电站

新洲区阳逻武钢江北公司 110 kV 变电站有多余容量，可满足施工用电需求。此站距离北岸施工现场全长约 6 km，由于该站至施工现场相对较近，可采取敷设电缆至西岗大道处，

图 4　万咀变电站至北岸开闭所线路示意

再使用架空线路至施工现场的方式提供电源，且选取的供电走廊障碍较少，绝大部分路段都可采用架空线路方式，需敷设地下电缆的路段很短，因此投入费用相对较低。武钢江北变电站至北岸开闭所线路见图 5。

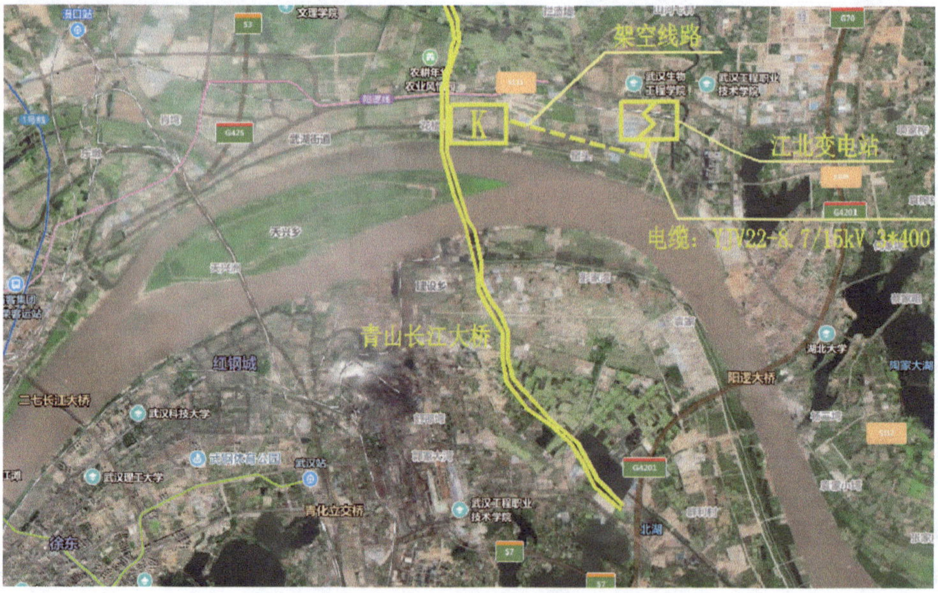

图 5　武钢江北变电站至北岸开闭所线路示意

对比分析上述两个方案，二分部和三分部的临时施工用电选择从新洲区阳逻武钢江北公司 110 kV 变电站接入高压电源的方案为最优。

4 大桥施工临时用电的实施方案

大桥施工临时用电的供配电总体方案采用“变电站(10 kV)—新建开闭所(10 kV)—箱式变压器(380/220 V)—配电箱—分配电箱—开关箱”的接电形式，采用 TN-S 接零保护供电系统，三级配电，三级保护，电源采用 380/220 V 三相五线制，施工现场实行“一机一闸一漏一箱”。

4.1 南岸一分部临时用电实施方案

由武钢工业港内区临江变电站提供一分部施工所需的 10 kV 主、备供双回路电源，通过架空电缆方式送至一分部桥位处武惠堤大堤旁新建的开闭所，再由新建开闭所送至项目部生活区环网箱及武惠堤外施工便道环网箱，再由两个环网箱分至施工现场箱变。在 19 号墩附近设置 1 号变压器(2×800 kVA+500 kVA+400 kVA)，主要用于主桥基础施工；在 13 号墩设置 2 号变压器(500 kVA+400 kVA)，主要用于混凝土工厂及滩地内基础施工；在 5 号墩设置 3 号变压器(630 kVA)，用于钢结构及钢筋加工、生活区及基础施工。合计容量 4 530 kVA。一分部最终实施方案见图 6。

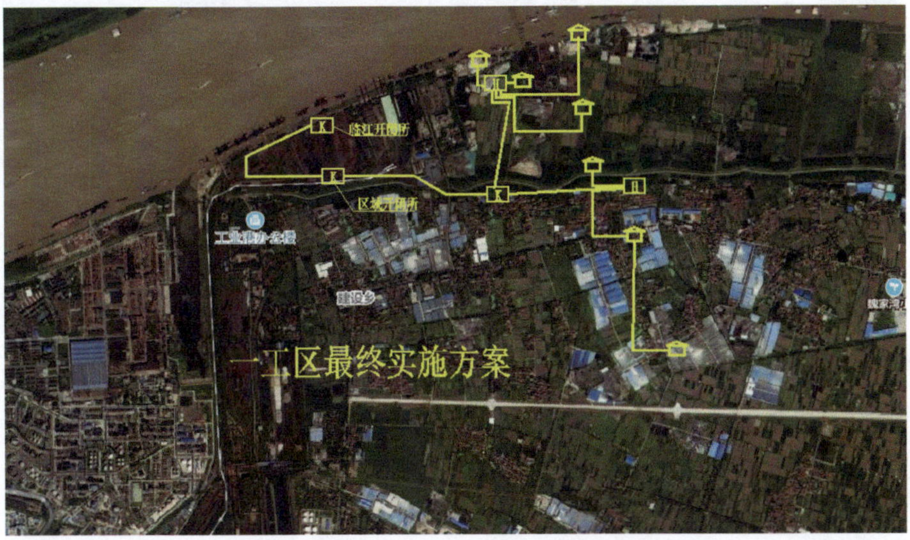

图 6 南岸一分部临时用电实施方案示意

4.2 北岸二、三分部临时用电实施方案

由阳逻武钢江北公司 110 kV 变电站提供大桥北岸二、三分部施工所需的 10 kV 主、备供双回路电源，通过敷设电缆至西岗大道处，再使用架空线路沿西岗大道上长江北岸大堤，然后沿北岸大堤使用架空线路至桥位施工现场处北岸大堤旁新建的开闭所，再由新建开闭所分别送至二、三分部的环网箱，再由环网箱分至各分部的箱变。

二分部、三分部临时用电由北岸新建开闭所直接引入。其中：

(1)三分部在江边 47 号墩附近布置 1 号变压器(1 000 kVA)，主要用于水上墩、混凝土工厂等的施工用电；长江大堤旁 50 号墩附近布置 2 号变压器(630 kVA)，主要用于项目部驻地及钢筋车间、钢结构车间等生产区和跨堤桥梁施工；预制梁厂旁布置 3 号变压器(800 kVA)，主要用于梁场施工；汉施公路和新港铁路附近布置 4 号变压器(500 kVA)，主要用于汉施公路侧引桥施工。合计容量2 390 kVA。

(2)二分部由北岸新建开闭所送至江边新建环网箱再通过敷设跨越长江北汊的高压过江电缆送至天兴洲主环网箱。施工现场采用 10 kV 高压线路沿着桥轴线供电至20 号墩。在子堤项目驻地内设置 1 号变压器(400 kVA)，用于办公和生活供电；20 号墩附近设置 2 号变压器(800 kVA＋800 kVA)，主要用于主桥基础施工；混凝土工厂内设置 3 号变压器(500 kVA＋500 kVA)，用于混凝土工厂、钢筋车间、钢结构车间、实验室等生产区的施工用电；27 号墩附近设置 4 号变压器(500 kVA)，用于滩地桥施工；35 号墩附近设置 5 号变压器(630 kVA)，用于滩地桥施工。合计容量 4 130 kVA。

二、三分部最终实施方案见图 7。

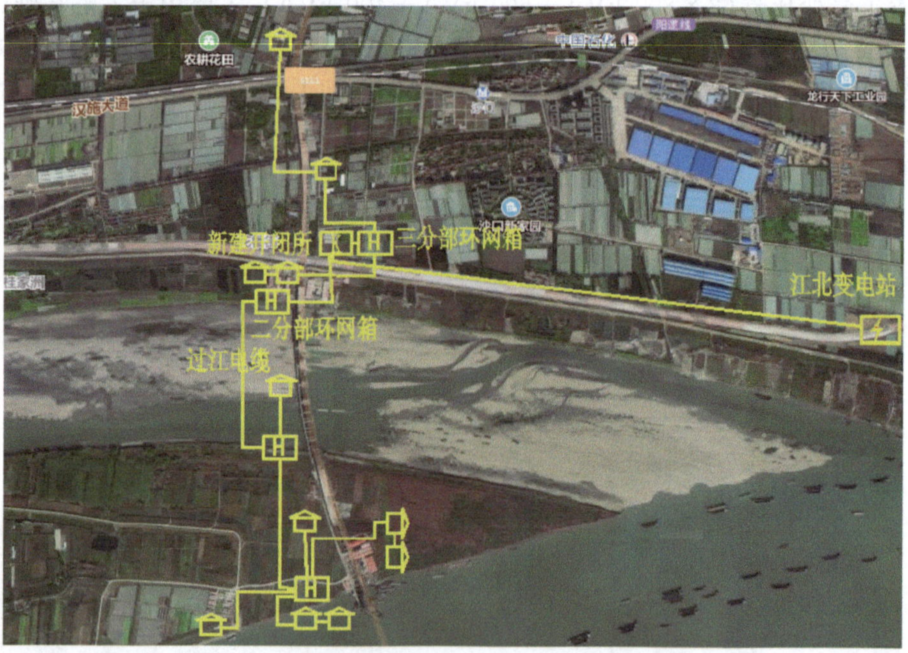

图 7　北岸二、三分部临时用电的实施方案示意

5　结　　语

依据大桥初步施工组织设计，按照施工安排和各阶段用电设备的配置情况，计算出施工过程各阶段临时施工用电所需的最大容量，结合对大桥施工现场周围所分布的变电站进行实地勘查，本着经济、适用、可靠的原则，对临时施工用电的方案进行比选，最终选择南、北两岸分开供电的方案。施工实践证明，大桥临时施工用电实施方案安全、经济、高效。

北汉重型栈桥设计与施工

王寅峰　胡　军

1　工程概况

天兴洲北汊副航道宽约 860 m，河床高程一般在＋10.0 m 左右，洪水期水深约 14 m，枯水期水深较浅，部分浅滩露出。北汊航道未定级，分流较小，河床较高，基本不具备开通常年通航航道的可能，但天兴洲北汊内有部分造船厂，故在洪水季节常有新造船舶通行，新造船舶规模大小不一，其中以 3 000 t 级以下船舶居多。由于武湖岸到天兴洲无陆路交通通行，考虑施工需要，结合北汊地貌特征，在北汊设置一座通往武湖岸的栈桥以满足青山大桥主桥施工时人员、机械设备、材料等运输通行。

桥址处十年一遇洪水水位为＋25.85 m，水位变化趋势为：由 1 月至 6 月水位逐月较均匀上升；6 月至 10 月为洪水期，水位维持在较高水平；8 月、9 月水位将达到全年水位的高峰值；由 10 月至次年 1 月水位逐月下降，平均每月下降 2～3 m。场区均被第四系土层覆盖，未见基岩露头。北汊副航道覆盖层厚 25～29 m，均由松散～中密状粉细砂及中密～密实状圆砾组成。

2　栈桥设计

2.1　设计方案

根据北汊江面宽度和施工需要，栈桥设计总长为 1 056.678 m。孔跨布置为 8×(5×15)m＋52 m＋5×(5×15)m＋2×15 m，共计 15 联，中间第九联设计长度为 52 m(净跨 48 m)，以满足北汊副航道通航要求，见图 1。为保证栈桥使用安全，设计时考虑贝雷梁下弦杆在十年一遇洪水水位下不被淹没，故栈桥顶面设计高程定为＋27.5 m。

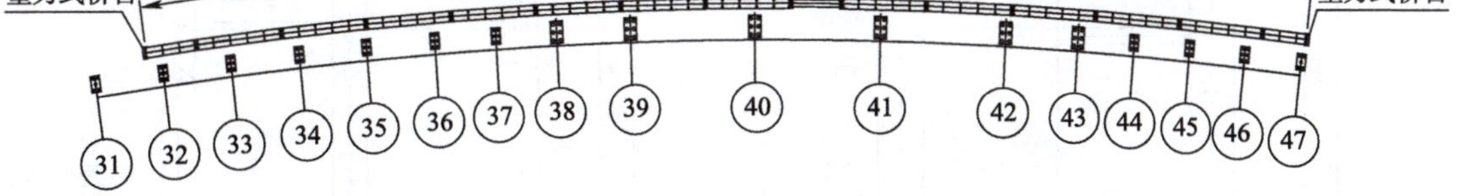

图 1　栈桥总平面布置

栈桥下部结构采用钢管桩基础，非制动墩设置单排钢管桩，横桥向桩间距为 5.5 m。每联之间设置制动墩，制动墩为双排钢管桩，其横桥向桩间距为 5.5 m，顺桥向桩间距为 3 m。钢管桩型号有 ϕ1 000×10 mm、ϕ1 420×14 mm 4 种型号。钢管桩之间采用 ϕ273×6 mm 及 ϕ526×6 mm 钢管作为连接系。

栈桥上部结构采用分配梁＋贝雷梁/加强型大桥 1 号桁梁结构。分配梁采用 2 根 H 型钢焊接而成的箱型截面。15 m 跨栈桥主梁采用 11 片 321 型贝雷片，其横桥向间距为(0.9＋2×0.45＋4×0.9＋2×0.45＋0.9)m，贝雷片之间采用支撑架连接成整体，桥面板采用 8 m×2 m×0.2 m 钢筋混凝土板。52 m 跨栈桥主梁采用加强型大桥 1 号桁梁，其横桥向间距为(0.3＋2×0.375＋0.3＋1.35＋0.3＋2×0.375＋0.3)m，同样采用支撑架连接成整体，桥面板采用 5 m×2 m×0.136 m 钢桥面板。为确保大桥施工中电的供应，栈桥护栏外设有电缆管道。15 m 跨栈桥立面布置见图 2，横断面见图 3。52 m 跨栈桥立面布置见图 4，横断面见图 5。

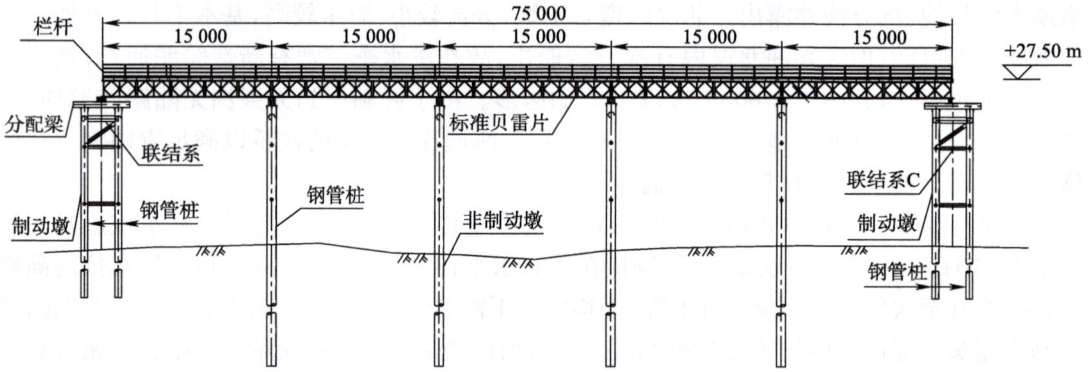

图 2　15 m 跨栈桥立面(单位:mm)

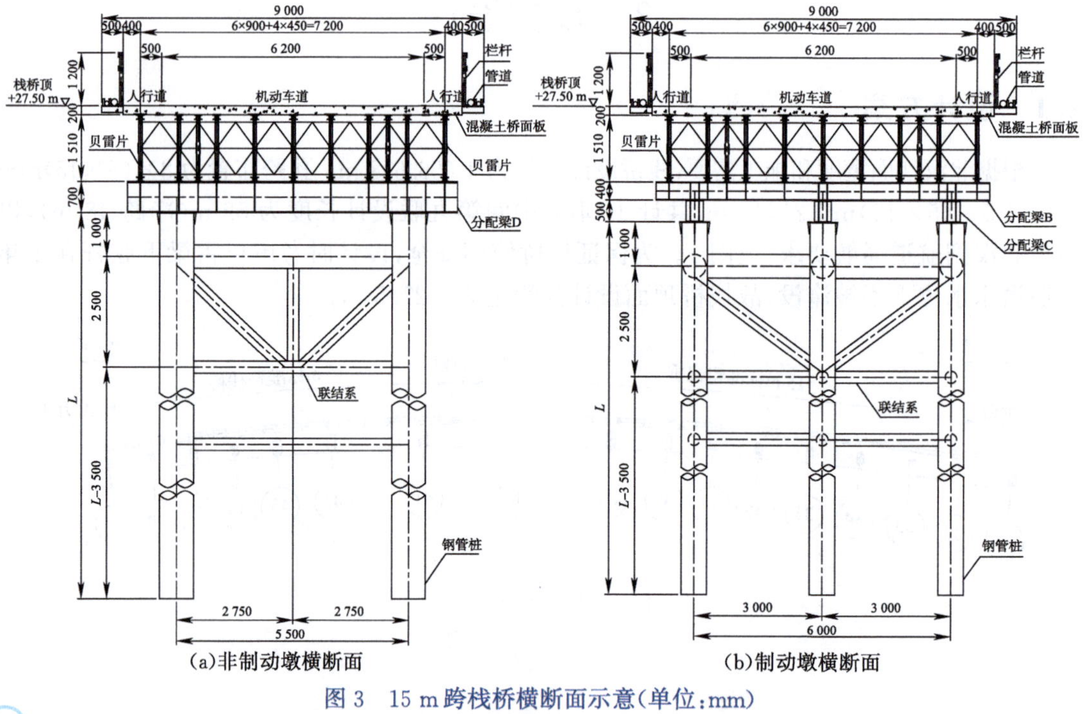

图 3　15 m 跨栈桥横断面示意(单位:mm)

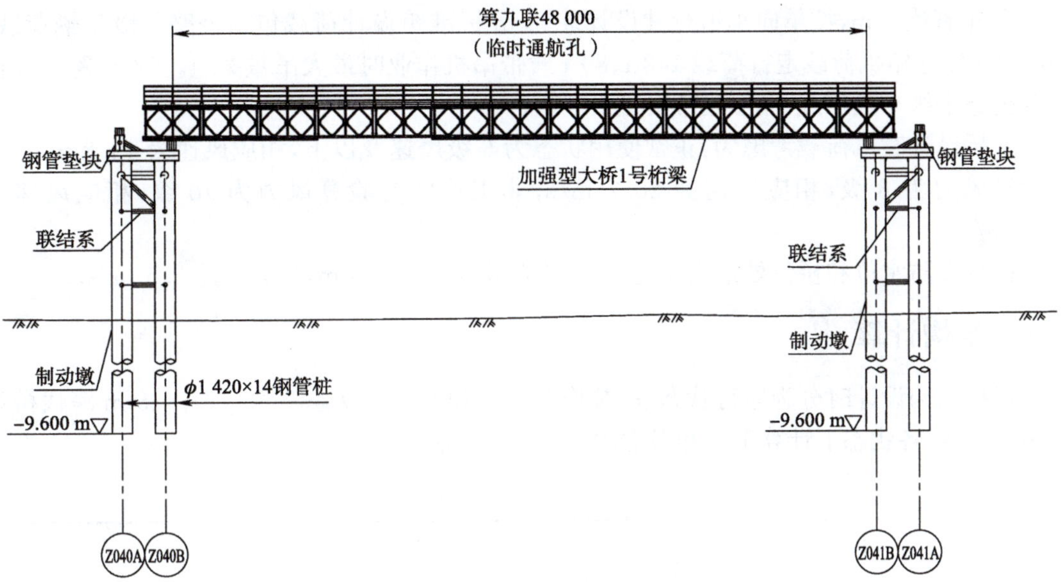

图 4　52 m 跨栈桥立面(单位:mm)

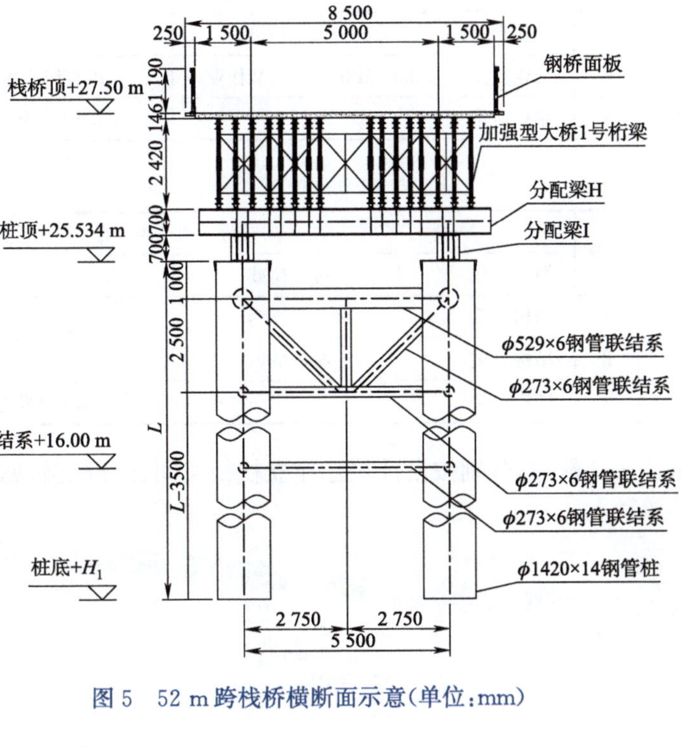

图 5　52 m 跨栈桥横断面示意(单位:mm)

2.2　设计荷载

根据武汉青山长江大桥总体施工安排,栈桥使用时间为 4 年,期间将跨越 4 个洪水期。北汉栈桥作为材料、物资、交通运输的重要通道,将起着至关重要的作用。根据设计要求,栈桥通行状态下车辆限速 20 km/h,栈桥标准宽 8.0 m,按双向车道行驶设计,其中第九联宽

8 m，行车宽度 5 m，按单向车道行驶设计。15 m 标准跨设计荷载包括公路Ⅰ级车辆荷载、SR420Ⅱ旋挖钻机荷载走行荷载 148 t、80 t 履带吊机作业时最大吊重 20 t。52 m 跨设计荷载为公路Ⅰ级车辆荷载、80 t 履带吊机空载走行。

栈桥设计时风荷载考虑为：正常使用状态为 6 级风速及以下，相应风速为 13.8 m/s，栈桥验算风力为 8 级，相应风速为 20.7 m/s，非工作状态验算风力为 10 级，相应风速为 28.4 m/s。

栈桥设防水位和桥位处最大流速：栈桥设防水位+25.85 m，最大流速 2.5 m/s。

2.3 结构计算

栈桥结构设计时分为通行状态、吊装作业状态和非工作状态三种状态。15 m 跨栈桥和 52 m 跨栈桥各状态下计算工况和考虑的荷载见表 1 和表 2。

表 1 15 m 跨栈桥计算工况

设计状态	工况	荷载组合		
		恒载	基本可变荷载	其他可变载
通行状态	Ⅰ	结构自重	SR420Ⅱ旋挖钻机	通行状态下的水流力、风力
	Ⅱ	结构自重	公路Ⅰ级车辆荷载	
	Ⅲ	结构自重	80 t 履带吊机	
吊装作业状态	Ⅳ	结构自重	80 t 履带吊机吊装作业	吊装作业状态下的水流力、风力
非工作状态	Ⅴ	结构自重	—	非工作状态下的水流力、风力

表 2 52 m 跨栈桥计算工况

设计状态	工况	荷载组合		
		恒载	基本可变荷载	其他可变载
通行状态	Ⅰ	结构自重	公路Ⅰ级车辆	通行状态下的水流力、风力
	Ⅱ	结构自重	80 t 履带吊机	
非工作状态	Ⅲ	结构自重	—	非工作状态下的水流力、风力

采用 Midas/Civil 软件，分别按设计尺寸建立栈桥空间计算模型，见图 6、图 7。

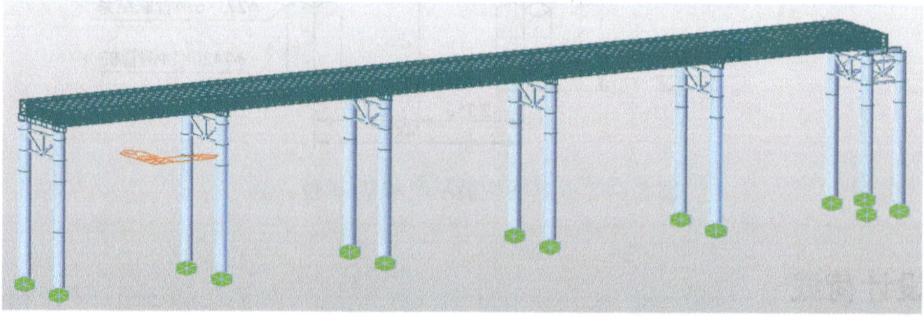

图 6 15 m 跨栈桥模型

图 7　52 m 跨栈桥模型

风荷载按 8 级风载进行加载，并等效于集中荷载施加在每片贝雷片桁架节点上，由于水流力作用于钢管桩上，相当于使上部贝雷片桁架横向整体移动而对其应力影响不大，故在上部结构分析中，可不考虑水流力的作用。

2.4　计算结果

根据模型计算，15 m 跨栈桥在各工况下，结构受力计算结果见表 3。52 m 跨栈桥在各工况下，结构受力计算结果见表 4。

表 3　15 m 跨栈桥各结构计算结果

结　构	名　称	单　位	计算值	允许值	是否满足要求
贝雷片	弦　杆	kN	330.5	560	满　足
	竖　杆	kN	192.4	210	满　足
	斜　杆	kN	129.4	171.5	满　足
	挠　度	mm	30.2	37.5	满　足
分配梁	弯曲应力	MPa	148.1	170	满　足
	剪应力	MPa	43.2	100	满　足
	变　形	mm	5.5	7.5	满　足
混凝土桥面板	弯矩值	kN·m	40.0	42.1	满　足
	剪力值	kN	75.0	294.0	满　足
钢管桩	稳定性计算	MPa	103.7	170	满　足

根据模型计算得，15 m 跨栈桥在各种荷载作用下，结构受力均满足要求。

表 4　52 m 跨栈桥各结构计算结果

结　构	名　称	单　位	计算值	允许值	是否满足要求
加强型大桥 1 号桁梁	弦　杆	kN	371.2	734	满　足
	竖　杆	kN	134.7	327	满　足
	斜　杆	kN	77.3	343	满　足
	挠　度	mm	79.0	100	满　足

续上表

结　构	名　称	单　位	计算值	允许值	是否满足要求
分配梁	弯曲应力	MPa	85.4	170	满　足
	剪应力	MPa	36.6	100	满　足
	变　形	mm	6.7	13.8	满　足
钢桥面板	面　板	MPa	112.0	170	满　足
	小　肋	MPa	69.3	170	满　足
钢管桩	稳定性计算	MPa	57.1	170	满　足

根据模型计算得,52 m跨栈桥在各种荷载作用下,结构受力均满足要求。

3　栈桥施工

3.1　下部结构施工

北汉栈桥施工下部结构分两种施工方法同时施工,其中 Z001～Z010 号一段共 10 跨、Z065～Z067 号一段 3 跨由 80 t 履带吊机采用“钓鱼法”进行施工,而 Z011～Z063 号段主栈桥采用打桩船进行打桩作业的施工方法。

栈桥下部结构施工工艺流程见图 8。

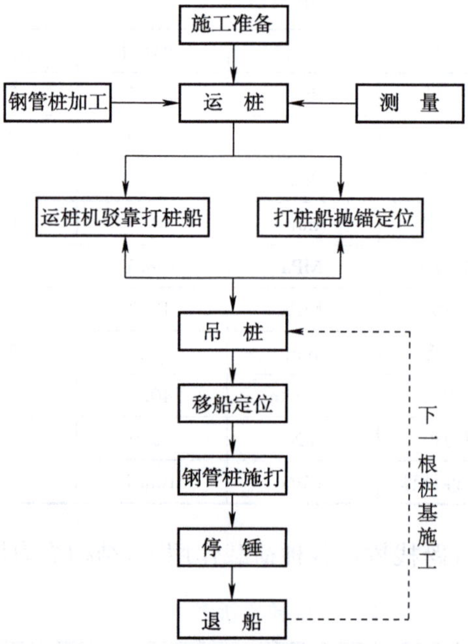

图 8　打桩船施工栈桥下部结构流程

钢管桩下沉采用“钓鱼法”施工,用 80 t 履带吊机配合振桩锤施打钢管桩。“钓鱼法”施工方法为:履带吊停放在桥台(上一跨)桥面,吊装悬臂导向支架,利用悬臂导向支架精确打入栈桥基础钢管桩,测量组确定桩位与桩的垂直度满足要求后,开动振桩锤下沉一气呵成,中途不可有较长时间的停顿，以免桩周土扰动恢复造成沉桩困难。桩顶铺设好分配梁、贝雷梁及桥面板后，80 t 履带吊前移，进行插打下一跨钢管桩。按此方法，循序渐进地施工。

栈桥"钓鱼法"施工工艺流程见图 9。

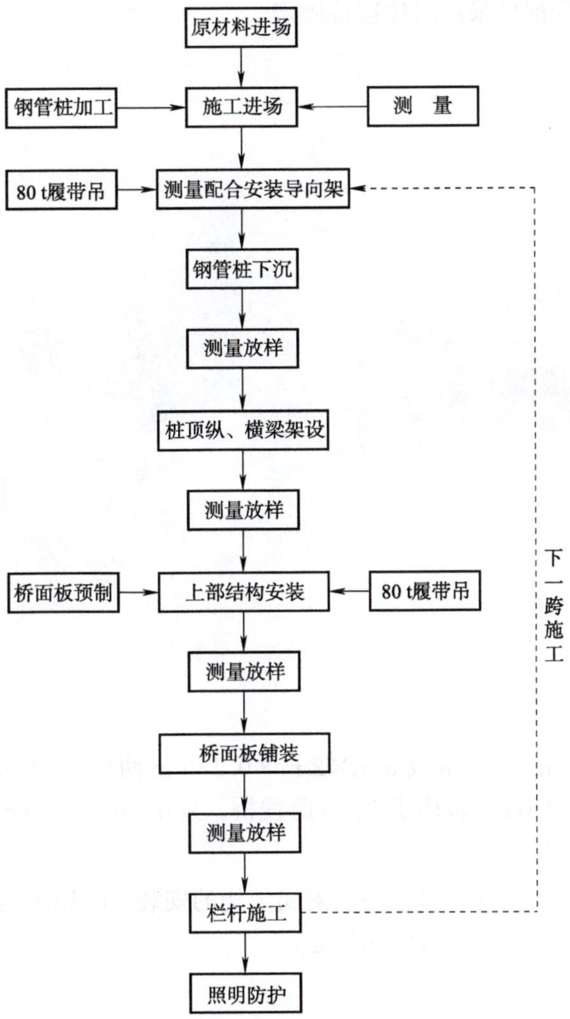

图 9 "钓鱼法"施工流程

3.2 上部结构施工

栈桥上部结构的安装采用 80 t 履带吊进行架设。上部结构安装从天兴洲侧向武湖侧安装。

3.2.1 贝雷梁的预拼装

贝雷梁在陆地按设计进行拼装，采用支撑架将贝雷片连接成组。

3.2.2 分配梁安装

分配梁经测量放线后，摆放于钢管桩顶，并焊接固定。

3.2.3 贝雷梁架设

结合 80 t 吊机起重量，单跨 2 排 90 cm 间距或 3 排 45 cm 间距贝雷梁作为一组进行架设，见图 10。贝雷梁安装时，与上一跨贝雷梁阴阳接头组合，且节点位置应落在分配梁上，安装就位后将贝雷梁与分配梁采用限位连接固定。

图 10　栈桥架设贝雷梁

3.2.4 桥面板安装

桥面板分 8 m×2 m×0.2 m 及 5 m×2 m×0.136 m 两种，其中 8 m 宽混凝土桥面板用于 15 m 跨栈桥，5 m 宽钢桥面板用于 52 m 跨栈桥。采用 80 t 吊机配合进行桥面板的安装。

3.2.5 附属设施安装

栈桥桥面形成一段后可接着进行桥面附属结构的安装。附属结构包括电缆管路的槽架和桥面栏杆及照明、消防设施，架设限速标志。

3.3 栈桥合龙

在栈桥施工中，因涉及海事、水道等各方单位协调，困难重重，项目部克服艰难，合理组织安排，及时与海事、水文和气象部门联系，并制订水上安全应急预案，保证栈桥安全施工。为加快施工进度，项目部投入两个班组两班倒施工，两队作业人员还积极开展劳动竞赛，施工进度不断加快。项目部在第一时间成立了栈桥施工作业队，确保了栈桥在主汛期来临前完成。

2015 年 9 月 23 日，随着连接栈桥 40 号墩至 41 号墩最后一片桁梁通过 200 t 浮吊整体吊装成功合龙，北汉栈桥成功实现贯通，见图 11。

图 11　52 m跨栈桥合龙施工

4　栈桥安全防护

4.1　组织制度

栈桥除满足自身稳定、保证施工正常使用外，还要考虑到施工中船只的停靠或发生碰撞。栈桥施工过程中，为确保施工的顺利进行和安全，项目部成立了由项目经理为组长，项目总工程师、项目副经理为副组长，各施工队长、安全员、各部室负责人为成员的安全领导小组。

4.2　安全防护措施

栈桥施工过程中，为确保施工的顺利进行和安全，项目部制订了详细的施工作业程序，采取了以下的保障施工安全措施：

(1)打桩前对桩进行严格检查。不允许使用有裂缝或其他缺陷的桩，以防止断桩事故。

(2)吊装时应系缆风绳，使桩保持平衡，防止碰撞。

(3)设立明显的航标，以确定施工范围。

(4)周围安装安全网，防止落水事故发生。

(5)水上作业人员应着救生衣。

(6)潜水作业人员作业前应对潜水设备、潜水服、高压管、通话扩音器检查无误后方可下水。

(7)一切电气设备应安装漏电开关。

(8)吊装作业，应统一指挥，严禁非指挥人员发令，指挥起重信号。

(9)打桩时履带吊履带最前端离悬臂处水平距离不得超过 3 m，且横桥向应在中间。

(10)为保证栈桥畅通，栈桥上严禁堆放货物。

(11)每根钢管桩打入后应立即测出河床高程，以后每周必须测量一次(大潮、洪水期应每日测量)，当冲刷深度超过规定值(浅滩区 2 m，浅水区 4 m，深水区 5 m)时，必须马上抛沙袋维护。

(12)在施工水域范围内,及时与水文站联系,为确保工程施工的安全,在汛期来临前,所有的水上作业船舶应尽快撤离到安全区域躲避。

(13)建立大风预警方案,和气象部门积极联系,如有大风来袭,应提前通知,将施工机械和作业人员撤到安全区域,已施工完成的应采取一定的措施保证安全过渡。

(14)随着各个工作面的全部开展,水上设备的大量投入,势必会对航道造成压力,应对现场施工人员进行安全知识讲座,并及时与海事部门联系,发生意外情况时果断采取措施进行抢救。

5 结　　语

北汉栈桥是北塔和天兴洲引桥施工物资设备运输的生命线,为项目施工过程中人员、机械、材料的通行和运送提供了保障,在全桥施工过程中扮演着重要的角色,栈桥正常运营63个月,安全渡过3次长江特大洪水,保证了大桥主体工程的顺利开展,产生了显著的经济效益。

南岸长江边坡临时防护设计与施工

张　旭　王寅峰

1　工程概况

19 号墩为大桥南主塔墩，采用 60 根变直径钻孔桩基础，桩长约 88.0 m，承台采用哑铃形承台，长 98.9 m，宽 39.5 m，高 9.0 m，承台顶高程＋12.0 m，底高程＋3.0 m。

19 号主塔墩位于南岸斜坡上，为重点防冲部位，为防止桥墩引起的局部冲刷导致岸坡失稳，基础施工前应对边坡进行加固。边坡加固采用双排钻孔桩形式，两排桩之间通过在顶部冠梁间设置系梁，抵抗土体不平衡压力，并对边坡进行片石混凝土浇筑护坡。19 号墩地理位置见图 1。

图 1　19 号墩地理位置

2　边坡防护设计

边坡防护采用双排钻孔桩作为支挡结构，钻孔桩均采用 C30 混凝土，前排为防护桩，直径 1.8 m，桩长为 45 m，桩顶高程为＋17.2 m，桩底高程为－27.8 m；后排为锚桩，直径 1.8 m，桩长为 30 m，桩顶高程为＋22.2 m，桩底高程为－7.8 m。钻孔桩顶设置冠梁，冠梁之间采用系梁连接，均采用 C40 混凝土，冠梁截面为 1.8 m×1.8 m(宽×高)，长为 151 m，共 2 个；系梁截面为 1.0 m×1.8 m(宽×高)，长为 17 m，间距为 5 m，共 31 个，冠梁及系梁内配筋，主筋均采用 HRB400ϕ28 mm 钢筋。墩位处为岸边斜坡，斜坡高差约 9.0 m，地表较高处高程约＋24.0 m，最低处高程约＋15.0 m，防护桩外侧按照 1∶1.75 放坡至＋10.0 m 处。待后期主桥钢梁顶推到位后，采用 C25 片石混凝土护坡，与双排钻孔桩形成后期护坡结构。边坡防护平面布置见图 2，立面布置见图 3。

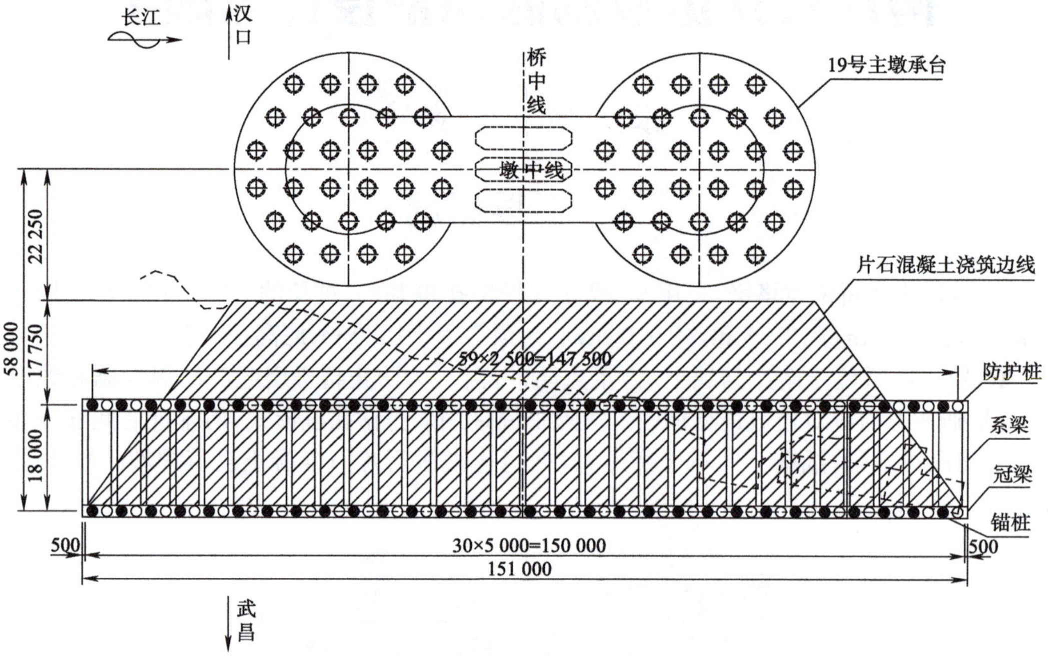

图 2　边坡防护平面布置(单位:mm)

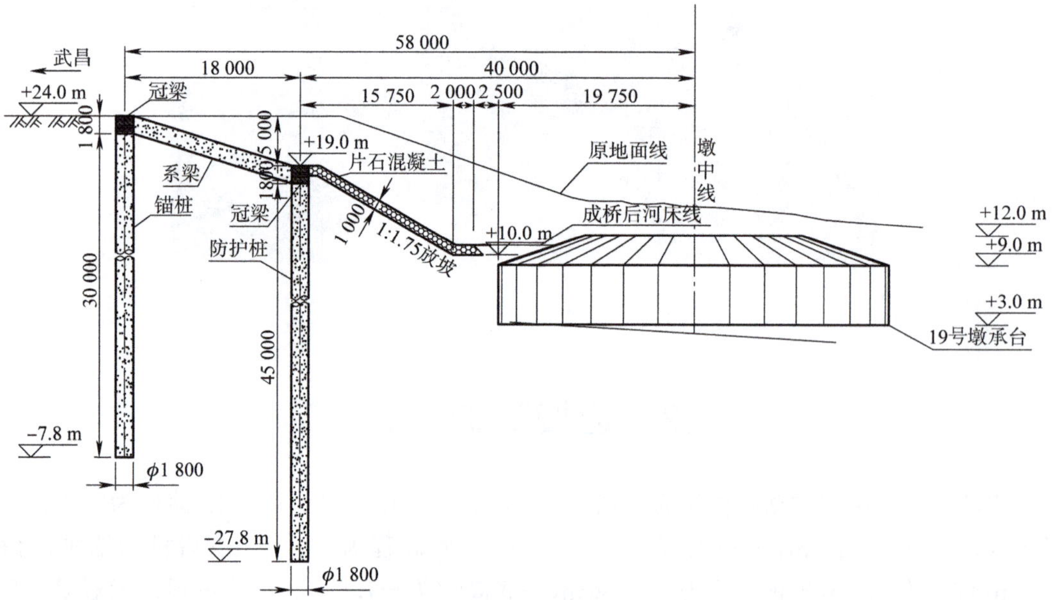

图 3　边坡防护立面布置(单位:mm)

3 防护桩计算

采用Midas建模计算分析，荷载计算桩宽度范围内土压力荷载，桩内侧土压力由土弹簧进行模拟。

3.1 土压力计算

19号墩位于长江南岸，墩位处为岸边斜坡，斜坡高差约9.0 m，地表较高处高程约＋24.0 m，最低处高程约＋15.0 m，防护桩外侧按照1∶1.75放坡至＋10.0 m处。

边坡防护处覆盖层自上而下依次为厚约16 m的砂黏土，厚约24 m的粉细砂，厚约5 m的圆砾土，底部基岩为泥质粉砂岩。计算时桩位处土层参数见表1。通过计算可得防护桩及锚桩计算荷载简图见图4。

表1 土层参数

土层名称	顶面高程	底面高程	土层厚(m)	重度(kN/m³)	内摩擦角(°)	黏聚力(kPa)
砂黏土	＋24.0	＋8.0	16.0	18.5	20.4	11.45
粉细砂	＋8.0	－16.0	24.0	18.5	20	0
圆 砾	－16.0	－21.0	5.0	21.0	—	—
强风化岩	－21.0	－31.0	10.0	23.0	—	—

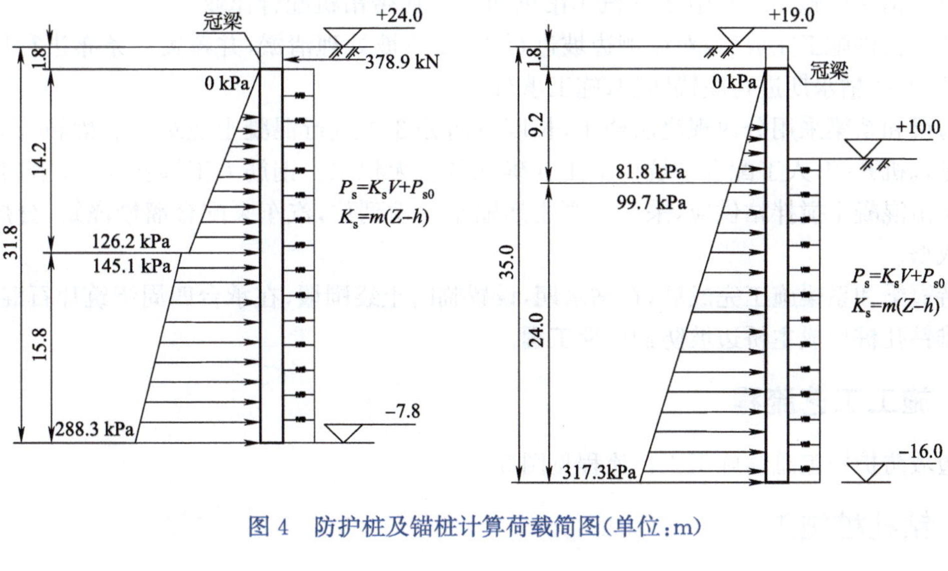

图4 防护桩及锚桩计算荷载简图(单位:m)

3.2 防护桩计算结果

以防护桩计算为例，计算结果见表2。

表 2　防护桩计算结果

项　　目	计算结果	是否满足要求
土弹簧提供的反力 P(kN)	13 541.9	满　足
被动土压力提供的反力 E_p(kN)	22 968.1	满　足
桩身正截面抗弯承载力(kN·m)	6 285.6	满　足
桩身实际所受最大弯矩(kN·m)	3 202.74	满　足
计算嵌固稳定性系数	4.4	满　足
嵌固稳定性系数允许值	1.25	满　足
计算基坑抗隆起稳定性系数	13.7	满　足
抗隆起稳定性系数允许值	1.8	满　足

4　边坡防护施工方案

4.1　总体施工方案概述

边坡防护工程共 120 根 ϕ1.8 m 的钻孔桩，钻孔前就地平整场地，选用 2 台旋挖钻机钻孔，垂直导管法灌注桩身混凝土。钻孔桩泥浆采用优质泥浆，钻渣按照要求运至场外指定地点弃放。钻孔桩施工时利用 25 t 汽车吊机和 50 t 履带吊机配合作业。

待钻孔桩施工完成后，对岸侧边坡进行 1∶2 放坡处理清淤，并覆盖彩条布进行简易的边坡防护，待枯水期进行喷锚防护，施工承台。

冠梁和系梁采用分块现浇法施工，长度方向分 3 次进行混凝土浇筑。冠梁和系梁基坑采用挖掘机开挖，人工配合基坑内清土并确保基坑无积水。钢筋人工绑扎，模板采用木模，混凝土由混凝土搅拌站供应，采用混凝土运输车运输到位，汽车泵配合溜槽浇筑，分层连续浇筑成型。

待冠梁和系梁施工完成后，在枯水期，设置临时土袋围堰，在承台四周浇筑片石混凝土，与两排钻孔桩形成主桥边坡防护后期工程。

4.2　施工工艺流程

边坡防护施工总体施工工艺流程见图 5。

4.3　钻孔桩施工

钻孔桩施工选用 2 台 TR400 型旋挖钻机进行钻孔作业，同时配备 1 台 25 t 汽车吊机和 1 台 50 t 履带吊机配合埋设护筒、安装钢筋笼(图 6)及安拆装导管等作业。施工采用间隔成桩的工作顺序，在桩身混凝土终凝后，再进行相邻桩的成孔施工。桩身混凝土采用垂直导管法进行灌注。

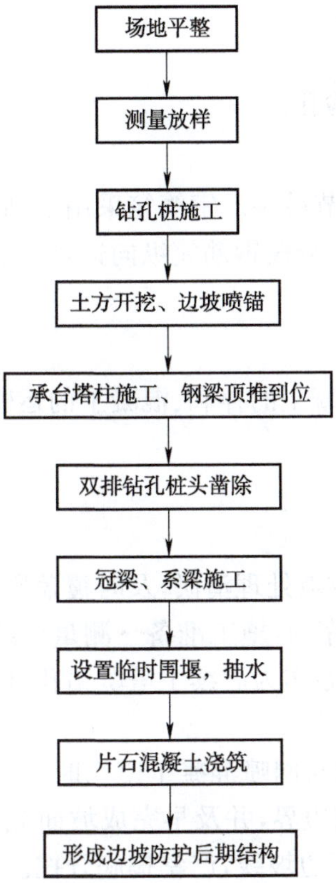

图 5　边坡防护施工工艺流程

图 6　下放钻孔桩钢筋笼

钻孔桩施工主要分为以下几个步骤：

4.3.1　测量放样

测量组利用控制网现场放出桩位中心，并拉十字交叉线引出四个方向的护桩，并采取措施保护护桩。

4.3.2　护筒埋设

根据桩径规格，护筒内径定为 2.1 m，埋置深度为 3.0 m，护筒顶高出地面 0.3 m。钻进过程中要经常检查护筒是否发生偏移，并及时纠正，护筒埋设之后应及时对孔口进行覆盖。

4.3.3　钻机就位

钻孔采用 TR400 型旋挖钻机，根据机械使用说明书中有关要求，对场地进行平整压实后，进行钻机就位，旋挖钻机进场后，卸车及组装时所有部件应摆放牢稳，防止倾倒伤人。钻机抄垫平稳，使钻孔过程中不产生位移或沉降。

4.3.4　泥浆循环系统布置

在墩位码头料场合理位置设有砖砌筑泥浆制备循环池，该泥浆池亦作为后续主塔墩钻孔桩施工用泥浆池续主塔墩钻孔桩施工用泥浆池。

4.3.5　泥浆制备

泥浆在钻孔过程中起护壁和悬浮钻渣的作用。泥浆拟采用膨润土制浆或化学泥浆两种进行试配。

4.3.6 钻孔施工

钻孔桩施工分为以下三个工序:钻进、终孔及清孔、检孔。

4.3.7 钢筋笼制作、安装

钢筋笼按设计图制作,采用长线法制作,以 12 m 分节吊装。钢筋笼采用自动滚焊机制作,运输、吊装均采用专用吊具,防止吊运时损坏或变形。分段钢筋笼纵向连接,主筋全部采用机械直螺纹接头,接头质量必须满足相关规范要求。

4.3.8 灌注混凝土

灌注混凝土分为以下四道工序:施工前准备工作、混凝土的拌和、混凝土的运输、混凝土的灌注。

4.4 边坡开挖和防护

待锚桩和防护桩施工完成后,对岸侧边坡进行 1∶2 放坡处理清淤,及时覆盖彩条布进行简易的边坡防护,待枯水期进行喷锚防护。具体施工顺序为:施工准备→测量放线、开挖→边坡整修→喷锚防护→边坡稳定、量测方案→外运弃土亦作为后续主塔墩钻孔桩施工用泥浆池。

施工土方开挖原则为“分层、分段、分块、限时”,开挖与网喷混凝土遵循时空效应,开挖前,首先测量放线,依据设计挖深及边坡率推算测出开挖边界,并及早完成坡面截水沟的修建。由高到低,从上而下,由外向里逐层开挖,最后刷坡至边坡线,严禁掏底开挖。开挖前首先修好排水系统,防止雨水浸泡。对于深挖地段,每挖深 3 m,复测一次,测定其高程及宽度,以控制边坡的坡率。

每段开挖工作完成后,对边坡进行及时防护,当防护不能紧跟开挖进行,要暂时留一定厚度的保护层,待做护坡时再刷坡。由于紧邻长江,边坡开挖过程中,并及时覆盖彩条布进行简易的边坡防护,必要时抛填石笼,以防冲刷和坍塌,确保边坡的整体性和密实性。

4.5 冠梁和系梁施工

冠梁和系梁采用分块现浇法同时施工,长度方向分 3 次进行混凝土浇筑。冠梁和系梁基坑采用挖掘机开挖,人工配合进行清土并确保基坑无积水。钢筋人工绑扎,模板采用木模,混凝土由分部混凝土搅拌站供应,采用混凝土运输车运输到位,汽车泵配合溜槽浇筑,分层连续浇筑成型。

冠梁和系梁施工顺序:梁顶推到位→测量放线→确定开挖平面尺寸→开挖→设置汇水沟和汇水井→桩头处理→铺设垫层→绑扎钢筋→立模板→浇筑混凝土→养护拆模→封锚。

4.6 边坡后期防护

待冠梁和系梁施工完成后,在枯水期,设置临时土袋围堰,在承台四周浇筑片石混凝土,与两排钻孔桩形成主桥边坡防护后期工程。

边坡后期防护施工顺序:施工准备→施工临时围堰→淤泥清理→安装模板→片石混凝土浇筑→混凝土养护→形成后期护坡结构。

冠梁、系梁施工完成后，在枯水期，利用承台，在上下游利用沙袋施工临时围堰，使围堰达到防渗要求。

围堰的渗漏主要有三个部位：堰体与原河床接触面；堰体与岸坡接触面；膜袋与膜袋之间。特别是前两个部位，是破坏力最大，也最危险的地方。根据上述情况，采用以下方式进行处理：

(1)利用牛皮砂含泥量大、自身致密性好、透水能力差的特点，自身防渗。

(2)膜袋之间容易形成渗水通道，一方面不要将牛皮砂充填得太满，让膜袋自身调整挤密；另一方面，也可在膜袋之间塞填黏性土后，再覆盖编织土包。

(3)在堰体迎水侧从堰顶铺设两层土工编织布至堰脚，并深入河床 3m，编织布用砂包梅花状压面固定；在塑料编织布搭接处，则要用砂包密铺压实。

5 结　语

边坡防护既是基础施工时岸坡稳定性的保障，也是成桥后确保长江岸坡稳定的一道有力屏障，19 号墩边坡防护的建立为基础从施工至建成后的安全性提供了有力保障。

天兴洲右缘守护工程施工

胡海波

1 概 述

武汉青山长江大桥河段均被第四系土层覆盖，未见基岩露头。工程场区上覆第四系土层河岸具有明显的二元结构特征，上部土层主要由第四系全新统一般冲积黏性土构成，河岸、河道部分均分布有厚层粉细砂层，其底部不连续分布有厚度不等的砾石层，下伏基岩为白垩－第三系“红层”，属内陆河湖相沉积层。根据钻孔揭露，勘探深度范围内均为第四系全新统冲积层（Q_4^{al}）。河岸组成具有二元结构特征，上层为黏土、亚黏土等河漫滩相细颗粒物质组成，厚 4～30 m，平均厚 12.3 m；下层为河床相粗颗粒物质组成，主要为细沙和中沙，厚 4～29 m，平均约 20.4 m。河床主要为中细沙组成，中值粒径在单一河段一般为 0.113～0.225 mm，天兴洲左右汊分别为 0.028～0.191 mm 和 0.088～0.270 mm，左汊细，右汊粗。江中洲滩的上层主要为黏土、亚黏土和亚砂土，下部为中细沙或含砾中沙。

青山大桥修建后桥位断面及下游一定区域的近岸流速增加，因此桥位断面会发生冲刷。从平面形态上来看，主要表现在河道岸坡的冲刷后退；此外，大桥的修建会对天兴洲南岸岸坡和长江南岸岸坡稳定有一定影响，而天兴洲南岸的冲刷对天兴洲南汊将会产生一定的影响。该岸堤出现垮塌、滑坡事故可能，将影响到大桥正常通行，甚至可能威胁到大桥的安全。在青山大桥建设过程中，桥位处河床均出现不同程度冲刷现象，岸坡出现了最大 24 m 的崩塌段，部分桥墩已构成安全隐患。为此，有必要对桥位处河岸进行深度防护。

2 总体防护方案

天兴洲右缘守护长度为 1 200 m，其中桥轴线上游守护长度 800 m，下游守护长度 400 m。护岸的下端设置 100 m 长的过渡段，见图 1。

结构选型的原则：顺应河岸形态，整体结构稳定可靠，施工便利，维护方便，环境友好，对水流的干扰较小，且造价较低。

项目部对护岸结构进行了比选，详见表 1。

图1　天兴洲右缘守护工程

表1　天兴洲右缘护岸结构比选表

护岸结构	优　点	缺　点
直立式	减少岸坡纵向开挖，减少对坡顶生态的破坏	对地基要求比较高，一般应用于岸坡较陡、水深较深、地基较好、岸线纵深较小和用地紧张的地段
斜坡式	顺应河岸形态护岸，整体结构稳定可靠，维护方便，对水流的干扰较小	需要削坡，对坡顶生态破坏较大

本工程用地较为充裕，天兴洲岸侧生态系统并不复杂，为确保护岸工程施工质量，节约工程投资，选用了斜坡式护岸结构。总体方案分两大部分：水下沉排，抛石压载，排体边缘抛石加厚防冲；陆上放坡，施工排水沟、护面、反滤层等。

3　主要施工方案

3.1　水上沉排

先进行施工区域内的水下测图或扫床，对发现有突出的尖状物则采取措施进行处理，防止排体遭受破坏。按设计要求沉排施工采用垂直水流方向沉排，由岸边向河心方向沉放D型排。把预先加工好的排布卷入卷筒，排头固定(在沉放过程中每通条排头通过绑系系排梁进行固定)。排头固定后，排布通过卡排梁平铺于沉排船工作平台上，然后在平台上将D型块、联锁块系结于相应的排布上。为了避免排布强度不够引起排体损坏，排垫上系结一定量的混凝土块后即可松开卷筒和卡排梁，绞动铺排船，让排体沉入河底，当卷筒上排布剩下3 m左右时，卡紧卡排梁，将卷筒上的排布退出，卷入下一段排布，两排布进行对接缝合，然后，卷紧排布，松开卡排梁，继续下一段排布沉放，如此反复进行排体沉放，直至达到设计的排长为止。主要的沉排工艺流程图和施工过程见图2。

为确保排头工程质量，本工程排头直接压在岸坡的下基槽(脚槽)底面，其上进行陆上铺石。施工时将排头置放在枯水平台沟槽下，其上进行铺石加以固定。个别部位施工时水位较高，枯水平台未能露出水面，先采取将排头用木桩固定在坡面，待水位退落后，再开挖枯水平台将排头固定枯水平台下。

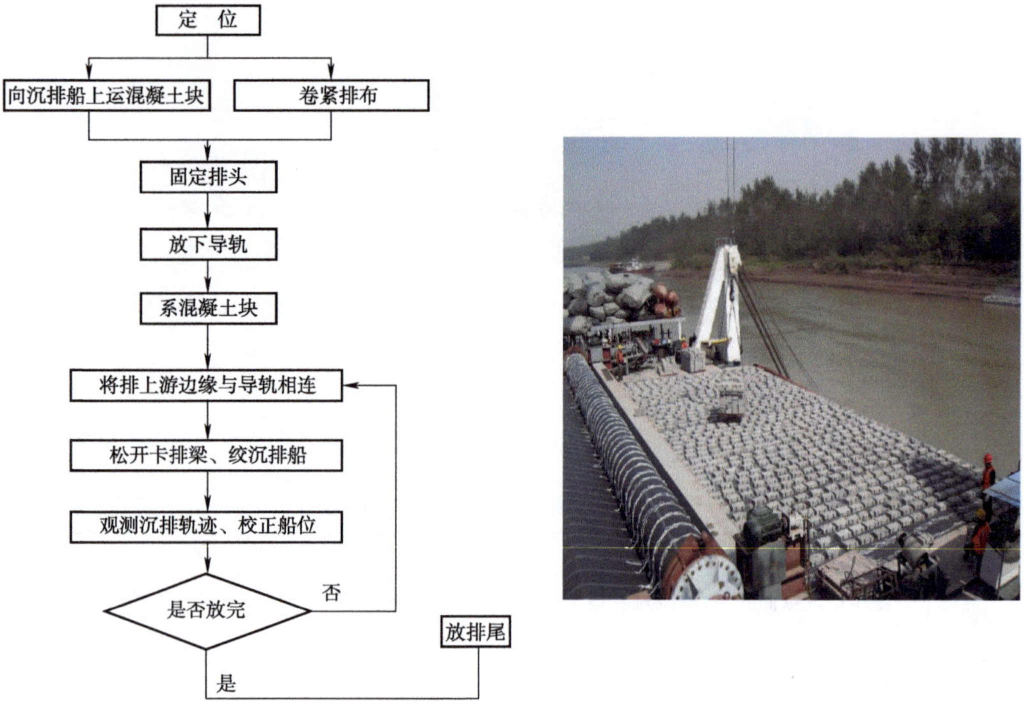

图 2 沉排施工

3.2 水下抛石

本工程抛石采用排上抛石，水上抛石是作业重点，在沉排施工完成检验合格后即可进行。本工程施工作业面较多，抛石施工时采取定位船定位，块石运输船靠定位船后，由挖掘机进行抛投。水上抛石施工工艺流程见图 3。

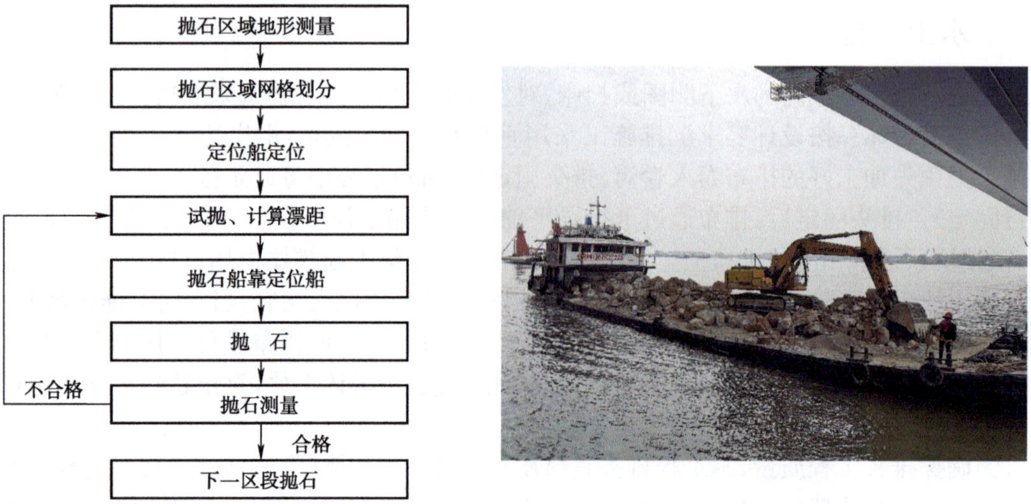

图 3 水上抛石施工

施工采取定位船定位，分段、分层施工、跟踪测量、定量抛投。施工时先根据抛石船的长度和宽度将抛石区划成若干分格网，每一格网为一个编号单元，根据单元面积和设计抛石厚度计算出每个单元格网中的抛石数量，再测量当日水深、流速、流向，按 $L_d=0.74\times vH/G^{1/6}$ 计算块石的漂移距。根据漂移数据，用 GPS 测量确定抛石定位船的船位，然后运石船吊靠于定位船后进行抛石。抛石时要边抛边测量水深，以防漏抛、堆抛，由 GPS 定位系统指挥定位船移位。

根据本工程的现场情况计算漂移距：实例 1，流速 3 m/s、水深 12 m、块石重 300 kg，漂移距 $=0.74\times3\times12\times300^{1/6}=0.668$ m；实例 2，流速 3 m/s、水深 6 m、块石重300 kg，漂移距 $=0.74\times3\times6\times300^{1/6}=0.595$ m。

对枯水平台外陡于 1∶2.5 的部位先按照 1∶2.5 进行抛石补坡镇脚，然后从枯水平台向外对 D 型排平抛 1 m 厚块石压载，其中，排边缘 20 m 范围抛石加厚至 1.5 m 防冲。

3.3 陆上护坡

陆上护坡在沉排护底之后实施，岸坡施工为陆上施工，施工顺序为：岸坡开挖（回填）、削整（夯实、平整）边坡、挖筑平台、铺设反滤层，最后为护面施工。按设计要求削坡、夯实、平整边坡，铺反滤层，并将削坡土清除出坡外。

由于岸坡土层主要为粉细砂和黏土，削坡施工自上而下分级开挖；在岸坡的实施过程中应采取分段施工（一次开挖长度不大于 200 m）的方式对岸坡进行开挖，加强施工排水措施，在岸坡上开挖排水沟，盲沟应采取边开挖边填筑的方式施工，以有利于地下水的排出和已开挖岸坡的稳定。局部需要回填的，采用人工回填的施工方法，回填部分应夯实，夯实后回填土的密度应达到原状土的密度。

土方开挖基本形成坡面后，即进行枯水平台施工。人工开挖枯水平台及整理枯水平台基面后，将护底排的排头和无纺布固定在枯水平台的下方，要松紧适度，然后用块石回填，然后开始铺砌。铺砌时应自下向上分层进行，块石互相间错，坐实挤紧、紧靠咬搭，空缝用适宜大小的块石堵塞紧密，不得松动、叠砌和浮塞，并保证表面平整。

反滤垫层为 10 cm 厚黄沙一层和无纺布，岸坡坡面平整后，即可进行反滤垫层的施工，单块无纺布宽度为 6 m，长度应按设计坡长加上一定的富余量。利用绞车（或人力）控制卷材，无纺布长度方向应垂直于岸线，由枯水平台向坡顶方向滚铺，铺设速度应一致，防止织物铺斜。无纺布铺设应松紧适宜，不形成褶皱，确保无纺布与坡面紧密贴合。在护岸的坡顶处应压载在截流沟底并留出富余量。

坡面铺设 23 cm 钢丝网格进行护面，将石料填充于空钢丝网格结构中，石料粒径要求 70～150 mm。在填充石料时应尽量注意避免损坏网垫上的镀层，并辅以人工摆放以保证空间比空隙率最小。考虑到石料的密实和沉降，填充的石料应高出钢丝网格 25 mm 左右，并确保间隔板的上部外露。护坡面见图 4。

图 4　天兴洲守护工程护坡面

4 陆上铺石

对于陆上铺石，应选择大小合适的块石，自下向上分层进行。要求块石大致方正，大面朝上，块石间相互间错，并保证表面平整。

砌筑过程中要注意选用较大、较平整的石块为外露面和坡顶、边口，石块使用时应洒水湿润，若表面有泥土、水锈先冲洗干净，尤其下层砌及角隅石不能偏小，砂浆要饱满，石缝以砂浆和小碎石充填，片石不能竖立使用，石料挤浆要符合要求，不能紧贴无砂浆，宽度要一致，不能有假缝。各工作缝相互错开。若石块松动或砌缝开裂，要将石块提起，将垫层砂浆与砌缝砂浆清扫干净，然后将石块重铺砌在新砂浆上。

5 结　　语

天兴洲河岸守护工程意义重大，守护工程施工完毕后，可以对大桥上下游河段岸坡进行有效守护，减少了桥梁水中构造物对天然河道岸线的影响，减少了水土流失和河道变迁，环保意义重大。河道走向和岸线稳定后，桥墩的结构安全也得到了保障。因此，对天兴洲进行河岸守护工程，符合打造绿色桥梁的时代主题，对内河流域众多桥梁施工具有借鉴意义。

下部结构施工

19 号墩吹填筑岛钻孔平台施工

祁　亚　孙　强

1　南岸主塔墩地理位置概况

19 号墩位于长江南岸边坡上，基础在汛期将位于水中，枯水季处于滩地，基础内河床高程在＋11.4～＋20.5 m 范围内。桥位上下游码头众多，上下游各有一个大型锚地，综合考虑确定使用吹填筑岛工艺建造作业平台。

2　总体施工方案

临江侧及上下游均插打钢管桩作为支护及防冲刷结构。钢管桩采用 ϕ820×14 mm 锁口桩，单根长度 27 m，插打位置为承台外边缘向江侧 20 m 处，插打作业采用 50 t 浮吊辅以 DZJ200 振动打桩锤。

临江侧及上下游侧管桩插打施工完成后进行钻孔平台吹填作业，吹填作业通过吸砂船在砂源地取砂，1 500 t 运砂船进行运砂，运至吹砂船，吹砂船在临江钢管桩侧抛锚定位。通过 2 艘吹砂船上配备的吹砂泵经排砂管向插打成型的锁口钢管桩围护内吹填泥沙，逐层形成筑岛平台。

3　吹填筑岛施工过程

3.1　河床清理

为了修整主墩范围内较大的岸坎高差，清除河床内可能存在的孤石、沉船等不利于后续施工的障碍物，水面以上岸坎部分由挖机分层放坡开挖；水下部分采用抓斗式挖泥船按照顺河流方向，自上而下，分垄沟分层对称进行开挖，见图 1。

图 1　抓斗式挖泥船及泥船

3.2 锁口钢管桩插打

钢管桩通过运输船运至浮吊附近(管桩插打位置处),采用 75 t 浮吊起吊,配合 DZJ200 型振动锤插打,见图 2。

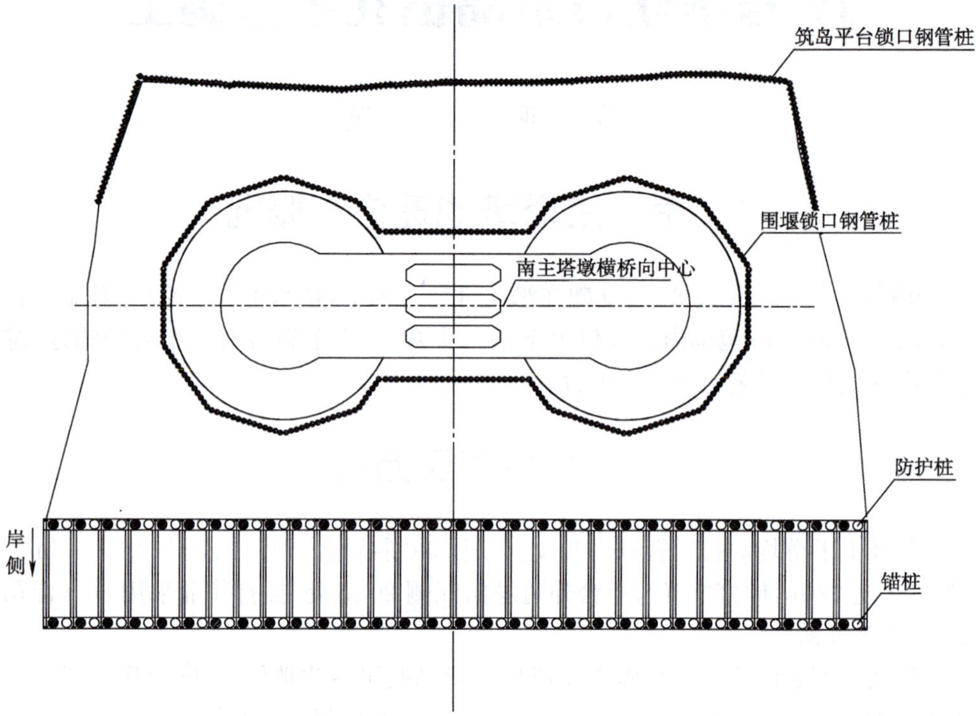

图 2 锁口钢管桩平面布置示意

现场加工专用导向架进行管桩准确定位。导向架焊接在两艘铁驳中间,先通过全站仪对导向架进行四角定位,然后利用浮吊将管桩吊入导向架中,在自身和振动锤重力下进入河床,见图 3、图 4。插打过程中测量人员通过全站仪和线锤对管桩的垂直度进行观测,并通过浮吊调整钢管桩的垂直度。

图 3 锁口钢管桩起吊及导向架定位

图 4　锁口钢管桩插打完成

3.3　临江侧坡体充填管袋施工

钢管桩插打完成后，在吹填作业前及吹填过程中，在管桩内侧采用连续定位式填充法摆放土工织物管袋防护，主要利用趸船拖动作业及填充作业相匹配的滚放机进行施工，管桩外侧采用抛填片石进行防护，由运石船将片石运输至管桩围堰外侧，小型挖机配合在指定区域抛填片石，见图 5。为加强锁口钢管桩整体稳定，外侧片石抛填坡比控制在 1∶3左右，内侧土工管袋坡比控制在 1∶1左右。

图 5　锁口钢管桩临江侧抛填及布填充管袋

3.4 吹填筑岛施工

3.4.1 定位吹砂船及管道布设

在锁口钢管桩插打完成后，在靠江侧定位固定吹砂船，在吹砂船的上下游布设信号灯，然后根据现场的条件布设吹砂管路，见图 6。管路按所需长度在陆地分段连接牢固，用拖轮拖带至吹砂船与吹填设备接口连接，管路呈流线型弯曲布置，避免形成死弯。施工过程中，根据吹填情况移动、接长主管或增设支管，保证吹填范围。

图 6　吹填排泥管线布设

3.4.2 吹填作业

当运砂船由采砂区按照既定运砂线路抵达墩位后，锚固在吹砂船附近，然后将吹砂定位船上的泥浆泵吊入运砂船内，船舱内的砂土经高压水枪稀释后由泥浆泵吸入经吹砂管线泵送至吹填区域。每条吹砂管线上布置多个出砂口，设置独立阀门，确保吹填的均匀性，吹填过程中做好钢管桩的沉降和位移观测，确保围护结构安全可靠。

3.4.3 平台便道修筑及顶面修整

筑岛成型且临江侧坡体充填土工织物管袋完成后，在平台上游侧及平台中间部位修筑便道；平台顶面采用压路机进行碾压，特别注意在距离临江侧钢管桩及上下游防护范围内严禁碾压，碾压完成后顶面铺设矿渣及走道钢板，作为钻孔桩施工平台，见图 7。

图 7　吹填筑岛吹填完成

4 结　　语

青山长江大桥钻孔平台采用吹填筑岛施工，工艺成熟、工序简单、机械化程度高，施工质量更有保证，变水上施工为陆地施工也降低了施工难度。自 2015 年 9 月 23 日至 10 月 26 日，安全、快速、优质地完成了钻孔平台吹填筑岛施工，较钢平台施工周期缩短 1 个月，减少施工投入，节约成本，且避免了大量的起重吊装及高空作业，降低了施工安全风险，同时为后续钻孔桩施工提供了工期保障。

19号墩大型锁口钢管桩围堰设计与施工

赵全成

1 工程概况

1.1 19号主墩基础简介

武汉市四环线青山长江公路大桥19号主墩位于武昌侧岸坡上，基础采用60根 ϕ2.5 m钻孔桩；承台为哑铃形结构，平面尺寸98.9 m×39.5 m，顶高程+12.0 m，底高程+3.0 m，厚9 m，承台中间采用宽18.0 m的系梁连接，系梁与承台等厚，系梁中间预留宽4.7 m的后浇段，在第一次系梁浇筑三个月后浇筑，承台结构布置见图1。

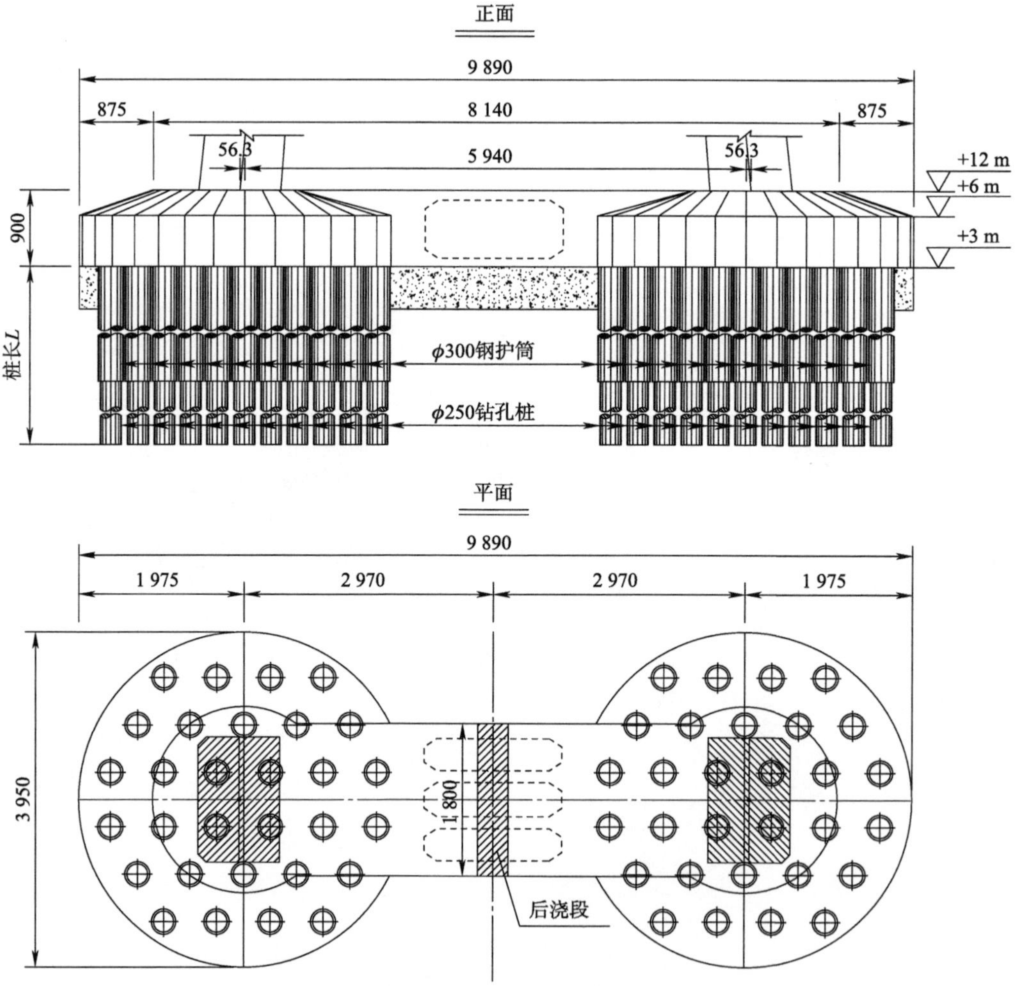

图1 19号主墩基础布置(单位：cm)

1.2 水文地质情况

19 号墩墩位处河床高程为＋11.4 m～＋20.5 m。由于基础采用先吹填筑岛施工钻孔桩、后钢管桩围堰施工承台的总体施工方案，钻孔桩施工前将墩位处河床清理至＋6.0 m，然后吹填细砂至＋18.0 m。因此，筑岛后墩位处覆盖层自上而下依次为：厚约 12.0 m 的筑岛填砂，厚约 6.0 m 的粉细砂、粉质黏土互层，厚约 18.0 m 的粉细砂。

桥址处 10 年一遇洪水水位＋25.85 m，长江三峡工程投入使用后，显著影响了长江中下游汛期水位。2005～2015 年，每年 11 月至次年 4 月中上旬，水位基本维持在＋11.0～＋16.0 m；每年汛期 6 月 15 日前水位均未超过＋21.5 m，除 2010 年外，墩位处最高水位均未超过＋24.0 m，见图 2。

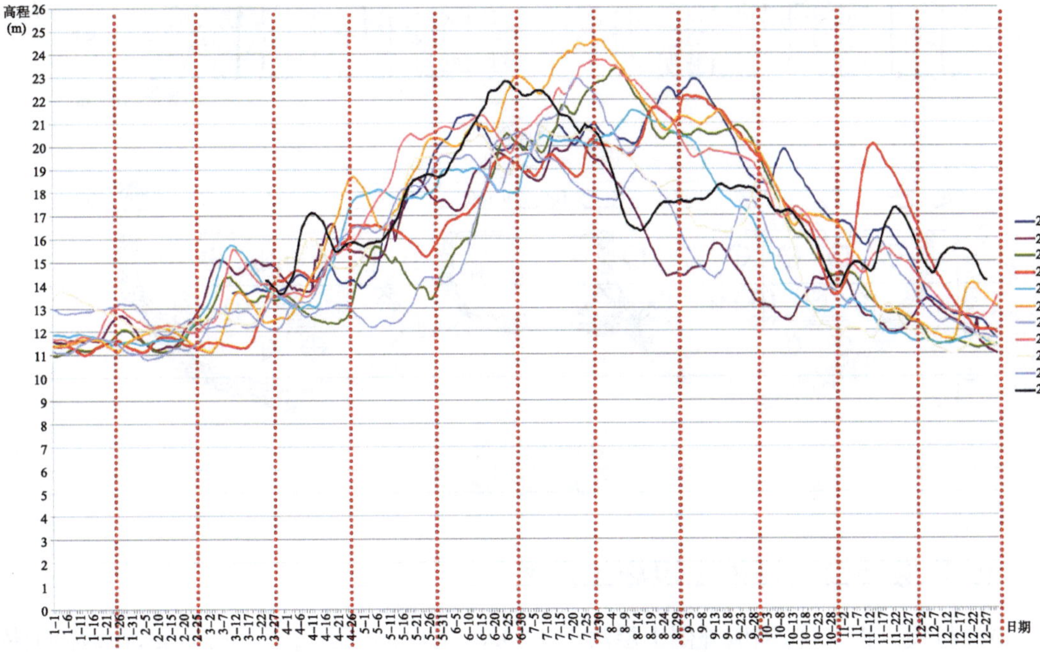

图 2　2005～2015 年 19 号墩位处水位曲线

2　总体施工方案

19 号主墩承台规模大，埋深深，承台施工跨越长江汛期，由于筑岛填砂的存在，围堰要承受 15 m 土压力及 26 m 水压力。针对 19 号主墩围堰施工荷载大、工期紧的特点，19 号墩基础施工采用锁口钢管桩围堰。

3　19 号墩锁口钢管桩围堰设计

3.1　19 号墩锁口钢管桩围堰布置

为了降低施工难度并方便围堰圈梁倒用，锁口钢管桩围堰布置为正多边形哑铃型结构，平面尺寸 101.6 m×44.1 m，钢管桩底高程−10.5 m，顶高程+22.5 m，总长 33 m。钢管桩围堰顶部根据施工水位确定接高 2 m 单壁围堰，设防水位+24.0 m。围堰设三层内支撑，顶、中、底内支撑高程分别为+18.0 m、+13.0 m、+8.0 m；基底高程−3.0 m，封底混凝土厚 6.0 m；由于系梁范围内无主体桩，为了改善封底混凝土受力状况，系梁段范围内布置了 8 根辅助桩，19 号墩锁口钢管桩围堰整体布置见图 3。

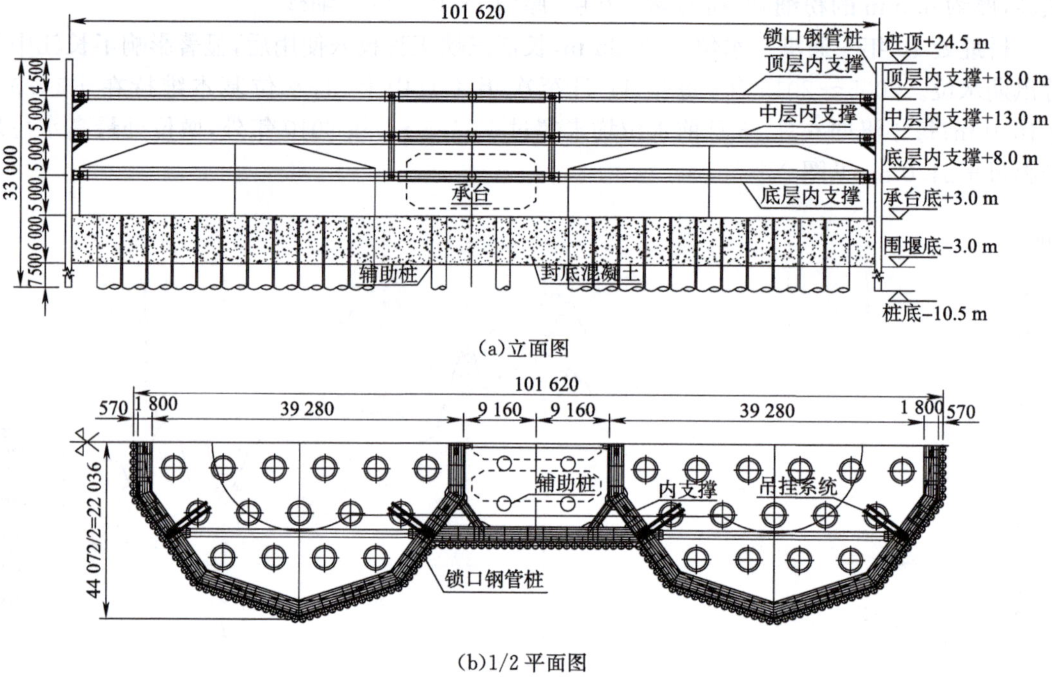

图 3　19 号墩锁口钢管桩围堰布置(单位：mm)

3.2　19 号墩锁口钢管桩围堰施工步骤

(1)插打锁口钢管桩，围堰外侧土层清至+16.0 m，内侧土层清至+13.5 m，在地面上依次拼装底、中层内支撑，在设计高程拼装顶层内支撑并施工抄垫将空隙填满。

(2)围堰内干挖取土，下放中、底层内支撑，中层内支撑下放到位后施工与围堰间的抄垫。

(3)围堰保持内外水头平衡吸泥至+7.4 m 高程，将底层内支撑下放至+8.0 m，在水下施工抄垫。

(4)围堰内取土至−3.0 m 高程，施工封底混凝土(考虑承台施工计划安排，确定封底混凝土控制水位为+21.5 m)。

(5)围堰内抽水，做好承台施工前的准备工作。

(6)施工第一层承台，在钢管桩与承台间灌注水泥砂浆，拆除底层内支撑。

(7)进行后续承台施工。

3.3　19 号墩锁口钢管桩围堰计算

根据围堰总体施工步骤，围堰计算工况及计算荷载见表 1。

表 1　围堰计算工况及荷载(m)

工况	工 况 描 述	外侧水位	水头差	外侧土高程	内侧土高程
1	钢管桩插打、内支撑拼装	+13.0	无	+16.0	+13.5
2	抄垫顶层内支撑,干挖至+11.0 m	+16.0	5.0	+16.0	+11.0
3	抄垫中层内支撑,进行水下吸泥	+16.0	无	+16.0	+7.4
4	施工底层内支撑抄垫,吸泥至设计高程	+16.0	无	+16.0	−3.0
5	施工封底混凝土,围堰内抽水	+21.5	23.5	+16.0	−3.0
6	施工第一层承台,拆除底层内支撑	+21.5	23.5	+16.0	−3.0
7	进行后续承台施工	+24.0	26.0	+16.0	−3.0

计算采用 Midas Civil 有限元软件建立围堰施工阶段模型,模型采用平面杆系结构弹性支点法,整体计算结果见表 2。

表 2　围堰计算结果

工况/结果		工况 1	工况 2	工况 3	工况 4	工况 5	工况 6	工况 7
钢管桩	应力(MPa)	5.5	42.8	70.6	101.1	114.1	153.2	151.0
	变形(mm)	7.9	16.9	30.9	44.5	55.5	64.8	70.0
顶层内支撑反力(kN)		—	56	24	218	357	376	592
中层内支撑反力(kN)		—	—	339	0	140	232	328
底层内支撑反力(kN)		—	—	—	719	932	—	—
一级承台反力(kN)		—	—	—	—	—	1 193	1 428
封底混凝土(kN)		—	—	—	—	1 356	941	922

对于围堰的整体稳定性:

工况 4 为围堰稳定最不利工况,根据计算结果,该工况下,钢管桩围堰稳定性系数 1.36>1.25,满足一级支挡结构稳定要求,钢管桩入土深度满足要求。

工况 4 为围堰抗浮最不利工况,+21.5 m 水位下,围堰上浮力 63 936 t,封底混凝土自重及钢护筒与封底混凝土间黏结力共 86 529 t,围堰抗浮安全系数 1.35>1.05,满足规范要求。

3.4　19 号墩锁口钢管桩围堰结构设计

19 号墩锁口钢管桩围堰结构设计主要包括钢管桩、圈梁、封底混凝土及辅助桩等设计。

3.4.1　锁口钢管桩

锁口钢管桩采用主管采用 ϕ820 mm×18 mm 钢管,材质 Q345B,钢管锁口采用大管套小管的阴阳接头形式,锁口钢管桩断面见图 4。顶、中、底层内支撑、第一层承台及封底混凝土口钢管桩接触处集中反力较大,容易引起管桩局部稳定破坏,因此在对应位置予以加强,锁口钢管桩加强断面见图 4。

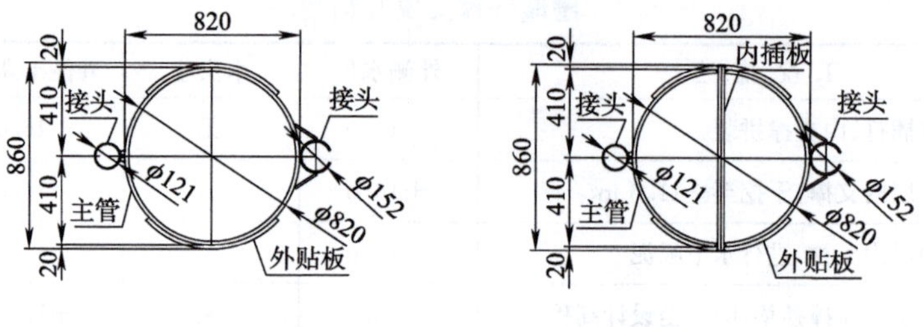

(a)适用于中层内支撑处　　(b)适用于其余支点处

图 4　锁口钢管桩断面(单位:mm)

3.4.2　圈　　梁

为了方便材料倒用,围堰内支撑平面设计为两端正十边形的哑铃型结构,见图 5。由于圈梁是在围堰钢管桩插打后进行下放,因此将其外边缘轮廓线与锁口钢管桩内边缘轮廓线设 160 mm 间隙,在内支撑安装到位后填充混凝土抄垫,形成有效支承。内支撑均为高 1.8 m、宽 1.2 m 的箱梁,材质 Q345B,顶、中层翼缘、腹板厚 20 mm,底层内支撑翼缘、腹板分别厚 30 mm、25 mm。圈梁撑管采用 ϕ1 000 mm×16 mm 钢管。节段圈梁连接点应力较大,在腹板贴板补强。

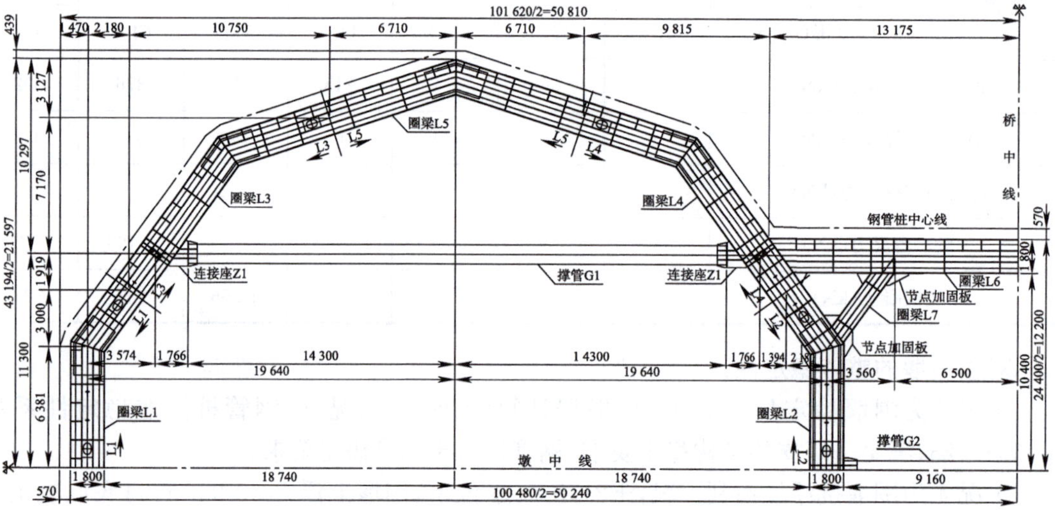

图 5　1/4 底层内支撑平面布置(单位:mm)

3.4.3　封底混凝土及辅助桩

封底混凝土采用 C30 水下混凝土,封底厚 6 m。辅助桩桩径 1.8 m,随主体桩同步施工。考虑到封底混凝土自身刚度后,封底混凝土与护筒间黏结力分布并不均匀,特别是靠近系梁段侧的 4 根主体桩护筒(桩径 3 m)及系梁段内的 8 根辅助桩护筒(桩径 1.5 m)黏结力所需较大,因此在封底混凝土范围内护筒外侧焊接环向加劲钢筋环,以增强钢护筒与封底混凝土容许黏结力。

4　19 号墩锁口钢管桩围堰施工

4.1　锁口钢管桩制造及插打施工

锁口钢管桩采用 33 m 长螺旋整桩制作工艺，壁厚 16 mm，阳锁口管焊接时，首先采用 2 根 30 m 长直径 20 mm 钢筋与母管进行焊接，钢筋中心间距 30 mm，每根钢筋与母管、阳锁口钢管与钢筋均采用 $h_f=6$ mm 连续单面角焊缝。阴锁口焊接时，与母管采用连续双面角焊缝，同时阴锁口管采用通长加劲肋与母管焊接，焊缝为连续单面角焊缝。为了解决钢管桩局部受力较大的问题，钢管桩在对应中层、底层及封底混凝土范围内进行补强，具体补强措施为在圈梁对应处开槽，安装 30 mm 加劲板，并在桩体表面外贴 20 mm 圆弧板。钢管桩底口采用高 500 mm，厚 10 mm 加劲板进行底口加强，避免桩端破坏。

钢管桩插打前在桩端涂抹黄油及麻绳絮，插打采用 EP400 偏心距无极可调振动打桩锤，为确保定位准确及垂直度控制，插打时根据锁口钢管桩位置在两侧插打临时管桩，并安装限位梁，形成定位架，其具体布置见图 6。管桩插打过程中采用全站仪的持续观察进行垂直度控制，确保钢管桩打入位置准确及垂直度不超过 5‰满足施工要求。

图 6　锁口钢管桩插打

为了使围堰周边能为钢管桩数均分，事先在定位架上画出各组钢管桩的位置，使宽度误差分散，并在插打过程中据此调整钢管桩的平面位置，使得平面误差不超过 15 mm。围堰合龙根据钢管桩实际垂度、平面偏差数据，特制了“上宽下窄”的加宽型和箱形锁口桩，满足围堰合龙要求。

4.2　围堰内取土施工

为提高围堰内取土效率，根据墩位处地质情况及施工条件采取了多种方式进行围堰内侧的取土工作。当钻孔桩施工完毕后，且承台上下游圆端范围内锁口钢管桩插打完毕后，清理钻孔平台顶部相应钻孔设施及杂物，同时对围堰内从顶面至＋13.0 m 段采用长臂挖机开挖的方式进行取土，以满足三层圈梁的拼装高度需要。

取土至水位以下后，长臂挖机无法工作，围堰内＋13.0 m～＋7.4 m段利用钢护筒搭设开挖平台，用吸泥泵、长臂挖机、小挖机等方式进行干挖干吸施工，并逐步将中、底层内支撑下放到位并施工抄垫；＋7.4 m～＋4.5 m段土层采用向围堰内回灌水，采用吸泥泵浮箱进行水下吸泥作业；＋4.5 m至封底混凝土底部土层因吸泥泵效率低，因此在普通吸泥基础上辅以高压射水措施，极大提高了吸泥效率，见图7～图9。

图7　长臂挖机取土

图8　吸泥浮箱吸泥取土

图9　吸泥机吸泥作业

4.3　内支撑下放及抄垫施工

内支撑下方采用"同步下放并逐层抄垫"的施工方法。内支撑拼装首先在锁口钢管桩内侧开挖基坑，以满足三层圈梁的拼装高度需要。圈梁分节段在工厂制造后水运至19号墩下游侧，采用320 t履带吊吊装。顶层圈梁直接在设计高程处安装，圈梁与钢管桩间间隙内浇筑混凝土。达到设计强度后，准备进行中、底层内支撑下放。

接高钢护筒，安装吊挂下放分配梁，并在每处下放分配梁上安装4台200 t千斤顶，采用ϕ40 mmPSB930精轧螺纹钢筋分别连接中、底层圈梁。具体下放施工步骤如下：

4.3.1　步骤一（图10）

（1）清理钻孔桩完成区域的地层至＋13.5 m高程；

（2）开挖面设置抄垫，拼装底层内支撑；

（3）安装底层内支撑第一段吊挂钢筋、垫板及配套螺母。

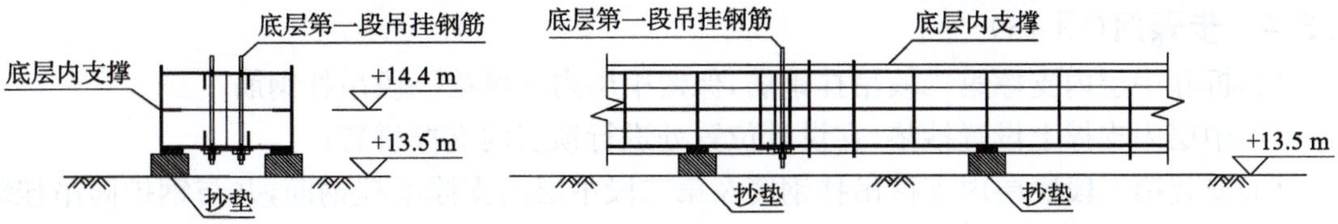

图 10　内支撑下放步骤一

4.3.2　步骤二(图 11)

(1)底层内支撑上设置抄垫,拼装中层内支撑；

(2)安装中层内支撑第一段吊挂钢筋、垫板及配套螺母；

(3)接高第二段底层内支撑吊挂钢筋；

(4)安装中层内支撑第二段吊挂钢筋并与钢护筒吊挂装置连接。

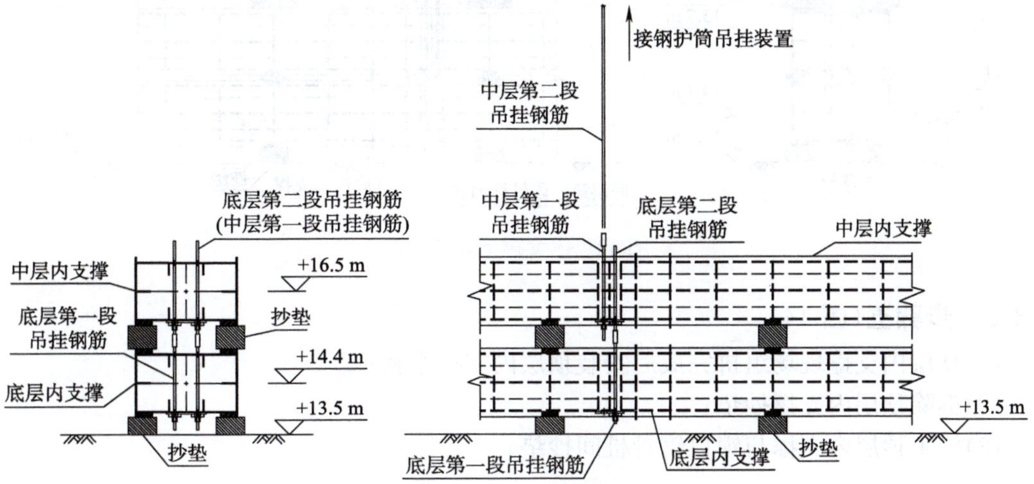

图 11　内支撑下放步骤二

4.3.3　步骤三(图 12)

中层内支撑现场组拼完成后借助吊挂系统下放至与底层内支撑顶部。

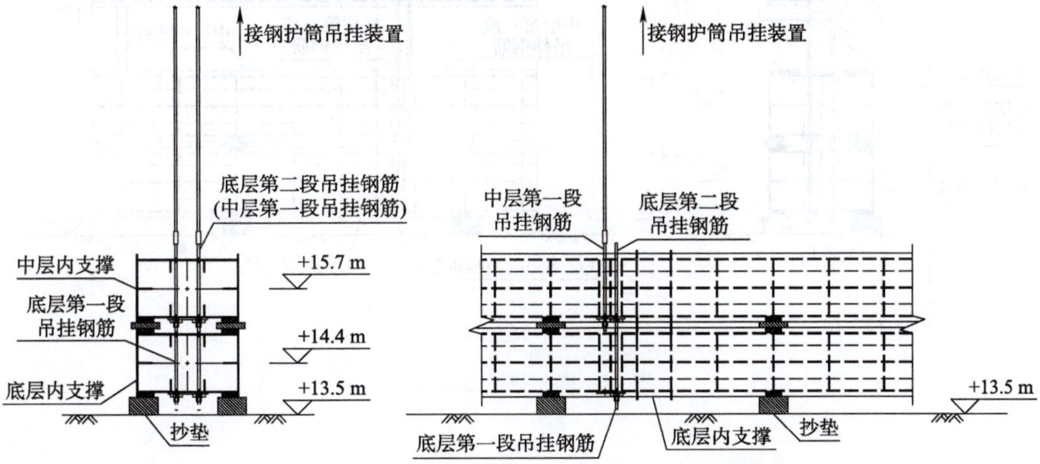

图 12　内支撑下放步骤三

4.3.4 步骤四(图 13)

(1)拆除中层内支撑第二段吊挂钢筋,保留中层内支撑第一段吊挂钢筋;

(2)中层内支撑上设置抄垫,在设计位置处进行顶层内支撑拼装;

(3)安装第三段底层内支撑吊挂钢筋及第二段中层内支撑吊挂钢筋,并与钢护筒吊挂装置连接。

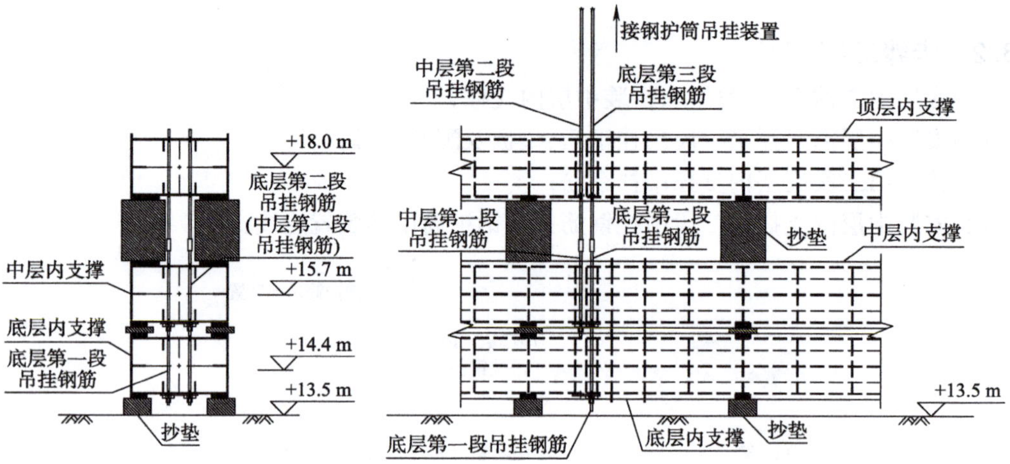

图 13　内支撑下放步骤四

4.3.5 步骤五(图 14)

(1)顶层内支撑现场组拼完成后安装顶层内支撑牛腿;

(2)拆除顶层内支撑抄垫;

(3)施工顶层内支撑与锁口钢管桩间抄垫。

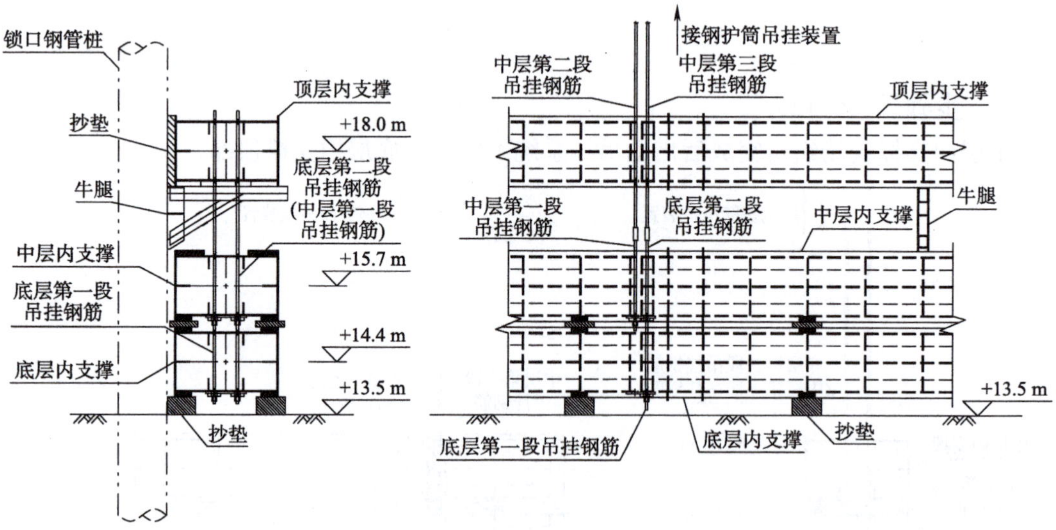

图 14　内支撑下放步骤五

4.3.6 步骤六(图 15)

拆除底层、中层内支撑抄垫,借助吊挂系统吊挂底层、中层内支撑。

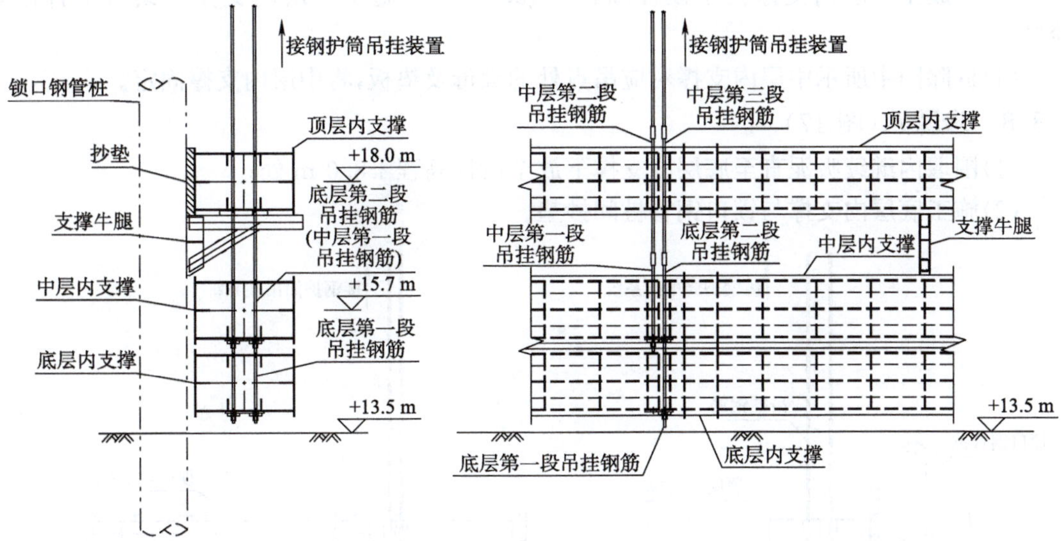

图 15　内支撑下放步骤六

4.3.7 步骤七(图 16)

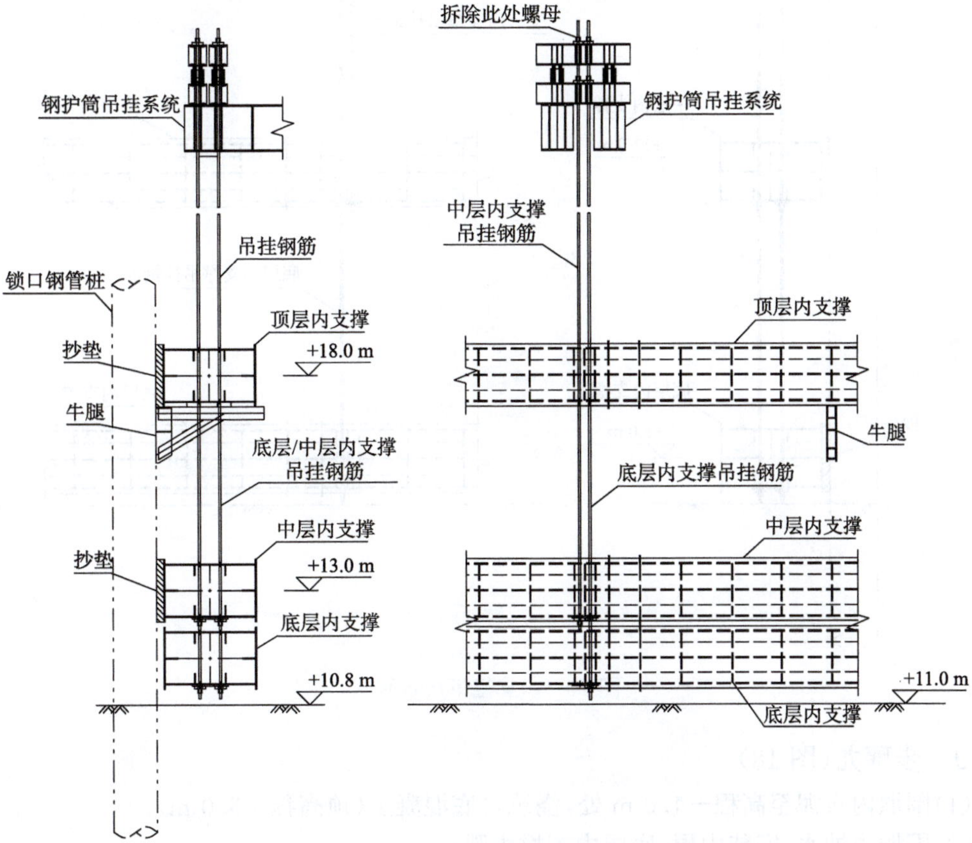

图 16　内支撑下放步骤七

(1)围堰内吸泥至高程+10.8 m处；

(2)依次下放底层、中层内支撑；

(3)下放至中层内支撑位于设计高程+13.0 m处，施工中层内支撑与锁口钢管桩间抄垫；

(4)拆除图中所示中层内支撑对应吊点处的螺母及垫板，将中层内支撑固定。

4.3.8 步骤八(图17)

(1)围堰内继续吸泥直至底层内支撑下放至设计高程+8.0 m处；

(2)施工底层内支撑与锁口钢管桩间抄垫。

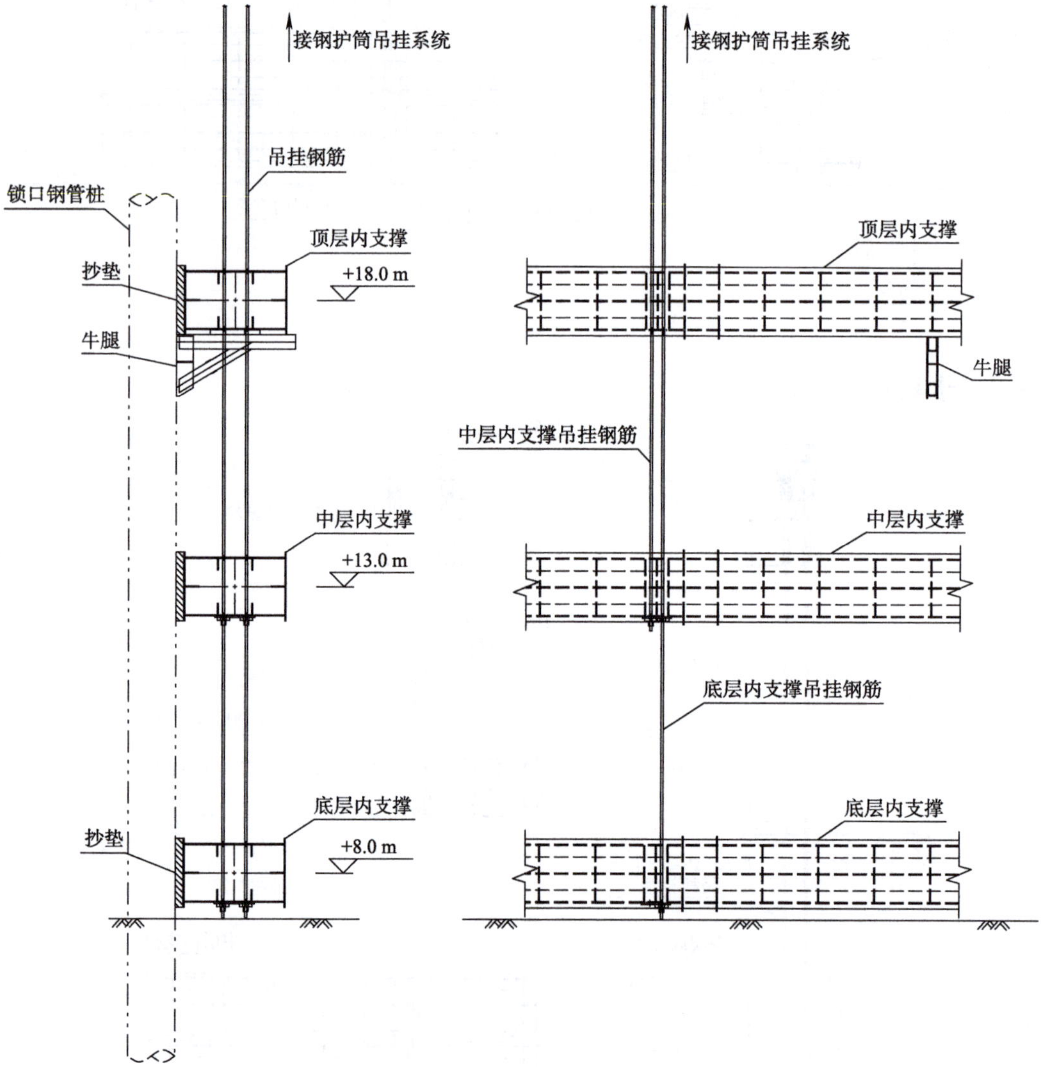

图17 内支撑下放步骤八

4.3.9 步骤九(图18)

(1)围堰内吸泥至高程−1.0 m处，浇筑封底混凝土(顶高程+3.0 m)；

(2)围堰内抽水，安装中层、底层内支撑牛腿；

(3)拆除吊挂系统,完成内支撑下放安装,准备后续施工。

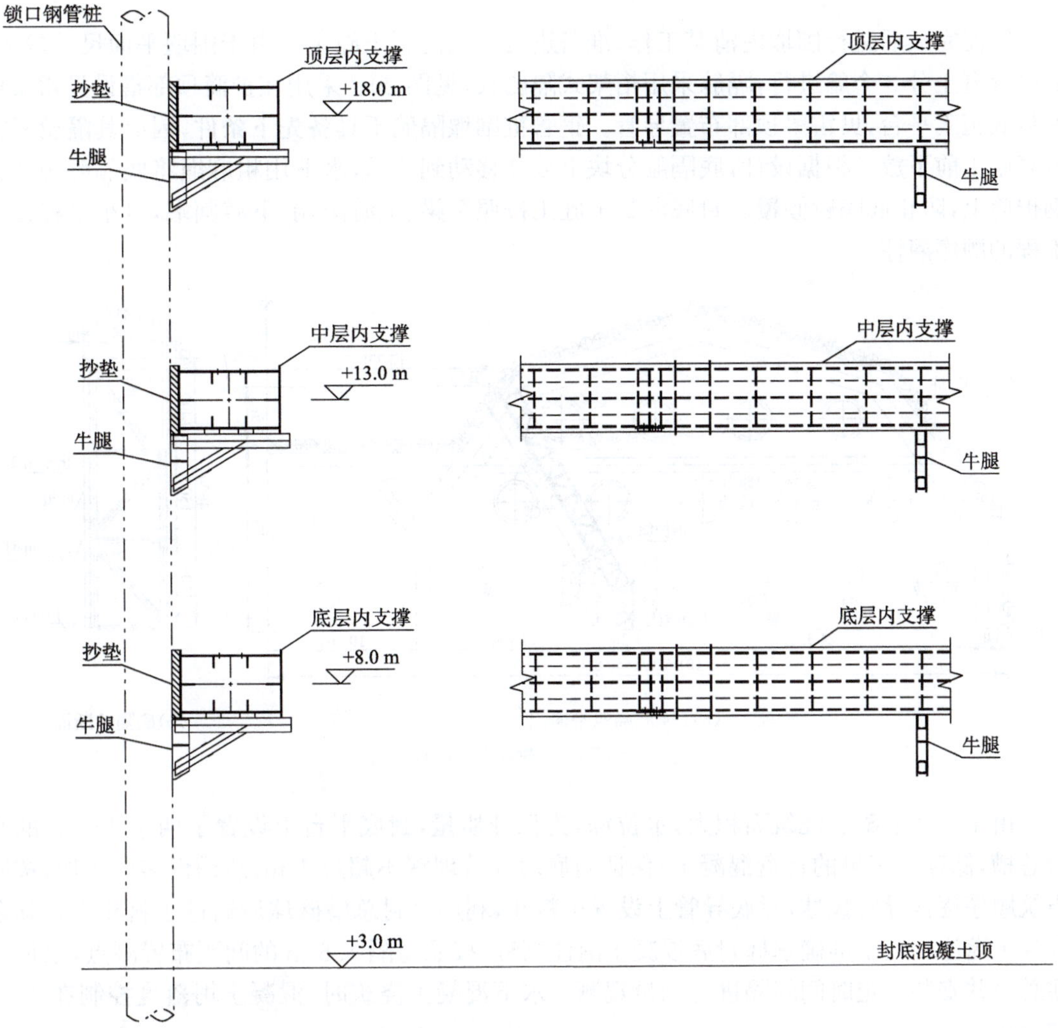

图 18 内支撑下放步骤九

圈梁与钢管桩间抄垫混凝土采用“钢筋支撑+土工布”的方式作为模板进行施工,现场施工见图 19。

图 19 抄垫混凝土浇筑

4.4 封底混凝土施工

吸泥完成后进行围堰内清基工作，准备进行封底混凝土施工。由于围堰平面尺寸较大，封底混凝土分 3 个舱进行，隔舱采用桁架式隔舱板，见图 20。采用在护筒顶部搭设贝雷梁作为封底施工平台，贝雷梁顶部布置导管。钢管桩围堰隔舱不具备先下条件，因此其隔舱板在封底施工前下放。根据设计，底隔舱分块下放并移动到位后，水下用粗麻绳将底隔舱缠绕在钢护筒上，防止底隔舱倾覆。封底混凝土施工按照系梁、上游圆端、下游圆端，自小里程往大里程的顺序灌注。

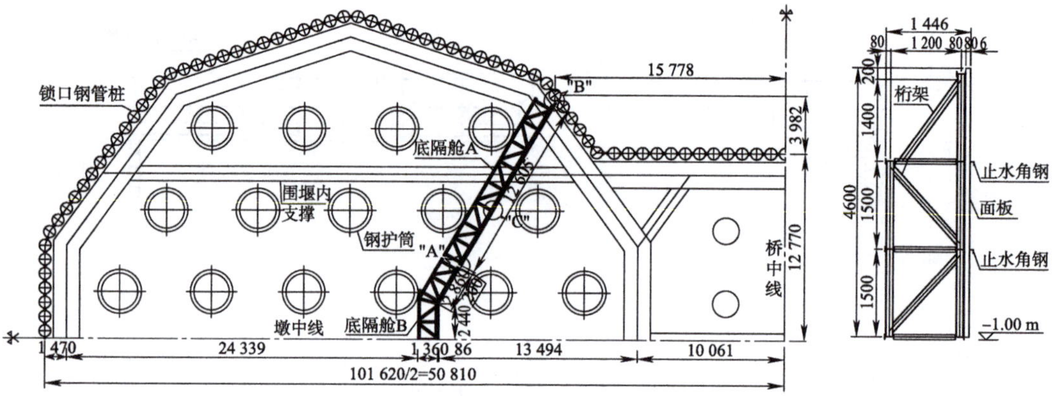

(a)1/4 底隔舱平面　　(b)底隔舱断面

图 20　底隔舱下放布置(单位：mm)

由于封底混凝土浇筑面积大，水位深，为保证质量，封底平台上设置了两个 15 m^2 的水封总槽，储存一定量的首盘混凝土；保证封底时导管埋深不超过 1 m；总槽设多向溜槽，按照浇筑顺序逐根导管拔球，封底导管上设置小料斗，利用水封总槽砍球后通过小料斗进行其余混凝土灌注。为了准确掌握封底混凝土灌注高程，按照每隔 1.5 m 的间距布置测点，根据灌注总量并安装一定时间间隔进行测量观测。水下混凝土浇筑时，混凝土坍落度控制在 18～22 cm。

待封底混凝土达到设计强度后，围堰内抽水，凿除桩头，进行承台施工。

4.5 辅助桩施工

由于辅助桩仅为改善封底混凝土受力，降低封底混凝土厚度设置，为了保证辅助桩不影响成桥后承台系梁的受力，承台施工前将辅助桩割至封底混凝土顶面以下，并在系梁范围内的封底混凝土顶面刷涂沥青隔离层，使得封底混凝土及辅助桩与系梁隔离，承台系梁不直接支承在辅助桩上，而是被整个封底混凝土均匀支撑，确保其受力状态与设计状态一致。

4.6 钢管桩围堰监控

为确保施工安全，在围堰施工过程中在部分钢管桩、圈梁上布置测点，测量围堰施工中管桩及圈梁的应力，与理论计算模型计算结果进行对比，对下一步围堰施工进行指导，见图 21。

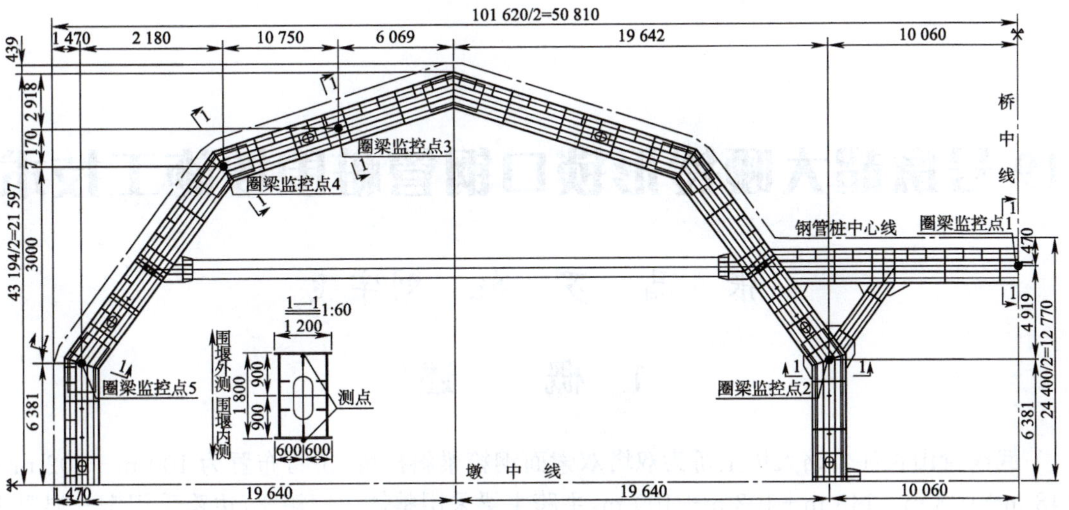

图 21 1/4 圈梁监控测点平面布置图(单位:mm)

5 结　　语

武汉市四环线青山长江公路大桥 19 号墩采用先吹填筑岛施工钻孔桩，再采用锁口钢管桩围堰施工承台的总体施工方案，提高了半水半岸条件下超大型基础的施工速度。19 号墩锁口钢管桩围堰设计为正多边形哑铃型结构，尤其是内支撑设计充分考虑了基础施工完成后，上部结构施工时材料的倒用；内支撑“同步下放、并逐层抄垫”、圈梁与钢管桩预留间隙并后浇混凝土抄垫，下放施工效率高，抄垫密贴可靠，工艺操作适合现场需求。2016 年 9 月，19 号墩承台浇筑完成，圆满完成既定施工任务。

19号墩超大哑铃形锁口钢管桩围堰施工技术

张　晶　罗　航　刘宇飞

1　概　　述

武汉青山长江公路大桥主桥为双塔双索面钢箱梁斜拉桥，桥跨布置为100 m+102 m+148 m+938 m+148 m+102 m+100 m，主跨主梁采用整体式钢箱梁，边跨采用钢—混凝土结合梁，主塔为钢筋混凝土A形塔。南塔承台为哑铃形，结构见图1，承台顶高程+12.0 m、厚9 m。承台端部为2个直径39.5 m的圆形结构，中间采用系梁连接，系梁宽度为18 m，厚度与承台相同，承台平面尺寸为98.9 m×39.5 m，采用C45混凝土。

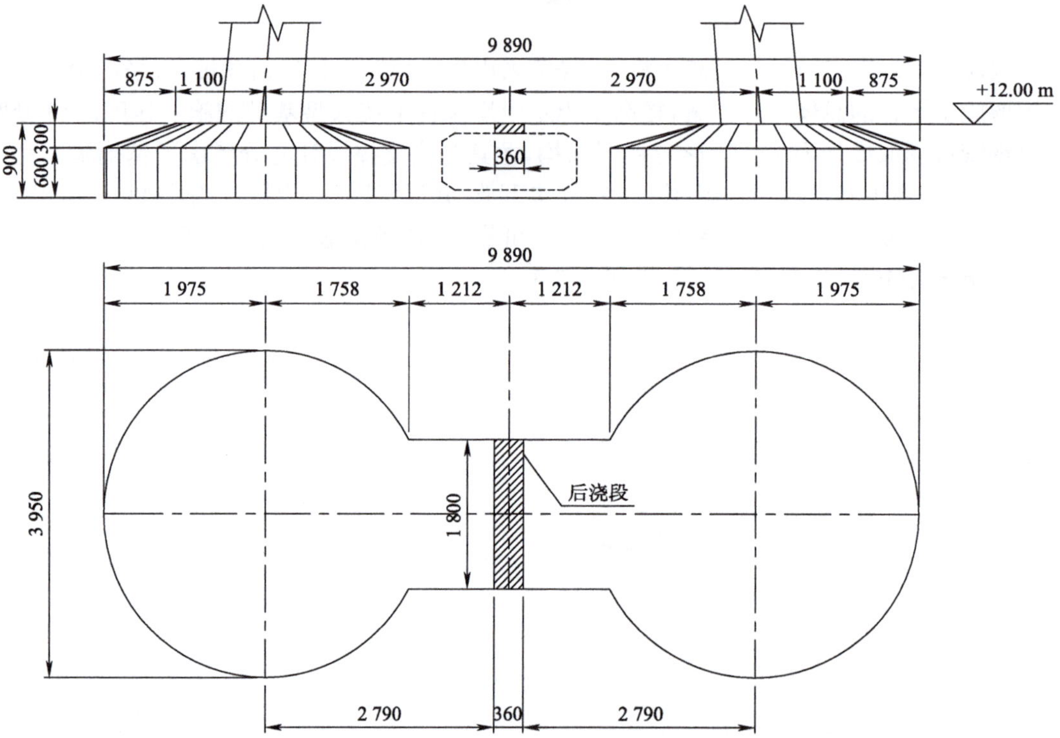

图1　南塔承台结构(单位:cm)

南塔位于长江武昌侧自然岸坡上，北侧面临长江主航道，基础内河床高程在+11.4～+20.5 m范围内，承台施工采用锁口钢管桩围堰作为支护结构。

2 水文地质情况

2.1 水文情况

大桥在天兴洲洲尾跨越长江，设计最高通航水位＋26.95 m(20 年一遇洪水水位)，最低通航水位为 8.33 m；桥址处 10 年一遇洪水水位为＋25.85 m，5 年一遇洪水水位为＋24.88 m。每年 11 月 1 日至次年 4 月 15 日(共计 166 天)，水位均低于＋16.3 m。

2.2 地质情况

南塔墩位处范围内原地面/河床高程为＋11.4～＋20.5 m，自上而下地分布为粉细砂层、粉质黏土、圆砾土层及泥质粉砂岩与微弱胶结砂岩。其中＋19～－10 m 范围内为粉细砂层，力学性能较差，承载能力不高。

3 围堰布置

锁口钢管桩围堰布置呈哑铃形，平面尺寸 101.6 m×44.1 m，围堰内尺寸相对承台边缘外扩 1.0 m，以满足立模及施工需要。由于南塔基础施工时处于长江汛期，施工期水位高，围堰考虑两级控制水位。其中底层承台施工时最高抽水水位控制在＋21.5 m，围堰最高设防水位＋24.0 m。围堰由锁口钢管桩、圈梁、联结系和封底混凝土等结构组成。围堰布置见图 2。

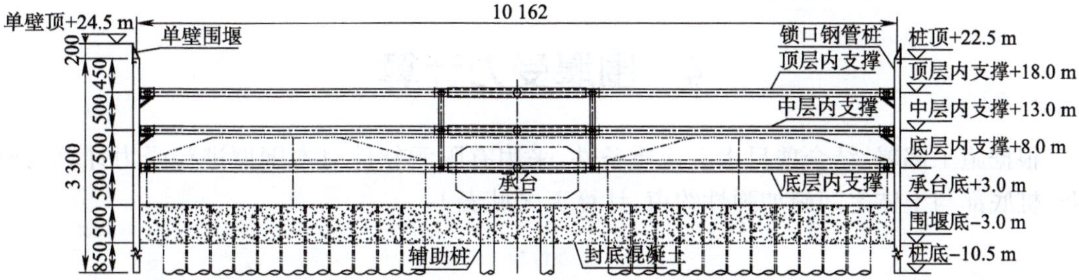

(a)立面

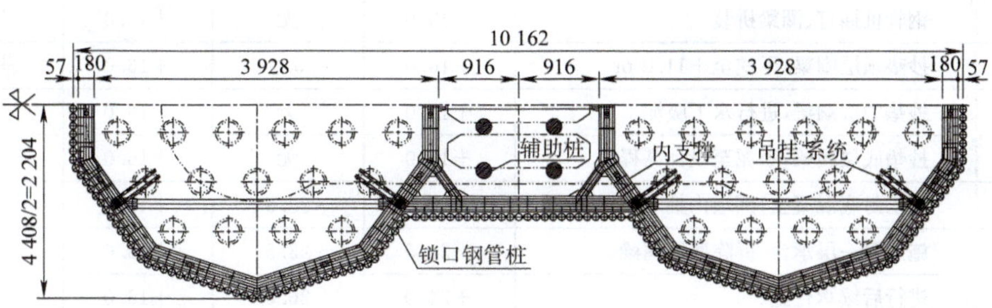

(b)1/2 平面

图 2 围堰总布置(单位：cm)

锁口钢管桩主管规格直径×壁厚为 820 mm×18 mm，阴、阳锁口分别为 121 mm×6 mm、152 mm×8 mm 钢管，材质均为 Q345B。整个围堰共需锁口钢管桩 274 根，根据围堰插打顺序及合龙需要，管桩有 6 种规格(主管不变，适当调整锁口管布置)。锁口钢管桩截面见图 3。

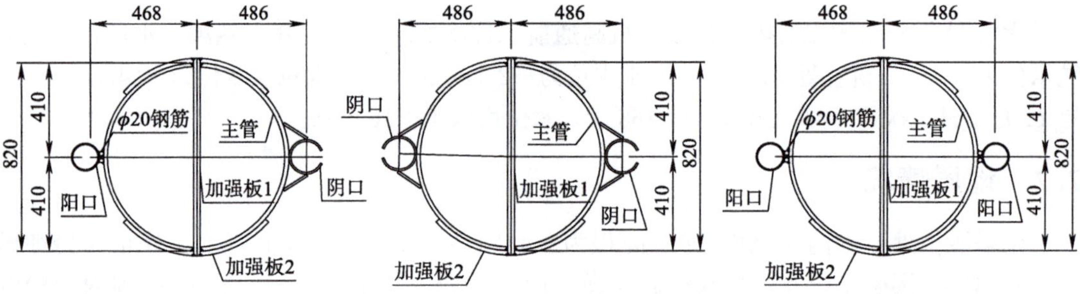

(a)标准管　　(b)接头管 1　　(c)接头管 2

图 3　锁口钢管桩截面(单位：mm)

围堰共设置 3 层圈梁，圈梁均采用箱梁，梁高 1.0～1.8 m，梁宽均为 1.2 m。围堰顶、中、底层圈梁撑管及联结系分别采用直径×壁厚为 1 000 mm×16 mm 及 630 mm×8 mm 钢管。

围堰封底厚 5.0 m，底高程－2.0 m。在系梁设 8 根辅助桩，辅助桩直径 1.5 m，桩长 40～44 m。

锁口管桩顶高程＋22.5 m，顶部(＋22.5～＋24.5 m)预设 2 m 单壁结构，考虑为桥址区水位超过＋22 m 及围堰度洪时使用，其余情况暂不安装。

4　围堰受力计算

根据施工部署，结合项目水文地质条件，采用有限元软件对本围堰进行受力计算，锁口钢管桩底部与土体之间施加弹性约束，计算工况见表 1。

表 1　围堰计算工况(m)

工　序	工　况	外侧水位	水头差	外侧土高程	内侧土高程
1	钢管桩插打、圈梁拼装	＋13.0	无	＋16.0	＋13.5
2	抄垫顶层圈梁，干挖至＋11.0 m	＋16.0	5.0	＋16.0	＋11.0
3	抄垫中层圈梁，进行水下吸泥	＋16.0	无	＋16.0	＋7.4
4	抄垫底层圈梁，吸泥至设计高程	＋16.0	无	＋16.0	－2.0
5	施工封底混凝土，围堰内抽水	＋21.5	23.5	＋16.0	－2.0
6	施工第一层承台，拆除底层圈梁	＋21.5	23.5	＋16.0	－2.0
7	进行后续承台施	＋24.0	26.0	＋16.0	－2.0

通过计算，各工况下围堰结构受力、变形满足《钢结构设计规范》要求；基坑抗隆起等均满足要求。

5 施工工艺

锁口钢管桩采用履带吊机辅助打桩锤进行插打。管桩插打时圈梁同步分节拼装后逐层取土下放。圈梁安装到位后，分区进行水下封底，封底混凝土达到强度后围堰抽水，同期抄紧管桩与圈梁间缝隙，焊接圈梁间联结系，然后转入承台施工。

5.1 钢管桩加工

5.1.1 主管加工

主管采用钢板卷制后辅以螺旋焊而成，单根管桩长度 33 m。主管与加强板间采用坡口融透焊或单面角焊缝，其中融透焊焊缝质量为二级，角焊缝焊缝质量为三级，焊缝应逐条检查，确保加工质量。

5.1.2 锁扣管焊接

(1)阳锁口管焊接时，首先将 2 根长 30 m、直径 2 cm 钢筋与主管进行焊接，钢筋中心间距为 3 cm，再将阳锁扣管与主管进行焊接。

(2)阴锁口与主管采用连续双面贴角焊缝连接后，再焊接两块加劲板进行加强，以保证阴锁管的整体刚度及连接质量。

(3)锁口管焊接完成后，按要求检验阴阳锁管的加工质量，对每根阴阳锁管进行通过性试验，确保现场能正常施打。

5.2 钢管桩插打

5.2.1 插打

现场投入 6 台打桩锤进行插打，其中 EP400、EP650 为偏心力矩无极可调振动打桩锤，打桩锤具体参数见表 2。

表 2 打桩锤参数

序　　号	型　　号	功率(kW)	激振力(kN)	数量(台)
1	EP400	300	1 950	1
2	EP650	240×2	3 000	1
3	YZ300	886	3 000	3
4	DZJ300	300	2 185	1

5.2.2 插打顺序

根据围堰布置，管桩分 4 个区域 25 组插打，设 3 个合龙口，武昌侧跨中位置 10.6 m 范围内 12 根管桩暂不插打，以便于土方运输和设备的进出，待圈梁拼装完成后，再从中间向两侧对称插打剩余管桩，完成围堰合龙。钢管桩插打顺序见图 4。

5.2.3 钢管桩插打

管桩插打前先在锁口上涂抹黄油，为确保定位准确及垂直度控制，插打时根据管桩位置在两侧插打临时管桩，安装限位横梁，形成插打导向架，锁口钢管桩导向插打见图 5。

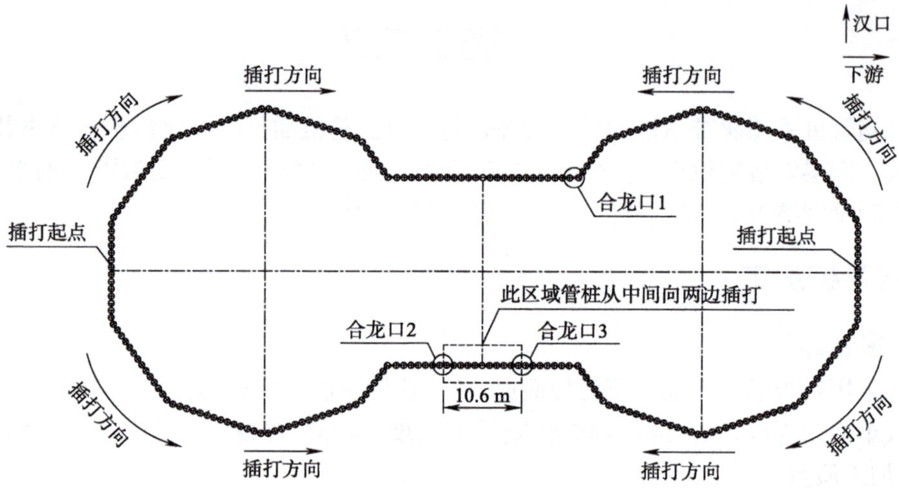

图 4　锁口钢管桩插打顺序

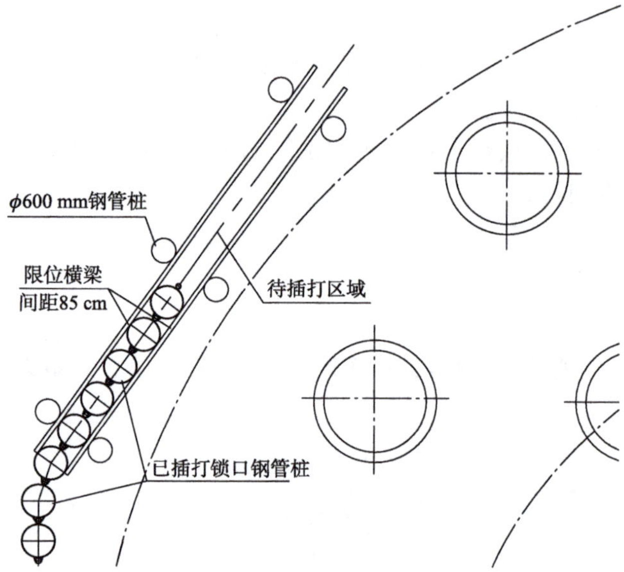

图 5　锁口钢管桩导向插打

插打过程中控制桩身垂直，确保管桩精确插打并顺利合龙。钢管桩在顺围堰周圈方向及其垂直方向的倾斜度均不大于 0.5%。为减少插打偏差积累，每组管桩插打前利用全站仪对其平面位置进行测量复核，对偏差进行组内分解，偏差控制在 15 mm 以内，然后在导向架上放出每根管桩的位置，据此控制管桩插打。

5.3　圈梁安装

5.3.1　基坑开挖

围堰上下游两圆弧范围内管桩插打完毕后，对基坑内进行清理，利用挖掘机取土至 +12.275 m 高程处，满足三层圈梁的拼装高度，然后在插打剩余管桩同时进行圈梁安装。

5.3.2 圈梁安装

圈梁采用履带吊机分段起吊到位后焊接成整体。考虑锁口管桩插打误差及圈梁的整体下放需要，圈梁与管桩之间预留 15 cm 间隙。顶层圈梁直接在＋18.0 m 处安装，中层及底层圈梁先支撑在临时牛腿上。顶层圈梁安装完成后在圈梁与管桩之间的间隙采用混凝土抄垫，抄垫高 1.2 m，宽 0.5 m。

5.3.3 吊挂系统

接高 8 根(上下游圆弧各 4 根)钻孔桩钢护筒至＋23.0 m 高程处，安装吊挂分配梁，每处布置 4 台 2 000 kN 千斤顶，再利用精轧螺纹钢筋连接底、中层圈梁组成吊挂系统。

5.3.4 中层、底层圈梁下放

在围堰内＋20.5 m 处搭设取土平台，利用长臂挖机在围堰内取土。长臂挖机有效作业深度高程处后改用吸泥方式取土。

开挖至＋11.0 m 时，同步下放中、底层圈梁，当中层圈梁下放至＋13.0 m 时，锁定中层圈梁，完成该圈梁与锁口钢管桩之间的抄垫；吸泥至＋7.4 m 时，下放底层圈梁至＋8.0 m 并抄垫。

继续吸泥至－2.0 m 高程处至封底高程，完成吸泥作业。

5.4 围堰封底

封底采用 C30 混凝土，厚度 5.0 m，顶高程＋3.0 m，底高程－2.0 m，封底混凝土总量为 16 922 m^3。

南塔围堰封底面积大，采用隔舱板将围堰分为两圆端及中间系梁共 3 个舱。封底按先系梁，再上、下游圆端的总体顺序进行，各分舱自小里程向大里程多点连续浇筑。

封底混凝土强度达到要求后，围堰内开始抽水，当分别抽水至中层及底层圈梁高程时，采用履带吊机安装圈梁层间联结系。

6 关键控制点

封底混凝土强度达到要求后，围堰内开始抽水，当分别抽水至中层及底层圈梁高程时，采用履带吊机安装圈梁层间联结系。

(1)本围堰由于地质情况差、开挖深度大、所受荷载大，因此，作为主要受力构件的锁口管桩、圈梁、联结系等，要严格按设计要求进行加工，主要部位的焊缝要逐条检查。

(2)管桩能否精确插打到位是围堰及承台施工的关键，现场采用导向架分区分组插打、分组偏差调整，减少管桩偏差积累。现场插打时切忌振动过大，以免造成桩尖弯卷或锁口变形，导致拔桩困难或锁口漏水。

(3)锁口管桩与圈梁之间的抄垫密实程度直接影响到整个围堰的受力。对于中顶层圈梁，在圈梁底部及管桩两侧设置木模板，利用小料斗浇筑混凝土完成抄垫；对底层圈梁，通过顶层、中层圈梁与锁口管桩之间的缝隙下放水封导管，采用速凝混凝土进行抄垫。

(4)围堰内取土时按照均衡对称的原则进行，长臂挖机取土后要及时清运出现场，避免堆放在围堰外侧；吸泥取土时，应控制围堰内外泥面高差，围堰内吸泥至＋7.4 m 之前，应将外侧开挖至+16.0 m,以避免产生过大不平衡土压力。

7 结　　语

青山大桥南塔承台采用哑铃形锁口钢管桩围堰施工,围堰施工过程整体可控,未出现坍塌、隆起及大面积渗水等现象,为承台施工提供了良好的作业空间,安全通过了2016年长江特大洪水(桥址区最高水位+25.72 m)的考验,圆满完成了南塔基础既定的施工任务,可为今后类似项目提供较好的参考。

19 号墩大型锁口钢管桩围堰封底施工

李　勇　罗　航

1　概　况

19 号主塔墩基础采用钻孔桩基础，梅花形行列式布置；承台为哑铃型结构，顶高程 +12.0 m，厚度 9 m，两端为 ϕ39.5 m 的圆形结构，中间采用系梁连接，厚度与承台相同，承台总尺寸为 98.9 m×39.5 m。围堰封底采用 C30 混凝土，设计按 6 m 厚度控制，总方量约 2 万 m^3。

2　总体施工方案

19 号墩承台采用锁口钢管桩围堰施工，围堰布置呈哑铃型，围堰平面尺寸 101.6 m×44.1 m。围堰由锁口钢管桩、内支撑、内支撑联结系和封底混凝土等结构组成，见图 1。

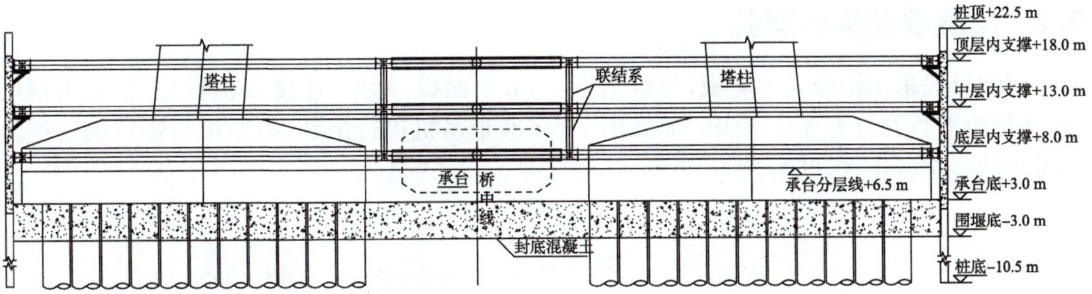

图 1　围堰封底示意

19 号墩围堰封底的施工过程中，在系梁与哑铃型圆端相接处设置两处顺桥向底隔舱，将围堰分为三个舱，即上游圆端①号舱、系梁区段③号舱及下游圆端②号舱，见图 2。围堰封底总体施工顺序：上游圆端①号舱→系梁区段③号舱及下游圆端②号舱联合封。

围堰封底分舱采用桁架式隔舱板，高度为 5.5 m，由面板、桁架、连接板、挡板及止水角钢构成。底隔舱板采用站位于栈桥上的 125 t 履带吊机进行吊装，通过拖拉方式纵移至设计位置，隔舱板与锁口钢管桩之间抛填沙袋进行止水处理。

围堰封底采用垂直导管法进行水下混凝土灌注，导管直径采用 300 mm，根据混凝土的流动半径及钢护筒位置，上游圆端①号舱内分别布置 25 根导管，系梁区段③号舱及下游圆端②号舱内布置 59 根导管。由于封底面积较大，需要多次砍球，现场共设置 3 个 15 m^3 的水封总槽加 3 个 3 m^3 大料斗砍球。上游圆端①号舱导管按照“自大小里程向中间灌注”的顺序进行砍球；系梁区段③号舱及下游圆端②号舱导管按照“整体自系梁处向下游侧、四周

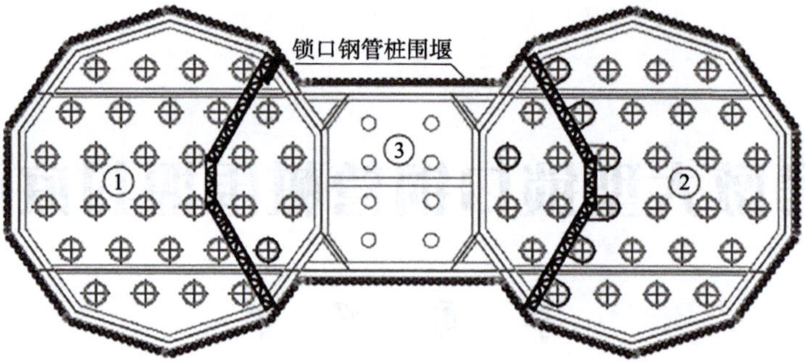

图 2　围堰封底分舱布置

向中间灌注”的顺序进行砍球；每个舱内导管均采用“15 m^3 的水封总槽＋3 m^3 大料斗砍球”。

3　围堰封底施工

3.1　围堰内清基

围堰吸泥至基底后，立即对围堰内基底高程进行复测，安排潜水工下水，对钢护筒、钢管桩表面进行实际摸探，并采用水下射水方式对护筒表面进行清理。

3.2　围堰隔舱板的安装

围堰分舱采用桁架式隔舱板，高度为 5.5 m，由面板、桁架、连接板、挡板及止水角钢构成，单侧隔舱板共分为 3 块。隔舱板采用 125 t 履带吊机进行吊装，隔舱板与锁口钢管桩之间抛填沙袋进行止水，见图 3。

图 3　隔舱板吊装下放

3.3　混凝土技术指标

封底混凝土为 C30 水下混凝土，具有良好的工作性能和流动性能，水下混凝土技术要求如下：

(1)混凝土初凝时间：＞20 h；

(2)混凝土坍落度：设计坍落度为 180～220 mm，首批混凝土灌注时，按低值控制；

(3)混凝土 2 h 坍落度：≥18 cm；

(4)混凝土拌和物应有良好和易性和流动性，无离析和骨料堆积现象；含砂率宜为 40%，水灰比宜为 0.42，进行配合比配置时根据材料情况可适当调整；

(5)满足泵送要求。

根据上述封底混凝土技术指标的要求，经试配且报监理工程师批准，围堰封底 C30 水下混凝土配合比见表 1。

表 1　封底混凝土配合比

材料名称	水　泥	粉煤灰	细骨料	粗骨料	外加剂	水
生产厂家	华新水泥	武汉青源	洞庭湖河砂	阳新碎石	四川铁科	自来水
规格型号	P·O 42.5	Ⅱ级	中砂	5～25 mm	NOF-AS	—
每立方米混凝土用料量(kg)	266	114	736	1104	3.8	160

3.4　封底前准备工作

封底工作是基础工程施工中的关键环节，所动用的机械、材料、人员数量需求大，持续的时间长，封底之前及时做好施工组织的各项准备工作。

3.5　封底平台布置

在隔舱板下放到位后，首先对钢护筒进行接高，钢护筒接高完成后，在其顶面安装分配梁，同时分组吊装拼装成组的贝雷梁组，见图 4。同时，为了满足封底平台顶面的作业需要，在贝雷组顶面沿横向铺设走道板及型钢与脚手板，见图 4。

固定水封导管的翻板在平台顶面安装，以满足每根导管的固定需要，在个别临边区域设置围护栏杆，形成封底平台有效的临边围护。

图 4　贝雷梁及桥面板铺设

3.6 围堰封底顺序

水封按照分舱布置，封底顺序按照上游圆端、系梁及下游圆端的施工顺序，总体封底顺序为①号舱→③号、②号舱。

为了确保封底混凝土灌注的整体质量，水封导管按照 4 m 覆盖半径布置，其中上游圆端①号舱内分别布置 25 套导管，系梁区段③号舱及下游圆端②号舱内布置 59 套导管，每套导管基本配置为(4 m+3 m×7 节)，顶部设 0.5 m、1.0 m、1.5 m 三种规格调节段。

3.7 围堰封底

3.7.1 混凝土面上升观测

为保证导管埋深，确保砍球水封一次成功，首批混凝土采用“15 m^3 总槽+3 m^3 大料斗”，导管悬空高度取 15～20 cm。在围堰封底混凝土灌注过程中，为准确掌握混凝土顶面高程，按照每隔 1.5 m 间距布置测量控制点，根据灌注混凝土方量并按一定时间间隔(保证每小时一次以上)进行测量观测，根据测量数据调整混凝土灌注的位置和数量。测锤重 1.5 kg，测绳长 30 m，采用尼龙测绳，使用前对其进行长度校核，见图 5。平台高程测量，每个灌注点及测点处平台高程提前测出，作为测量混凝土面的基准点，并用油漆标示在该点处。

图 5　封底测绳校核

3.7.2 灌注过程导管埋深要求

在灌注过程中，注意混凝土的堆高和扩展情况，正确地调整导管埋深，灌注过程中保证导管埋深不小于 1 m，在已砍球的导管每隔至少 30 min 要下料一次或采用吊机提升活动导管一次，以防长时间不灌注混凝土，混凝土堵管、埋管。在混凝土面上升过程中，根据导管埋深进行顶部短节导管(0.5 m 及 1.0 m)的拆除，必要时采用 3t 倒链对导管进行上下提动。封底施工严格按照设计顺序进行施工，未出现在同一点超量下方混凝土使其自流的情况。在封底过程中，针对个别区域混凝土面不足时采用临时布置导管进行补灌，确保封底混凝土顶面基本平整。

3.7.3 封底顶面高程控制

封底混凝土顶面高程严格按照设计图纸控制，防止承台施工时混凝土凿除数量过大，现场控制混凝土顶面在+3.1～+3.2 m。在混凝土面灌注到距离预计高度约 50 cm 时控制灌注速度，加强观测，控制封底混凝土终浇高程。

根据现场测点的实测混凝土面高程，确定该点是否终止灌注，终止灌注前上提导管，适当减小埋深，尽量排空导管内混凝土，使其表面平整。混凝土灌注临近结束时，全面测出混凝土面高程，重点检测导管作用半径相交处、周边倒角等部位，根据结果对高程偏低的测点附近导管增加灌注量，使得混凝土顶面平整，并保证厚度达要求。当所有测点均符合要求后，暂停混凝土灌注，并核对混凝土的灌入数量，以确定所测混凝土的高度是否准确，当确定混凝土的顶面高程到位后终止混凝土灌注，拆除灌注导管，冲洗堆放。待混凝土灌注完后拆除料斗、导管、翻板等设备。

4 结 语

围堰封底严格按照既定方案进行施工，有效控制了封底混凝土质量，抽水后无渗漏，周边区域与围堰锁口桩管壁有效结合，无夹渣现象，符合施工合同及相关规范、验收标准的要求，质量评定合格，为后续施工奠定了良好基础。

超深大直径钻孔桩旋挖钻施工技术

罗　航　刘宇飞

1　概　述

19 号主墩为南桥塔墩(图 1),位于南岸岸坡上,采用 60 根变直径钻孔摩擦桩,桩长 92 m,其中,桩身上部 25 m 采用 ϕ3.0 m 钻孔桩,外套同径、同长度的钢护筒;下部 67 m 采用 ϕ2.5 m 钻孔桩,钢筋笼采用变直径设计。承台为哑铃形,两端为平面 39.5 m 的圆形结构,中间采用系梁连接,承台横桥向总宽度为 98.9 m,厚 9 m。

19 号主墩墩位处自上而下地层为粉细砂层、圆砾层、泥质粉砂岩与微弱胶结砂岩。其中圆砾层呈硬质砂岩状,为钙质胶结层,层厚 0.3～1.0 m;砂岩层岩石强度不高,层状构造、岩质偏软。

该桥桥址处 10 年一遇洪水位＋25.85 m;桥址处每年 11 月初至次年 4 月中旬,水位均低于＋16.3 m。

该桥钻孔桩基础采用变直径设计,桩数多、直径大、入岩深,主墩钻孔桩施工是该桥施工的重点及难点。

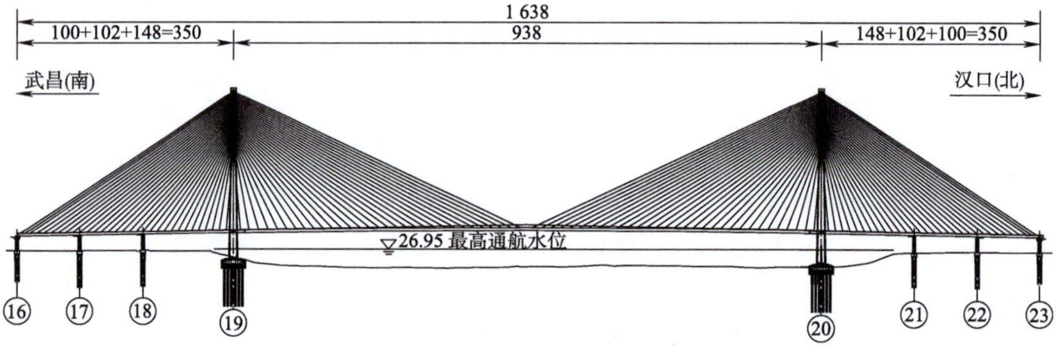

图 1　武汉青山长江公路大桥主桥立面布置(单位:m)

2　钻孔桩施工方案

19 号柱墩钻孔桩原施工拟采用“钢平台＋旋转钻”方案,即需先建立水上钢平台,再采用 KTY3000 旋转钻机施工。该方案共需布置 12 台旋转钻机,分 5 个循环完成钻孔桩施工,单桩施工周期为 30 d,考虑钻孔实际工期,完成 60 根钻孔桩施工需 6～8 个月。经分析可知,“钢平台+旋转钻”方案的施工工期长,不能满足全桥工期需要。

通过分析历年长江水位可知,长江水位每年有约6个月的时间为低水位期(<+16.3 m)。因此,可在低水位期采用吹填筑岛平台进行钻孔桩施工。

对该桥实际地质条件进行分析,并结合国内类似地质成孔经验可知,大型旋挖钻机具备成桩的可行性。为验证大型旋挖钻机成孔的可行性,2015年7月底在墩位附近采用TR460旋挖钻机开展了试桩工作,历时4 d,成孔深度达110.2 m,成孔后采用超声波检孔仪进行检测。结果表明,成孔深度达到19号主墩的设计孔底高程,孔径均大于2.5 m,垂直度为0.32%,均满足设计及规范要求,说明大型旋挖钻机具备成孔条件。

因此,19号主墩钻孔施工采用“吹填筑岛+旋挖钻机”方案。吹填筑岛平台作为钻孔施工平台,将水上施工转变为陆上作业。吹填筑岛平台形成后,采用500 t履带吊机辅以免共振电动振动锤(无导向架、偏心力矩、无极可调)插打钢护筒(一次插打长41 m的钢护筒)。钻孔桩采用大型旋挖钻机钻进成孔,采用气举反循环工艺进行清孔。钻孔桩清孔后,进行钢筋笼下放施工,浇筑水下混凝土,完成钻孔桩施工。

3 钻孔桩施工技术

3.1 吹填筑岛施工

吹填筑岛平面尺寸为118 m×71 m,19号主墩基础位于南岸岸坡上,顺桥向河床坡度变化明显,部分向江侧坡度夹角达25°。因吹填高度高,临江侧需插打一排钢管桩作为支护结构,同时在钢管桩内、外侧分别抛填土工织物管袋及片石以平衡钢管桩内、外侧的土压力,并减少水流冲刷作用。

在筑岛施工前,首先清除围堰及护筒范围内的障碍物,并在临江侧及上、下游均插打钢管桩。钢管桩采用ϕ820 mm锁口桩,单根长27 m,插打位置为承台外边缘向江侧20 m处。在钢管桩围护结构成型后进行吹填作业,形成钻孔施工平台。19号主墩吹填筑岛平台布置见图2。

图2 19号主墩吹填筑岛平台布置

3.2 钢护筒插打施工

钢护筒采用3 m、壁厚25 mm的钢板带卷制而成,单桩钢护筒总长41 m。为加快施工进度,钢护筒采用整根插打方式。采用500 t履带吊机辅以免共振电动振动锤进行钢护筒插打(插打作业过程中的最大吊重为 130 t),并利用定位架进行钢护筒的定位。

首根钢护筒采用开挖埋设定位法施工,后续钢护筒施工时,在同排钢护筒的两端焊接型钢,形成定位架后进行插打。插打作业前,履带吊机将振动锤与钢护筒逐渐吊起,直至其垂直立起,调整钢护筒垂直度,夹紧夹具。将钢护筒移动至需插打桩处的定位架内,开启振动锤,分级调节偏心力矩,使钢护不断下沉。在钢护筒插打下沉施工中,利用全站仪对钢护筒的垂直度进行观测,并依靠吊机的吊重不断调整钢护筒的下沉姿态,以确保钢护筒的插打深度及垂直度满足设计及规范要求。

3.3 钻孔桩钻进

3.3.1 优质泥浆配备及循环系统

在 19 号主墩钻孔平台靠岸侧砌筑 2 座泥浆制备循环池(容量均为 1 200 m^3),以满足 4 台旋挖钻机作业时的泥浆循环需要。泥浆采用膨润土制浆,在泥浆搅拌机中投放优质的膨润土、碱、纤维素及水,其配合比为水∶膨润土∶碱∶纤维素=1 000∶(100～120)∶(5～8)∶(3～5)。

3.3.2 大型旋挖钻机成孔

19 号主墩钻孔桩施工采用 4 台 TR400D-Ⅱ型旋挖钻机(采用 420 kN·m 的动力头输出扭矩)施工,在上、下游哑铃区域分别布置 2 台旋挖钻机。钻孔时按照 2 根桩距间隔施工(两孔净间距为 9.8 m)。根据钻孔桩的变直径设计以及钻进进度需要,在钻进中分别采用 2.5 m、1.8 m、2.9 m 多级钻头,旋挖钻施工中所用到的钻头见图 3。

(a)斗齿钻头　(b)截齿钻头　(c)导正钻头　(d)取芯钻头

图 3　旋挖钻施工中所用到的各种钻头

因钻进深度较深,钻进过程为保证钻孔桩的垂直度,采取了以下控制措施:

(1)开钻时,首先采用 2.5 m 的钻头,自钢护筒顶口钻至−22.0 m 高程后,再采用 2.9 m 的扫孔钻头对钢护筒顶至−22.0 m 段进行扫孔,清除钢护筒内壁的泥渣及岩土。

(2)扫孔后对桩位进行复核,校准钻头中心位置;在利用导正钻头校准变直径中心点后,采用 2.5 m 的钻头钻进。

(3)钻进过程中以 2.5 m 的钻头钻进为主,由于地层存在不同强度的砂岩,进尺较慢时,改用 1.8 m 的截齿钻头先对桩位取芯钻孔,再采用 2.5 m 的钻头钻至孔底设计高程。

3.3.3 一次清孔及成孔检测

当钻至设计高程后,采用气举反循环工艺进行一次清孔,气举反循环一次清孔施工见图 4。清孔作业时,依次安装导管及风管,并连接泥浆分离器,孔底泥浆经过滤砂净化后重新返回孔内,以确保泥浆的比重、黏度及胶体率等指标。在一次清孔并完成钢筋下放后,经检测可知，孔内沉渣厚度小于 5 cm，满足设计要求。

图 4　气举反循环一次清孔

3.4　钢筋笼加工

3.4.1　钢筋笼加工

19 号主墩钢筋笼总长 93.7 m，单桩钢筋笼总重 58.01 t。钢筋笼采用变直径设计，其顶部 26.7 m 为双层主筋（内、外圈直径分别为 230 cm 和 275 cm），在桩顶 24.4～26.6 m 段变径为直径 230 cm。钢筋笼采用胎架长线、少节头法制作，在车间内共分为 4 节。为减少钢筋笼现场对接接头数量，其中顶节钢筋笼长 26.88 m（避开了双层钢筋笼位置），其余 3 节钢筋笼长分别为 20.87 m、17.92 m、28.03 m。

3.4.2　钢筋笼下放

钢筋笼采用炮车运输，以满足最长节段的运输需要。钢筋笼采用 1 台 320 t 履带吊机主吊（利用大小钩，大钩采用十字吊架）、50 t 履带吊机辅助抬吊（采用八字形吊点辅助离地）。在钢筋笼下放前，对孔口定位架高程与水平位置进行测量定位，以确保钢筋笼下放中心偏差在±5 cm 内。沿桩孔自然下放钢筋笼，并采用特制支撑架在孔口进行支撑，以确保钢筋笼下放过程中的稳定、可靠。

3.5　水下混凝土灌注

钻孔桩采用 C40 水下混凝土（坍落度 18～22 cm），采用垂直导管法灌注水下混凝土，导管径 325 m。在灌注混凝土前，需进行导管的水密性和接头抗拉试验，经检测合格后，方可使用。

在混凝土灌注前采用气举反循环工艺进行二次清孔，经检测各项指标合格，采用拔球＋

隔水栓的方式进行首批混凝土的灌注。经计算，首批混凝土总量 12 m^3，采用汽车输送泵将混凝土泵送灌注总槽内。首批混凝土灌注后，混凝土罐车后退至孔位附近，直接进行灌注。水下混凝土灌注见图 5。

图 5　水下混凝土灌注

4 结　　语

武汉青山长江公路大桥主桥 19 号主墩采用“吹填筑岛＋旋挖钻机”方案施工，于2015 年 10 月开始吹填筑岛，11 月 28 日完成 60 根钢护筒插打施工，11 月 29 日钻孔桩正式开钻，2016 年 2 月 21 日完成 60 根钻孔桩施工，经超声波检测，全部为Ⅰ类桩。19 号主墩钻孔桩施工成功采用了吹填筑岛施工、电动振动锤插打超长钢护筒、深孔大直径变径桩旋挖钻成孔、气举反循环一次清孔技术，优质、高效地完成了钻孔桩施工，钻孔桩施工速度打破了国内同类型钻孔桩施工记，创造了长江上大型桥梁主墩基础施工的奇迹，可为类似工程基础施工提供借鉴。

超大哑铃型双壁钢套箱围堰设计

王寅峰　胡　军

1　概　况

武汉市四环线青山长江公路大桥主桥为(350+938+350)m 双塔双索面全漂浮体系斜拉桥，主跨主梁采用整体式钢箱梁，边跨采用钢箱结合梁，全长 1 638 m，为双向 8 车道超宽、重载高速公路，主桥布置见图 1。

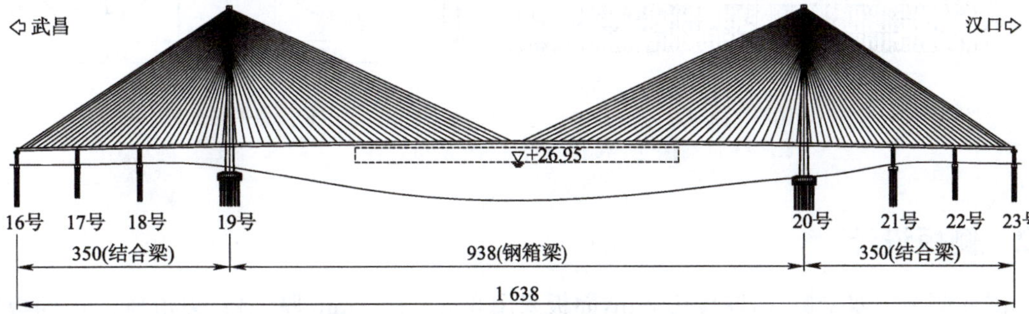

图 1　武汉市四环线青山长江公路大桥主桥布置示意(单位：m)

大桥 20 号主墩采用 60 根直径 2.5 m 钻孔桩基础，承台为哑铃形，平面尺寸为 99.6 m×39.2 m，顶高程+4.0 m，厚度 9 m，承台中间采用 18.0 m 宽系梁连接，系梁处厚度与承台相同。

2　水文地质条件

大桥 20 号墩位于天兴洲尾部处洲南汊主河槽北侧，河床高程为−1.0 m 左右，地层自上而下为粉细砂层、圆砾土层、泥质粉砂岩与微弱胶结砂岩，其中粉细砂层厚度约 13 m，圆砾土层厚度约 5 m。

墩位处十年一遇洪水水位为+25.85 m，20 年一遇洪水位为+26.95 m，洪水期水流流速为 2.5 m/s。自长江三峡工程开始蓄水发电后，长江中下游水位变化明显，在 2005～2015 年之间，墩位处在 2010 年到达最高水位+25.0 m，其余年份最高水位均未超过+24.0 m。

3　围堰设计

3.1　围堰总体设计及方案概述

20 号主墩为埋入式基础，承台采用哑铃型双壁钢套箱围堰法施工。围堰平面尺寸为

103.8 m×43.3 m,壁厚为 2 m,其内侧轮廓线比承台边缘大 100 mm。围堰总高度 37 m,底高程为−11.0 m,顶高程为+26.0 m,双壁舱内混凝土灌注高度为 15 m,灌水高度为 10 m,封底混凝土厚 6 m。考虑围堰加工制造及拼装条件,竖向共分为三节,从下至上高度依次为 18.2 m,14.8 m,4.0 m。围堰整体布置见图 2。其中底节围堰在船厂整体拼装制造,采用斜船架滑道法下水,下水后浮运至墩位利用锚碇系统定位,然后插打定位钢护筒并挂桩形成钻孔平台,钻孔桩施工完成后中节围堰分块接高,并接高部分钢护筒,安装导向装置、吊挂系统,利用吊挂系统及围堰内灌水下沉的方法下沉围堰至底口高于河床面 2 m 处,接高顶节围堰并继续下沉至着床,随后吸泥下沉至设计高程,对围堰内进行清淤、封堵、封底混凝土施工、围堰内抽水等工序,完成围堰施工。

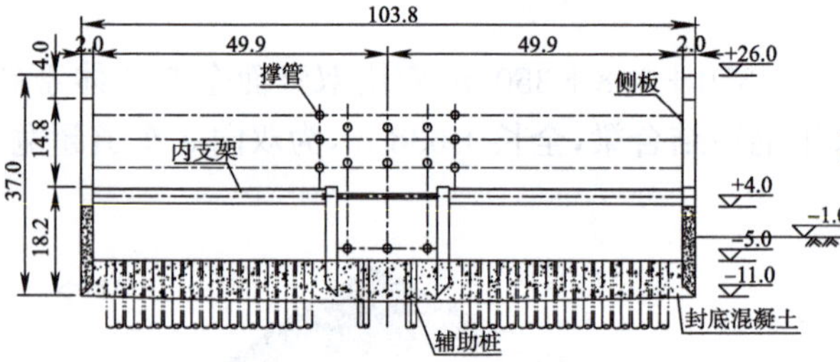

(a)围堰立面布置

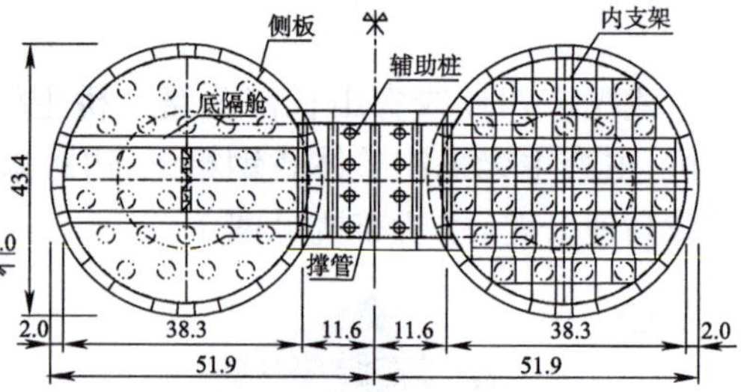

(b)围堰平面布置

图 2 围堰整体布置(单位:m)

3.2 侧板设计

围堰侧板为双壁侧板,厚度为 2 m,面板采用 6 mm 和 8 mm 厚钢板;刃角高 2 m,面板厚 20 mm,面板竖向加劲肋采用 63 mm×6 mm 角钢,间距 350 mm;隔舱板由 16 mm 厚钢板制造。底节及中间围堰水平环根据受力要求分别采用 20 mm 钢板+100 mm×10 mm 角钢和 25 mm 钢板+125 mm×12 mm 角钢,间距为 800 或 1 000 mm,顶节水平环采用16 mm 钢板+75 mm×8 mm 角钢,间距为 1 200 mm。为提高底节围堰下水、浮运时的整体刚度,底节围堰设计时将哑铃型两端侧板均设计为封闭的圆形结构(施工承台时再将侧板与承台冲突部分割除),中、顶节围堰侧板则仍按照承台外轮廓形状设计。同时围堰在设计时为提高系梁和两端圆形连接处的刚度和强度,特将连接处节点设计为箱型结构。围堰侧板结构见图 3。

3.3 底隔舱设计

底隔舱为围堰下水支承结构和封底混凝土分舱结构,同样采用双壁形式,底隔舱整体高度为 6 m,宽 1.8 m,其面板、加劲肋,水平环及角钢等结构均与侧板相同,围堰每个圆内均设置 2 道底隔舱。

由于底节围堰采用船厂斜船架滑移下水方案,围堰在船厂内整体加工制造完成,利用 44 台小车转场并运送至斜船架区转移至 13 台斜船架上,由斜船架将围堰滑移下水。故在围堰底隔舱及侧板支承处均设置加劲板、联结系以增加结构局部受力及稳定性。小车、斜船架布置见图 4,支承处底隔舱加固结构见图 5。

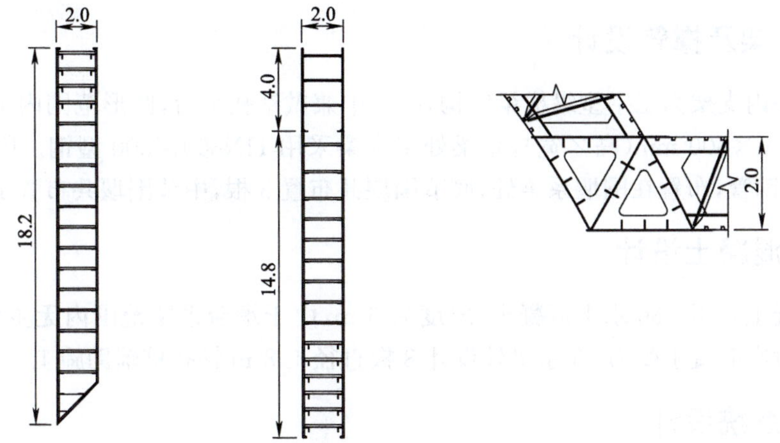

(a)底节侧板立面　(b)顶、中节侧板立面　(c) 连接节点布置

图 3　围堰侧板结构(单位:m)

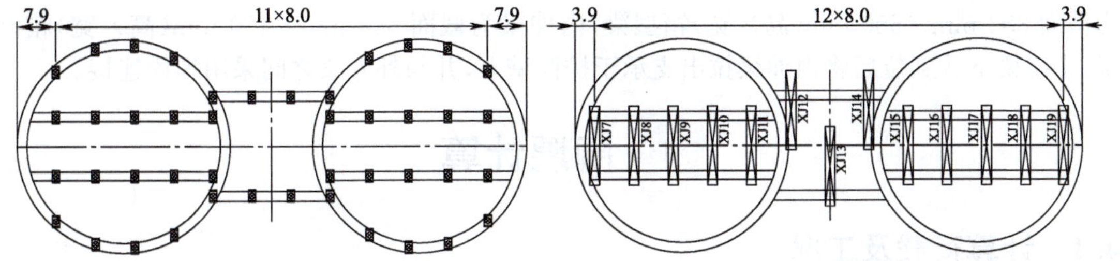

(a)小车布置　(b)斜船架布置

图 4　小车、斜船架布置(单位:m)

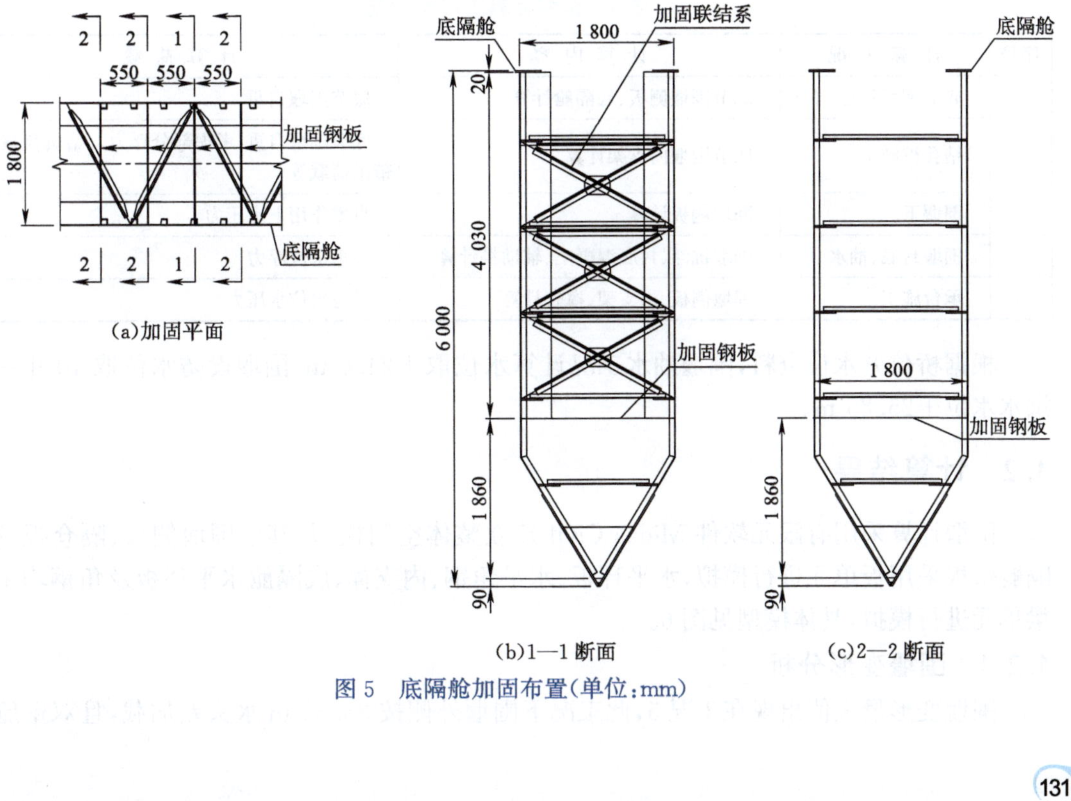

(a)加固平面　(b)1—1 断面　(c)2—2 断面

图 5　底隔舱加固布置(单位:mm)

3.4 内支架及撑管设计

底节围堰内支架为工字型纵横梁结构，施工中兼做钻孔平台，圆形范围内工字梁截面尺寸为 2 420 mm×500 mm(高×宽)，系梁处工字梁采用 HN800×300 型钢。围堰撑管采用直径 1.42 m 钢管，布置在围堰系梁处，底节围堰共布置 3 根，中节围堰共布置 12 根。

3.5 封底混凝土设计

封底混凝土采用 C30 水下混凝土，厚度为 6 m，由于承台系梁范围内无主体钻孔桩，为改善系梁处封底混凝土受力，在系梁处设计 8 根直径 1.8 m 钻孔桩辅助施工。

3.6 挂桩系统设计

底节围堰浮运到位后，双壁舱内灌水下沉至顶高程+26.0 m，利用浮吊插打定位钢护筒，插打完成后在定位钢护筒内安装十字伸缩梁作为挂桩支承结构。十字伸缩梁外套部分为截面 882 mm×500 mm(高×宽)箱型梁，内伸梁为截面 840 mm×420 mm(高×宽)箱型梁，十字梁下放到位后将内伸梁拉出支承于护筒壁上，并与外套梁之间采用螺栓连接。

4 围堰计算

4.1 计算荷载及工况

根据围堰施工步骤及水文条件确定其计算工况及荷载，见表 1。

表 1 围堰计算工况及荷载

序号	计算工况	计算内容	计算荷载
1	底节围堰移位、下河	底节围堰侧板、底隔舱计算	底节围堰自重
2	钻孔桩施工	底节围堰内支架计算	底节围堰自重(考虑部分浮力)、钻机荷载、履带吊荷载等
3	围堰下沉	围堰侧板计算	自重作用下水压力
4	围堰封底、抽水	围堰抗浮、封底混凝土、辅助桩计算	抽水水位浮力
5	承台施工	围堰侧板、内支架、撑管计算	设防水位水压力

根据桥位处水位资料，围堰抽水工况计算水位取+24.0 m，围堰设防水位取 10 年一遇洪水水位+25.85 m。

4.2 计算结果

围堰计算采用有限元软件 Midas Civil 建立整体空间模型，其中围堰侧板、隔仓板及底隔舱壁板采用板单元进行模拟，水平环板、水平角钢、内支撑、底隔舱水平环板及角钢均采用梁单元进行模拟，具体模型见图 6。

4.2.1 围堰变形分析

围堰变形最大值出现在工况 5，此工况下围堰外侧按 36.85 m 水头差加载，且双壁舱内灌注 15 m 高混凝土和 10 m 高水，根据模型计算得知，围堰变形最大值为 26.0 mm，变形较小，满足要求。围堰变形见图 7。

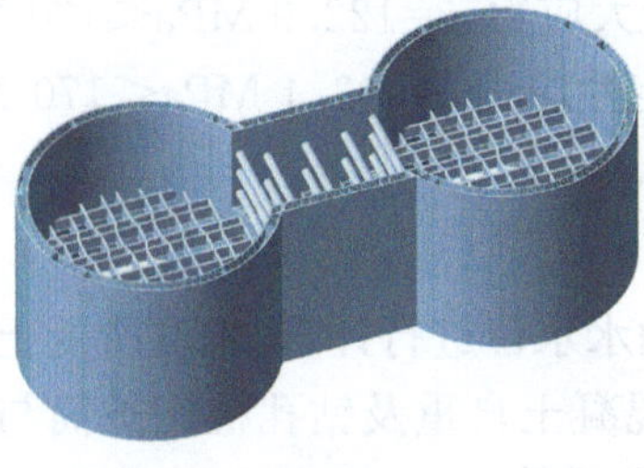

图 6　围堰整体模型

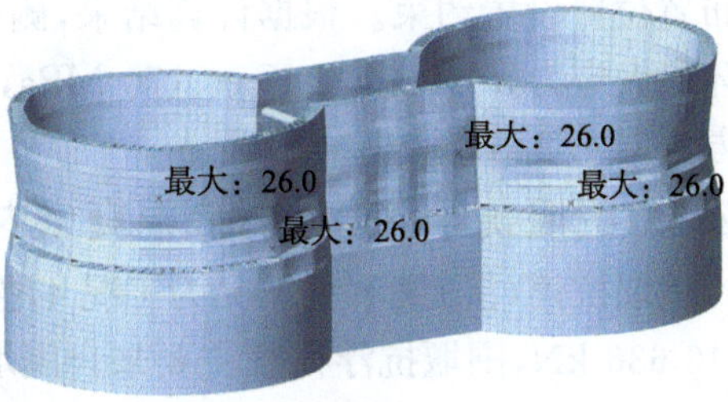

图 7　围堰变形(单位：mm)

4.2.2　侧板内力分析

侧板壁板最不利工况出现在工况 3，围堰在自重作用下吃水深度约 13.0 m，为围堰单壁所受最大水头差。围堰面板厚度为 6 mm 和 8 mm，侧板竖向加劲肋采用 63 mm×6 mm 角钢，角钢水平布置间距为 350 mm。根据围堰所受荷载及角钢布置形式计算的面板最大应力 $\sigma=165.9$ MPa<170 MPa，角钢最大应力 $\sigma=162.5$ MPa<170 MPa，均满足要求。

4.2.3　侧壁水平环及角钢内力分析

根据整体模型计算结果，围堰侧壁水平环板及角钢最不利工况出现在工况 5，其中水平环板最大应力为 169.1 MPa<170 MPa，最大变形(取相邻隔仓板内水平环进行计算)为 8.4 mm<13 487/400=33.7 mm，满足要求。125 mm×12 mm 角钢最大轴力为 227.4 kN(压力)，其截面特性为：$A=2\,891\ \text{mm}^2$、$i=24.58$ mm、$l=1\,750$ mm，则长细比 $\lambda=71.2$，稳定系数 $\varphi=0.743\,5$，根据《钢结构设计标准》(GB 50017—2017)考虑单角钢折减系数 $\mu=0.6+0.001\,5\lambda=0.71$，则角钢稳定应力 $\sigma=N/(A\varphi\mu)=150.3$ MPa<170 MPa，100 mm×10 mm 最大轴力为 138.3 kN(压力)，其面积 $A=1\,926\ \text{mm}^2$、长细比 $\lambda=89.1$、稳定系数 $\varphi=0.627\,2$、单角钢折减系数 $\mu=0.6+0.001\,5\lambda=0.73$，则角钢稳定应力 $\sigma=N/(A\varphi\mu)=156.8$ MPa<170 MPa。

4.2.4　内支架及撑管内力分析

内支架根据工况 2 和工况 5 两种荷载进行计算。工况 2 钻孔桩施工时，主要施工荷载为 TR550C 旋挖钻机、TR460 旋挖钻机、125 t 履带吊机，另外考虑部分施工堆载。单个圆形范围内布置 12 套固定挂设备和 4 套活动挂桩设备(活动挂桩设备在钻机施工时布置在钻孔桩四周)。根据上述荷载计算得出内支架工况 2 最大正应力 $\sigma=83.1$ MPa<170 MPa，剪应力 $\tau=58.7$ MPa<100 MPa。工况 4 围堰主要荷载为 10 年一遇水压力，此工况下内支撑最大正应力 $\sigma=169.4$ MPa<170 MPa，剪应力 $\tau=17.1$ MPa，均满足要求。

撑管受力最不利工况出现在工况 5，此工况下最大轴力 $N=6\,837.3$kN(压力)，弯矩 $M=183.5$ kN·m，撑管截面特性为：$A=61\,839\ \text{mm}^2$、$i=497.1$ mm、$l=20\,200$ mm，则长细比 $\lambda=40.6$，稳定系数 $\varphi=0.896\,3$，计算得稳定应力：

$$\sigma=\frac{N}{A\varphi}+\frac{M}{\gamma_x W_{1x}\left(1-0.8\dfrac{N}{N'_{ex}}\right)}=131.2\ \text{MPa}<170\ \text{MPa}$$，满足要求。

4.2.5 底隔舱内力分析

底隔舱最不利工况出现在工况 1，计算时建立底节围堰空间模型，根据运输小车和斜船架布置位置设置约束。根据计算结果，侧板及加劲板最大应力 $\sigma=122.9$ MPa<170 MPa，水平环最大应力 $\sigma=100.9$ MPa<170 MPa，角钢最大稳定性应力 $\sigma=93.4$ MPa<170 MPa（计算方法同 4.2.3），均满足要求。

4.2.6 围堰抗浮(沉)及封底混凝土内力分析

围堰抗浮(沉)最不利工况为工况 4，按+24.0 m 抽水水位进行计算，围堰所受上浮力为 1 046 636 kN，围堰抗浮荷载主要来自围堰自重、封底混凝土自重及钻孔桩钢护筒与封底混凝土之间的黏结力，共计 1 133 912 kN，则围堰抗浮安全系数为 1.08>1.05，满足要求。

此工况下封底混凝土最大主拉应力为 0.9 MPa，位于系梁段钢护筒与封底混凝土黏结处，属于应力集中，其余部分应力均小于允许拉应力 0.5 MPa，强度满足要求。靠近系梁侧的主体桩护筒（4 根）和辅助桩护筒与封底混凝土之间的黏结应力分别为 204 kPa 和 270 kPa，均大于 150 kPa(经验值)，故采取在钢护筒上焊接钢筋加劲环的方式进行加强，其余主体桩护筒与封底混凝土的最大黏结应力为 137 kPa，满足要求。

5 结　　语

青山长江公路大桥北主墩基础平面尺寸大，施工水位深，施工时采用双壁钢套箱围堰进行防护，围堰根据承台轮廓同样设计为哑铃形状，其内侧侧板可兼作承台模板，并将底节围堰内支撑与钻孔平台结合设计以方便施工，围堰系梁处通过设置辅助桩以减小系梁处封底混凝土厚度。经计算，各个工况下围堰受力均满足要求，目前该基础施工已顺利完成，围堰结构成功经受度洪考验，该围堰的设计方法、结构形式可为今后同类型桥梁深水基础施工提供借鉴。

20号墩双壁钢围堰下水、浮运及定位施工技术

张昭贤

1 概　　述

1.1 20号墩双壁钢围堰概况

20号桥塔墩基础采用60根 ϕ2.5 m钻孔桩，承台为哑铃型结构，承台平面尺寸为99.6 m×39.2 m、厚9 m，顶高程+4.0 m，承台中间采用宽18.0 m的系梁连接。20号桥塔墩基础采用哑铃型双壁钢套箱围堰平台一体法施工，围堰集挡水结构、钻孔平台、承台模板、钻孔桩钢护筒定位导向四种功能于一体。围堰平面尺寸为103.8 m×43.4 m，总高37.0 m，竖向分为3节，其中底节高18.2 m、中节高14.8 m、顶节高4.0 m。底节钢围堰由侧板、底隔舱、内支架、撑管组成。侧板和底隔舱采用双壁封闭结构，顶层内支撑兼起钢护筒导向架和钻孔平台的作用，壁板厚8 mm，刃脚厚20 mm，底节钢围堰，自浮吃水深度5.4 m。围堰平面布置见图1。

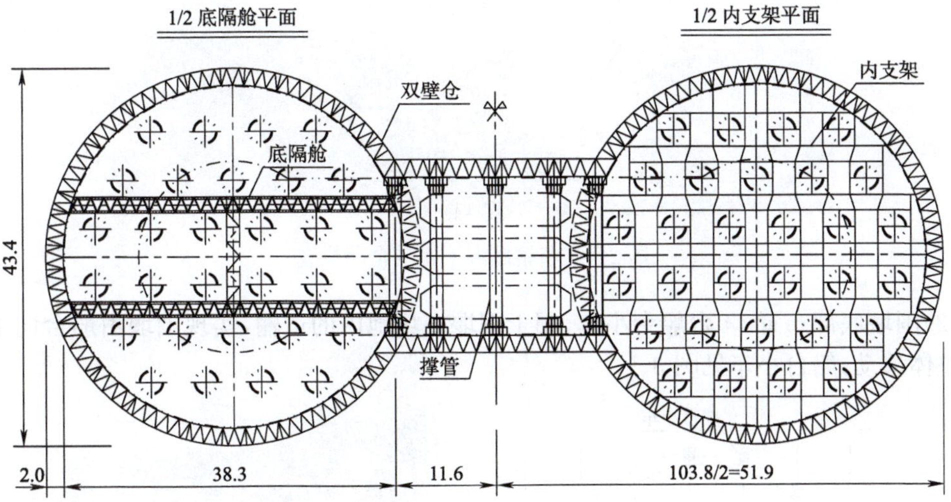

图1　底节钢围堰平面布置(单位:m)

1.2 地质水文情况

20号桥塔墩位于天兴洲尾部处洲南汊主河槽转折段北侧的冲刷区，河床原始高程为−1.0 m左右，地层自上而下为粉细砂层、圆砾土层、泥质粉砂岩与微弱胶结砂岩。其中粉细砂层厚12～14 m，底面高程−13～−15 m，圆砾土层厚4～7 m。围堰底所处的地层为饱和中密粉

细砂层，其基本承载力为 210 kPa，侧摩阻力为 40 kPa。20 年一遇洪水位为+26.95 m，20 年一遇洪峰流量 75 300 m^3/s，洪水期水流流速为 2.5 m/s。

2 总体施工方案

20 号墩基础总体上采用先围堰后平台施工方案，围堰在武汉青山船厂整体加工制造，利用船厂既有的斜船架滑道下水；围堰下水自浮后由拖轮拖带出船厂内运河，至船厂上游长江码头边临时靠泊并安装剩余结构后顺水而下浮运至墩位，过缆后浮运船队退出，围堰由设置预拉力的锚碇定位系统实现定位，插打围堰定位钢护筒并挂桩形成钻孔平台，进行后续钻孔桩施工。

3 围堰下水

20 号墩底节围堰加工制造完成后，经过全面的验收检查之后，由 32 台船台小车整体将围堰提升运送至斜船架区，然后拉起斜船架台车，进行体系转换，将围堰支承至 13 个斜船架台车上，启动斜船架台车，沿下滑坡道缓慢下放围堰入水直至围堰自浮。

3.1 围堰下水前施工准备

(1)钢围堰底节制造完毕后，现场组织联合检查组对围堰结构的加工质量进行全面的检查，进行水密和煤油渗透试验检查，见图 2。

图 2 底节钢围堰下水前全面检查

(2)围堰底部布置 44 台船台小车，用于围堰在场地内的运输，实现围堰由船台向下水区域的整体移动，船台小车见图 3。

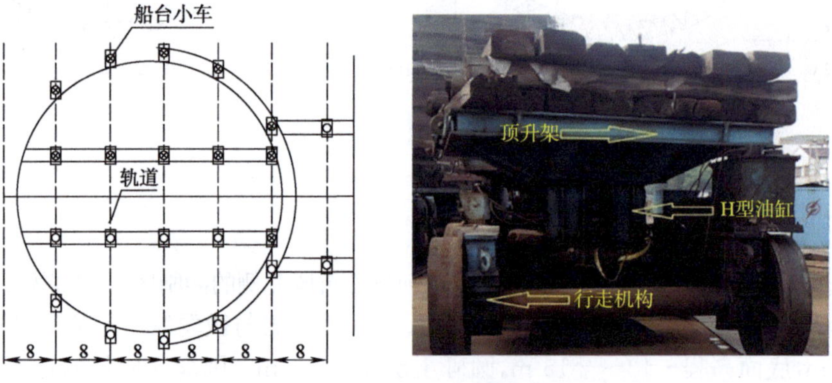

图 3 船台小车布置及船台小车(单位:m)

(3)利用船厂自有的斜船架滑道布设13台斜船架(图4、图5),实现底节钢围堰横向滑移下水。

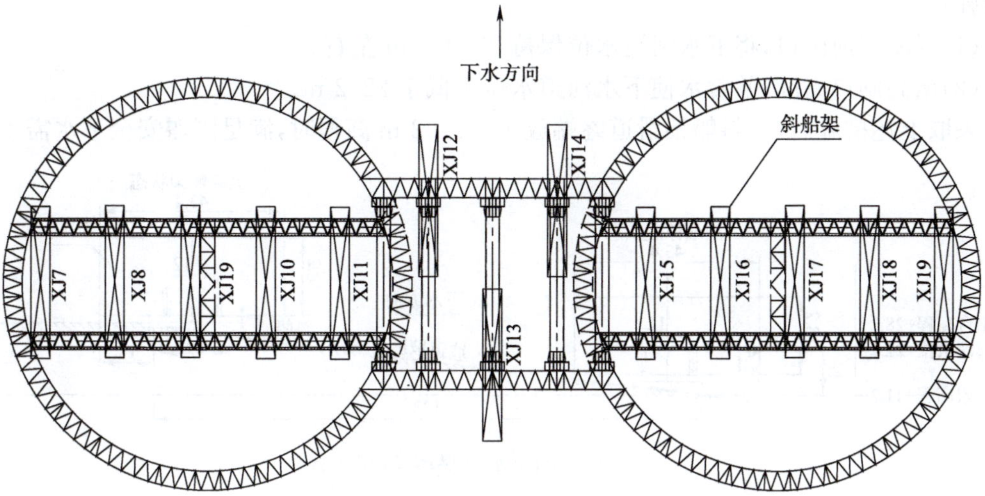

图4　斜船架台车布置

图5　斜船架台车

(4)对围堰下水区域水下淤泥要采取强有力的疏浚措施并摸排检查,避免围堰下水过程中发生搁浅、斜船架受阻、掉道等后果。

3.2　围堰下水水位要求

围堰下水允许水位高程主要取决于斜船架可下行到位的前端轨底高程和围堰自浮吃水深度。

底节钢围堰自浮吃水深度为5.4 m,斜船架及其支撑垛高度为4.4 m,因此水深超过10.2 m时,底节围堰才能实现脱架自浮,按照斜船架能下放至+11.2 m的安全水位进行计算，围堰最低自浮水位为＋22.2 m，底节钢围堰横向下水自浮见图 6。由于内运河与长江连通，每年 9 月下旬内河水位将随长江水位同步下降，为确保底节钢围堰顺利下水，采取了以下措施：

(1)封闭运河闸口，将下水河道水位保持在 19.8 m 左右。

(2)增高闸口高度，并蓄水使下水河道水位不低于 22.2 m。

采取上述措施后，在斜船架滑道终端放至＋11.2 m 高程时，满足围堰安全下水需求。

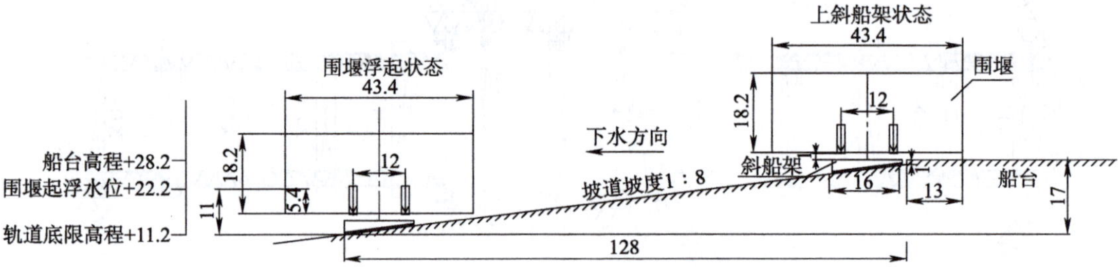

图 6　围堰横向下水自浮示意(单位：m)

3.3　下水步骤

(1)船台小车按照设计布设位置进入围堰底部，按设计位置尺寸对线后统一起顶，将围堰顶升离开拼装钢支剁直至顶升高度达到 1.7 m。

(2)统一控制并启动船台小车，使围堰开始移位，在移位过程中，要随时观察调整，确保小车压力在设计范围内，避免围堰局部受力过大而变形。

(3)围堰移位至斜船架滑道区，上拉并调整斜船架至围堰受力位置，小车可逐台缓慢降高(不能完全卸载)，并逐台拉起斜船架受力，完成小车与斜船架的换载。

(4)清除临时延伸轨道及基础结构，降下 9 m 活动梳齿。

(5)利用绞车拖曳斜船架，使其沿斜坡轨道缓慢横向移动下水至围堰自浮，见图 7。

图 7　围堰下水

4　围堰浮运

底节钢围堰在斜船架坡道下放至一定吃水深度时，进行初次编队，一方面辅助围堰脱离斜船架下水区，一方面使围堰具备驶入长江的条件。驶入长江后向上游移动停靠，进行二次编队使围堰具备向下游浮运条件。围堰浮运线路图见图 8。

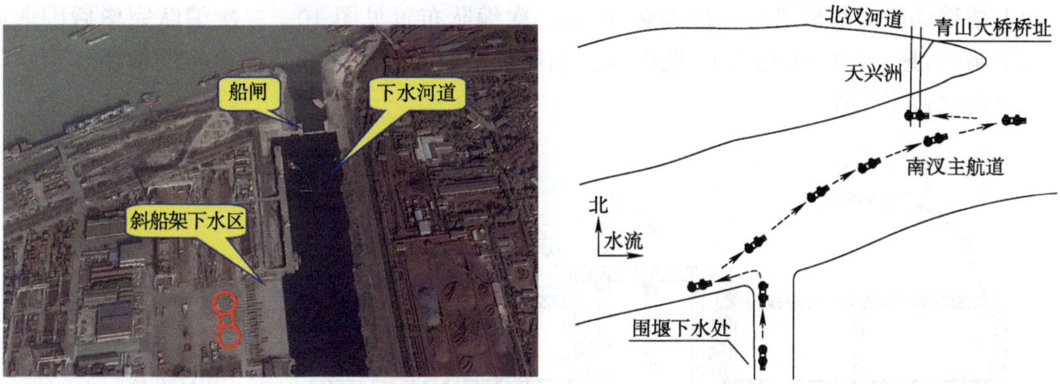

图 8　围堰浮运线路

4.1　初次编队

在底节钢围堰下水至吃水深度为 5 m 时，斜船架暂停下放，2 号、3 号拖轮依次顶推，带缆次序先八字缆后连接缆，施绞船绞链出至钢围堰首尾两端。围堰初次编队布置见图 9。

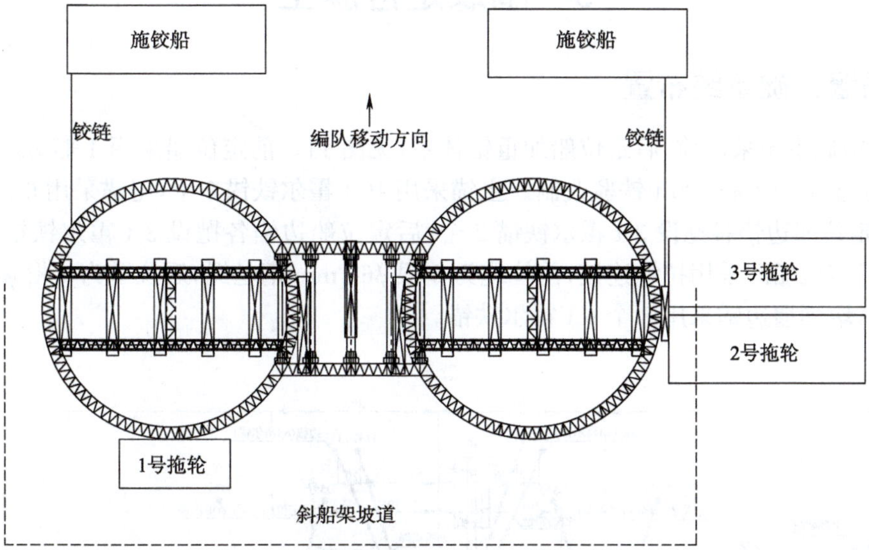

图 9　围堰船队初次编队

初次编队完毕后，1 号拖轮顶在钢围堰左前，继续下放放斜船架，同时施绞船绞丝缓慢链，2 号、3 号拖轮随着钢围堰吃水增加不断调整自身缆绳，直至 1 号、2 号、3 号拖轮及施绞船协同配合，将钢围堰横绞脱离斜船架，平行横移至预定水域，此时将斜船架缓慢上引，待斜船架无碍后，解除铰链并将施绞船驶离，至此钢围堰彻底完成下水操作，具备由下水河道驶入长江的条件。

4.2　二次编队

初次编队完成后将围堰脱离斜船架水域，正式进入内运河航道，在船队通过过船闸后顺势向上游移动临时靠驳进行二次编队，围堰二次编队布置见图 10。二次编队完毕后围堰船队向下淌驶，拖轮组团队利用车/舵配合控制船位按航测浮运路线顺航道将围堰浮运至桥位区域进行交接定位作业。

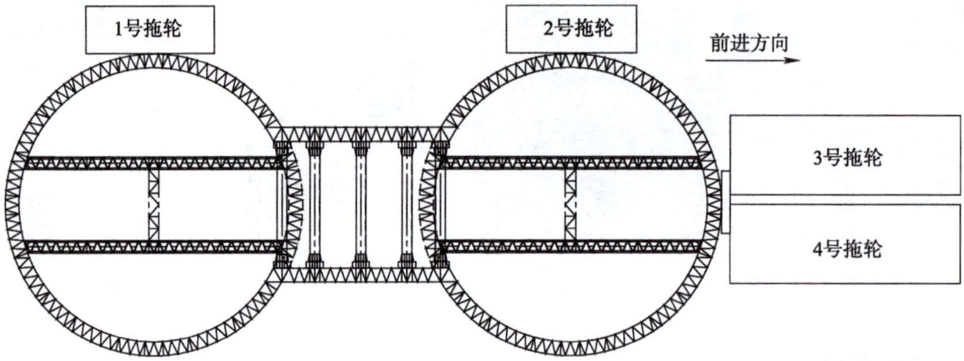

图 10　围堰船队二次编队

5　围堰定位施工

5.1　围堰锚碇系统布置

围堰锚碇系统采用前、后定位船加重锚体系，见图 11。前定位船采用 1 艘 800 t 铁驳改制，后定位船采用 1 艘 400 t 铁驳改制。主锚采用 10 t 霍尔铁锚 6 个，尾锚采用 6 t 霍耳铁锚 4 个。前定位船边锚各抛设 3 t 霍尔铁锚 2 个，后定位船边锚各抛设 3 t 霍尔铁锚 2 个。围堰和前、后定位船间采用拉缆连接，前拉缆为 6 根 ϕ60 mm 钢丝绳，后拉缆为 4 根 ϕ60 mm 钢丝绳，主塔墩围堰边锚采用 8 个 6 t 霍尔铁锚。

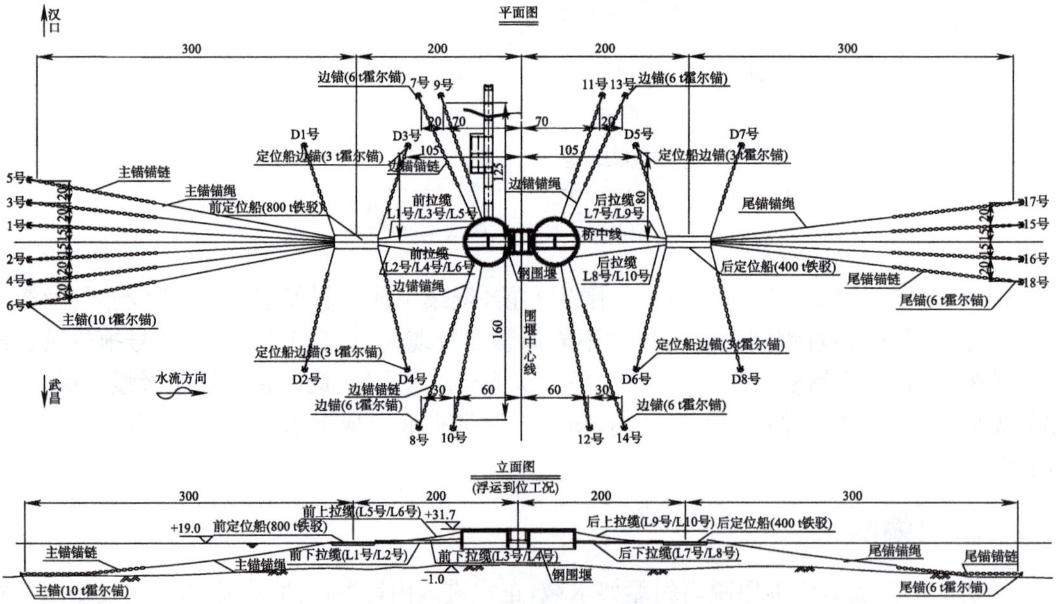

图 11　围堰锚碇系统布置(单位:m)

5.2 锚碇系统及围堰交接施工

围堰锚碇系统施工步骤见图 12～图 17。

1. 步骤一：抛 1～6 号主锚，前定位船临时系泊

(1)前定位船舱面布置完毕，锚位处水深测量。

(2)抛锚船船首挂载霍尔式锚，将相应的锚链、钢丝绳按蛇形排列好，并根据锚位处水深情况进行分段打捎；打开脱钩器抛设 1 号主锚，抛锚船临时停泊于前定位船设计位置。

(3)拖轮将前定位船拖带至设计位置，在前定位船尾下游约 100 m 偏北约 20 m 处抛 1 个 1 t 铁锚作为临时锚，稳定前定位船。将 1 号锚绳过至前定位船与相应的滑车组系结。

(4)重复步骤 2，抛设 2～6 号主锚；过锚绳至前定位船与相应的滑车组系结。

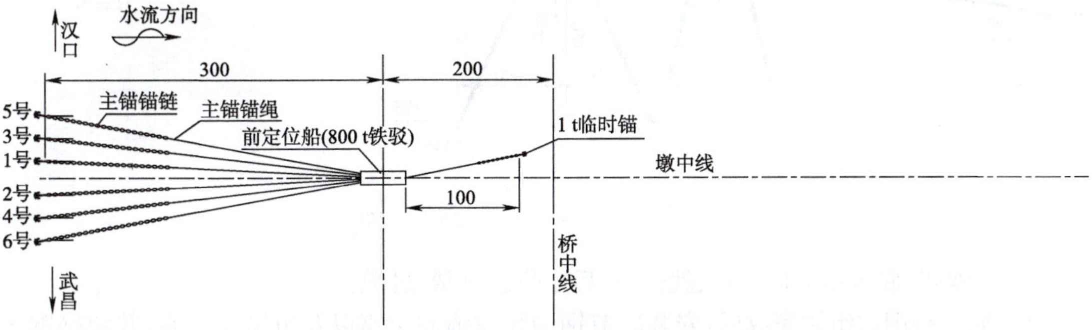

图 12　锚碇系统施工步骤一(单位：m)

2. 步骤二：抛 D1 号、D2 号定位船边锚，15 号、16 号尾锚；后定位船临时定位

(1)重复步骤一中第 2 步，抛设 D1 号、D2 号定位船边锚，过锚绳并系结，对称收紧。

(2)拖轮拖带后定位船至前定位船尾部，临时系结，将 L1 号、L2 号前下拉缆过至后定位船，临时与 L7 号、L8 号后下拉缆相应的固定位置系结。

(3)将 1 t 临时锚过至后定位船上系结。

(4)解开前、后定位船之间临时系结，利用拉缆，并用拖轮辅助溜放后定位船至 20 号墩墩位设计位置处。

(5)重复步骤一中第 2 步抛设 15 号、16 号尾锚，过锚绳至后定位船上与相应滑车组系结并收紧。

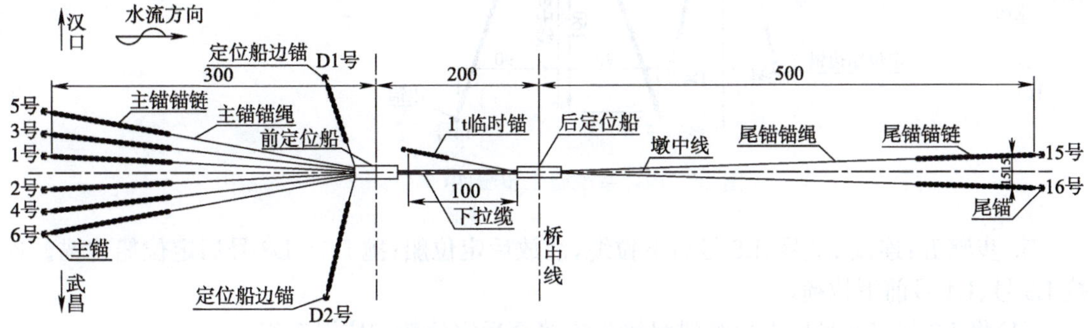

图 13　锚碇系统施工步骤二(单位：m)

3. 步骤三：抛 D3 号、D4 号前定位船边锚，抛 7 号、8 号、13 号、14 号钢围堰边锚

(1)重复步骤一中第 2 步，D3 号、D1 号前定位船边锚，过锚绳至相应滑车组系结，收紧。

(2)重复步骤一中第 2 步，抛 7 号、8 号、13 号、14 号钢沉井边锚，并将接长段锚绳临时过至后定位船，临时系结于拉缆及尾锚滑车组，收紧。

(3)收 1 t 临时锚。

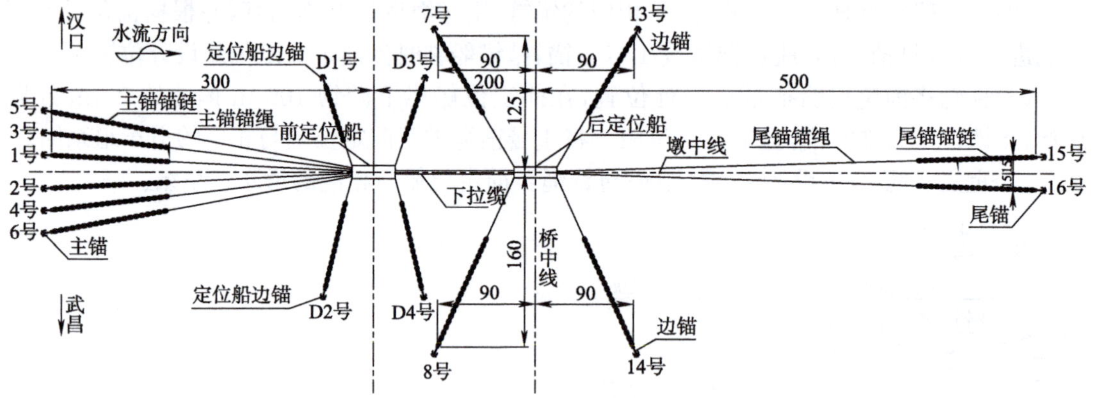

图 14　锚碇系统施工步骤三(单位：m)

4. 步骤四：底节钢围堰下水、就位，与后定位船靠帮、过缆

(1)底节钢围堰组拼完成后，安装底节钢围堰拉缆固定座以及边锚导缆器，并穿好钢丝绳，盘好后放于底节钢围堰上指定位置。

(2)底节钢围堰浮运至墩位设计位置处，临时帮靠于后定位船处。

(3)将前下拉缆 L1 号、L2 号锚绳拉头与钢围堰上相应拉缆锚绳拉头相连。

(4)将 7 号、8 号边锚过至钢围堰上，将锚绳接头相连。

(5)将 13 号、14 号边锚过至钢围堰上，将锚绳接头相连。

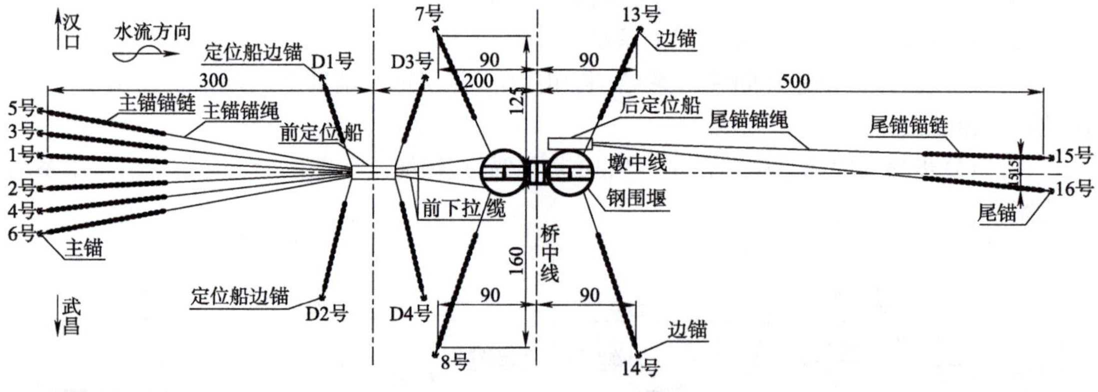

图 15　锚碇系统施工步骤四(单位：m)

5. 步骤五：连接 L7 号、L8 号后下拉缆，溜放后定位船；抛 D5～D8 号后定位船边锚。连接 L3 号、L4 号前下拉缆。

(1)将 L7 号、L8 号后下拉缆锚绳接头连接至后定位船相应滑车组。

(2)利用拖轮溜放后定位船至设计位置。

(3)重复步骤一中第 2 步，抛设 D5～D8 号后定位船边锚，过锚绳并系结，对称收紧。

(4)将前下拉缆 L3 号、L4 号锚绳接头与钢围堰上相应拉缆锚绳接头相连。

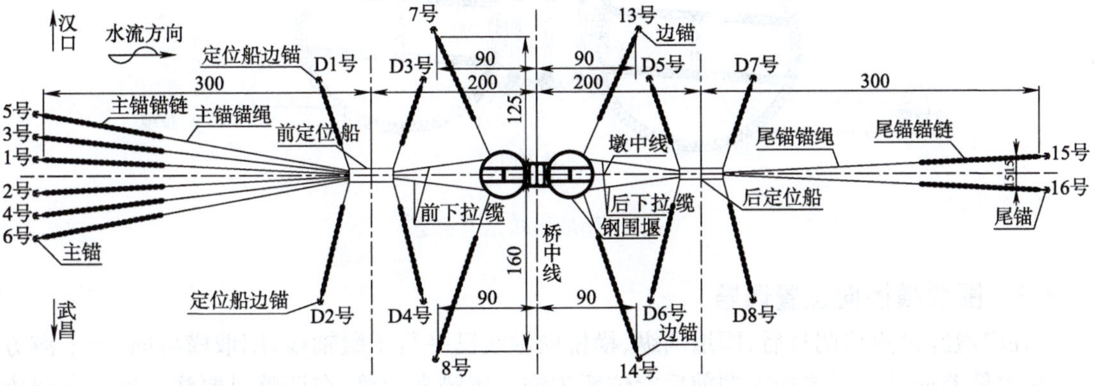

图 16　锚碇系统施工步骤五(单位：m)

6. 步骤六：连接上拉缆；抛 9～12 号边锚；抛 17 号、18 号尾锚

(1)将 L5 号、L6 号、L9 号、L10 号前后上拉缆锚绳接头分别连接至前、后定位船相应滑车组。

(2)重复步骤一中第 2 步，抛 9～12 号边锚，连接锚绳接头，与定位船上相应滑车组系结，对称收称。

(3)重复步骤一中第 2 步，抛 17 号、18 号尾锚，过锚绳并系结，对称收紧。

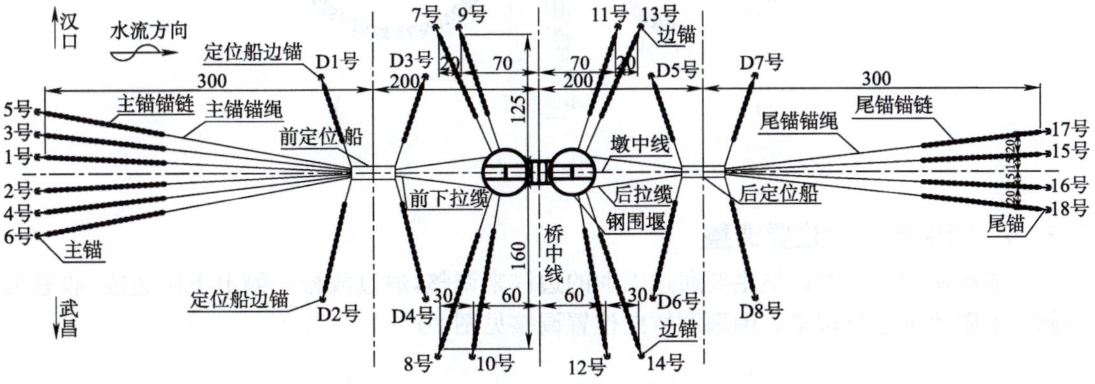

图 17　锚碇系统施工步骤六(单位：m)

5.3　围堰定位

5.3.1　围堰顶面高程调整

通过注水下沉或排水上浮来调整围堰高程至＋24 m。按照下沉后围堰顶高程进行微调，保证围堰的顶面水平度达到要求，围堰顶面高程通过在围堰舱壁内注水或排水来调整。

5.3.2　围堰的扭转调整

围堰的扭转调整通过放松边锚，利用围堰前后拉缆来调整围堰的扭转。围堰扭转调整见图 18。

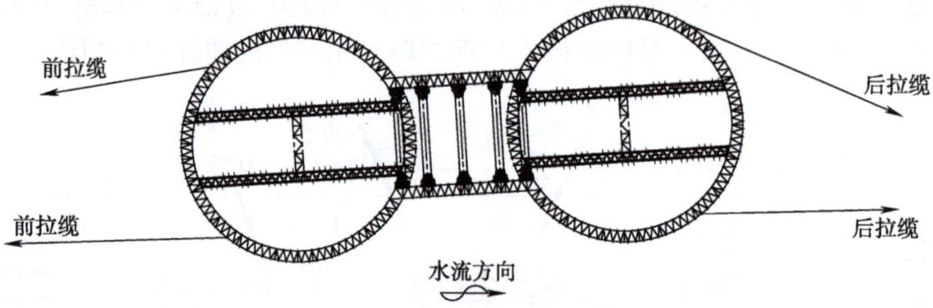

图 18　围堰扭转偏差示意

5.3.3　围堰横桥向位置调整

在围堰经过扭转调整后，围堰的纵、横桥向轴线已平行于墩轴线，围堰横桥向（上下游方向）位置偏差通过拉紧放松围堰前后定位船主锚及尾锚来调整，在调整时要注意保持各锚索的受力均匀，围堰横桥向偏差调整见图 19。

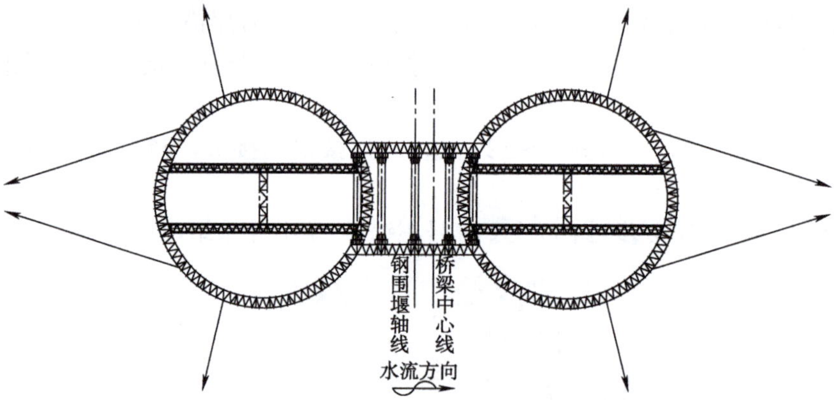

图 19　围堰横桥向偏差示意

5.3.4　围堰顺桥向位置调整

围堰顺桥向位置的调整主要通过围堰的边锚来调整，通过放松一侧上下游边锚，收紧另一侧上下游边锚进行调整。围堰顺桥向位置调整见图 20。

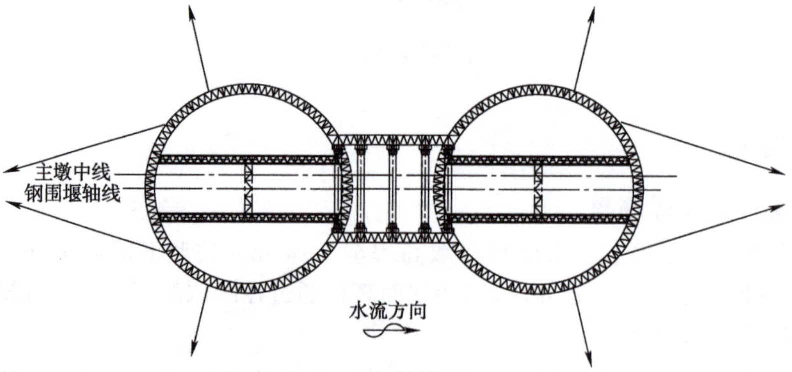

图 20　围堰顺桥向偏差示意

5.3.5 围堰的垂直度调整

经过以上四步的调整，已将围堰的平面位置偏差调整在要求范围以内，在做垂直度调整时尽量使围堰的上层拉缆保持不动，调整下层拉缆及下层边缆，并辅助在围堰隔仓内灌水来调整垂直度。围堰垂直度调整见图 21。

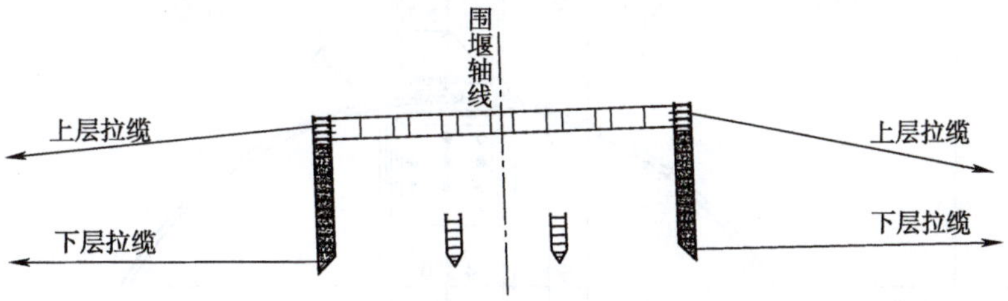

图 21　围堰垂直度偏差示意

调整完成后再进行检查，由于上述调整步骤互相影响，某个指标达不到要求再次重新调整一次，直至围堰定位的各个指标均达到要求即可。围堰定位精度成果为：平面偏差 54 mm，扭转 63 mm，垂直度不大于 1/1 200。

5.4　定位钢护筒插打及挂桩

围堰精定位完成后，采用 200 t 全回转浮吊进行定位钢护筒插打工作，定位钢护筒一方面辅助围堰定位，另一方面将作为钻孔桩施工期间钻孔平台的承载护筒。定位钢护筒共布置 24 根，平面布置详见图 22。

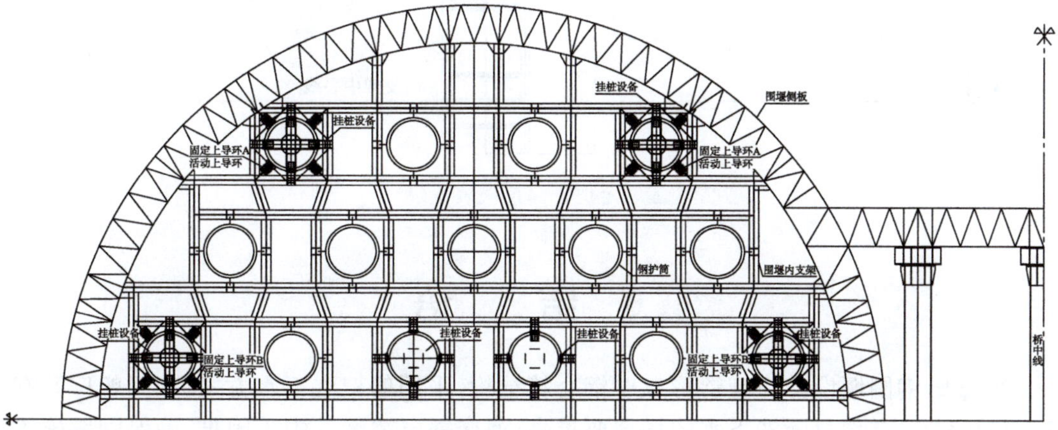

图 22　围堰(1/4 区域)定位护筒布置

定位钢护筒插打完毕后，将＋20.44 m 以上部分割除，并在其顶部安装挂桩设备，通过向双壁舱内注水精确调整围堰高程，使围堰内支架下表面通过挂桩设备支撑在定位钢护筒上，并搭设钻孔桩施工平台转入钻孔桩施工。钢护筒挂桩设备见图 23。

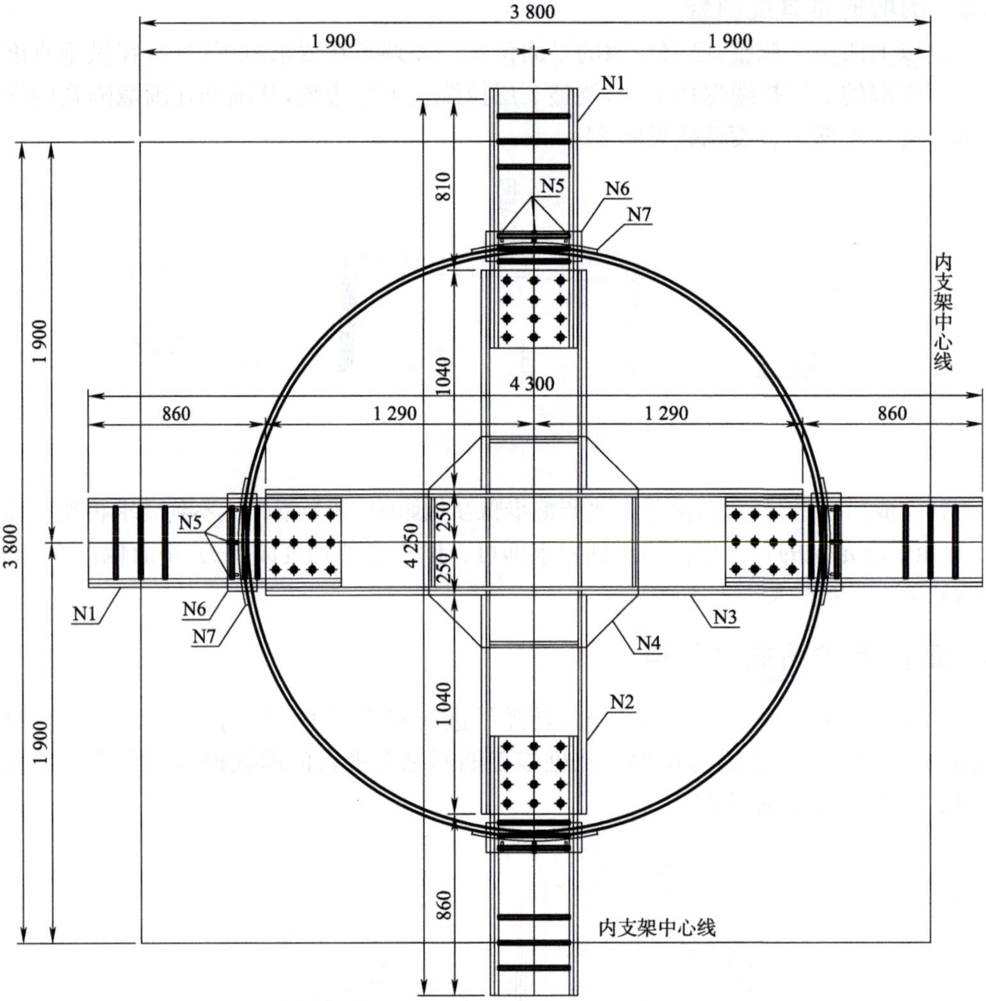

图 23　围堰定位护筒挂桩装置(单位:mm)

6　结　　语

20 号墩钢围堰设计为哑铃形双壁钢套箱结构，采用船架法下水方式，利用船厂既有设备，有效解决了传统气囊法下水的场地要求高、河床需要清淤等施工困难，确保围堰施工安全；采用"拖绞配合"方案协助围堰横移下水并驶离斜船架水域经二次编队的运输方案解决了围堰由于非流线型结构而造成的运动阻力大、航向稳定性、旋回性、倒退制动能力等各项操纵性能指标差的问题；钢围堰浮运到墩位后采用无导向船锚碇定位系统进行精确定位。此次围堰下水、浮运、定位施工技术，施工效率高，精度偏差小，经实测，精定位后平面偏差为 54 mm，扭转 63 mm，垂直度约为 1/1 200，为后续钻孔桩施工打下了坚实的基础。

20号墩双壁钢围堰下沉施工技术

金红岩

1 概　　况

20号桥塔墩基础采用60根ϕ2.5 m钻孔桩，承台为哑铃型结构，承台平面尺寸为99.6 m×39.2 m、厚9 m，顶高程+4.0 m，承台中间采用宽18.0 m的系梁连接。20号桥塔墩基础采用哑铃型双壁钢套箱围堰平台一体法施工，围堰集挡水结构、钻孔平台、承台模板、钻孔桩钢护筒定位导向四种功能于一体。围堰平面尺寸为103.8 m×43.4 m，总高37.0 m，竖向分为3节，其中底节高18.2 m、中节高14.8 m、顶节高4.0 m。围堰布置见图1。底节围堰挂桩施工时围堰底高程为+5.8 m，下沉至最终位置时底面高程为−11.0 m，共需下放16.8 m。

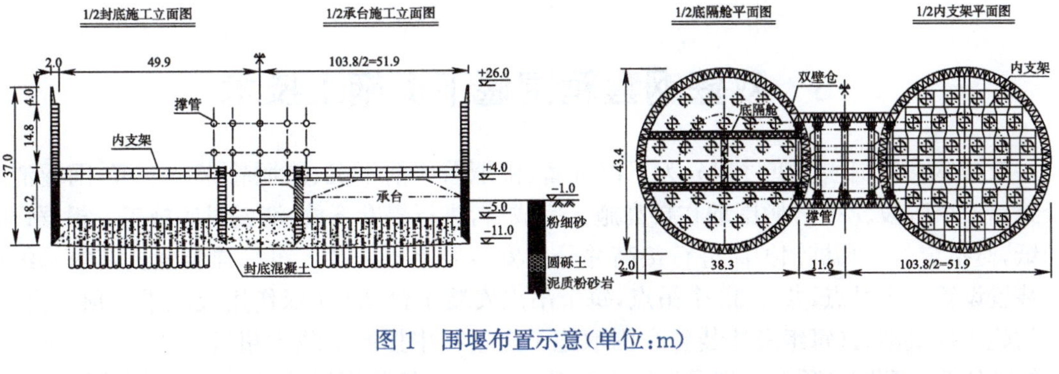

图1　围堰布置示意(单位:m)

20号桥塔墩位于天兴洲尾部处洲南汉主河槽转折段北侧的冲刷区，河床原始高程为−1.0 m左右，地层自上而下为粉细砂层、圆砾土层、泥质粉砂岩与微弱胶结砂岩。其中粉细砂层厚12～14 m，底面高程−13～−15 m，圆砾土层厚4～7 m。围堰底所处的地层为饱和中密粉细砂层，其基本承载力为210 kPa，侧摩阻力为40 kPa。20年一遇洪水位为+26.95 m，20年一遇洪峰流量75 300 m^3/s，洪水期水流流速为2.5 m/s。

2 围堰总体施工方案

底节围堰在岸上整体拼装制造，采用斜船架滑道法下水，由拖轮浮运至墩位，采用重力锚碇加定位船系统进行围堰定位，插打围堰定位钢护筒并挂桩形成钻孔平台。完成钻孔桩施工后接高中节围堰，并安装导向及吊挂系统，下沉围堰至围堰底口高于河床面2 m处。接高顶节围堰并继续下沉围堰至着床继续将围堰下沉至设计高程。下沉就位后，围堰内进行清淤及封堵、封底、抽水施工，完成双壁钢套箱围堰施工。

20桥塔墩墩位处覆盖层为易冲刷地层，围堰施工周期长，压缩了河道过水面积且改变了水流方向。围堰下沉过程及下沉到位时，附近河床面出现上(游)冲下(游)淤的大高差河床状态，围堰上游端底口处于悬空状态，下游端河床高程未出现明显变化，围堰上、下游两端的河床面高差大。围堰下沉河床状态见图2。在大高差河床状态下，双壁钢套箱围堰下沉施工难度大。为防止高水位洪水对墩位处河床面冲刷加剧，同时保证封底施工过程中封底混凝土不从围堰下口流出，须对围堰内、外进行回填封堵。

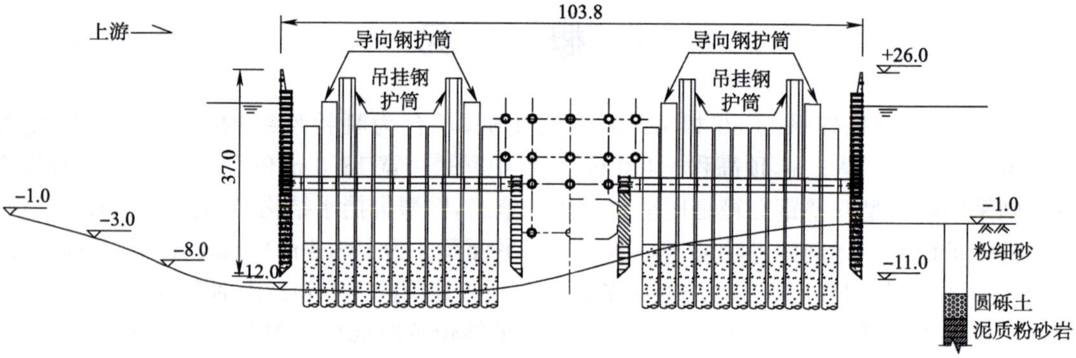

图2　围堰下沉河床状态示意(单位：m)

3　双壁钢套箱围堰下沉施工技术

双壁钢套箱围堰下沉过程分为下沉准备、围堰着床前下沉、围堰着床后下沉、围堰清基及封堵4个阶段。20号墩围堰在接高施工完成后，进行提升下放、清淤封底施工。根据设计图纸，对指定的钻孔桩钢护筒进行接高并分别安装8组导向及8组吊挂装置。其中每组吊挂装置设置4个吊点，共计32个吊点，每个吊点安装1台250 t双作用液压千斤顶为提升、下放施工提供动力(每组吊挂装置在围堰施工全过程中控制承载不超过300 t)。通过吊挂系统液压千斤顶同步顶升实现围堰向上提升3～5 cm，拆除围堰挂桩，为围堰下放做好准备工作。

向围堰双壁舱内对称加水，配合吊挂系统液压千斤顶的顶升、回油循环，将围堰进行平稳下放，并在围堰着床前，浇筑围堰刃脚混凝土，待刃脚混凝土达到强度后，继续下放使围堰着床，围堰着床后通过吸泥、抽砂使围堰进一步下沉至设计高程(−11.0 m)。

3.1　下沉准备

3.1.1　下沉控制系统安装

钻孔桩施工后，接高围堰下沉桩位处的钢护筒，并在钢护筒顶部安装吊挂系统(作为围堰提升、下沉的控制系统)。吊挂系统由分配梁、250 t千斤顶及ϕ40 mm精轧螺纹钢筋组成。整个围堰共布置8套吊挂系统，每套包含4个吊点，配备1台EP-D-2型液压泵站。8套吊挂系统的8台液压泵站采用光纤通信连接，对每台千斤顶进行实时位移及压力监测，并及时进行自动调整，保证钢围堰下沉的同步及安全。吊挂系统布置见图 3，吊挂装置见图 4。

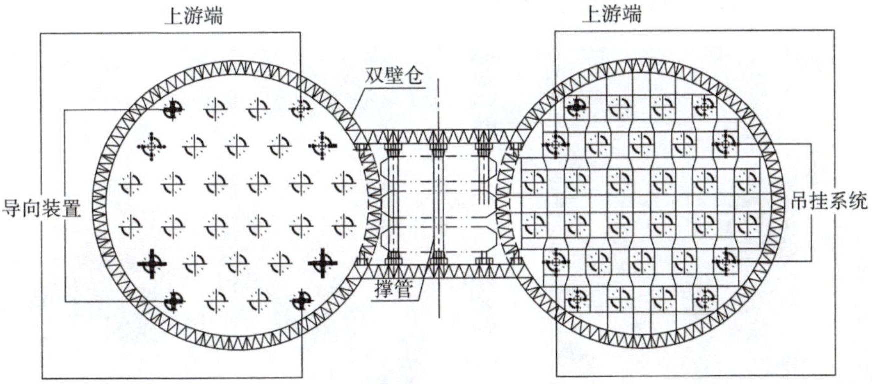

图 3　围堰吊挂系统布置

图 4　围堰吊挂装置

3.1.2　下沉导向系统安装

吊挂系统安装后，对导向桩位处的钢护筒进行接高，并在中节围堰壁板上安装 8 套导向装置，与底节围堰内支撑上已有的导向装置共同组成双层导向体系，两层导向的间距为 16.43 m。下沉导向装置见图 5。

3.1.3　吸泥设备及平台布置

为保证围堰顺利下沉，对围堰内、外侧进行吸泥，围堰范围内以抽高压射水＋沙泵配合高压射水+空气吸泥方式进行吸泥，围堰外侧以吸砂船配合伸缩臂挖掘机的方式进行吸泥。围堰下沉前，在钢护筒上搭设由贝雷梁及脚手板组成的吸泥平台(图 6)，在吸泥平台中央布置吊机平台，每个平台上布置 2 台 80 t 履带吊机。

图 5　下沉导向装置

图 6　吸泥平台搭设

3.1.4　体系转换

围堰下沉前，将围堰由钻孔桩施工阶段的平台体系向下沉体系转换。中节围堰接高及下沉控制系统安装后，利用下沉控制系统略微提升围堰，解除围堰与钢护筒的挂桩装置，利用拉缆、吊挂系统，并配合向双壁舱内抽、灌水的方式进行围堰平面位置、垂直度精确调整，完成体系转换。

3.2　围堰着床前下沉施工

围堰下沉至着床需下沉 6.3 m(围堰底高程从+5.8 m 下沉至−0.5 m)，此过程中主要通过吊挂系统的千斤顶进行空载顶升、带载下落的连续操作控制围堰的平稳下沉。围堰每下沉 2.0 m，根据实时水位与围堰双壁舱内水位差值计算壁舱内灌水量，并根据计算结果对双壁舱内对称灌水，以保证围堰下沉的自重力与浮力之差不超过吊挂系统的允许承载力。围堰下沉至底口刃脚距离河床面 2.0 m 时停止下沉，接高顶节围堰。利用拉缆、吊挂系统，并配合向双壁舱内抽、灌水的方式进行围堰平面位置、垂直度进行精确调整。

3.3　围堰着床后下沉施工

围堰吸泥下沉至设计高程需下沉 10.5 m(围堰底高程从−0.5 m 下沉至−11.0 m)，此过程中上、下游河床面呈现大高差状态。对围堰的上游端、下游端 2 个区域分别进行下沉施工。上游端的下沉施工与围堰着床前下沉施工方式相同。下游端受重力、浮力、土体摩擦力、刃脚竖向支撑力和吊挂力的共同作用，通过围堰内、外侧吸泥减少土体摩擦力、向围堰双壁仓内灌注混凝土或水增加围堰自重，使得向下有效荷载为 1.1～1.15 倍的土体阻力，以满足围堰下沉的需要。吊挂力控制的准确度受刃脚竖向支撑力不确定性和围堰内、外侧吸泥操作不连贯性的影响较大，通过设定吊挂力极限值的方式满足吊挂力的控制需要，从而保证下沉控制系统的安全。考虑到围堰下游端下沉的操作复杂性和不确定性，采用下游端优先下沉、上游端配合下沉的方式完成着床后下沉。

3.3.1 下沉测量及分析

(1)为确保基础施工后钻孔桩及承台偏差符合《公路工程质量检验评定标准》要求，通过对围堰尺寸、钻孔桩钢护筒导环位置、围堰垂直度的测量控制和数据分析，得到围堰下沉控制精度标准为：围堰的平面位置的偏差长边≤80 mm、短边≤62 mm；扭转偏移长边≤15 mm、短边≤40 mm；围堰垂直度采用相对高差控制，其长边偏差相对高差≤167 mm、短边相对高差≤85 mm。

(2)为实时掌握围堰姿态情况，在围堰顶面布置测量控制的基准点，分析围堰底面与顶面的相对关系。以 2 h/次的测量频率测量顶面基准点的平面坐标和高程，计算围堰底面的平面坐标以及围堰的垂直度、下沉量、平面扭角，绘制围堰姿态示意图。

(3)下沉过程中布置测量绳，以 2 h /次的测量频率测量围堰内、外侧河床高程行，绘制围堰入土示意图。以 2 h /次的测量频率采集吊挂系统的千斤顶带载力，绘制吊挂力示意图。

3.3.2 吸泥下沉

下沉过程中，在围堰下游端及两侧的外侧面固定布置伸缩臂挖掘机及吸泥船，进行围堰外侧吸泥。围堰外侧吸泥下沉示意见图 7。在围堰内侧布置高压射水＋空气吸泥及抽高压射水＋沙泵，进行围堰内侧吸泥 。按照实时的分析的结果进行针对性的吸泥作业，确保围堰姿态及围堰受力可控。

图 7 围堰外侧吸泥下沉

3.3.3 围堰下游端优先下沉、上游端配合下沉

围堰下沉至底高程约－2 m 时，下游端基本着床，此时围堰下游端除内、外侧吸泥外，采取向壁舱内灌水、灌注配重混凝土的措施，以克服土体抗力下沉。为确保围堰及吊挂系统安全，围堰下游端根据检算分析结果进行吸泥及配重，先进行下游端下沉；通过配重及吊挂力调整，使得上游端跟随下游端下沉。下游端 4 组吊挂系统的千斤顶保持起顶状态，并监控油压数值，发现有下沉趋势后，根据油压读数缓慢控制千斤顶回油，使围堰下游端下沉可控；同时上游端 4 组吊挂系统的千斤顶保持起顶状态，以围堰整体垂直度控制为准，缓慢控制千斤顶回油，使得上游端跟随下游端下沉。

3.3.4 围堰平面位置及垂直度控制

围堰着床后，布置在围堰底节底面的拉缆已基本失效，其平面位置主要通过导向装置及布置在围堰底节顶面的拉缆进行控制，其垂直度主要通过围堰吸泥先后顺序及双壁舱内配重量进行控制。下沉过程中每下沉 0.5 m 纠偏 1 次，距离设计高程 2.0 m 时，每下沉 0.1 m 纠偏 1 次。

3.4 围堰清基及抛石封堵

围堰下沉至设计高程后，综合对墩位处河床面的扫测结果，上游侧河床经围堰下放时吸泥扰动，河床面被冲刷至－14～－15 m高程，因此围堰上游端内外全部回填；下游侧围堰下放时在围堰外侧辅助吸泥下沉、内部吸泥清淤至－11.5 m，因此围堰内外少量回填，下游端由潜水员使用高压射水＋沙泵对围堰内底面进行调平，采用测量绳网格测量法检查清基及封堵效果。

围堰内侧由潜水员在刃脚(含底隔舱刃脚)处码放水泥袋，并采用导管抛填粒径3～5 cm的碎石封堵层。运输驳船将卵石运输至墩位处，利用驳船自带抓斗将卵石装满料斗后，再采用浮吊起吊料斗与封底平台上提前安装好的导管进行对接，然后拔球回填卵石。回填过程中，由潜水员配合测量人员进行卵石回填高程进行测量监控，控制高程为－11 m。

围堰外侧抛填4～5 m高的块石在块石上方码放4～5 m高的袋装卵石，保证后续6.5 m高的封底混凝土不从围堰底口流失，并平衡围堰上、下游方向的不平衡土压力。通过抛填试验测定抛填的块石落点受江水流速影响程度，从而修正、确定驳船与围堰的相对关系，外侧片石采用驳船将块石运输至围堰外侧，经测量定位后，利用抓斗吊及挖机在已划分好的网格区域内抛填块石。块石抛填过程中，潜水员对水下块石堆码情况进行实测，并采用伸缩臂挖机进行片石堆码形状进行修整。围堰封堵见图8。

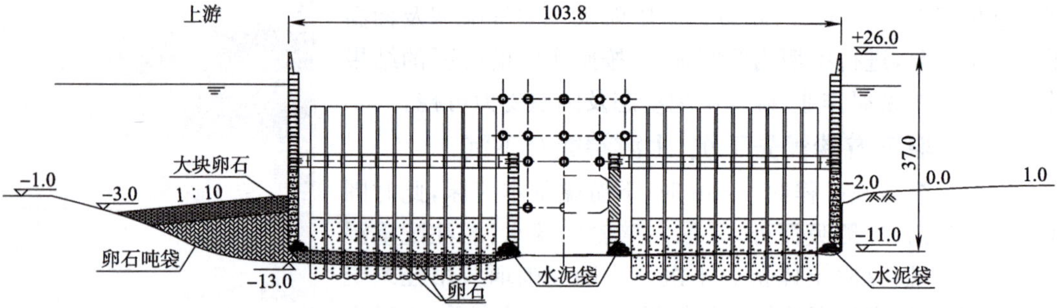

图8　围堰封堵示意(单位：m)

4 结　　语

20号桥塔墩基础采用双壁钢套围堰平台一体法施工，桥塔墩处于易冲刷地层，围堰下沉过程中，河床面出现上(游)冲下(游)淤的大高差河床状态，围堰上游端底口处于悬空状态、下游端河床高程未出现明显变化，围堰上、下游两端的河床面高差大。在大高差河床状态下，围堰下沉施工中，通过测量及数据分析掌握围堰姿态、入土深度、吊挂力分布的情况，根据检算分析结果指导围堰吸泥、配重施工，确保了围堰姿态及受力状态可控；围堰着床后，采用下游端优先下沉、上游端配合下沉的方式进行下沉控制，克服了大高差河床状态下的围堰下沉施工困难。围堰下沉过程中，围堰姿态可控、安全平稳。由围堰下沉到位后的实测数据可知：长、短边平面位置偏差分别为40 mm、18 mm，长、短边扭转偏差分别为8 mm、3 mm，长、短边垂直度相对高差分别为82 mm、31 mm，以上实测精度均满足桥梁施工规范要求。

双壁钢围堰封底关键技术

胡海波　周亚栋　张　晶

1 概　况

武汉青山长江大桥是武汉市四环线跨越长江的重要通道，全长 7 547.6 m，按高速公路标准建设，设计速度 100 km/h，主桥跨越长江南汊主河槽，为双塔双索面斜拉桥，主跨 938 m。北主墩下部采用 60 根 ϕ2.8～3.0 m 变直径钻孔桩群桩基础，承台、塔座为哑铃型结构，平面尺寸为 99.6 m×39.2 m，顶面高程＋4.0 m，厚度 9 m，两端为 ϕ39.2 m 的圆形结构，中间采用系梁连接，系梁厚度与承台相同，系梁中间留有 4.7 m 宽后浇段。

北主墩位置河床高程为＋2.0 m 左右，地层自上而下为 12～14 m 厚的粉细砂层、4～7 m 厚的圆砾土层、泥质粉砂岩与微弱胶结砂岩。长江南汊河槽 10 年一遇洪水位为＋25.85 m，洪峰流量为 68 400m^3，墩位处水流流速为 2.5 m/s，水流夹角 0°～5°。根据地质水文条件，北主墩基础采用围堰平台一体化施工方案，围堰设计为哑铃型双壁钢套箱结构，围堰既是承台施工的挡水结构，也是钻孔桩施工平台，平面尺寸为 103.8 m×43.4 m，双壁之间宽度为 2.0 m，围堰总高度为 37.5 m，封底混凝土方量约 20 000 m^3，围堰布置见图 1。

北主墩围堰是目前世界最大的哑铃型钢套箱围堰，封底混凝土方量巨大。墩位处覆盖层厚，河床易受冲刷，围堰下沉到位后，正处于长江主汛期，水深流急，上游河床面冲刷严重，且大量淤积在下游端，造成围堰上游端底口悬空，上、下游两端的河床面高差为 11 m。承台

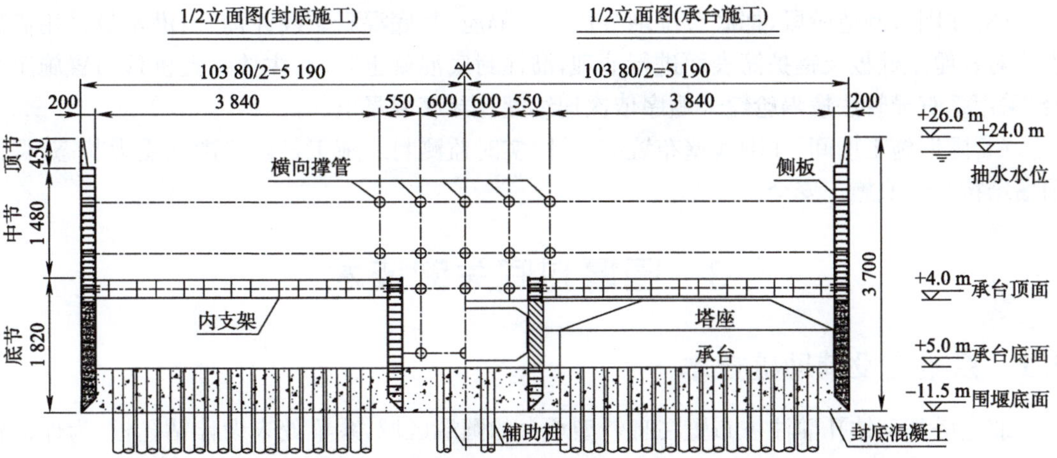

(a)立面图

图　1

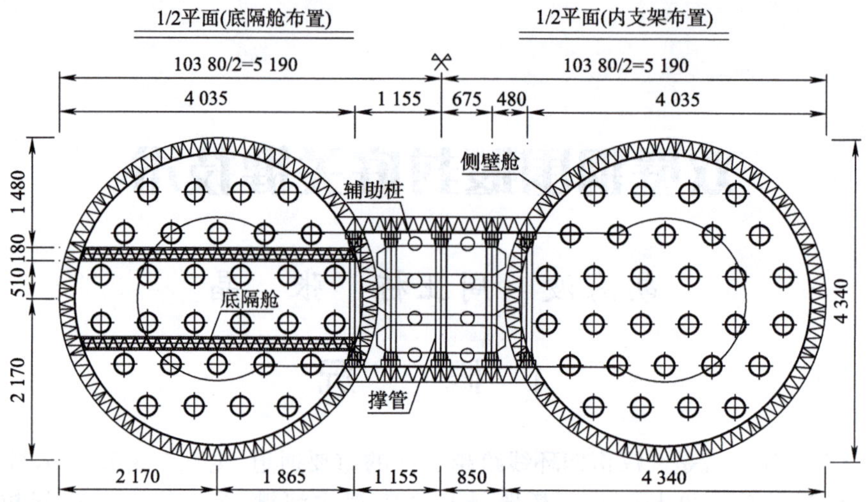

(b)平面图

图1 北主墩双壁钢套箱围堰布置(单位:cm)

埋置在河床面以下,承台施工时,围堰内外最大水头差达到30 m,这些因素造成北主墩围堰封底技术复杂,施工组织困难,施工安全风险控制难度大。

2 围堰封底总体方案

北主塔基础围堰封底总体施工方案与步骤为:

(1)在承台系梁处设置辅助桩以增加系梁区域封底抗拔力,辅助桩与基础主体钻孔桩同期施工。

(2)围堰下沉到位后,根据水下扫测得到的河床地形,对围堰底口冲刷区域进行抛填封堵。

(3)在围堰制造阶段,把底节围堰分成7个隔舱,封底混凝土灌注前,由潜水员采用高压水枪对各舱室壁板及钢护筒表面进行清理,灌注封底混凝土时,在主体钻孔桩顶布置施工平台,采用垂直导管法按隔舱编号顺序依次连续灌注封底混凝土。

(4)围堰施工期间,在围堰壁布置应变计,实时监测封底施工各阶段围堰受力状态,保证围堰结构与封底施工安全。

3 围堰封底关键技术

3.1 系梁增设辅助桩技术

北主塔基础钻孔灌注桩布置在哑铃型承台的圆端区域,系梁处未设计钻孔桩,为保证抽水后系梁范围内封底混凝土受力满足要求,研究计算在此区域设置8根直径1.5 m的钻孔桩作为封底施工辅助桩,辅助桩顶面高程均为−5.1 m,低于承台底高程0.1 m,内侧辅助桩长为40 m,外侧辅助桩长24 m,见图2。辅助桩采用旋挖钻与基础主体钻孔桩同期施工,封底混凝土厚度为 6.5 m,故桩侧摩阻力计算高程为－11.5 m。根据规范计算得到内、外侧辅助桩单桩抗拔力分别为 8 906 kN、4 761 kN,最不利工况下内、外侧辅助桩单桩所受拉力分别为 8 740 kN、4 690 kN,经检算,辅助桩抗拔力满足要求。

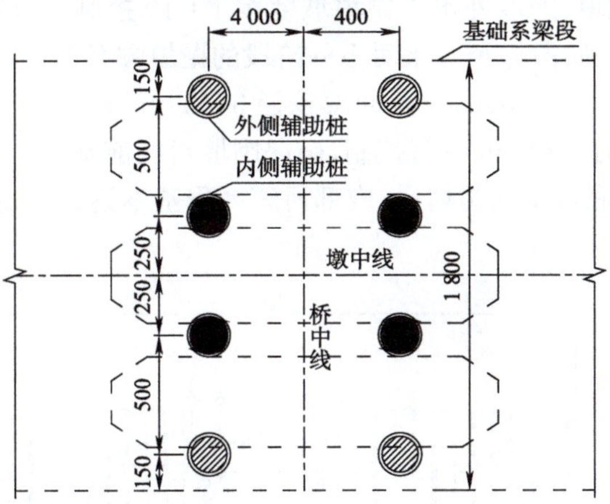

图 2　封底辅助桩平面位置(单位:mm)

3.2　大流速下围堰底口封堵技术

围堰处于长江主河槽内,覆盖层较厚,水深流急,年平均水深 20 m,最大流速 2.5 m/s,局部冲刷严重,围堰下沉到位后,上、下游河床高程相差 11 m,且上游端处于冲刷脱空状态,不具备直接封底的施工条件。因此,围堰封底前必须进行脱空区域的底口封堵。

首先,以围堰几何中心为原点,对围堰上游 100 m、下游 80 m、左右各 60 m 范围内(共 21 600 m^2)的河床面进行扫测,绘制出详细的河床高程与封堵边界线图,见图 3,为围堰底口抛填封堵提供依据。

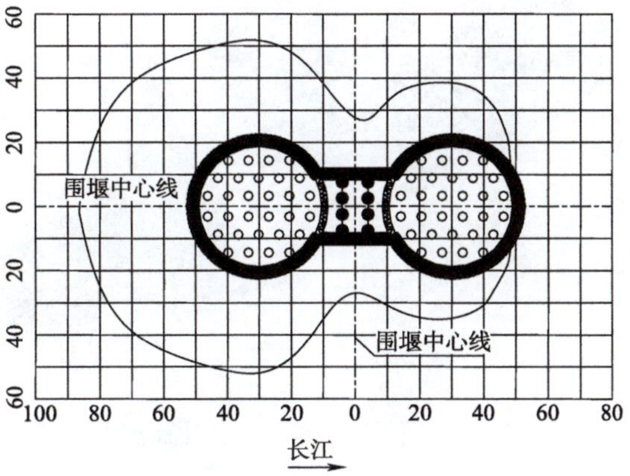

图 3　河床高程与围堰底口封堵边界线(单位:m)

其次,根据河床扫测图制定围堰底口封堵方案。

围堰底口封堵采用卵石抛填方案,原材料易得且便于施工,卵石粒径为 5～30 cm,根据封堵情况,沿围堰外侧壁河床高程低于－3.0 m 的范围设置为抛填封堵区域。抛填方式分为两种：

(1)河床面低于围堰底口(围堰刃脚悬空)部分，采用先抛填卵石吨袋，后利用皮带运输机抛填卵石的方式进行封堵，河床面高于围堰底口(围堰刃脚未悬空)部分，采用皮带运输机抛填卵石的方式直接抛填，围堰外水下抛填坡度按 1∶10 控制，抛填一定方量后，再扫描绘出河床高程图，根据前一阶段抛填效果对下一阶段的抛填方案进行适当调整。

(2)围堰内部低于－11.5 m 的位置回填粒径 3～5 cm 的碎石，最后采用导管灌注找平层混凝土，按预设高程的±20 cm 进行控制，确保围堰封底前基底平整。围堰底口抛石封堵施工见图 4。完成围堰底口全面封堵后，内部河床高程基本达到封底要求，围堰内部处于静水状态。

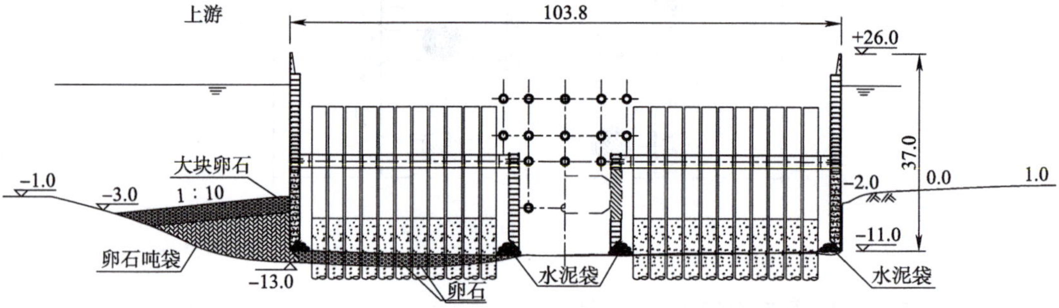

图 4　围堰封堵施工示意(单位：m)

3.3　围堰抗浮技术

采用 Midas/FEA 建立封底混凝土的 1/4 空间数值模型进行受力分析，在封底混凝土和护筒四周采用铰接约束，计算模型见图 5。

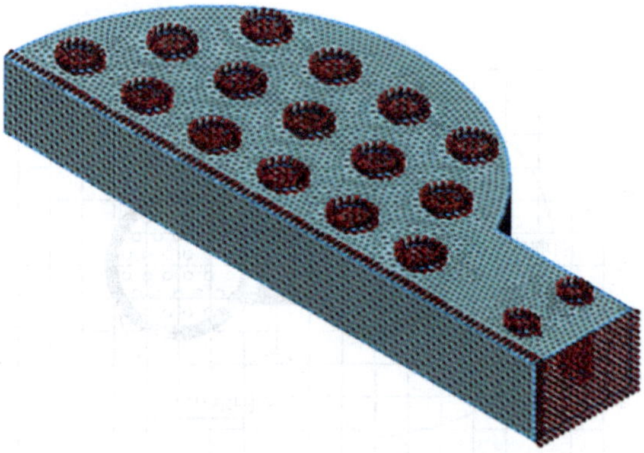

图 5　围堰封底混凝土 1/4 计算模型

根据实际施工进展，封底时正值长江汛期，对围堰抽水抗浮十分不利。封底混凝土施工按＋24 m 水位计算，封底混凝土采用 C30，厚度取为 6.5 m，通过模型计算，混凝土最大主拉应力为 0.9 MPa，出现在混凝土和钢护筒黏结的部位，满足设计要求。

为了提高安全度，增加钢护筒与封底混凝土之间的咬合力，在靠近系梁侧主体桩钢护筒、内侧辅助桩钢护筒外侧加焊 $\phi 28$ 钢筋剪力环，按 0.5～1.0 m 一道间距布置，主体桩钢护筒增加剪力环 8 道，单桩可提供剪力 15 755 kN，辅助桩钢护筒增加剪力环 11 道，单桩可提供剪力 13 927 kN，增加剪力环后，计算得到主体桩、辅助桩钢护筒与封底混凝土之间最大剪切应力均小于钢护筒与封底混凝土之间黏结力经验值。

围堰抗浮荷载由围堰自重、封底混凝土自重、钻孔桩钢护筒与封底混凝土之间黏结力三部分组成，共计 1 133 912 kN，在最为不利抽水水位＋24.0 m 时对围堰进行抗浮计算，此时围堰所受上浮力为 1 046 636 kN，则围堰抗浮安全系数为 1.08＞1.05，抗浮安全性满足要求。

3.4 异型围堰封底技术

根据桩位布置情况，在围堰设计时将底节围堰进行了多隔舱设计，共分隔成 7 个区域，见图 6，隔舱宽 2.0 m，顶面与封底混凝土顶面齐平。隔舱可以有效地减少封底面积，化整为零，逐一控制各个隔舱间的水下混凝土灌注质量相对容易，从而保证围堰整体的封底质量。同时，隔舱还可以提高围堰底口刚度，在围堰浮运过程中也起到一定的助浮作用。考虑到围堰内泥沙层对封底的不利影响，底口封堵完成后，需将高出设计高程的泥沙层清除，然后分隔舱清理围堰底部，浇筑找平层混凝土，以减少封底混凝土夹层。

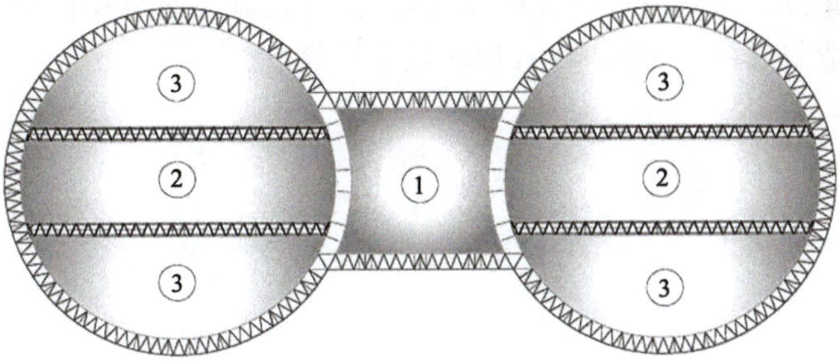

图 6　底节围堰隔舱布置

正式封底前，应确保围堰侧壁、隔舱壁水下混凝土灌浇完成并达到设计强度，并由潜水员采用高压水枪对各舱室壁板及钢护筒表面进行清理，然后按图 6 的区域编号顺序依次进行水下混凝土灌注，单个区域内封底混凝土灌注分块进行，采取四周向中间的顺序进行灌注。

第一批封底混凝土灌注中间系梁①号区域，采用在系梁隔舱中间布置的 2 台自动布料机进行灌注。封底混凝土初灌采用翻板拔球法，初灌导管埋深控制在 0.5 m 左右，舱内所有点均拔球正常后，拆除集料斗直接由布料机接上软管进行混凝土灌注。混凝土灌注时各点之间交替、连续进行，同时在灌注过程中连续测量混凝土面高程，以控制混凝土面整体均匀上升。区域①完成后，依次浇筑区域②～③，完成围堰封底。

3.5 围堰监测

北主墩基础钢围堰平面尺寸大，是目前世界最大的钢套箱围堰，为尽量保证结构的可靠性，底节围堰在船厂整体制造，中上节围堰在工厂单元件制造完成后，现场进行大节段拼装。但是，考虑到异型围堰的结构复杂性和汛期抽水等不利工况，为防止施工过程中围堰产生局部过大应力或变形破坏，在围堰外壁板水平环上布置应变计，监测施工过程中围堰关键部位的应力和变形，为围堰施工提供安全技术保障。围堰监测采用 V1000 系列振弦式表面应变计，围堰水平方向共设置 6 个监测位置，位于同一四分之一围堰上，整个围堰共计 15 个测点，数据采集仪采用 V10A 型读数仪。根据监测数据，在围堰封底抽水过程中，围堰各测点应力变化值均小于 20 MPa，围堰整体受力稳定。但为防止围堰加工、制造、安装过程中产生质量缺陷，保证围堰封底施工全过程受力安全，进行围堰应力监测仍是必要的。

4 结　　语

武汉青山长江公路大桥北主墩双壁钢套箱围堰封底混凝土方量巨大，并且需要在长江主汛期施工，冲刷导致围堰上、下游两端河床面高差为 11 m，造成围堰封底技术复杂，施工组织困难，施工控制难度大。通过设置封底辅助桩保证承台系梁范围内封底混凝土受力满足要求，在主体桩、辅助桩钢护筒外侧加焊钢筋剪力环提高围堰封底可靠性；根据水下地形扫描绘制以围堰为中心大范围河床高程图，采用抛填卵石吨袋、皮带运输机抛填卵石相结合的方法封堵围堰底口，合理有效；把底节钢围堰分成 7 个隔舱，采用垂直导管法按隔舱编号顺序依次连续灌注封底混凝土，降低封底施工控制难度，提高封底混凝土质量；实时监测围堰关键部位受力与变形，及时发现潜在的安全隐患，保证施工过程中围堰结构安全。工程实践表明，北主墩围堰封底施工过程顺利，封底效果可靠。

主塔承台及塔座施工技术总结

刘宇飞　康雄辉

1　概　述

武汉青山长江大桥 19 号墩采用哑铃型承台，平面尺寸为 98.9 m×39.5 m，厚 9 m，两端为 ϕ39.5 m 的圆形结构，中间采用系梁连接，厚度与承台相同，系梁中间 16.2 m 长范围内为空心结构，空心截面为单箱三室截面，顶板厚 1.2 m，底板厚 1 m，边腹板厚 1.8 m，中间腹板厚 1.4 m，且为了减小混凝土收缩影响，系梁中间设置 4.7 m 长后浇段，后浇段应在两侧混凝土已经成型，且时间不小于三个月后浇筑。19 号墩基础承台结构形式见图 1。

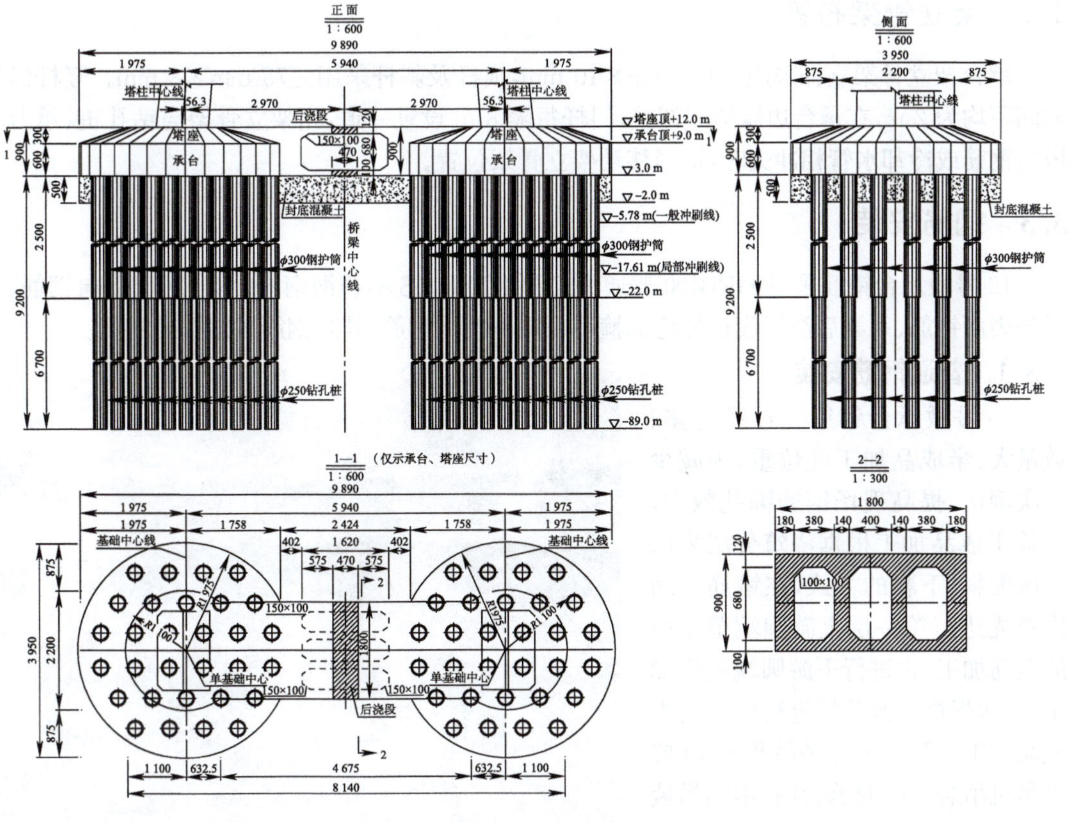

图 1　19 号墩基础布置（单位：cm）

2 总体施工方案

19 号墩承台采用锁口钢管桩围堰施工，围堰布置呈哑铃型，平面尺寸 101.6 m×44.1 m。承台及塔座高 9 m，分“三大层七小次”浇筑成型，每层分为上下游圆端两次浇筑完成。其中第一、二层浇筑高度均为 3 m，第三层浇筑为塔座(高度 3 m)及下塔柱底节 2 m 实心段，系梁后浇段为一次浇筑成型。

围堰抽水完毕后，先进行桩头的破除，再浇筑找平混凝土垫层，转入承台施工。

3 承台施工

3.1 测量放样

承台钢筋绑扎前，在基底垫层上准确测放出承台十字轴线及高程线，并做醒目标记，依据承台十字轴线用墨线弹出承台的轮廓尺寸线和立模边线，对架立骨架位置在垫层上标识。

3.2 架立骨架布置

承台架立骨架立杆采用∠100 mm×10 mm，横杆及斜杆采用∠75 mm×8 mm。竖杆纵横向间距均为 2 m，在承台边缘适当调整，斜杆每隔 8 m 设置一道，当架立骨架与钻孔桩、承台及塔座钢筋或冷却水管相冲突时，适当移动架立骨架位置。

3.3 钢筋安装

19 号墩承台钢筋采用 HRB400 普通钢筋和 HRB500S 不锈钢钢筋，承台底层横向钢筋、系梁外表面钢筋、系梁后浇段腹板外轮廓箍筋采用不锈钢钢筋，其余钢筋采用普通钢筋。

3.3.1 普通钢筋安装

19 号墩承台钢筋设计型号多、数量大、半成品加工吨位重，为减少二次倒运，提高现场钢筋绑扎效率，钢筋半成品加工根据浇筑分层采取分区配料、下料的方式，在钢筋车间内首先进行第一层上游圆端范围内的钢筋加工，再进行下游圆端钢筋加工，依次根据浇筑分层进行钢筋的半成品加工。利用 10 t 塔吊及 125 t 履带吊机吊装至围堰承台内，钢筋吊装时应按绑扎顺序分种类、分区域进行吊装，见图 2。

图 2 承台钢筋安装

3.3.2 不锈钢筋安装

不锈钢钢筋的加工在具有设备条件的工场或厂房集中实施，切割或弯曲采用专用设备，确保不锈钢钢筋的切割或弯折过程表面不被散落的铁沫或普通钢污染。为了保护不锈钢钢筋，在加工、运输、装卸及存放过程中尽量避免与普通碳钢或低合金钢接触，现场安装过程中(图 3)，缩短钢筋绑扎时间，快速浇筑混凝土，以免碳钢或低合金钢的粉粒嵌入不锈钢，导致表面锈斑。在混凝土浇筑前保护不锈钢钢筋，避免直接接触氯化物。

图 3　承台不锈钢筋安装

3.4 冷却水管布置

承台冷却管采用导热性好并有一定强度的钢管，公称口径 50 mm(壁厚 3.5 mm)。整个承台共埋设 9 层冷却水管，单次混凝土浇筑冷却水管层距为 1.0 m、平面间距均为 1.5 m，管与管之间采用橡胶管连接，见图 4。每层冷却水管成 S 形排列。

图 4　承台冷却水管布置

3.5 测温元件布置

19 号墩承台为大体积混凝土，为确保承台大体积混凝土的施工质量，专门进行大体积承台温控监控工作。承台温度监控测点布置充分考虑混凝土内部冷却水管的实际分布情况、温度场特征等，并满足相应规范要求。

3.6 接地钢筋安装

用直径 16 mm 钢筋在承台桩基内垂直主钢筋并接后作接地极，共布置 60 根主结构垂直钢筋连入接地钢筋系统。接地钢筋用油漆和焊明显物做好标识，接地钢筋连接完成后，浇筑承台混凝土前由电工测电阻值，接地电阻小于 4 Ω。

3.7 模板安装

3.7.1 承台、塔座模板安装

承台、塔座模板采用木模板，在后场加工，检查验收合格后运到施工现场。塔座为 1∶2.92 锥形样式，坡度比较缓和，现场为保证塔座气泡顺利排出，在模板面板表面布置模板布，模板布粘贴平整、牢固。沿坡面方向：2 m、4 m、6 m 处开设 30 cm×30 cm 混凝土布料孔，0.4 m、1.9 m、3.4 m、4.9 m、6.4、7.9 m 处设置 10 cm×10 cm 混凝土振捣孔；沿水平方向：5 m/个设置混凝土布料孔，1 m/个设置混凝土振捣孔。根据弹出的模板边线，在基坑底部支模处铺设水泥砂浆找平层，以保证模板下口平齐。模板分块吊装，按照由圆端中间向两侧拼装的顺序依次进行，见图 5。

图 5 塔座模板安装

3.7.2 系梁段支架搭设

承台中间系梁为箱室结构，采用支架进行搭设，形成模板支架体系，支架采用 ϕ48 mm×3.5 mm 碗扣式钢管，在立杆顶、底端设置顶托和底座，立杆布置方式：横桥向、纵桥向及步距均为 60 cm。

3.8 混凝土浇筑

3.8.1 第一层承台混凝土浇筑

(1)混凝土浇筑前，应对模板、钢筋、预埋件、冷却水管和测温元件进行检查复核。将基坑内的杂物、积水和钢筋上的污垢清理干净。

(2)承台混凝土浇筑采用斜向分层的方式进行，分层厚度 30 cm，施工中连续施工不中断，上层混凝土浇筑完成时间不超过底层混凝土初凝时间。

(3)混凝土振捣时，振动棒在模板周围振捣时距离模板的距离保持在 5～10 cm，不碰撞模板、冷却水管，测温元件及引入线。温度元件及连接线在竖向沿着钢筋侧面绑扎，在水平方向沿着钢筋底面牵引绑扎固定，并已预先在竖向测温元件顶面 3～5 cm 焊接 1 根短钢筋，在振捣时可避免振捣棒直接触碰传感器探头。设专人检查模板、预埋钢筋和其他预埋件的稳固情况，对松动、变形、移位等情况，及时将其复位并固定好。

3.8.2 第二层承台及塔座混凝土浇筑

在第一层承台混凝土浇筑完成后，利用喷洒设备喷洒高效缓凝剂于承台混凝土顶面，使喷洒表面 3～5 mm 厚范围内的混凝土凝结时间长于构件内部混凝土凝结时间，形成一定的时间差。当承台内部混凝土达到凝结，但表层混凝土尚未达到凝结时，即混凝土强度到达 0.5 MPa 后，采用 0.4～0.6 MPa 的压力水对表层混凝土进行冲洗，去除表层的浮浆和部分细集料，使粗集料部分裸露 1/3～1/2 粒径，形成粗糙的表面，完成混凝土凿毛。凿毛面清理干净后蓄水养护，蓄水深度要求大于 30 cm。

在养护期间，混凝土强度达到 30%后，开始带水绑扎第二层承台钢筋，并预埋塔座、下塔柱预埋筋，安装塔吊、墩旁托架、冷却水管、测温元件、测量控制点等预埋件，经检查复核无误后进行第二层及塔座混凝土浇筑，每层承台分上下游圆端共两次浇筑成型。

3.9　承台混凝土养护

混凝土浇筑前准备好后期混凝土养护用塑料薄膜、麻袋及土工布和农用喷雾器等材料和设备，混凝土初凝前在表面喷水雾保湿以防止收缩裂缝的产生，初凝结后混凝土上表面采用缓凝水冲法进行凿毛处理，清理干净后蓄水大于 30 cm 养护，养护用水直接使用长江水，分层面养护至下一层浇筑(7 d)为止，永久暴露面养护时间不少于 14 d。承台四周采用覆盖彩条布带模养护，见图 6。内部通循环水冷却，由监控调节冷却水管进、出水量，控制里表温差和混凝土表面温度的变化幅度，控制混凝土升温和降温过程满足施工规范要求，防止出现裂纹。

图 6　承台表面蓄水养护

4　结　　语

本工程主墩承台及塔座施工过程中，大体积混凝土水化热得到有效控制，温峰满足设计及规范要求，混凝土表面平整，无收缩裂纹，保证了承台及塔座的实体和外观质量。

水位变动区主塔承台防腐技术

胡海波

1 概 述

青山大桥南主塔19号墩承台位于武昌侧自然岸坡上，北主塔20号墩承台位于长江主河道中间。南主塔承台尺寸为98.9 m×39.5 m×9 m，顶高程为+12.0 m；北主塔承台尺寸为99.6 m×39.2 m×9 m，顶高程为+4.0 m。南北主塔单个塔柱下分别布置一个群桩基础，两个群桩基础采用系梁连接成整体式哑铃型结构。桥位处水位变化在+9～+26 m之间，南岸承台将多次经历干湿交替过程。哑铃型承台尺寸大，结构受力复杂，桥梁运营过程中主塔承台系梁承受较大的拉弯效应，系梁表面混凝土存在开裂可能性，为解决深水承台钢筋锈蚀问题，保障主墩基础的耐久性，青山大桥主塔承台系梁部位采用了不锈钢钢筋，这也是在内河流域桥梁工程中首次使用不锈钢钢筋。承台结构布置见图1。

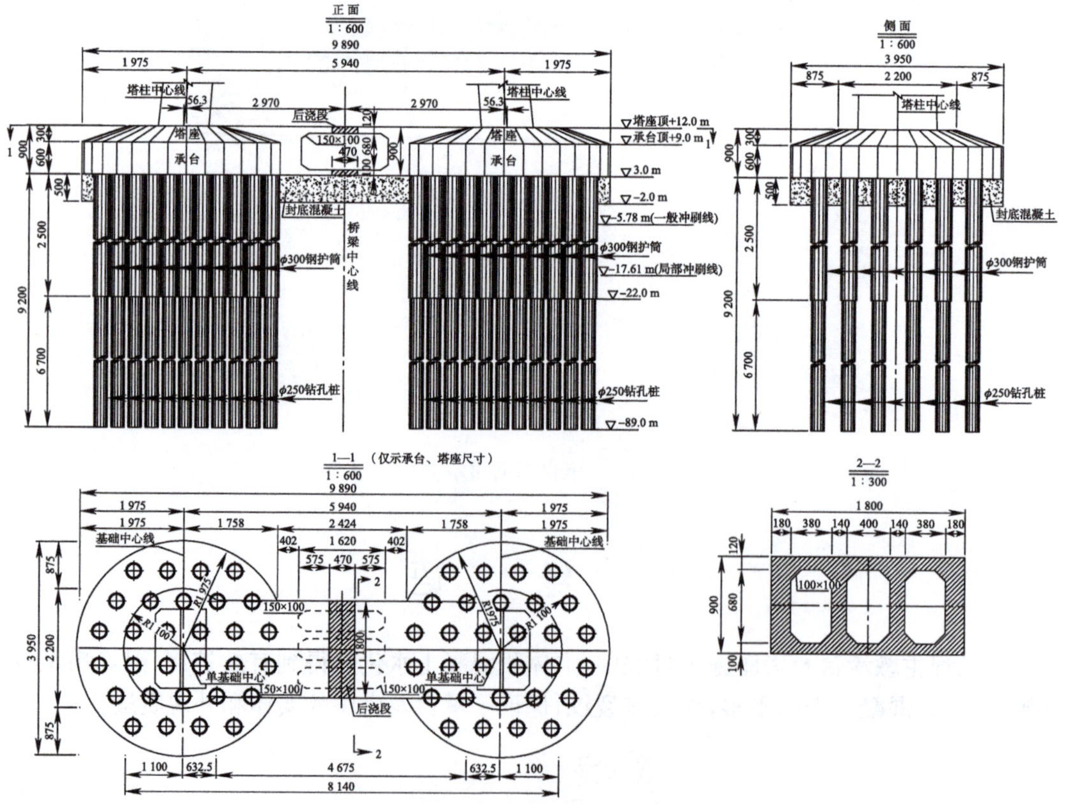

图1 主墩承台基础布置(单位:cm)

2 不锈钢钢筋使用机理

青山大桥主墩基础属于干湿交替的长江淡水环境，环境类别属于一般类别，作用等级并不高。但由于青山大桥为全漂浮体系斜拉桥，无下横梁的特殊构造形式使得承台系梁受到很大的拉应力，同时承台辅助桩以及水的浮力作用将对系梁施加向上的反力，因此，有必要对青山大桥主墩基础进行防腐性能处置。承台系梁的主要受力指标见表1。

表1 主塔承台系梁受力分析

主塔轴力（kN）	横桥向弯矩（kN·m）	辅助桩反力（kN）	承台浮力（kN）	系梁应力（MPa）	裂缝宽度（mm）
－606 901	348 797	—	—	151	0.176

针对青山大桥桥位的环境条件，对承台系梁的防腐方案进行了充分论证与比选，最终决定采用内部措施提高系梁耐久性，见表2。采用不锈钢钢筋技术在内河大跨度桥梁中应用尚属首次，需要在满足实施效果的同时兼顾经济性。

表2 主塔承台系梁防腐策略比选

序号	防腐策略	优 缺 点	可 行 性	是否选用
1	提高混凝土的密实性	效率高，成本相对较低	可通过优化配合比，降低水水比，掺入等实现	是
2	采用特种钢筋	成本高，防腐效果明显，可以从根本上提高结构耐久性	可采用不锈钢筋、环氧涂层钢筋、镀锌钢筋等实现	是
3	增加保护层厚度	成本低，实现容易	可操作性强	是
4	掺阻锈剂	成本较高，理论效果好，施工复杂	在大体积钢筋混凝土构件中使用存在局限性，离散性较大	否
5	混凝土表层封闭	维护成本高，施工要求高	表面封闭层易在洪水期损害，不适合本项目环境情况	否
6	电化学防腐	维护成本高，适合用于由氯离子污染引起的钢筋腐蚀的结构中	本项目水环境氯离子腐蚀并不严重，不适合本项目环境情况	否

在桥梁运营期间，处于水位变动区的承台系梁受力复杂，使用过程中表面开裂概率较高，系梁尺寸大，开裂部位无法具体界定，必须采用有效措施解决系梁出现表面裂纹后的防腐问题。经过论证，采用特种钢筋的方式解决效果最为显著，由于环氧涂层钢筋、镀锌钢筋都容易出现防护层失效造成集中腐蚀的问题，最后项目部采用了不锈钢钢筋。

3 不锈钢钢筋选用

国内不锈钢的种类非常多，按照钢的金相组织大体可分为奥氏体不锈钢、铁素体不锈钢、双相不锈钢、马氏体不锈钢和沉淀硬化型不锈钢。奥氏体和双相不锈钢都可被用作钢筋，其中双相不锈钢与奥氏体不锈钢比较，因为具有较高的强度和良好的延性，特别是在耐晶间腐蚀、耐氯化物和耐应力腐蚀性能方面具有明显提高，特别适合青山大桥承台系梁的工作环境，可以展现出优异的抗蚀综合性能。经过综合比较，选用热轧带肋不锈钢钢筋的牌号为 HRB500S，统一数字代号 S32043，钢号 022Cr23Ni4MoN，公称直径为 20 mm、22 mm、25 mm、32 mm，共计四种规格。

在系梁构件的外侧面布置不锈钢钢筋，内部钢筋为普遍 HRB400 热轧带肋钢筋，系梁断面钢筋布置见图 2。

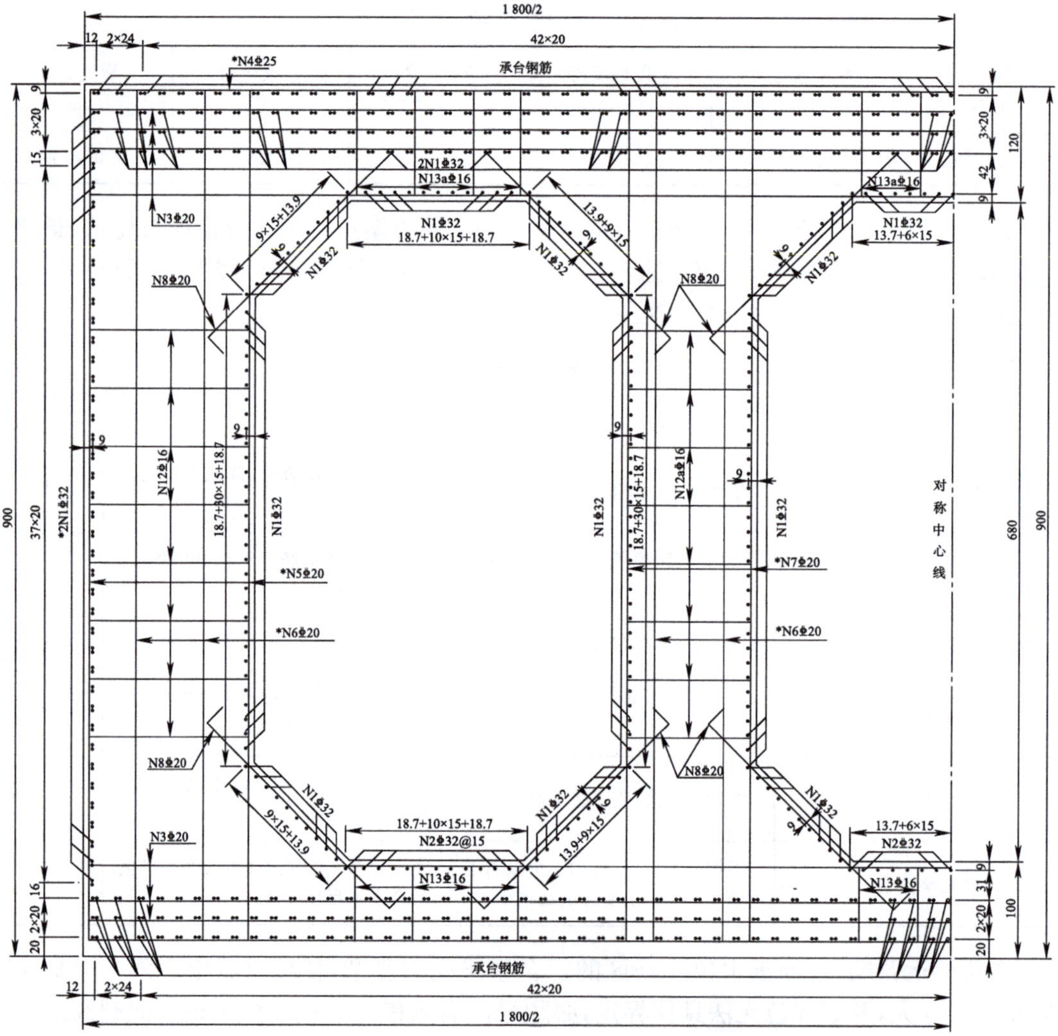

图 2　主塔承台系梁不锈钢筋布置示意(单位：cm)

4　不锈钢钢筋加工与制作

青山大桥不锈钢钢筋采用工厂定制的生产加工模式(图 3、图 4)，由项目提供加工详图，钢厂根据详图进行定尺生产、弯曲成型、接头处理，最大限度地减小损耗、节约钢材。

图 3　不锈钢钢筋工厂定制

图 4　不锈钢套筒的工厂定制

4.1　加工工序

(1)不锈钢钢筋加工前首先进行酸洗，再检查不锈钢钢筋表面，如发现还有氧化皮存在，应通过再次酸洗或喷砂清理。如发现污垢，可用高压淡水冲洗。用水不能清洗掉的污垢，可用不含氯的洗涤剂清洗后，再用高压水冲洗。

(2)不锈钢钢筋切割：不锈钢筋定尺生产，根据加工要求两边切除余量，在厂房内机械切割，禁止采用火焰切割。

(3)不锈钢钢筋的弯曲：参照英国标准 BS8666(国内规范暂无不锈钢钢筋弯曲半径的规定)，不锈钢钢筋直钩长度为 11.8d，135 度弯钩长度为 15.5d，钢筋加工时应保证弯钩平直段长度不小于 10d。

(4)存放、运输：不锈钢筋加工好后，应按照产品要求打包，采用软吊带进行吊装，运输过程做好抄垫隔离措施。为了保护不锈钢钢筋，在运输、装卸、加工及现场安装过程中应尽量避免与普通碳钢或低合金钢接触，以免碳钢或低合金钢的粉粒嵌入不锈钢，导致表面锈斑。

4.2　不锈钢钢筋加工制作的注意事项

(1)施工方向制作方提供不锈钢钢筋加工大样图，正式加工前制作方应与施工方共同确定加工放样详图，并明确连接套筒位置等细节，经过监理确认后组织实施。

(2)不锈钢钢筋切割或弯曲应采用专用设备，确保不锈钢钢筋的切割或弯折过程，不锈钢钢筋表面不被散落的铁沫或普通钢污染。

(3)不锈钢钢筋的弯折和末端弯钩须满足规范要求。弯曲时温度应不低于 5 ℃或高于 100 ℃。

(4)不锈钢钢筋不允许再弯曲或经弯曲后矫直返用。

(5)所有不锈钢钢筋禁止焊接。

(6)不锈钢钢筋存放应选用和普通碳素钢隔离的独立场地，不得与其他钢种钢筋混同储存。

5　不锈钢钢筋安装

青山大桥不锈钢钢筋不需要进行现场二次加工，成品钢筋运至现场后，按照图纸直接进行安装，采用的不锈钢钢筋直径原则上采用机械连接方式，个别直径 22 mm 和 20 mm 可采用绑扎搭接接头，搭接接头长度采用 $50d$（d 为钢筋直径），见图 5。安装采用的直螺纹套筒采用同材质的不锈钢套筒，钢筋绑扎所用的扎丝亦采用不锈钢扎丝。

承台系梁后浇段不锈钢主筋采用机械连接，考虑到混凝土收缩的影响，套筒两端各加长不小于 5 mm（增加螺纹丝数），后浇段在混凝土浇筑 3 个月后施工，实际收缩量 3.8 mm，套筒预留长度能够满足钢筋受力要求。

图 5　不锈钢钢筋现场安装

6　结　　语

青山大桥承台系梁选用不锈钢筋，充分利用了双向不锈钢优秀的防腐性能，也利用该材料良好的力学性能进行结构受力储备，对长江流域复杂的水位条件有良好的适应性能，工厂定制的加工模式符合当年绿色建造的时代主题，也能够更好的保证钢筋加工质量，现场施工更加安全、高效，取得了良好的效果。

不锈钢钢筋在桥梁工程中的使用越来越多，与普通碳钢钢筋相比，不锈钢钢筋前期费用是高些，当考虑到结构的寿命周期成本时，不锈钢的优异性能证明了它在抵抗抵抗苛刻的腐蚀环境、高应力的工作环境等方面都是不错的选择。

主塔横撑设计与施工

赵全成　王寅峰　李　豹

1 概　述

武汉青山长江公路大桥主桥为双塔双索面全飘浮体系斜拉桥，桥跨布置为(100＋102＋148＋938＋148＋102＋100)m，全长1 638 m(图1)，边跨主梁采用钢箱结合梁，中跨主梁采用整体式钢箱梁，桥面宽48 m。桥塔为A形钢筋混凝土塔，从上至下结构依次为塔冠、上塔柱、上横梁、中塔柱、下塔柱。其中北塔塔座顶高程＋4.0 m、上横梁高程＋172.0 m、塔顶高程＋283.5 m，塔高279.5 m。横桥向塔柱外侧斜率1∶9.317，下塔柱内侧斜率1∶12.982，中、上塔柱内侧斜率1∶10.385。下塔柱采用矩形截面，高103 m，横桥向长13.2～15 m、顺桥向长8.4～10 m，顺桥向、横桥向壁厚1.8 m；中塔柱采用矩形截面，高110 m，横桥向长9～13.2 m、顺桥向长7.2～8.4 m，顺桥向、横桥向壁厚1.5 m；上塔柱采用矩形截面，高50.5 m，横桥向长9 m、顺桥向长6.11～7.137 m，顺桥向壁厚1.2 m，横桥向壁厚1.0 m。

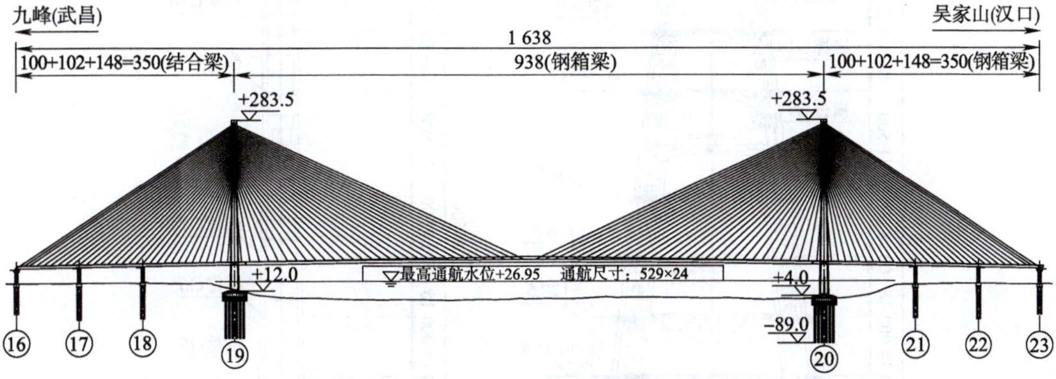

图1　武汉青山长江公路大桥主桥桥式布置(单位：m)

武汉青山长江公路大桥桥塔塔柱采用液压爬模施工，共分为48个节段(标准节段高6 m)，上横梁与塔柱采用同步施工。在上横梁浇筑前，中、下塔柱共悬臂长163 m；上横梁浇筑后至塔柱合龙前，上塔柱悬臂长84 m。在塔柱悬臂施工过程中，需设置临时横撑结构，为两侧塔肢提供供水平支承，以保证桥塔施工线形及控制塔肢截面弯矩值。

2 临时横撑设计

临时横撑设计时，首先以桥塔截面应力为控制因素，并根据桥塔施工分节、避让爬模施工空间等因素设计临时横撑位置；然后建立桥塔施工阶段模型，按照以桥塔线形控制为主、内力为辅的原则确定临时横撑对顶力，通过计算获取桥塔施工过程中临时横撑的最大内力；再根据计算结果配置临时横撑的钢管截面、牛腿等结构；最后对临时横撑拆除顺序进行分析，制订合理的拆除顺序。

2.1 临时横撑位置设计

在悬臂施工时，在倾斜塔肢自重、施工荷载等作用下，桥塔根部形成极大弯矩。为确保主塔施工过程无裂缝出现，以桥塔根部截面最大拉应力≤1.0 MPa 作为控制值，确定塔肢最大允许悬臂施工高度为 40.2 m。在考虑爬模工作空间后，确定第 1 道临时横撑位于塔座以上 21 m 处；第 2 道横撑以第 1 道横撑处塔肢截面进行应力控制，按此原则逐层确定每层横撑的设置位置。通过分析确定该桥共布置 13 道临时横撑，其中，该桥下塔柱布置 2 道横撑，间距 21 m；中塔柱布置 6 道横撑，间距 18 m；上塔柱布置 5 道横撑，间距 18 m。13 道临时横撑自塔座向上至塔顶依次为 G1～G13。临时横撑布置见图 2。

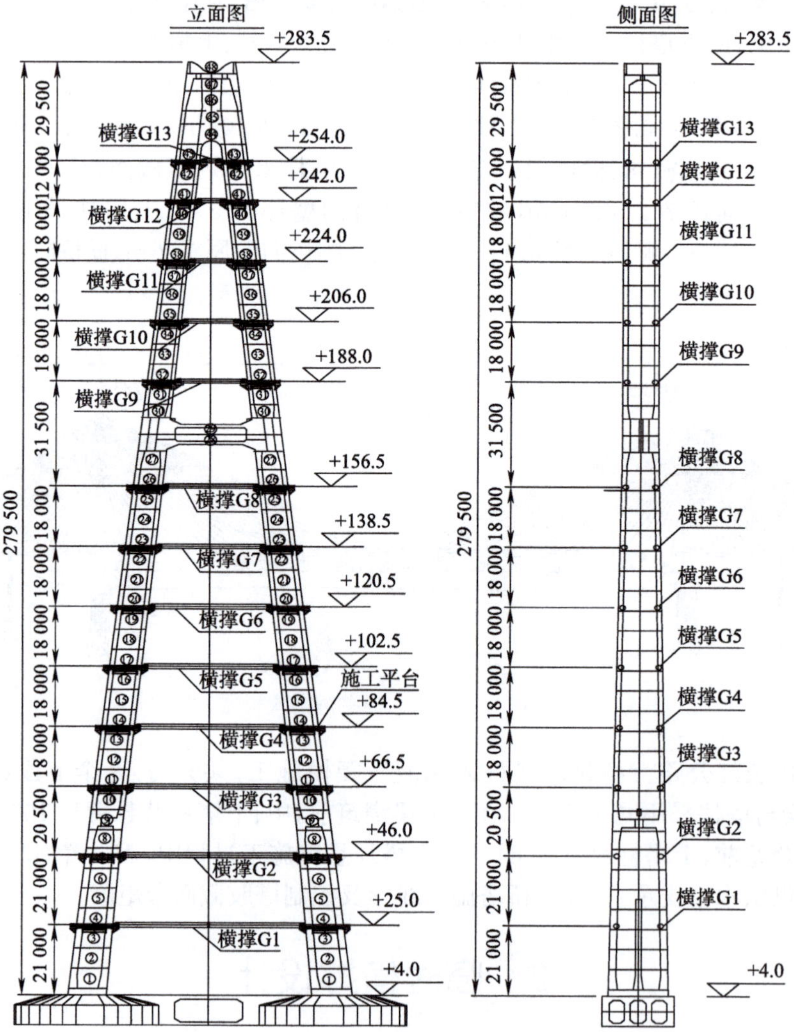

图 2　临时横撑布置(单位:尺寸为 mm,高程为 m)

2.2 临时横撑对顶力设计

针对已确定位置的临时横撑，采用 MIDAS Civil 软件建立桥塔施工阶段有限元模型，见图 3。模型中，塔肢采用梁单元模拟；塔底固结，临时横撑与塔肢单元采用只受压弹性连接；横撑钢管对顶力采用温度荷载（可以准确地模拟整个施工阶段中临时横撑钢管内力变化，并可以反映钢管压缩变形对桥塔线形的影响）模拟。施工中荷载主要包括桥塔自重、爬模荷载、支架荷载（上横梁、塔柱合龙段）、风荷载、临时横撑钢管对顶力。每层横撑的顺桥向 2 根钢管采用 1 个等刚度梁单元代替。桥塔常温下受力计算假定温度为 15 ℃。

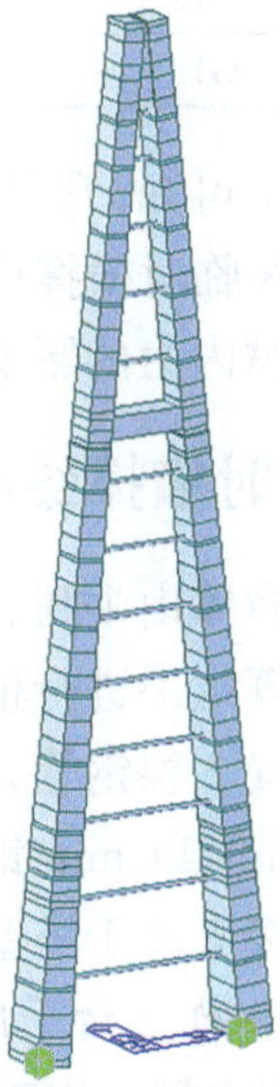

图 3 桥塔施工阶段有限元模型

由于该桥塔肢悬臂较长，塔肢水平位移对顶推力较为敏感。因此，临时横撑对顶力设计原则为以桥塔线形控制为主，内力为辅。设计时，要求塔柱施工过程中单塔肢最大位移≤20 mm，塔柱混凝土最大拉应力≤1.0 MPa。通过有限元计算得到 G1～G13 横撑对顶力分别为 2 200 kN、2 500 kN、1 800 kN、2 000 kN、2 300 kN、2 200 kN、2 000 kN、1 500 kN、3 000 kN、1 800 kN、1 800 kN、1 800 kN、600 kN。

2.3 临时横撑受力计算

临时横撑主要承受塔柱内倾自重产生的水平分力、爬模荷载水平分力、横桥向风荷载及温度荷载。临时横撑采用钢结构，在升温工况下，每升温 1 ℃，横撑钢管内力将增加 153 kN；桥塔施工周期长，周年内温度变化幅度较大，温度变化为临时横撑设计时不可忽略的因素。根据武汉地区气温条件统计，按初始施工温度 15 ℃，并分别考虑升温 20 ℃和降温 20 ℃，计算桥塔施工中临时横撑的最大内力，结果见表 1。

表 1 临时横撑最大内力计算结果(kN)

临时横撑编号	临时横撑内力		
	常温 15 ℃	升温 20 ℃	降温 20 ℃
G1	2 947	8 471	2 091
G2	4 034	7 588	2 267
G3	3 858	6 091	2 178
G4	4 213	6 218	2 246
G5	4 480	6 319	2 644
G6	4 403	6 085	2 721
G7	3 525	5 000	2 232
G8	3 067	4 345	1 789
G9	3 449	4 085	2 959
G10	3 140	3 517	2 762
G11	3 394	3 635	3 152

续上表

临时横撑编号	临 时 横 撑 内 力		
	常温 15 ℃	升温 20 ℃	降温 20 ℃
G12	1 688	1 892	1 688
G13	1 171	1 425	925

由表 1 可知，升温 20 ℃工况，温度对塔柱临时横撑的内力影响较大，特别是下塔柱区域的 G1～G8 临时横撑内力增大显著(由于塔底固结效应)。随着临时横撑高度的增加，温度对临时横撑内力的影响逐渐减小。

2.4 临时横撑结构设计

临时横撑由牛腿、横撑钢管、起顶系统、钢楔块四部分组成，其结构见图 4。根据临时横撑受力计算结果进行横撑钢管截面配置，并根据横撑重量设计其支承牛腿。每层临时横撑顺桥向布置 2 根钢管，钢管与塔柱腹板对应。根据受力需要，G1～G6 临时横撑采用 2 根 ϕ1 420 mm×14 mm 钢管，G7～G13 临时横撑采用 2 根 ϕ1 200 mm×14 mm 钢管。临时横撑一端直接支承于塔壁，另一端布置起顶系统(进行对顶作业)。每根临时横撑钢管的起顶系统包括垫梁、2 台千斤顶、钢楔块，其中钢楔块与垫块、临时横撑钢管端头匹配，并布置于 2 台千斤顶之间。施工时，2 台千斤顶分级同步顶推至设计荷载后，打入钢楔块并将其与垫梁、横撑钢管端头焊死，以保证临时横撑传力有效，防止千斤顶卸载后产生的预顶力损失。牛腿结构由预埋爬锥及牛腿组成，主要承受临时横撑自重及横撑内力在平行于塔壁面上的分力，单个牛腿布置 6 个预埋爬锥。

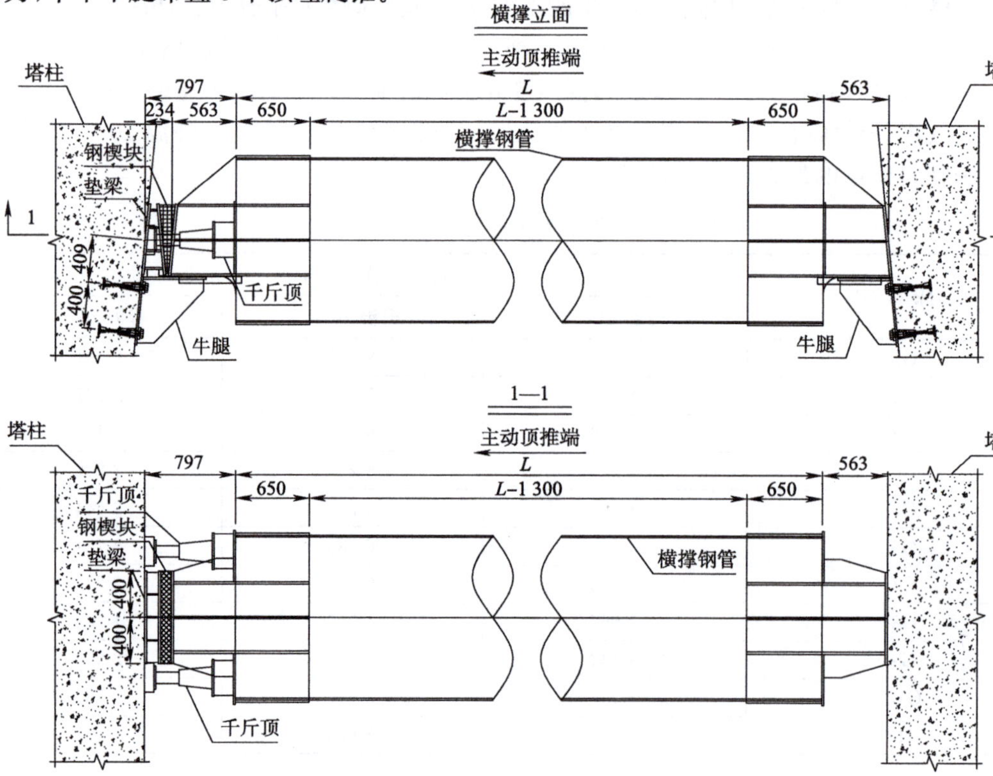

图 4　临时横撑结构(单位：mm)

武汉青山长江公路大桥桥面宽 48 m，塔座处两塔肢之间距离达 62 m，下塔柱临时横撑构件长(G1、G2 长度分别为 48.765 m、45.53 m)。由临时横撑受力计算结果可知，在升温 20 ℃工况下，临时横撑 G1、G2 施工过程中受力大，最大内力分别为 8 471 kN、7 588 kN。由于自重产生的弯矩较大且临时横撑钢管的长细比接超过 100，作为压弯构件，稳定应力折减较大，受力极为不利。为保证横撑钢管平面稳定，一般有两种方法：一是将临时横撑 G1、G2 连接成桁架结构，但由于桥塔未设置下横梁，下塔柱的两塔肢间须设置墩旁托架(以辅助边跨结合梁架设)，该方法难以实施；二是继续增大横撑钢管截面尺寸，但该方法经济性较差。因此，结合桥塔墩旁托架结构设计，在其第 1 层和第 2 层联结系上分别设置横撑鞍座，为受力最大的下塔柱临时横撑 G1、G2 提供支承(图 5)，有效减小自重产生的弯矩。通过该方法将临时横撑 G1 的计算长度由 48.765 m 减小至 20.5 m，临时横撑 G2 的计算长度由 45.529 m 减小至 20.5 m。

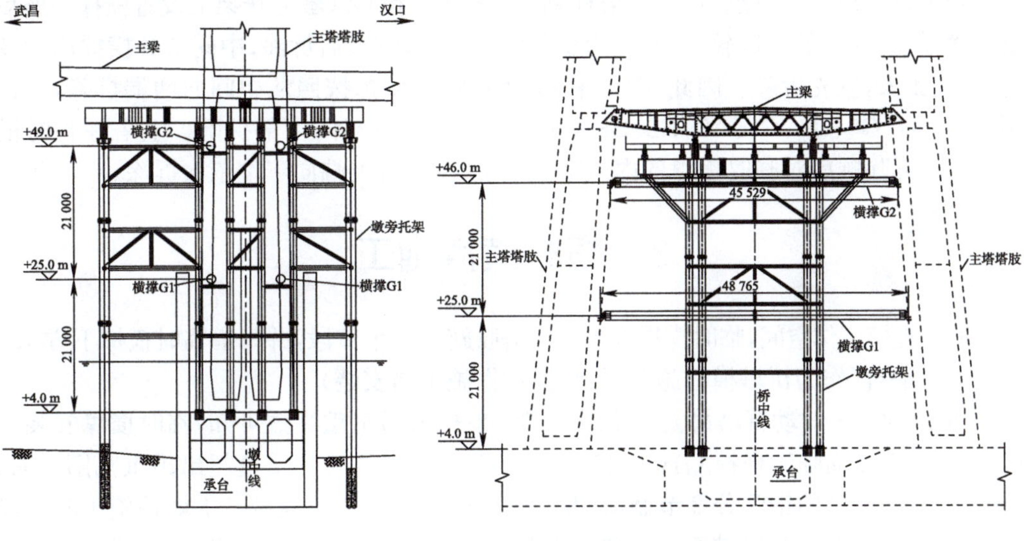

(a)立面

(b)侧面

图 5　下塔柱临时横撑与墩旁托架支承相对位置(单位：mm)

2.5　临时横撑结构验算

按表 1 所示的临时横撑最大内力对横撑结构进行结构验算。结果表明：

(1)横撑钢管按双向受弯压弯构件进行计算，考虑稳定折减后，临时横撑 G1～G6 的最大应力 142 MPa(临时横撑 G3)，临时横撑 G7～G13 最大应力 98 MPa(临时横撑 G7)，均小于屈服强度 170 MPa，临时横撑钢管受力满足要求。

(2)临时横撑支承于塔壁，塔壁混凝土局部承压按横撑端头钢板 45°扩散角考虑，混凝土最大局部压应力 15.9 MPa，小于 C55 混凝土抗压承载力，塔壁局部承压受力满足要求。

(3)单侧牛腿结构承受荷载共计 410 kN，单个爬锥承受剪力 68.3 kN，小于 100 kN，单个爬锥承受拉力 119.6 kN，小于 150kN，爬锥受力满足施工要求。

(4)同时对牛腿进行受力验算，牛腿的强度、焊缝强度等均满足规范要求。

2.6 临时横撑拆除设计

随着临时横撑拆除，塔柱横向刚度减小，塔柱在自重作用下有内倾变形。武汉青山长江公路大桥临时横撑层数多、横撑钢管与塔柱刚度相差大，每根临时横撑拆除将对塔柱及剩余临时横撑内力进行重新分配。为选择合理的临时横撑拆除顺序，对中、下塔柱的 8 道临时横撑（G1～G8）按 4 种拆除顺序（从上端往下端、从下端往上端、从中部往两端、从两端往中部）分别进行数值模拟分析。结果表明，4 种拆散顺序下，临时横撑拆除后，塔柱在自重作用下的内倾变形在横撑 G4 附近最大（为 16.3 mm）；随着临时横撑逐步拆除，剩余临时横撑内力均将增大；由于塔底及上横梁固结效应，靠近塔底及上横梁处的横撑内力增幅较小，中间部分横撑内力增幅较大，特别的从两端往中部拆除时，临时横撑 G4 内力增大 4 017 kN，增幅最大。

结合临时横撑结构特点可知，下塔柱临时横撑 G1 和 G2（墩旁托架上设置横撑鞍座后）、中塔柱横撑 G7、G8 的长度较短，且内力变化幅度稍小，宜最后拆除；中间部分横撑内力变化大，且长细比大，宜先拆除。因此，确定中、下塔柱临时横撑按照从中间向两端拆除，具体拆除顺序为：G4、G5、G6、G3、G7、G2、G8、G1，严禁从上、下端向中部拆除。上塔柱临时横撑（G9～G13）拆除顺序对临时横撑的内力影响较小，按照从上端向下端依次拆除。

3 临时横撑施工

为避开爬模工作空间，临时横撑施工滞后塔肢施工 3 个节段，并每道临时横撑下方 1.2 m 处布置电梯平台（作为桥塔横撑施工平台，在横撑施工前安装）。

利用 1 000 t·m 动臂塔吊安装临时横撑。根据塔吊吊重参数可知，临时横撑安装工况下最大吊重 25 t，而临时横撑 G1（重 27.6 t）和 G2（重 26.4 t）的重量超出吊重范围。因此，临时横撑 G1 和 G2 的钢管分 2 节制造，并在桥中线处采用法兰连接。下塔柱施工时同步拼装桥塔墩旁托架，并在其联结系上焊接临时横撑鞍座。临时横撑 G1 和 G2 安装时，首先利用塔吊将 2 节横撑钢管吊至对应位置，依靠鞍座及端部牛腿支承，再利用塔吊调平，最后进行法兰连接。临时横撑 G3～G13 的横撑钢管均为整根，采用塔吊整体吊装。横撑对顶施工时，桥塔线形、外部环境温度与横撑设计的理想状态不同。因此，实际施工时按照以线形控制为主，内力为辅的原则，根据监控指令进行横撑对顶力调整。

4 结　　语

武汉青山长江公路大桥北塔临时横撑设计时，根据桥塔施工线形控制及塔柱截面应力控制的需要，两塔肢间共布置 13 道临时横撑。通过桥塔施工阶段仿真分析确定了临时横撑主动对顶力和最大内力，并据此进行临时横撑结构设计。通过在桥塔墩旁托架的联结系上设置横撑鞍座，有效解决了塔肢间距大、临时横撑长细比大的难题。通过横撑拆除顺序分析，制订了从中间向两端的拆除顺序，以规避临时横撑拆除施工风险。大桥桥塔施工已于 2018 年 6 月完工，施工监控结果表明桥塔倾斜度、塔肢最不利位置截面拉应力均满足设计、监控目标。

主塔钢锚梁安装技术

刘宇飞　罗　航

1　概　　述

武汉青山长江大桥斜拉索塔端采用钢锚梁锚固方式，每套钢锚梁锚包含锚梁一套和牛腿两套，锚梁和牛腿间采用刚性连接。19 号、20 号索塔各有钢锚梁 25 套、牛腿 50 套，钢锚梁水平放置，每根钢锚梁固定一对斜拉索。钢锚梁为箱型结构，由腹板、顶板、底板、锚垫板、锚板、加劲板等组成，根据索力大小共分为 A、B、C、D 四种类型，见图 1。

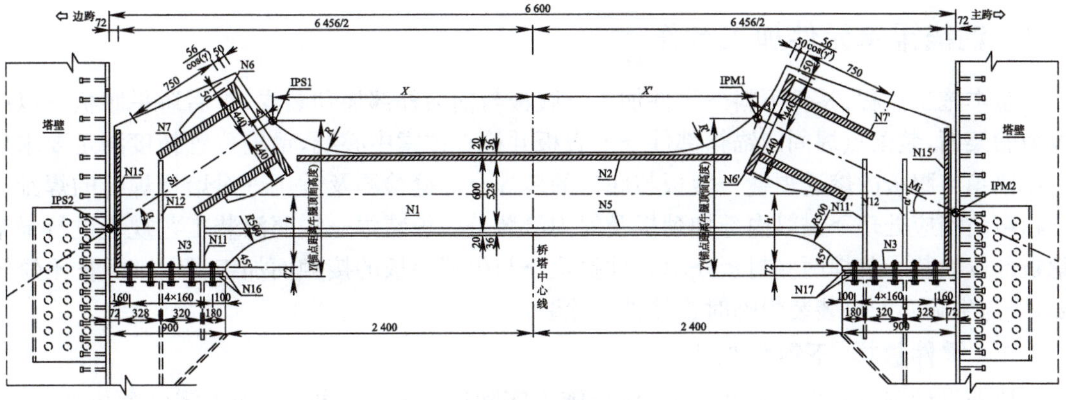

图 1　钢锚梁结构(单位：mm)

牛腿为钢锚梁的支承结构，钢牛腿由顶板、腹板、腹板加劲板、塔壁预埋钢板、抗剪钢板、剪力钉及劲性骨架相连的连接钢板组成。

2　钢锚梁制造

2.1　钢锚梁(钢牛腿)结构特征

钢锚梁的主要构件有顺桥向拉板、锚垫板、锚下承压板、底板、端封板、加劲肋等，见图 2。

钢牛腿的主要构件有上承板、托架板、壁板、加劲肋等，见图 3。

具体构造及安装要求如下：

(1)钢锚梁、钢牛腿在工厂各自组焊成形并进行试拼装，安装工装用临时加固匹配构件。

检验整体几何尺寸、塔壁板面平整度、对接偏差和栓孔重合率等，检验合格后完成各部分的防腐涂装。

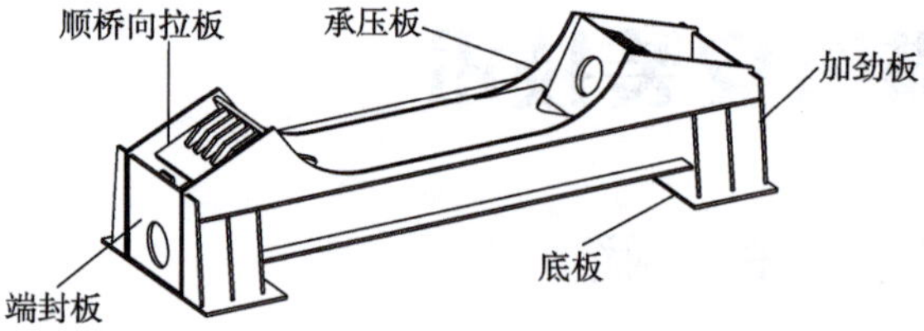

图 2　钢锚梁结构示意(锚垫板未示)

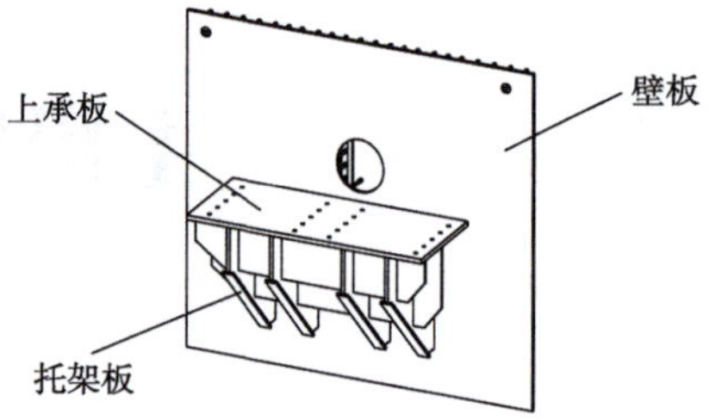

图 3　钢牛腿结构示意

(2)钢锚梁滑动端在牛腿与锚梁底板间安放 2 块 20 mm 厚垫板滑板，以保证钢锚梁滑动端摩擦系数不大于 0.05，滑动端在主跨侧与边跨侧交错布置。

(3)钢锚梁、钢牛腿在工地吊装及组拼，并施拧高强螺栓。

(4)全桥斜拉索张拉完成、二期施工完毕后，拧紧滑动端钢锚梁与钢牛腿间高强螺栓，完全锁死锚梁与牛腿间的相对滑动。

2.2　钢锚梁单元件加工制作

基本施工流程：零件下料→零件加工→腹板与锚梁外部加劲装焊，焊后矫平腹板→以腹板为胎架面，装配点焊固定锚箱部件→上腹板并检查拉索中心线，锚箱位置精度满足要求后焊接锚箱与腹板的熔透焊缝→腹板与底板的装焊→焊缝检测及矫正→对熔透焊缝的焊趾进行超声波消应处理→锚梁内部加劲板及梁内涂装→盖板装焊→按照涂装工艺规程进行锚梁隐蔽部位涂装→装焊两侧封板→单元件报检→与牛腿垫板的接触面加工、制孔(保护不锈钢面)→与牛腿匹配拼装装焊临时连接件→涂装。

2.2.1　零件放样、下料和加工

依据设计图各零件参数和要求，结合施工实际进行零件放样：需加工零件预放加工量；考虑焊接和矫正预放收缩量。

(1)钢锚梁腹板零件控制钢锚梁的外形和拉索轴线的相对位置，放样时按设计图参数表中的长度参数确定外形，长度方向放 6 mm 施工收缩量。

(2)锚垫板零件厚度方向双面放加工量，钢锚梁底板零件牛腿面板零件厚度放加工量，接触面加工后保证滑动面的滑动性能。锚孔周边放加工量，保证开孔精度。

2.2.2　锚头部件装焊

N6/N8 接触面铣平后装焊成一体镗孔。装焊承锚板和加劲。锚头部件与锚垫板接触面加工铣平，消除接触面的焊接变形，为锚垫板与锚头部件顶紧传力提供条件。

锚头部件装焊后按涂装体系要求预涂装，见图 4。

图 4　钢锚梁锚头

2.2.3 单元件装焊

钢锚梁单元件在平胎架上装配和焊接。

(1)划装配线

检查来料正确性,在腹板零件上划锚头结构装配线。重点控制锚点位置和拉索轴线方向。

(2)钢锚梁单梁装焊流程

①装焊腹板外侧加劲、锚头部件,重点控制锚头部件位置、锚梁腹板重合度和腹板与锚头部件的焊缝质量。焊后校平锚箱腹板,对锚头部件与锚梁腹板间焊缝做锤击消应处理。

②装焊钢锚梁内侧加劲、底板、校平,底板焊后平面度控制在 2 mm 内。

③装焊锚梁端板(图 5)和上盖板。

(3)整体加工钢锚梁与钢牛腿的接触面,加工锚梁与牛腿的高强度螺栓连接孔。

图 5 钢锚梁端板

2.3 钢牛腿部件加工制作

牛腿面板零件加厚,部件施工矫正后加工铣平接触面,消除施工变形的影响。

钢牛腿施工重点控制牛腿面板的高程、平面度,索导管方向和相对位置,熔透焊缝施工质量,壁板平面度。钢牛腿施工流程如下:

(1)来料检查,划装配线。

(2)以钢牛腿塔壁板为基准面在平面胎架上装焊牛腿面板和承力板,见图 6。先焊面板与承力板间焊缝,焊后校平面板,再焊接承力板与壁板间焊缝,最后焊接面板与壁板间焊缝、矫正。

(3)装焊 NT3～NT11 加劲(图 7),加工牛腿面,加工栓接孔。

图 6 现场焊接

图 7 装焊加劲板

(4)装焊剪力钉、连接件(图 8),矫正、涂装、存放。

图 8 装焊剪力钉、连接件

2.4 钢锚梁匹配拼装

2.4.1 钢锚梁与钢牛腿拼装

钢锚梁和钢牛腿在专用胎架上组拼成运输安装单元,匹配装焊主跨端锚梁与牛腿间的连接件,见图 9。

图 9 钢锚梁与钢牛腿组拼

2.4.2 钢锚梁匹配预拼

钢锚梁在专用胎架上进行“2+1”或“3+1”卧拼装预拼,见图 10。检查牛腿面高程、索导管位置角度、塔壁板匹配性等参数,装焊上下节塔壁板间连接件。涂层修补,用专用托架存放。

在地标制作时,主要控制钢锚梁纵、横向中心线,牛腿壁板内表面,塔壁外表面,预拼时保证所有钢锚梁纵、横向中心线重合,控制拉索轴线满足设计要求。

图 10　钢锚梁预拼

2.5　钢锚梁(钢牛腿)焊接

钢锚梁由锚垫板、锚头腹板、锚头加劲、腹板、面板、底板、加劲等组成。为保证钢锚梁制作精度,先将锚垫板、锚头腹板、锚头加劲制作成锚头部件,然后再进行钢锚梁总成制作。钢锚梁为索力传递的关键结构,焊缝多为厚板熔透角焊缝,为控制焊接变形以及控制焊接质量,需按以下装配焊接顺序进行钢锚梁制造。

2.5.1　焊接方法

钢锚梁的腹板及锚板、锚下加劲肋、腹板加劲肋为主要传力构件,相互间的焊缝均为熔透焊缝。钢牛腿的承力板及面板、壁板为主要承力构件,相互间的焊缝均为熔透焊缝。为了保证钢锚梁及钢牛腿焊缝的外观成型和减小焊接变形,所有焊缝主要采用二氧化碳气体保护焊进行焊接。钢锚梁腹板单元件、与面底板角焊缝采用全自动二氧化碳气体保护焊焊接,其余焊缝采用半自动二氧化碳气体保护焊焊接。

2.5.2　焊接顺序及焊接变形控制

(1)钢锚梁

装焊锚头部件→以一侧腹板为胎架面,装配定位锚头部件,装配定位另一侧腹板→对称焊接两端锚头腹板、锚垫板与胎架面腹板间角焊缝,翻身焊接另侧角焊缝→装配定位钢锚梁底板,焊接钢锚梁腹板与底板间角焊缝→装配定位钢锚梁面板,焊接钢锚梁面板与腹板间角焊缝→装配定位钢锚梁加劲。

(2)钢牛腿

以塔壁板为胎架面,装配定位钢牛腿顶板→焊接钢牛腿顶板与塔壁板间角焊缝→装配定位钢牛腿腹板,焊接钢牛腿腹板与钢牛腿顶板、塔壁板间角焊缝→装配定位钢牛腿加劲,翻身焊接反面钢牛腿加劲。

2.5.3　焊接变形矫正

钢锚梁置于专用矫正胎架上,拆除端口工装隔板,检查其端口尺寸和直线度是否满足设计和规范要求。如不满足,则采用火焰矫正工艺进行矫正,矫正温度控制在600 ℃～800 ℃,严禁过烧、锤击和水冷。

3 钢锚梁安装

3.1 总体安装方案

钢锚梁采取工厂内制造，散件运输至现场后进行组拼成整体，单节采用墩旁动臂塔吊整体吊装安装的总体施工方案。

首节钢锚梁进行精确调整并固定后，浇筑完成该节段混凝土后，陆续吊装后续其他批次钢锚梁，每一个批次钢锚梁吊装完成后，进行与之对应节段塔柱混凝土的浇筑，依次循环直至全部完成。

钢锚梁安装误差采取分批次调整，通过监测已安装钢锚梁的实际位置，分析安装误差影响，确定下批次钢锚梁安装时是否进行倾斜度调整以及调整量。

3.2 钢锚梁运输和组拼

因运输限制要求，钢锚梁采用散件运输至施工现场。与钢牛腿焊接成整体的钢壁板尺寸较大，运输中容易发生变形，运输过程中，与钢牛腿形成整体的钢壁板平放，同时在车厢的底板和四周堆码草垫缓冲。运输至施工现场后进行二次预拼调整。

钢锚梁预拼胎架设置在塔柱两侧。预拼时首先起吊锚梁搁置在胎架上并作简易固定，然后分别起吊两侧壁板进行组拼，单侧壁板吊装到位后，安装牛腿与锚梁之间的连接螺栓，完成初步组拼，见图 11。最后对壁板尺寸和四角高差、锚点高程、索道管相对位置、壁板四角上下对角线长度进行复核。

图 11 钢锚梁现场组拼

3.3 首节钢锚梁安装

钢锚梁安装分首节安装和接高安装两个部分进行，其中首节安装重点预控壁板的高程、平面位置以及壁板之间的相对高差。首节钢锚梁安装在第 34 节塔柱劲性骨架接高完成后进行。

3.3.1 安装钢支架的安装搭设

为便于准确安装调整首节钢锚梁的平面位置和高程，在首节钢锚梁安装前搭设钢锚梁安装支架，第33节塔柱施工时预先埋设爬锥作为钢锚梁安装支架的支撑的基础。

首节钢锚梁支撑支架立柱采用 ϕ273 mm×6 mm 钢管，分配梁及连接系采用型钢搭设，为减小支架杆件间的间隙，支架杆件间全部采用焊接连接，见图12。

图12 首节钢锚梁安装支架

3.3.2 限位装置和高程调节

支架安装到位后，测设塔身纵横向轴线位置用红色油漆标示待用，同时将支架顶面调平。将双向导向装置按测设的轴线安装到位，横桥向导向与钢牛腿支撑钢板外形尺寸（倾斜角度）一致，对壁板纵桥向一侧（只设置一侧导向）的平面位置进行限定。纵桥向导向与钢锚梁梁体的宽度相适应，控制锚梁的横桥向平面位置。钢锚梁的高程通过临时引导装置（由钢丝绳及手摇葫芦组成）进行调整。

3.3.3 钢锚梁吊装及定位

利用墩旁塔吊将验收合格、预拼满足要求的首节钢锚梁缓慢起吊上升至上塔柱预定安装位置，当钢锚梁的梁体的底部与安装底面高程高差大致相当时，缓慢将钢锚梁落放在钢支架顶端上，完成初步定位，见图13。

为避免吊装变形，钢锚梁吊装采用专用吊架。起吊作业在现场温度、风力、天气均较好的状态下进行。

图13 首节钢锚梁起吊、安装

按照预先测设的高程调整钢锚梁梁体顶面的高程。当钢锚梁的绝对高程满足要求后，为避免钢锚梁壁板四角相对高差超限影响后续的钢锚梁安装精度，根据现场测量结果反复调整，直至钢锚梁梁体顶面的高程以及钢锚梁壁板四角相对高差均满足设计要求，最后将钢锚梁壁板上的 N15 板与预先安装的劲性骨架焊接固定，完成首节钢锚梁的精确定位。

随即在不拆除钢支架的前提下，进行塔柱的钢筋模板混凝土工程施工。当混凝土强度满足要求后，卸除钢支架，对首节钢锚梁进行测量验收，进行后续批次钢锚梁安装。

3.4 标准节段钢锚梁安装

标准节段钢锚梁均采用单节吊装，见图 14。

按首节钢锚梁的起吊方式进行标准节段钢锚梁的起吊，当被起吊锚梁的壁板的底口高度和与其对接安装的锚梁的壁板上口导向高度一致时，缓慢小心落放接高钢锚梁，锚梁四周由人员值守，避免待安装锚梁磕碰已安锚梁的壁板和对接牛腿。当接高锚梁与前一次安装到位的钢锚梁的壁板对接牛腿高度与位置基本对正后，缓慢放松塔吊大钩，直至待安锚梁的重量全部由已安锚梁的壁板承受，期间微调对接牛腿的位置，达到先安装连接销钉后安装连接螺栓的目的，同时复测接高锚梁的顶口平面位置、高程及四角相对高差，全部合格后紧固牛腿对接螺栓，完成标准节段钢锚梁的接高安装。随后转入本节段塔柱的钢筋模板混凝土工程施工。依次反复循环，直至完成全部 25 节钢锚梁的安装。

图 14　标准节段钢锚梁安装

4　安装质量控制

4.1 测量控制

钢锚梁组合结构平面位置、倾斜度和尺寸检测同预拼阶段，连续安装阶段重点控制壁板（锚点）的累计高差。

首节钢锚梁组合结构定位完成后，用水准仪和鉴定钢尺将事先用全站仪天顶测距法引测的高程基准传递到第一节钢锚梁顶口附近并做好标志，以后每施工一节均用鉴定钢尺将前一节的高程基准引测至该节的钢锚梁的顶口。为了消除高程传递的误差积累，每施工 5 节钢锚梁，再进行全站仪天顶测距法用承台上的高程基准检查调整所引测的高程。

4.2 精度控制

钢锚梁安装除进行温度和风修正及精确定位首节钢锚梁外，还采取以下精度控制措施：

(1)准确计算首节钢锚梁安装位置

首节钢锚梁安装前，对索塔进行监测，通过控制分析，确定首节钢锚梁安装的准确平面位置，同时计算确定首节钢锚梁安装的预抬高值。

钢锚梁的理想目标几何线形由钢锚梁截面中心点给出。钢锚梁中心线与上塔柱混凝土截面中心线重叠。

理想目标值的 Z 值为设计高程叠加如下的修正值(预抬高值)：

①补偿中下塔柱成桥时产生的压缩量，在首节钢锚梁安装时已采用的超高值；

②补偿钢锚梁到成桥时的超长值；

③基础沉降量；

④施工阶段的钢锚梁压缩量。

(2)采取合理的测量方法，提高钢锚梁安装测量精度

主塔钢锚梁及索导管安装定位是测量控制难度最大、精度要求最高的部分，索导管的位置在钢锚梁制作时已按相对几何位置精确定出，对钢锚梁精确定位实质上就是对索导管的精确定位。

钢锚梁安装定位采取 TCA2003 全站仪三维坐标法，钢锚梁及钢牛腿底面高程、顶面高程、平整度采用精密水准仪测量。钢牛腿直接影响第一节钢锚梁的安装精度，索导管安装定位精度取决于钢锚梁安装定位精度，因此预埋底座的精确安装是第一节钢锚梁精确安装的前提。

钢锚梁定位测量首先要排除各种外力干扰，保证塔柱处于自由伸臂状态，选定于清晨或傍晚放样定位，消除外部环境对测量结果的影响，通过修正以提高测量控制的精度。

(3)钢锚梁安装采取钢垫板进行纠偏

由于钢锚梁制造及安装的倾斜度存在偏差，随着锚梁的不断接高，预偏差在逐渐累积加大，控制锚梁安装累计偏差。当锚梁安装到一定高度后进行纠偏，纠偏采用钢垫片，即根据现场锚梁和吊装的批次，在每批中设置一层纠偏垫板，在钢锚梁分组对接牛腿位置进行设置。钢锚梁制造时，将每个垫片上侧钢锚梁的高度相应减小，使垫片厚度与减小后钢锚梁高度的和同原设计钢锚梁高度相等。

当一批锚梁安装定位前，测量锚梁实际倾斜情况，根据测量值，确定调整值，对垫板进行切削，并随下批钢锚梁一起安装。

5 结　语

本工程钢锚梁安装施工中，有效控制了钢锚梁安装精度，采用"钢锚梁＋钢牛腿"的全钢结构组合，钢锚梁在工厂进行预拼装，确保制造精度，到场后在胎架进行组拼，及时进行精确定位调整，利用大型起吊装置实现整体安装，具有安装速度快、定位精确等特点，从而保证了斜拉索安装精度，为后续同类型结构施工提供给了参考和借鉴。

主塔上横梁施工技术

查　昊　李　豹

1　概　　况

青山大桥主塔为 A 形钢筋混凝土塔，南塔塔高 271.5 m，北塔塔高 279.5 m，塔顶高程均为＋283.5 m，由下塔柱、中塔柱、上塔柱、上横梁及塔冠等部分组成，采用 C55 混凝土。距塔顶 108.56 m 处设 1 道上横梁，上横梁位于上、中塔柱的转折处，采用预应力混凝土箱形断面结构，高 6.0 m。横梁断面为混凝土箱形构造，上横梁顶面高程为＋175.0 m，横梁长 22.42 m，高 6.0 m，横向宽 8.4 m，顶板、底板厚 1.0 m，腹板厚 1.0 m。整个上横梁混凝土设计方量为 902.8 m^3。上横梁立面见图 1。

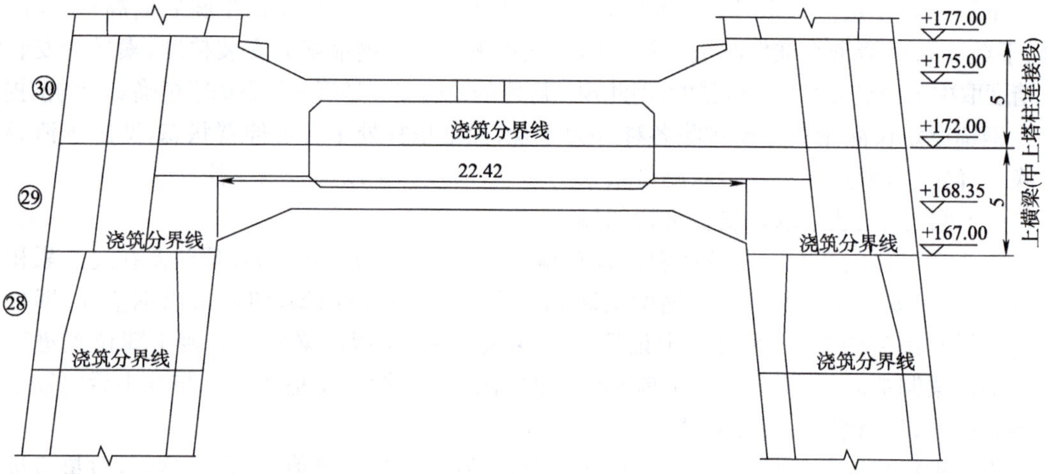

图 1　上横梁立面(单位：m)

2　总体施工方案及步骤

2.1　总体施工方案

综合考虑本桥上横梁结构、塔吊起重能力、进度安排、安全风险等相关因素，选用定制桁架＋预埋爬锥锚固牛腿方式的上横梁支架方案进行施工，两侧塔柱与横梁同步施工。以北塔为例，上横梁及中上塔柱连接段为塔柱第 29 节、第 30 节，其中塔柱连接段高 10 m、上横梁高 6 m，横梁(含上、下倒角部分)及塔柱连接段分两层浇筑，分层高度为"5 m＋5 m(对应上横梁分节高度为 3 m+3 m)”。为克服支架变形、混凝土收缩及第二层混凝土施工时对底层混凝土的影响，第一层混凝土浇筑及等强后张拉部分预应力束，待第二层上横梁施工完毕后，张拉第二批预应力束，完成整个上横梁施工。

2.2 具体施工步骤

(1)按照常规塔柱爬模施工工艺完成塔柱第 27、28 节，施工过程预埋上横梁支架上下层牛腿预埋爬锥，见图 2。

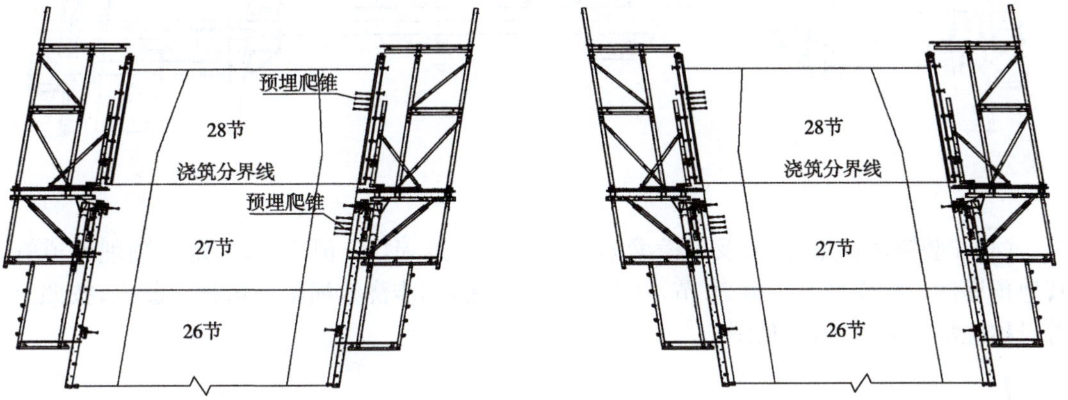

图 2 上横梁支架预埋爬锥施工

(2)塔柱 28 节混凝土施工完成且强度达到设计要求后拆除塔柱内侧面爬架，利用主塔塔吊吊装塔柱第 8 节横撑并在温度相对恒定的环境下按照监控单位要求完成横撑对顶施工；横撑施工完成后在第 8 节横撑顶部安装上横梁施工防护平台，见图 3。

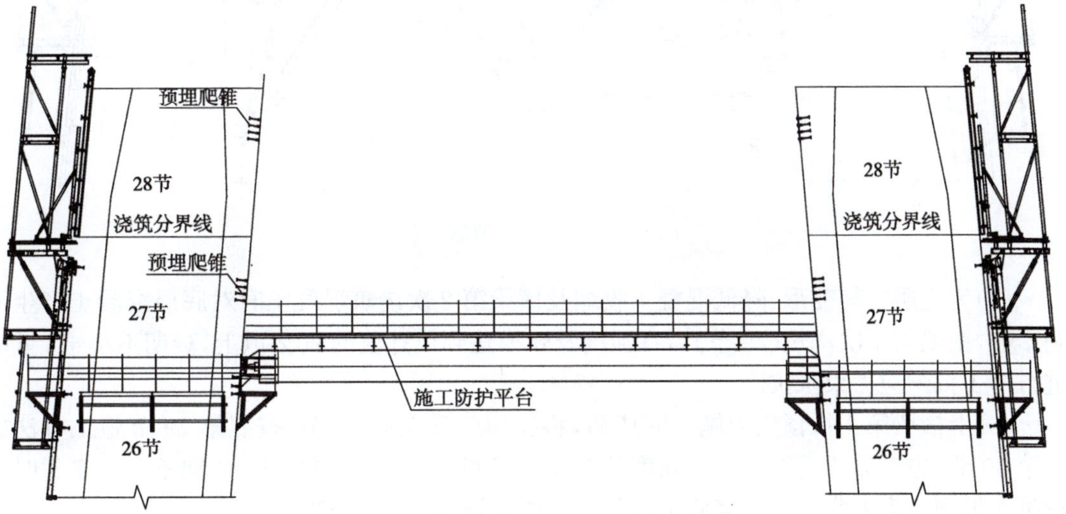

图 3 横撑对顶及施工防护平台安装

(3)利用预埋爬锥安装锚固支架上下层牛腿，塔吊分块起吊安装上横梁支架，横梁支架共计四片主梁，每两片安装完成后立即安装横向联结系增强整体稳定性，见图 4。

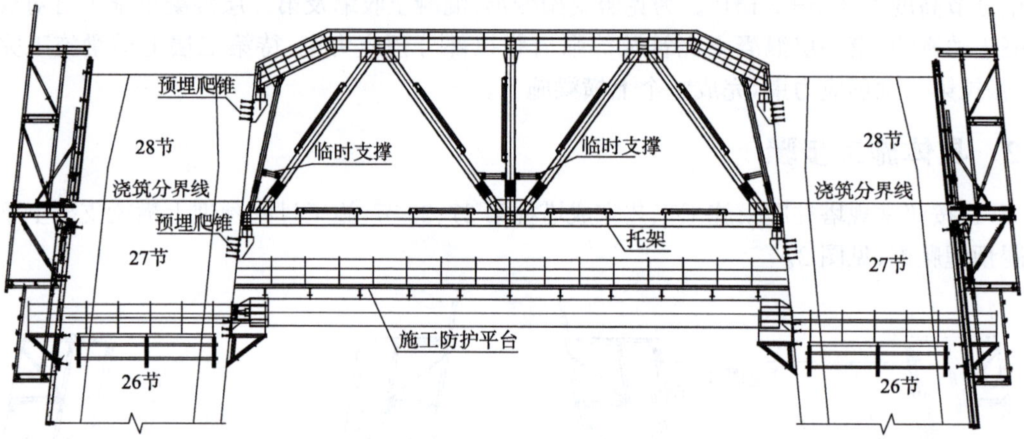

图4　上横梁支架安装

(4)安装第塔柱第29节及上横梁第1节劲性骨架、钢筋、预应力,并定位预埋索道管及其他预埋件。爬模爬升至第29节,并安装横梁侧模,同步浇筑横梁及塔柱混凝土,按照上下游对称浇筑的原则进行,见图5。

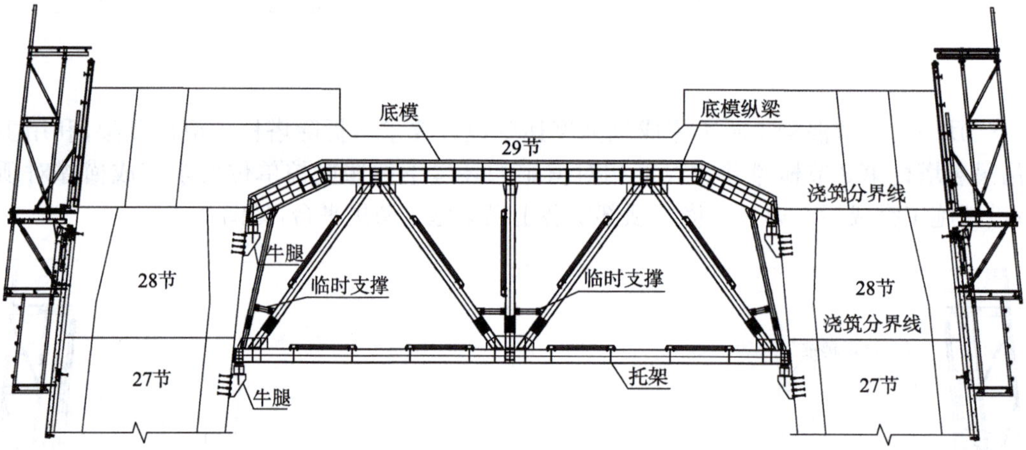

图5　上横梁第1节施工完成

(5)为克服支架变形、降低混凝土收缩及横梁第2次浇筑混凝土时对底层混凝土产生不利影响,横梁第1次浇筑(29节)后且强度及弹模达到设计值的90%以上,龄期不小于7 d时进行第1批预应力束张拉。

(6)上横梁第1批预应力施工完成后,将爬模爬升至第30节,按照第29节施工方法施工第30节,施工完成后待混凝土强度及弹模达到设计值的90%以上,龄期不小于7 d时进行第2批预应力束张拉及压浆施工,至此,上横梁施工完成,见图6。

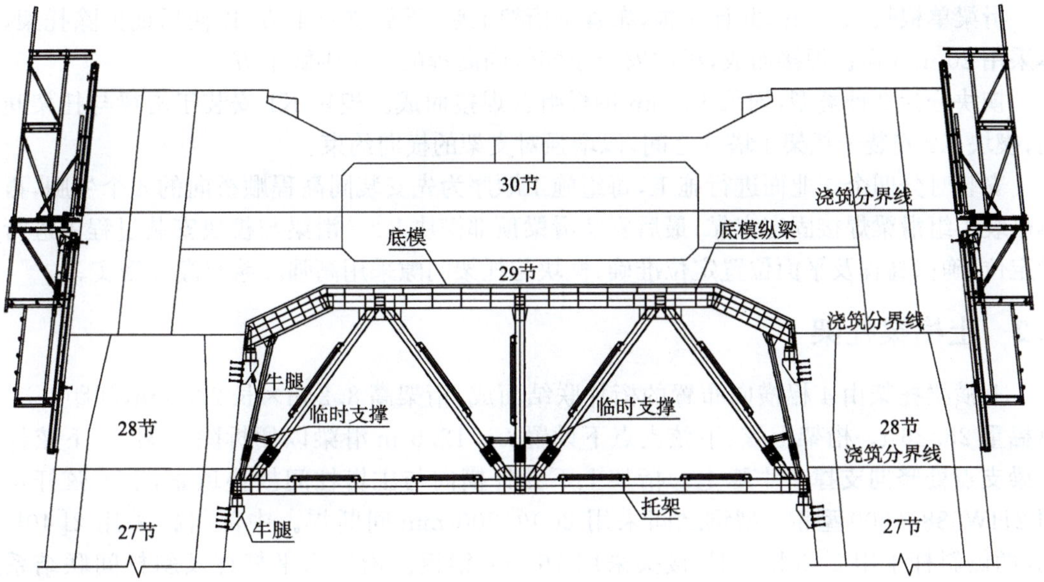

图 6　上横梁施工完成

3　施工关键控制点

3.1　牛腿、滑梁、楔块

上横梁支架共设置牛腿 16 件，采用 20 mm 钢板焊接而成，每个牛腿通过 16 个 M42 爬锥锚固于塔柱表面，牛腿布置见图 7。

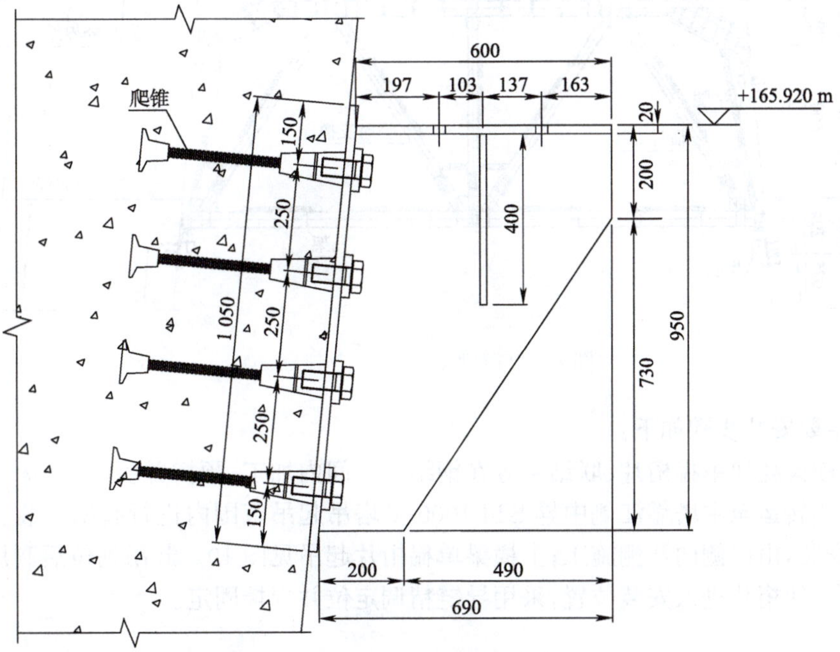

图 7　上横梁支架牛腿示意(单位:mm)

滑梁单根长 12.5 m,共计 4 根,布置于桁架上弦、下弦支点下方,以便后期拆除托架,整体采用 20 mm 钢板焊接而成,纵向安装于同侧同高程的 4 个牛腿上方。

楔块分为 2 种类型,均采 16 mm 钢板组合焊接而成。楔块 K1 安装于滑梁与托架间之间;楔块 K2 安装于托架于塔柱之间,以增强对支架的横向约束。

安装时分四个作业面进行施工,每组施工顺序为先安装同高程顺桥向的 4 个牛腿,再整体吊装 1 组滑梁焊接固定牢靠,最后安装滑梁顶部楔块 K2。滑梁与楔块安装过程中进行测量定位,确保高程及平面位置定位准确,楔块与托架间隙采用高强灌浆料灌注密实。

3.2 上横梁托架

上横梁托架由 4 榀横向布置的桁片联结而成,桁架高 8.2 m×长 23.5 m,间距2.5 m,单榀重 25.26 t。桁架上弦、下弦支点下设置 $L=12.5$ m 滑梁以便拆除托架,上下弦杆各滑梁支点处竖向支撑于牛腿上。桁架上下弦杆横向与主塔柱间抄垫顶紧,上下弦杆均采用 2HW588×300 型钢,型钢之间采用 200@200 mm 间断焊。中部斜杆采用 2[40b 型钢,两侧斜杆采用 2[20b 型钢,接头采用 16 mm 钢板。桁架水平杆件及斜杆间联结系采用 2[20b 型钢,上下翼缘板之间采用 200@200 mm 间断焊连接。上横梁支架布置见图 8、图 9。

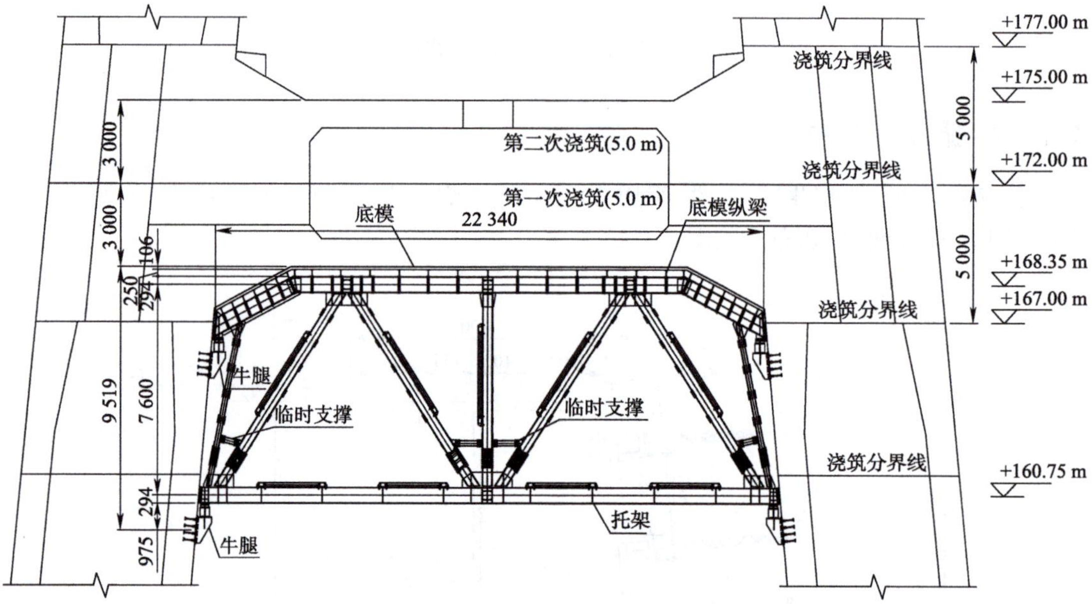

图 8　上横梁支架立面(单位:mm)

托架主要安装步骤如下:

(1)上横梁托架单榀桁片、联结系等在钢结构车间内加工、预拼并验收,陆运至主墩下游码头,由驳船转运至主塔靠江侧中昇 STL1000-T 塔吊起吊范围内进行起吊安装。桁片共分四次起吊安装,由岸侧向江侧施工;上横梁单榀桁片起吊见图 10。起吊到位后利用缆风绳调整桁片姿态,使桁片进入安装位置,采用导链精调定位并焊接固定。

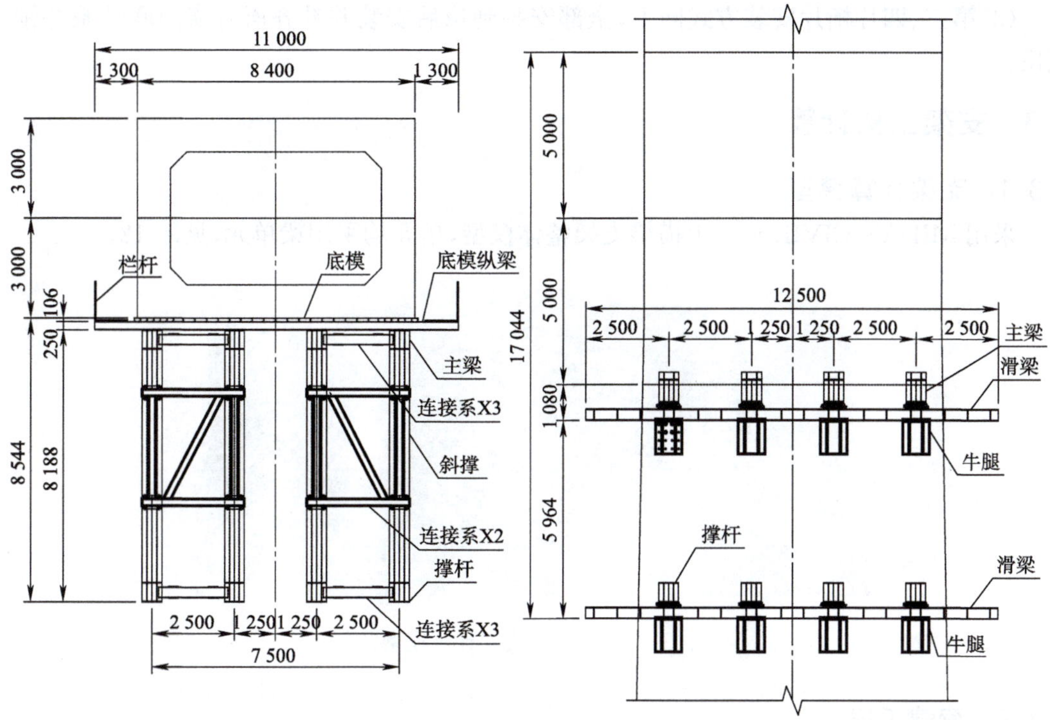

图 9　上横梁支架剖面(单位:mm)

图 10　上横梁托架单片桁片起吊

(2)待第二片桁片安装完成后及时焊接相邻两片桁片间横向联结,增强桁架整体稳定性,见图 11。

图 11　上横梁托架横向联结焊接

(3)第三、四片桁片安装方式同上，全部安装到位后安装并补齐所有横向联结系并铺设底模。

3.3 支架结构计算

3.3.1 支架计算模型

采用 MIDAS/CIVIL 建立上横梁支架整体模型，单元均采用梁单元，见图 12。

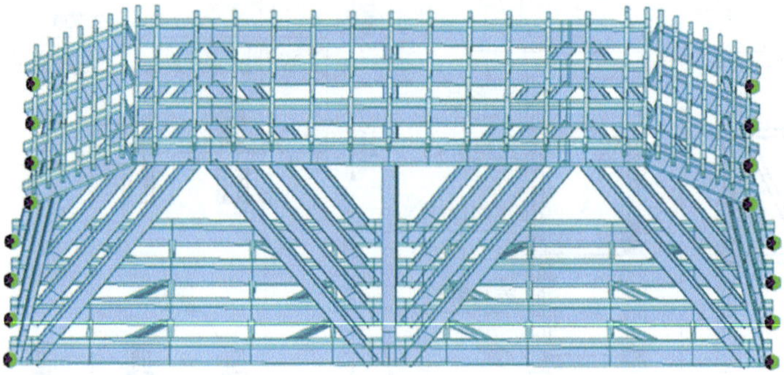

图 12 上横梁支架计算模型

3.3.2 荷载工况

荷载组合：结构自重＋模板荷载＋混凝土荷载＋堆载＋风荷载。

第一次浇筑的混凝土荷载全部由上横梁支架承担。根据上横梁顶、底板和腹板位置进行加载，按线荷载加载于底模纵梁上，合计 451.4 $m^3 \times 26.5$ $kN/m^3 = 11\ 962$ kN。

第二次浇筑的混凝土荷载由第一次浇筑的上横梁与上横梁支架共同承担。将第二次浇筑混凝土荷载分别单独加载到上横梁支架和第一次浇筑上横梁上，建立模型进行分析可知，上横梁支架与第一次浇筑上横梁刚度比例为 1∶6.15。故在第二次浇筑混凝土时，上横梁支架承受浇筑混凝土荷载约为 1 673 kN，按线荷载加载于底模纵梁上。

采用 MIDAS/CIVIL 计算出上横梁支架各构件受力及变形情况见表 1。

表 1 上横梁支架各构件主要计算成果

<table>
<tr><th rowspan="2" colspan="2">构　件</th><th colspan="4">理 论 计 算 值</th><th colspan="4">容 许 值</th><th rowspan="2">是否满足要求</th></tr>
<tr><th>正应力(MPa)</th><th>剪应力(MPa)</th><th>变形(mm)</th><th>拉力(kN)</th><th>正应力(MPa)</th><th>剪应力(MPa)</th><th>变形(mm)</th><th>拉力(kN)</th></tr>
<tr><td>桁　架</td><td>140</td><td>72.7</td><td>12.6</td><td>—</td><td rowspan="3">—</td><td rowspan="5">188.5</td><td rowspan="3">110.5</td><td>14.4</td><td>—</td><td>满　足</td></tr>
<tr><td>滑　梁</td><td>67.5</td><td>13.4</td><td>—</td><td>—</td><td></td><td>—</td><td>满　足</td></tr>
<tr><td>底模纵梁</td><td>84.3</td><td>40.1</td><td>12.6</td><td>—</td><td>27.5</td><td>—</td><td>满　足</td></tr>
<tr><td rowspan="2">钢底模</td><td>面板</td><td>96.6</td><td>—</td><td>1.29</td><td>—</td><td>—</td><td>1.5</td><td>—</td><td>满　足</td></tr>
<tr><td>[10 小肋</td><td>57.2</td><td>—</td><td>0.34</td><td>—</td><td>—</td><td>3</td><td>—</td><td>满　足</td></tr>
<tr><td colspan="2">爬　锥</td><td>—</td><td>67.1</td><td>—</td><td>88.1</td><td>—</td><td>100</td><td>—</td><td>150</td><td>满　足</td></tr>
<tr><td colspan="2">牛　腿</td><td>48.9</td><td>27.1</td><td>—</td><td>—</td><td>188.5</td><td>110.5</td><td>—</td><td>—</td><td>满　足</td></tr>
</table>

综上，上横梁支架结构设计合理，各构件满足受力要求。

3.4 大体积混凝土温控

上横梁与主塔塔柱相连接的部分为实心段，为避免水泥水化热过程中由于内外部温差产生的拉应力超过同龄期混凝土的抗拉强度，导致实心段部分产生裂缝，从而影响结构质量与安全，施工过程中采取了一系列温控措施。

(1)通过优化施工配合比，在保证混凝土强度的前提下，最大限度地降低水泥用量，降低混凝土在强度提升过程中的水化热效应。

(2)对混凝土原材料进行喷雾、遮阳降温处理，混凝土生产时加入低温冷却水进行拌制，对混凝土罐车及输送泵管进行包覆处理，在气温相对较低的傍晚进行浇筑作业，有效降低混凝土的入模温度。

(3)结合上横梁的结构尺寸及厚度，合理布置冷却管及测温元件。

通过对上横梁大体积混凝土生产、运输、浇筑、养护等各个环节进行管控，有效减小了混凝土内外温差，降低了混凝土开裂风险。

3.5 预应力施工

上横梁共有 36 束预应力束，预应力钢束采用 ϕ_s15.2 mm 的高强度低松弛钢绞线，其公称抗拉强度 1 860 MPa，张拉控制应力 1 395 MPa。预应力钢束采用两端对称张拉，先从腹板中部向上、下缘依次张拉，腹板两侧同一高度的预应力钢束对称张拉；再从顶、底板中部向左、右对称张拉。为避免支架变形、混凝土收缩及第二次浇筑混凝土时首次浇筑混凝土产生裂缝，第 1 次浇筑混凝土后张拉底腹板区域 10 根预应力钢束；第 2 此浇筑（上横梁浇筑完成）后，张拉剩余预应力束。

4 结　　语

青山长江公路大桥主塔上横梁支架采用“预埋爬锥锚固牛腿＋定制桁架”方案高处作业少、安拆简便安全、对塔柱混凝土结构无破坏、不影响下部边跨钢梁顶推施工；大体积混凝土温控措施有效地减少了上横梁混凝土冷激造成的开裂、贯穿性裂缝及层间裂缝；深埋锚工艺减少了截断塔柱竖向钢筋数量并保证主塔整体景观要求；内卡式千斤顶缩短了钢绞线最小工作长度，保证了爬架的结构完整性并减小了钢绞线用量。主塔上横梁施工技术可在后续同类型桥梁建设过程中推广应用。

主塔高性能混凝土配合比设计及施工

郑东彪　王俊峰

1　概　　述

主塔施工是整座桥梁的关键和控制性工程，武汉青山长江大桥主塔采用 C55 混凝土，中下塔柱及连接段为普通钢筋混凝土结构；上塔柱索塔锚固区除 0～6 号拉索设置混凝土锚固齿块外，其余设置钢锚梁，塔柱内设置预应力钢束；上横梁为预应力混凝土结构。单塔净高约 280 m，混凝土总方量约 3 万 m^3。

2　高性能混凝土配合比设计

2.1　设计要求

（1）混凝土的设计强度等级为 C55，环境类别为Ⅰ类一般环境，作用等级为 C。

（2）现场采用泵送方式施工，根据规范要求、现场施工条件和施工工艺，设计坍落度：160～200 mm。

（3）设定该 C55 混凝土表观密度为 2 420 kg/m^3 进行计算，最后进行调整校验。

（4）主塔混凝土性能设计要求见表 1。

（5）混凝土材料性能设计要求见表 2。

表 1　主塔混凝土设计要求

力学性能	C55
弹性模量 E(MPa)	3.55×10^4
剪切模量 G(MPa)	1.42×10^4
泊桑比 γ	0.2
轴心抗压设计强度(MPa)	24.4
轴心抗拉设计强度(MPa)	1.89
轴心抗压标准强度(MPa)	35.5
抗拉标准强度(MPa)	2.74
热膨胀系数(1/℃)	0.000 01

表 2　混凝土材料设计要求

水　泥	(1)水泥中氯离子总量不应超过胶结材料重量的 0.1%；(2)采用 42.5 及以上的普通硅酸盐水泥，不采用超量掺有火山灰或粉煤灰的水泥
粉煤灰等矿物掺和料	(1)掺加的矿物掺和料除符合《公路桥涵施工技术规范》(JTG/T F50—2011)外，混凝土中粉煤灰等级为Ⅰ级；(2)水胶比在 0.4～0.5 之间时，粉煤灰最大掺量不宜超过胶材总量的 20%，水胶比低于 0.4 时，在满足强度与弹性模量要求的前提下，其掺量可以适当提高
骨　料	(1)粗集料堆积密度大于 1 500 kg/m³，即空隙率不超过 40%；(2)粗骨料压碎值不大于 20%，吸水率应在 1%左右，强度宜为混凝土强度的 1.5～2.0 倍；(3)不宜采用有潜在活性的粗骨料；(4)不同细度模数的砂子，累计筛余量控制为 5 mm 筛 0～5%、0.63 mm 筛 40%～70%、0.16 mm 筛≥95%；(5)粗细骨料组成应按照连续密实级配要求，确定组成比例，以单位体积容重最大、空隙率最小、混凝土和易性最好为控制目标；混凝土粗骨料最大粒径不宜大于 40 mm(限制自密实混凝土粗骨料粒径不大于 20 mm)
水	(1)除符合《公路桥涵施工技术规范》外，水中氯离子含量超过 5 mg/cm³ 的水不得使用；(2)水中不应含有影响水泥正常凝结与硬化的有害杂质及油脂、糖类、游离酸类、碱、盐、有机物或其他有害物质
外加剂	外加剂中氯离子含量不得大于胶凝材料总重的 0.02%
配合比	(1)胶凝材料最高用量 480 kg/m³；(2)水泥最高用量 380 kg/m³

2.2　原材料情况

2.2.1　水泥

亚东水泥股份有限公司生产的 P·O 52.5 水泥，各项指标检测结果见表 3。

表 3　水泥指标检测结果

检测项目	标准稠度用水量(%)	安定性	凝结时间(min)		抗折强度(MPa)		抗压强度(MPa)	
			初　凝	终　凝	3 d	28 d	3 d	28 d
检测结果	27.0	合格	160	212	6.2	9.6	33.0	60.5

2.2.2　粉煤灰

武汉华电粉煤灰开发公司生产的 F 类Ⅰ级粉煤灰，各项指标检测结果见表 4。

表 4　粉煤灰指标检测结果

检测项目	细度(%)	需水量比(%)	烧失量(%)	氯离子含量(%)	碱含量(%)	含水量(%)
检测结果	10.6	95	2.8	0.007	1.12	0.1

2.2.3　矿渣粉

武汉武新新型建材股份有限公司生产的 S95 矿渣粉，各项指标检测结果见表 5。

表 5　矿渣粉指标检测结果

检测项目	活性指数(%)		流动度比(%)	氯离子含量(%)	碱含量(%)	比表面积(m²/kg)	含水率(%)
	7 d	28 d					
检测结果	78	98	—	0.008	0.67	412	0.10

2.2.4 粗集料

产地为宜昌，5～25 mm 连续级配碎石，最大粒径为 26.5 mm，掺配比例为(5～10)mm∶(10～25)mm＝30%∶70%，各项指标检测结果见表 6。

表 6 粗集料指标检测结果

检测项目	级　配	压碎值(%)	针片状颗粒含量(%)	含泥量(%)	泥块含量(%)	表观密度(kg/m^3)	空隙率(%)
检测结果	符合 5～25 mm 连续级配	17.0	2.6	0.4	0.0	2 720	44

2.2.5 细集料

洞庭湖河砂，Ⅱ区中砂，各项指标检测结果见表 7。

表 7 细集料指标检测结果

检测项目	颗粒级配	细度模数	含泥量(%)	泥块含量(%)	表观密度(kg/m^3)	堆积密度(kg/m^3)
检测结果	中砂 Ⅱ区	2.66	1.0	0.2	2 625	1 528

2.2.6 减水剂

四川铁科新型建材有限公司(TK-PCA2)缓凝型聚羧酸系高性能减水剂，各项指标检测结果见表 8。

表 8 减水剂指标检测结果

检测项目	减水率(%)	含气量(%)	抗压强度比(%)		凝结时间差(min)		泌水率比(%)	含固量(%)
			7 d	28 d	初凝	终凝		
检测结果	27	2.9	142	134	130	160	0	21.2

2.2.7 水

地下水，各项性能指标符合公路桥涵技术规范(JTG/T F50—2011)要求。

2.3 配合比设计

2.3.1 初步配合比

通过计算得到初步配合比，见表 9。

表 9 初步配合比每立方米混凝土材料用量(kg)

水　泥	粉煤灰	矿　粉	砂	石	减水剂	水
360	72	48	698	1 093	5.76	149

2.3.2 试拌计算配合比

为保证强度，在不影响胶凝材料总量的情况下，将粉煤灰掺量由 15%下调至 14.6%，即每立方米粉煤灰用量由 72 kg 调整为 70 kg，矿渣粉掺量由 10.0%下调至 9.4%，即每立方米矿渣粉材料用量由 48 kg 调整为 45 kg，受此影响每立方米水泥用量由 360 kg 调整为

365 kg。初步配合比调整见表 10。

表 10　初步配合比调整后每立方米混凝土材料用量(kg)

水　泥	粉煤灰	矿　粉	砂	石	减水剂	水
365	70	45	698	1 093	5.76	149

按 30 L 进行试配拌和后，拌和物坍落度为 200 mm，符合要求。流动性、黏聚性和保水性良好，工作性能满足要求本配合比的表观密度实测值与计算值之差的绝对值未超过计算值的 2%，不用调整。由此得到基准配合比(每方混凝土各原材料用量)见表 11。

表 11　基准配合比每立方米混凝土材料用量

水胶比	每立方米混凝土各原材料用量(kg)							实测容重 (kg/m^3)
	水　泥	粉煤灰	矿　粉	砂	石	减水剂	水	
0.31	365	70	45	698	1 093	5.76	149	2 420

2.3.3　混凝土强度对比试验

(1)按规范要求应同时做三个不同的水胶比的配合比，检验基准配合比的合理性，并挑选最佳配合比，另外两个配合比的水胶比较基准配合比分别增加和减少 0.02，用水量应与基准配合比相同，砂率可分别增加和减少 1%。在满足工作性能要求时，比较 28 d 强度后确定合理的配合比。另外两个验证配合比计算见表 12。

表 12　验证配合比每立方米混凝土材料用量

水胶比	每立方米混凝土各原材料用量(kg)							假定容重 (kg/m^3)
	水　泥	粉煤灰	矿　粉	砂	石	减水剂	水	
0.29	391	75	48	668	1 089	6.14	149	2 420
0.33	344	66	42	728	1 091	5.42	149	2 420

(2)试拌按计算的配合比计算每盘(30 L)各种材料用量，按石、砂、水泥、粉煤灰、减水剂和水的顺序称量装入混凝土搅拌机内试拌，测定工作性能并制作试件，试验测定指标见表 13。

表 13　混凝土试验测定指标

水胶比	凝结时间(h:min)		坍落度(mm)		实测容重 (kg/m^3)	工作性能	含气量(%)
	初　凝	终　凝	初　始	2 h			
0.29	17:30	19:40	190	175	2 430	一般	3.2
0.31	18:00	21:55	200	195	2 420	良好	3.1
0.33	23:35	29:20	230	220	2 420	一般	2.9

(3)制件养生及强度。

按选定的配合比制作试件，标准养护室养护，达到龄期后测试 28 d 抗压强度，见表 14。

表 14　混凝土试件强度检测

水胶比	砂率(%)	制件日期	7 d 试验日期	7 d 强度(MPa)	28 d 试验日期	28 d 强度(MPa)
0.29	38	2016—06—01	2016—06—08	64.3	2016—06—29	80.8

续上表

水胶比	砂率(%)	制件日期	7 d试验日期	7 d强度(MPa)	28 d试验日期	28 d强度(MPa)
0.31	39	2016—06—01	2016—06—08	60.9	2016—06—29	74.9
0.33	40	2016—06—01	2016—06—08	54.7	2016—06—29	64.0

(4)氯离子及碱含量计算。

氯离子含量计算：

(365 × 0.014% + 70 × 0.007% + 45 × 0.008% + 5.76 × 21.2% × 0.02% + 149 × 0.000 029 6)/480×100%=0.013 4%<0.06%。

混凝土总碱含量计算：

365×0.51%+70×1.12%×1/6+45×0.67%×1/2+5.76×21.2%×1.02%+149×0.000 059 8=2.164 3 kg/m³<3.0 kg/m³。

注：粉煤灰碱含量计算值取实测值的1/6，矿渣粉碱含量计算值取实测值1/2，外加剂碱含量及氯离子含量按照折固含量计。

以上碱含量、氯离子含量符合《武汉市四环线青山长江公路大桥施工图设计》第四篇第一册《南汉主航道桥(主跨938 m斜拉桥)》第三分册的要求。

(5)确定配合比。

根据试拌混凝土性能的情况及28 d强度结果，最终选定的理论配合比每立方米混凝土中各种原材料用量见表15。

表15　最终配合比每立方米混凝土材料用量

水胶比	各种原材料用量(kg)							密度(kg/m³)
	水　泥	粉煤灰	矿　粉	砂	石	减水剂	水	
0.31	365	70	45	698	1 093	5.76	149	2 420

(6)配合比试验结果见表16。

表16　最终配合比试验检测结果

强度等级	设计坍落度(mm)	水胶比	砂率(%)	每立方米各材料用量(kg)							强度(MPa)	
				水　泥	粉煤灰	矿渣粉	细集料	粗集料	水	外加剂	R7	R28
C55	160～200	0.31	39	365	70	45	698	1 093	149	5.76	60.9	74.9

3　高层高性能混凝土施工

3.1　控制措施

对人员、机械设备、原材料、混凝土性能、施工方法、环境、混凝土泵机的泵管布局等进行研究试验，根据影响高强高泵送混凝土施工的关键因素，制订详细的可操作措施。

(1)督促、监督搅拌站、泵机等机械设备管理人员定期对机械进行保养、维修。定期对搅拌站计量系统校准，保证机械设备正常运转，增强理论配合比在施工中的可控性。

(2)加强原材料进场验收,未达到规范要求的原材料拒收,对于已收含泥量、泥块含量超标的砂、石料要进行清洗,达到规范要求后才能使用;检测每批外加剂的固含量、减水率、含气量是否达标,并对外加剂进行配合比复拌。

(3)泵送设备选择:塔柱第 22 节及以下用 HBT90 地泵,从塔柱第 23 节及以上换用 HBT9035CH-5M 拖式高压混凝土泵。

(4)混凝土泵机的泵管合理布局,竖直管长度与水平管长度比值控制在 1:5范围;出泵的第一个弯头重点固定;泵管顺直,避免过多弯头布置;接头、弯头连接牢固;泵管、布料机清洗干净;

(5)应避开气温较高时段、环境恶劣的条件下施工,避免造成混凝土坍落度损失过快等现象。

3.2 措施实施成果

通过上述措施的实施,混凝土泵损大、泵送难度高,过程中堵管、爆管,拆模后混凝土外观较差等问题得到明显控制,极大提高了主塔施工进度和质量。

4 结 语

通过合理设计高性能混凝土配合比,使混凝土生产稳定,混凝土性能满足施工要求。合理的工艺优化及设备选择明显提高超高层混凝土施工效率和施工质量,使主塔外观达到了“线条流畅、棱角分明、色泽一致、光洁如镜”的质量要求。

超高 A 型主塔线形控制

史　晶

1　概　　述

斜拉桥和悬索桥被称为缆索承重体系桥梁，由于其跨越能力强、造型美观，近年来得到了迅速发展，其主要受力构件为索塔、主梁及缆索。随着桥梁跨径不断增大，索塔高度也随之增大，我国目前已建成的桥梁中，杨泗港大桥主跨达 1 700 m，索塔承台以上塔柱（含塔座）高 243.9 m，是世界上跨径第二的悬索桥；沪通长江大桥主跨达 1 092 m，是世界上跨径第二的斜拉桥，承台至塔顶高 330 m。随着混凝土索塔高度的增加，施工控制难度也大幅度提升，尤其对内力和线形的控制提出了更高的要求。

混凝土索塔是缆索承重体系桥梁重要的受力构件。对于悬索桥，索塔高程直接影响到基准索股的线形，进而影响到成桥后结构的整体受力状态。对于斜拉桥，索塔的线形直接影响到斜拉索的锚固位置，进而影响到成桥后结构的整体受力状态。

在施工过程中，由于塔柱横桥向内倾，在自重作用下，会进一步加大塔根部弯矩和内倾角度，难以保证成塔线形顺直，进而影响到斜拉索的塔端锚点坐标定位。因此需要对主塔施工过程进行施工控制，通过设置索塔施工的横向预偏量和竖向预抬量、精确定位钢锚梁、确定横撑顶推力及拆除顺序，以消除上述问题对索塔施工造成的影响，实现精确控制索塔的线形及锚点坐标，为后续主梁和斜拉索顺利施工奠定基础。

武汉青山长江公路大桥采用双塔双索面混合梁全漂浮体系斜拉桥，桥跨布置为（100＋102＋148＋938＋148＋102＋100）m，见图 1。边跨主梁采用钢混结合梁，中跨采用钢箱梁，主塔采用 A 型无下横梁混凝土索塔，设一道上横梁，北主塔高 279.5 m，南主塔高 271.5 m。斜拉索为空间扇形布置，采用高强度平行钢丝斜拉索，每个主塔布置 63 对斜拉索（包含 0 号索），全桥共 252 根。

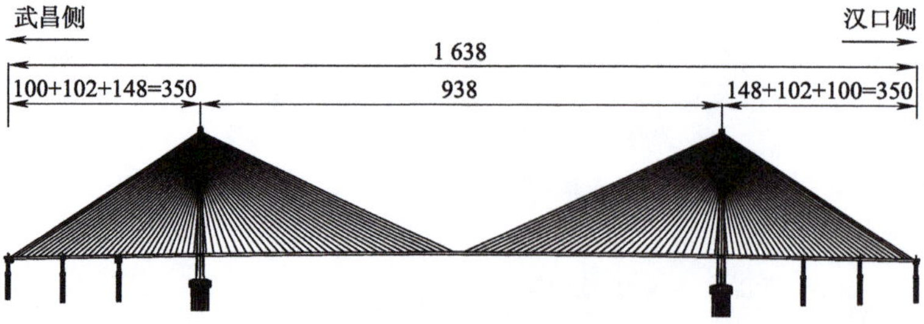

图 1　桥跨布置图（单位：m）

索塔横桥向外侧斜率为 1/9.317，内侧斜率分为两段，下塔柱为 1/12.982，中、上塔柱为 1/10.385。索塔下塔柱高 50.5 m，中塔柱高 110.0 m；上塔柱高 103.0 m，上中塔柱连接段高 10.0 m，中下塔柱连接段高 2.5 m。主梁以下无下横梁，只在距塔顶 108.56 m 处设一道上横梁。顺桥向索塔为Ⅰ型，上塔柱等宽、顺桥向尺寸为 9.0 m，下塔柱宽度由 9.0 m 渐变为 15.0 m。索塔施工采用液压爬模分节段施工，每个标准节段 6m，北主塔分为 49 个节段，南主塔分为 48 个节段。

2 有限元模型与施工监测

2.1 有限元模型

采用有限元分析软件 MIDAS/Civil 建立武汉青山长江公路大桥主桥有限元模型，见图 2。主梁、主塔采用梁单元，共计 4 612 个；斜拉索采用索单元，共计 252 个。考虑爬模、桥面吊机等临时荷载，边界条件按照施工方案设置。材料参数按照现场实测值确定。根据设计图纸及专项施工方案，本桥划分为 258 个施工阶段。

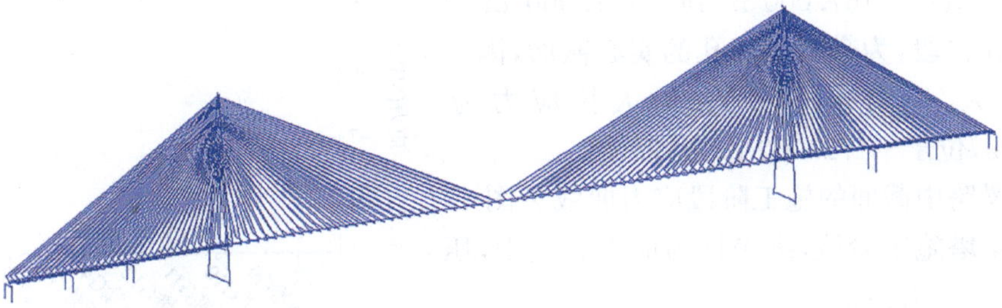

图 2 武汉青山长江公路大桥有限元模型

2.2 施工监测

在主塔施工过程中，采用人工测量与自动化监测结合的方式进行施工监测。人工测量对象为主塔线形，每个节段施工前后各对塔顶各角点进行一次测量。测量设备为全站仪和水准仪。自动化监测对象为主塔应变和温度。在主塔中塔柱、上横梁、上塔柱锚固区共埋设了 28 个振弦应变传感器，在中塔柱预埋了 24 个数字温度传感器。

3 索塔施工控制分析

3.1 主塔塔柱受力分析

主塔塔柱在施工过程中主要承受轴力和弯矩，控制塔柱在各种不同工况下的应力变化，是保证施工安全的关键。倾斜塔柱在自重作用下，越靠近塔根部位置所承受的弯矩越大，需要通过设置临时横撑的方式来降低塔根部的弯矩，防止出现拉应力甚至混凝土开裂。通过分析计算，塔柱的施工阶段应力包络图见图 3，横坐标为主塔高度，纵坐标为应力。其中压应力为负，拉应力为正。

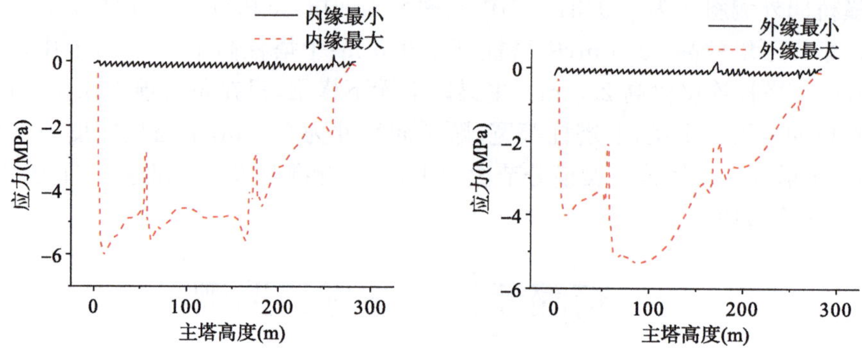

图 3　主塔塔柱施工阶段应力包络图

由图 3 可知，由于塔柱内倾，内缘应力普遍大于外缘应力；+0.000 m 到+4.000 m 为塔座实心段，因截面尺寸大，应力水平较低；最大压应力为 6.06 MPa，位于+11.000 m 塔柱内缘；+54.500 m 到+57.000 m 为中下塔柱连接段，为带有过人孔的实心截面，因截面面积增大，应力水平降低；+167.000 m 到+177.000 m 为中上塔柱连接段，为带有过人孔的实心截面，因截面面积增大，应力水平降低；最大拉应力为 0.169 MPa，位于+172.000 m 塔柱外缘。

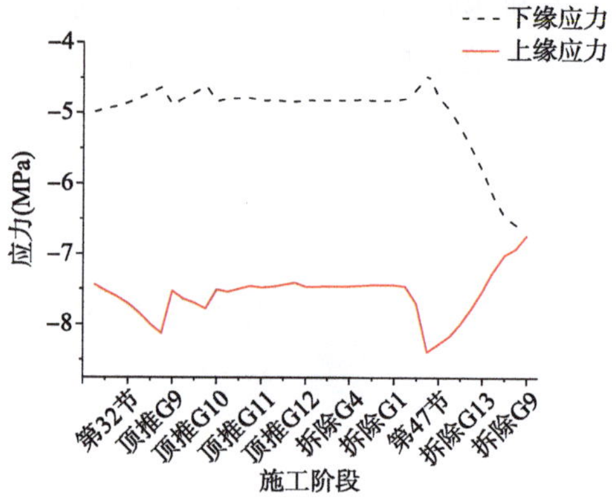

图 4　主塔上横梁各施工阶段应力曲线

上横梁跨中截面的施工阶段应力曲线见图 4，横坐标为主塔施工阶段，纵坐标为应力。其中，压应力为负，拉应力为正。

由图 4 可知，上横梁应力对横撑顶推及拆除较敏感，所有应力突变都是发生于横撑的顶推与拆除阶段；上横梁最大压应力为 8.39 MPa，出现在横撑 G6 拆除阶段；横撑全部拆除完毕后，上横梁应力截面应力分布较均匀。塔柱及上横梁在施工过程中最大压应力、最大拉应力均小于规范限值。

在塔柱+65.500 m 位置断面及上横梁跨中断面埋设有振弦应变传感器，实测应力数据见图 5。

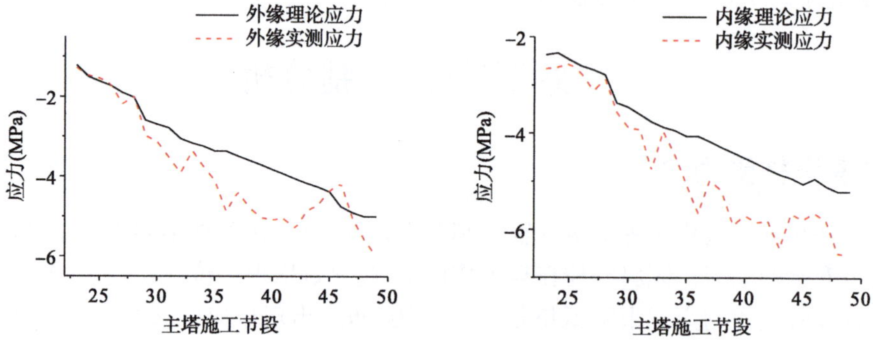

(a)塔柱+65.500 m 外缘应力　　(b)塔柱+65.500 m 内缘应力

图　5

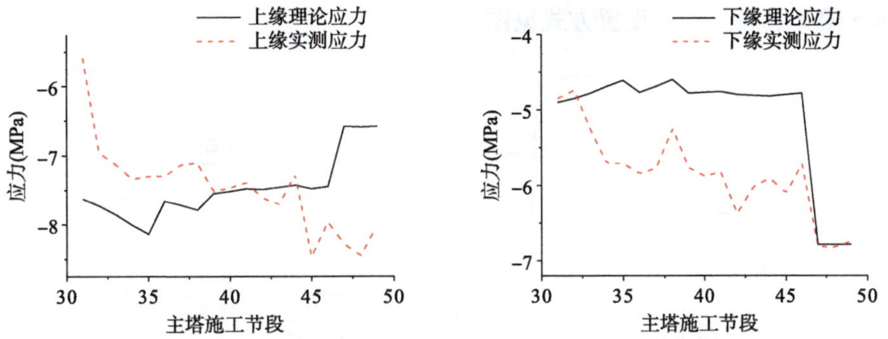

(c)上横梁跨中上缘应力　(d)上横梁跨中下缘应力

图 5　塔柱及上横梁应力曲线

由图 5 可知,塔柱+65.500 m 处断面在施工全过程受压。塔柱压应力随着塔柱施工逐步增大,实测应力与理论应力稍有偏差,但发展趋势一致。实测应力曲线出现较大波动,是由于塔柱施工过程较长,温度变化明显,横撑在温度作用下影响塔柱应力。上横梁跨中断面上缘及下缘在施工全过程受压,下缘应力在拆除横撑后有所增加,上缘应力在拆除横撑后有所减少。实测应力与理论应力在横撑拆除前发展趋势一致,横撑拆除后稍有差异,最大应力偏差为 1.84 MPa。

3.2　主塔线形预偏及预抬量分析

主塔两塔肢在施工过程中向内悬臂倾斜,会因自重及施工荷载导致两塔肢向内侧发生位移。为保证主塔的成桥线形,需要在主塔节段施工时对主塔设置横桥向的水平方向预偏量,以抵消自重及临时施工荷载作用的影响。由于混凝土塔柱在自重和斜拉索竖向分力的作用下产生的弹性压缩、混凝土收缩、徐变等因素的影响,塔柱长度会较施工长度有所缩短,如果施工时不考虑这些影响,上塔柱的拉索锚固点在成桥后会比理论高度低,故在施工塔柱时需对上塔柱各节段进行预抬高,以抵消塔柱缩短的影响。因此,主塔线形控制主要通过设置横向预偏与竖向预抬实现。

主塔上横梁中心线高度为+172.000 m,由图 6(a)可知,以上横梁为界限,上塔柱和中塔柱横向预偏量随着距离约束变远而增大;中塔柱设置最大横向预偏量的高度为+107.500 m,横向预偏量为 27.1 mm;上横梁处横向预偏 7.1 mm;上塔柱设置最大横向预偏量的高度为+211.000 m,横向预偏量为 12.7 mm。由图 6(b)可知,竖向预抬量基本呈上升趋势,最大预抬量设置在 45 节段,最大预抬量为 107.3 mm。

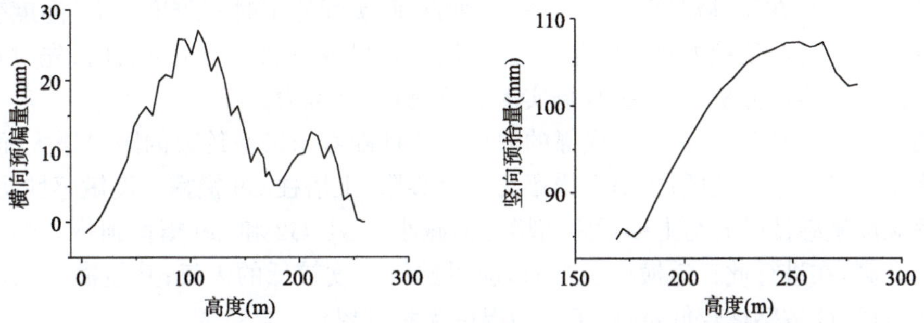

(a)横向预偏量　(b)竖向预抬量

图 6　主塔施工横向预偏量及竖向预抬量

横向预偏和竖向预抬的设置方式见图 7。

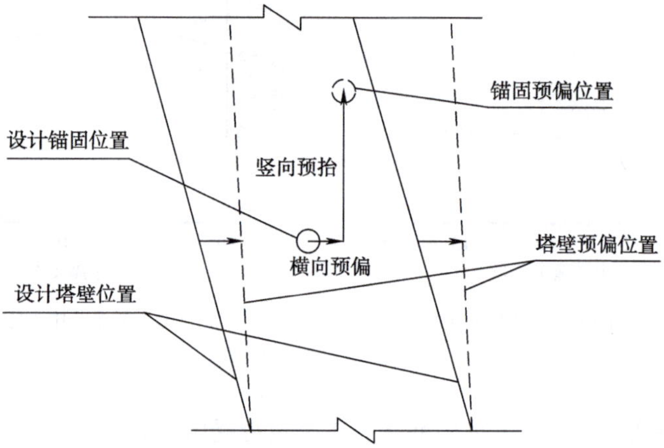

图 7　主塔预偏预抬示意

首先考虑塔柱整体的横向预偏，在劲性骨架放样及模板定位过程中设置横向预偏。在劲性骨架放样时，按照设计坐标叠加横向预偏量进行定位。安装模板时，以相同方式对模板各个角点进行定位，确保塔肢整体断面尺寸符合要求，同时角点坐标偏差小于施工规范允许值。竖向预抬主要体现在索导管和钢锚梁锚点的定位中。锚点定位分为两步，第一步先进行高程定位，通过竖向千斤顶调整钢锚梁四个角点的高程，达到设计高程加竖向预抬的位置，且整体水平度达到要求后，进行高程锁定；第二步进行平面定位，通过横向千斤顶调整钢锚梁的平面位置，锚点达到设计平面坐标加横向预偏值的位置后，进行钢锚梁匹配件的锁定。锁定后进行锚点的复测，复测结果满足误差要求后，即可进行下一步施工。

3.3　临时横撑设置及拆除分析

为了降低塔肢内倾在塔根部形成的弯矩和由于自重和施工荷载引起的附加应力，确保应力不超过允许范围，在主塔施工过程中，应在两塔柱间设置临时横撑，并施加主动顶推力。临时横撑设置原则为：在自重及施工荷载作用下，索塔不出现拉应力，且有一定的安全储备，同时顶推力也不能过大，防止出现较大的横向位移。根据主塔根部应力与线形控制及塔施工稳定性综合考虑，确定设置 13 道临时横撑，G1～G8 设置在中塔柱，G9～G13 设置在上塔柱。G1 到 G6 采用 ϕ1 420 mm×14 mm 规格的钢管，G7 到 G13 采用 ϕ1 200 mm×14 mm 规格的钢管。

基准顶推力是在基准温度 15 ℃计算得到的，而实际施工时间跨度很大，温度变化幅度较大，横撑为钢结构，顶推力对温度非常敏感，所以在横撑施加主动顶推力时，先对每根临时横撑进行温度敏感性分析，再根据现场实测温度，修正顶推力。

由图 8 可知，中塔柱 G1～G8 横撑的温度敏感性随着与塔底约束的距离增大而减小，越接近上横梁温度敏感性越低；主塔上横梁为一个界限，上塔柱 G9 横撑温度敏感性明显增强，后续横撑温度敏感性随着与上横梁距离增加而减小。G1、G2 和 G9 横撑顶推力随着温度升高而明显升高，在进行此三道横撑顶推时，应尽选择温度较低的天气；其他横撑顶推力小于 3 000 kN，且温度敏感性较低，对施工环境温度无特殊要求。

横撑顶推应在夜间温度恒定状态下施工，并测量横撑温度，按照每道横撑的温度敏感性修正顶推力。因混凝土塔柱自身刚度较大，在顶推力作用下位移较小，所以顶推过程以内力控制为主，变形控制为辅。在横撑的 $L/4$ 位置横向外侧安装电阻应变片，用于监测横撑应力；在顶推千斤顶位置安装百分表，用于监测两塔柱之间的顶推位移，需注意此位移包含塔柱的位移和横撑弹性压缩两部分；在塔顶安装全站仪棱镜，用于监测塔顶位移。顶推时按照顶推力的 20%、60%、80%、100%、110%分五级加载，超顶推 10%用以抵消抄垫钢板缝隙造成的顶推力损失。顶推到位后，将横撑与塔壁预埋钢板间抄垫紧实。

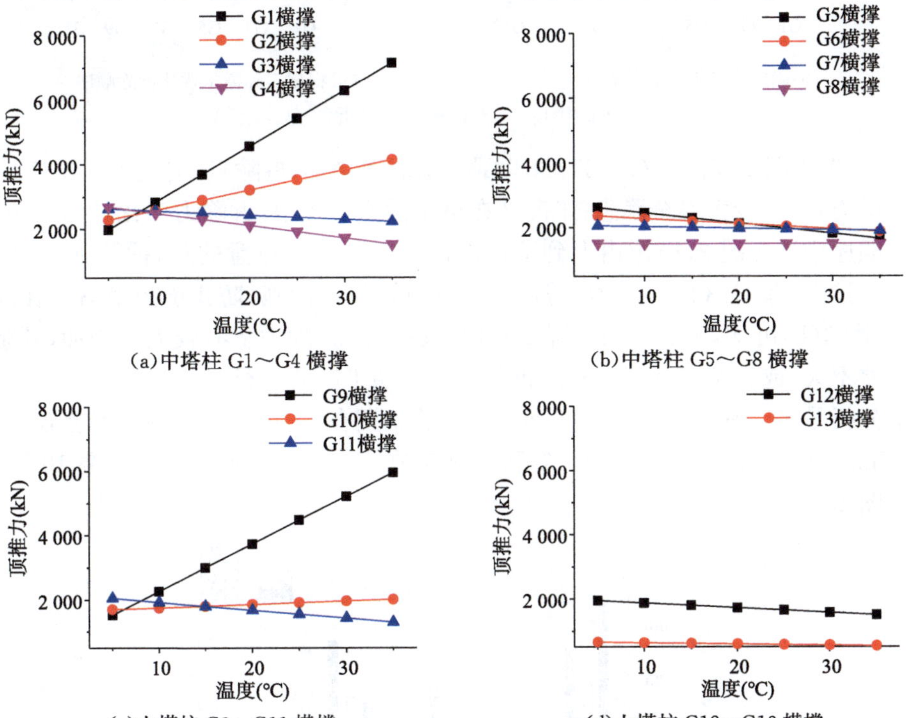

(a)中塔柱 G1～G4 横撑

(b)中塔柱 G5～G8 横撑

(c)上塔柱 G9～G11 横撑

(d)上塔柱 G12～G13 横撑

图 8　临时横撑温度敏感性

根据分析，横撑顶推力损失小于 10%时，对索塔的成桥受力状态无较大影响。因此卸载千斤顶后，根据横撑应变测量结果，如果顶推力损失超过 10%，则需重新补顶，直至卸载后顶推力损失不超过 10%。现场实测结果表明，顶推力及位移与理论计算结果一致。

为了避免横撑在温度效应下对主塔受力产生不利影响，在主塔封顶后，应及时拆除临时横撑。横撑在拆除前存在较大内力，需要用千斤顶将横撑顶开方能拆除抄垫的钢板，从而卸载横撑内力。分析不同拆除顺序工况下横撑的拆除力，是确定横撑拆除顺序的主要考虑因素。为了便于施工，横撑拆除一般是从上而下或者从下而上依次拆除。因此首先应确定总体拆除顺序。

在实际施工过程中，由于北岸边跨桥面板架板吊机高度与 G3、G4、G5 冲突，需要拆除这三道横撑才能进行桥面板架设施工，此时北主塔施工到 44 节段。若要等到主塔封顶再拆除横撑，则会使桥面板架设工期严重滞后。为了保证边跨桥面板架设工期，对横撑拆除顺序进行优化分析。

分析工况 1：从 G1 到 G13 依次拆除，工况 2：从 G13 到 G1 依次拆除，工况 3：第 45 节浇筑完成后依次拆除 G5、G4、G3，封顶后依次拆除 G13—G6，G2—G1 的横撑拆除力，见图 9。

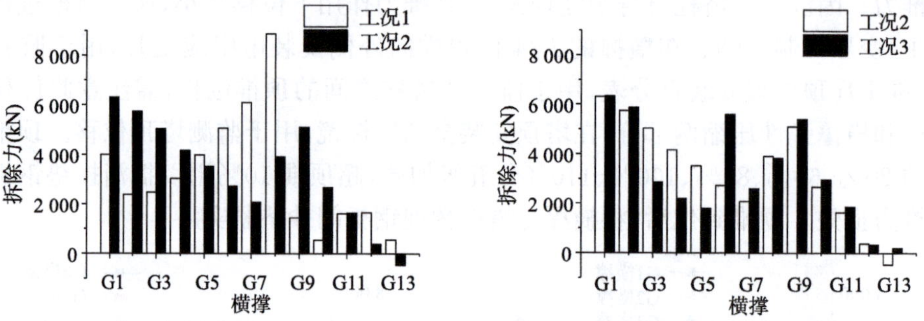

(a)确定横撑拆除总体顺序　　(b)根据实际需求优化拆除顺序

图 9　不同拆除顺序工况下横撑拆除力柱状图

由图 9(a)可知，工况 1 在拆除 G6、G7、G8 时顶推力显著增加，拆除 G8 时达到了 8 871 kN，远高于初始顶推力，存在较大安全隐患；工况 2 在整个拆除过程中，拆除力变化较为均匀，由此可确定拆除顺序应选工况 2，横撑由上到下依次进行拆除。需注意的是，拆除到 G13 时，计算结果出现了拉力，即 G13 已不受力，需在拆除前做好限位措施，防止横撑滚落。在此分析的基础上，由图 9(b)可知，工况 3 与工况 2 相比，仅在 G6 拆除力上有较大的增加，其余横撑的拆除力相差不大，或者略有减小。实际拆除顺序按照工况 3 进行。

以上分析是基于基准温度 15 ℃，而横撑拆除工期在 5 月份，此时昼夜温差较大，考虑工况 4：在工况 3 的基础上整体降温 10 ℃和工况 5：在工况 3 的基础上整体升温 10 ℃，横撑的拆除力见图 10。

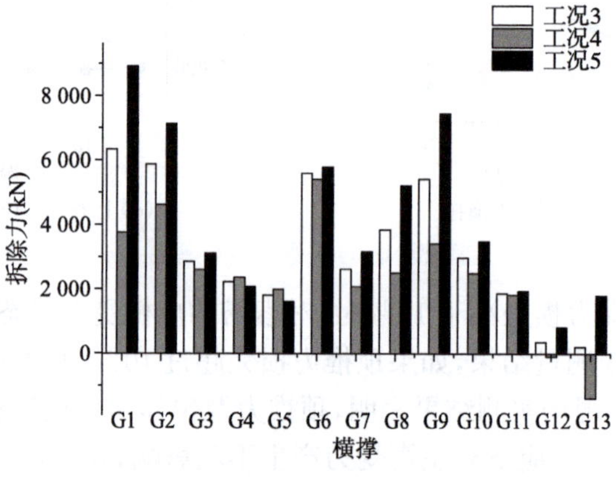

图 10　不同温度工况下横撑拆除力柱状图

由图 10 可知，在降温 10 ℃的情况下，横撑拆除力均下降，且 G12 和 G13 出现拉力；在升温 10 ℃的情况下，G1、G2、G9 三根横撑的拆除力显著增加，最大的 G1 达到了 8 924 kN。因此，最不利工况为升温 10 ℃拆除 G1。对该工况进行横撑强度和稳定性验算。

因横撑为受弯受压构件，其截面强度为

$$\sigma=\frac{N}{A}+\frac{M_x}{\gamma_x W_{nx}}=145.7\ \text{MPa}<215\ \text{MPa}$$，满足强度要求；

横撑稳定性应力为

$$\sigma=\frac{N}{\varphi_x A}+\frac{\beta_{mx}M_x}{\gamma_x W_{1x}(1-0.8N/N'_{Ex})}=203.8\ \text{MPa}<215\ \text{MPa}$$，满足稳定性要求。

由上述分析可知，拆除过程中横撑强度和稳定性均满足要求。由于G1、G2、G9三道横撑的拆除力在升温时显著上升，此三道横撑应在阴天或夜间温度较低时进行卸载，以降低施工风险。当温度低于15 ℃时，应注意对G12和G13进行限位，防止因横撑不受力而滚落。其余横撑拆除力对温度敏感性较低，拆除可不受温度控制。

4 结　　语

(1)通过对施工过程进行分析，主塔在施工阶段最大压应力为6.06 MPa，位于+11.000 m塔柱内缘；最大拉应力为0.169 MPa，位于+172.000 m塔柱外缘；上横梁最大压应力为8.39 MPa，出现在横撑G6拆除阶段；实测应力与理论应力趋势基本一致，最大应力偏差为1.84 MPa；温度效应导致横撑内力发生变化，进而影响塔柱及上横梁应力；最大压应力、最大拉应力均满足规范要求。

(2)通过设置横向预偏量与竖向预抬量，并对索导管和钢锚梁定位进行控制，主塔节段倾斜度均控制在6 mm以内，索塔线形控制良好，锚点坐标准确，钢锚梁定位工艺可靠。

(3)设置临时横撑顶推力，并根据现场实际温度和横撑的温度敏感性对顶推力进行修正；根据施工实际需求，合理优化横撑拆除顺序，保证主塔线形及受力状态符合设计要求。

主塔施工关键技术

张 晶 胡海波

1 工程概况

武汉青山长江公路大桥是武汉市四环线跨越长江的控制性工程，位于天兴洲尾，上距天兴洲公铁两用桥约 7.5 km，下距阳逻长江大桥约 12.0 km，桥面按双向 8 车道高速公路标准设计，设计速度 100 km/h。大桥主桥为双塔双索面全飘浮体系斜拉桥，桥跨布置为(100+102+148+938+148+102+100) m，全长 1 638 m，见图 1。

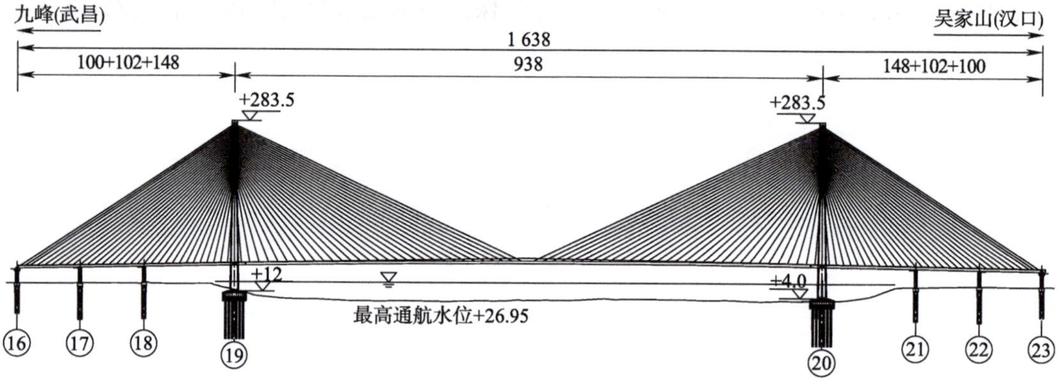

图 1　武汉青山长江公路大桥主桥桥式布置(单位：m)

该桥主塔为 A 形钢筋混凝土塔，南塔塔高 271.5 m，北塔塔高 279.5 m，塔顶高程均为+283.5 m，由下塔柱、中塔柱、上塔柱、上横梁及塔冠等部分组成，见图 2。桥塔采用 C55 混凝土，中、下塔柱采用钢筋混凝土结构；上塔柱斜拉索锚固区除 0～6 号斜拉索设置混凝土锚固齿块外，其余设置钢锚梁，上塔柱内设置环向预应力钢束。该塔无下横梁，仅在距塔顶 108.56 m 处设一道上横梁。上横梁位于上、中塔柱的转折处，采用预应力混凝土箱形断面结构，高 6.0 m。除下塔柱起始段为实心段外，其余塔柱断面均为空心。塔柱截面为矩形，顺桥向长 9～15 m、横桥向长 6.11～10 m，壁厚 1～1.8 m。上塔柱合龙段采用单箱双室断面。根据塔柱受力，在塔柱连接段和塔底等受力不利的区段设置加厚段。

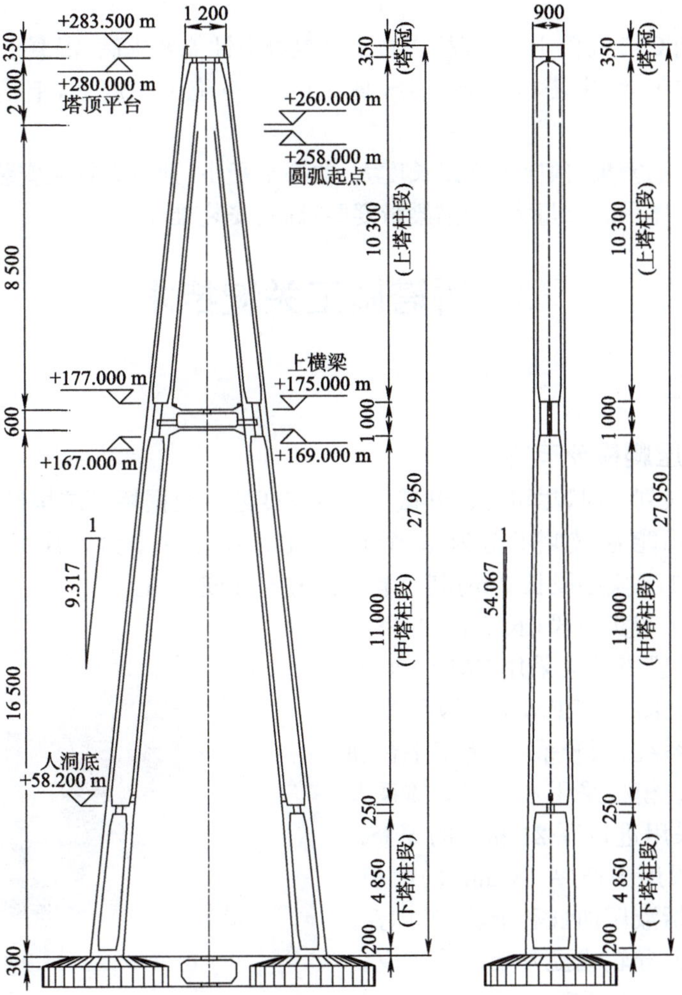

图 2　主塔构造(单位:cm)

2　桥塔施工方案及施工难点

2.1　桥塔施工方案

根据主塔结构设计特点,塔柱采用液压爬模分节施工,施工时塔柱内设置劲性骨架(作为钢筋、模板、预应力筋、索道管及钢锚梁的定位或支撑结构);在两塔肢间设置了13道临时横撑,按施工阶段对塔肢进行主动顶推。塔柱采用C55高性能混凝土,混凝土利用高压泵一次泵送到位。上横梁采用支架法与两侧塔柱同步施工;钢锚梁采用2台塔吊整体吊装,锚固区预应力采用深埋锚工艺施工。

2.2　桥塔施工难点

(1)主塔高271.5/279.5 m,塔柱倾斜率最大为1/9.317,施工中塔根部负弯矩大,桥塔施工难度大。

(2)北塔采用 C55 混凝土，超高桥塔施工对混凝土性能要求高，混凝土泵送难度大。

(3)上横梁位于上、中塔柱的转折处，高 6 m，高空施工难度大，上横梁混凝土浇筑体量大。

(4)上塔柱钢筋密集，预应力钢束长度大、曲率半径小，预应力钢束安装、定位困难。

(5)钢锚梁整体吊装重量大，钢锚梁精度要求高、安装难度大。

3　桥塔施工关键技术

3.1　塔柱施工

3.1.1　塔柱液压爬模分节施工

桥塔施工节段划分时，尽可能避开截面刚度突变处。根据桥塔结构设计特点，结合现场布置及塔吊的起吊能力，南塔共分为 48 个节段，北塔为 49 个节段。其中，标准节段长 6 m，共 40 节；底部第 1 节实心段长 2 m；其余节段长为 4 m 或 5 m。

桥塔底部第 1 节实心段(长 2 m)与塔座同步浇筑，其余节段塔柱均采用 ZMP-100 型液压爬模施工，见图 3。ZPM-100 液压爬模系统主要由模板系统、顶升系统、施工平台和安全设施等组成。模板采用木工字梁体系大模板，外模面板采用进口厚 21 mm 的 WISA 面板、内模面板采用国产厚 18 mm 的面板。液压顶升系统包括液压油缸和上、下换向盒，换向盒可控制提升导轨或提升架体。爬模设有 6 层施工平台，以方便爬升、预应力张拉、钢筋绑扎施工。

图 3　桥塔爬模施工

3.1.2　劲性骨架设置

主塔高度高，塔肢内倾角大，塔柱内钢筋密集。为确保桥塔钢筋、索道管安装定位的精确性，同时方便作业人员操作，在塔柱内设置劲性骨架。劲性骨架为由型钢焊接组成的桁架式构件，主桁采用∠125 mm×10 mm，其余杆件均为∠75 mm×8 mm。劲性骨架在钢结构加工厂分段分片整体制作，现场利用塔吊进行吊装。劲性骨架在承台施工时进行预埋，后续施工时根据塔柱分节长度依次接长安装。

3.1.3　临时横撑设置

为平衡塔柱底部受到的巨大弯矩，使桥塔受力及变形满足规范要求，在主塔两塔肢之间设置临时横撑，临时横撑按施工阶段进行主动顶推。主塔共设置了 13 道临时横撑，间距 18 m，每道临时横撑顺桥向有 2 根撑管。临时横撑均为主动横撑，通过布置在撑管一侧的千斤顶施加预顶力。为保证临时横撑具有较大的刚度，自下而上第 1～6 (G1～G6)道临时横撑采用 ϕ1 420 mm×14mm 钢管，第 7～13 (G7～G13)道临时横撑采用 ϕ1 200 mm×14 mm 钢管。每根撑管利用 2 台千斤顶(每道横撑共 4 台千斤顶)同步分级顶升至设计值，临时横撑的顶升力见表1。

表1　临时横撑顶升力(kN)

横撑编号	总顶升力	单顶顶升力
G1	2 200	550
G2	2 500	625
G3	1 800	450
G4	2 000	500
G5	2 300	575
G6	2 200	550
G7	2 000	500
G8	1 500	375
G9	3 000	750
G10～G12	1 800	450
G13	600	150

第1道临时横撑的撑管单根重量大(27.6 t)、长度长(48.2 m),制造时分2节卷制,在桥塔墩旁托架上采用法兰中间对接。其余临时横撑的撑管均整根制造,采用塔吊整体起吊、安装。

3.2　塔柱混凝土施工

3.2.1　混凝土输送设备配置

为解决混凝土泵送难度大的问题,主塔混凝土采用HBT9035超高压泵施工。该超高压泵的功率2×287 kW,压力达35 MPa,低压输送量90 m^3/h。泵管采用直径125 mm、壁厚9 mm的特制超高压输送管,一次性将混凝土泵送到位。每个塔肢布置1套输送泵管,共设2套。泵管沿塔柱外壁布置,钢筋安装时在塔柱内单独设置泵管预埋件。泵管每隔一定距离固定,固定点设置于泵管接头处下方15 cm。泵管预埋件中心为电梯附墙边向岸侧30 cm,高于施工电梯附墙1 m。水管同泵管一同布置,引入塔柱施工节段,提供桥塔养护及消防用水。

3.2.2　混凝土施工

(1)混凝土配合比设计

塔柱采用C55高性能混凝土,混凝土强度及泵送要求高。为配制具有良好的流动性、和易性和泵送性能的混凝土,进行C55高性能混凝土的配合比设计比选,最终确定的水泥∶粉煤灰∶矿粉∶细集料∶粗集料∶水∶外加剂为1∶0.19∶0.12∶1.91∶2.99∶0.41∶0.02。该配合比的混凝土坍落度为160～220 mm,水胶比0.31,含砂率39%,7 d混凝土强度值为60.9 MPa,28 d混凝土强度达74.9 MPa,混凝土各项指标均满足规范及设计要求。该混凝土配合比通过降低水泥用量,减少了混凝土水化热,降低了高温期施工混凝土开裂的风险。

(2)混凝土浇筑

混凝土由现场混凝土工厂提供,经罐车运输至塔底,下塔柱第1～3节混凝土利用汽车泵泵送入模,其余节段及横梁混凝土利用混凝土泵泵送至各个塔柱节段。混凝土采用分层浇筑，分层厚度 30 cm。混凝土振捣主要采用 ZN50 振动棒，预埋件、索道管、钢筋密集处、模板角落辅以人工及 ZN35 小振动棒捣实，保证混凝土密实。

(3)混凝土养护

混凝土养护采用洒水和养护剂养护两种方式，在气温低于 5 ℃时采用养护剂进行养护，气温高于 5 ℃时采用洒水进行养护(节段顶面采用洒水养护)。

3.3 上横梁施工

上横梁位于上、中塔柱的转折处(塔柱第 28 节至 29 节)，采用单箱单室空心矩形结构。上横梁高 6 m、宽 9 m、长 20.974 m(不包括相应的塔身部分)，顶、底板厚 1.0 m，腹板厚 1.0 m。上横梁采用支架法与两侧塔柱同步施工，施工支架由“托架＋贝雷梁”组成。其中，托架横桥向布置 3 片，间距 3.8 m，托架下弦竖向支撑在钢靴上，水平向及上弦采用精轧螺纹钢预拉顶紧；贝雷梁支撑于托架顶的横向分配梁上，横向共布置 19 片，最大跨度 9 m，横梁根部采用新制变高度桁梁，横向分配梁与托架间设砂筒。上横梁施工布置见图 4。

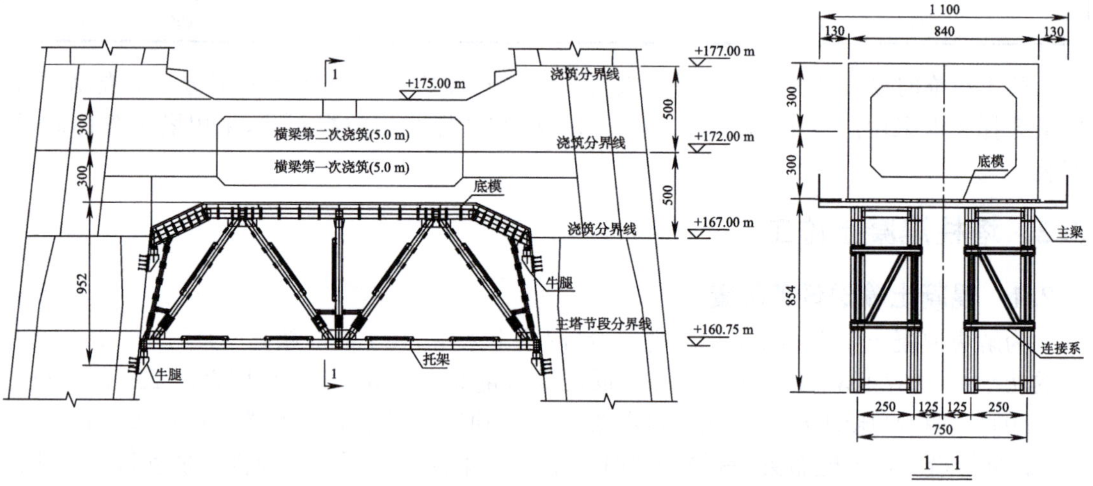

图 4　上横梁施工布置(单位：cm)

上横梁混凝土分 2 层浇筑(每层高度均为 3 m)，分别与塔柱第 28 节、第 29 节同步浇筑。按照由中间向两边、先底板后腹板、最后顶板的总体顺序浇筑混凝土。

上横梁共有 36 束预应力束，预应力钢束采用 ϕ_s15.2 的高强度低松弛钢绞线，其公称抗拉强度 1 860 MPa，张拉控制应力 1 395 MPa。预应力钢束采用两端对称张拉，先从腹板中部向上、下缘依次张拉，腹板两侧同一高度的预应力钢束对称张拉；再从顶、底板中部向左、右对称张拉。为避免支架变形、混凝土收缩及第二次浇筑混凝土时首次浇筑混凝土产生裂缝，第 1 次浇筑混凝土后张拉底腹板部分 10 根预应力钢束；上横梁施工后，张拉剩余预应力束。

3.4 钢锚梁施工

3.4.1 起重设备配置

根据主塔结构布置形式，两塔肢底座处中心距离超过 60 m。为满足双塔肢施工需求，主塔施工采用了双塔吊布置方案。为满足钢锚梁整体吊装要求(钢锚梁最重 24.3 t，含吊具最大吊重约 26.3 t),选择了 1 台 STL1000-T 塔吊(最大吊重 50 t,布置在桥墩下游)和 1 台 ZSL1150 塔吊(最大吊重 64 t,布置在桥墩上游)施工。2 台塔吊的起吊能力均为 1 000 t·m。塔吊距桥墩中心线 14.6 m,距桥中心线 32.5 m。塔吊布置见图 5。单个塔吊设置 9 道附墙,最上面 1 道附墙与塔柱距离超过 25 m。塔吊附墙布置见图 6。为保证附墙结构安全,保证施工过程中桥塔结构安全,附墙均采用 A 形支架。

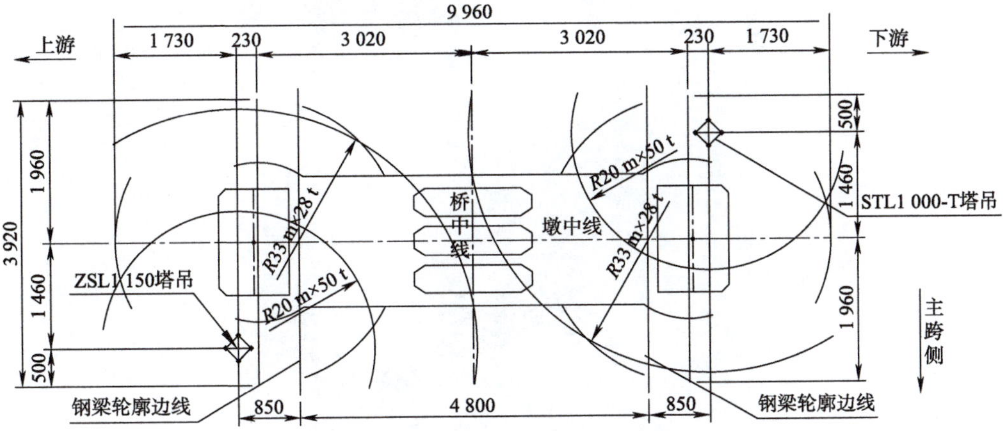

图 5　塔吊布置(单位:cm)

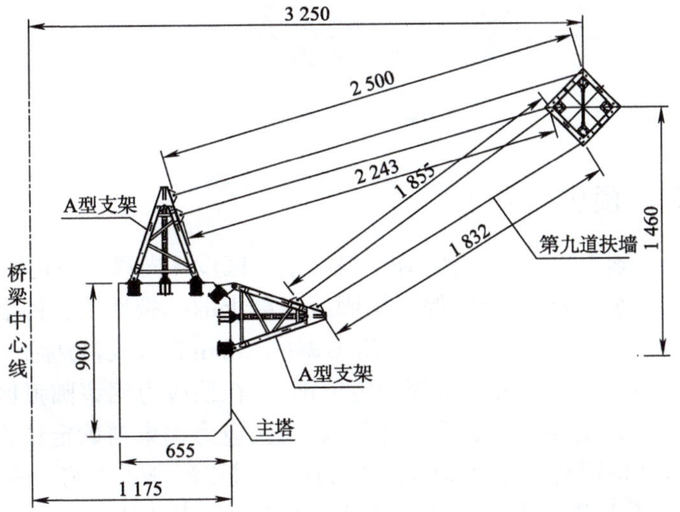

图 6　塔吊附墙布置(单位:cm)

3.4.2　钢锚梁吊装

主塔共设置 25 对钢锚梁,钢锚梁均位于上塔柱中,每个锚梁锚固 1 对斜拉索。钢锚梁由受拉锚梁和钢牛腿组成,钢锚梁为箱形结构,支承在钢牛腿顶板上。钢锚梁及钢牛腿均采用 Q370qE 钢材,两者采用螺栓连接。钢锚梁采用整段式设计,根据索力大小,钢锚梁分为四种类型。钢锚梁、钢牛腿在工厂进行整体组装,现场采用塔吊整体吊装。第 1 对钢锚梁位于桥塔的第 34 节段,安装时,搭设托架并配合劲性骨架对其进行固定,以确保其定位精度。余下钢锚梁通过节段间设置的定位匹配件快速完成钢锚梁定位。钢锚梁安装见图 7。钢锚梁整体安装减少了高空组装、高强度螺栓施拧等作业，施工功效高，同时通过匹配件快速定位，提高了安装质量。

图 7　钢锚梁安装

3.5　上塔柱环向预应力施工

主塔斜拉索最大索力达 7 727 kN，在上塔柱锚固区设环向预应力钢束，以确保主塔锚固区能有效抵抗斜拉索水平分力，同时保证锚固区混凝土的抗裂性能。桥塔锚固区环向预应力钢束最长达 18.35 m，曲率半径 1.5 m，采用 $12\phi_s15.2$ mm 钢绞线，公称抗拉强度 1 860 MPa，锚下控制张拉力 2 346.3 kN。除了常规的定位钢筋，在预应力钢束圆弧区每隔 10 cm 增设 1 道防劈裂钢筋，以增加混凝土抗裂性能，同时起到预应力钢束精确定位作用。为减少预应力施工槽口与桥塔结构钢筋的冲突，环向预应力施工采用深埋锚工艺。施工时，在预应力钢束前端安装子弹头，分批进行人工穿束。锚固区预应力钢束分环向预应力 U 形钢束及内侧顺桥向直预应力钢束，张拉时先张拉 U 形预应力钢束，后张拉直预应力钢束，各预应力束均采用两端对称张拉。

4　结　　语

武汉青山长江公路大桥主塔为 A 形钢筋混凝土塔，南北主塔塔高分别为 271.5 m、279.5 m，桥塔仅设一道上横梁。桥塔采用液压爬模分节施工，在塔柱内设置了劲性骨架，保证了钢筋、索道管安装定位精度；在两塔肢间设 13 道临时横撑，按施工阶段调整桥塔线形；

塔柱采用 C55 高性能混凝土,优化混凝土配合比,使其具有良好的流动性、和易性和泵送性能,采用 HBT9035 超高压泵将混凝土一次泵送到位,保证了混凝土施工质量;上横梁采用支架法施工,混凝土分二层与两侧塔柱同步施工,保证了横梁施工质量;钢锚梁采用 2 台 10 000 kN·m 的塔吊整体吊装,通过匹配件快速完成钢锚梁定位;上塔柱环向预应力施工采用深埋锚工艺,减少了预应力施工槽口与主塔结构钢筋的冲突。

跨乙烯管廊桥防护罩施工

杨喜安　李　强

1　概　　述

乙烯管廊防护罩位于化工大道与焦沙路交叉口往东约 750 m 位置，化工大道南侧并与化工路平行，周边为农田和菜地，地面开阔。混凝土防护罩基础设计持力层为粉质黏土层，地基承载力特征值 130 kPa。现有 12 个管道，输送介质为混合石脑油、C2、芳烃抽余油等，另外预留有将来铺设其他管道的位置。管廊防护罩主要防止出现交通事故时桥梁与管道相互影响，具备抗爆防火等能力。管廊内设可燃气体报警装置，管廊上方桥边缘两侧设车挡防撞墙等安全措施，以保证大桥和管廊的安全。管廊防护罩平面长度为 77 m，宽度为 9.4 m，地面以上高度为 7.9 m，见图 1、图 2。上部结构采用钢筋混凝土框架结构，墙体采用钢筋混凝土土墙，基础采用钢筋混凝土条形基础。桥底外侧部分除考虑耐火要求及限制火灾范围外，还要求能抵御桥上高空坠物的冲击，顶板与侧墙加厚。

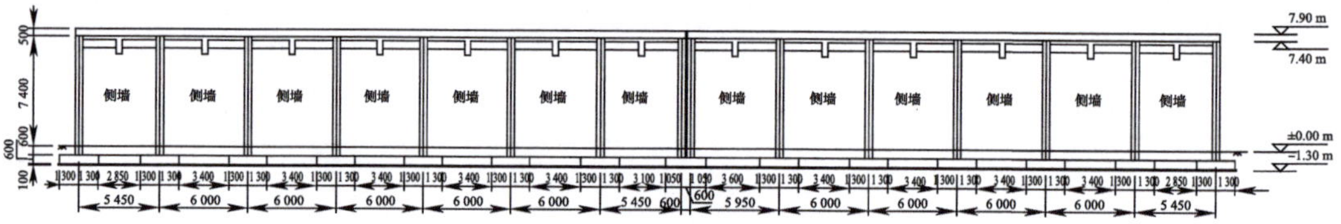

图 1　管廊防护罩正断面(单位:mm)

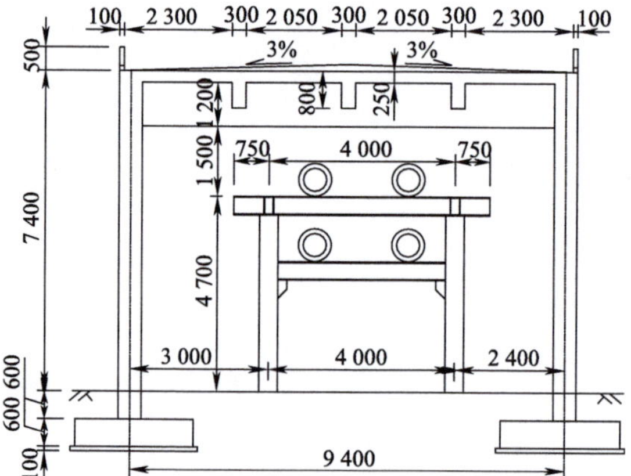

图 2　管廊防护罩横断面(单位:mm)

2 总体施工方案

乙烯管廊防护罩由基础、侧墙、主次梁、顶板、女儿墙组成，其中基础、柱、梁、板采用 C30 混凝土，基础垫层采用 C15 混凝土。

防护罩基础为 2.6 m×2.6 m、2.7 m×2.7 m 和 1.6 m×4 m 扩大基础，基础间采用条基连接。由于基础距离原乙烯管廊框架较近，采用放坡开挖挂网喷混凝土支护形式进行施工，模板采用 8 mm 面板的钢模板。扩大基础施工完成，达到拆模条件后拆模，回填扩大基础顶面以下土方。

管廊立柱和侧墙钢筋一次性安装就位，分三次浇筑成型，根据浇筑分层安装钢模板。立柱和侧墙第一次浇筑下部 3.5 m，然后回填基础，硬化地面；搭设管廊临时防护棚，第二次浇筑 2.25 m，顶部预留 1.0 m 高后浇段，待顶板吊装完成后，浇筑后浇段 1.0 m 高混凝土，立柱和侧墙模板采用定型钢模施工。

为减少防护罩顶板施工对管廊的影响，管廊主次梁及顶板(含女儿墙)采用预制法施工，主次梁及顶板分节段预制，每节段最大长度为 5.0 m，节段间预留 1.0 m 现浇施工缝，待混凝土强度达到 100%后，利用 280 t 履带吊吊装至设计位置，因立柱和侧墙顶部与顶板预制节段间预留 1.0 m 高现浇施工缝，因此需设置临时支撑，临时支撑采用I25b 型钢，每隔 50 cm 设置一道。

顶板节段在预制时，在顶板侧墙中心位置，每隔 50 cm 预留一个 ϕ15 cm 的混凝土浇筑振捣孔，以方便第三段侧墙的混凝土浇筑、振捣。

顶板分节段吊装就位后，对整体高程及节段间高差进行全面测量，经检测无误后，连接立柱、侧墙第三节段间现浇缝和顶板间现浇缝钢筋，安装模板，浇筑节段间混凝土。根据施工顺序，首先进行立柱、侧墙施工缝施工，立柱、侧墙施工缝利用顶板预留的 ϕ15 cm 孔和顶板间现浇缝进行混凝土灌注、振捣，确保施工缝混凝土的密实；顶板现浇缝通过节段间吊挂模板作为支撑进行浇筑，混凝土采用泵送入模，插入式振捣器振捣密实。

防护罩施工完成后，在防护罩顶面铺设 50 cm 厚素土(要求素土对钢筋混凝土不具腐蚀性)，不得采用回填土。同时根据防护罩的自控设计，分别安装可燃气体报警、照明系统及电视监控系统，并按照设计方案进行相关信号终端传输。

3 防护罩施工

3.1 垫层混凝土施工

(1)清基：排除基坑内积水，清除淤泥、浮土和其他杂物。

(2)根据地质详勘资料，基础持力层为粉质黏土层，其地基承载力不小于 130 kPa，开挖到位后，由监理单位、设计单位及施工单位共同对地基承载力进行检测。如不满足，需进行基底级配砂石换填，按照设计图纸，换填范围宽出基础底边 50 cm，换填深度不小于 60 cm，分层夯实，每层厚度为 30 cm，压实度不小于 0.95。砂石宜选用碎石、卵石、角砾、砾砂、粗砂、中砂或石屑，应级配良好，不含植残渣、垃圾等杂物。

(3)报请现场监理工程师组织及其他参与方共同进行地基验槽，确定能满足结构设计要求后，立即进行垫层混凝土浇筑，垫层采用 10 cm C15 混凝土结构，浇筑前做好混凝土垫层厚度控制标志，确保垫层顶面达到基底设计高程，误差不得超过±15 mm。

3.2 基础施工

垫层浇筑经自然养护 24 h 后进行基础钢筋绑扎，绑扎前，清除坑槽内的杂物。基础钢筋布置底层单层钢筋网片，钢筋型号为 HRB400 ϕ12/14 mm，布置间距为 10 cm×10 cm。钢筋采用车间内下料，现场绑扎成型，钢筋底部采用垫块支撑，确保钢筋保护层厚度，底层钢筋网片绑扎成型后，预埋柱、侧墙钢筋，钢筋预埋深度、位置、数量核对准确。基础施工布置见图 3。

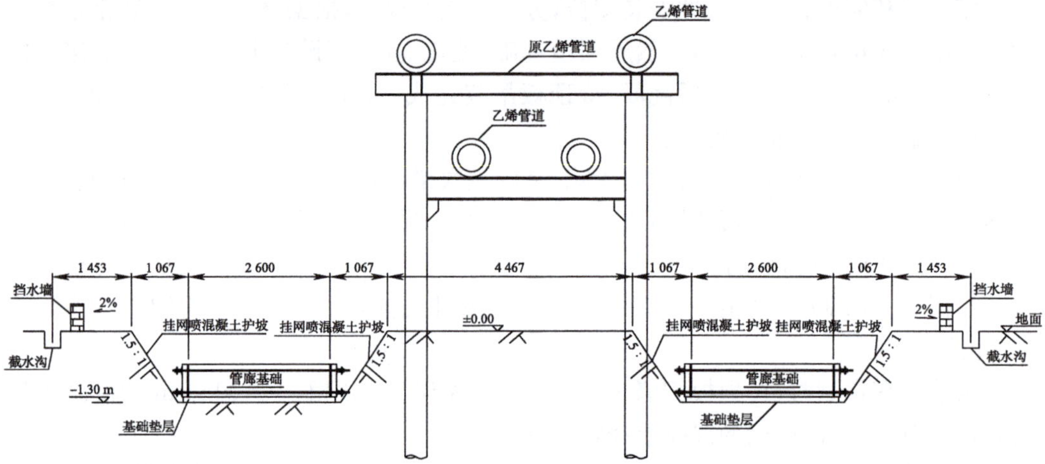

图 3　基础施工布置(单位：mm)

基础模板采用钢模板，竖楞采用I 10 工字钢，纵向间距 30 cm；背带采用双[16 背带，竖向间距 40 cm；拉杆采用 ϕ20 mm 拉杆，纵向间距 1 m 一道。

基础施工完成后，重新复测顶面高程，用水准仪重新进行抄测，与原控制桩核对高程无误，要求埋件中心距偏差不大于 5 mm。

扩大基础施工完成，达到拆模条件后拆模，回填扩大基础顶面以下土方以增强基坑稳定性。

3.3 柱及侧墙施工

柱、侧墙采用现浇法施工，基础混凝土强度达到 2.5 MPa 后，凿除柱及侧墙范围内的基础顶面混凝土并清理干净。安装立柱和侧墙钢筋骨架、安装缆风绳、安装横撑预埋爬锥及 3.5 m 高模板，测量复核无误后，浇筑立柱和侧墙下部 3.5 m 混凝土；底节立柱和侧墙混凝土达到一定强度后，对顶面进行凿毛，回填基坑，硬化地面，并做混凝土立模垫层。

安装管廊临时防护棚，安装侧墙 2.25 m 高模板，测量复核无误后，浇筑立柱和侧墙中间节 2.25 m 高混凝土并安装I 25b 型钢临时支撑；中间节立柱和侧墙混凝土达到一定强度后，对顶面进行凿毛，安装乙烯管廊临时防护支架，待顶板预制节段吊装至设计位置以后，浇筑立柱和侧墙顶节 1.0 m 混凝土后浇段。

钢筋绑扎时现场搭设扣件式钢管脚手架作为绑扎平台，根据《石油化工工程钢脚手架搭设安全技术规范》(SHT3555—2014),脚手架采用四排型式,每层平台满铺脚手板,外侧面用密闭安全网进行封闭,脚手架必须限额堆载,确保施工安全。模板采用定型钢模,柱、侧墙钢模板间采用 ϕ180 mm×8 mm 对撑钢管进行横向稳定连接。对撑钢管纵向间距 4 m 一道(遇到原乙烯框架时,调整间距避让)。模板外侧布置缆风绳,缆风绳纵向间隔 4 m 一道。

柱、侧墙混凝土应均匀对称浇筑,浇筑速度不得大于 1.2 m/h。为了保证浇筑状态下,对撑钢管的稳定性,侧墙浇筑时两侧高差应控制在 50 cm 以内,混凝土运输车运至现场,泵送入模,插入式振动器进行捣固密实,混凝土养护采取塑料薄膜包裹的方式,防护罩侧面放置水箱进行养护。

立柱、侧墙施工布置见图 4。

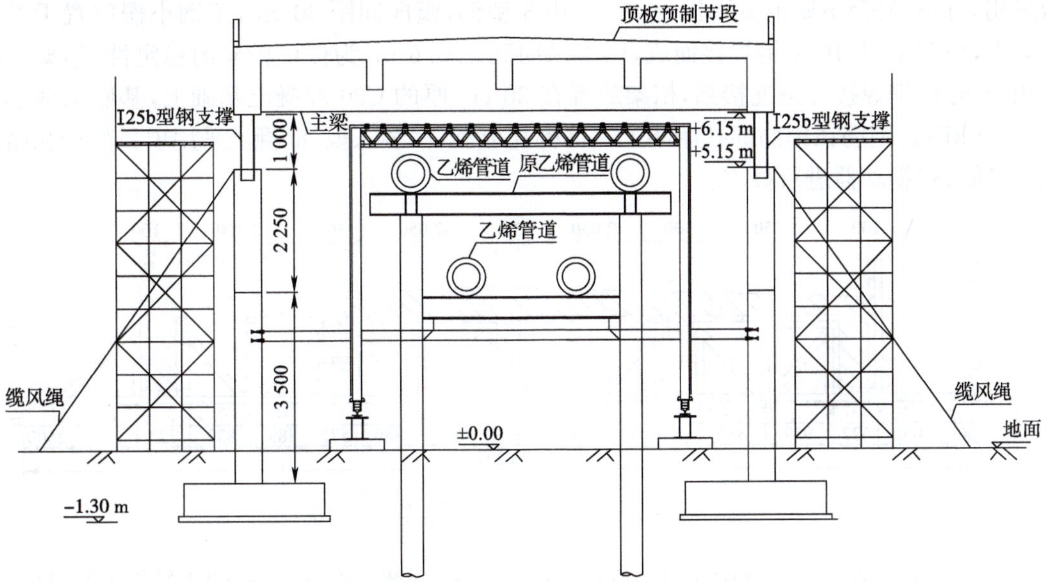

图 4　立柱、侧墙施工布置(单位:mm)

3.4　梁、顶板施工

为减少防护罩顶板施工对管廊的影响,防护罩主次梁及顶板(含女儿墙)采用预制法施工,主次梁及顶板分节段预制,每节段最大长度为 5.0 m,每节段间预留 1.0 m 现浇施工缝,待强度达到 100%后,利用 280 t 履带吊吊装至设计位置。因侧墙顶部与顶板间预留有 1.0 m 现浇高度,因此需采用I c25b 型钢设置临时支撑对顶板进行支撑。顶板吊装及顶板间现浇缝施工时,采用临时防护棚对管廊进行防护。防护罩顶板具体分节见图 5 和表 1。

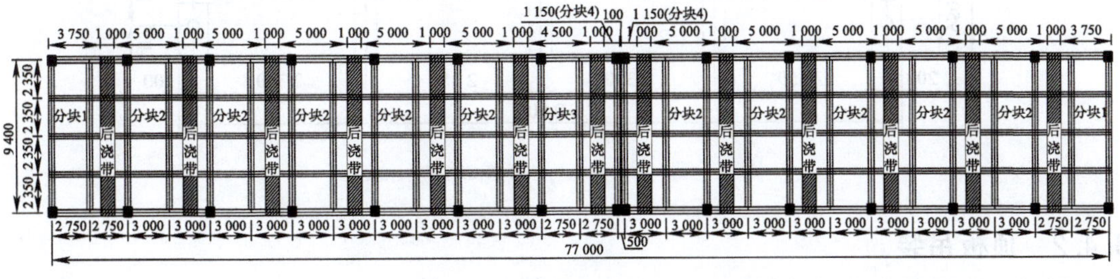

图 5　顶板预制节段划分(单位:mm)

表 1　顶板预制节段参数

序　　号	规　格(mm)	数　　量	单重(t)	共重(t)
1	分块 1,L=3 750	2	61	122
2	分块 2,L=5 000	10	75	750
3	分块 3,L=4 500	1	69	69
4	分块 4,L=1 150	2	22	44

3.4.1　顶板预制

顶板在厂下采用预制台座法进行预制，见图 6。预制台座宽 13.272 m，高 2.242 m，模板采用 8 mm 复合不锈钢板制作，小楞采用[8 型钢，横向间距 30 cm，工钢小楞放置于横向桁架上，桁架采用[10 型钢焊接而成，桁架纵向间距 0.6 m，为保证桁架的稳定性，桁架之间采用 75 号角钢焊接 8 道连接系，桁架放置在 30 cm 厚的 C20 混凝土基础上，基底承载不得小于 80 kPa。钢筋在钢筋绑扎胎架上整体绑扎成型，吊装入模，混凝土采用项目部拌和站混凝土，插入式振动器进行捣固。

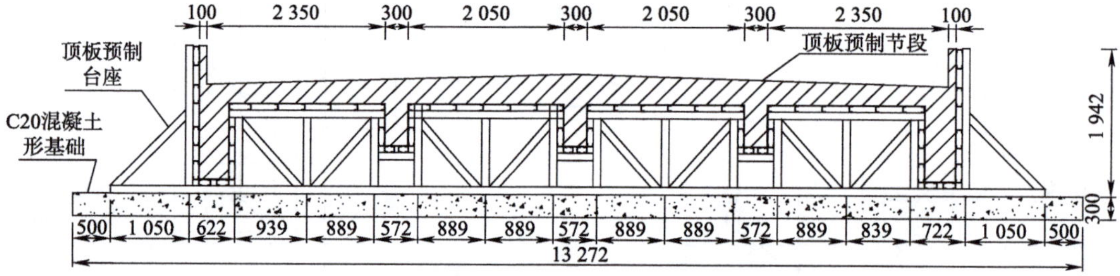

图 6　顶板预制节段预制台座(单位：mm)

顶板预制时，在顶板侧墙中线对应位置，每隔 50 cm 预留一个 ϕ15 cm 的浇筑振捣孔(图 7)，以方便在顶板吊装完成后，侧墙现浇缝混凝土的施工质量。

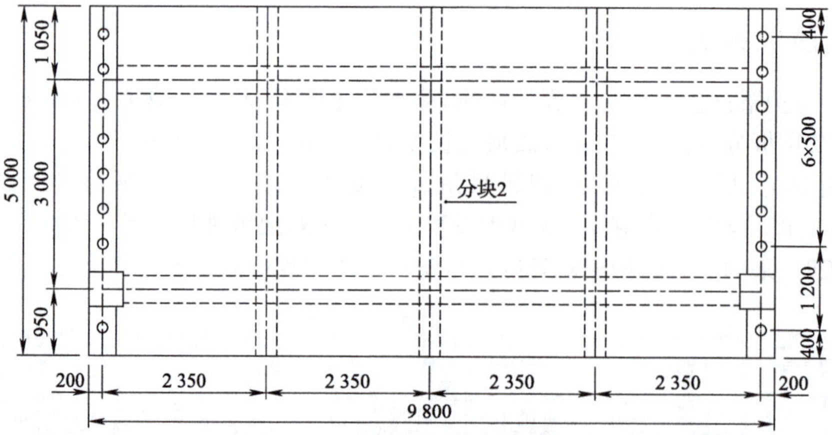

图 7　梁、顶板预留孔布置(单位：mm)

3.4.2　顶板吊装

顶板节段预制完成后，用板车运至现场，采用 280 t 履带吊将顶板节段吊装至设计位置，

280 t履带吊吊装半径为16 m,额定起重量为81.2 t,见图8。

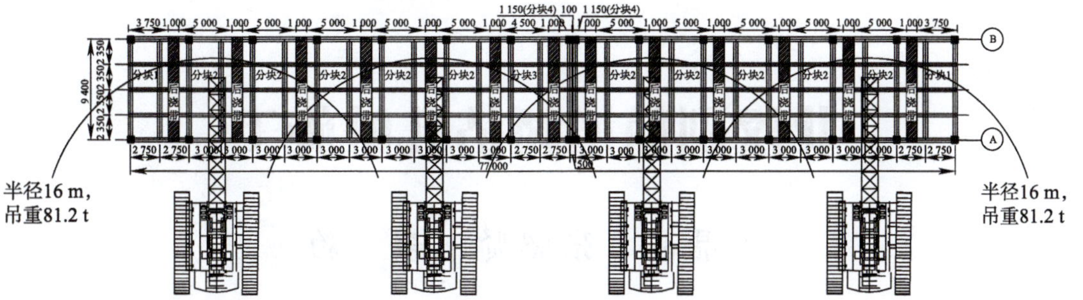

图8　280 t履带吊吊装站位示意(单位:mm)

顶板分节段吊装就位后,对整体高程及节段间高差进行全面测量,经检测无误后,连接侧墙与顶板间1.0 m高施工缝及顶板间预留1.0 m现浇缝钢筋,钢筋连接采用绑扎连接。钢筋连接好后,安装模板,浇筑节段间混凝土。根据施工顺序,首先进行侧墙施工缝施工,在侧墙施工缝两侧安装模板,通过顶板两侧预留的浇筑振捣孔,对1.0 m侧墙施工缝进行混凝土浇筑,浇筑时应确保施工缝混凝土的密实;顶板现浇施工缝通过节段间吊挂模板作为支撑进行浇筑,混凝土采用泵送入模,插入式振捣器振捣密实。

整体完成效果见图9。

图9　防护罩整体完成效果

4 结　　语

跨乙烯管廊防护罩严格按照既定方案进行施工,通过多项措施控制与既有乙烯管道交叉施工重大风险,快速完成,符合施工合同及相关规范、验收标准的要求,质量评定合格,为后续钢板梁架设施工奠定了良好基础。

北汉副航道桥钻孔桩施工

尹晶晶　张昭贤　李　豹

1　概　　况

1.1　设计概况

北汉副航道桥位于长江北汉副航道河道内，桥墩由南往北编号为 38 号、39 号、40 号、41 号、42 号、43 号，主墩 39～42 号基础设计采用 12 根 ϕ2.5 m 群桩基础，交接墩 38 号、43 号基础设计采用 12 根 ϕ2.0 m 群桩基础，桩基呈行列式布置，为嵌岩摩擦桩，39 号、42 号墩桩长 75 m，40 号、41 号墩桩长 82 m，38 号、43 号墩桩长 60 m。桩底位于中风化弱胶结砂层，钢筋笼离桩底 20 cm，单桩钢筋笼最大重量 33.8 t，桩基混凝土水下 C30 混凝土，单根桩混凝土理论最大数量 402.52 m^3。桩基础布置见图 1、图 2。

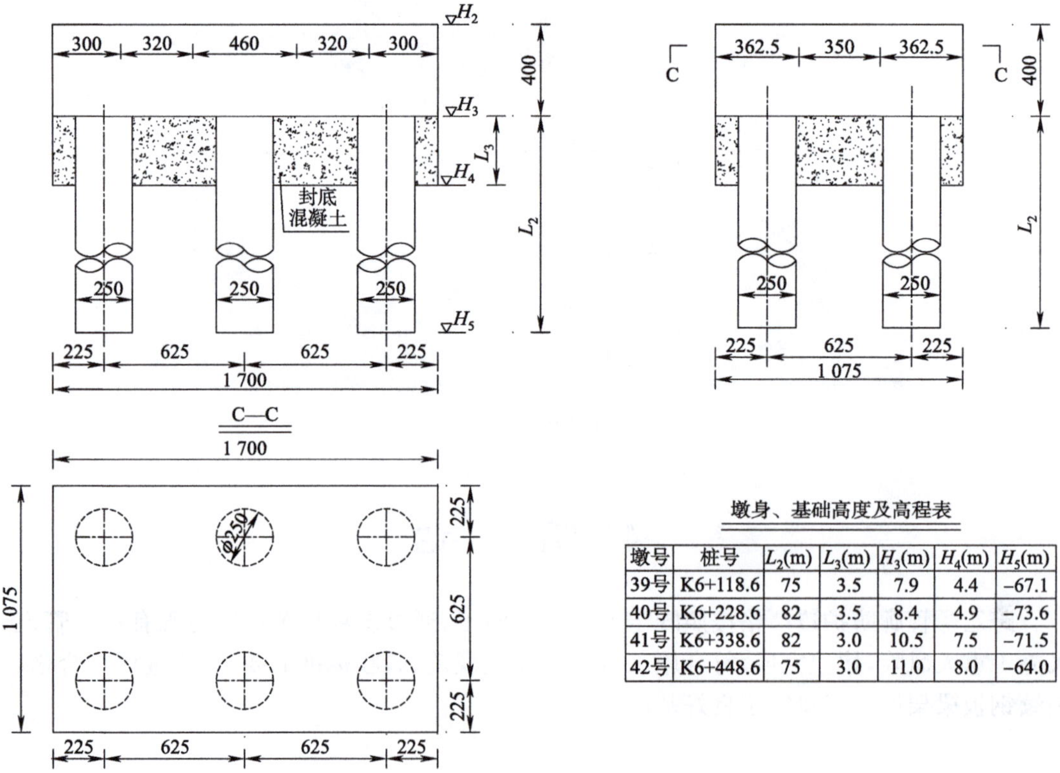

墩身、基础高度及高程表

墩号	桩号	L_2(m)	L_3(m)	H_3(m)	H_4(m)	H_5(m)
39号	K6+118.6	75	3.5	7.9	4.4	-67.1
40号	K6+228.6	82	3.5	8.4	4.9	-73.6
41号	K6+338.6	82	3.0	10.5	7.5	-71.5
42号	K6+448.6	75	3.0	11.0	8.0	-64.0

图 1　39～42 号墩基础布置(单位：cm)

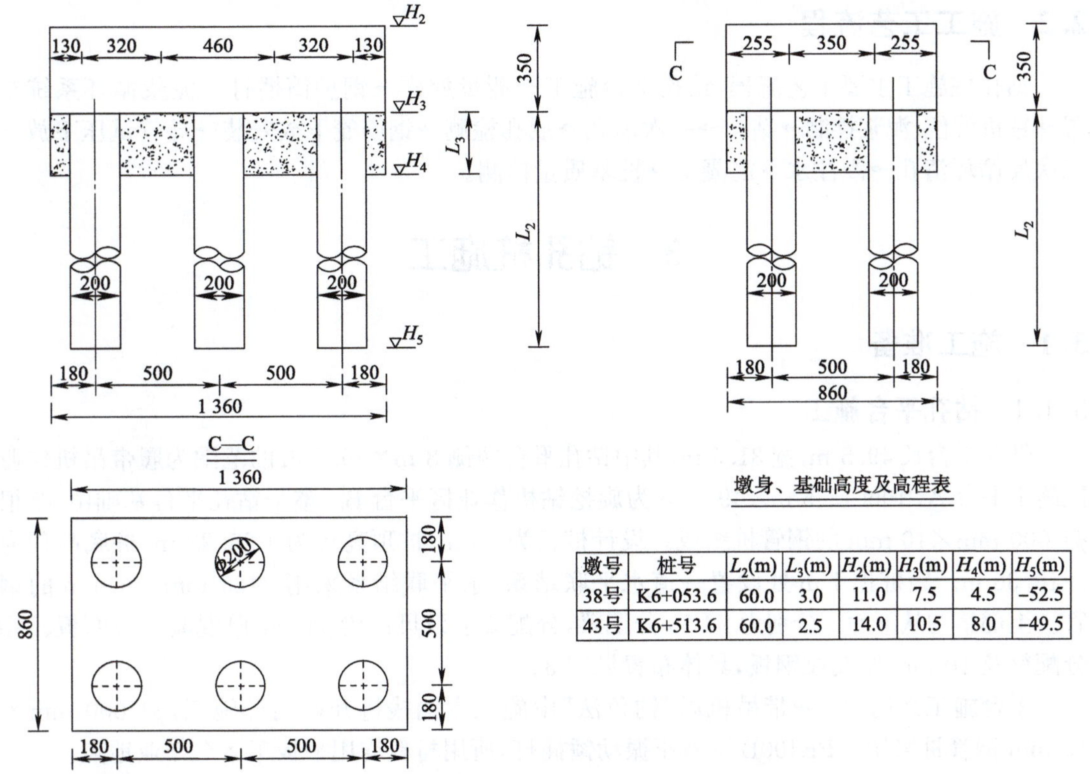

墩身、基础高度及高程表

墩号	桩号	L_2(m)	L_3(m)	H_2(m)	H_3(m)	H_4(m)	H_5(m)
38号	K6+053.6	60.0	3.0	11.0	7.5	4.5	-52.5
43号	K6+513.6	60.0	2.5	14.0	10.5	8.0	-49.5

图 2　38 号、43 号墩基础布置(单位:cm)

1.2　地质水文情况

桥位区域河段为微弯分汊型河段，水位变化趋势：由 1 月至 6 月水位逐月较均匀上升；6 月至 10 月为洪水期，水位维持在较高水平，8 月、9 月水位将达到全年水位的高峰值，由 10 月至次年 1 月水位逐月下降，平均每月下降 2～3 m。

北汊副航道桥位于长江北汊，为长江副航道，河床高程 10 m，河道距长江防洪堤约 180 m。场区覆盖层厚 26～33 m，上部为松散粉细砂，厚 8～14 m，中部为中密状粉细砂，厚 12～16 m，覆盖层下部为密实状圆砾，厚 1～10 m。基岩顶面高程－14～－22 m，为软质的泥质粉砂岩、微胶结砂岩，互层状分布，基岩上部受地下水长期浸泡，风化严重，呈硬塑～半坚硬黏性土状，强风化层厚 2～5 m。

2　施工方案及工艺流程

2.1　总体施工方案

根据北汊副航道桥所处的地质及水文情况，决定采用重载水上平台＋旋挖钻机成孔的方式进行钻孔桩施工。钢筋笼采用长线法加工，主筋采用直螺纹套筒连接，混凝土采用垂直导管水下灌注，声测法检验桩身质量。

2.2 施工工艺流程

钻孔桩施工主要工艺流程：钻孔平台施工→测量放样→钢护筒插打→泥浆循环系统布置→钻机就位、泥浆拌制→钻孔→一次清孔→成孔检测→钢筋笼下放安装→导管试压下放→二次反循环清孔→灌注水下混凝土→桩基质量检测。

3 钻孔桩施工

3.1 施工准备

3.1.1 钻孔平台施工

钻孔平台长 49.5 m，宽 31.5 m，其中钻孔平台两侧 8 m×49.5 m 的范围为履带吊机作业区施工平台 A，中间 15.5 m×49.5 m 为旋挖钻机作业区平台 B。整个钻孔平台基础由 42 根 ϕ1 000 mm×10 mm 的钢管桩组成。设计桩长为 36 m，桩顶高程为＋25.22 m，桩底高程为－10.38 m。距桩顶 1 m 处设置一道水平联结系，水平联结系采用 ϕ426 mm×6 mm 的钢管。上部结构从下而上分别为 2I 56 分配梁，分配梁上设贝雷梁、20 cm 厚混凝土桥面板、I 18 分配梁及 10 mm 厚花纹钢板，具体布置见图 3。

平台施工采用 80t 履带吊机以“钓鱼法”由施工主钢栈桥开始向外施工，ϕ1 000 mm×10 mm 钢管桩采用 APE400B 型液压振动锤插打，所用材料均用平板车运至作业地点。

3.1.2 泥浆系统设置

为满足北汊 38～43 号墩旋挖钻机钻孔时泥浆制备及水下混凝土灌注时的存储需要，在墩位处布设一艘 1 000 t 深舱驳船，可储存 800 m^3 泥浆（不小于桩孔实际容积的 1.2 倍），通过高压泥浆泵和进浆管抽取优质泥浆至孔内。

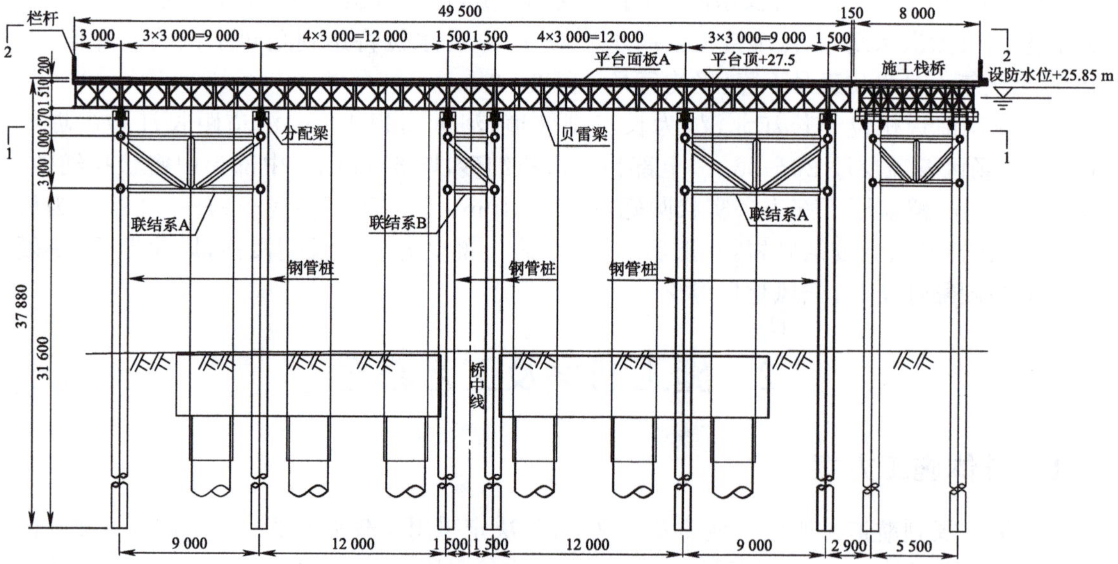

图 3

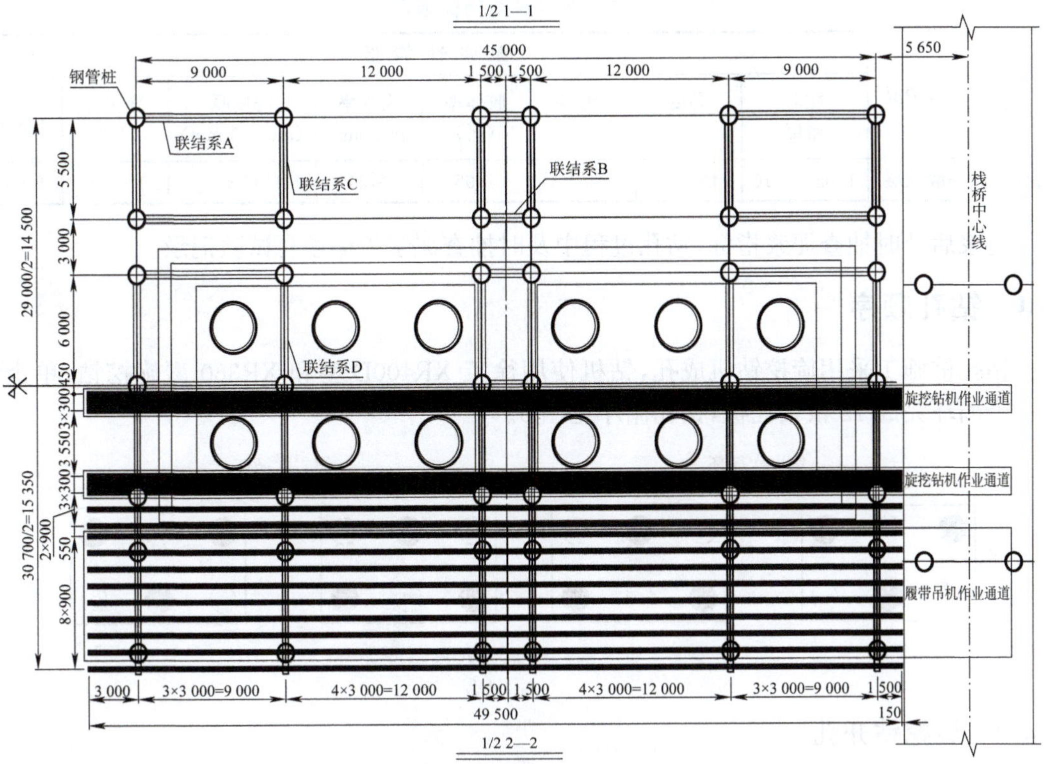

图 3　北汉副航道桥钻孔平台布置图(单位:mm)

3.2　钢护筒加工及埋设

钢护筒均采用厚度 24 mm 钢板卷制,直径 2.5 m 钻孔,护筒内径 2 800 mm,直径 2.0 m 钻孔,护筒内径 2 300 mm。单根护筒总长均超过 40 m,依据现场设备吊重及陆路运输的方式将护筒分二节加工及插打。为防止保证钢护筒顶端和底端在插打过程中变形,顶口及底口均采用 24 mm 厚钢板进行包边加强,加强高度为 500 mm。护筒对接采用坡口焊接加补强板的方式。

钢护筒插打采用 80 t 履带吊机及 APE400B 电动锤辅以导向架施工,见图 4。钢护筒插打顺序为横桥向从上游向下游,顺桥向从小里程向大里程的顺序插打。钢护筒和振动锤摆放在钻孔平台孔位两侧,履带吊机沿着旋挖钻机设计走行通道作业。

图 4　钢护筒插打

3.3　泥浆制备

泥浆采用膨润土制浆,根据工程试桩施工总结、土层情况和旋挖钻机钻孔方法的泥浆指标,调制的钻孔泥浆及经过循环净化的泥浆性能指标符合表 1 的规定。38～43 号墩布置一艘 1 000 t 泥浆船储浆,通过高压泥浆泵及循环管道将泥浆抽至孔内。

表 1　泥浆性能指标选择

钻孔方法	地层情况	泥浆性能指标							
		相对密度	黏度(s)	含砂率(%)	胶体率(%)	失水率(mL/min)	泥皮厚(mm/30 min)	静切力(Pa)	pH 值
旋挖	一般地层	1.02～1.10	18～22	≤4	≥95	≤20	≤3	1～2.5	8～11

造浆后及时抽查泥浆指标，钻孔过程中及时抽查泥浆指标填写试验记录。

3.4　钻孔顺序

钻孔桩施工采用旋挖钻机成孔，钻机使用徐工 XR400D 型和 XR360 型旋挖钻，单个墩分 2 个循环完成 12 根钻孔桩，钻孔循序见图 5。

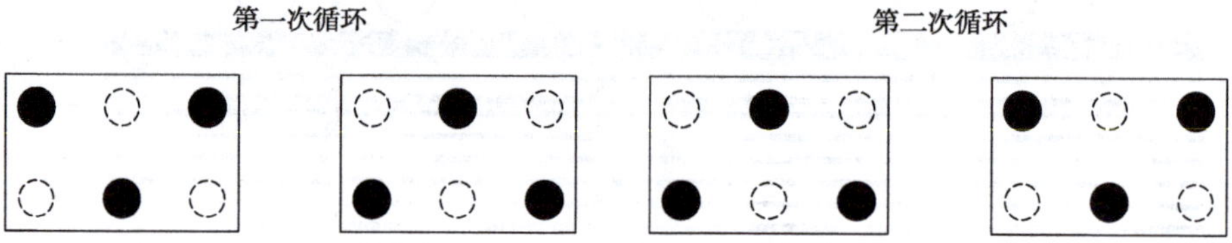

图 5　北汊副航道桥钻孔桩顺序示意

3.4.1　旋挖钻开孔

旋挖钻开孔以直径 2.5 m 钻孔桩为例，钻机就位时平面最大倾角不超过 4°，钻头中心线与护筒顶面的偏差不得超过 2 cm，开孔后低速钻进，确保保证孔位不产生大的偏差。采用 ϕ250 cm 钻头自护筒顶口钻至－12.5 m 高程后，采用扫孔器自护筒顶＋27.5 m 至－9.0 m 段进行扫孔，清除护筒内壁泥渣及岩土。扫孔器直径略小于钢护筒直径，来回多次扫孔，直至清扫干净后完成，扫孔后出现废弃岩土及时用旋挖钻进行清理。之后再次对桩位进行复核，再校准旋挖钻钻头位置，保证桩位正确，并用导正器校准钻杆的垂直度后，再次使用 ϕ250 cm 钻头钻进至设计孔底高程。

3.4.2　旋挖钻钻进

旋挖钻正常钻机时孔内要注满优质泥浆，杂填土、黏性土、粉土、中等密实以上的砂土地层可选用旋转钻头，碎石土、中等硬度的岩石及风化岩层可选用嵌岩钻头。开始钻进时低速钻进，确保孔位不产生偏差，在硬塑层中钻进时应采用快转速钻进，以提高钻进效率，在砂层等松散易坍塌地层中钻进时宜采用慢转速慢钻进，并应相应增加泥浆比重和黏度，在易缩径的地层中钻进时应适当增加扫孔次数，防止缩径，由硬地层钻至软地层时，可适当加快钻进速度，由软地层钻至硬地层时，应减速慢进，见图 6。

图 6　旋挖钻机施工

3.5 清孔及成孔检测

当钻孔深度达到设计要求时，立即对孔深、孔径、倾斜度和孔心平面位置进行检查，满足设计要求后报监理工程师确认后即可终孔，见图 7。

图 7 超声波成孔检测

终孔后立即采用气举反循环清孔工艺进行清孔，见图 8。该工艺主要利用压缩空气，通过安装在导管内的风管送至孔底，高压气与泥浆混合，浆气混合物因比重小而上升，在导管内形成负压，孔底泥浆在负压作用下上升，并在气压动量的联合作用下，不断补浆，形成流速、流量极大的反循环，携带沉渣从导管内抽出，泥浆中所含细砂经过滤砂后流入泥浆池中。新制泥浆或经滤砂合格的泥浆不断循环入孔内，形成反循环工艺，最终完成孔内的换浆清孔，在清孔过程中需及时向孔内补浆，保证孔内水位应高于水位 2 m 以上。

图 8 气举反循环清孔工艺

清孔完成后应从孔底、中、顶部分别取样检测平均值，确保泥浆各项指标符合表 2 要求，且孔底沉淀厚度不大于 100 mm。

表 2　清孔后泥浆性能指标

钻孔方法	地层情况	泥浆性能指标							
		相对密度	黏度(s)	含砂率(%)	胶体率(%)	失水率(mL/min)	泥皮厚(mm/30 min)	静切力(Pa)	pH 值
旋挖	一般地层	1.03～1.10	17～20	≤2	≥98	≤20	≤3	1～2.5	8～11

3.6　钢筋笼安装

3.6.1　钢筋笼制作

单桩钢筋笼最大长度 81.8 m，重量为 33.8 t。钢筋笼采用长线法在车间内台座上分节制作，标准段长度 12 m，调节段长度根据设计总长度调整，调节段设置在钢筋笼顶节。制作完成的钢筋笼经监理工程师验收合格后方可出场安装。

3.6.2　钢筋笼安装

钢筋笼采用平板车运输至墩位，为避免钢筋笼在起吊及安装过程中发生变形，采用专门的吊具进行起吊。钢筋笼采用主、副双钩进行竖转，主钩通过吊具起吊钢筋笼上端、副钩吊钢筋笼下端，将钢筋笼水平吊起后，主钩起、副钩落，使钢筋笼逐步竖立。竖立后由钢筋笼第一层加劲箍受力，为避免钢筋笼在吊桩过程中第一层加劲箍发生变形，需在第一层加劲箍吊点位置进行局部的加固，在加劲箍下方均匀增设六根长约 10 cm 的 ϕ25 mm 钢筋，与纵向与主筋进行焊接，底端顶住加筋箍。钢筋笼节段间接长采用直螺纹套筒进行连接，已下放的钢筋笼利用孔口定位架临时悬挂。钢筋笼吊装见图 9。

图 9　钢筋笼起吊及安装

3.6.3　钢筋笼定位

(1)竖向定位

钢筋笼竖向定位采用吊筋定位，通过测定的孔口高程来计算竖向定位筋的长度，并反复核对无误后再焊接定位。

(2)平面定位

为保证桩顶处钢筋笼的平面位置，在固定安装孔口定位架时，严格控制其顶面位置及垂直度,见图 10。

图 10　钢筋笼孔口定位架

3.7　水下混凝土灌注

水下混凝土采用单根垂直导管浇注,采用拔球+隔水栓的方式。钢筋笼安装完成后,安装接放 ϕ325 mm 导管进行灌注前二次清孔,检查桩底沉渣厚度、泥浆性能指标符规范要求后进行水下混凝土灌注。导管使用前按照顺序组装编号并按照孔底静水压力的 1.3 倍进行水密性试验、承压和接头试验,保证水下混凝土灌注过程中导管密封不漏水。

导管安装下放时根据试压时的编号顺序安装保证各接头的密封性能,计算并记录导管的实际长度以便与孔深、混凝土埋深相互复核,导管安装完毕后,底口离孔底 40 cm。

灌注首批混凝土时,首批混凝土储量控制在 13.5 m^3 左右,以满足导管初次埋置深度要求。开始"拔球"灌注水下混凝土,拔球后混凝土要连续灌注,不得停顿,保证整桩在混凝土初凝前灌注完成。

混凝土灌注过程中要有专人测量混凝土面高程,测量采用同步多点测量的办法,以准确了解混凝土面的高度,正确指挥导管的提升和拆除,保证埋置深度不大于 6 m,不小于 2 m。

混凝土灌注到桩上部 5 m 以内时,不再提升导管,待灌注至规定高程一次提出导管。拔出最后一节导管时缓慢提出,以免桩内夹入泥芯或形成空洞。

4　结　　语

武汉青山长江大桥北汊副航道桥钻孔桩直径大、桩长长、地质条件复杂,选用的旋挖钻机成孔方式行之有效,能顺利穿过此种地层,施工效率高,采用 ZX-250 型泥浆分离器有效实现了泥浆与砂的分离,大大缩短了清孔时间,混凝土水下灌注施工顺利,经检测均为Ⅰ类桩。

北汉副航道桥围堰及承台施工

张昭贤　柳　涛

1　工程概况

武汉市四环线青山长江公路大桥北汊副航道桥为(65+3×110+65)m 预应力混凝土连续梁桥，位于北汊副航道内。基础采用钻孔灌注桩，承台采用左右分幅式承台。边墩单个承台尺寸为 13.6 m×8.6 m×3.5 m，主墩单个承台尺寸为 17 m×10.75 m×4 m，为实心矩形断面，采用 C35 混凝土。下部结构形式见图 1。

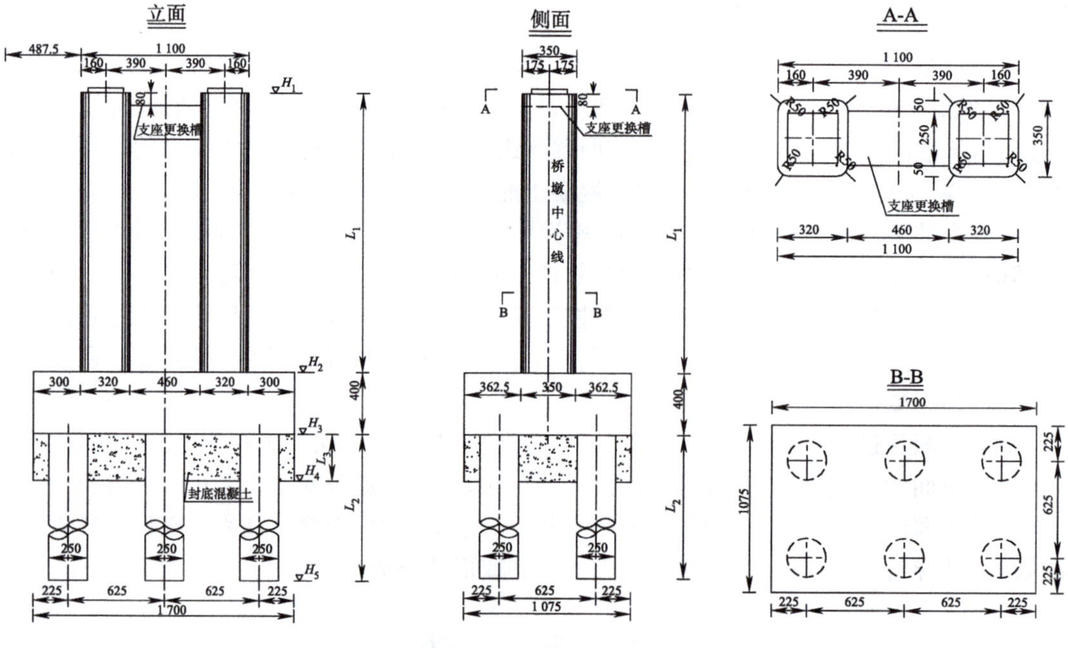

图 1　基础及下部结构一般构造(单位：cm)

2　施工条件

2.1　水文情况

桥位区域河段为微弯分汊型河段。2008 年至 2015 年详细水位，见图 2。

水位变化趋势：由 1 月至 6 月水位逐月较均匀上升；6 月至 10 月为洪水期，水位维持在较高水平，8 月、9 月水位将达到全年水位的高峰值；由 10 月至次年 1 月水位逐月下降，平均每月下降约 2～3 m，本工程施工设防水位为：+19.0 m。

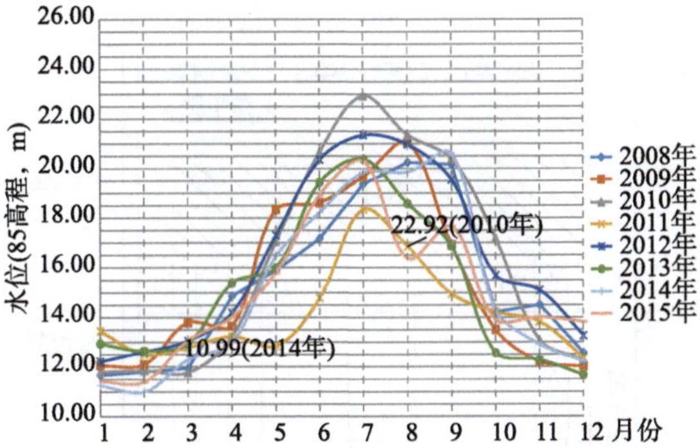

(a)天兴洲历年逐月水位最小值

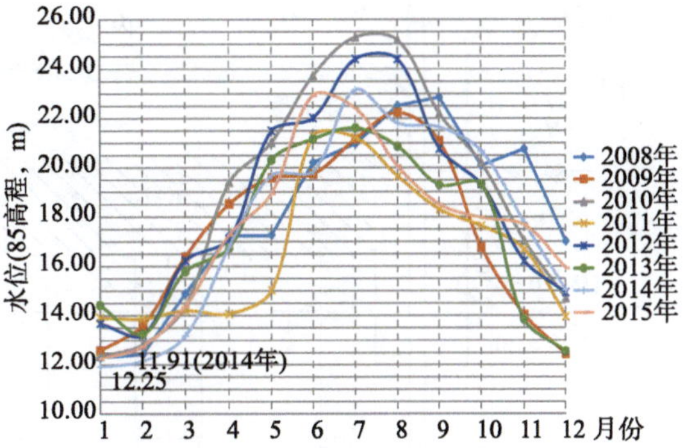

(b)天兴洲历年逐月水位最大值

图 2　2008～2015 年水位曲线

2.2　地质情况

北汊副航道桥位于长江北汊，为长江副河道，河床高程 10 m，河道距长江防洪堤约 180 m。场区覆盖层厚 26～33 m，上部为松散粉细砂，厚 8～14 m，中部为中密状粉细砂，厚 12～16 m，覆盖层下部为密实状圆砾，厚 1～10 m。

3　总体施工方案

北汊副航道桥基础钻孔桩施工完成后，拆除钻孔平台，保留两侧支栈桥作为下构施工平台；插打锁口钢管桩围堰形成支护，吸泥清淤至设计封底底面高程后，采用垂直导管法浇筑水下封底混凝土，待封底混凝土达到设计强度后抽水并对基坑底面进行清理，按照设计高程割除钢护筒、凿除多余桩头并浇筑垫层混凝土。承台钢筋集中在封闭车间内制造验收合格转运至现场安装，同步安装冷却水管及测温元件，安装各类预埋件后立模浇筑承台，单个承台一次浇筑成型。

4　围堰及封底施工

4.1　锁口钢管桩围堰设计

北汊副航道桥主墩承台采用锁口钢管桩围堰施工，每个墩各设置一个围堰，以 41 号墩为例，围堰平面净尺寸为 40.62 m×13.62 m，采用 ϕ630 mm×10 mm，长 21 m 的锁口钢管桩，见图 3、图 4。围堰设防水位+19.0 m，围堰顶高程+20.0 m，高出设防水位 1 m。距离围堰顶 2 m 设置一道内支撑，内支撑圈梁采用 2HW588 型钢，围堰采用 C30 水下混凝土封底，封底厚度 2.3 m。

4.2　锁口钢管桩围堰安装

锁口钢管桩沉桩采用 80 t 履带吊+DZJ150 振动锤施工。

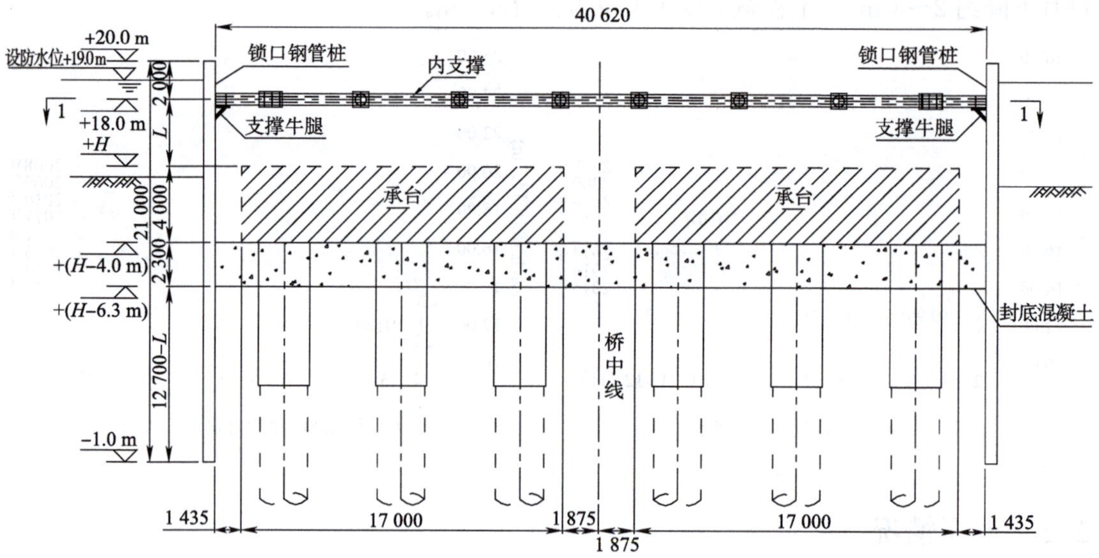

图 3　锁口钢管桩围堰立面(单位:mm)

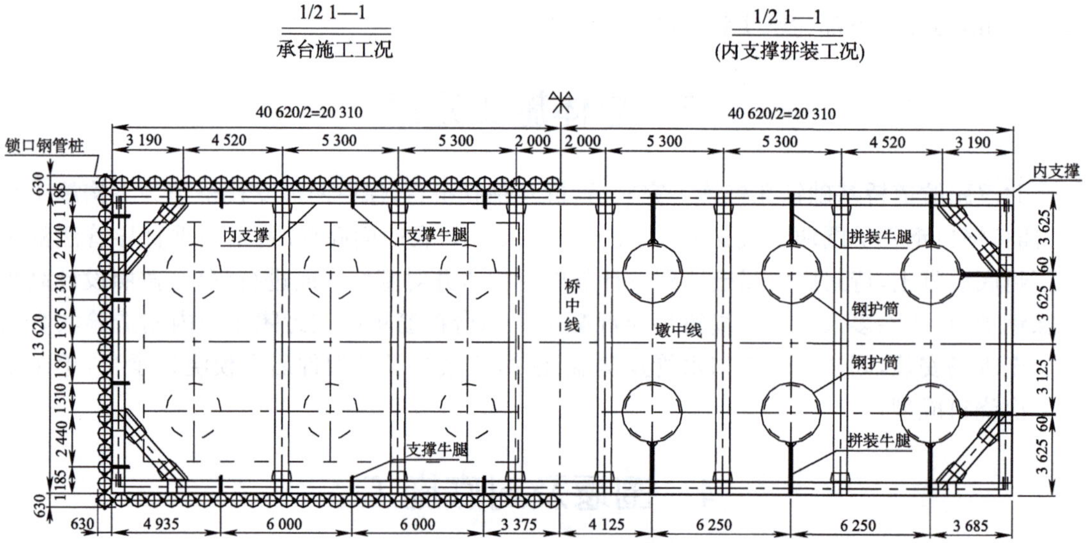

图 4　锁口钢管桩围堰平面布置(单位:mm)

4.2.1　内支撑安装

在桩基护筒上安装内支撑拼装牛腿,在牛腿上测量定出围堰内外框线,沿着内外框线安装导向圈梁。利用内支撑为导向插打锁口钢管桩。

4.2.2　锁口钢管桩插打

吊机起吊钢管桩至沉桩位置,使其锁口与已沉入钢管桩的锁口咬合,并从定位架中缓慢下放,直至进入河床不沉、自稳为止。取下桩头千斤绳,吊机主钩起吊振动锤至桩头并夹紧桩壁;启动振动锤沉桩,直至设计深度停止。下沉过程中同步松放吊机的起重绳,控制锤身与桩身保持垂直状态。遇到锁口钢管桩不能顺利打入至设计高程,采用桩内射水、吸泥方法辅助下沉。

4.2.3 锁口钢管桩纠偏控制

严格控制首根管桩的垂直度，打入时要适当放慢速度，及时测量纠偏。当沉桩至一半设计深度时检查桩身的垂直度是否符合要求，满足要求后继续开启振动锤沉桩；否则需拔出重打。剩余钢管桩在定位架和锁口的共同作用下，一般不会产生较大偏差，每插打 15 根做一次检查，保证桩身的垂直度满足要求。

4.2.4 围堰合龙。

锁口管桩由围堰上游分两头插打，到下游侧合龙。为保证钢管桩围堰合龙时两侧锁口互相平行，减小合龙难度，当围堰两插打作业面相距 10～15 根桩的距离时，用全站仪逐根测量后续插打管桩的垂直度。对存在偏斜的桩身逐根纠正，分散偏差，调整合龙。

4.2.5 锁口止水

采用在锁口内塞入一层塑料薄膜并填塞黏土＋锯末的方式进行止水。

4.3 封底施工

4.3.1 吸泥清基

钢管桩围堰施工完成后，布设铰吸泵进行吸泥施工，局部辅以空气吸泥机和空压机高压射水设备辅助吸泥施工。将围堰内吸泥至设计底高程后，由潜水工潜水作业，用高压水枪清除钢板桩内壁、底角、钢护筒的淤泥及其他杂物，然后检查基底平整度，并用高压水枪铲除凸起部分，并用泥浆泵排除松软泥土或淤泥。

4.3.2 封　　底

吸泥清基完成后，采用贝雷梁及型钢快速形成封底平台。封底采用多导管分布浇筑封底混凝土，一次性布管法，见图 5。拔球和浇筑的顺序为：由底往高，从边到中；控制混凝土的扩散半径不超过 4 m，同时严防先剪球的导管混凝土扩散到附近未剪球的导管位置；导管停注时间不宜超过 30 min；派专人探测混凝土高程，做好各处的测深记录，保证导管埋深不少于 50 cm，控制浇筑中混凝土高差小于 1 m，浇完时平面高差小于 50 cm。围堰封底混凝土最后阶段，由试验室对混凝土取样，制作同条件养护试件，用于监测混凝土强度发展情况；混凝土抗压强度标准值未达设计要求时不得进行围堰抽水作业。

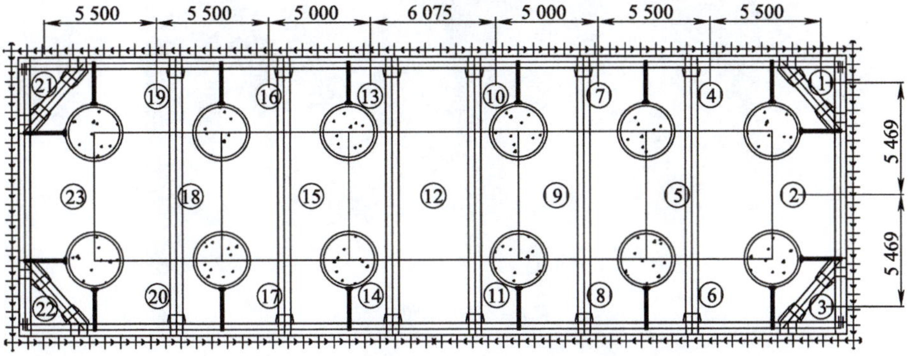

图 5　围堰封底导管平面布置(单位：mm)

4.3.3 围堰监测

在围堰施工及使用过程中，对锁口钢管桩围堰进行监测，具体监测内容为河床的冲刷变化、围堰的沉降及变形。围堰变形预警值：冲刷深度超 2 m，累积水平位移值为 25 mm，累计沉降值为 30 mm。累计变化量达到预警值应立即预警上报进行处理。

5 承台施工

5.1 准备工作

(1)围堰内抽水：封底混凝土强度达到 25 MPa 后，布置水泵进行抽水施工。

(2)钢护筒割除：测量放样定位出切割高程，并进行割除。

(3)桩头处理：采用“环切法”凿除桩头。

(4)基底处理：将封底混凝土高出承台底面高程的部分人工修整凿除，低于承台底面高程的部分填以碎石，并用砂浆面层(厚度不小于 2 cm)找平。

5.2 钢筋施工

5.2.1 钢筋加工

承台钢筋在钢筋加工车间加工成半成品经检验合格后运输至墩位进行安装。

5.2.2 钢筋安装

现场在垫层混凝土上测量放样，明确标识承台角点及墩柱范围。钢筋安装顺序为先绑扎承台的底层钢筋，安装架立骨架再绑扎侧面钢筋和顶层钢筋补齐水平对拉筋，墩柱预埋钢筋要严格控制角点位置及布置间距，采用定位工装进行定位，见图 6。钢筋、预埋件等应焊接绑扎固定牢固，确保其在浇筑混凝土施工过程中不产生变形及位移。

图 6 承台钢筋安装

5.2.3 冷却水管安装

承台内架立骨架安装完成后逐层安装冷却水管，按纵横向 1 m 间距布设，每层冷却水管安装完成后均需检查其水密性。

5.2.4 预埋件安装

承台施工前，根据设计图纸编制预埋件清册，明确安装位置、数量及精度要求。预埋件包括：温控监测元件、塔吊基础、0 号块支架基础预埋件。所有预埋件应确保定位准确安装牢固，混凝土浇筑过程中应注意防止振捣棒直接触碰预埋件，同时预埋件处应严格保证混凝土振捣密实，确保安装质量。

5.3 模板施工

承台模板采用大块钢模板，模板均采用内拉外撑的方法进行固定。在内部设置通长对拉杆伸出模板外侧，采用背带进行固定；在外部采用钢管顶住模板背带，防止模板发生移动。模板安装完毕后由测量人员对模板轴线偏位高程进行测量及复核，合格后进入下一道工序。测量时在模板四周和承台中间部位设置高程控制点，以方便承台混凝土浇筑过程中的高程控制。

5.4 混凝土施工

5.4.1 混凝土浇筑

混凝土浇筑采用车载泵下料。

(1)混凝土浇筑前，全部支架、模板、钢筋和预埋件等应按图纸进行检查复核。

(2)混凝土分层浇筑时应连续进行，上、下层间隔时间不超过混凝土的初凝时间。

(3)混凝土浇筑期间，设置专人专职检查支架模板拉杆、钢筋和预埋件等稳固情况，当发现支架有松动变形移位情况时应及时处理。

(4)混凝土初凝后，模板不得被振动，预埋的钢筋不得承受外力。

5.4.2 混凝土温控及监测

承台混凝土属于大体积混凝土，施工中需采取温控措施。大体积混凝土温度控制是一个系统工程和动态的控制过程，在实施过程中，需要根据环境施工条件和监测实时结果，灵活采取相应的控制措施，总体坚持“预防为主，外蓄内降抗放兼施”的原则。

5.4.3 混凝土养护

混凝土养护采用“外保内降”法养护，承台顶面采用塑料薄膜和土工布覆盖后洒水保温保湿养护，侧面模板晚拆以加强保温效果。

5 结　　语

武汉市四环线青山长江公路大桥北汉副航道桥主墩承台为大体积钢筋混凝土结构，锁口钢管桩围堰施工和大体积混凝土裂纹控制是该项施工的重点。承台施工正值武汉冬季，围堰锁口止水采用常规止水的基础上增加一层塑料薄膜，取得了良好的止水效果。围堰吸泥清基主要采用铰吸泵辅以高压射水的方式加快了施工工效。在大体积混凝土施工中，从分层厚度控制、混凝土配合比设计、外保内降养护和温控监测等多方面入手，成功地将大体积混凝土温度控制在规范要求范围之内，施工完成后未出现收缩裂缝。

跨营业线桥梁钻孔桩施工

柳　涛　张志欣

1 概　　述

1.1 工程概况

跨汉施公路和新港铁路桥属于武汉青山长江大桥北段引桥工程，由南向北依次跨过汉施公路、轨道交通21号线、新港铁路等既有线路。桥梁从新港铁路武湖特大桥62～64号墩（2×24 m跨）之间通过，见图1。桥墩桩基距新港铁路桥墩桩基最小距离为10.9 m，墩边距新港铁路右线中心线最小距离为13.6 m。N31号墩承台边距天然气管中心最小距离为6.8 m。

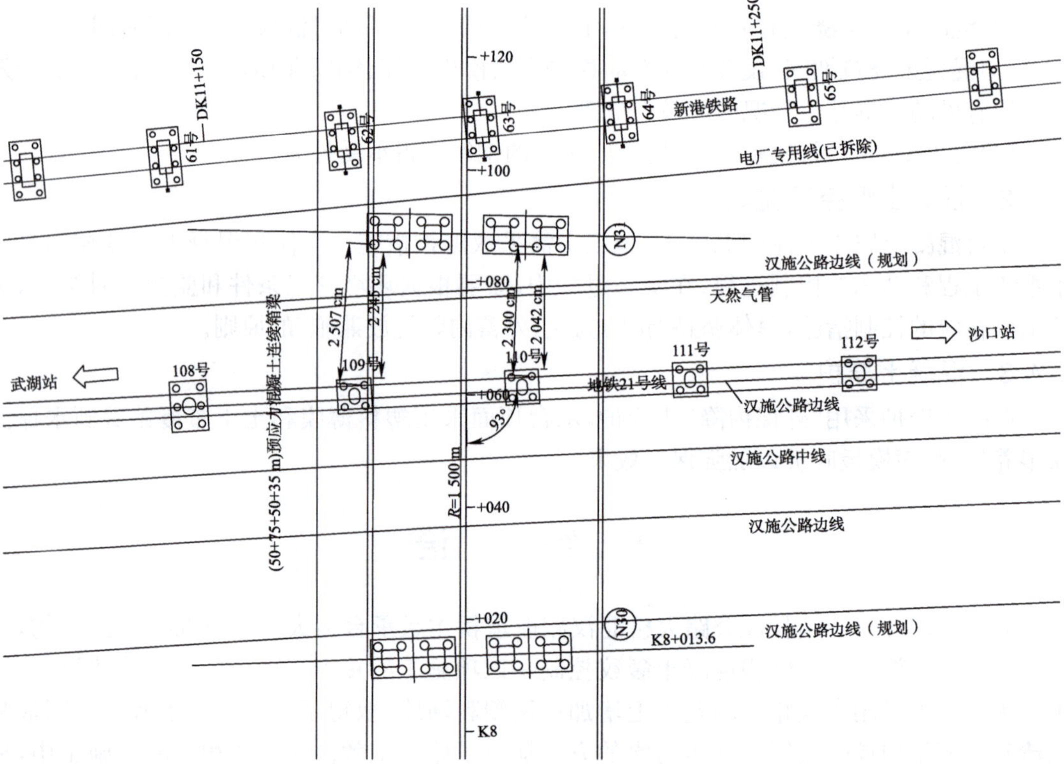

图1　跨汉施公路和新港铁路桥与既有线位置关系

1.2 桩基结构设计

桥墩承台高 3.0 m，横桥向尺寸为 15.2 m，顺桥向尺寸为 6.8 m，每个承台下设 8 根 ϕ1.6 m 钢筋混凝土钻孔桩，N29 号、N33 号墩桩长 48 m，N30 号、N31 号墩桩长 70 m，N32 号墩桩长 50 m，均按摩擦桩设计，桩基采用 C30 水下混凝土。

1.3 工程地质情况

在本项目施工深度范围内，根据地层岩性和工程地质特性，地层自上而下可分 8 大层：①素填土（Q_4^{ml}）、②粉质黏土（Q_4^{al+pl}）、③粉质黏土（Q_4^{al+pl}）、④黏土（Q_4^{al+pl}）、⑤粉土（Q_4^{al+pl}）、⑥粉细砂（Q_4^{al+pl}）、⑦圆砾（Q_4^{al+pl}）、⑧砂岩（K-R）、⑧泥质砂岩（K-R）。

2 施工方案

2.1 总体施工方案

29～33 号共计 5 个墩位，地势相对平坦，31 号墩现状施工环境较为复杂，施工范围内有通信光缆与桩基交叉，施工前需探明位置并改迁，且施工场地周边存在管道，施工前需进行保护，修筑钻孔平台前，在管道上部浇筑 20 cm 厚钢筋混凝土保护盖板。

综合考虑施工场地内地质情况及钻孔过程对两侧铁路的扰动，钻孔选用旋挖钻机成孔。在施工场地布置完成后，埋设钢护筒，共安排 2 台旋挖钻机施工，钻进过程中采用优质泥浆进行护壁，钻至设计孔深后对孔径、孔深和孔的倾斜度进行检查，检查满足规范要求后进行一次清孔。

一次清孔完成后采用超声波探测仪检查成孔质量，重点对桩体垂直度及孔深进行检测，满足设计及规范要求后，采用汽车吊分节下放钢筋笼，钢筋笼钢筋接头采用直螺纹套筒连接。钢筋笼下放完成后，在灌注混凝土前进行二次清孔，当孔内泥浆达到规范允许的泥浆指标及沉淀厚度后进行水下混凝土的灌注，灌注采用垂直导管法一次灌注成型，超封高度不低于 1.0 m。钻孔桩成桩 48 h 后方可在邻近桩位钻孔施工。

2.2 钻孔桩施工

2.2.1 护筒埋设

根据地质选取护筒长度，采用震动锤下沉，护筒埋设过程中控制护筒的平面偏位和垂直度。护筒中心与桩中心的偏差不大于 5 cm，其在竖直方向的倾斜度不大于 1%，护筒顶高出施工地面 0.3 m。护筒周围用黏土或沙袋围护。

2.2.2 泥浆制备

为满足旋挖钻机钻孔时泥浆制备及水下混凝土灌注时的存储需要，根据现场实际情况，设置满足现场施工的泥浆池，泥浆池周围设置截水沟，见图 2。通过高压泥浆泵和进浆管抽取优质泥浆至孔内。

根据工程施工情况、土层情况和旋挖钻机钻孔方法的泥浆指标，调制钻孔泥浆。在钻孔过程中及时清孔，必须按规范要求对泥浆性能指标进行测定。

图 2　泥浆池及防护栏杆布置

2.2.3　成孔钻进

钻孔桩施工采用旋挖钻钻机成孔(图 3),钻头直径必须满足钻孔要求,钻机底座平整牢固,钻机安装后稳定可靠。由于旋挖钻机自重大,工作时荷载较大,要求钻机就位时在旋挖钻机履带下方铺设钢板,增加旋挖钻机工作时的稳定性。

通过布置 4 根护桩,确保桩基中心位置偏差控制在设计及规范范围内(倾斜率不大于 1%,且小于 50 cm,桩顶在顺桥向和横桥向偏差均应小于 5 cm)。因钻进深度较深,为保证成孔垂直度,钻进过程中安装导正器,以保证垂直度。

旋挖钻机采用静态泥浆护壁钻斗取土的工艺,钻进时孔内要注满优质泥浆。钻进过程中岩样的取样频率为护筒底口以下每 2～4 m 取样一次,入岩之后每 1～2 m 取样一次,取样必须分别装于塑料袋内,内附表签,并把塑料袋放在岩样盒里。旋挖钻机行走机动、灵活,终孔后能快速地移位或至下一桩位施工。钻孔桩终孔前由现场地质工程师和监理工程师对桩基地质状况及桩位、孔深进行确认。

图 3　旋挖钻钻孔施工

钻进过程中钻头的选择根据土层情况和钻孔方式进行选用。黏性土、粉土、填土、中等密实以上的砂土地层可选用旋转钻头，碎石土、中等硬度的岩石及风化岩层可选用嵌岩钻头。

旋挖钻机在钻孔过程中应根据地质情况，控制进尺速度，防止卡钻或埋钻，严格控制钻头升降速度，减小钻斗升降对孔壁的扰动，避免造成塌孔事故。不同地层中钻进应符合下列规定：在硬塑层中钻进时应采用快转速钻进，以提高钻进效率；在砂层等松散易坍塌地层中钻进时宜采用慢转速慢钻进，并应相应增加泥浆比重和黏度；在易缩径的地层中钻进时应适当增加扫孔次数，防止缩径；由硬地层钻至软地层时，可适当加快钻进速度；由软地层钻至硬地层时，应减速慢进。钻斗升降速度保持在 0.75～0.80 m/s。当钻进粉砂层或亚砂土层时，其升降速度应更加缓慢。钻进过程中钻头倒出的钻渣距离孔口的距离应不小于 6 m，并及时利用挖机和渣土车将钻渣拖运至渣土弃放场，确保施工现场无大量钻渣堆积。

2.2.4 清孔及成孔检测

当钻孔深度达到设计要求时，立即对孔深、孔径、和孔底沉渣量进行检查，确认满足设计要求后即可终孔，报监理工程师确认后，立即采用气举反循环清孔工艺进行一次清孔。成孔后采用超声波孔壁测试仪检控，该仪器主要包含主机和绞车两个部分。现场检测时，利用绞车将探头放入孔内，依靠自重保持测试探头处于铅垂位置。

2.2.5 钢筋笼制安

钢筋笼分节制造安装，根据钢筋笼的全长及吊装能力，可分为标准节段和调节段吊装入孔对接，标准段长度 12 m，调节段长度根据设计长度调整，调节段设置在钢筋笼底节，标准段和调节段钢筋笼均在钢筋笼滚焊机上制造，见图 4。钢筋笼的运输吊装均要设计专用吊具设备。严禁吊装运输时损坏和变形。分节钢筋笼纵向主筋的连接，采用直螺纹套筒连接接头。钢筋笼节段 12 m 长，为使钢筋笼在起吊及安装过程中不发生变形，需设计专用吊具。

图 4　滚焊机制作钢筋笼

由于钢筋笼直径大、重量大，钢筋笼对接时不可能采用常规的设置孔口扁担梁的方式来支撑已放入孔内的钢筋笼，需采用专用钢筋笼吊架及支撑架安装钢筋笼。钢筋笼下放支撑架采用I 25b焊接而成，采用挑梁和后锚固系统对钢筋笼进行支撑悬挂定位，见图5。

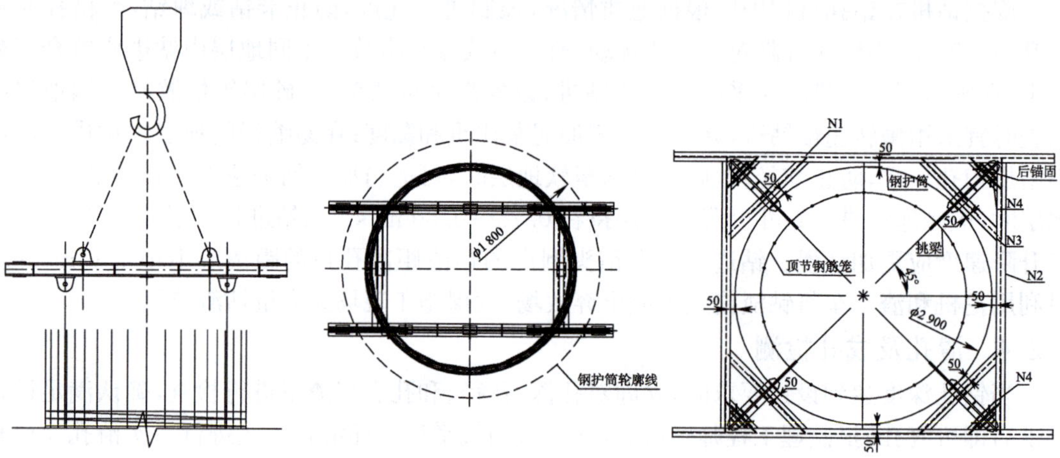

(a)钢筋笼吊架立面　(b)钢筋笼吊架平面　(c)钢筋笼支撑架平面

图5　钢筋笼下放专用吊架及支撑架(单位:mm)

钢筋笼的定位包括竖向定位和平面定位两个方面。

(1)竖向定位

钢筋笼竖向定位采用吊筋定位，由测定的孔口高程来计算定位筋的长度，并反复核对无误后再焊接定位。

(2)平面定位

为保证桩顶处钢筋笼的平面位置，应采取两条措施双控钢筋笼的平面位置。

第一条措施：在固定支撑架时，严格控制其顶面位置及垂直度，并利用支撑架的顶面位置及垂直度推算桩顶钢筋笼的位置，要求将推算的桩顶钢筋笼偏位控制在5 cm以内。

第二条措施：超声波测壁测定仪检孔时，可准确地反映出桩顶处钢护筒的椭圆度及偏位情况。可根据检孔的情况，在桩顶处设置钢筋笼限位钢筋，控制钢筋笼的平面位置。

2.2.6　混凝土灌注

混凝土灌注前进行二次清孔：二次清孔是在下好钢筋笼及导管后进行。二次清孔完成，灌注前对孔底沉淀厚度再进行一次测定。如沉淀厚度超出规定，可用喷射法，即向孔底进行高压射水或射风数分钟，使沉淀物悬浮然后立即灌注首批水下混凝土。首批灌注混凝土的数量应能满足导管首次埋置深度1.0 m以上的需要。灌注开始后，应紧凑、连续地进行，严禁中途停工；注意观察导管内混凝土下降和孔内水位升降情况，及时测量孔内混凝土面高度，计算导管埋置深度，正确指挥导管的提升和拆除，使导管的埋置深度控制在2～6 m以内。拆除导管动作要快，时间不超过15 min，要防止橡胶垫、工具等掉入孔内，要注意安全。拆下的导管要立即清洗干净，堆放整齐。

采用水下混凝土灌注方法：用混凝土搅拌车自卸或混凝土输送泵输送混凝土至孔口，经导管灌入孔内。混凝土灌注采用直径为350 mm的快速卡口垂直提升导管。

为确保桩顶质量，在桩顶设计高程以上加灌一定高度的混凝土，不小于1 m。

混凝土灌注接近设计高程时,技术人员要及时计算出还需要的混凝土数量,通知搅拌站按需要数量拌制,以免造成浪费。

在灌注接近结束时,由于导管内混凝土柱的高度减小,超压力降低,而孔内的泥浆及所含渣土稠度增加,相对密度增大,如果在这种情况下混凝土顶升困难,可在孔内加水稀释泥浆,并掏出部分沉淀土。在拔出最后一段导管时,拔管速度要慢,以防桩顶沉淀的泥浆挤入导管下形成泥心。

3　邻近既有线施工安全技术保证措施

跨汉施公路和新港铁路桥31号墩、32号墩位于新港铁路两侧,见图6,桩基距离新港铁路边线最小距离为7 m,最大距离为23 m,钻孔机械采用XR360型旋挖钻机,其工作状态高度为24 m,如果旋挖钻机倾覆,会侵入铁路限界,对新港铁路造成严重影响。《铁路营业线施工安全管理办法》等相关文件对上跨既有铁路立交安全施工做出了详尽的要求,为控制施工风险及安全生产,本桥钻孔桩施工必须采取以下安全防护措施。

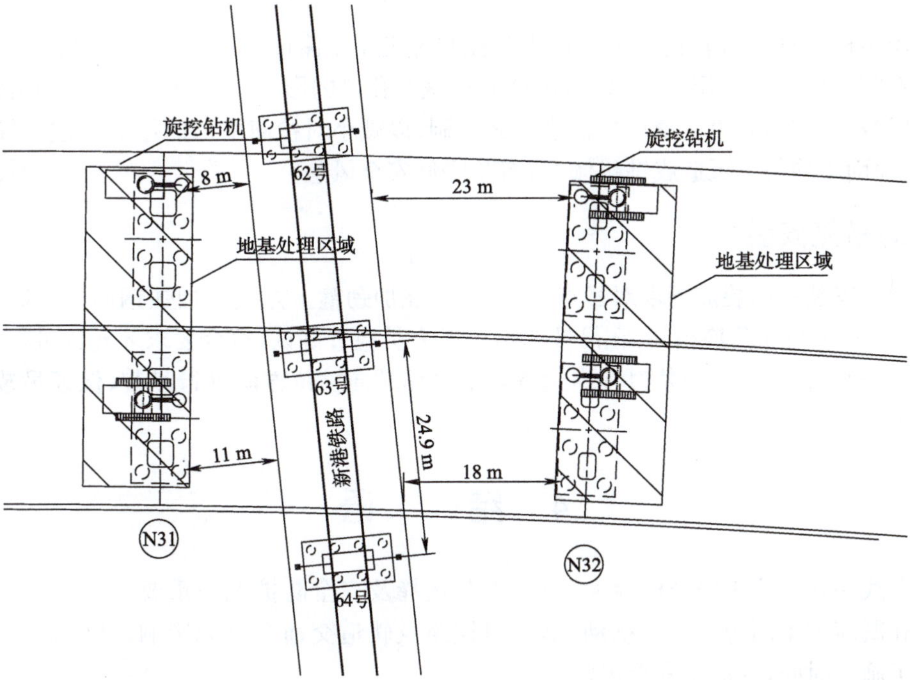

图6　31号墩、32号墩钻机站位布置

3.1　旋挖钻机

旋挖钻采用履带式XR360型旋挖钻机,它采用液压伸缩式履带底盘,具有超强的稳定性,其履带宽度较宽,为80 cm,可有效降低荷载应力,增大其抗倾覆性,降低倾覆风险。桅杆为高强度材质制成的箱型结构,具有较高的高度和抗扭特性,本桥地质土质较软,采用此类型钻机能够安全快速成孔,缩短邻近既有线施工时间,有效降低安全风险。

3.2 地基处理

旋挖钻机在桩位附近钻进平台上进行工作，由于旋挖钻机较重，对地基承载力要求较高，普通墩位要求不小于 100 kPa，对新港铁路两侧的 31 号、32 号墩位钻孔桩操作平台地基进行加强处理，采用 30 cm 厚毛渣加 30 cm 厚 C30 钢筋混凝土，保证其地基承载力不小于 150 kPa，回填尺寸为 44 m×18 m，保证旋挖钻机工作状态下履带全部位于毛渣回填区域，且在桩周履带下铺设 2 m×6 m×20 mm 钢板，使在施工过程中保证地基不下沉，有效降低安全风险。

3.3 旋挖钻机站位

旋挖钻机履带方向较横向更为稳定，旋挖钻机工作状态时履带方向应为顺桥向，出渣方向为垂直于履带方向(平行于新港铁路方向)，机尾位于远离铁路侧方向，这样保证钻机工作状态下更为稳定，降低因旋挖钻机倾覆造成的安全风险。

3.4 护筒埋设

旋挖钻机距离孔口较近，直接加载至孔口附近，为保证孔口稳定，采用长 6 m、直径 1.8 m钢护筒，深入黏土层 4 m，以减小地面机械对孔口的影响。护筒埋设后，将护筒周边回填土封层夯实，护筒周边尽量尽量减小泥浆冲刷，以减小对护筒下口的影响造成护筒下方坍孔，致使地面不均匀下沉造成钻机倾覆，有效降低安全风险。

3.5 钢筋笼安装

钢筋笼安装在吊装前要求对吊点进行加强，在加劲箍上方设置加强钢筋与主筋焊接，长度为 5 cm，直径与加劲箍相同，在吊装前由技术人员检查确认，符合要求才允许进行吊装，保证钢筋笼安装过程安全，吊装过程由远离新港铁路端向桩位方向进行吊装，保证吊装过程不侵铁路限界。

4 结　　语

既有线钻孔桩施工安全风险大，成孔工艺选择及安全防护尤为重要。本工程采用旋挖钻机成孔既减少了周边土层的扰动，基本对铁路及轨道交通桥梁无影响，且成孔速度快，大大减少了施工时间，降低了安全风险。

上部结构施工

主桥钢箱梁及钢锚梁制造

张银河

1　工程概况

南汉主航道桥桥跨布置为(100＋102＋148＋938＋148＋102＋100)＝1 638 m 斜拉桥，采用双塔双索面全漂浮体系，主跨主梁采用整体式钢箱梁，边跨采用钢—混凝土结合梁主梁(即钢箱结合梁)，见图 1。

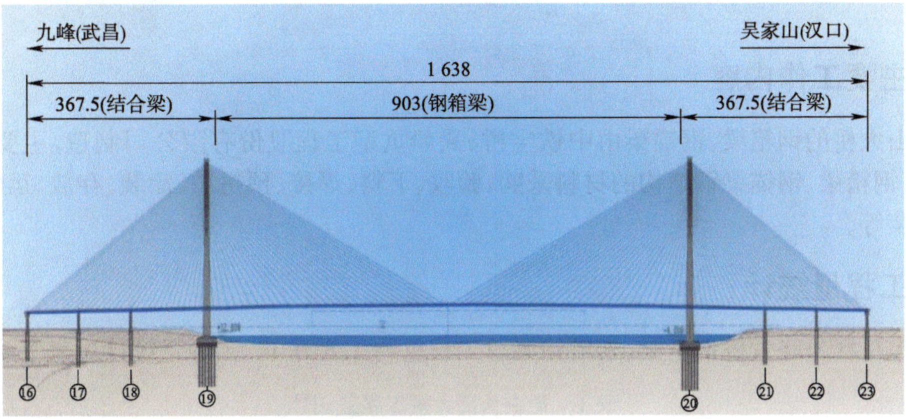

图 1　桥型立面布置(单位：m)

1.1　主桥结合梁

边跨钢箱结合梁外轮廓总宽 48 m，设置 2%的双向横坡，主梁中心线处梁高 4.47 m，横梁标准间距 3.8 m，主梁标准索间距 11.4 m。边跨钢箱结合梁断面布置见图 2。

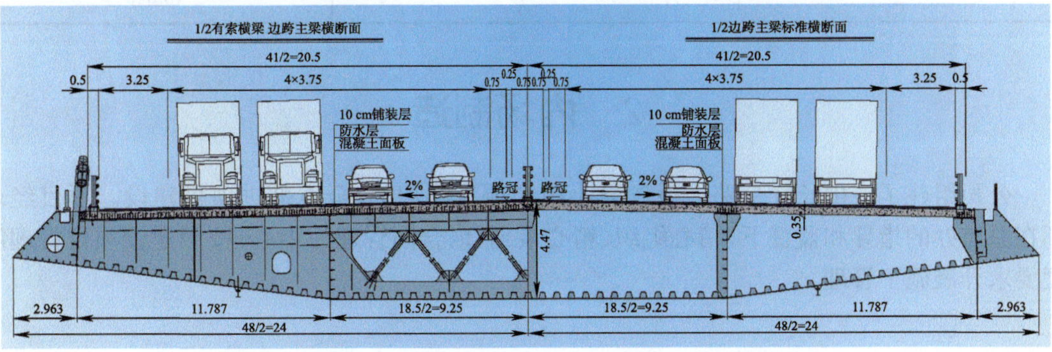

图 2　边跨钢箱结合梁标准断面(单位：m)

1.2 主桥钢箱梁

主桥中跨钢箱梁外轮廓总宽 48 m，设置 2%的双向横坡，主梁中心线处梁高 4.5 m，横梁间距 2.5 m，主梁索间距 15 m。中跨钢箱梁断面布置见图 3。

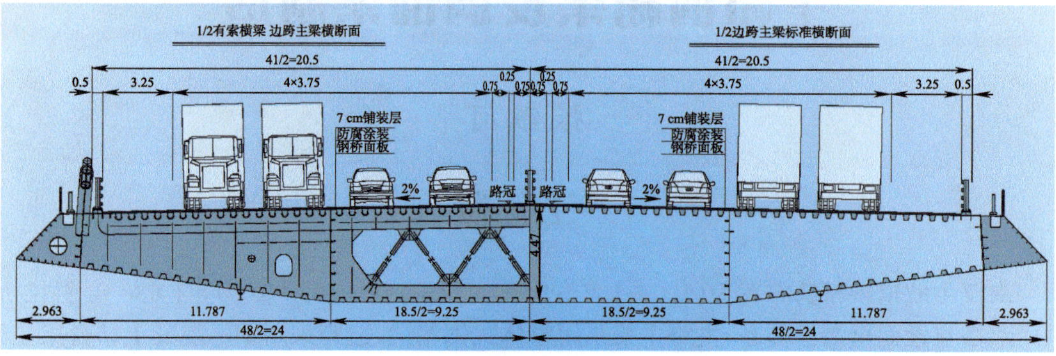

图 3 中跨主梁标准断面图(单位:m)

1.3 主要工作内容

青山大桥的钢箱梁、钢锚梁由中铁宝桥、武船重型工程股份有限公司制造，主要工作内容包括：钢箱梁、钢锚梁钢结构的材料采购、验收、下料、焊接、预拼装、涂装、存放、运输交货、配合吊装等。

1.4 工程量统计

青山长江公路大桥钢主梁、索塔锚梁总工程量约 4.8 万 t。工程量统计见表 1。

表 1 青山长江大桥工程量统计

序 号	材 料 名 称	单 位	合同总数量
1	19 号塔钢锚梁	t	1 023
2	20 号塔钢锚梁	t	1 023
3	主桥钢箱梁	t	46 000
4	合 计	t	48 046

2 内场制造

公司组建了青山长江公路大桥领导小组和项目经理部，全力推进项目建设。项目经理部在总监办的指导和监督下，精心组织、精心策划，以合同管理为中心，按照建设项目管理制度要求开展施工管理。

2.1 重要施工管理活动

2.1.1 成立项目经理部

公司于 2017 年 4 月 21 日正式接到中标通知书后，成立了项目管理团队，集中公司优质资源组建了青山长江公路大桥项目经理部。

2.1.2 施工图设计技术交底会

2017 年 5 月 19 日，在武汉召开了青山长江公路大桥主桥钢箱梁设计交底会，由设计单位代表详细介绍了青山长江公路大桥的设计理念、桥梁特点、钢箱梁制造总体要求和关键重难点，见图 4。

图 4 青山长江公路大桥设计院交底

2.1.3 施工组织设计评审会

2017 年 5 月 26 日，在武汉召开了青山长江公路大桥主桥钢箱梁及钢锚梁施组评审会，经过专家论证，通过了相关制造方案，经细化上报后，可用于指导施工制造，见图 5。

2.1.4 施工制造技术交底会

2017 年 6 月 1 日，在公司阳逻厂区三楼会议室对本项目施工人员进行了全面的施工制造技术、质量、安全交底，对关键制造工序及相关注意事项进行了详细介绍，指导施工作业，见图 6。

图 5 施工组织设计评审会

图 6 施工制造技术交底会

2.1.5 焊接工艺评定及制造验收规则评审会

为了实现本工程的质量方针，针对本项目的结构特点，结合以往钢桥的制造经验，与宝桥共同编制了《青山长江公路大桥制造验收规则》并于 2017 年 6 月 28 日通过了专家评审，作为本桥钢结构制造验收的依据，见图 7。

2.1.6 钢箱梁制造首件施工总结评审会

2017 年 9 月 28 日，在公司阳逻厂区三楼会议室对本项目首制段制造通过了专家评审，作为本桥钢结构制造批量施工制造的依据，见图 8。

图 7 焊接工艺评定及制造验收规则评审会

图 8 钢梁制造首件总结会

2.2 工艺方案确定

钢梁制造的基本思路是根据其结构型式划分为不同的板块单元、部件、零件，通过合理的制造工序将其组装焊接成型。

主要思路有以下几点：

(1)因钢梁焊接存在较大的焊接变形和残余应力，为了消除钢梁总拼时难以消除的变形和应力，首选板块单元采用立体型大构件进行制造；

(2)因钢梁设计时存在较多的板厚变化，按照尽量减少拼接对接缝的原则进行零件划分；

(3)将仰角焊缝平面化，将重要焊缝施工及监测超前处理，重点关注；

(4)桁架式结构柔性较大，焊接节点较多，为控制其外形尺寸，首要将其整体制造，形成框架稳定结构；

(5)对空间三维构件进行坐标系转换，进行整体组装，多平面坐标控制；

(6)控制总装对接焊缝数量及焊接顺序，减小钢梁整体翘曲变形度；

按照以上思路在主体结构装焊顺序、附属构件的预置及隐蔽工程的施工上进行工艺方案的编制，对零件、块体单元及施工工序采用信息化网络图控制，提高钢梁构件配套性及总装施工的安装便捷和规范性，有效控制焊接总装变形，保证总装质量。

2.2.1 单元件划分

青山长江公路大桥钢结构桥梁工程分为边跨结合梁和中跨钢箱梁两种截面形式。

中跨钢箱梁按照单元件划分原则，将梁体划分为面板单元件、底板单元件、隔板单元件、腹板单元件、桁架式隔板立体单元件、锚拉板立体单元件等构件，见图 9。板单元制造均采用生产线自动化作业。

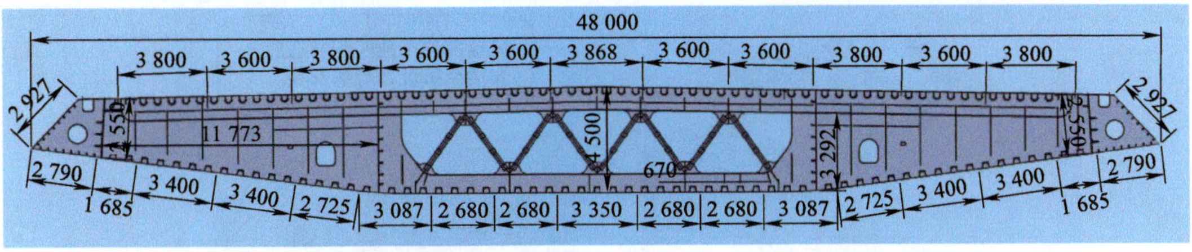

图 9　中跨钢箱梁单元件划分示意(单位:mm)

边跨结合梁划分见图 10。

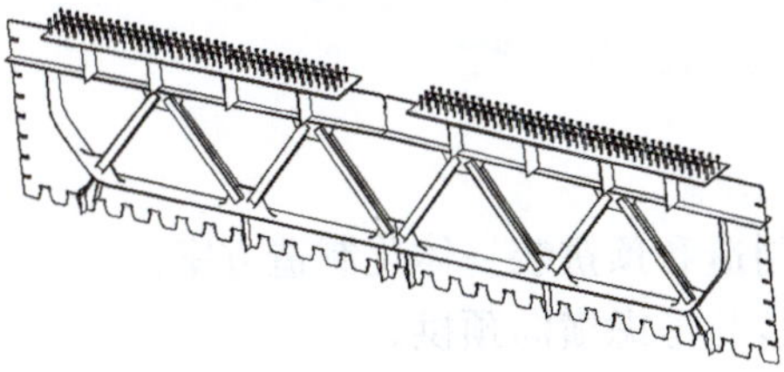

(a)中横隔板立体单元

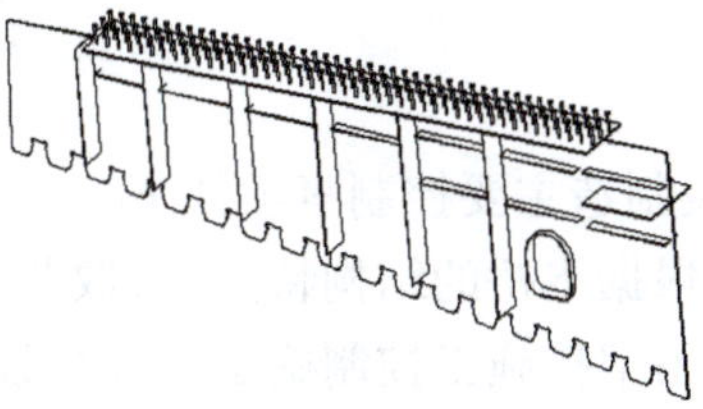

(b)边横隔板立体单元

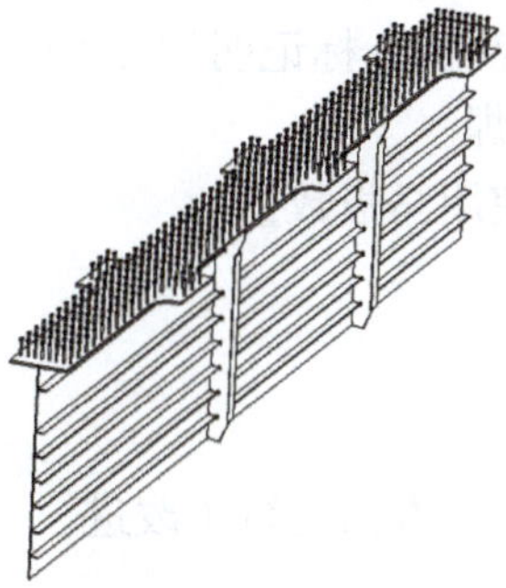

(c)中腹板立体单元

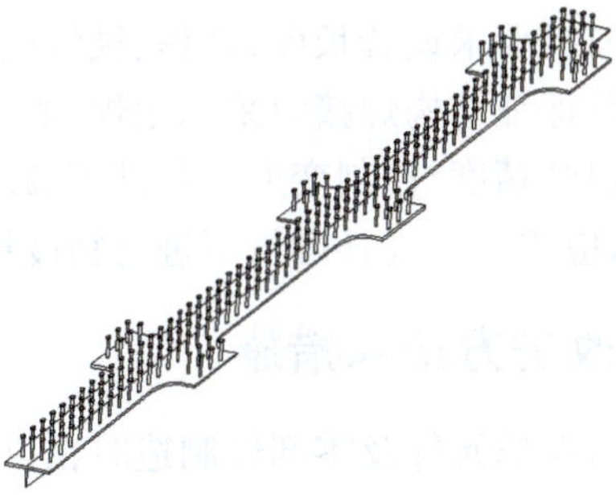

(d)桥中面板单元

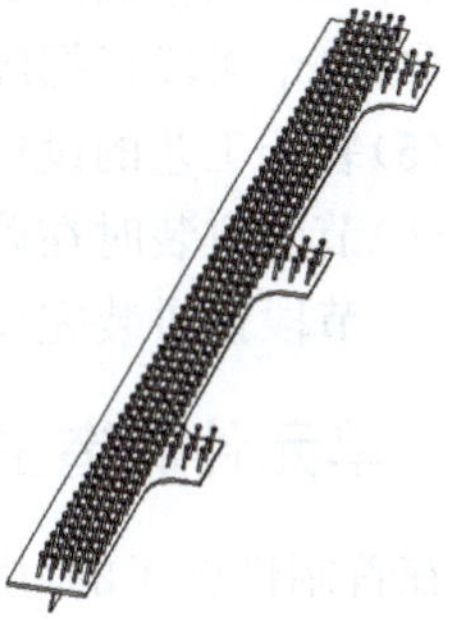

(e)边侧面板单元

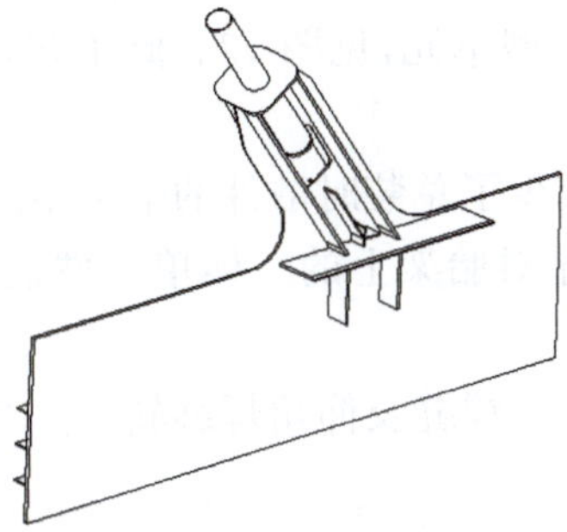

(f)中腹板立体单元

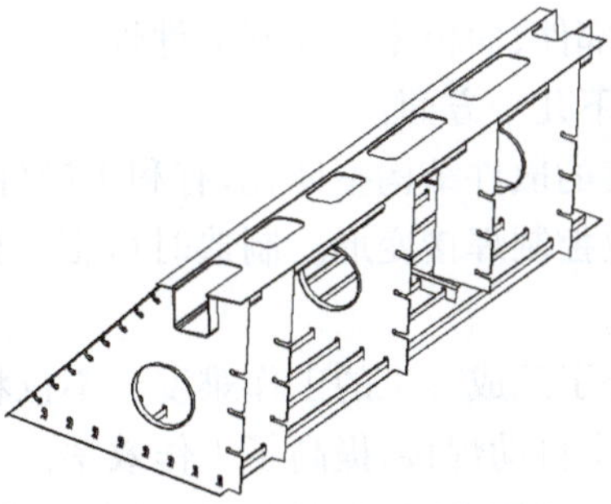

(g)中腹板立体单元

图 10　结合梁单元件划分

2.2.2　节段总装

由于结合梁在桥址为过塔顶推施工,风嘴需要待梁段顶推到位后,单独安装,因此风嘴在内厂单独匹配制造完工后,发运至桥址,见图 11。

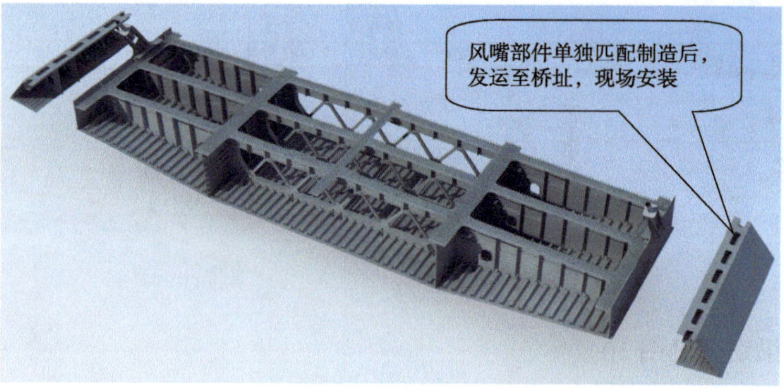

图 11 结合梁结构形式(风嘴后装)

总装制造主要控制事项如下：

(1)根据本桥的结构特点,采取节段匹配制造和预拼装一体化制造方案。

(2)胎架按施工控制确定的预拼线形设置,并考虑横向预拱。

(3)组装时,以胎架为外胎,以横隔板为内胎,重点控制桥梁的线形、几何形状和尺寸精度、相邻接口的精确匹配等。

(4)每个梁段根据施工监控要求设置长度、高程、轴线测量控制点,标记明细、耐久。

(5)装配工艺的设计尽量保证结构焊接时采用俯焊,避免仰焊。

(6)节段拼装时在确保组装精度、控制变形的条件下,减少使用马板数量。

(7)节段预拼装完成后,应进行温度补偿量下进行精度检测。

2.3 单元件制造主要改进方法和措施

在首制件施工的过程中,在单元件及零部件制造时在以下几个方面进行了改进。

2.3.1 中腹板立体单元件制造工艺优化

中腹板单元件制造时,为减少总成时焊接工作量,将箱体中腹板单元、与中腹板相接的空腹横隔板部件、面板零件及其散件焊接成立体组合型单元,见图 12。此工艺优化,主要优点体现在以下几个方面：

(1)密集的散件结构整体化,有利于散件配套,减少了总装时散件的空中吊运。

(2)有效控制焊接变形。制造时可根据焊接顺序对胎架上的立体单元件进行尺寸控制及焊接矫正。

(3)减轻了总成施工的工作难度。不仅将舱体内立焊缝及仰角焊缝转变成横焊缝,部分焊缝可采用半自动焊接,提高了工作效率。

2.3.2 桁架式隔板立体单元件制造工艺优化

桁架隔板为框架式结构,采用工字钢进行顶底支撑,该构件节点板与顶底齿形板为熔透焊接,框架结构的尺寸控制是重点。为了有效控制其结构尺寸,采用了整体框架结构制造,首先将工字钢及面板分别做成部件,在胎架上进行整体拼装,见图 13。此工艺优化主要体现在以下几个方面：

(1)通过地样线对结构间尺寸进行有效控制；

图 12　中腹板立体单元件制造及报验

(2)部件进行分类制造,对各类部件依次进行焊接矫正,为立体制造奠定基础;

(3)立体型部件装焊完成后,在胎架上可完成焊缝检验及效应处理,极大提高了总装时的检测效率。

图 13　桁架隔板胎架制造

2.3.3　锚拉板立体单元件制造工艺优化

锚拉板作为本产品重要的结构,其锚拉板的角度及焊接变形控制是控制难点。锚拉板单元主要制造工序有拼板、折弯、锚管及零部件加工、锚管部件装焊、整体部件装焊等,工序复杂、焊接要求高、精度控制难度大,为有效保证其精度,工艺方案主要在以下几个方面进行了优化:

(1)根据锚拉板各板件不等厚情况,对锚拉板进行原材料下料拼板后二次下料的工艺措施,见图 14。虽然工序复杂,但有效保证了锚拉板的桥面纵向倾角,板件间的拼板焊接质量,消除了拼板后的焊接变形。

(2)锚拉板在 1 300 t 油压机上进行折弯加工,对锚拉板桥面横向倾角进行有效控制。

(3)锚管进行铣端面,铣坡口,保证其锚管与构件间磨光顶紧焊接质量,有效控制锚管尺寸,见图 15。

2.3.4　正交异性桥面板 U 肋内焊技术改进

正交异性钢桥面板 U 肋焊接采用内焊技术,需改变传统的 U 肋板单元制造工艺流程,增加一道 U 肋内焊工序,经综合对比分析,采取先内焊后外焊的方式,有利于焊接质量控制

图 14　锚拉板二次下料及折弯加工

图 15　锚管加工

及生产效率的保证，见图 16～图 19。

(1)先内焊后外焊，可避免局部外焊烧穿焊瘤影响内焊焊接的稳定性，必要时，还可在外焊对内焊根部焊接缺陷进行处理。

(2)U 肋内焊平胎位上焊接，U 肋板单元定位、焊缝跟踪对桥面板的平整度要求更高，若先外焊，需进行矫正工序方可进行内焊，而外焊在反变形斜胎架上焊接，门式悬臂焊接操作机采用机械跟踪方式焊接，对板单元的变形量容忍度较大，若先内焊，产生一定的焊接变形后，无需进行矫正可直接进行外焊焊接。

图 16　U 肋板单元定位焊接

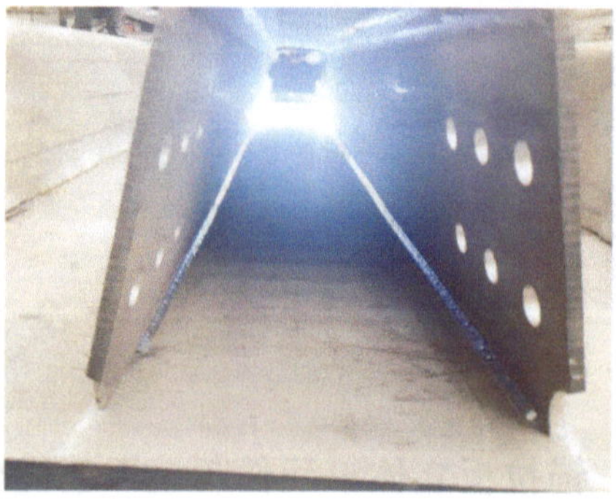

图 17　U 肋内焊

图 18　U 肋外焊

图 19　U 肋板单元机械矫正

为研究确认钢箱梁面板单元件 U 肋角焊缝熔深情况，进一步提高桥面板 U 肋角焊缝熔深，尽可能达到全熔透要求，采用了两种焊接工艺进行 U 肋内焊焊接工艺比选，见表 2。

表 2　U 肋内焊焊接工艺比选

序号	坡口形式(mm)	焊缝成型	道次	焊　材	焊接方法	焊接位置
1	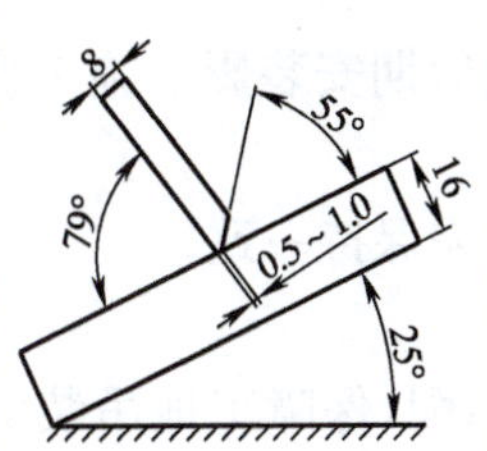	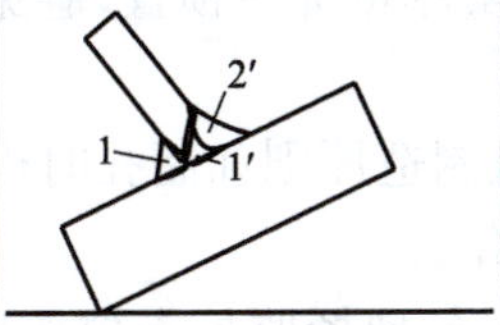	1	ER50-6 ϕ1.2 mm	实心焊丝富氩气体保护焊	内焊机平位
			1′	E500T-1 ϕ1.4 mm	金属粉芯焊丝 CO_2 气体保护焊	龙门焊机船位
			2′	E500T-1 ϕ1.4 mm	金属粉芯焊丝 CO_2 气体保护焊	龙门焊机船位
2	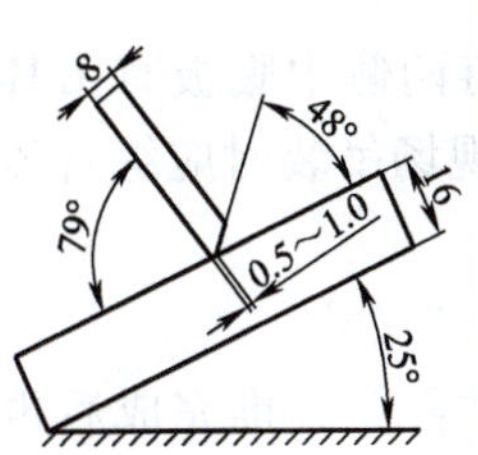	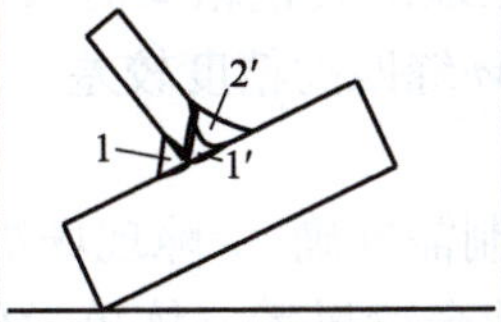	1	ER50-6 ϕ1.2 mm	实心焊丝富氩气体保护焊	内焊机平位
			1′	E500T-1 ϕ1.4 mm	金属粉芯焊丝 CO_2 气体保护焊	龙门焊机船位
			2′	E500T-1 ϕ1.4 mm	金属粉芯焊丝 CO_2 气体保护焊	龙门焊机船位

焊后 24 h，对 U 肋内外角焊缝全长进行相控阵超声波检测及磁粉检测 2X 级检测。焊后随机选取多个检测点进行试样金相分析，进行宏观断面酸蚀试验。

在相同的焊接工艺下，本次 37°坡口 U 肋焊缝接头金相结果与 44°坡口 U 肋金相熔透情况相比，进一步验证面板 U 肋采用 44°坡口的合理性，固化了焊接施工工艺。

2.4　节段总装主要改进方法和措施

根据主桥钢箱梁制作流程，设置合理的报验停检点，各个停检点严格按照自检、互检、专检、监检流程执行。总装施工流程如下：

(1)钢箱梁总拼胎架施工过程中对总拼胎架地标、胎架模板线型和胎架结构连接进行测量和控制。胎架主体结构装焊完成后根据底板、斜底板 Z 向线型进行模板线型放样，装焊模板，焊接完成后测量复核模板高程。

(2)底板、斜底板装焊过程中对单元件横向、纵向位置、竖向线型进行监控测量。

(3)横隔板装焊前需对其横向、纵向位置、竖向线型、垂直度等进行监控测量。横隔板焊接完后安装腹板。在装配定位过程中主要对锚点中心点进行定位控制，X、Y 方向即锚点距桥中心距离和锚点距两端 KZ 端口距离，主要采用对核地标的方式进行。锚点 Z 方向主要采用激光经纬仪和测量标杆进行检测控制。

(4)节段在匹配制造施工时，针对本产品结构特点，对节段总装制造时装配顺序进行了优化。由于节段各结构密集交错，结合本产品结构特点，一断面位置处中边箱横隔板采用两侧边隔板→中腹板立体单元→中侧空腹隔板的装配顺序进行施工。对各板件进行合理的分段划分，采用优化的装配顺序，大大减轻了结构的装配难度，保证了各类立体单元有序安装。

3 结　　语

(1)进行合理的构件划分,尽量采用大单元板块制造。

(2)附属构件需与下部结构单位沟通落实尽量提前预置,避免后期安装影响施工质量及周期。

(3)节段匹配段间务必进行匹配施工,且制造原则和制孔时机需保持一致。

(4)板块焊接收缩量需结合产品特点固化。

(5)场内制作的监控标记点需清晰完整,与现场监控点位要匹配,保障工地吊装测量时准确找到测量点。

(6)场内总成制造时是满堂支架形式,工地吊装钢箱梁时只有两侧中腹板有吊耳受力,梁段受力状态与场内不一致,导致现场梁段环缝匹配精度较差。现场吊装时应综合该工况,在钢梁制造时叠加预放值。

(7)场内总成制造完成后的余量切割控制需准确,保障现场拼装尺寸。

(8)由于边跨结合梁是顶推施工,所以结合梁风嘴立体单元件需要顶推完成后再安装,为加快施工进度,一部分风嘴立体单元件是将各风嘴单元件发运往工地,在桥面上进行立体单元件总拼,另一部分风嘴立体单元件在场内同步制造。由于工地施工条件较差,制造精度较低,且所有风嘴立体单元件均无法与结合梁匹配,导致风嘴立体单元件安装时与外腹板对接精度差,需要进行大量火工矫正。需严格把控必须构件安装时机。

(9)边跨结合梁顶推过程中由于液压油顶起顶高度不一致,受力不均匀,导致边跨结合梁一侧中腹板底部加强劲旁弯变形,后期重新下料加工此部位零件进行替换。顶梁过程中需控制顶压受力均匀。

(10)由于边跨结合梁顶推施工,梁底的横向轨道在顶推过程中与永久墩顶的护栏相干涉,后决定将横向轨道卸下,待边跨结合梁顶推到位后再行安装。但边跨结合梁顶推到位我项目部准备安装横向轨道时,检查车生产厂家由于安全考虑不允许施工人员借助边跨梁底检查车安装横向轨道,施工人员只能另行租赁登高车进行横向轨道的恢复安装,且其中有2处横向轨道位于江岸斜坡位置,登高车无法施工,需将地面整平才能施工。安装时机需把控。

(11)泄水槽复合钢板需按不同长度进行折弯加工,且内控尺寸要加大抽查比例,保障泄水槽外形加工一致性。

(12)本桥采用先孔法,面板U肋、中腹板、中腹板加劲、拼接板全部在场内总成完工验收后匹配钻孔,减少工地环缝高强螺栓施工步骤,缩短工地环缝施工周期,因工地梁段匹配状态无法恢复成场内胎架上匹配状态,导致前期部分梁段长度方向切割,后期长度补偿且部分拼接板扩孔处理。监控系统方案需提前过审且保障制造及吊装系统一致性,现场安装仅进行微调,无需大范围调整,影响工期。

(13)中跨钢箱梁吊装时,吊耳布置在两侧中腹板处,两边仓受自重影响下垂,为方便调梁且分散梁段应力,于两侧外腹板上设置反向顶压装置,当中腹板用桥面吊机调平之后,在两侧外腹板顶压装置处使用油顶进行外腹板调平。调梁系统与桥梁制造系统不一致,现场调节难度大。

(14)钢梁桥面附属件均在厂内预置，预置精度需严格控制，若现场钢梁架设存在切割和长度补偿，势必会造成各构件理论尺寸偏差，后期上部结构制造需进行环口处数据采集后再进行加工制造。

(15)斜拉索锚管控制系统需正确理解斜拉索张拉系统进行精度控制，其控制是后期该类桥梁的研究重点。

(16)本项目钢梁在板块单元的制造时机和分块上采取了创新，且施工效果较好，后期在转运临时吊耳的设计上可做一定研究，保障钢梁构件无损吊装。

(17)该标段钢梁现场配孔拼接板的管理是重中之重，需进行综合研究，保障拼接板的使用。

主桥边跨钢梁顶推系统设计及顶推施工

谢红跃　赵全成

1　工程概况

武汉市四环线青山长江公路大桥主桥为(100＋102＋148)m 结合梁＋938 m 钢箱梁＋(100＋102＋148)m 结合梁双塔双索面全漂浮体系斜拉桥，主跨主梁采用整体式钢箱梁，边跨采用钢箱结合梁，全长 1 638 m，为双向 8 车道超宽、重载高速公路。主桥布置见图 1。

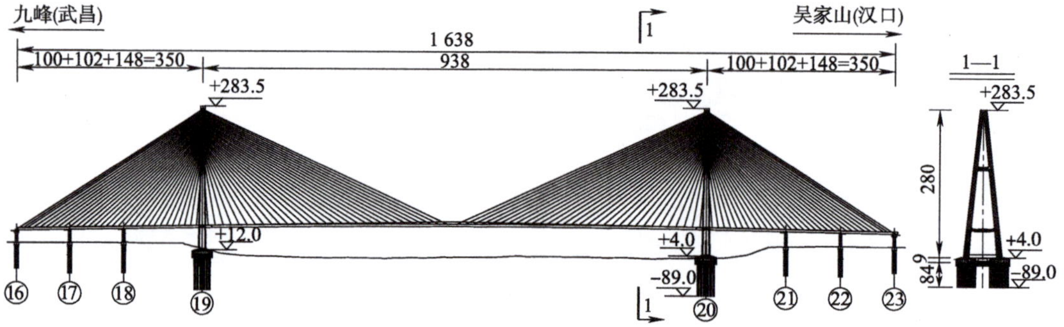

图 1　武汉市四环线青山长江公路大桥主桥布置示意(单位：m)

边跨主梁采用钢—混凝土结合梁，即钢槽梁＋混凝土桥面板的组合形式，预制混凝土桥面板与钢槽梁通过剪力钉及湿接缝连接，桥中线处梁高 4.47 m，标准节段长度、标准索间距 11.4 m，横梁标准间距 3.8 m，墩顶节间局部调整。大桥主梁外轮廓宽 48 m，横向设置 2 道边腹板，间距 41.76 m，2 道中腹板，间距 18.5 m。底板采用平底板＋斜底板外形，交接处半径为 10 m 的圆弧过渡。普通横隔板为桁架式空腹结构，支点处、压重区域采用实腹式结构，其中 0 号索处设实腹式双腹板。边跨结合梁标准断面见图 2。

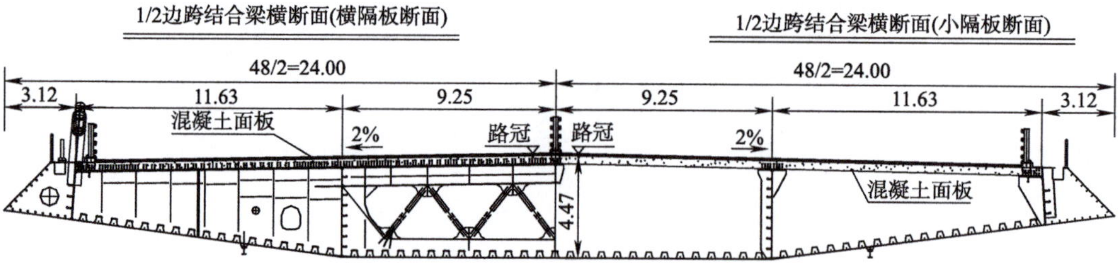

图 2　边跨钢混结合梁标准断面示意(单位：m)

武汉市四环线青山长江公路大桥具有大跨、重载、超宽三个主要特点，边跨主梁采用钢—混凝土组合截面的结构形式，结合梁的架设方法及施工顺序直接影响大桥工期及成桥质量，本文以 20 号主塔墩至 23 号边墩的边跨钢槽梁顶推为例，主要讨论边跨钢槽梁顶推关键技术。

2 总体施工方案

青山长江公路大桥边跨结合梁采用钢槽梁分节段在工厂制造，经水路船运至 20 号主塔中跨侧，800 t 浮吊起吊至设置在主塔墩托架顶的步履式顶推器及其两侧临时支点上，在其前端焊接钢导梁，依次向边跨顶推，顶推节段包括 NB30 至 NB1、A0、A1、A2、A3(仅南岸有此节段)共 33(34)个节段，顶推总长度 377.3 m，顶推重量约 96 295 kN，最大顶推跨度 39.5 m，最重节段 NB22 为 22 号墩顶节间，重 5 240 kN；在顶推完成的钢槽梁顶面拼装桥面板吊机由主跨侧向边跨侧安装预制桥面板；最后浇筑湿接缝完成体系转换。边跨钢槽梁顶推整体施工布置见图 3，边跨钢槽梁顶推断面见图 4。

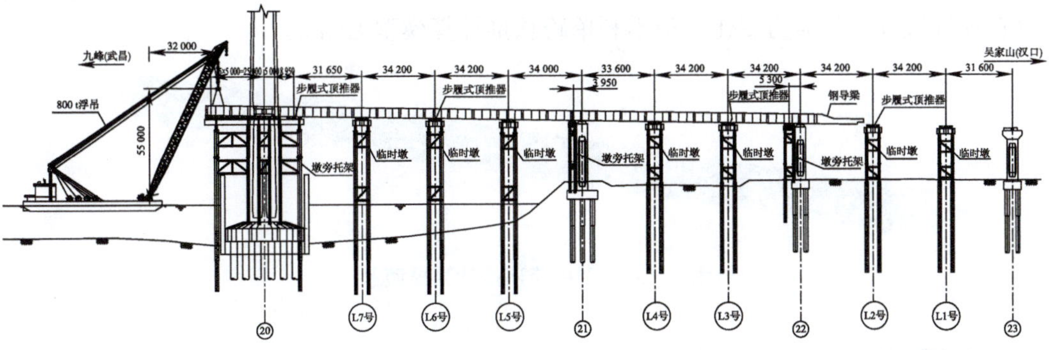

图 3　边跨钢槽梁顶推总体施工布置(单位：mm)

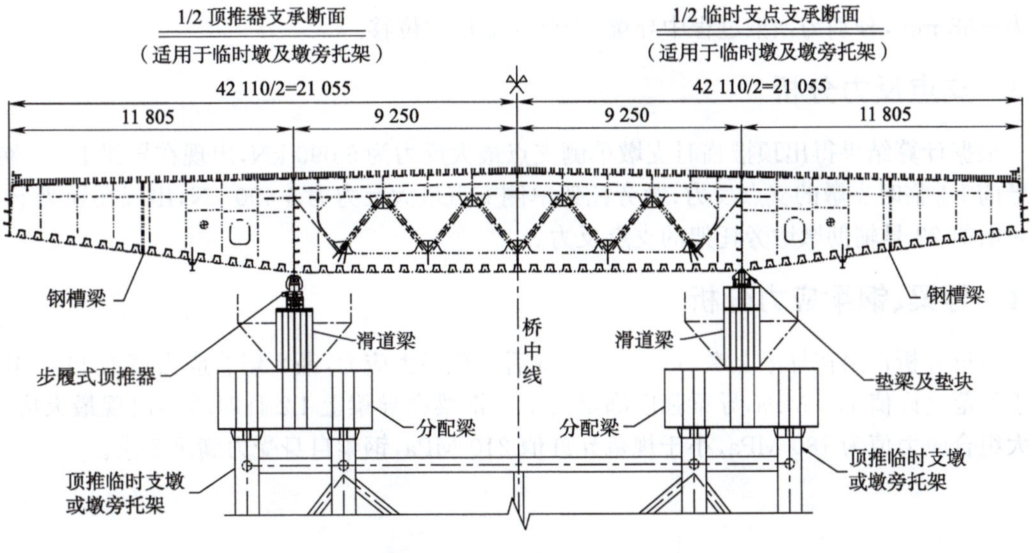

图 4　边跨钢槽梁顶推断面示意(单位：mm)

该施工方案的优点主要有：

(1)预制桥面板预制完成存放6个月消除收缩徐变应力后才能与钢槽梁结合，采用该方案可将钢梁顶推与桥面板预制同步进行，节约工期。

(2)顶推重量大幅度减少，降低钢梁顶推过程中的安全风险。

(3)桥面板、钢槽梁分开吊装，大大降低施工所需机械设备要求。

3 顶推计算分析

3.1 计算模型

由于青山长江公路大桥边跨钢槽梁顶推跨数多、长度大，为分析顶推过程中钢梁、顶推临时支墩、墩旁托架、20号主塔墩托架、导梁的位移、反力、应力分布，采用MIDAS Civil建立空间模型对边跨钢槽梁顶推施工过程进行分析。顶推施工计算分整体顶推计算和导梁上L2号临时墩前至导梁前行至完全悬臂状态的最不利单跨顶推计算两个模型进行分析，计算得出各顶推临时支墩、墩旁托架在顶推过程中最大支点反力、导梁前端最大位移以及导梁、钢梁在顶推过程中的应力变化。最不利单跨顶推计算模型见图5。

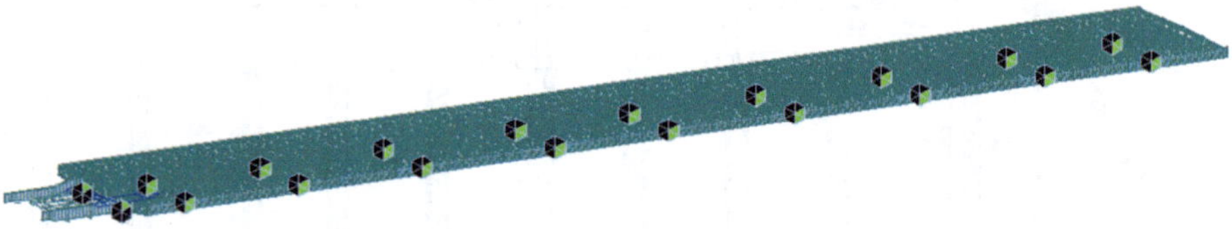

图5 最不利单跨顶推计算模型示意

3.2 导梁、钢梁位移分析

根据分析计算得出导梁上L2临时墩前其前端位移为－161 mm，此时钢梁前端最大位移为－68 mm，分别为顶推过程中导梁、钢梁前端最大位移。

3.3 支点反力分析

根据计算结果得出顶推临时支墩单侧支点最大反力为6 090 kN，出现在导梁上L3临时支墩前L4临时支墩的支点反力；墩旁托架单侧支点最大反力为6 490 kN，出现在导梁上L2临时墩前22号辅助墩墩旁托架的支点反力。

3.4 导梁、钢梁应力分析

通过分析得出在导梁上墩后走行1.0 m后出现最大应力，最大组合应力值为112 MPa，小于规范允许值170 MPa，导梁强度满足要求。钢梁在导梁上L2临时墩前出现最大应力，最大组合应力值为180 MPa，小于规范允许值210 MPa，钢梁自身受力满足要求。

4 顶推施工技术

4.1 大临结构设计及施工

4.1.1 20号主塔墩托架、顶推临时支墩、墩旁托架

20号主塔墩托架、顶推临时支墩、墩旁托架的顶推支点布设按钢槽梁+混凝土桥面板结合体系转换时所需临时支点布置，设计均按顶推工况、结合梁施工工况两种工况进行计算，并取其最不利状态设计。20号主塔墩托架设L10、L9、L8三个支点。20号主塔墩与21号辅助墩间设L7、L6、L5顶推临时支墩；21号辅助墩与22号辅助墩间设L4、L3顶推临时支墩；22号辅助墩与23号边墩间设L2、L1顶推临时支墩，21号辅助墩、22号辅助墩小里程侧设置墩旁托架。

20号主塔墩托架下部结构为钻孔桩+垂直式钢管立柱形式，上部结构考虑结合梁施工工况、顶推工况支点布置与钢槽梁现场拼接操作空间因素布置为纵横梁结构。由于钢梁宽48 m，截面宽、大，为保证钢梁拼装焊接质量，在20号主塔墩旁托架中跨侧37 m范围内设钢梁焊接工作平台。

顶推临时支墩采用两肢分离式结构，下部结构为钻孔桩+垂直式钢管立柱形式，横桥向两肢对应于钢槽梁两侧中腹板位置布置。

辅助墩由于墩顶空间有限，因此在其一侧设墩旁托架以布置顶推器及临时支点；顶推到位后，支点转移至墩顶区域，再进行桥面板架设及结合梁施工。

4.1.2 导　　梁

为减小钢梁前端悬臂，降低钢梁顶推过程中的应力水平，在钢槽梁前端设导梁。单侧导梁采用工字型截面，导梁根部截面高3.909 m，向前端渐变为2.5 m以减轻导梁重量；前端设0.8 m高“鼻梁”以方便导梁上墩，两侧导梁间采用钢管联结系。导梁分三段制造运输，现场焊接为整体后由浮吊吊装至20号主塔墩托架，NB30节段钢槽梁制造时预留拼接头与导梁采用焊接连接。钢导梁安装见图6。

图6　钢导梁安装

4.1.3 顶推设备

钢槽梁顶推采用三向大行程步履式顶推器，单个顶推器设两台500 t竖向千斤顶，行程200 mm；顺桥向千斤顶单次最大行程1 000 mm，横桥向纠偏顶最大行程100 mm。每台顶推器有本地、远程两种操控方式，可以实现对顶推器实时单独及同步操作。

边跨钢槽梁顶推共布置34台步履式顶推，辅助墩墩旁托架、顶推临时支墩各布置2台顶推器，20号主塔墩托架顶布置16台步履式顶推器，其中D1、D3、D6三台作为主顶推器用于钢槽梁整体前行，D2、D4、D5、D7、D8台作为副顶推器用于待焊接节段钢槽梁前移及姿态

调整，Z1～Z10 为步履式顶推器两侧临时支点。20 号主塔墩托架顶步履式顶推器布置见图 7。

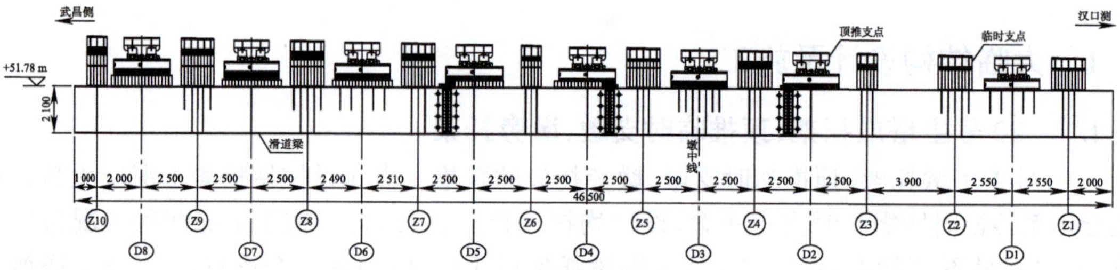

图 7　20 号主塔墩托架步履式顶推器布置图(单位:mm)

4.2　顶推关键技术

4.2.1　三节段顶推技术

20 号主塔墩托架、顶推临时支墩、墩旁托架布设按照顶推顺序为每拼接三个节段钢槽梁顶推一次，一次顶推一个顶推临时支墩间距的方式进行。其中 20 号主塔墩托架长度满足存放三个节段的要求，即浮吊吊装第一节段钢槽梁至墩旁托架顶，由步履式顶推器顶推前行与已吊装节段钢槽梁焊接；腾出空间后吊装后续第二个节段钢槽梁，由步履式顶推器顶推前行第二个节段钢槽梁与第一个节段钢槽梁粗定位；腾出空间后吊装后续第三个节段钢槽梁，由步履式顶推器顶推前行第三个节段钢槽梁与第二个节段钢槽梁粗定位，将三个节段钢槽梁拼接完成后，所有节段整体顶推，直至腾出下一循环的三个节段钢槽梁空间。该技术满足了钢槽梁现场拼接作业的连续连续性，极大地提高了作业效率。三节段顶推示意见图 8。

图 8　三节段顶推示意

4.2.2　支架应力应变监控技术

通过应力无线自动采集装置采集安装于 20 号主塔墩托架、顶推临时支墩、墩旁托架上的表贴式钢弦式应变传感器的应力数据，与顶推计算分析结果实时对比；同步通过对支架的墩顶位移及沉降进行监测点数据进行采集分析对比，保证顶推施工过程中支架的安全。

4.2.3　大行程多点步履式顶推技术

通过采用高精度、灵活、智能的同步控制系统，基于 Windows 平台的专用软件自动控制系统连续工作，能够在误差超限时自动调整并记录；顶推过程以位移监控为主，压力监控为辅，多点同步位移误差≤1 mm，钢梁顶推过程平稳顺滑；单次顶推行程 1.0 m，减少顶落梁施工循环，加快了施工进度；顶推过程顶推器与钢梁相对静止，保护钢梁涂装。多点步履式顶推示意见图 9。

图 9 多点步履式顶推示意

4.2.4 实时动态纠偏技术

为减小顶推过程中钢梁实际位置与理论要求的偏差，首先严格监控所有步履式顶推器的运行状况，保证设备运行良好，各种传感设备监测数据实时准确。每轮次最后一段及最后一轮顶推时采用小行程点动，以便纠偏。小偏差通过停掉一侧千斤顶而另一侧施力实现左右纠偏；大偏差通过侧向水平千斤顶主动纠偏，通过对顶推过程监测及小偏差调整，防止顶推过程中出现较大的中线偏差。

4.2.5 安全保证措施

为确保边跨钢槽梁顶推安全，顶推设备使用前均经严格校验；钢槽梁顶推前，对顶推器、支点位置有无对准腹板、顶推器的同步性等进行检查，并形成检查签证；顶推器操作由专业人员负责，各顶推器处配置观察员；在钢梁的顶推过程中，严格控制顶推器抄垫位置与钢梁腹板之间的关系，将顶推器抄垫位置与钢梁腹板对齐，以此来保证钢梁腹板稳定；顶推过程严格按照受力检算的结果设置过载保护，千斤顶的位移和受力都是在过载保护的范围内操作，保证设备和结构的安全。

5 结　　语

青山长江公路大桥边跨主梁采用钢槽梁＋预制混凝土桥面板结合梁，钢槽梁采用步履式顶推法架设，具有顶推重量大、距离长、顶推跨度大的特点。通过对顶推过程的分析计算，指导顶推主塔墩托架、顶推临时支墩、墩旁托架、导梁等结构布置。施工过程中采用三个节间顶推技术充分利用浮吊资源，节约了成本；采用支架应力应变监控、大行程多点步履式顶推技术、实时动态纠偏技术，提高了顶推施工效率和钢梁施工精度，有效地确保边跨钢槽梁顶推施工安全、工期和施工质量，可为同类型桥梁顶推施工提供借鉴。

武汉青山长江公路大桥主桥边跨结合梁施工技术

胡　军　祁　亚　康雄辉

1　工程概况

武汉青山长江公路大桥是武汉市四环线跨越长江的控制性工程，位于天兴洲洲尾，上距天兴洲公铁两用大桥约 7.5 km，下距阳逻长江大桥约 12.0 km，按双向 8 车道高速公路标准设计，设计速度 100 km/h。大桥主桥为双塔双索面全飘浮体系斜拉桥，桥跨布置为(100＋102＋148＋938＋148＋102＋100)m，全长 1 638 m(图 1)。桥塔为 A 型钢筋混凝土塔，主跨主梁采用整体钢箱梁，为减少全桥用钢量并提高边跨主梁刚度，边跨主梁采用钢箱混凝土结合梁，钢箱梁与钢箱结合梁混合面设于主塔中跨侧 18 m 处，边跨结合梁总长 368 m。

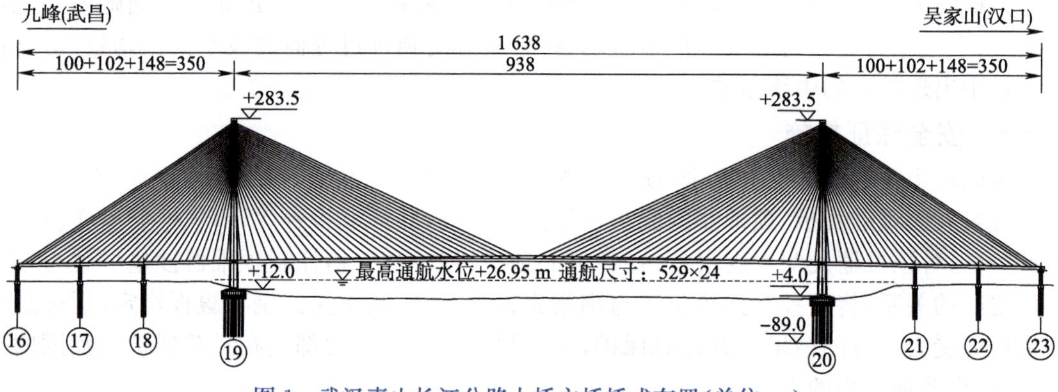

图 1　武汉青山长江公路大桥主桥桥式布置(单位：m)

边跨钢箱混凝土结合梁由槽型钢主梁与混凝土桥面板通过湿接缝及剪力钉结合成整体，中线处梁高 4.49 m(图 2)，主梁断面全宽 48 m(含两侧风嘴)，顶面设置双向 2%横坡。钢槽梁纵桥向设置 2 道边腹板(横向间距 41.76 m)、2 道中腹板(横向间距 18.5 m)，中间设置 1 道小纵梁。普通横隔板标准间距为 3.8 m，局部加密，采用桁架式空腹结构，支点及压重区域处横隔板采用实腹式。

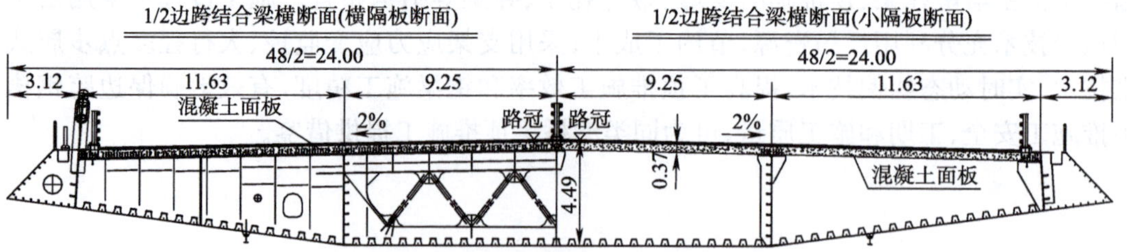

图 2　边跨主梁标准断面示意(单位：m)

2 边跨结合梁总体施工方案

根据设计要求，大桥主梁总体施工顺序为先完成边跨结合梁施工，再进行主跨钢箱梁的悬臂架设。为尽量缩短结合梁施工工期，综合其结构特点，边跨结合梁施工采用先顶推架设槽型钢主梁，再安装预制混凝土桥面板，最后浇筑湿接缝完成结合的整体施工方案。钢槽梁节段在工厂制造后船运至桥塔主跨侧，由 800 t 浮吊整节段吊装至主墩托架平台上，在托架平台上焊接，依次拼装 3 个节段后，由主塔中跨侧往边跨方向顶推架设(两侧风嘴后装)。在预制厂同步预制混凝土桥面板。边跨钢槽梁顶推到位后，在其顶面拼装 50 t 全回转架板吊机，由主塔中跨侧往边跨方向逐块架设混凝土桥面板。混凝土桥面板架设后按照设计工序浇筑湿接缝混凝土，完成结合梁结合施工，同时采取临时支点同步下落、墩顶钢梁横向压载、辅助墩支点顶落梁等措施，以保证结合梁施工质量。

3 边跨结合梁施工技术

3.1 钢槽梁顶推施工

单侧边跨钢槽梁共划分为 33 个节段(编号为 A0～A2、B1～B30)，总长约 377.3 m，总重约 9 630 t，最大节段钢槽梁平面尺寸约 44 m×15.2 m(不含两侧风嘴)，最大节段重约 576 t。边跨钢槽梁为全焊结构，在工厂内整节段匹配制造后现场焊接节段间的连接焊缝。钢槽梁节段采用 800 t 浮吊在主跨侧吊装，在墩旁托架平台上拼接后往边跨侧顶推架设，见图 3。

为保证钢槽梁顶推过程中的结构安全，综合考虑结合梁顶推及结合工况临时支点的布置位置，顶推最大设计跨度为 39.5 m，钢梁前端增设 22 m 长钢导梁。边跨钢槽梁顶推采用在主墩托架平台顶部拼装三个节段后顶推一次的三节段顶推技术，施工时，两岸边跨钢梁吊装焊接与顶推前移交替进行，两岸共用 1 台浮吊施工。主墩托架平台既是钢槽梁单个节段的移位调整平台，同时也是焊接作业平台和整体顶推施工平台。

图 3 边跨钢槽梁顶推施工

钢槽梁顶推采用三向大行程步履式顶推技术施工。顶推器分别布置在主墩托架顶部(16 台)、临时墩顶部(14 台)及辅助墩托架顶部(4 台)，共布置 34 台。顶推器在单个支点断面的横桥向布置 2 台，对应支承在钢槽梁中腹板底部。顶推器均具备竖向起顶、纵向移位及横向纠偏三个功能，最大竖向起顶力为 1 000 t，单次纵移最大行程 1.0 m。顶推作业时，所有顶推器可集中统一控制也可单独控制，通过控制台实时监控及调整各台顶推器的起顶力及位移值，实现顶推过程动态纠偏。

3.2 混凝土桥面板预制、存放及架设

单侧边跨混凝土桥面板共 456 块，最大单块尺寸 10.135 m×3.2 m×0.37 m，重 34.2 t。桥面板采用工厂化预制，钢模在专业加工厂内加工制造以保证精度，同时考虑不同尺寸桥面板的通用性。钢筋采用定形胎架绑扎成型，利用 50 t 门吊整体吊装入模；混凝土浇筑时利用门吊配合吊斗布料，利用插入式振动棒振捣，人工整平收面后拉毛，覆盖土工布后洒水养护。

混凝土桥面板达到其设计强度的 80%后，拆除侧模并对侧面进行凿毛，利用门吊将桥面板移至存板区。混凝土桥面板存放时，其叠放层数不超过 5 层，层与层之间在同一垂直面上用垫木隔开。为减少混凝土收缩徐变的影响，混凝土桥面板安装前存放时间不得少于 180 d。

图 4　边跨结合梁预制混凝土桥面板架设

混凝土桥面板采用 50 t 全回转架板吊机吊装。架板吊机站位于钢槽梁顶部，侧面取板提升，从主塔中跨侧往边跨依次架设混凝土桥面板，见图 4。架板吊机利用 800 t 浮吊分三吊（走行轨道及底盘、回转机构、吊臂）吊装上桥，在桥面组拼成整体，走行至第一次吊装位，经试吊后使用。架板吊机轨道支承在钢槽梁中腹板顶部，采用局部支承、整体架空的方式，尽量避开剪力钉的影响。根据架板吊机的起重及吊幅能力，混凝土桥面板吊装共布置 19 次站位。架板前对每次架板吊机吊装、走行站位进行设计，提前布置轨道支点及锚固耳板，并对钢槽梁中腹板顶部的吊机支承处进行补强（保证桥面板架设施工安全、高效）。混凝土桥面板吊装后，架板吊机走行至引桥预应力混凝土连续梁上方后拆除，以节省工期。

3.3 结合梁结合施工

混凝土桥面板架设后进行结合梁结合施工，以南岸边跨结合梁为例（施工示意见图 5），结合梁结合施工工序如下：

（1）混凝土桥面板安装后，L8 号支点下落 5 mm。

（2）浇筑区域 4、区域 3 范围内的湿接缝混凝土（批次 1）。

（3）16 号墩顶横梁的两侧悬臂端各加载 1 500 kN 的压载力，浇筑区域 2、区域 1 范围内湿接缝混凝土（批次 2）；混凝土达到设计强度后，拆除压载力。

（4）各临时支点同步下落，L1～L9 的下落值分别为 80 mm、62 mm、42 mm、50 mm、40 mm、60 mm、50 mm、19 mm、10 mm。

（5）18 号墩顶主梁支点起顶 120 mm，L4 和 L5 号临时支点再次下落 20 mm；在 18 号墩顶横梁两侧悬臂端分别加载 2 000 kN 的压载力，浇筑 18 号墩顶湿接缝混凝土（批次 3）。

（6）18 号墩顶湿接缝混凝土强度达到设计值后，拆除压载力，18 号墩顶支点回落。

（7）17 号墩顶主梁支点起顶 40 mm；在 17 号墩顶横梁两侧悬臂端分别加载 1 800 kN 压

载力，浇筑 17 号墩顶湿接缝混凝土(批次 4)。

(8)17 号墩顶湿接缝混凝土强度达到设计值后，拆除压载力，17 号墩支点回落，完成边跨结合梁施工。

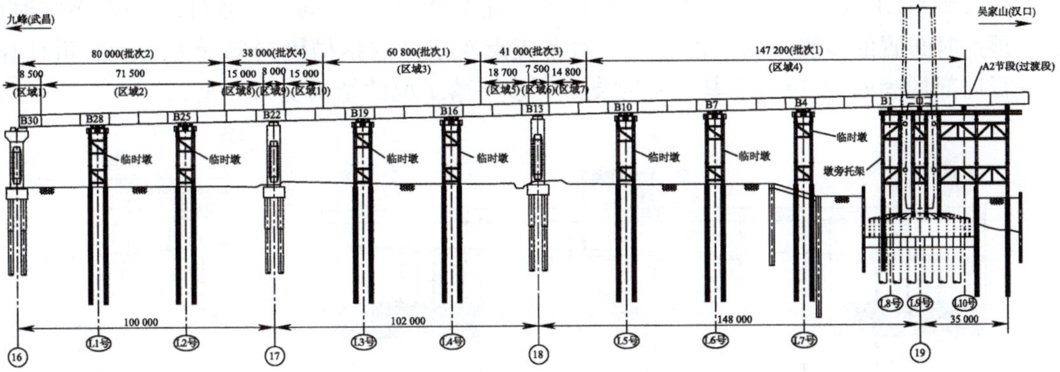

图 5　边跨结合梁结合施工工序示意(单位：mm)

3.4　结合梁施工措施

边跨结合梁为三辅助跨连续结构，辅助墩墩顶的混凝土桥面板在负弯矩作用下产生较大的拉应力。为避免墩顶混凝土桥面板开裂，在墩顶混凝土结合板湿接缝施工时，采取了临时支点同步下落、墩顶钢梁横向压载、辅助墩支点顶落梁等措施。

3.4.1　临时支点同步下落

在各辅助跨的跨中混凝土桥面板湿接缝浇筑结合后，为满足墩顶结合板施工前的主梁线形要求，需进行各临时支点的同步下落。对各临时支点下落前、后的各支点反力进行计算分析，结果见表 1。

表 1　临时支点下落前、后支点单侧反力(kN)

墩　号	单 侧 支 点 反 力	
	下落前	下落后
16 号	4 708	9 937
L1 号	13 201	4 110
L2 号	6 765	8 462
17 号	13 902	18 414
L3 号	8 506	7 419
L4 号	8 384	2 983
18 号	14 611	21 635
L5 号	7 343	4 381
L6 号	12 180	12 324
L7 号	11 834	10 487
L8 号	5 447	5 915
L9 号	7 193	9 537

由表1可知，临时支点下落后，大部分临时墩的支点反力有所减少，边墩、辅助墩支点处的反力增大幅度明显。根据支点反力变化情况，布置各支点处的起顶设施：在16号墩顶布置4台500 t竖向千斤顶，17号和18号墩顶各布置4台2 000 t竖向千斤顶（考虑后续顶落梁工况需要）；L1号、L6号、L7号临时墩顶各布置4台800 t竖向千斤顶（图6）；其余临时墩利用顶推时布置的步履式顶推器施工。对各支点支承处的钢槽梁局部受力进行分析计算，并进行局部加固处理，以保证其在临时支点同步下落工况的结构受力安全。

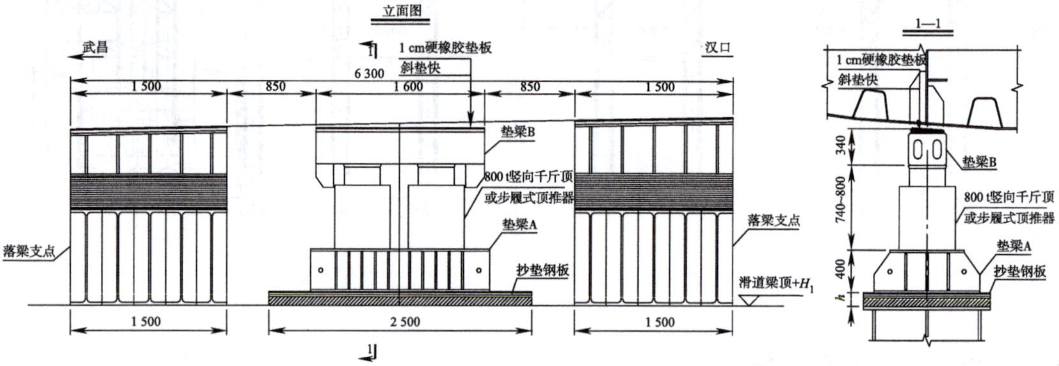

图6　临时墩墩顶起顶设施布置（单位：mm）

根据设计要求，L1～L9号各临时支点需同步下落不同的下落量，由于下落支点多、荷载大，同步下落控制难度极大。为减小施工难度，降低安全风险，采用分级下落方案施工。为实现同步控制，在每个千斤顶上安装竖向位移传感器，各墩顶千斤顶由操作台统一控制，随时监控和调整下落过程中每台千斤顶的竖向行程及油压。

3.4.2　墩顶钢梁横向压载施工

16～18号墩顶区域湿接缝施工时，根据设计要求，需在墩顶钢槽梁横梁两侧悬臂端分别向下压载，以增加墩顶混凝土桥面板横桥向的压应力储备。由于反压荷载较大，距离地面较高，经反复比选后采用在地面设置反力架，利用千斤顶向下张拉钢绞线的方式实现加载。

墩顶节间钢梁制造时，在边腹板底部焊接反压吊耳，吊耳通过吊板及锚梁与钢绞线锚固端连接，钢绞线底部张拉端设在由入土钢管桩、纵（横）向分配梁组成的反力架上。反压吊耳与锚梁通过吊板连接，吊板与锚梁、反压吊耳采用销轴连接。张拉钢绞线采用17-ϕ^s15.24 mm布置，利用350 t穿心千斤顶张拉，张拉端设置压力传感器监控测钢绞线内力。墩顶横梁两侧悬臂端压载布置见图7。

由于压载过程持荷时间较长，需考虑温度变化对压载力的影响。根据理论计算可知，温差变化20 ℃时，钢绞线内力变化约11.1 t，占总荷载值的7.4%。现场施工时，为降低昼夜温差对钢绞线内力的影响，采取钢绞线外包裹保温隔热材料的措施。现场监控实测数据表明，采取保温措施后钢绞线实际内力变化2 t，占施加荷载的1.5%，效果良好。

在墩顶区域湿接缝混凝土初凝前，根据张拉端传感器测到的反力，对反压装置进行补张拉，以确保墩顶钢梁两侧悬臂端的反压荷载满足要求。在墩顶区域湿接缝混凝土强度达到设计强度后，卸载墩顶悬臂的压载。

3.4.3　辅助墩墩顶落梁施工

采用辅助墩顶落梁措施，对受拉区混凝土桥面板施加足够的预压应力，以达到预防其受

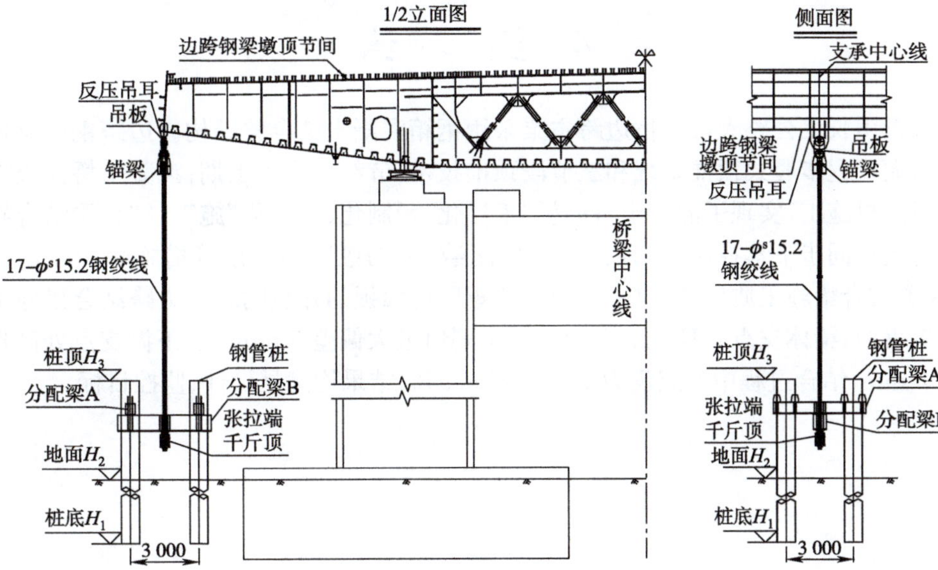

图 7　墩顶横梁两侧悬臂端压载布置(单位:mm)

拉开裂的效果。根据顶、落梁过程计算可知,每个辅助墩在顶落梁工况下承受约 70 000 kN 的竖向荷载,已超出正式支座的承载能力。因此,在垫石上布置临时钢支座替代其受力。临时钢支座采用钢垫梁加钢板的形式,层间布置不锈钢板+聚乙烯四氟板滑动面以释放温度应力。起顶设施采用已提前布置好的 4 台 2 000 t 竖向千斤顶,顶位布设于支座垫石内侧,对应于中腹板正下方设计加固位置。辅助墩墩顶落梁施工布置见图 8。

起顶施工时,保持 4 台千斤顶受力均匀且行程同步。起顶到位后,钢梁落于临时钢支座上,对墩顶两侧钢梁进行横向压载,横向压载后进行墩顶区域湿接缝混凝土浇筑施工。在湿接缝混凝土强度达到设计强度后,卸载墩顶的横向压载,再次起顶钢梁,拆除临时钢支座,将正式支座滑动就位后,落梁于正式支座上。

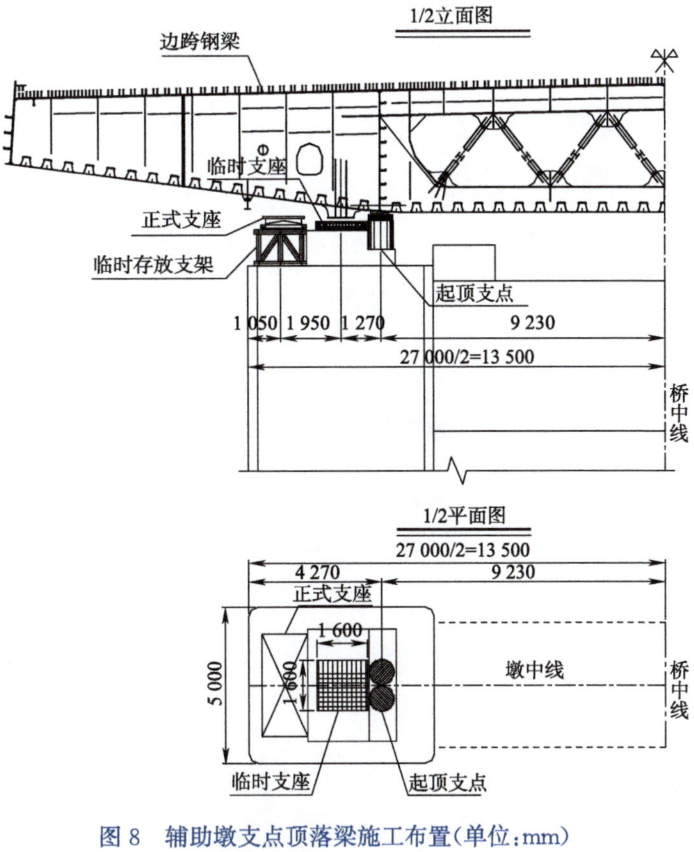

图 8　辅助墩支点顶落梁施工布置(单位:mm)

4 结　　语

武汉青山长江公路大桥主桥边跨主梁采用钢箱混凝土结合梁结构。边跨钢槽梁顶推采用了三向大行程步履式顶推系统和三节段顶推技术，节约了施工工期；混凝土桥面板采用全回转架板吊机施工，实现了混凝土桥面板“工厂化、预制化、快速化”施工；结合梁结合施工中通过临时支点同步下落控制、墩顶钢梁横向压载、辅助墩墩顶落梁等措施顺利实现结合施工，确保了结合梁施工质量，解决了墩顶负弯矩区桥面板的开裂问题。边跨结合梁施工中的监控结果表明，梁体支点处高程的理论值与实测值最大偏差 5 mm，上、下游支点处高程的最大偏差 2 mm，结合过程中支点反力最大偏差 5.9%，结果均满足设计、监控目标。

中跨钢梁架设施工技术

祁　亚　康雄辉　刘宇飞

1 概　述

青山大桥主航道桥主跨钢箱梁外轮廓总宽 48 m，设置 2%的双向横坡，主梁中心线处梁高 4.5 m，横梁间距 2.5 m，主梁索间距 15 m。标准节段钢箱梁断面布置见图 1。

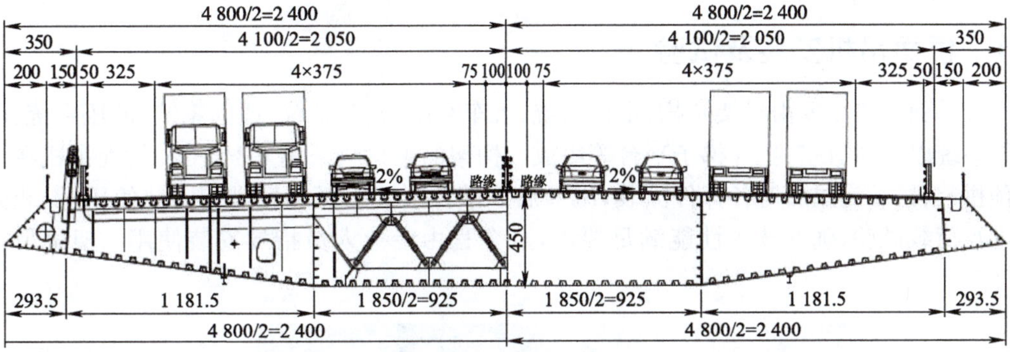

图 1　主跨钢梁标准断面(单位：cm)

主跨钢箱梁桥面宽度 44 m，梁高 4.5 m，纵桥向设置 2 道边腹板、2 道中腹板，中腹板间距 18.5 m，边腹板间距 41.76 m。一个拉索间距(15 m)，分段线位于拉索横梁主跨侧 3.3 m。中跨钢箱梁共 58 个节段，南北岸各 29 个节段，标准节段长 15 m、平均重约 432 t，钢梁节段参数见表 1。钢箱梁采用桥面吊机架设，钢桥面板顶面设置 4 处吊耳供起吊用，吊耳均设置于横梁顶。

表 1　中跨南岸侧钢梁节段参数

编　号	重量(t)	长度(m)	备　注
A4	416.0	15.0	—
A5～A31	403.0	15.0	—
A32	305.0	11.4	仅南侧有

斜拉索采用直径 7 mm 高强度锌铝合金镀层平行钢丝拉索，标准抗压强度为 1 860 MPa，采用单端张拉，固定端设于主梁上，张拉端设于主塔内，锚具采用冷铸锚，塔端张拉端设置球形螺母，斜拉索内设置减震器，在斜拉索主梁端设置阻尼装置。

2 总体施工方案

南北侧钢梁分别由两个钢结构公司制造，场内制造验收完成后，由 2 000 t 运输驳船经水运至桥址位置，架设工程过程中对长江航道进行封航。待桥面板间湿接缝施工完成后，南侧在 A3(北侧在 A2)节段上拼装 500 t 架梁吊机，架梁吊机拼装及试吊完成后，开始逐节段进行主跨钢箱梁架设，主跨钢箱梁吊装到位后先进行初匹配，在夜间温度相对恒定时进行精匹配，匹配完成后进行连接，钢梁连接采用栓焊结合，环缝焊接时采用钢箱梁梁底检修小车作为环缝现场焊接施工平台，检修小车与 A4 梁段一起进行吊装，其余每节段检修小车的行走轨道在钢箱梁总成制造时也一并安装到位。临时支点 L6、L3、L1 在斜拉索 S10、S20、S29 分别挂设张拉后，进行脱空并拆除。架设至主跨合龙口，脱空并拆除其余临时支点，钢梁合龙。

3 施工步骤

3.1 桥面吊机安装及试验

该桥面吊机主要由机架结构、走行系统、天车系统、起升系统、锚固系统、液压系统、电气控制系统以及司机室、栏杆梯子平台等组成。构架的主材料采用 Q345-C。桥面吊机在工厂内预拼装、拼装完成后对各杆件涂装，编号后以散件形式运至现场进行安装使用，安装完成后进行荷载试验，确保技术性能满足要求，且全程由专业人员指导安装使用。架梁吊机见图 2。

图 2 架梁吊机

3.1.1 桥面吊机走行

架梁吊机步履式走行，由液压驱动，走行速度为 0.5 m/min，油缸顶推换步能自动进行，不需人工插拔销轴。在底盘下合适位置布置 2 条纵向轨道，两侧同步走行。

3.1.2 桥面吊机试吊

桥面吊机安装完成之后，进行全面检查。检查合格后，验证桥面吊机的主要技术性能，后进行载荷试验。

3.2 主跨钢梁吊装

桥面吊机安装调试完成后，在桥塔两侧对称、同步进行标准梁段的悬拼施工。标准梁段的悬拼施工顺序为：运梁船抛锚定位/存梁支架梁段滑移准备→桥面吊机吊具与钢箱梁连接→起吊→精确对位→中腹板栓接→边腹板、环焊缝焊接→挂索并第一次张拉→前移桥面吊机就位→第二次张拉斜拉索→施工下一节梁段。

3.2.1 运输船抛锚定位

根据航道的河床底质水深、流速、流态、风向、风力等综合因素，采用首锚抛八字锚，每艘运梁船配备四只定位锚。

运输船自定位过程如下：

(1)当运梁船接到吊装指令后，征得海事部门同意，并发布航行动态，由海巡艇维护进入施工现场，确保运梁船定位吊装时的安全。

(2)船舶进入施工现场，找准吊向点，一般以吊具为吊向点为好，慢速并不断地调整好自己的船位。在桥轴线上 100 m 抛下两侧定位八字锚（先抛上风上流锚）锚链与船舶首尾线夹角 40°左右，每只锚派专人值守听从船长口令松绞锚缆，使钢箱梁正对吊具下方。

(3)待上游侧吊具连接好，下游侧如有偏摆，可压舵控制，此方法操作简单，定位时间短，起锚迅速。

(4)如双锚抛下后，仍有较大偏荡，可自行偏一尾锚控制，抛尾锚可按图 3 完成操作。

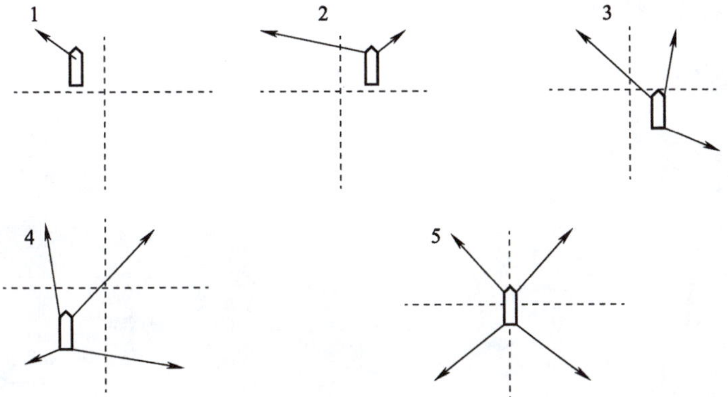

图 3 钢梁运输船抛锚示意

3.2.2 主跨钢梁吊点及支撑点布置

架梁起重机支撑点以钢梁吊点为中心线对称布置，前支点间距 0.6 m+3 m+0.6 m，走行系统间距 5.4 m，起顶装置间距 6.6 m。

3.2.3 钢梁吊装

(1)桥面吊机吊具及其与钢箱梁连接

吊具由扁担梁、钢管扁担梁、钢丝绳、滑轮轮组、油缸组件组成(图 4)，动滑轮组轮箱与吊具为销接，吊具通过钢丝绳、钢丝绳轮组及销轴与钢箱梁设计吊耳销接。油缸组件可调节行程为 500 mm，可通过调整油缸来调整重心。

图 4　桥面吊具

当运梁船初步定位完成后，将桥面吊机的吊具继续落至运梁船上钢箱梁的正上方，距钢箱梁顶 50 cm 左右。根据钢箱梁上的临时吊点与吊具上的吊耳的位置进行运梁船精确定位。穿好连接销轴及开口销后，启动卷扬机或千斤顶，使吊具的吊耳受力。同时检查钢丝绳或钢绞线是否垂直，并检查钢箱梁与吊具是否连接好，确认无问题后允许起钩。

(2)起吊

起钩时充分利用电子秤分级加载使上下游均衡。当箱梁与运输船要离开时，起吊缓慢加速，使箱梁迅速离开船体，以避免由于载荷减小船只随水流有相对位移，导致检查小车轨道梁与船上支座相撞。起吊接近至桥面时，缓慢减速。

由于钢箱梁的吊点中心与其重心不重合，根据调节吊具扁担梁吊点位置，保证钢箱梁被吊起时处于水平状态(图 5)。

图 5　钢梁起吊

3.2.4　初定位

为了防止钢箱梁在吊至桥面高度时与已拼装梁段发生碰撞，被吊梁段与已安装好梁段之间留有 120 cm 距离。当钢箱梁被吊至桥面高度时，通过架梁吊机天车将吊装梁段缓慢靠近已装梁段，在即将靠近时停止，通过吊具上的纵向调整油缸以及同侧两台吊机的提升高度进行纵、横坡调整。最后与已拼梁段完全靠拢并进行临时连接。

已安装梁段在吊机前支点反力和斜拉索拉力的作用下，钢箱梁出现中间下挠、两边上翘的临时状态，而此时吊装钢箱梁在自重作用下出现的变形状态正好相反。通过模拟计算选取如下匹配方案：先对齐并固定中腹板，然后用 200 t 千斤顶调整边腹板高差，最后用 10 t 千斤顶配合马板调整顶、底板局部高差的匹配程序。

3.2.5 梁段初匹配

(1)用变幅机构中纵向调位油缸推动提升到位箱梁节段至已安装箱梁节段边缘 50 mm 内。

(2)松开扁担梁上的螺纹杆锁定系统，利用扁担梁上的调平油缸调整吊装钢箱梁的纵坡与已安梁段相匹配(图 6)。

(3)用单台桥面吊机升、降调整箱梁节段与已安装箱梁节段横向相匹配(图 7)。

图 6 梁段纵坡调整

图 7 钢梁节段横向匹配

(4)用变幅机构中纵向调位油缸推动提升到位箱梁节段至已安装好箱梁节段边缘 10 mm 内，然后重复(2)和(3)(图 8)。

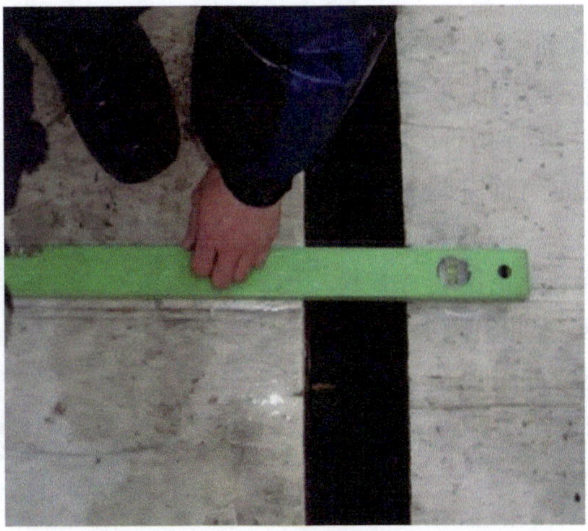

图 8 轴线对齐

(5)用卷扬机调整待安装梁段高程,使其与已安装梁段连接端口位置处于同一高度上。

(6)用变幅机构中纵向调位油缸推动提升到位箱梁节段至与已安装好箱梁节段相接触,然后将两侧中腹板连接板用连接螺栓及冲钉进行连接。

3.2.6 边腹板反压

中腹板冲钉及安装螺栓安装完成后进行边腹板反压(图 9),反压装置工厂内加工,完成后运至现场,反压装置与边腹板采用栓接,可倒运。

图 9 边腹板反压

3.2.7 梁段精匹配

(1)当达到施工控制条件(钢箱梁顶、底板温差小于 2 ℃)时进行精匹配作业。

(2)首先进行悬臂前端局部测量(测量相邻 2 个梁段控制点的相对平面位置及高程),对比控制指令,确定调整量。

(3)根据调整量,调整梁段上、下游控制点相对高差。

(4)用架梁吊机横移天车调整钢箱梁轴线。

(5)复测悬臂前端局部线形与轴线,满足精度控制要求后,锁定吊机,安装中腹板剩余孔内高栓并进行初拧,拆除安装螺栓及冲钉,更换为高栓并进行初拧。

(6)钢梁调整就位后,首先进行中腹板定位(图 10),安装 30%冲钉,再将 20%冲钉替换为工作螺栓,冲钉不少于栓孔总数的 10%,工作螺栓不少于栓孔总数的 20%。

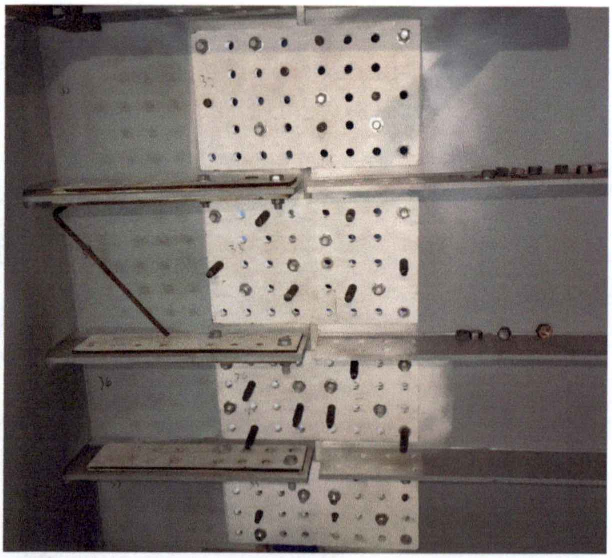

图 10 中腹板定位

3.2.8 马板焊接

钢梁线型调整完成后采用千斤顶对顶板及底板局部错边进行调整,调整合格后焊接马板(图 11)。

图 11　顶板、底板处马板焊接

3.3　高强螺栓施工

3.3.1　摩擦面检查及高强螺栓安装

中腹板及 U 肋初拧前调整好环缝间隙，全面检查相邻梁段面板的吻合程度、间隙尺寸、临时连接件定位情况，以保证面板吻合间隙与工厂预拼装时一致，保证环缝的顺利栓接。U 肋栓接从桥面纵向中心线开始向两边扩散进行，初拧完成后进行焊接。技术要求如下：

(1)高强螺栓为摩擦型，连接面摩擦系数符合设计要求，并要作抽检与复验。

(2)连接处构件接触面的处理：在吊装确保求摩擦面保持干燥、整洁，无飞边、毛刺、焊接飞溅物、焊疤、氧化铁皮、污垢等。

(3)高强度螺栓自由穿入螺栓孔，一个节点中的扩孔数不宜多于该节点孔数的 1/3，扩孔直径不大于原孔径 2 mm。

(4)安装时严格控制高强螺栓长度，高强度螺栓连接副终拧后，螺栓丝扣外露 2～3 丝扣，其中允许有 10%的螺栓丝扣外露 1 扣或 4 扣。

3.3.2　高强螺栓进场检验、保管

(1)高强螺栓入库按规定分类存放，做好防雨、防潮措施。螺栓始终保持洁净、干燥状态。

(2)高强螺栓经试验确定扭矩系数或复验螺栓拉力，符合规定时方准使用。

3.3.3　紧固程序和施工工艺

(1)高强螺栓质量符合《铁路钢桥高强度螺栓施工规定》中钢结构用高强螺栓的规定。

(2)高强螺栓紧固(图 12)分两次进行，第一次为初拧，初拧紧固到螺栓标准预拉力的 30%～50%；第二次为终拧，终拧紧固到标准预拉力，偏差不大于±10%。为使螺栓群中所有螺栓都均匀受力，初终拧都按从中间往四周的顺序进行。在环缝焊接完成后进行本阶段高栓终拧，终拧完成后进行检查。

图 12　高强螺栓施工

3.4　钢箱梁现场焊接

现场焊接待成品梁段吊装就位后，调整好焊接间隙，全面检查相邻梁段面板和底板的吻合程度、间隙尺寸及接头坡口尺寸、临时连接件定位情况，以保证面板吻合间隙与工厂预拼装线型即成桥线型一致，保证环缝的顺利栓接和焊接。

3.4.1　工艺流程

钢梁节段现场焊接的工艺流程：全桥线性调整→下接口匹配连接→坡口间隙调整→对接错边调整马板→环缝、底板 U 肋端部口清理、除锈→除锈检查合格后粘贴衬垫→底板打底焊→拆除临时连接→底板盖面焊、腹板焊接→顶板打底焊→拆除临时连接→顶板盖面焊→环缝焊后矫正、清理、修磨→探伤、返修→嵌补段量配→U 肋、板肋嵌补段组焊→矫正、修磨→探伤、返修→拼接班量配钻。

3.4.2　钢箱梁现场焊接

现场焊接待成品梁段吊装就位后，调整好焊接间隙，全面检查相邻梁段面板和底板的吻合程度、间隙尺寸及接头坡口尺寸、临时连接件定位情况，以保证面板吻合间隙与工厂预拼装线型即成桥线型一致，保证环缝的顺利栓接和焊接。

(1)焊接顺序

钢箱梁节段间的环缝焊接顺序及焊接方向遵循顶板、底板对接焊缝由中间向两端对称焊接，同类焊缝对称焊接的原则。

(2)焊接

钢箱梁环缝的焊接收缩量根据焊接时的实际测量数据进行分析、调整，以利于控制成桥长度。未做说明的焊缝均采用药芯焊丝 CO_2 气体保护焊。焊缝焊接完毕后，敲净熔渣，并把飞溅物清除干净。

(3)焊缝检测

所有熔透焊缝均进行 100％超声波探伤，且所有横向对接焊缝，按焊缝条数的 10％抽查进行 X 射线探伤。工地连接的环形大焊缝按焊缝条数的 10％进行 X 射线探伤检查，对抽查到的工地环形大接头，桥面处的十字接缝进行 100%X 射线探伤检查；底板处的十字接缝进行 30%X 射线探伤检查。

(4)焊接防护措施

工地焊缝处于露天状态，需要采取防风、防雨(雪)棚进行局部防风、保温(图 13)。遇有较大雨(雪)天时一般宜停止施工，若因进度要求赶工时，除局部加热和防风外，应对防风雨棚采用钢丝等进行必要的加固，防止防风雨棚移动甚至倾倒，使整条焊缝置于有效的防风雨棚保护区域内。

图 13　防风雨棚

4 结　　语

武汉青山长江大桥主跨钢箱梁架设是大桥的控制性工程，是两岸联通的关键工序，施工时间紧，社会关注度高。施工在符合设计和规范要求下，优化设计，积极采用悬臂架设施工，腹板反压、栓焊组合等新工艺，在保证了施工安全、焊缝及高栓施工质量前提下，提高钢箱梁架设效率，为同类型桥梁钢梁架设提供借鉴。

主桥中跨合龙施工技术

李　勇　祁　亚

1　概　　述

武汉青山长江公路大桥主桥为(350＋938＋350) m混合梁斜拉桥(图1),采用双塔双索面全飘浮体系。大桥全长1 638 m,桥面总宽48 m。桥塔采用A型钢筋混凝土结构。中跨主梁采用整体式钢箱梁,由钢主梁、正交异性钢桥面、钢箱梁横隔板组成。边跨主梁采用钢箱结合梁,由槽型钢主梁与混凝土预制板通过湿接缝与剪力钉结合为整体。钢箱梁与钢箱混凝土结合梁的结合面设于中跨侧距主墩18 m处。

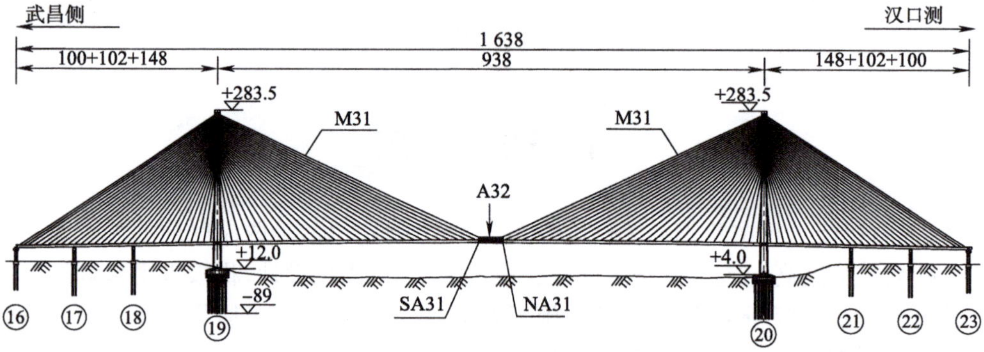

图1　青山长江公路大桥主桥布置示意(单位:m)

中跨钢箱梁外轮廓总宽48 m,桥中线处梁高4.5 m(图2)。横梁间距2.5 m,标准梁段索间距15.0 m;顺桥向设2道边腹板(间距41.76 cm),2道中腹板(间距18.5 cm)。中跨钢箱梁共59个节段,标准节段长15 m、平均重约432 t。合龙段(A32)长11.4 m、重约305 t。节段间采用栓焊组合连接,中腹板及板肋、顶板U肋及板肋均采用M24高强螺栓连接,其余部件采用焊接连接。

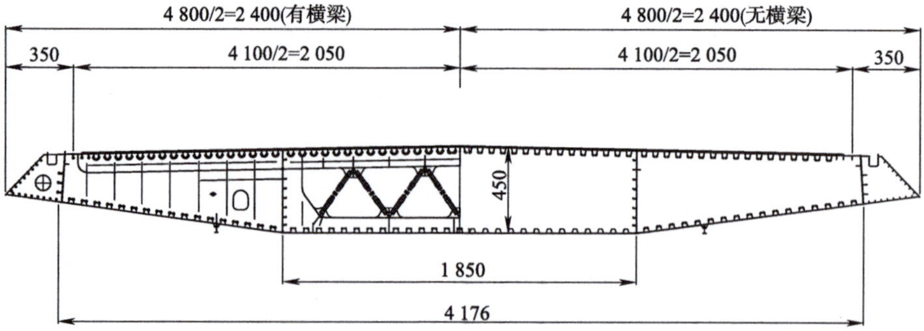

图2　中跨钢箱梁横断面(单位:cm)

2 总体施工方案

青山长江公路大桥主桥先采用顶推法施工两侧边跨钢箱结合梁，再利用两台 500 t 变幅桥面吊机对称逐节段悬臂架设中跨钢箱梁。结合国内同类大型桥梁施工经验，大桥中跨采用顶推辅助合龙方案施工。先在工厂按照设计长度加 20 cm 进行合龙段制造，再根据合龙口实际监控测量长度进行余长切割及栓孔钻孔，水运至桥位。在桥位处将合龙口单侧主梁向边跨方向顶推 15 cm 后锁定塔梁位置设置纵向限位装置，合龙口扩展后利用桥面 2 台 500 t 架梁吊机抬吊合龙段就位；完成合龙段武昌侧与 SA31 节段间的栓焊连接，将钢梁往跨中顶推复位，利用三向偏差调整装置完成合龙口的精确对位锁定；完成合龙口栓焊连接，实现大桥体系转换。

3 中跨合龙安装工艺

3.1 边跨压重

按照设计要求，边跨侧压重需在合龙前完成，且铁砂混凝土最大容重不小于 5.9 t/m^3。当前市场上压重铁砂混凝土容重一般不超过 4.0 t/m^3，尚无 5.9 t/m^3 如此大容重的生产配比及应用先例。为了满足容重要求，经过多次试配，最终采取铁砂混合料＋钢板的混合配比方案。实际铁砂混凝土容重达 6.05 t/m^3，铁砂混凝土的配合比为：水泥：细铁粉：小钢珠：冰铜铁：水：减水剂：钢材＝281：824：1 048：1 573：130：3.51：2 198，水胶比为 0.463。经过实测，该桥采用的细铁粉、小钢珠、冰铜铁比重分别达到了 7.226、7.086、6.820。

两侧边墩压重混凝土采用分级灌注：M29 号斜拉索张拉后，灌注压重总量的 20%→M30 号斜拉索张拉后，灌注压重总量的 50%→M31 号斜拉索张拉后，灌注压重总量的 85%；最后剩余 15%的压重根据后续索力线形情况再进行调整。

铁砂混凝土灌注以压重总量控制为原则，先根据每个压重箱大小计算各种材料用量，再进行准确称重。压重施工时，钢板通过人工逐块码布，其余铁砂混合料采用自落式滚筒型混凝土搅拌机在桥面搅拌后，利用装载机＋料斗＋溜槽灌注，钢板与铁砂混合料分层交错布置。

3.2 合龙口观测

对合龙口大小、轴线、两侧高差及桥塔偏位进行连续 3 天观测，绘制出合龙口长度与温度变化的时间曲线，并由设计推算至预计合龙温度（20 ℃）下合龙段的长度 11.45 m，确定合龙段余长切除 15 cm（合龙段原设计长度 11.4 m、制造长度 11.6 m）。同时根据观测结果，进行 M31 号斜拉索的第 2 次张拉调整，即合龙口竖向偏差的预调整。

3.3 合龙段吊装方案及顶推参数确定

3.3.1 吊装方案选择

为确定合龙段的吊装方式，利用有限元法对中跨钢梁悬臂端在单机吊装及双机吊装 2 种工况下的竖向及纵向位移进行了模拟计算分析。结果表明，单台架梁吊机吊装合龙段，合龙口两侧竖向位移差 641 mm，纵向压缩 11 mm；2 台架梁吊机抬吊合龙段，合龙口两侧无竖向位移差，吊装前后竖向位移差约 293 mm，纵向压缩约 4 mm。由于单侧中跨悬臂长 463 m，悬臂端对竖向荷载较为敏感。因此，合龙段吊装采用 2 台 500 t 架梁吊机抬吊，以保证合龙口两侧位移及转角一致。

3.3.2 顶推量及顶推力确定

合龙期间，气温在 17 ℃～25 ℃范围，温差约 10 ℃。根据合龙期间温差对合龙口大小的影响以及预留节段工作缝的宽度，确定主梁往边跨侧顶推 15 cm。根据顶推位移量，同时考虑支座摩擦力，计算出理论推顶力为 6 630 kN。因此，现场选用 2 台 500 t 千斤顶进行纵向顶推。

3.4 合龙段钢梁精确匹配制造

该桥中跨钢梁由两家钢梁制造厂对称制造，合龙段先在工厂按加长 20 cm 提前制造，其武昌侧非合龙端端口与 SA31 在胎架上精确匹配，其汉口侧合龙端按照实际量测的 NA31 环口尺寸匹配制造。合龙端顶、底板 U 肋端部焊缝及边、中腹板与顶底板端部焊缝均预留 30 cm 暂不焊接。待合龙段转运至工厂 2 后，按照实际长度切割余长，并上胎架与 NA31 精确匹配后再行焊接，同时完成合龙端孔群钻孔。

3.5 主梁顶推扩展合龙口

合龙段钢梁运至现场后，将 19 号墩 4 个塔梁纵向临时限位装置解除，依次更换成 4 台 500 t 液压锁＋机械锁双锁式千斤顶(桥塔中跨侧 2 台千斤顶编号为 1 号、2 号，边跨侧 2 台千斤顶编号为 3 号、4 号，见图 3)。启动 3 号、4 号千斤顶，将武昌侧钢梁整体向边跨侧顶推 15 cm。顶推时分级对称同步进行，以顶推位移 30 mm 为 1 个分级。每级顶推到位后，读取千斤顶油表读数并反算顶力大小，同时检查钢梁及边跨各约束体系安全情况，并对塔偏以及索力进行监测。

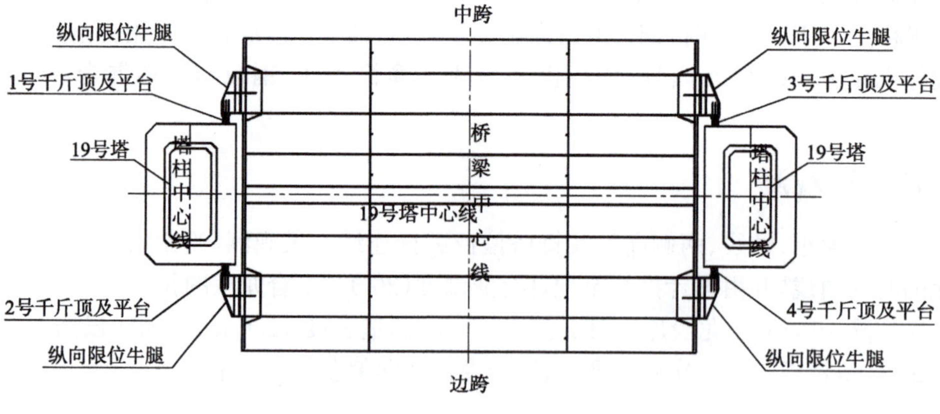

图 3　钢梁顶推千斤顶平面布置示意

3.6 合龙段钢梁抬吊、初步连接及复位

武昌侧钢梁向边跨侧顶推 15 cm 并安全锁定后，白天利用 2 台 500 t 架梁吊机同步抬吊合龙段(A32)嵌入合龙口(图 4)。合龙段吊装到位后，将其与武昌侧 SA31 梁段栓焊连接。合龙段 A32 与武昌侧 SA31 连接后，19 号墩边跨侧 3 号、4 号千斤顶回油，同时启动中跨侧 1 号、2 号千斤顶，顶推主梁往跨中方向移动 15 cm 复位，并锁定塔梁纵向限位装置。顶推过程中对桥塔偏位进行同步观测。

图 4　两台架梁吊机抬吊合龙段

3.7 合龙口锁定及偏差调整

3.7.1　合龙口锁定

主梁复位当天 22:00 之后开始精调，完成合龙口精确匹配；并在次日 6:00 之前完成采用 30%冲钉及螺栓施工，锁定中腹板，同时解除 19 号墩的塔梁纵向限位装置(保证钢梁适应温度变化自由伸缩。)

3.7.2　合龙口偏差调整

合龙口偏差调整包括：

(1)横向偏差调整。在钢梁顶板设置锚固点，在锚固点上安装倒链，通过倒链对拉调整合龙口两侧钢梁的横向偏差。

(2)竖向偏差调整。首先利用合龙口一侧未脱钩的架梁吊机提升合龙段钢梁前端；待合龙段钢梁前端与待连接钢梁大致水平后，再通过两侧边腹板的反压装置(由可拆卸钢牛腿和 200 t 液压千斤顶组成，见图 5)以及码板微调合龙口竖向偏差并锁定。

图 5　钢箱梁两侧边腹板顶压调整装置

(3)纵向偏差调整。不解除两侧塔梁纵向限位装置，在钢梁顶板设置顶拉装置(由反力座、分配梁、精轧螺纹钢、垫板及 250 t 千斤顶组成，见图 6)，通过顶拉装置主动施力调整合龙口纵向偏差，实现精确合龙。

图 6　纵向顶压装置

4 结　　语

武汉青山长江公路大桥主桥跨度大、桥面宽，结构受温度影响大，主梁节段及合龙口之间采用栓焊组合连接，对合龙口匹配精度要求高。该桥中跨采用顶推辅助合龙方案施工，该方案不改变合龙段的尺寸和无应力变形，对成桥结构和受力影响相对较小，同时减弱了温度对施工的影响，减少施工投入。合龙段按照设计尺寸提前匹配制造，合龙前在桥塔处及合龙口设置千斤顶；顺桥向顶推钢梁(改变合龙口长度)，吊装合龙段合龙后通过三向偏差调整装置完成精确合龙。

大跨度斜拉桥支撑体系研究

胡海波

1 概　　述

武汉青山长江大桥主桥为全漂浮体系斜拉桥，斜拉桥的支撑体系分为竖向约束和水平向约束。纵向设置阻尼器及限位装置，横向设置抗风支座；边墩、辅助墩均设置支座，边墩、辅助墩横向设置减隔震装置(纵向活动)，边墩横向设置卡榫限位(纵向活动)。主桥约束体系布置见图1。

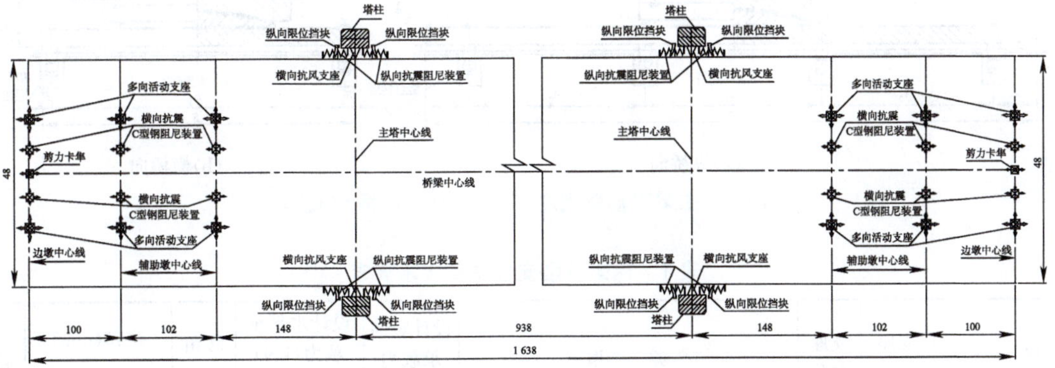

图1　主桥支撑体系(单位:m)

竖向约束体系主要满足墩顶压重、公路活载等因素的部分传力要求，边墩、辅助墩处中腹板下设置竖向支座作为竖向支撑，塔柱处不设置竖向支撑。水平向约束体系主要需满足地震荷载、风荷载、活载制动力等产生的纵向变形，以及温度变化产生的纵向变形等多方面因素的传力及变形要求，边墩、辅助墩的竖向支座均为双向活动支座，桥塔处和主梁之间设置纵向变形的阻尼装置，以抵抗纵向力，释放复杂工况下的纵向变形；主塔与钢梁边腹板间设置横向抗风支座，将钢梁横向风荷载传递到主塔；边墩、辅助墩设置有C型钢阻尼，保证极端风荷载、地震荷载下的主梁结构安全；边墩横向卡榫，在正常施工状态下起到纵向变形导向的左右，在较大的横向力作用下必须断裂；钢梁与公路箱梁交接位置设置大位移伸缩缝，伸缩装置具有多向变位调节功能，适应各种荷载作用下钢梁的纵向变形和角位移。

2 竖向支座

边墩辅助墩钢梁支座采用球形支座，钢梁支座为特制型号，适用于位移量大的漂浮体系斜拉桥，适用温度范围为−25 ℃～+60 ℃。本桥钢梁支座承载力在 12 500～30 000 kN，纵向位移量为 2 100 mm，横向位移量在±150～±270 mm。

支座主体结构包括支座上板、球面摩擦副、球冠组件、平面摩擦副、支座下板、底座。其中，球冠向上安装，球冠与支座顶、底板之间装有改性超高分子量聚乙烯材料和不锈钢板组成的摩擦副，该类型支座具有变形能力大、受力均匀、转动和滑动灵活、易养护、维修更换方便等优点。

支座上下板及球冠采用铸钢 ZG270-500，滑板采用进口改性超高分子量聚乙烯材料，在平均压应力 60 MPa，温度(23±5) ℃，速度 $v=0.4$ mm/s 条件下，摩擦系数(硅脂润滑)≤0.012；在平均压应力 45 MPa，温度(23±5) ℃，速度 $v=15$ mm/s 条件下，累积滑动磨耗距离$\sum S=10$ km，线磨耗率(硅脂润滑)≤1 μm/km。

根据青山大桥斜拉桥各墩位处支座受力的具体情况，16 号/23 号边墩支座采用 QZ12500SX±1050 型、17 号/22 号辅助墩支座采用 QZ20000SX±1050 型、18 号/21 号辅助墩支座采用 QZ30000SX±1050 型。支座布置和主要性能见图 2 和表 1。

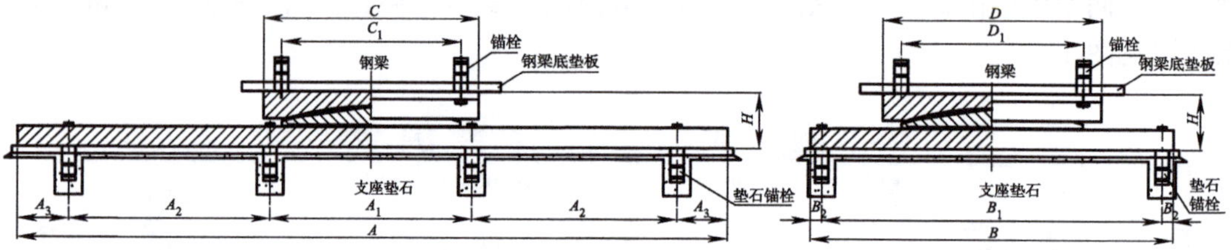

(a)纵桥向　　(b)横桥向

图 2　主梁边辅墩支座安装示意(双向活动 QZ)

表 1　钢梁球型支座主要技术要求

墩　位	支座类型	支座名称	类　型	设计竖向承载力(kN)	设计水平承载力(kN)		转角(rad)	位移(mm)		数量
					纵向	横向		顺桥向	横桥向	
16 号/23 号墩	普通球型支座	Z1	QZ 12500 SX/Z±1050/H±270/R0.02	12 500	—	—	0.02	±1 050	±280	4
17 号/22 号墩		Z2	QZ 20000 SX/Z±1050/H±200/R0.02	20 000	—	—	0.02	±1 050	±210	4
18 号/21 号墩		Z3	QZ 30000 SX/Z±1000/H±150/R0.02	30 000	—	—	0.02	±1 000	±160	4

支座在工厂制造并组拼完成，现场安装时先精确定位底座板，将底座与墩顶支座垫石灌浆结合紧密。支座本体整体吊装，先将支座与底座对其安装，再解开上下板的连接件，将上支座板与钢梁连接，安装完成后解除临时支座，并对支座平面摩擦副进行防护。

3　阻尼器

大量研究表明，斜拉桥的塔、梁之间的连接方式对斜拉桥的静力和动力性能有很大的影响，桥塔的受力很大程度上取决于塔、梁之间的连接方式，对于大跨度漂浮体系斜拉桥，塔、梁之间的合理连接方式应满足以下要求：

(1)温度作用下，梁塔之间纵桥向的约束很弱，以减小主塔所受的温度应力；

(2)地震、大风作用下，塔、梁之间的约束可以提供较大的阻尼，以减小主梁产生危险结构安全的大位移。

要满足以上要求，塔、梁之间的联结就不能简单地采用滑动或固结的连接方式。青山大桥斜拉桥主塔主跨侧各布置 4 个液体黏滞阻尼器(stu)，每个阻尼器一端与钢梁边腹板连接，另一端与主塔塔柱相连。边墩、辅助墩设置横向的 C 型钢阻尼，钢阻尼一端与桥墩连接，另一端与钢梁连接，纵向设置位移槽，实现纵向不约束。

青山大桥黏滞阻尼器由中铁大桥科学研究院研制，阻尼器缸筒采用高强合金钢材料，活塞杆采用高强合金钢或者高性能不锈钢材料；阻尼油采用优质进口二甲基硅油，在受到最大动力荷载情况下的反应速度为 475 mm/s，其最大内部工作压力达到 40 MPa。阻尼器布置和主要性能见图 3 和表 2。

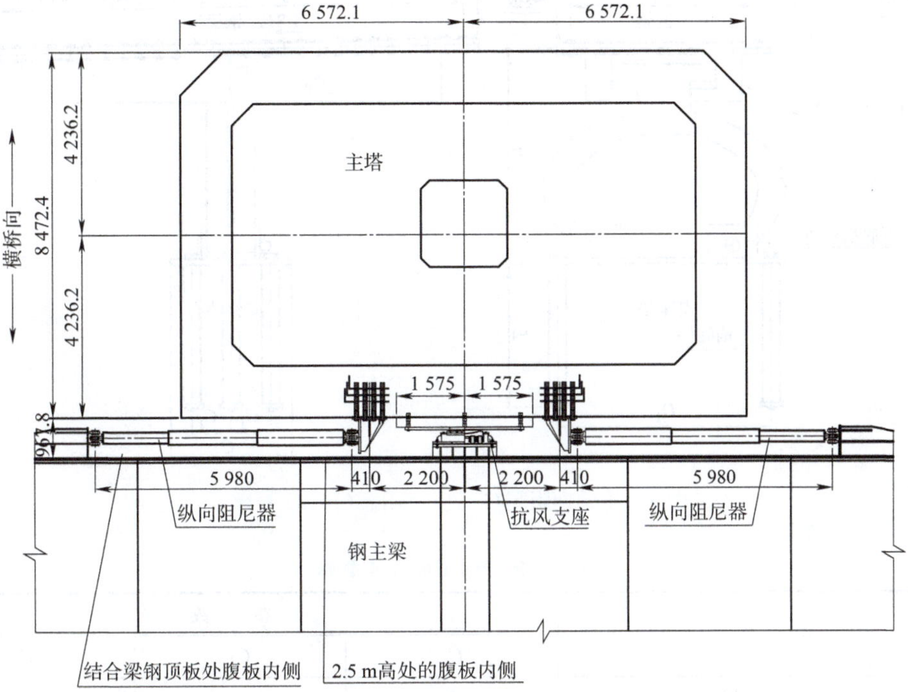

图 3 塔梁黏滞阻尼器安装示意(单位：mm)

表 2 黏滞阻尼器技术参数

名　　称	参　　数
本构关系	$F=C\cdot v_{\alpha}$
速度指数	0.3
阻尼系数 $C[(kN/(m/s)^{0.3}]$	2 500
阻尼力(kN)	2 000
最小安全系数	1.5
纵向位移行程(mm)	±900
横向位移(mm)	±50

续上表

名　称	参　数
水平转角(°)	±2
竖向转角(°)	±5
最大速度(m/s)	0.475

青山大桥钢阻尼器由中铁大桥科学研究院与株洲时代新材合作研制，通过对钢阻尼的结构形式、形状参数、材质等综合分析，结合产品型式试验，研究了符合本桥要求的 C 型钢阻尼。阻尼器布置和主要性能见图 4 和表 3。

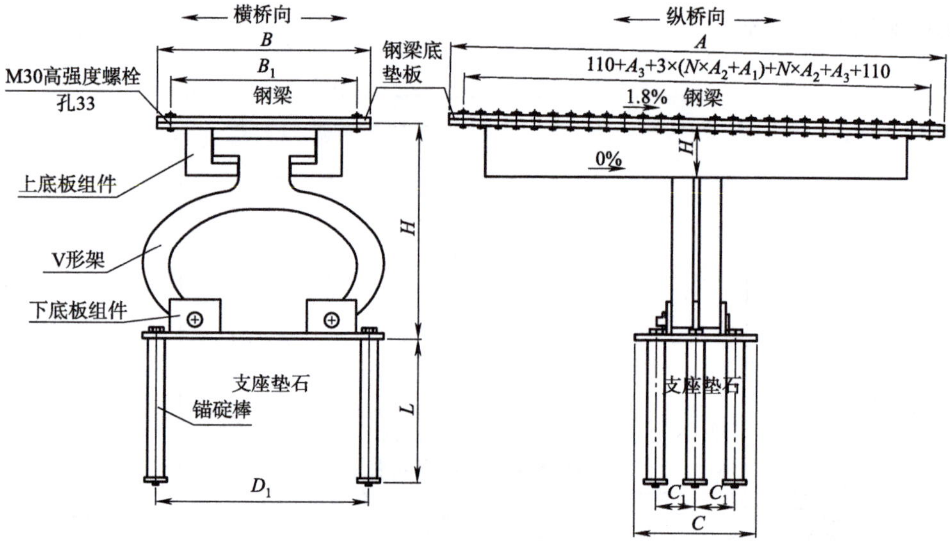

图 4　主梁钢阻尼(C1)安装示意(16、23 号墩)

表 3　黏滞阻尼器技术参数

名　称	参　数		
	C_1	C_2	C_3
竖向承载力(kN)	0	0	0
横向屈服力(kN)	600	900	1 200
顺桥向静力位移(mm)	±1 050	±1 050	±1 000
横桥向静力位移(mm)	±10	±10	±10
竖向静力位移(mm)	−8	−8	−8
横桥向地震设计位移(mm)	±280	±210	±160
屈前刚度(kN/m)	40 000	60 000	80 000
屈后刚度(kN/m)	1 200	1 800	2 400

通过采用大吨位黏滞阻尼器与钢阻尼器相配合的方式，全桥阻尼系统既能满足在温度荷载、车辆荷载作用下运营要求，又能在地震荷载、风荷载作用下耗散振动能量，保证特殊情况下的结构安全。

4　大位移伸缩缝装置

钢梁与混凝土箱梁连接处采用 QF2100 伸缩装置，由成都新筑路桥机械股份有限公司研制生产。该类型伸缩缝支承体系采用多向变位单元式构造，充分适应桥梁的三维位移。QZ2100 伸缩装置最大伸缩量达到 2 100 mm。该伸缩装置由有活动梳齿和固定梳齿两大模块组成，固定梳齿安装在混凝土梁上，与混凝土梁进行精密固结，活动梳齿模块由活动梳齿板、多向变位支座、防反跳反拉装置、横向转动缝四大构件组成。伸缩装置布置和主要性能见图 5 和表 4。

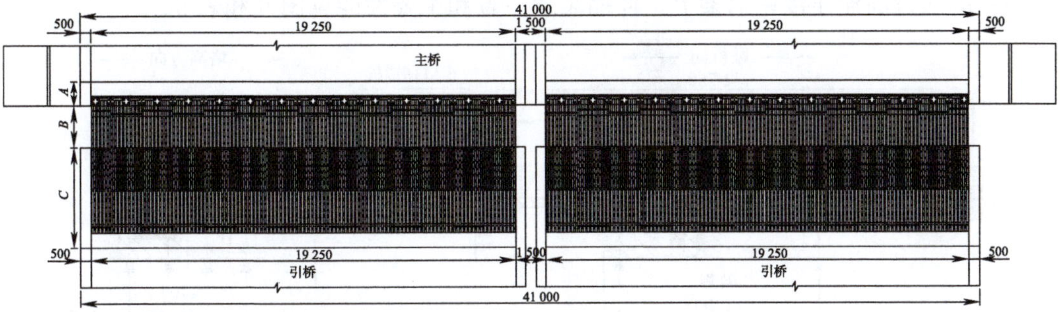

图 5　QF2100 型单元式多向变位桥梁伸缩装置安装平面布置(单位：mm)

表 4　青山大桥伸缩装置主要性能指标

序　号	项　　目	技　术　指　标
1	设计位移量	2 100 mm(±1 050 mm)
2	转角要求	竖向转角≥0.04 rad
		水平转角≥0.02 rad
3	公路等级	双向八车道高速公路
4	设计速度	100 km/h
5	设计荷载	1.3 倍公路-Ⅰ级
6	冲击系数	1.45
7	设计速度	100 km/h

单元式大位移伸缩装置的构件数量众多，对安装进度要求极高，稍不细致，就会出现构件安装不上、变形不畅、挤压、翘齿等现象。主要的安装工序如下：

(1)正式安装前，初定位锚固组件，确保所有锚固组件布置均匀，安装位置和高程准确。

(2)进行伸缩缝单元预安装，保证每个齿块对位准确，重点控制安装各单元的整体平整度和单元间隙，确保运营条件下的伸缩顺畅。

(3)全部伸缩单元预安装完成，检验合格后，拆除并编号标记。

(4)固定锚固组件和滑移钢板，浇筑钢纤维混凝土。

(5)正式安装伸缩装置各单元组件。

青山大桥伸缩装置位移量大，活动齿板骑过全缝，各种荷载由活动齿板传到梁体，传力清晰、结构简单，多向变位支座能够实现伸缩装置齿块的各类变形，单元式的构造在后续的维护更换中施工便捷、作业高效。

5 抗风支座

主塔和钢梁之间设置横向抗风支座，抗风支座为特制构件，除了满足横向受力要求，在横向还需具有一定的减震功能，纵向需满足较大的位移量。抗风支座主要承力构件采用ZG270-500，内部减振元件采用碟形弹簧。抗风支座一端通过锚固螺栓直接锚固在主塔塔壁上，另一端通过高栓连接在钢梁上。伸缩装置布置和主要性能见图6和表5。

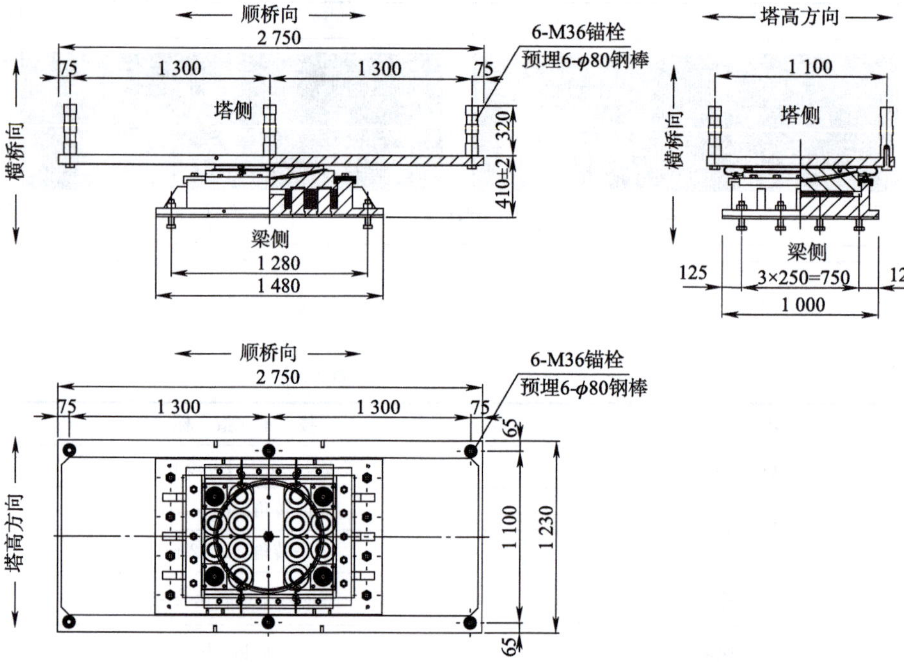

图6 青山大桥抗风支座布置(单位:mm)

表5 抗风支座技术参数

名 称	参 数
承载力(kN)	11 000
转角(rad)	0.02
纵向位移(mm)	±950
竖向位移(mm)	±150
横向压缩量(mm)	±5

抗风支座在工厂整体制造完成，出厂前预压500 kN，压缩5 mm达到设计高度，并设置临时连接进行可靠锁定，保证安装前的预压不变形。支座与塔壁密贴安装后，拆除临时连接，所有工况支座均与塔壁密贴无间隙。安装完毕后，拆除支座锁定装置，安装防尘装置。

6 剪力卡榫

边墩和钢梁之间设置剪力卡榫，在正常施工状态下起到纵向导向的作用。在使用过程中受到一般横向力偶然作用发生损伤，通过修护可以达到设计预定值；在受到较大的横向力偶然作用下，卡榫销断裂失效，但不会损伤桥梁主体结构。卡榫主要承力构件采用 ZG270-500，卡榫销在正常使用状态下原则上不受力。下卡榫板通过锚固螺栓连接在边墩墩顶，上卡榫通过高栓连接在钢梁上。伸缩装置布置和主要性能见图 7 和表 6。

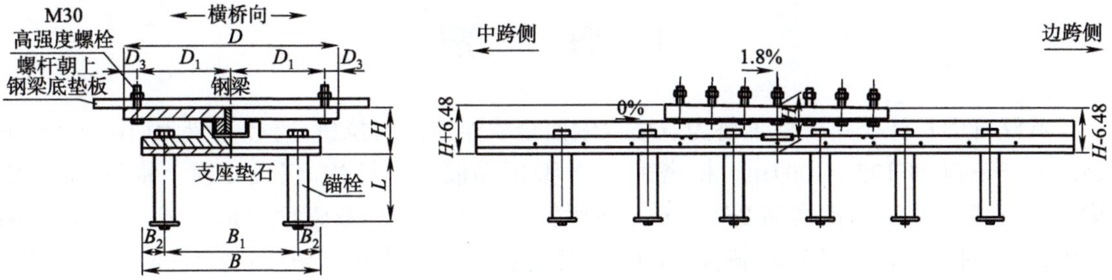

图 7　主梁边铺墩卡隼安装示意

表 6　卡榫技术参数

名　称	参　数	备　注
竖向承载力(kN)	0	
横向抗剪承载力(kN)	900	不超出承载力 15%以内，卡榫的剪断装置须断裂
纵向位移(mm)	±1 050	
横向位移(mm)	±2	
竖向位移(mm)	−8	

7 结　语

大跨度的全漂浮体系斜拉桥受桥面活荷载、温度、风力、地震等荷载作用的敏感性较高，桥梁正常使用过程中，需要具有良好的变形适应性，在极端荷载下，需要具备足够的安全储备。青山大桥根据项目特点，对桥梁支承体系进行了严格的选型和试验研究，取得了一系列的研究成果。

斜拉索安装牵引技术

周强生　张　晶

1　概　　况

武汉青山长江公路大桥主桥为双塔双索面全飘浮体系斜拉桥，跨径布置为(100＋102＋148＋938＋148＋102＋100)m。桥塔采用A型钢筋混凝土结构，仅设1道上横梁、无下横梁。北塔高279.5 m，南塔高271.5 m。该桥斜拉索采用空间双索面扇形布置，每个桥塔两侧各设31对平行钢丝(PWS)斜拉索(边、主跨侧索编号分别为S1～S31、M1～M31)，在桥塔中心处设1对0号斜拉索，全桥共252根斜拉索。斜拉索单根最短为118.617 m、最长为503.425 m，单根最小索重9 t、最大索重60.752 t。

2　PWS斜拉索安装牵引施工难点

武汉青山长江公路大桥PWS斜拉索安装施工主要工序为：斜拉索运输→吊装上桥→塔端挂设→桥面展索→梁端安装→塔端牵引→斜拉索张拉→索力检测及调索。该桥"斜拉索安装牵引"主要是指"塔端牵引"，即在PWS斜拉索梁端(固定端)安装后、塔端软牵引开始，至塔端硬牵引结束、斜拉索张拉前的施工阶段，该阶段施工具有以下难点：

(1)主梁为扁平钢箱梁，刚度较低，在斜拉索牵引过程中主梁高程发生变化，对牵引力及索长有一定影响。

(2)斜拉索规格大，最长503.425 m、最大索重60.752 t，属于超长、超大规格斜拉索，其安装牵引力大，牵引力控制难度大。

(3)斜拉索梁端不具备牵引条件，只能在塔端进行牵引，施工安全风险大，施工技术要求高。

3　PWS斜拉索安装牵引技术

针对该桥PWS斜拉索安装牵引施工难点，考虑主梁高程变化对牵引力的影响，对牵引力进行优化计算；在分析塔梁锚固结构形式(梁端为锚拉板形式、塔端为钢锚梁形式)后采用塔端牵引，并采用软硬牵引组合技术进行斜拉索牵引施工。

3.1　斜拉索牵引力与牵引长度计算分析

传统的PWS斜拉索安装牵引力计算参考《公路斜拉桥设计规范》中的方法(以下简称规

范方法)，一般不考虑牵引过程中塔梁锚固点坐标的变化，取塔梁两端锚垫板中心距离为定值进行计算。武汉青山长江公路大桥主梁为扁平钢箱梁，刚度较低，根据设计及监控计算数据可知，南塔 M31 号上游侧斜拉索在牵引过程中主梁高程变化达 1.3 m。因此，在进行 PWS 斜拉索安装牵引力计算时，需要考虑主梁高程变化对牵引力的影响。

在计算 PWS 斜拉索各阶段牵引力 T 及对应的斜拉索塔端锚头与塔端锚垫板中心距离 ΔL 时，为提高计算准确性，考虑主梁高程随牵引力变化的情况，提出了塔梁两端锚垫板中心距离 $L(T)$ 随牵引力 T 变化的计算方法(以下简称本文方法)。为简化计算，假设塔梁锚垫板中心距离 $L(T)$ 随牵引力 T 线性变化，则 $L(T)=a+bT$。式中，$a=L_1$，L_1 为斜拉索未安装时塔梁两端锚垫板中心距离；$b=L_0-L_1$，L_0 为斜拉索张拉完成时塔梁两端锚垫板中心距离。斜拉索牵引力计算示意见图 1。

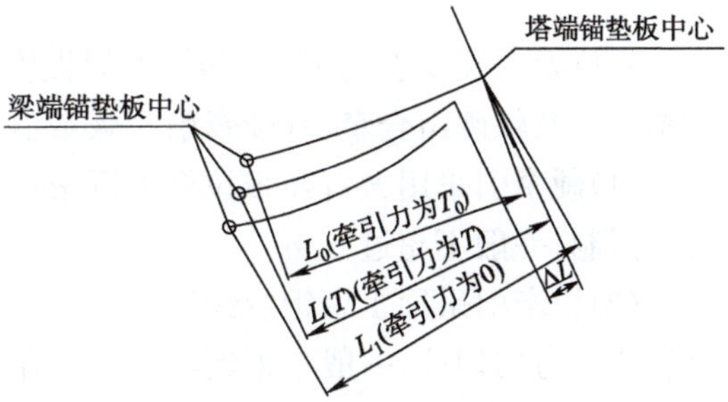

图 1 斜拉索牵引力计算示意

因此，$L(T)$ 随牵引力 T 的变化公式为

$$L(T)=L_1+T(L_0-L_1)/T_0 \tag{1}$$

将式(1)代入《公路斜拉桥设计规范》斜拉索索长计算公式，得

$$\Delta L=L(T)-L+\omega^2 L_x^2 L(T)/24T^2-TL/EA \tag{2}$$

式中，ΔL 为斜拉索塔端锚头与塔端锚垫板中心距离；L_0 为张拉后塔梁两端锚垫板中心距离；L 为斜拉索无应力长度；L_X 为最终斜拉索锚固位置水平投影长度；T 为牵引过程中每个状态的牵引力；ω 为斜拉索单位长度重量；A 为钢丝截面积；E 为弹性模量。

该桥斜拉索按式(2)进行牵引力和牵引长度计算。以南塔 M31 号上游侧斜拉索(规格为 Φ7-367、无应力长度 L 为 503.317 m、斜拉索水平投影长度 L_X 为 455.860 m、塔梁两端锚垫板中心距离 L_0 为 503.332 m)为例，根据设计及监控单位提供的张拉索力(T_0 为 5 828 kN)，按规范方法(未考虑塔梁坐标变化)和本文方法(考虑塔梁坐标变化)分别计算斜拉索塔端安装牵引力及牵引长度，结果见表 1。由表 1 可知，与规范方法相比，采用本文方法计算时，南塔 M31 号上游侧斜拉索的硬牵引长度偏长 0.387 m，偏长达 20%。说明在主梁高程变化较大的情况下，按规范方法与按本文方法计算得到的结果偏差较大。

表 1 南塔 M31 号上游侧牵引力及牵引长度计算结果

计算方法	戴帽索力(kN)	软牵引力(kN)	梁端牵引力(kN)	硬牵引长度(m)	软牵引长度(m)
规范方法	4 900	1 900	500	1.936	21.994
本文方法	5 150	1 900	500	2.323	22.154

由于实际施工时的荷载和材料参数等与设计状态存在一定偏差，设计及监控单位根据实际施工情况对桥梁设计状态进行了调整，将斜拉索的张拉索力由 5 828 kN 调整为 6 522.8 kN。南塔 M31 号上游侧斜拉索在实际施工时，根据调整后的指令张拉到位，实测软牵引力为 1 900.0 kN，实测戴帽索力为 6 095.7 kN，实测硬牵引长度为 2.660 m。

按本文方法，根据实测牵引力(1 900.0 kN)和戴帽索力(6 095.7 kN)计算出对应的硬牵引长度为 2.656 m(与实测 2.660 m 相比，偏差 0.25%)，根据实测软牵引力(1 900.0 kN)

及硬牵引长度(2.660 m)计算出对应的戴帽索力为6 110 kN(与实测6 095.7 kN相比,偏差0.23%)。结果表明,由本文方法计算得到的结果同实际结果基本吻合,牵引长度偏差0.25%,牵引力偏差0.23%。因此,本文提出的考虑塔梁坐标变化得出的牵引力计算公式精度较高。

3.2 斜拉索牵引工艺

斜拉索安装牵引是PWS斜拉索架设安装的一个重要工序,其牵引方法一般有硬牵引、软牵引以及软硬组合牵引(硬牵引+软牵引)三种。

(1)硬牵引采用大直径张拉杆进行张拉,牵引力较大,能重复利用,但牵引长度受张拉杆长度限制,一般不超过4 m。

(2)软牵引采用1束钢绞线进行张拉,单根钢绞线牵引力一般不超过100 kN。考虑到钢绞线受力均匀性,一般整束钢绞线控制在9~19根,最多不超过31根,钢绞线使用次数不超过3次。该方法经济性较差,但软牵引的长度相对较长。

(3)软硬组合牵引同时应用硬牵引和软牵引两种方式,该方法综合了硬牵引及软牵引的优点,目前一般作为超长、超大规格斜拉索安装牵引的首选方式。

结合工程实际和以往同类工程经验,武汉青山长江公路大桥超长、超大规格PWS斜拉索采用软硬组合牵引(硬牵引+软牵引)方法。

斜拉索安装牵引方式确定后,需结合该桥塔梁锚固结构形式,确定在塔端还是梁端进行斜拉索的硬牵引和软牵引。该桥斜拉索梁端采用锚拉板锚固、塔端采用钢锚梁锚固。梁端锚拉板操作空间极其有限(图2),最大空间仅为900 mm,扣除斜拉索理论锚固长度约400 mm,难以实施软硬组合牵引。因此,该桥斜拉索安装牵引只能设置在塔端。

图2 梁端锚拉板张拉空间

以南塔M31号上游侧斜拉索为例,施工前按设计及监控指令计算得到的硬牵引长度为2.323 m(表1),结合张拉工装储备情况并留有一定的长度余量,采用1.6 m长的主拉杆和1.0 m长的副拉杆,主、副拉杆依次连接在斜拉索上锚头后进行硬牵引。主、副拉杆直径均为220 mm、设计张拉力为9 000 kN。根据表1软牵引长度22.154 m,考虑留有一定的长度余量(如软牵引千斤顶尺寸),采用1束19根ϕ15.24 mm、长25 m、软牵引力1 900 kN的钢绞线,钢绞线连接在副拉杆后进行软牵引。南塔M31号上游侧斜拉索塔端软硬组合牵引施工步骤如下:

(1)斜拉索塔端提升。起吊前,通过变径套将上锚头与主拉杆、副拉杆连接,并在上锚头后部安装临时索夹作为起吊点,利用塔顶吊架起吊上锚头至预埋管口位置。根据牵引力计算得出的软牵引长度,提前下放软牵引钢绞线至塔外,利用载人挂篮将钢绞线与副拉杆连接。软牵引开始前见图3(a)。

(2)斜拉索软牵引。逐渐提升斜拉索上锚头,穿过预埋管至副拉杆伸出锚垫板后,利用工具锚板临时锚固上锚头，拆除软牵引千斤顶、钢绞线等，完成软牵引作业。软牵引到位见图 3(b)。在斜拉索软牵引过程中，利用塔顶吊架、卷扬机随时调整斜拉索角度及位置，防止钢绞线、副拉杆及上锚头与预埋管发生冲突。

(3)软硬牵引工装转换。更换硬牵引千斤顶，并在副拉杆上端连接 7 个长为 170 mm 的等径接头，在等径接头穿过千斤顶后锚固。软硬牵引工装转换见图 3(c)。

(4)斜拉索硬牵引。牵引斜拉索上锚头并逐个拆除等径接头，在主拉杆伸出锚垫板后利用工具锚板锚固上锚头，拆除副拉杆，在主拉杆上端安装 7 个等径接头。硬牵引施工见图 3(d)。

(5)斜拉索硬牵引至戴帽状态。牵引斜拉索上锚头并逐个拆除等径接头，直至主拉杆完全伸出千斤顶，且斜拉索锚杯完全锚固在锚垫板螺母上，完成整个斜拉索牵引过程。戴帽状态见图 3(e)。

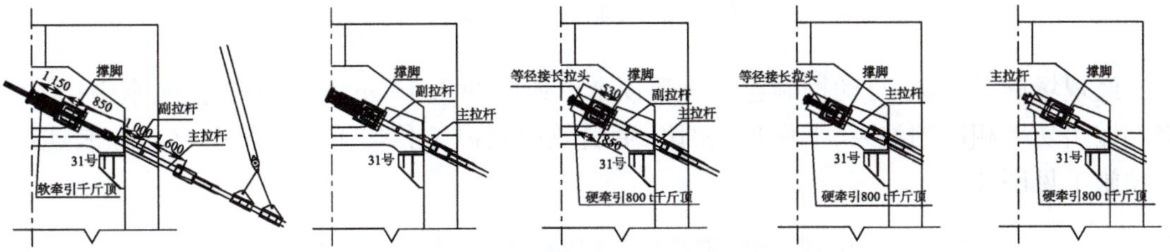

(a)软牵引开始前　(b)软牵引到位　(c)软硬牵引工装转换　(d)硬牵引施工　(e)戴帽状态

图 3　斜拉索塔端牵引过程示意(单位：mm)

为保证桥塔两侧受力平衡，主、边跨软硬组合牵引需对称同步进行。主、边跨软硬组合牵引同步施工时，对塔内操作空间要求较高。在设计牵引方案时，根据实际采用的设备尺寸，在图纸上绘制出软牵引过程(对塔内操作空间要求最大)。塔端软硬组合牵引工作示意见图 4。通过对最大空间要求的软牵引过程模拟可知：塔内操作空间刚好满足施工要求。实际施工中，为了保障硬牵引过程中塔内操作空间足够，采取在塔内锚垫板后连接 7 个 170 mm 等径接头进行接长的措施，每次张拉 1 个千斤顶行程后均可拆除 1 个等径接头。

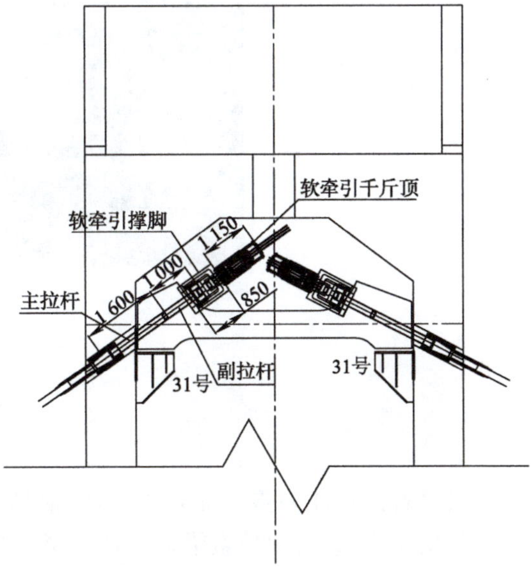

图 4　塔端软硬组合牵引工作示意(单位：mm)

实际施工中，考虑到钢绞线软牵引长度较长，若采用普通千斤顶进行人工牵引，牵引速度在 2 m/h 左右，效率较低。为提高牵引效率及施工质量，采用自动控制连续千斤顶作为软牵引动力设备(图 5)。自动控制连续千斤顶通过电脑或 PLC 控制，保证了桥塔两侧斜拉索对称同步进行牵引；通过索力传感器、位移传感器、自动转换装置进行控制，降低了人工操作的安全风险，保证了施工安全。

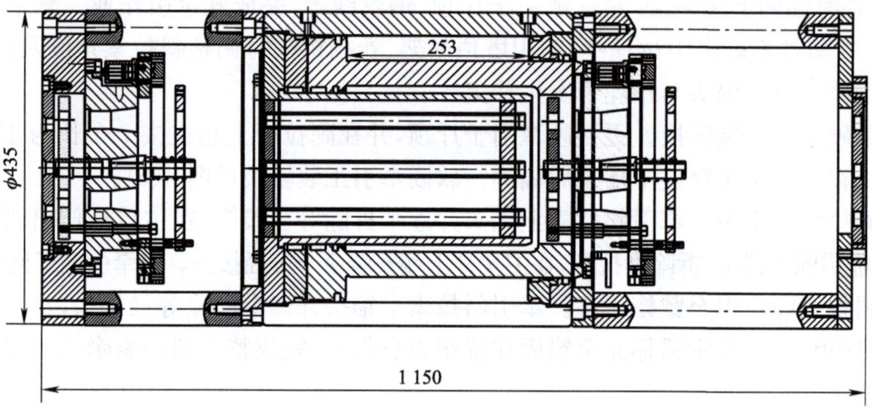

图 5　软牵引自动控制连续千斤顶(单位:mm)

经现场施工验证,自动控制连续千斤顶牵引速度约为 10 m/h,与人工控制牵引(采用规格和输出功率相同的油泵、千斤顶)相比,牵引效率提高 5 倍以上。软牵引自动控制连续千斤顶施工见图 6。

图 6　软牵引自动控制连续千斤顶施工

4 结　　语

武汉青山长江公路大桥 PWS 斜拉索具有规格大、索长长、索重大等特点,属于超长、超大规格斜拉索,该桥斜拉索梁端不具备牵引条件,只能在塔端进行牵引。针对 PWS 斜拉索安装牵引力大、牵引力控制难度大等难点,提出了考虑主梁高程变化的牵引力计算方法,提高了 PWS 斜拉索牵引力计算精度;分析了梁端、塔端锚固结构的张拉空间,采用了塔端软硬结合的斜拉索牵引方式。目前,武汉青山长江公路大桥斜拉索牵引实施效果良好。该桥斜拉索安装牵引技术可为后续斜拉索精细化施工或操作空间较小的斜拉索张拉提供参考。

CQC500 型架梁起重机设计与制造

王仕豪

1 概　　述

武汉市四环线青山长江大桥钢箱梁吊装架设施工采用自主研制的 CQC500 型架梁起重机。钢箱梁节段非跨中合龙段横桥向吊点间距 27.7 m,纵桥向吊点间距 10 m;跨中合龙段横桥向吊点间距 27.7 m,纵桥向吊点间距 8 m。起重机额定起重量 500 t(不含吊具),起升高度:桥面以下≥60 m、桥面以上≥1 m。

起重机结构主要由机架、行走机构、天车系统、吊具、后锚固系统等部分组成,其基本结构形式见图 1。

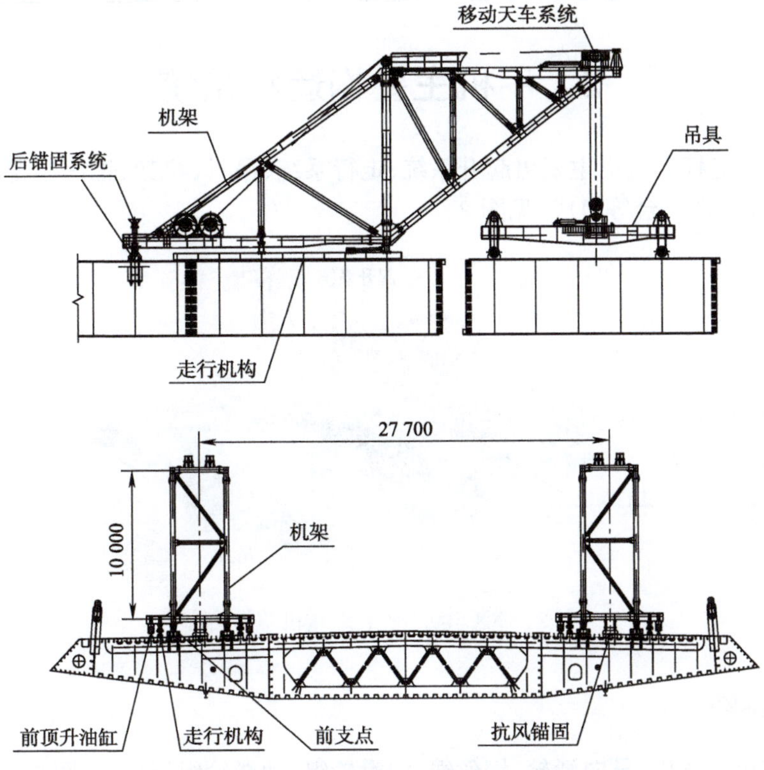

图 1　CQC500 型起重机总布置(单位:mm)

CQC500 型架梁起重机主要技术参数见表 1。

表 1 CQC500 型架梁起重机主要技术参数

整机性能		设备参数							
整机型号	CQ500 型	起升机构		吊点纵横移机构		走行机构		吊具调整机构	
工作级别	A4	最大起重量	500 t	变幅方式	油缸顶推	走行方式	油缸顶推	调整方式	油缸调整
额定起重量	500 t(不含吊具)	起升速度	0～1.25 m/min	变幅油缸行程	800 mm	走行油缸行程	1 050 mm	吊具油缸行程	600 mm
起升高度	桥面以下≥60 m	倍率/单绳拉力	2×2×8/19.5 t	横向调整范围	±0.1 m	顶升油缸行程	200 mm	油缸速度	0.1 m/min
	桥面以上≥1 m	钢丝绳型号	35 W×7-36-1 870	变幅速度	0.5 m/min	走行速度	0.5 m/min	油缸推、拉力	75 t
变幅范围	7.5～12.5 m	卷扬机型号	19.5 T	油缸推、拉力	27 t	走行油缸推、拉力	20 t	泵站压力	25 MPa
安全装置	重量限制器,风速仪限位开关	电机功率	4×45 kW	泵站压力	25 MPa	泵站压力	25 MPa	泵站流量	3.75 L/min
整机总功率	230 kW	容绳量	4×500 m	泵站流量	15 L/min	泵站流量	15 L/min	泵站电机功率	3 kW
电源	380 V 50 Hz 5 AC	工作级别	M4	泵站电机功率	7.5 kW	泵站电机功率	7.5 kW	—	—

2 吊机主要构造和系统

CQC500 型桅杆起重机主要由起升系统、走行系统、吊具、机架、锚固装置、电气系统、液压系统、驾驶室栏杆平台等组成,见图 2。

图 2 CQC500 型桅杆起重机总体结构

2.2 起升系统

起升系统由卷扬机、导向滑轮、钢丝绳、定滑轮组、动滑轮组组成,见图 3。卷扬机位于机架下横梁上的卷扬机平台上,卷扬机为利旧,出厂前进行试验,保证功能完好,安全可靠。导向滑轮有两种,一种为卷扬机出绳导向滑轮,位于立柱横梁上,一种为定滑轮出绳导向滑轮,位于机架前横梁上。定滑轮组安装在机架上的天车架上,可通过顶推油缸顶推天车架实现纵横移动；纵移范围为距离机架立柱重心 7 500～12 500 mm(负重)、6 000～12 500 mm(空重)，横移范围为±100 mm。动滑轮组的下端与吊具销接，定滑轮组与动滑轮组之间用钢丝绳连接。

整机起重量 2×250 t，升降速度(变频调速)：0～1.25 m/min(重载)。单台起重机总计含 4 个卷扬机。起升卷扬机型号为卓轮 195 kN 卷扬机，采用变频电机，功率为 45 kW。起升钢丝绳直径为 36 mm，型号为 35 W×7-36-1 870，钢丝绳倍率为 2×8 倍，单根钢丝绳长度为 1 250 m，每台 2 根。

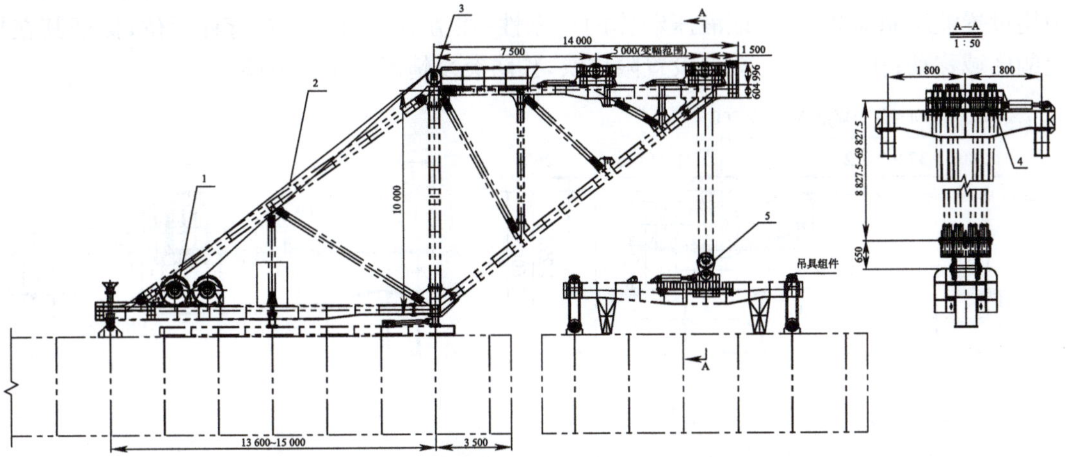

图 3　起升系统示意(单位：mm)

1—卷扬机；2—钢丝绳；3—导向滑轮；4—定滑轮组；5—动滑轮组

2.2.1　钢丝绳的穿绕

起升系统钢丝绳的穿绕必须按照绕绳示意图进行，见图 4。走绳位置不得弄混，钢丝绳不得混用。

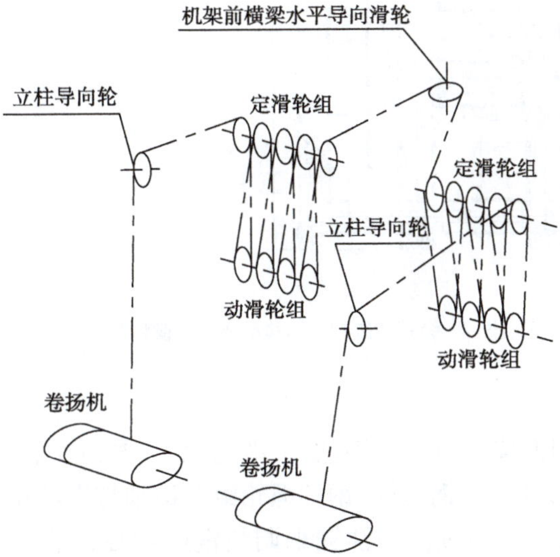

图 4　钢丝绳穿绕示意(单侧)

2.2.2 天车变幅机构

天车结构纵向变幅范围 6.0～12.5 m,定滑轮组横向变幅移动范围±100 mm;由液压进行变幅驱动,变幅速度为 0.5 m/min。天车系统由纵移滑座、纵移油缸、纵移油缸座、横移油缸、横移滑座组成,见图 5。

纵移时,由纵移油缸驱动天车纵移滑座在上主梁面板上纵向滑动;横移时,由固定在天车上的横移油缸驱动横移滑座在天车上横向滑动。

纵横移系统是起重机中的重要部件,其安全可靠性必须得到保证。在纵横移液压系统中均设置液压制动装置,保证液压动作的可靠性;在滑道两侧均设置行程限位,保证其在规定的区域移动;在上主梁的端部设置限位块,预防突发情况产生的危险。

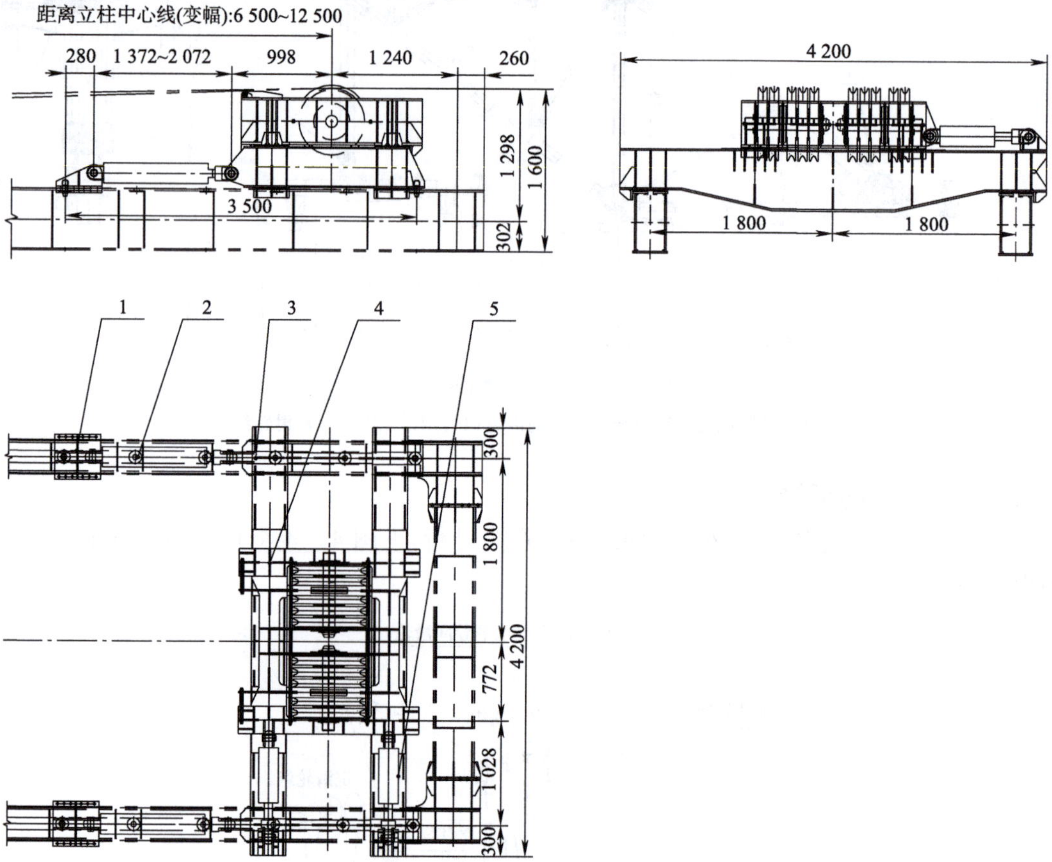

图 5　天车变幅系统(单位:mm)

1—纵移支座;2—纵移油缸;3—纵移滑座;4—横移滑座;5—横移油缸

2.2.3 吊　　具

吊具由扁担梁、C 型框架、上挂件、钢丝绳、滑轮轮组、油缸组件等组成,见图 6。动滑轮组轮箱与吊具为销接,吊具通过钢丝绳、钢丝绳轮组及销轴与钢箱梁设计吊耳销接。油缸组件可调节行程为 600 mm,可通过调整油缸来调整钢梁重心。吊具油泵电源设置有航空接头,满足吊具在驳船、桥面上快速接通电源。

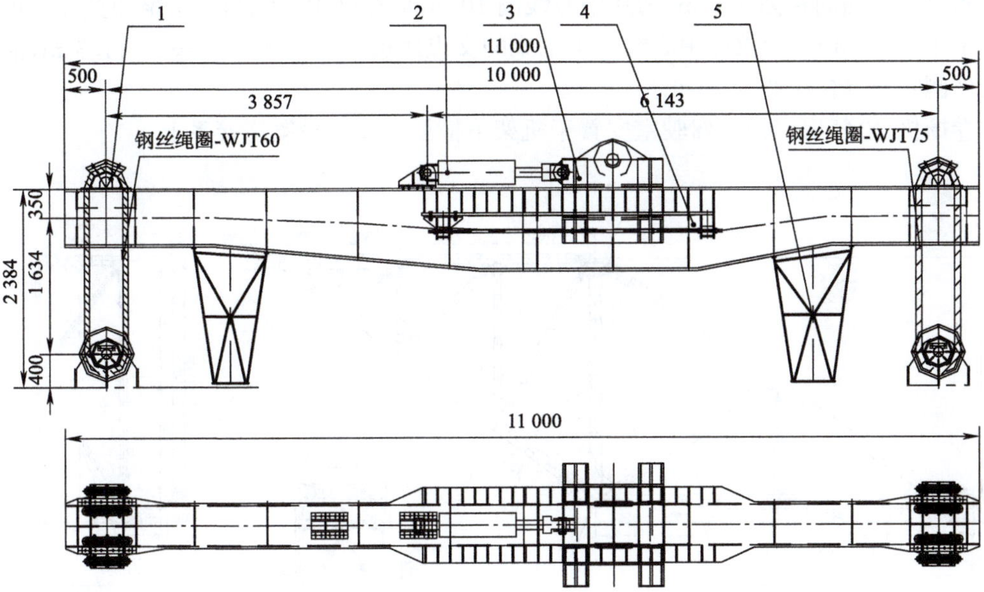

图 6　吊具示意(单位:mm)

1—上挂件;2—吊具调整油缸;3—C 型框架;4—扁担梁;5—吊具支撑架

2.2.4　立柱导向滑轮

导向滑轮(图 7)的游动范围 $L=494$ mm,钢丝绳入绳角小于 1.5°。

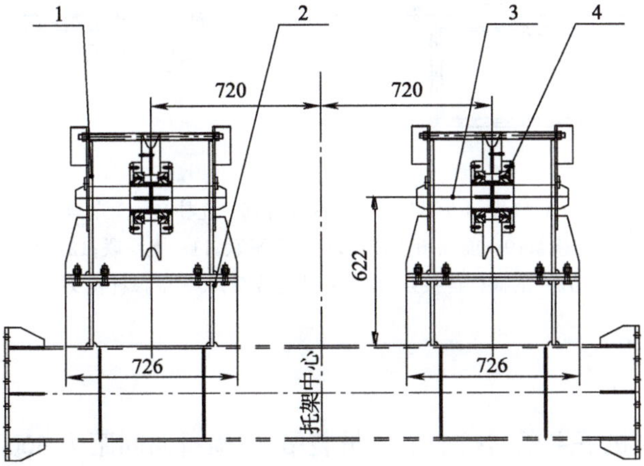

图 7　立柱导向滑轮示意

1—滑轮架 1;2—滑轮架 2;3—滑轮轴;4—导向滑轮总成

2.3　机架结构

机架采用双桁片菱形结构,主要结构为箱型截面,机架结构主要由下主梁、后拉杆、立柱、连接系、上主梁及前撑杆组成,见图 8。其中,上主梁与上横梁、立柱、前撑杆,下横梁和立柱、前撑杆、下横梁,立柱与立柱横梁,采用高强度螺栓连接,其余采用销轴连接。

前支点与后锚固点距离 13.6～15 m 可调。

桁片的横向间距为 3.6 m，桁片中心线高 10 m，前撑杆中心线与上主梁的交点距前支点的水平距离为 13 m，后拉杆中心线与下主梁的交点距前支点的水平距离为 14.3 m，前三脚架最外侧距离立柱中心为 14 m。

卷扬机、电气房、泵站、驾驶室安置于机架下横梁以及下横梁连接系上。

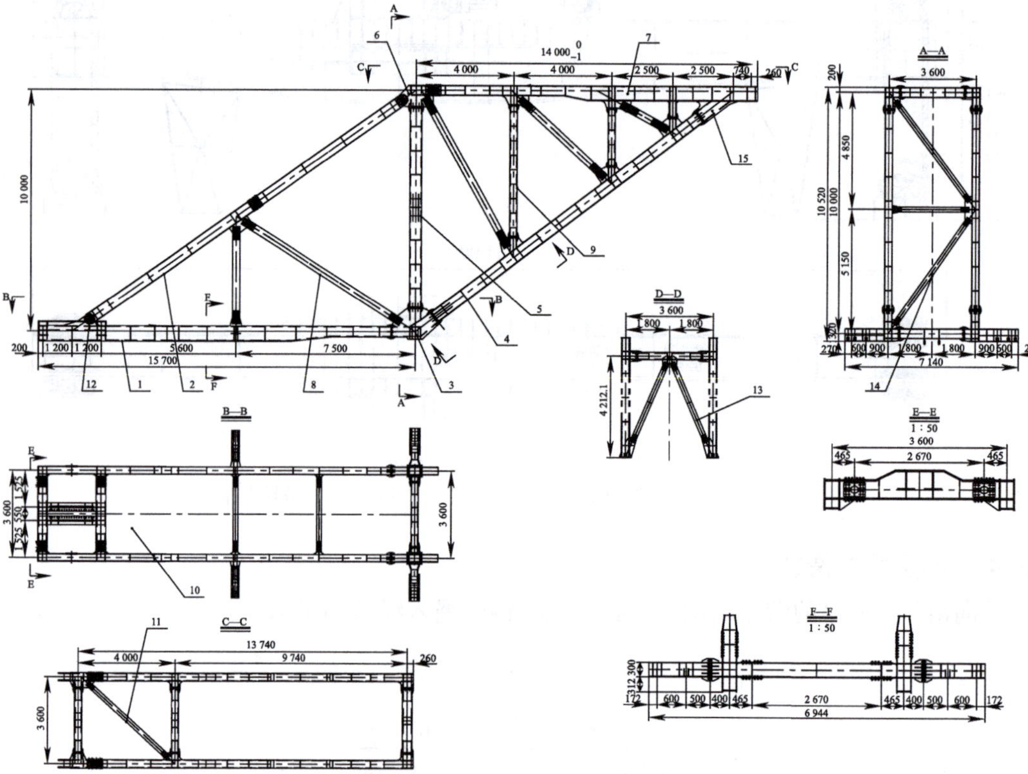

图 8　机架结构（单位：mm）

1—下主梁；2—后拉杆；3—下节点；4—前撑杆；5—立柱；6—上节点；7—上主梁；8—后三角连接系；9—前三角连接系；10—下平联；11—上平联；12—销轴组件；13—前撑杆连接系；14—立柱连接系；15—前撑杆接头

2.4 锚固装置

锚固系统将起重机下主梁与桥面上的吊装吊耳（横桥向间距为 600 mm）进行锚固，用来克服起重机在起重状态时的锚固拉力。锚固装置由螺杆、销轴、分配梁、拉板、垫梁、凹凸垫块组成，见图 9。锚固装置采用栓接机构，使得起重机的后锚与钢梁上的锚固耳板连接方便迅捷。锚固装置的可调范围为距离立柱中心 13 600～15 000 mm。

后锚点支反力最大为 133 t+127 t 拉力。

后锚固梁上等间距（100 mm）布置了 19 组螺栓孔，使后锚固系统具有 1.4 m 的无极变位范围，见图 10。

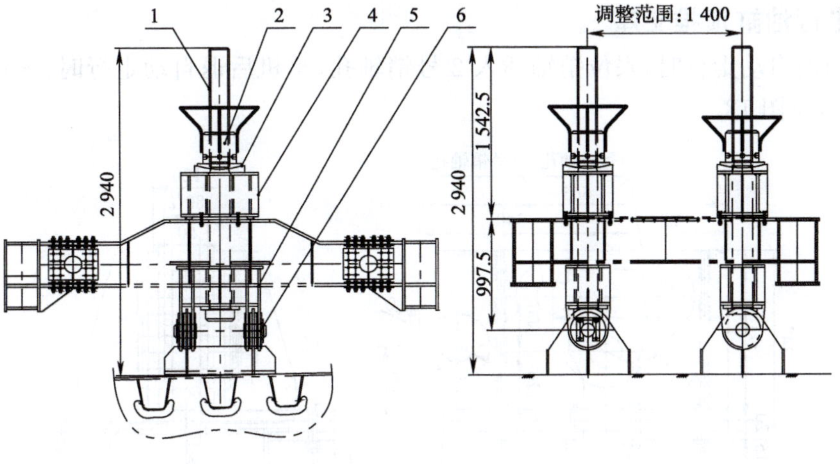

图 9　锚固系统示意(单位:mm)

1—锚固螺杆;2—调整手盘;3—凹凸块;4—垫梁;5—分配梁;6—销轴

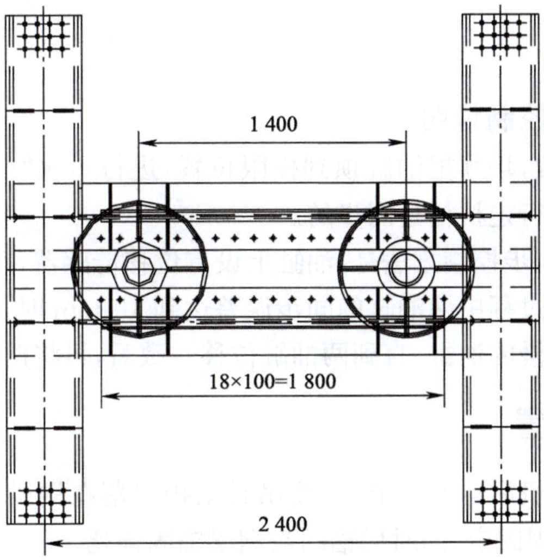

图 10　后锚固梁示意(单位:mm)

2.5　走行系统

起重机整机走行为步履式走行,由液压驱动,走行速度为 0.5 m/min,机构工作级别 M4。走行系统由后顶升系统、滑道梁、滑靴、行走油缸、前顶升系统、前支点结构等部件组成,见图 11。

图 11　走行系统结构

2.5.1 走行油缸顶推支座

整机向前自动走行时，限位销轴插入 2 号销轴孔，整机后退自动走行时，限位销轴插入 1 号销轴孔，见图 12。

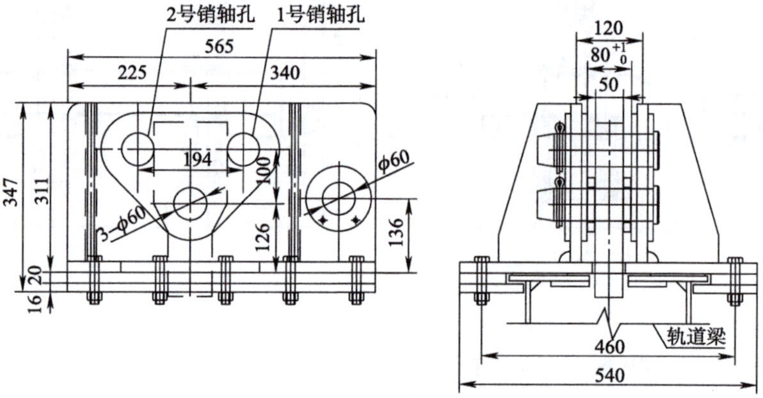

图 12 顶推支座装配(单位:mm)

2.5.2 行走油缸同步控制说明

每行走一次油缸行程，均须把油缸顶到极限位置，进行一次“归零校准”，因此每次油缸顶推到行程末端时，两侧行走机构是同步的。

在一个行程范围的同步控制方法是：油缸上设有位移传感器，可在驾驶室上观测两行走油缸的位移情况，当顶推过程中两油缸的同步误差达到 10 mm 时，会自动报警。此时，应停止油缸动作，单独顶推较慢的油缸，直到两油缸位移一致后，再将两油缸一起顶推。

2.6 抗台风锚固装置

如遇台风，需将起重机后退两个节间，使吊具扁担梁落在钢梁面上，并且将抗风锚固装置(图 13)与钢梁吊耳锚固固定，同时后锚固与钢梁锚固锁死。

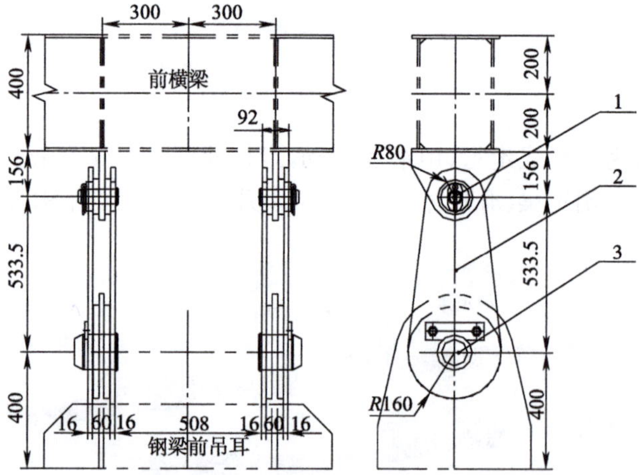

图 13 抗风锚固装置(单位:mm)

1—销轴 1;2—拉板;3—销轴 2

2.7 电气控制系统

2.7.1 控制对象

本机共有 3 个主要机构：主钩升降、天车纵移机构、整机走行机构。主钩升降采用变频调速方式，天车纵移及整机走行机构采用电磁阀通断的方式进行驱动，以上机构均由可编程控制器 PLC 统一控制。整机采用工控机组态软件及硬盘录像机进行安全监控，能实时有效地反映起重机工作时的运行状况及显示故障信息。电气系统原理总图见图 14。

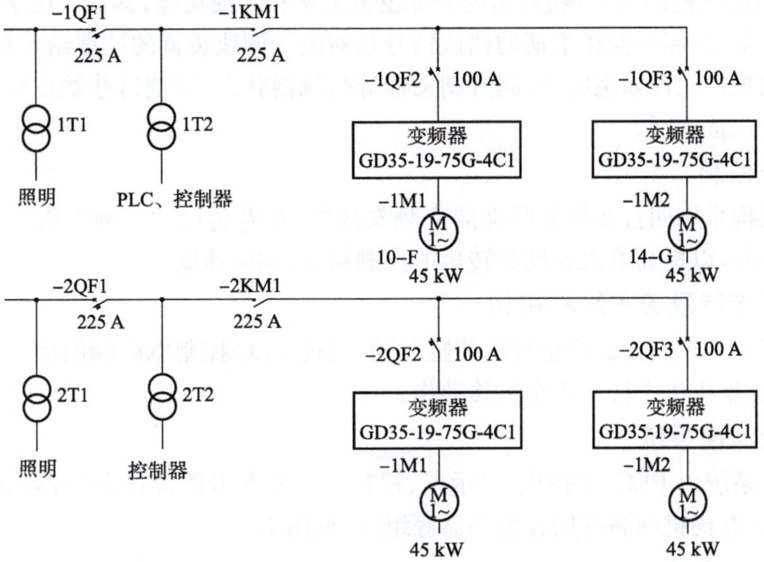

图 14 电气系统原理

2.7.2 电气参数

电气参数见表 2。

表 2 电气参数

序 号	名 称	电动机功率(kW)	数 量	驱动装置型号	数 量
1	主 钩	45	4	GD35-19	4
2	天车纵横调整油泵	7.5	2	接触器	2
3	机架走行油泵	7.5	2	接触器	2
4	吊具调整油泵	2.2	2		
5	照明等	5	2		

装机功率总共约 220 kW。

2.7.3 供电系统

本机采用交流低压供电，供电电源为三相 AC 380 V。电源系统分成三个部分：动力电源、控制电源和照明电源。控制和照明电源均为单相 AC 220 V，均经专用变压器降压给出，液压控制回路电源均为 DC 24 V(由直流电源供给)。

动力电源的通断受主电源接触器控制。

照明电源断路器作为照明灯具、司机室内部等用电设备的电源，独立于动力电源，确保起重机动力部分检修时，照明正常。

本机各种开关信号均经过 PLC 进行处理，控制保护联锁可靠，当故障发生时，相关部位会自动进行保护，故障指示灯声光报警，工控机组态显示故障内容。为了保证安全，在本机的各个关键部位均设置了紧急停车按钮。紧急停车按钮能可靠分断整机电源，进行紧急停车。

2.7.4 PLC 控制

PLC 作为电气控制系统核心，实现全部逻辑关系和联锁功能，其输入用于检测各机构状态和外部保护信号，起升操作手柄的档位信号是对应于调速装置的速度给定信号，输出是根据输入环节的执行元件如主电源、起升制动器等接触器状态，反馈这些触点用于检查对应系统和机构是否正常运行。

2.7.5 起升控制

主起升机构采用四台变频器驱动的变频卷扬机，在卷扬机的变频电机上采用带编码器反馈的闭环控制，以提高电机速度和转矩的控制精度、响应速度。

2.7.6 整机走行及天车纵移机构

整机走行及天车纵移机构由液压油缸驱动，通过 PLC 控制电磁阀的通断实现油缸的伸缩，从而控制起重机机走行和天车纵移动作。

2.7.7 安全监控系统

安全监控系统由 PLC、工控机、显示器、视频系统及起升降高度限位器、载荷限制器、风速传感器、起升卷扬机的高度旋转编码器等组成，见图 15。

(1)视频监视系统

视频监视系统由硬盘录像机、摄像头、显示器、云台、电源、解码器、控制键盘等部分组成。摄像头安装在可观察到吊装、卷扬机运行、支撑架及整机走行的位置，驾驶室内安装有一个摄像头，能记录驾驶室内声音，图像，并可以回放。显示器安装在司机室右前方，能显示四路画面信号，操作人员通过显示器可观察室外机构工作情况。硬盘录像机带有记录存储功能，方便操作人员随时查看。

(2)远程监控系统

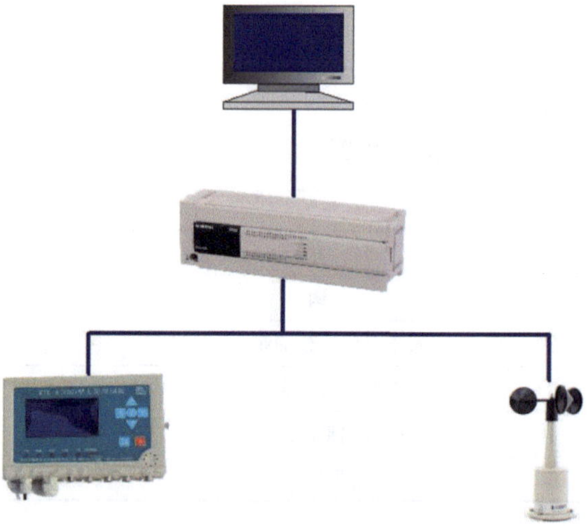

图 15　安全监控系统通信示意

安全监控系统设置远程监控接口，具备远程监视功能，监控系统可以通过 4G 网络将设备现场运行的视频画面、操作记录、故障记录、数据记录上传到远方监控室内，并能够模拟现实架梁进程。

(3)荷载限制器

荷载限制器用于起重机的安全保护装置，整个系统由 2 路重量传感器、角度仪、风速传感器、连接电缆、微电脑主机等部分组成。其主要功能为:一方面以图形和数值实时显示当前工作参数,包括实际起重量、额定起重量、工作幅度、风速以及起升高度;另一方面当起重量达到或超过额定起重量时自动停止起升动作,以及当前风速大于设定工作风速(8 级)时,发出声光报警信号;同时,还具备数据记录功能。

2.7.8 安全保护装置

起重机安装有起升降高度限位器、载荷限制器、风速传感器、超速开关、天车纵移限位、测长传感器、整机走行天车缩回限位等安全保护装置。

2.8 液压系统

本起重机采用 2 个走行泵站、2 个天车泵站、2 个吊具泵站。

每台行走泵站控制 2 个前顶升油缸、2 个后顶升油缸、2 个行走油缸。每台天车泵站控制 2 个天车纵移油缸、2 个天车横移油缸。每台吊具泵站控制一个吊具调整油缸。

2.8.1 走行液压系统

单个走行泵站系统额定压力为 25 MPa,系统流量 15 L/min,系统功率 7.5 kW。

液压泵提供压力油,溢流阀用于限制系统最高压力,电磁换向阀控制油缸的伸、缩动作,各油缸动作即可单动又可联动。在前顶升油缸、后顶升油缸上设有液压锁,用于油缸不动作时锁紧油缸。其液压系统原理见图 16。

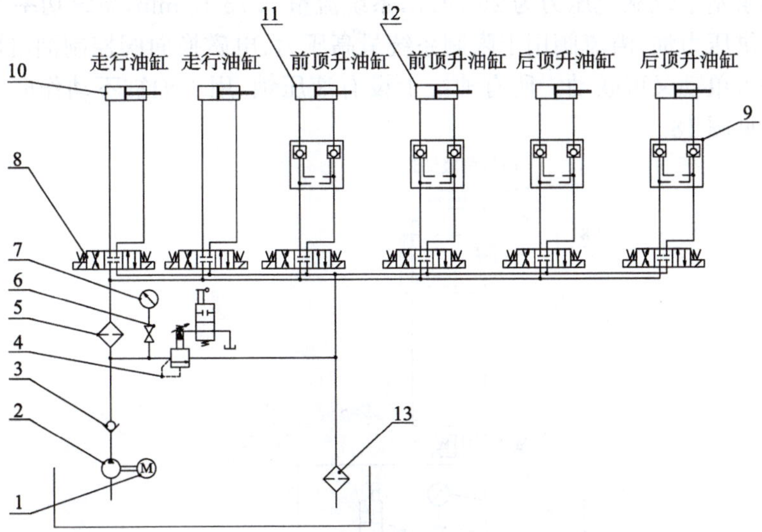

图 16　走行液压系统原理(单个泵站)

1—电动机;2—液压泵;3—单向阀;4—电磁溢流阀;5—压油过滤器;6—压力表开关;7—压力表;8—电磁换向阀;9—双向液压锁;10—走行油缸;11—前顶升油缸;12—后顶升油缸;13—回油过滤器

2.8.2 天车液压系统

单个天车泵站系统额定压力为 25 MPa,系统流量 15 L/min,系统功率 7.5 kW。

液压泵提供压力油,溢流阀用于限制系统最高压力,电磁换向阀控制油缸的伸、缩动作,各油缸动作即可单动又可联动。所有油缸上设有液压锁,用于油缸不动作时锁紧油缸。其液压系统原理见图 17。

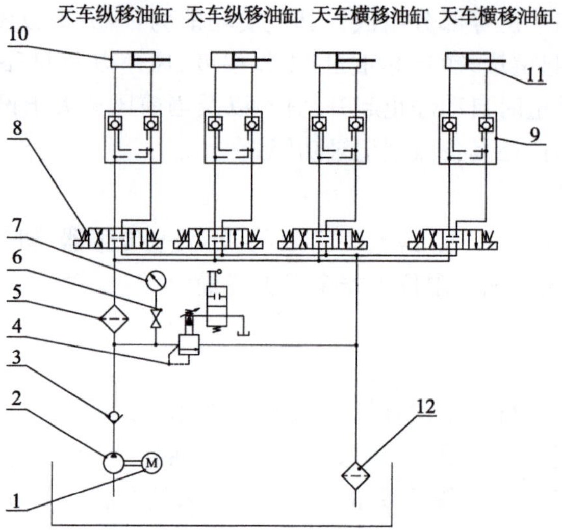

图 17　天车液压系统原理(单个泵站)

1—电动机;2—液压泵;3—单向阀;4—电磁溢流阀;5—压油过滤器;6—压力表开关;7—压力表;8—电磁换向阀;9—双向液压锁;10—天车纵移油缸;11—天车横移油缸;12—回油过滤器

2.8.3　吊具液压系统

单个吊具泵站系统额定压力为 25 MPa,系统流量 3.75 L/min,系统功率 2.2 kW。

液压泵提供压力油,溢流阀用于限制系统最高压力,电磁换向阀控制油缸的伸、缩动作,各油缸动作即可单动又可联动。所有油缸上设有液压锁,用于油缸不动作时锁紧油缸。其液压系统原理见图 18。

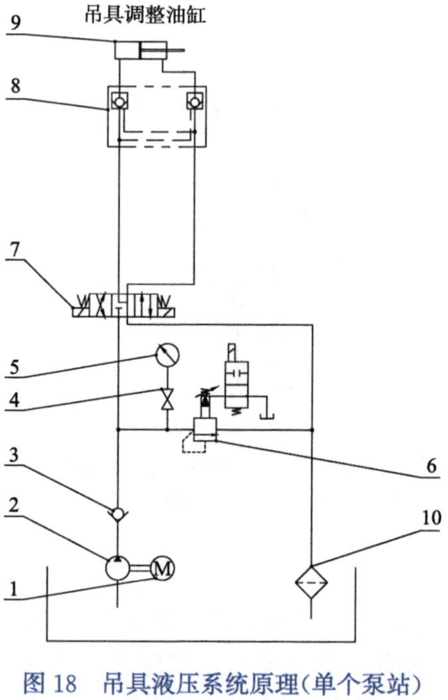

图 18　吊具液压系统原理(单个泵站)

1—电动机;2—液压泵;3—单向阀;4—压力表开关;5—压力表;6—电磁溢流阀;7—电磁换向阀;8—双向液压锁;9—吊具调整油缸;10—回油过滤器

3　机 试 吊

试验工作是为了全面验证起重机的承载能力和各机构的安全性能与实用性能。试验前，各机构安装正常，各电气部分安装好，调试正常，试验过程中做好试验记录。

在首段起吊钢箱梁处（汉口侧 A2、武昌侧 A3）按照试验大纲进行空载试验、额定载荷试验、动载荷试验和静载荷试验，天车负载纵移试验范围 7.5～12.5 m，天车空载纵移试验范围 6.0～12.5 m。

4　吊机安装方案

桥面架梁起重机通过汽车运输至项目部，通过 50 t 履带吊将杆件预拼完成后用汽车转运至塔吊底下进行吊装。分别用下游侧塔吊安装下游侧架梁机，上游侧塔吊安装上游侧架梁机，后锚固定位点为距离桥边 8 189 mm，上游侧架梁机距离墩中线为 4 000 mm，下游侧架梁机距离墩中线为 400 mm，安装完成后走行到固定位置。

步骤一（图 19）：

（1）利用下游侧塔吊铺设、固定拼装胎架。

（2）安装后锚固垫梁。

（3）安装机架下平联（图 20、图 21），使锚固梁落在锚固垫梁上，卸扣选用 4 个 5 t 卸扣，钢丝绳型号 6×19(b)-ϕ22-1 670，长 2×20 m，每道双绳使用；塔吊作业半径为 26 m，起重能力≥25 t，下平联的整体重量为 10.5 t，满足吊装要求。

（4）后锚固临时固定于桥面上，锚固力不小于 15 t。

（5）安装卷扬机底座及卷扬机。

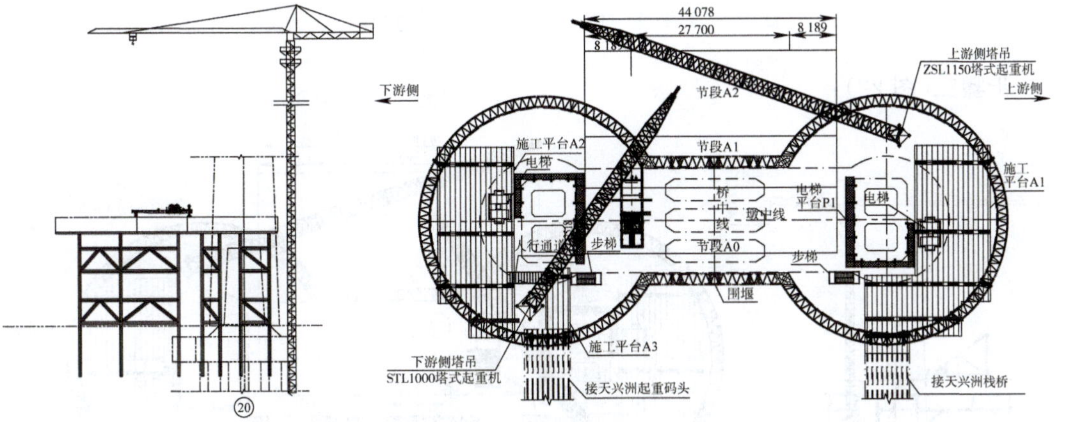

图 19　步骤一示意（单位：mm）

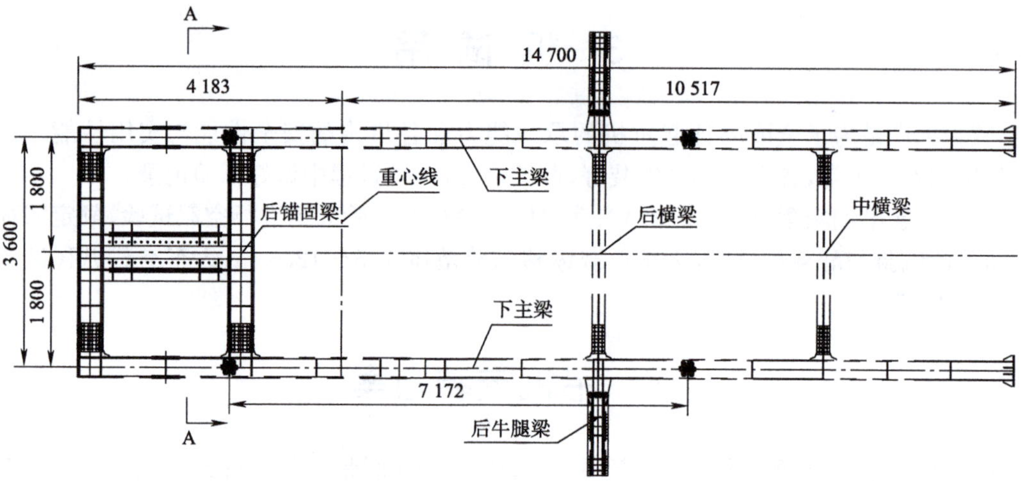

图 20　下平联结构(单位:mm)

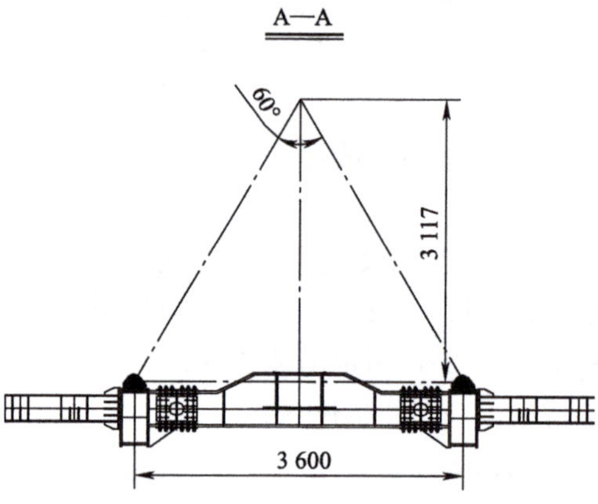

图 21　下平联整体吊装吊点布置示意(单位:mm)

步骤二(图 22):

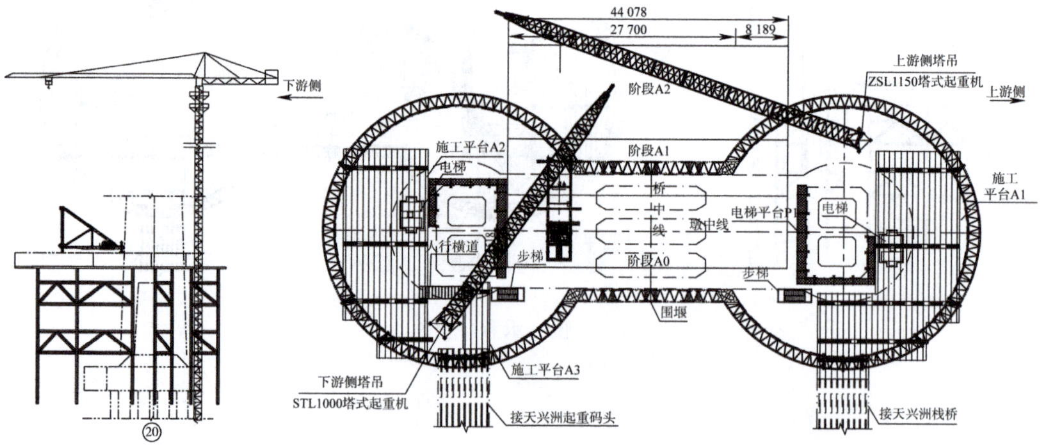

图 22　步骤二示意图(单位:mm)

(1)安装机架立柱桁片(图 23),立柱桁片与下平联螺栓连接,卸扣选用 2 个 8 t 卸扣,钢丝绳型号 6×19(b)-ϕ22-1 670,长 2×10 m,每道双绳使用;塔吊作业半径为 31.3 m,起重能力≥24.6 t,立柱桁片的整体重量为 8.2 t,满足吊装要求。

(2)安装后拉杆和后三角连接系。

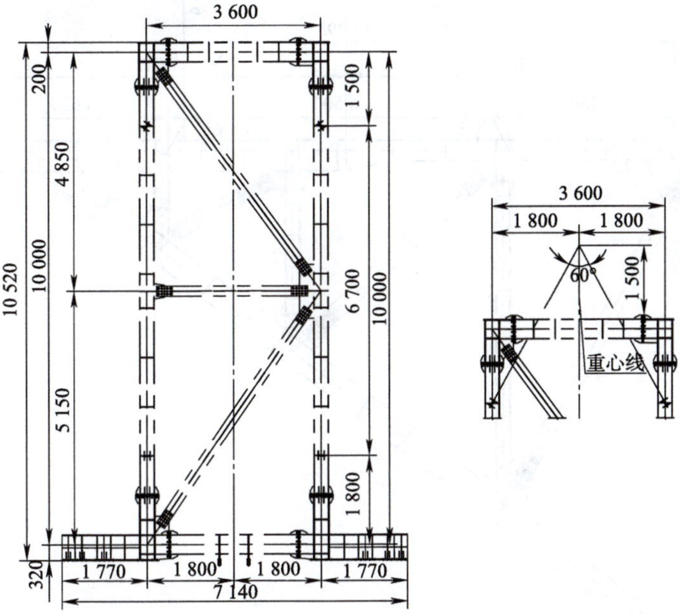

图 23　立柱桁片整体吊装吊点布置示意(单位:mm)

步骤三(图 24):

利用塔吊吊装前三脚架桁片(图 25),吊装前斜腹杆 1 与上主梁临时连接;吊装选用 4 个 5 t 卸扣,钢丝绳型号 6×19(b)-ϕ22-1 670,每道双绳使用,吊钩与上主梁中心线距离约 6 m,通过螺栓与立柱连接,安装前三脚架塔吊的作业半径为 37.8 m,起重能力≥18.3 t,前三角整体重量 8.2 t,满足吊装要求。安装其他杆件时塔吊的作业半径可以扩大到 43.2 m,起重能力≥13.7 t,能够满足其他杆件的吊装要求。

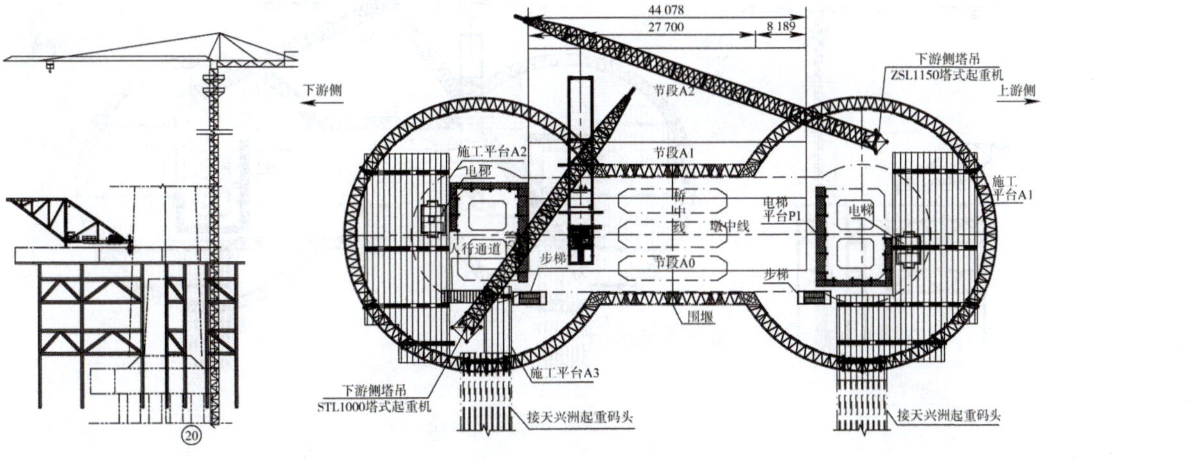

图 24　步骤三示意(单位:mm)

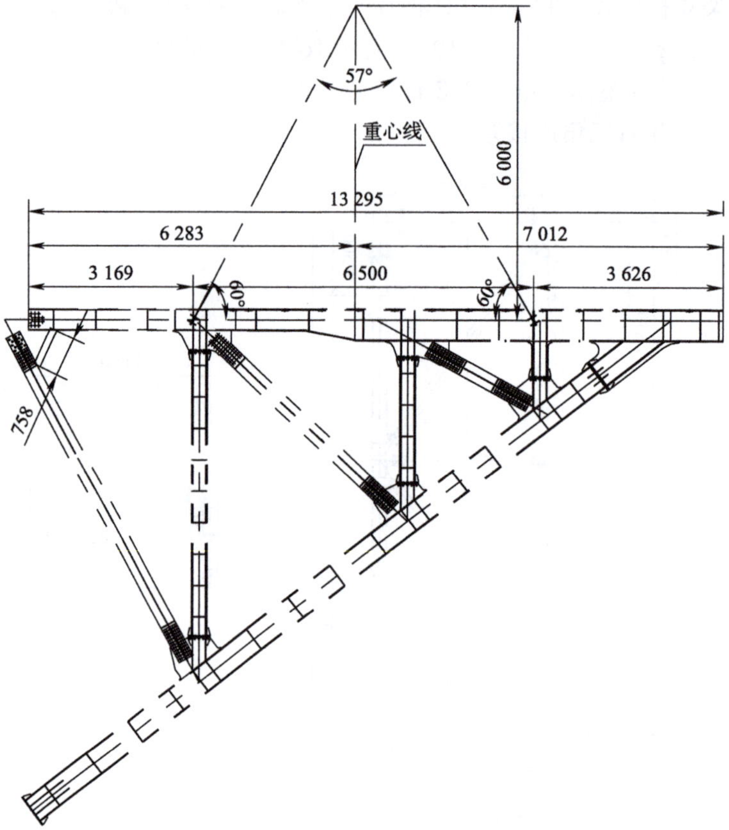

图 25　前三角桁片整体吊装吊点布置示意(单位:mm)

步骤四(图 26):

利用塔吊安装起重天车(图 27),卸扣选用 4 个 5 t 卸扣,钢丝绳型号 6×19(b)-ϕ22-1 670,长 2×20 m,每道双绳使用,安装起重天车塔吊的作业半径为 36.4 m,起重能力≥18.3 t,起重天车整体重量 5.6 t,满足吊装要求。

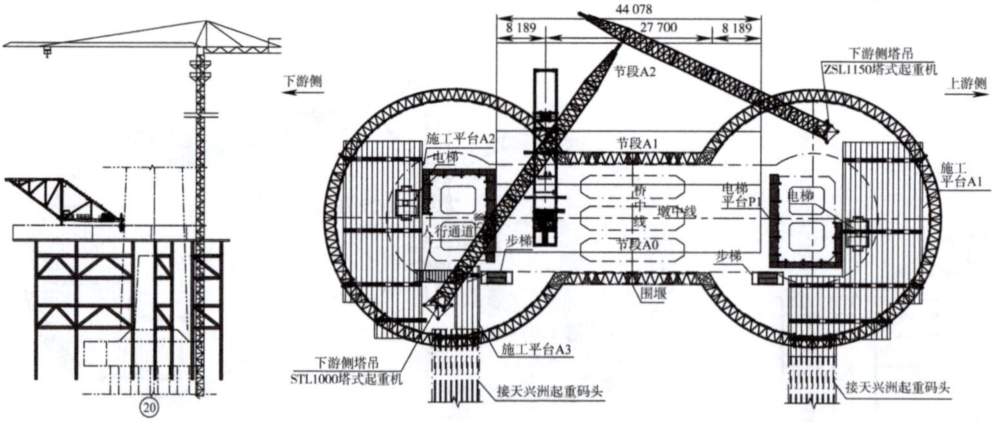

图 26　步骤四示意(单位:mm)

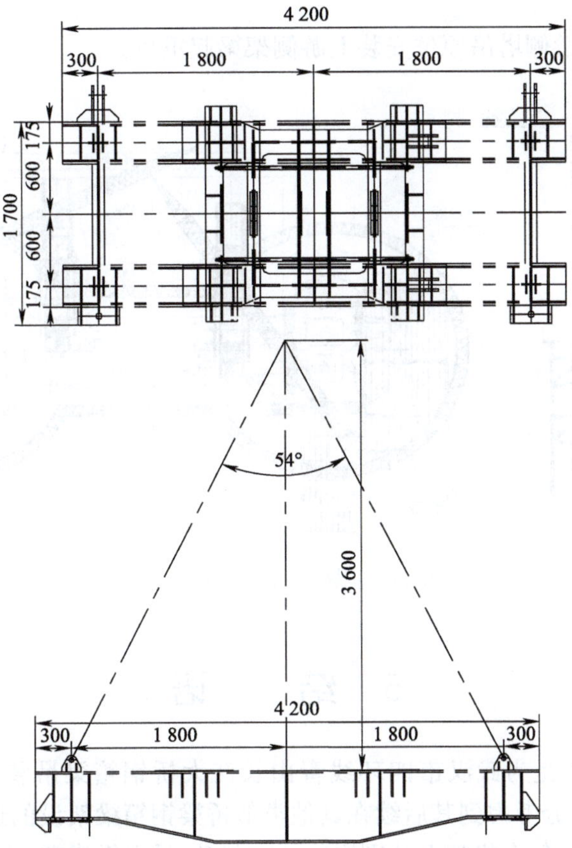

图 27　起重天车安装吊点布置示意(单位:mm)

步骤五(图 28):

(1)利用塔吊安装栏杆平台。

(2)安装走行及顶升系统,液压系统。

(3)将动滑轮组放下,与桥面上拼装好的吊具通过销轴连接。

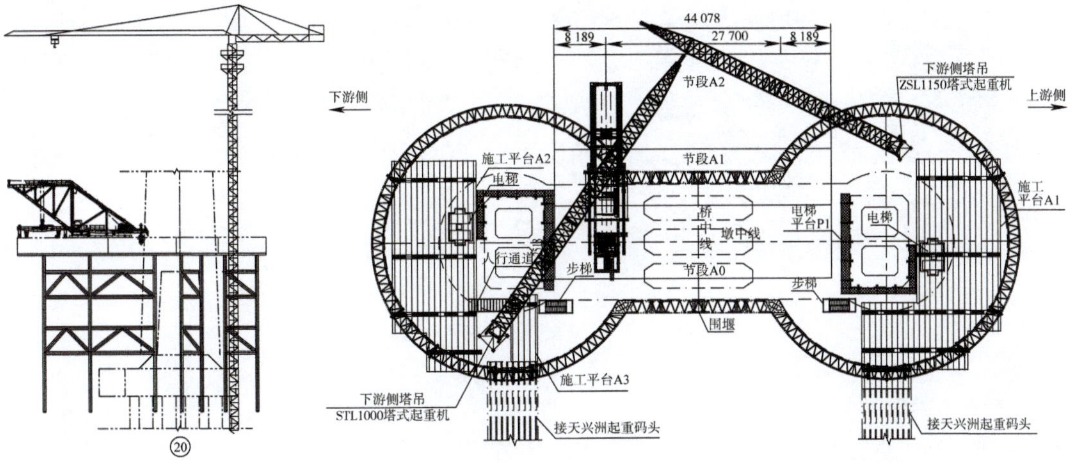

图 28　步骤五示意(单位:mm)

步骤六(图 29):

以同样方法用上游侧塔吊原位安装上游侧架梁起重机。

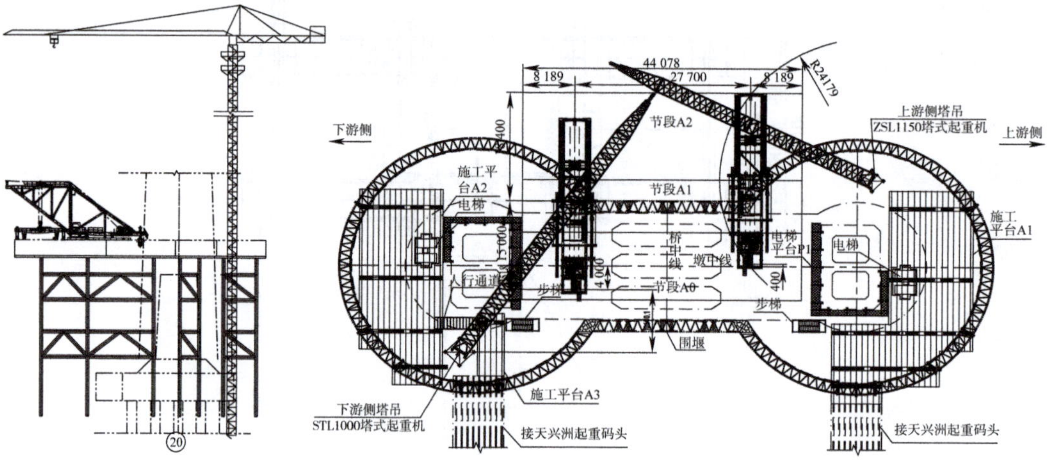

图 29　步骤六示意(单位:mm)

5　结　　语

CQC500 型起重机是为武汉市四环线青山长江大桥钢箱梁吊装架设施工而专门研制的。在研制过程中,充分考虑到其后续在其他类似桥梁钢箱梁架设的通用性能,起重机采用左、右独立的两个机架,每个机架上分别安装一套起升、吊点纵横移、走行、锚固等系统,一个司机室集中控制,结构轻巧,重量轻。机架结构大多采用螺栓、销轴等连接,单件结构重量不大于 25 t,便于安装、拆除以及运输作业。电气控制系统采用了较先进的 PLC 和工控机技术,各类安全保护装置齐全。武汉青山长江大桥的钢箱梁架设施工实践表明,该机在使用过程中,机械、电气、液压运行正常、操作简单、反应灵敏、实用性强、安全可靠,后续还可用于其他类似桥梁钢箱梁架设项目,具有较好的适应性、通用性和经济性。

北汉副航道桥连续梁施工

姜泽成　左文斌

1 概　　述

北汉副航道桥为(65+110+110+110+65)m 五跨预应力混凝土连续梁桥,桥墩由南往北编号为 38～43 号。桥面总宽 41.0 m,中间设置 2×25 cm 的空隙,设计为分离式双幅桥。主桥上构采用预应力混凝土(C50)变截面连续箱梁(图 1),为三向预应力结构,纵向按全预应力体系控制。其中,纵向、横向预应力采用钢绞线及相应的锚固体系,竖向预应力采用精轧螺纹粗钢筋及相应锚固体系,管道成孔采用金属波纹管。主梁施工采用挂篮悬臂浇筑,先施工 39 号、40 号、41 号、42 号墩 0 号块,后对称浇筑 0 号块两侧 1～14 号块。边跨现浇段使用钢管支架浇筑。合龙段采用吊架施工,合龙由边至中对称进行,按先边跨合龙,再次边跨合龙,再中跨合龙。

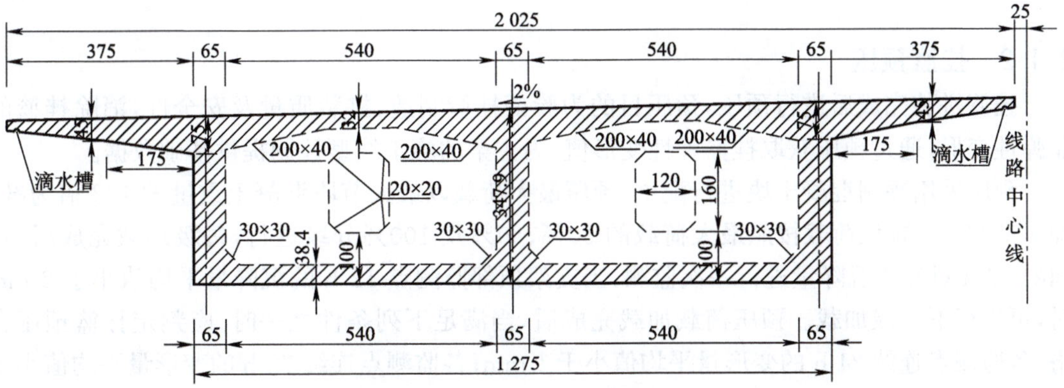

图 1　北汉副航道桥桥梁标准横断面(单位:cm)

2　挂篮悬浇施工

2.1　挂篮施工

2.1.1　挂篮安装

墩顶 0 号节段施工完毕后,开始拼装挂篮(图 2)。拼装顺序:走行系统→主桁架系统→锚固系统→底模架→侧模、内模。拼装挂篮时,应重点检查走道梁位置准确及走道梁平顺。

精轧螺纹钢及分配梁固定桁架后支点,后分段吊装其他构件,各吊点必须严格按设计位置布置安装，下横梁安装需确保两端水平、无倾斜，底模纵梁铺设于下横梁上，并用焊接固定，纵梁与下横梁需密贴无缝隙。

吊装内模架纵梁、前后吊杆及外侧模。安装前将外侧模托梁插入外模框架内，安装好前后吊带吊架，将外侧模吊起，用倒链拖动外侧模至 1 号梁段位置，使吊梁前后保持水平面。前后下横梁采用支架和纵梁连接，并焊接固定。及时装上工作平台及扶手等辅助设施，保证施工作业安全。

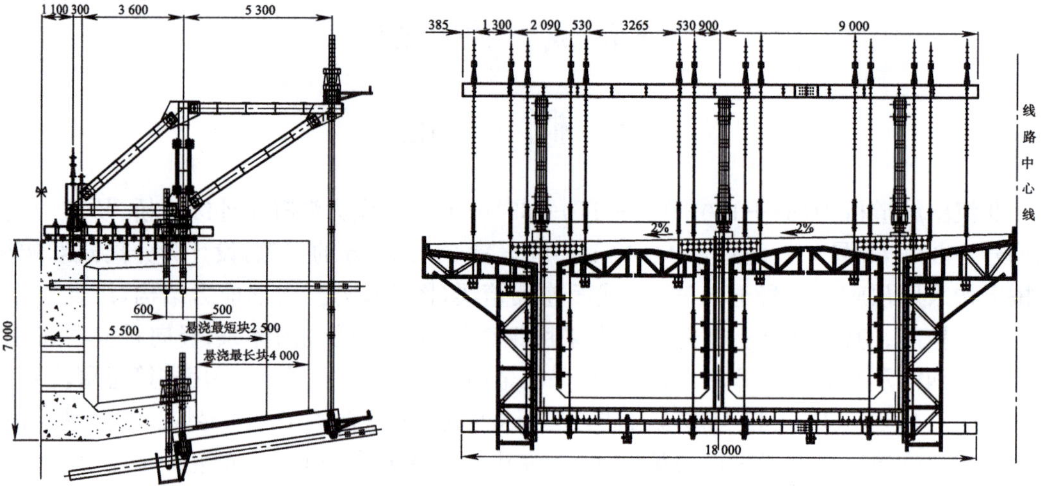

图 2　挂篮结构(单位:mm)

2.1.2　挂篮预压

挂篮拼装完成后进行预压，预压目的为验证挂篮制造、拼装质量及安全性，消除挂篮的非弹性变形，通过预压获取挂篮弹性变形值，为主梁的施工线型控制提供基础数据。

预压采用预制混凝土块进行配重，预压最大荷载以最大节段混凝土重量的 1.2 倍为准，即 277.92 t。预压荷载按照最大荷载的 60%、80%及 100%分级进行，每级加载完成后，每间隔 12 h 对挂篮沉降量进行一次监测，当支架顶部监测点 12 h 的沉降量平均值小于 2 mm 时，可进行下一级加载。预压荷载加载完成后，当满足下列条件之一时，应判定挂篮预压合格：各监测点连续 24 h 的变形量平均值小于 1 mm；各监测点连续 72 h 的变形量平均值小于 5 mm。

2.1.3　挂篮走行

挂篮走行前应完成该节段箱梁纵向预应力束施工，挂篮走行应保证大小里程两侧挂篮移动速度一致。挂篮走行就位后，设置挂篮后锚固、平台后吊带，解除挂篮底模平台临时吊挂。

2.2　悬浇节段施工

2.2.1　模板安装

挂篮的底模、侧模及端头模板采用钢模板，内模采用木模板。底模、侧模为挂篮配套模板，内模顶盖设计为型钢排架，吊挂于内导梁上，钢制排架上的木模依照图纸结构尺寸每个节段自行设置。内侧模板的拉杆孔布置和外侧钢模板保持一致，拉杆采用精轧螺纹钢配双螺帽固定。待挂篮走行到位后，进行底模、侧模的调整安装。底模平台前端施工高程应充分考虑主桁架弹性挠曲值、吊带弹性伸长值、底模平台弹性变形值及预应力张拉对梁体挠度的影响值。待底板、腹板钢筋及预应力管道安装完成之后安装内模，内模必须与侧模设拉杆对拉牢固可靠。在制作安装模板时需注意梁体结构尺寸及预应力槽口及管道的预留准确设置。

2.2.2 钢筋加工及安装

钢筋在车间加工集中配送至现场绑扎成型，钢筋的规格、接头、间距、焊接及尺寸均要符合图纸及设计要求。钢筋加工前进行统一配料计算，由加工车间统一制作，受力钢筋焊接或机械连接接头应设置在内力较小处，并按照规范要求错开布置。施工时禁止截断钢筋，必要时需要经过设计单位认可，并做相应补强处理。

2.2.3 混凝土浇筑

混凝土浇筑前，全面检查挂篮结构、节段钢筋、模板，合格后方可进行混凝土浇筑。混凝土浇筑时，应保证两侧悬臂节段混凝土浇筑同步进行。每侧节段浇筑应严格按照分层对称进行，混凝土浇筑完成之后，必须对梁体顶板及底板的混凝土表面进行二次收面，保证梁体尺寸和封闭混凝土的收缩裂纹。梁体顶面收浆抹面设置高程控制点，保证主梁混凝土表面平整，纵横坡满足图纸要求。浇筑完成后进行挂篮高程的复测，与浇筑前的挂篮高程数据进行对比，为后续的节段的高程调整提高参考依据。

2.2.4 拆模及养护

混凝土浇筑完成之后，及时进行混凝土养护。现场采用水管喷水及自动喷淋相结合的方式进行混凝土养护，喷淋系统覆盖到顶板，腹板侧面及内箱，对于个别边角遗漏地方，采取人工洒水方式进行补充。同时将制备的试件进行同条件养护，用于评定混凝土强度情况。当混凝土达到设计要求时，方可拆除顶板及翼板模板。拆模过程中，保证混凝土表面棱角不受破坏。

2.3 箱梁预应力

2.3.1 箱梁预应力设计

主梁设计为纵、横、竖三向预应力系统，纵向预应力束为 $\phi^{s}15.2$ 低回缩钢绞线，采用金属波纹管成孔，圆形群锚锚具锚固。横向预应力钢束为 $\phi^{s}15.2$ 钢绞线，采用扁金属波纹管制孔，横向预应力束采用单端交替张拉。竖向预应力钢筋为抗拉强度标准值 $f_{pk}=930$ MPa，直径 32 mm 的精轧螺纹钢筋，采用 YGM 锚具，高频焊管成孔。由于本桥主梁平面处于平曲线上，主梁左右幅、内外侧边线不等长，纵向钢束施工放样时需考虑平曲线半径对钢束下料长度进行修正。

2.3.2 预应力管道安装

预应力管道在钢筋绑扎过程中进行安装，管道及锚具必须固定牢固，位置准确。管道以定位钢筋网片定位，定位网片需与主体钢筋焊接，施工中的管道走向定位应该依据施工图的竖弯、平弯坐标大样进行放样，为了防止混凝土崩裂，弯曲段的定位网必须加设防崩钢筋，纵向预应力钢束竖弯处特别是齿板处需要额外进行局部加强，加强钢筋均焊接在顶板或底板齿块上。

2.3.3 预应力筋张拉

箱梁总体张拉顺序为：先纵向后横向最后竖向，先长束后短束，先腹板束后底、顶板束，先中间束后两边束，对称张拉。横向和竖向预应力滞后一个节段。

纵向预应力钢绞线，横向预应力钢绞线和竖向预应力筋的张拉按以下程序进行：0→20% σ_{con}（伸长值标记）→张拉控制吨位 σ_{con}（测量伸长值）→持荷 5 min→自锚（测回缩量）→回油（测总回缩量及夹片外露量）→退顶。

2.3.4 预应力孔道智能压浆

预应力智能压浆通过计算机技术控制整个制浆及压浆过程，采用浆液循环方式排出管道内空气和杂质。通过高速搅拌机改善浆液的流动性，采用循环压浆技术，让浆液在管道中带压持续循环，将管道中的空气完全排出，保证管道内浆液没有气室空洞。采用新型的专用封锚工具进行封锚，能够保证真个回路系统不漏气，在足够的持压时间和压力大小的情况下，能够保证整个孔道的浆液被压密实。压浆机器设计为移动式，主要为自动压浆系统、微电脑控制系统、高低速搅拌系统、供水系统和行走系统等部分组成。

3 施工监测和线型控制

3.1 施工监测内容

本桥施工监测内容主要包括线形测量、结构应力测试、温度场测量、裂缝观测、弹性模量测试、预应力损失测试分析、大临设施监测等几个方面。

由于预应力混凝土连续梁桥采用悬臂施工法，每节段的高程及位置的变化与偏离都可能造成合龙困难，影响最终桥线形。施工监测的目的就是通过在施工现场设立的实时测量体系，对施工过程中主梁等关键部位的应力、位移和温度进行现场实时跟踪测量，为施工监控计算提供实测数据，以保证主梁施工过程结构的安全及为监控计算提供实测结构参数和校核。

3.2 主梁线型控制

主梁的线型监控主要内容包括主梁施工轴线控制、主梁施工挠度控制及墩台沉降监测。

主梁施工轴线控制由固定控制点直接控制，采用全站仪极坐标测量直接检测每段梁体的轴线和细部结构。主梁挠度测量采用几何水准或三角高程，在挠度测量采用几何水准或三角高程，在 0 号块上布设基点由高程控制网定期复测。墩台沉降监测在承台四角埋设监测点标志，选择附近的高程控制点作为工作基点（要求点位坚固），由高程控制网定期复测。观测方法视现场条件采用几何水准或三角高程测量。

3.3 主梁预拱度计算

主梁梁顶施工立模高程应充分考虑恒活荷载、挂篮弹性变形及预加预拱度的修正。梁段立模高程设置原则：$H_{施}=H_0-f_s+f_m+f_g+f_k$，$H_{施}$ 为主梁梁顶立模高程；H_0 为主梁梁顶设计高程，即成桥状态设计线形；f_s 为从梁段安装到成桥状态累计位移，向下为负；f_m 为主梁的活载预拱度，本桥考虑活载最大位移的 1/2；f_g 为挂篮弹性变形；f_k 为预加预拱度，以抛物线形式设置预加预拱度，跨中位置取值 $L/2\ 500$。成桥状态设计线形为考虑 10 年收缩徐变后的成桥线形，挂篮变形通过挂篮加载试验来获得。

3.4 施工线型控制成果

通过科学合理的监控措施，北汉副航道桥连续梁施工过程中各节段立模高程控制精准，桥梁合龙口两侧高差及偏位小，各合龙段施工顺利，合龙后桥梁整体线形平顺，见图 3。

图 3　北汉副航道桥连续梁成桥后照片

4 结　　语

青山长江大桥北汉副航道桥采用挂篮悬浇施工，施工工序多，质量要求高，应用全覆盖喷淋养护、智能压浆、线型监控等诸多技术优化和创新，采用针对性强、科学合理的各项控制措施，提高了施工技术管理水平，保证了悬浇梁挂篮施工的内实外美，线型自然平顺。

滩地引桥现浇梁施工

宋子强　柳　涛

1　工程概述

青山长江公路大桥北岸滩地引桥桥跨布置为(6×50)m 预应力混凝土连续梁桥。桥墩由南向北编号为 43～49 号。桥梁分幅布置，其中 43～46 号墩位于水中区，47～49 号墩位于滩地区。

连续梁主梁采用等高度预应力混凝土连续梁结构，采用分幅布置，第一、二联跨径布置均为 3×50 m。单幅主梁顶宽 20.25 m，底宽 12.75 m，中腹板处梁高 3 m。主梁两侧各悬臂 3.75 m，悬臂端部厚度 0.2 m，悬臂根部厚度 0.60 m，单联主梁混凝土方量约 2 581.2 m^3。

主梁采用纵、横双向预应力体系，预应力钢束采用 ϕ^s15.2 钢绞线，标准强度 f_{pk}=1 860 MPa，E_p=1.95×10^5 MPa，锚下张拉控制应力 σ_{con}=1 395 MPa。

2　总体施工方案

长江滩地区域地层主要为软弱砂层，且设计桥下净空较大，不宜采用满堂支架，故而选用贝雷梁柱式支架。贝雷梁柱式支架基础形式主要有插打钢管桩、钻孔桩及扩大基础三种形式，考虑洪水期冲刷影响，排除扩大基础方案。经综合比选，北岸滩地桥现浇支架选用：陆域部分选用钻孔桩基础、水域部分选用打入桩基础的贝雷梁柱式支架，见图 1。

3　支架现浇施工技术

3.1　节段施工顺序

按照设计单位施工指导意见，北岸滩地桥按照小里程向大里程方向逐孔施工，由于受洪水影响，部分水中墩柱未能如期建成。如若按原设计施工顺序，则必须等至河道枯水期方可进行现浇支架施工，如此本工程施工工期将延期约 6 个月。经协商，决定北岸滩地引桥现浇连续梁施工顺序由原设计 43 号墩向 49 号墩施工调整为 49 号墩向 43 号墩施工。

连续梁施工采用钢管支架分节段施工，单联箱梁分为 D、B、E 三个节段，全桥双幅共计 12 个节段。施工时先施工第 2 联，再施工第 1 联。第 1、2 联(3×50 m)桥梁均按照 D 施工节段→B 施工节段→E 施工节段的顺序进行施工。

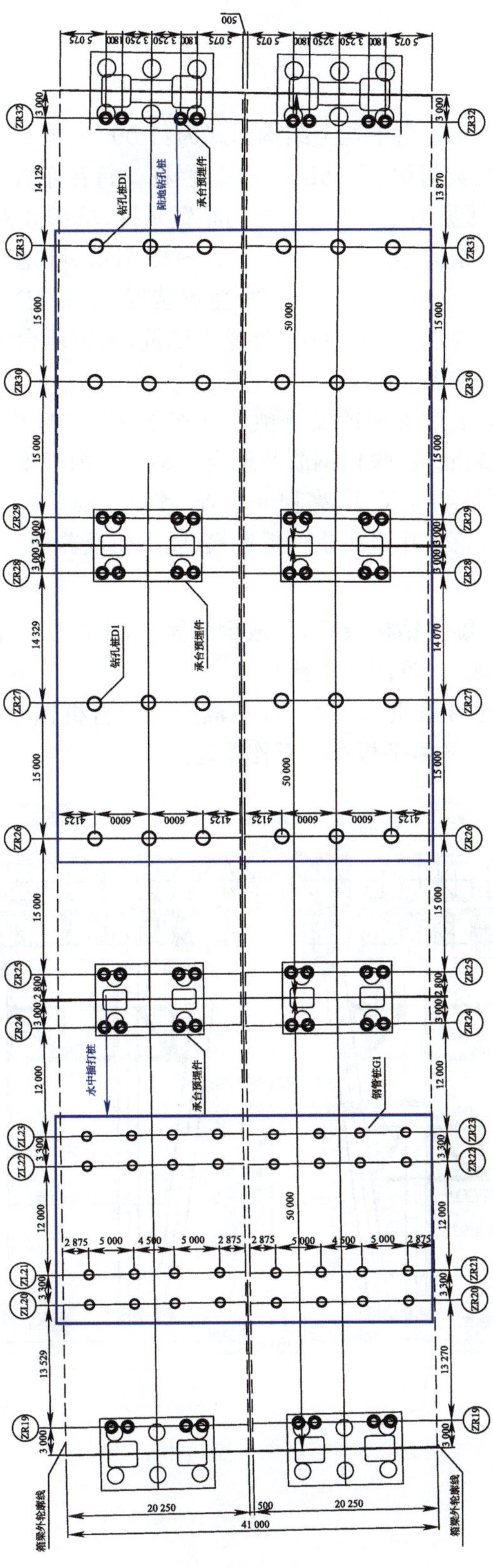

图1 钢管桩支架平面布置(单位:mm)

3.2 支架安装及倒用

3.2.1 支架布置

第一联 43～46 号墩(水上)支架由下至上结构形式为:1 000×10 mm 螺旋钢管桩、落梁装置、双拼 HN700 横向分配梁、贝雷梁、Ⅰ16b 分配梁、栏杆。每孔布置 6 排桩,两边承台上各布置一排,单排 8 根(断面布置见图 2),两承台之间布置 4 排,单排 8 根,断面布置见图 3。第二联 46～47 号墩(水上)支架结构形式同第一联。47～49 号墩(陆地)支架由下至上结构形式为:ϕ1.5 m 钻孔桩、1 000×10 mm 螺旋钢管桩、落梁装置、双拼 HN700 横向分配梁、贝雷梁、Ⅰ16b 分配梁、栏杆,断面布置见图 4。每孔布置 4 排桩,两边承台上各布置一排,单排 8 根,两承台之间布置 2 排,单排 8 根。

每节段的施工工艺流程:贝雷梁支架搭设→预压→支座安装→底模安装→测量放线→调整底模高程→外模安装→安装底板、腹板钢筋及预应力钢束→内模安装→安装顶板、翼缘板钢筋及预应力钢束→测量复核结构尺寸、高程→检查、签证→浇筑混凝土→养护、拆内外模→张拉孔跨纵、横向预应力钢束→孔道压浆→拆底模、脱支架及养护。

3.2.2 支架基础施工

陆地支架基础采用 XR360 旋挖钻机成孔,下放钢筋笼,水下混凝土灌注,并将事先加工好的钢管标准节段埋入桩基混凝土,见图 2～图 4。

水上支架基础采用 100 t 履带吊机与 YZ-180 型液压振动打桩锤配合作业,采用“钓鱼法”在支栈桥上进行施工,所有材料由平板车运至作业地点。

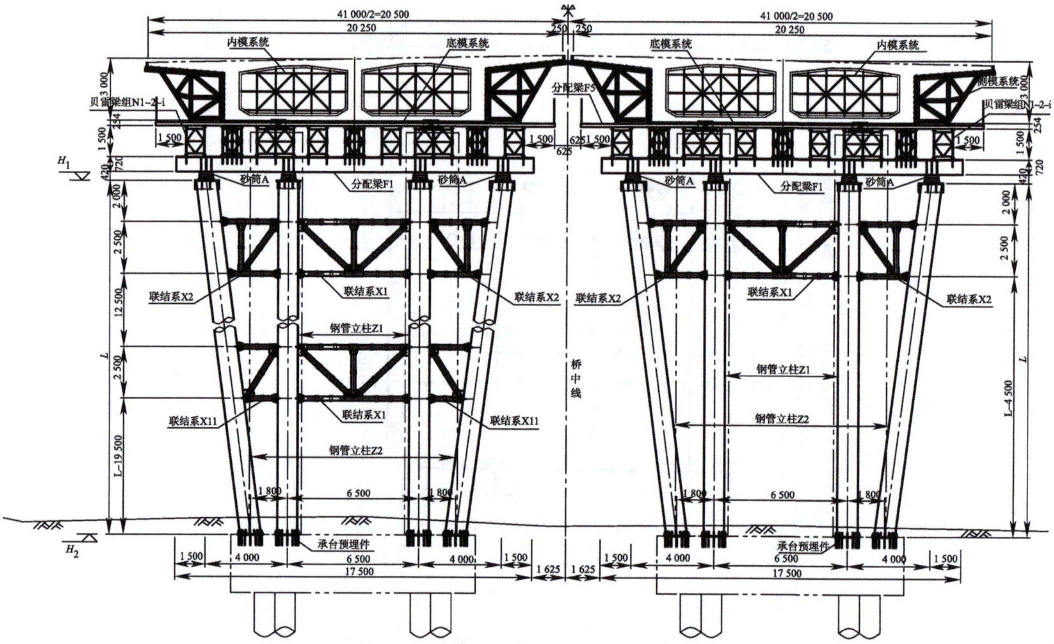

图 2　支架墩旁管桩横断面布置(单位:mm)

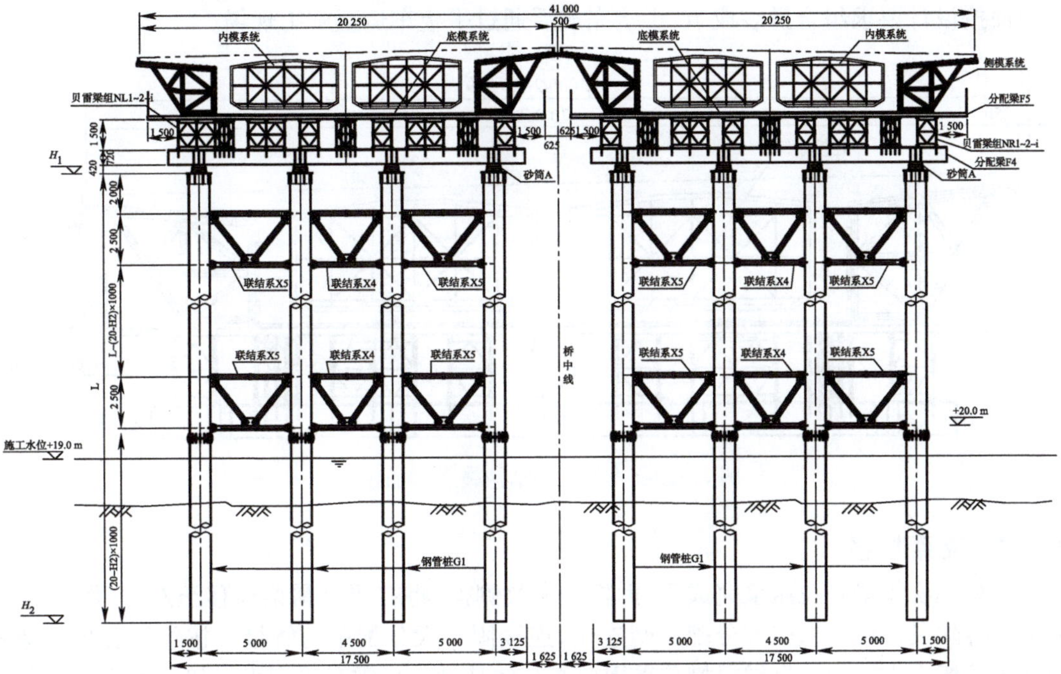

图 3　水中区(河床)支架插打管桩横断面布置(单位:mm)

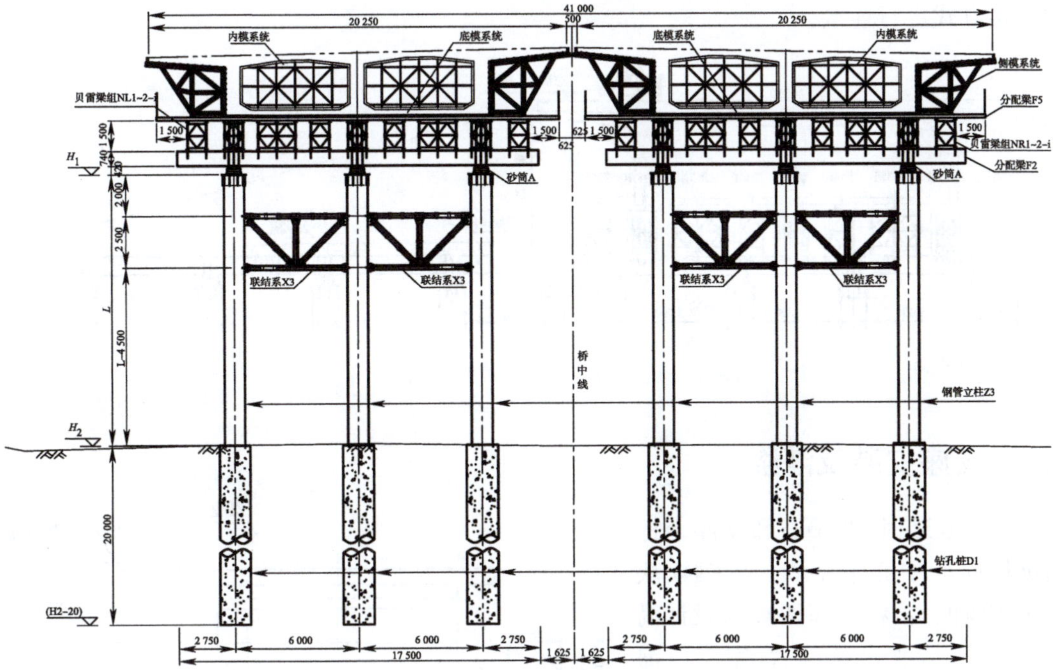

图 4　陆地区支架钻孔桩横断面布置(单位:mm)

3.2.3　支架上部结构施工

支架管桩施工完成后焊接支架联结系(图 5),联结系采用 2[20b,在加工厂整体加工成型后运送至施工现场。联结系焊接完成后依次安装落梁砂筒、分配梁及贝雷梁,其中贝雷梁在地面按设计要求组合拼装成节，拼装完成后通过平板车运至施工现场。

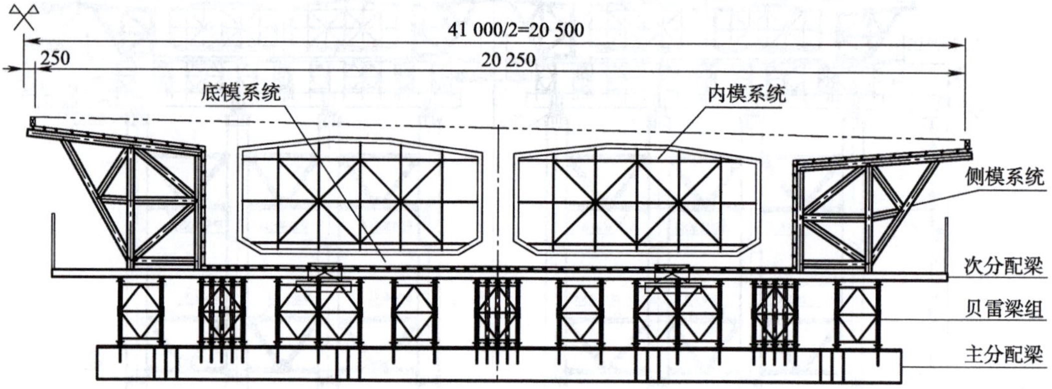

图 5　现浇支架上部结构施工(单位:mm)

3.2.4　支架横移

右幅现浇箱梁张拉压浆完成后，拆除底模及侧模，将右幅贝雷梁横移至左幅(图 6)。横移前需拆除贝雷梁与横向大分配梁间连接，连接固定大分配梁与管桩并按组解除贝雷梁横向连接的标准支撑架。贝雷梁横移采用单组整体移动。贝雷梁采用卷扬机＋收紧器提供水平力，在左幅钢管支架双拼 HN700×300 分配梁顶设置转向滑轮装置，滑轮装置与分配梁采用焊接方式进行连接。

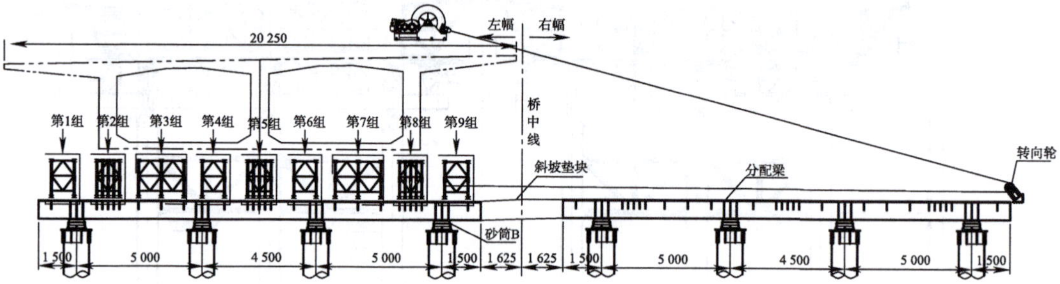

图 6　现浇箱梁支架横移布置(单位:mm)

3.3　支座安装及灌浆

支座安装时，在垫石和支座上标出纵横向的中心十字线。用钢楔块置于支座四角，将支座调整到设计高程并找平，待支座就位后，用支座灌浆料注浆入垫石预留孔内(图 7)，保证支座安放牢固稳定，填充栓孔、垫石与支座之间空隙。填充前，计算所需的灌浆料体积，不允许中间缺浆或施工中断。安装完成的支座应与梁

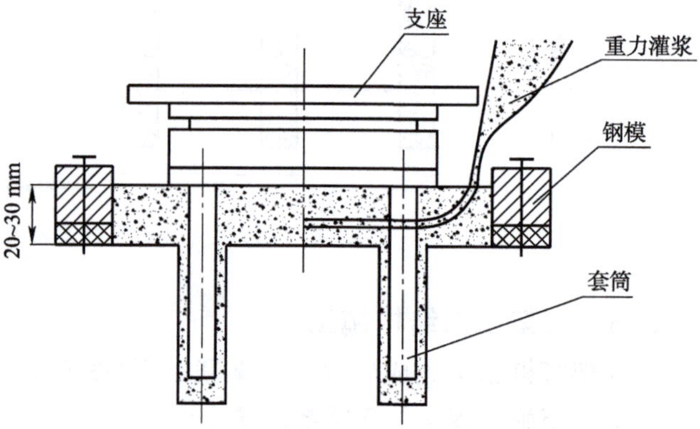

图 7　支座灌浆示意

在顺桥方向的中心线相平或重合，且支座应保持水平，不得有倾斜、不均匀受力或脱空等现象并按设计要求调整支座预偏值。

在冬季低温(5 ℃以下)尤其负温条件下灌浆施工中必须采取加热和防冻措施，用电热棒、电暖风对锚栓孔和施工面提前进行加热，拌和用水可加热 15 ℃～30 ℃；在灌浆浇注完毕后进行保温养护，用棉絮包裹，暖风机吹热风(温度≥30 ℃)，使其强度达到时间得以缩短。

3.4 混凝土浇筑养护

3.4.1 混凝土浇筑

混凝土浇筑采用水平分层、纵向分段，一次整体浇筑成型。首先将混凝土浇筑到箱梁的下倒角，将倒角的混凝土浇筑完成之后，再浇筑腹板混凝土直到上倒角，最后再浇筑顶板的混凝土。必须在混凝土初凝之前，将全部混凝土浇筑完毕，分层连续浇筑时，其层间的间隔时间应尽量缩短。

3.4.2 混凝土整平

桥面混凝土施工采用摊铺机整平(图 8)，布料时从低处向高处布料，当浇筑完成一定距离时就要启动摊铺机进行整平提浆。整平需要往返两次，第一次是粗整平，在这个过程中，人工配合将多余的混凝土清除或者分摊，缺料的地方要及时布料，第二次提浆拍密，这个过程摊铺机要慢速匀速行走，这样就完成了桥面调平层混凝土浇筑整平。

摊铺机在行走作业过程中，注意要及时清理模板顶部的混凝土及轨道上的杂物，确保整平机在平整的轨道上行走，确保其收面精度和桥面坡度。对有轻微不平整之处，在混凝土尚未初凝时进行人工抹平，直至达到设计和规范要求的高程和平整度。

3.4.3 混凝土养护

混凝土浇筑完毕后，应及时进行保温养护。

(1)混凝土浇筑完毕初凝后用土工布覆盖进行洒水养护(图 9)，混凝土强度达到 2.5 MPa 以前，不得在其上踩踏，连续养护时间不少于 7 d。

图 8 箱梁混凝土整平

图 9 箱梁混凝土洒水养护

(2)梁体洒水次数跟环境空气湿度和温度相关，一般白天 1 次/2 h、晚上 1 次/4 h，能使混凝土表面保持充分潮湿为宜，保湿养护不少于 7 d。

(3)当气温低于 5 ℃时，应采取保温养护的措施，不得向混凝土表面洒水，高温时要防晒。

(4)随梁养护的试块要与梁体混凝土同条件养护。

(5)封端混凝土施工完毕后，也要进行洒水养护，保持表面湿润，防止出现收缩裂纹。

3.5 梁体预应力张拉及真空辅助压浆

3.5.1 预应力张拉

箱梁纵向及横向预应力筋采用 R_y＝1 860 MPa 低松弛钢绞线；当梁体混凝土强度及弹性模量达到设计值的 90%，且混凝土龄期不小于 7 d 后，即可进行预应力钢束张拉。梁体预应力张拉顺序：先纵向后横向，先长束后短束，先腹板后底、顶板，先中间束后两边束，横桥向对称张拉。各节段横向预应力筋待该节段纵向预应力筋张拉后再张拉。箱梁顶、底板纵向束及横梁横向束均采用两端同步张拉；顶板横向预应力钢束采用单向张拉；张拉吨位按具体图纸所注数值进行。预应力钢绞线张拉采用张拉力、伸长量双控。张拉程序如下：0→20% σ_{con}(测量伸长值)→张拉控制吨位 σ_{con}(测量伸长值)→持荷 5 min→自锚(测回缩量)→回油(测总回缩量及夹片外露量)→退顶。

张拉时，两端同时对千斤顶主油缸供油，使钢绞线束略为拉紧，供油时，随时调整锚圈、千斤顶位置，使孔道、锚具和千斤顶三者之轴线互相吻合，同时要注意观察使每根钢绞线受力均匀，使两端基本同步受力，保持千斤顶加压速度相近，使两端同时达到同一荷载值。

3.5.2 真空辅助压浆

张拉完成后，及时进行孔道压浆，以防止预应力钢绞线松弛和锈蚀。压浆采用真空辅助压浆技术，确保孔道浆体填充饱满。浆体材料应掺入真空灌浆专用添加剂和阻锈剂。外掺剂中不允许含有易引起钢绞线氢脆反应的有害成分。水泥浆标号采用 M50，水泥出厂日期不超过三个月。水泥为强度等级不低于 42.5 的普通硅酸盐水泥或硅酸盐水泥。浆体水灰比为 0.29～0.35，拌和 3 h 泌水率小于 2%，且泌水应在 24 h 内被浆体完全吸收，水泥浆稠度 10～17 s，在 45 min 内，浆体的稠度变化不应大于 2 s。

压浆前，先用真空泵抽吸预应力孔道中的空气，使孔道的真空度达到负压 0.08 MPa 左右，然后在孔道另一端用压浆泵以一定的压力将搅拌好的水泥浆体压入预应力孔道并产生一定的压力。由于孔道内只有极少数空气，浆体中很难形成气泡；同时，由于孔道内和压浆泵之间的正负压力差，大大提高孔道内浆体的饱满和密实度。而且在水泥浆中，由于降低水灰比，添加专用的外加剂，从而减少浆体的离析、析水和干硬收缩，同时提高浆体的强度。

4 结　　语

武汉青山长江大桥北岸滩地引桥上部结构施工，根据水陆地质情况的不同，分别采用插打钢管桩与钻孔灌注桩与作为支架基础，上接型钢分配梁及标准贝雷梁作为现浇箱梁施工支架，施工过程中标准贝雷梁采用横向移动方式实现高效率倒用，既达到了快速施工的要求，又节省了大量支架的投入，有效提高了施工工效并节约了施工成本。

复杂交通环境连续梁施工安全防护

白雪明　张志欣　宋子强

1 概　况

跨汉施公路和新港铁路桥属于武汉青山长江大桥北段引桥工程，由南向北依次跨过汉施公路、轨道交通21号线、新港铁路等既有线路。上部结构采用分离式预应力混凝土等宽变高连续梁，分左右两幅，4孔一联，孔跨布置为(50＋75＋50＋35)m。

线路与汉施公路交叉里程为K8＋049，与轨道交通21号线交叉里程为K8＋061。与汉施公路及21号线交叉角度约90°。引桥桥从轨道交通21号线武湖站～沙口站区间段108～111号桥墩之间上跨，交叉处轨顶最高高程36.6 m，梁底最低高程45.26 m，净高最小为8.66 m。交叉处汉施公路路面高程为24.07 m，附近地面高程为22.38 m，见图1。

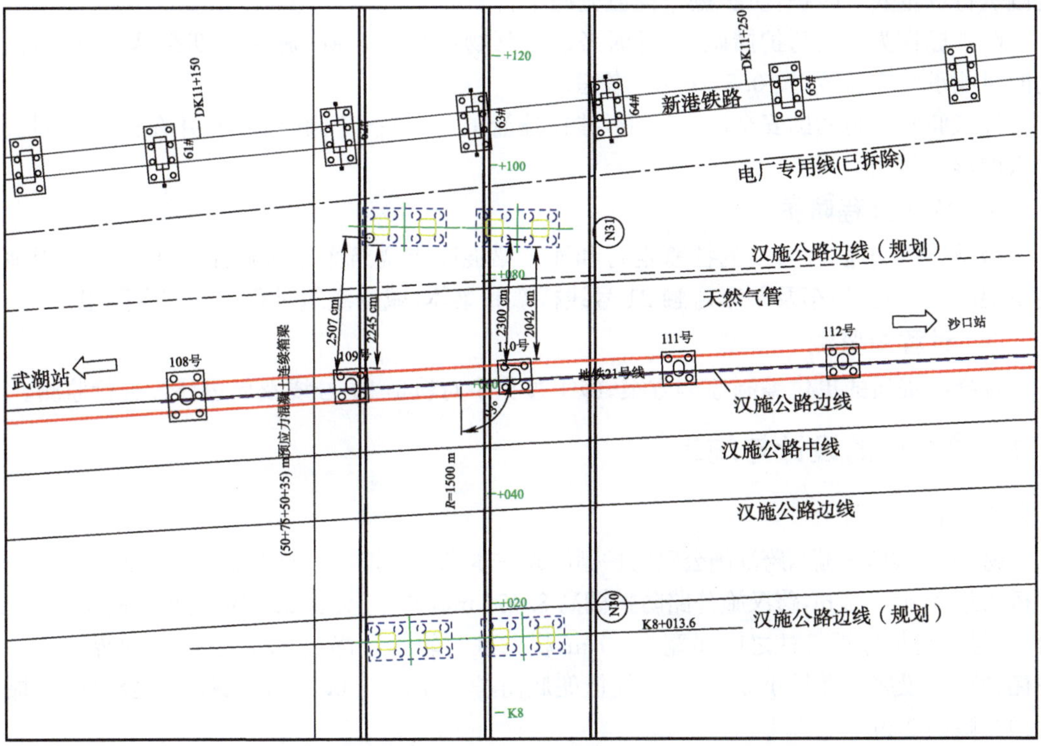

图1　跨汉施公路和新港铁路桥与既有线位置关系

(50＋75＋50)m跨分为12个节段，N30～N31号跨7～9号节段位于21号线上方，

0～1 号采用钢管柱支架现浇，2～10 号节段采用挂篮悬浇，N32～N33 和边跨直线段跨采用钢管柱贝雷梁支架一次现浇。

本桥施工具有以下特点：

(1)工程地处市区，施工场地受限，工作空间狭小，施工困难；

(2)沿线结构物较多，特别是跨越汉施公路，车流量大，交通疏解难度较大；

(3)工期紧，任务重，进度要求高；

(4)本桥同时跨越三种不同形式的既有线，交通环境复杂，尤其是 N30～N31 号墩间跨越轨道交通 21 号线，21 号线已通车运营，施工需进行要点，安全风险和安全防护要求比普通的跨线施工要求更高。

2　安全防护

2.1　总体思路

2.1.1　结构防护

连续梁采用挂篮悬臂浇筑施工，挂篮在跨越汉施公路和 21 号线上方时，挂篮走行、钢筋绑扎焊接、混凝土浇筑及养护过程中的工具、焊渣、混凝土水泥浆及养护用水等均可能坠落对车辆的安全运行造成影响。为保证汉施公路和 21 号线的正常运行，连续梁施工前对施工范围进行双重安全防护：防护棚＋挂篮兜底平台。

防护棚作为主要防护措施，设计时考虑坠落物不小于 5 kg，施工工期跨越冬季，防护棚同时可能承受雪荷载，按 0.5 kg/m^2 考虑。

挂篮兜底作为辅助安全防护措施，挂在挂篮下方，与挂篮同时移动，并在挂篮四周安装钢板网形成封闭空间。

2.1.2　施工过程防护

跨越轨道交通 21 号线的挂篮走行和连续梁混凝土浇筑采取按施工。施工时采用地泵浇筑混凝土，防止吊车及泵车碰触 21 号线桥墩和梁体，减少浇筑过程中的安全隐患。

2.1.3　过程中监测

选择有资质的单位编制监测方案，施工过程中对轨道 21 号线及周边环境进行监测。

2.2　防护棚的设计与施工

2.2.1　结构设计

跨 21 号线防护棚与跨汉施公路防护棚形成一体(图 2～图 4)。防护棚在横桥向总长 50 m，顺桥向总宽 30.782 m，跨汉施公路防护棚高 8.464 m，跨轨道交通 21 号线防护棚高 19.604 m；跨 21 号线防护棚钢管柱之间净宽 10.9 m，横肋底与轨道顶净高 5.4 m(大于限界要求)；防护棚顶面与梁底净高最小 3.1 m，与挂篮兜底防护最小净距 0.75 m。跨汉施公路防护棚最大通行限高 5 m。

跨 21 号线防护棚结构形式：钢筋混凝土基础；钢管立柱 ϕ630×10@4 m，柱间设[14 联结系，在跨 21 号线防护棚高程为＋33.60 m 处增设一道联结系；柱顶为 2HN400×200 mm 型钢分配梁；顶部采用I 25b 纵梁@75 cm＋脚手板＋4 mm 厚钢板＋防火板。

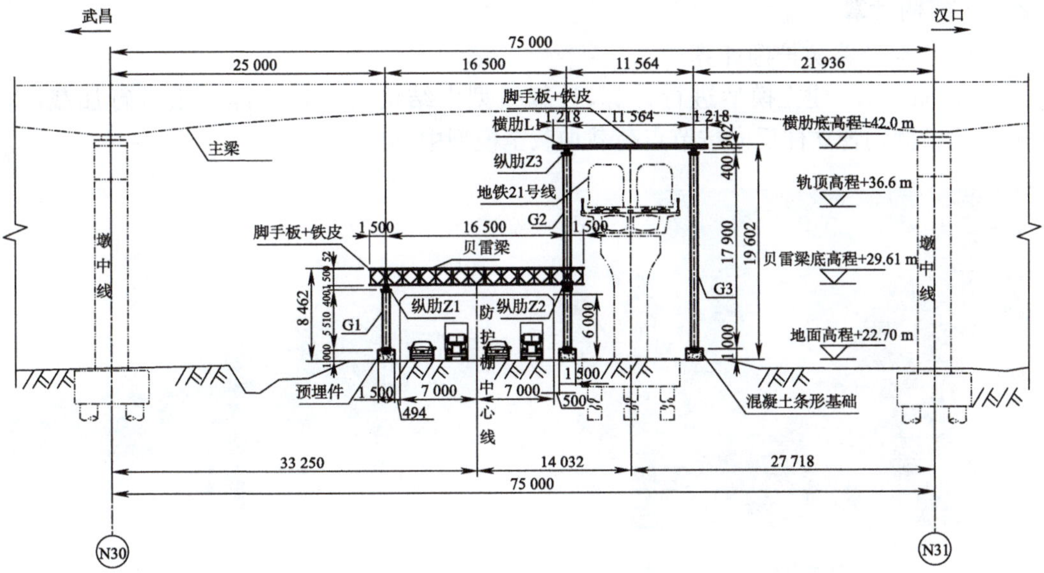

图 2　防护棚横向立面(单位:mm)

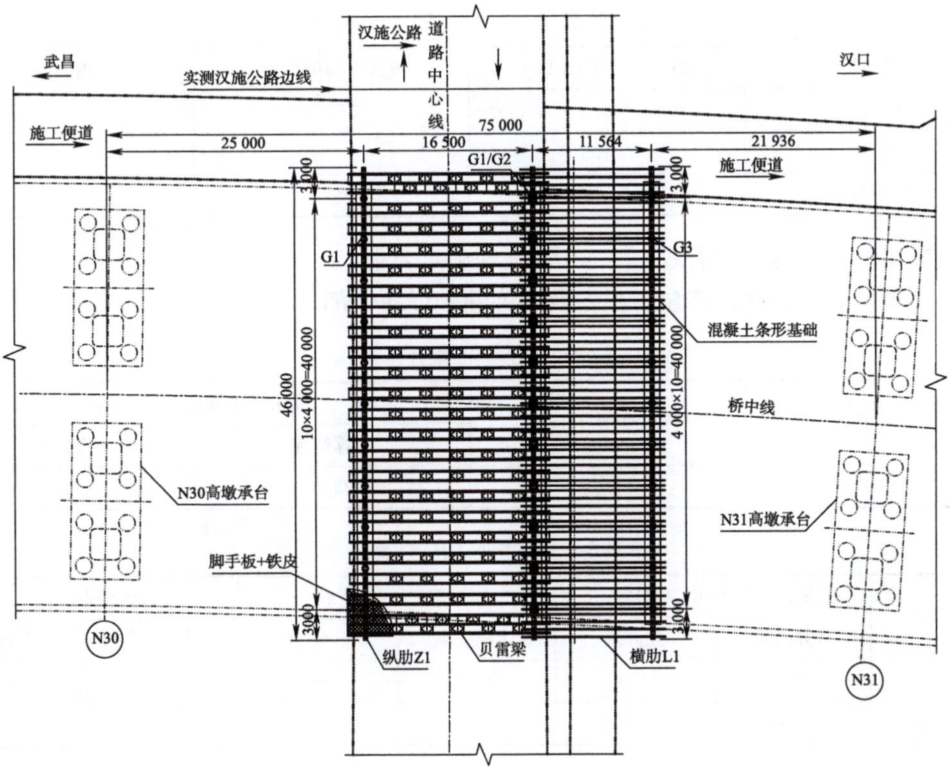

图 3　防护棚平面(单位:mm)

2.2.2 结构计算

(1)跨汉施公路防护棚计算

用 Midas/civil 建立模型进行计算，计算模型中结构自重按实际自重进行加载，将跨 21 号线防护棚钢管立柱反力按节点荷载加载至模型中，见图 5。

图 4 跨多种既有线防护棚设施

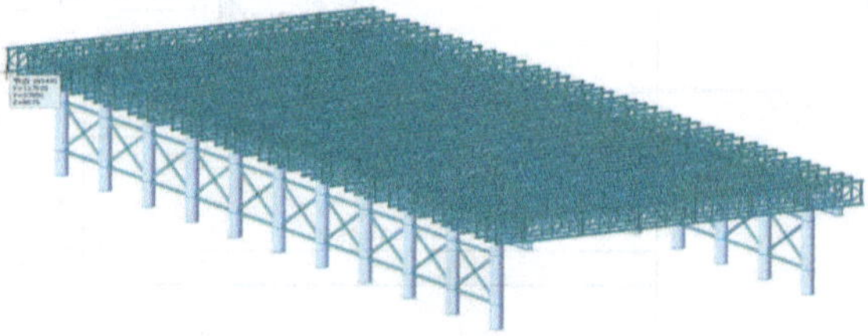

图 5 计算模型

根据模型计算结果，贝雷梁杆件的应力及内力值见表 1。

表 1 贝雷梁杆件的应力及内力值

杆件名称	最大应力值(MPa)	最大内力值(kN)	容许内力值(kN)
弦　杆	241.6	255.3	560
竖　杆	101.3	67.9	210
斜　杆	87.3	48.1	171

贝雷梁杆件的容许应力取 273 MPa，强度满足要求。

贝雷梁的竖向位移计算包含弹性及非弹性变形两个部分，见表 2、表 3。

表 2 贝雷梁主梁计算结果

弹性变形 f_1(mm)	非弹性变形 f_2(mm)	贝雷梁主梁挠度值(mm)	
		计算结果	允许值
5.6	1.8	23.6	41.3

表 3 其他组成构件计算结果

杆件名称	最大正应力 σ_{max}(MPa)		剪切应力 τ(MPa)		最大变形 υ(mm)	
	计算结果	允许值	计算结果	允许值	计算结果	允许值
纵　肋	59.0	170	15.4	100	7	15.0
钢管立柱	15.0	170	—	—	—	—

(2)跨 21 号线防护棚计算

用 Midas/civil 建立模型进行计算，计算模型中结构自重按实际自重进行加载，计算模型见图 6。

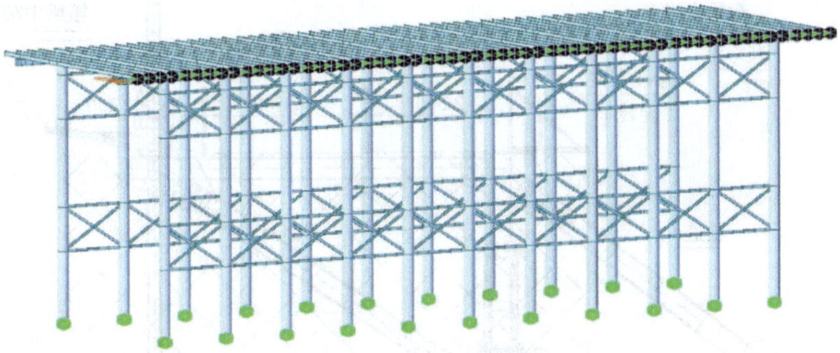

图 6　计算模型

经分析，各组成构件计算结果见表 4。

表 4　各组成构件计算结果

杆件名称	最大正应力 σ_{max}(MPa)		剪切应力 τ(MPa)		最大变形 υ(mm)	
	计算结果	允许值	计算结果	允许值	计算结果	允许值
纵　肋	25.1	170	6.5	100	3.2	15.0
横　肋	110.3	170	5.4	100	21.9	28.9
钢管立柱	7.1	170	—	—	—	—

2.2.3　防护棚施工

防护棚安装时采用吊机，最重构件为钢管立柱，设计重量约 3 t，选用 25 t 汽车吊，防护棚高度约 20 m，臂长 28 m 的时候，支腿全伸，在半径 16 m 范围可吊 3.4 t；支腿半伸，在半径 12 m 范围可吊 3 t。

安装前将构件在后场按照每跨组成单元件，运至现场进行整体吊装，避免焊接作业对既有线行车造成影响，安装时考虑避免单元件安装跨越 2 个天窗点。

改善传统的防护棚架的安装方式，采用单件式的组合安装方式，有效克服了在跨既有线防护棚架安装过程中，焊接作业对既有线行车的影响；通过单元件简单的吊装、安放、组拼作业，将防护棚架的安装对既有线安全影响降到了最小。

2.3　挂篮兜底平台的设计与施工

2.3.1　结构设计

跨 21 号线上方梁体施工均采用挂篮悬浇施工方法，在整个底模下设置全封闭兜底防护平台，兜底防护横向尺寸为 21.2 m，纵向尺寸为 8.1 m，兜底主梁采用截面为 200 mm×100 mm×8 mm 的 6061 铝合金方钢，前后横梁下方各设置一根，为减轻兜底重量，纵梁采用截面为 120 mm×80 mm×6 mm 的 6061 铝合金方钢，横向间距为 50 cm 布置，底面铺着 18 mm 后竹胶板及 3 mm 厚花纹钢板，底部全封闭可有效防止浆体及施工用水和掉渣等流落至铁路线上。侧面设置栏杆，栏杆高度 1.2 m，栏杆周围设置 3 mm 厚钢板网围护。

兜底防护结构见图 7、图 8。

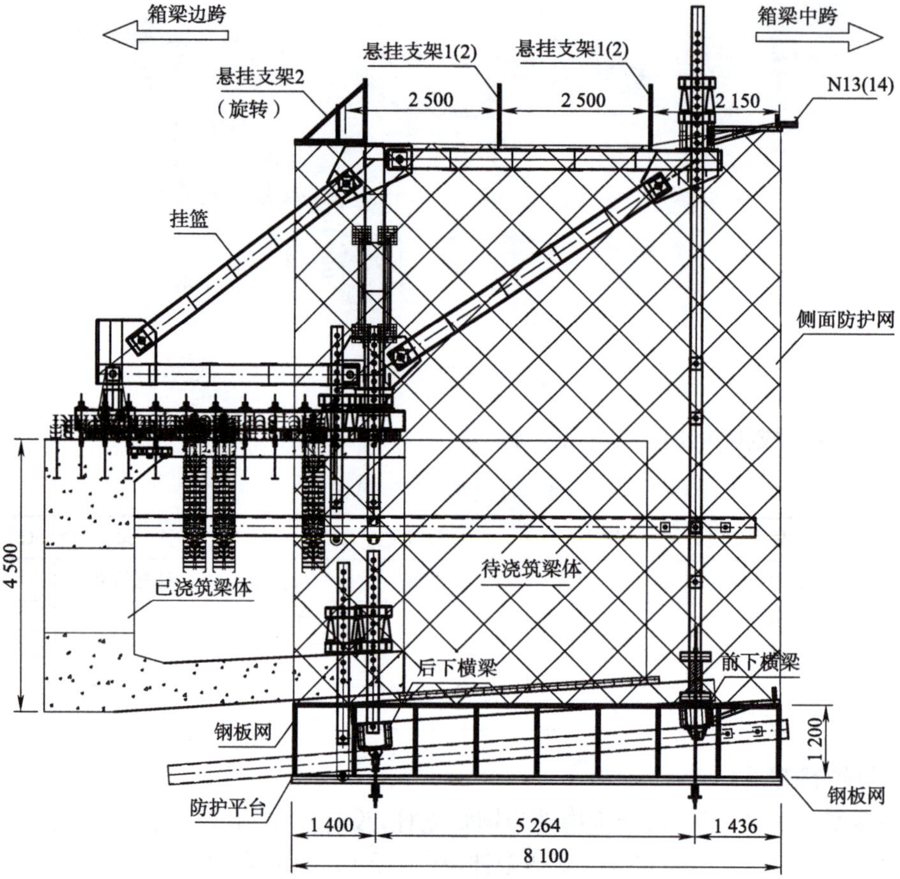

图 7　挂篮兜底防护结构图 1(单位:mm)

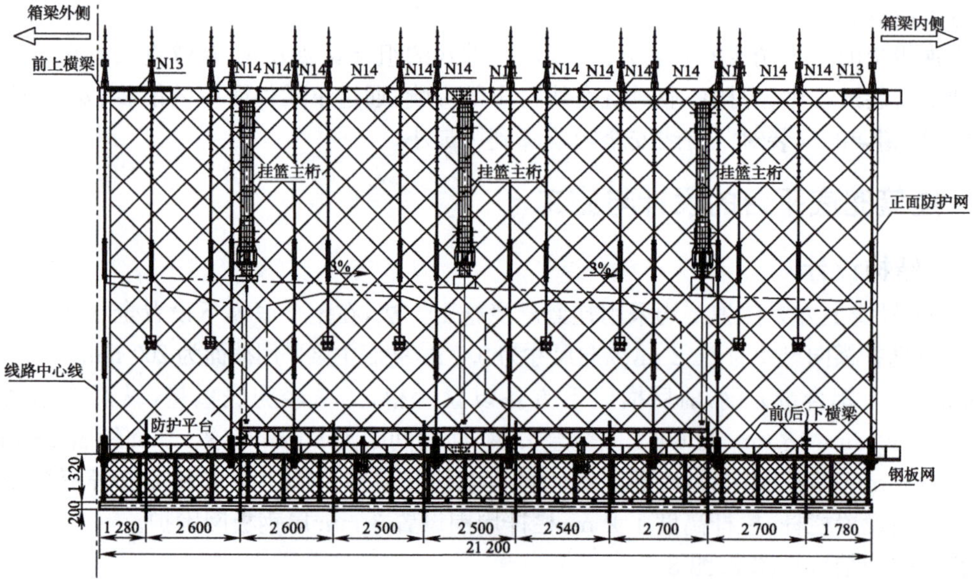

图 8　挂篮兜底防护结构图 2(单位:mm)

2.3.2 结构计算

用 Midas/civil 建立模型进行计算，计算模型中结构自重按实际自重进行加载，计算模型见图 9。

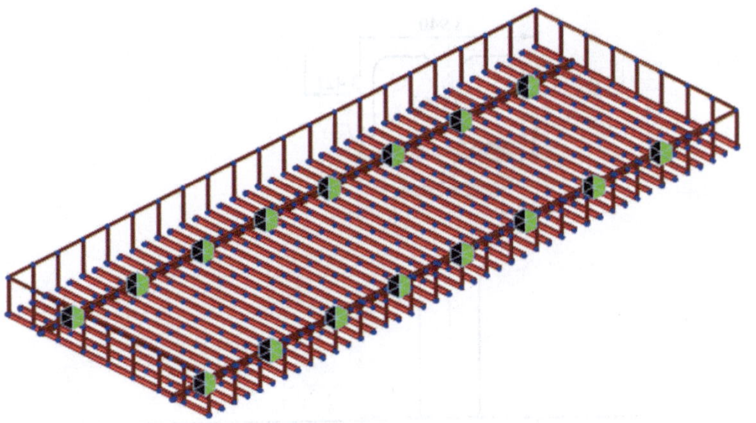

图 9 计算模型

计算结果见表 5。

表 5 各组成构件计算结果

构件名称	规格(mm)	材 质	组合应力(MPa)		剪应力(MPa)		变形(mm)	
			计算结果	允许值	计算结果	允许值	计算结果	允许值
纵梁	□200×100×8	6061 铝合金	45.4	110	5.1	65	3.3	8.9
横梁	□120×80×6	6061 铝合金	57.6	110	4.8	65	9.0	13.2

2.3.3 挂篮兜底施工

N30～N31 跨 7～10 号块跨越轨道交通 21 号线上方，在挂篮施工到 7 号块之前，安装挂篮兜底。防护平台栏杆与挂篮顶部之间采用密目网进行封闭，密目网符合《安全网质量标准》(GB 5725—2009)的要求，眼孔径不大于 12 mm，用于阻挡人员、视线、自然风、飞溅及失控小物体。周围密目网可有效防止大件物体掉落至铁路线上。

2.4 施工过程防护

7～10 号块挂篮走行和 7～9 号块的混凝土浇筑在 21 号线范围内，见图 10。

6 号块节段张拉压浆完成后，挂篮向前行走即进入 21 号线范围，按跨线要求进行要点施工。施工风险较大的工序，7～10 号块挂篮行走和 7～9 号块混凝土浇筑安排在要点时间施工，共需要点 14 次，实际要点时间段与总要点次数根据施工情况提前向地铁集团申报。现场应在实际施工调度命令的起止时间内完成作业，作业完成后，经施工、设备管理单位检查达到放行列车条件，由现场负责人(驻站、驻调度所联络人)、设备单位检查人(或设备单位指定人员)办理开通登记，车站值班员签认后，按规定开通线路。

连续梁混凝土采用地泵浇筑，以减少施工过程对 21 号线的影响。地泵设置在 N31 号墩位置(图 11)，泵管沿 31 号墩接到 0 号块梁面，浇筑设备对 21 号线不产生影响，见图 12。

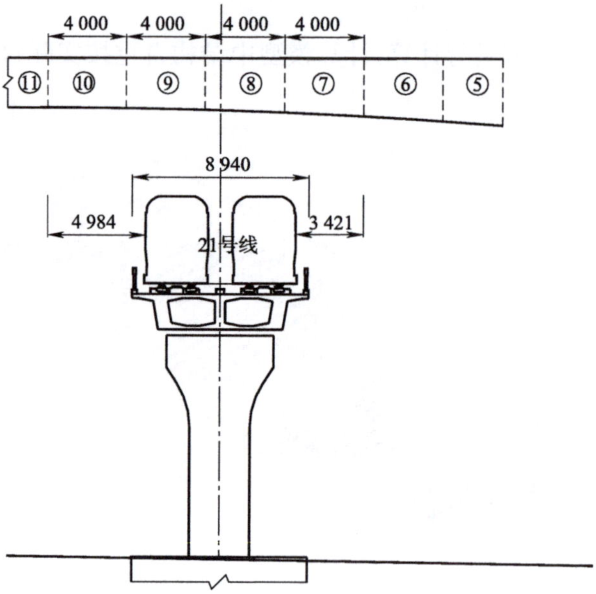

图 10　跨 21 号线施工影响节段范围图(单位:mm)

图 11　地泵泵管设置

图 12　地泵从 31 号墩顶接到梁面

施工期间严格管理各类施工车辆和机械,施工路段设置明显的交通指示牌,轨道交通桥下及桥墩两侧各 5 m 范围内禁止通行超宽、超高超长等大型及重型车辆;同时加强车辆疏导,避免车辆和机械直接撞击 21 号线桥墩。

2.5　施工过程中监测

监测内容包括:

(1)对周边地面变形监测;

(2)武沙区间桥梁结构变形监测、轨道变形监测;

(3)高架桥墩沉降监测;

(4)防护棚沉降监测。

通过对监测数据的相关分析和信息反馈,及时修正指导基础施工,对施工过程进行有效的预测和控制,优化施工工序和调整施工措施,保证既有高架轨道的安全。

为运营方提供及时可靠的数据和信息,评定基础施工对既有线结构和轨道的影响,为及时判断既有线结构安全和运营安全状况提供依据，避免恶性事故的发生，确保既有线安全运营。

3 结 语

采用防护棚＋全封闭兜底防护平台的防护形式，在跨越既有线施工期间，汉施公路正常通行，轨道交通 21 号线正常运营，除跨越 21 号线的混凝土浇筑期间需在夜间天窗时间点施工外，其余工序均实现全天候施工，使连续梁安全快速合龙，有效保证了施工工期。

结合现场实际情况，调查三种形式既有线通行情况，形成一套防护棚＋挂篮兜底的一静一动新型组合防护形式，解决了轨道交通线通行量大、一般的安全防护形式安全系数低的问题。与普通的防护形式相比，此种组合防护形式更加安全可靠，安拆更加安全方便。

跨乙烯管廊桥钢梁制造与安装

杜增伟　孙　强

1　概　述

跨乙烯管廊桥为连续钢板梁桥，起点位于武汉市化工新区八吉府街新集村，向北跨越 80 万 t/年乙烯上游管廊和乙烯快速路（图 1），桥跨布置为（32＋41＋41＋29）＝143 m，主梁采用多纵梁正交异性桥面板结构，主梁平面位于圆曲线上，沿道路中心线曲线半径 2 200 m。梁段间采用栓焊组合连接，横隔板腹板间采用高强螺栓连接，其余部件采用焊接连接。

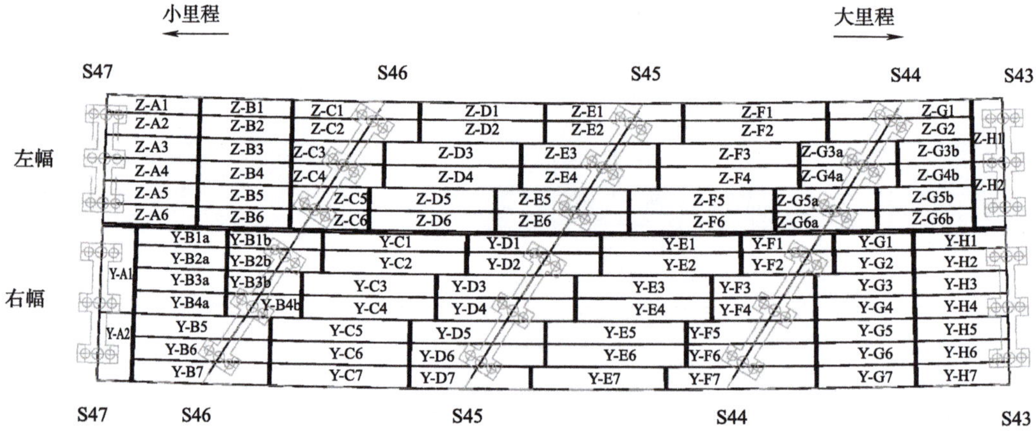

图 1　跨乙烯管廊桥钢梁平面示意

2　施工总体方案

结合国内相似桥梁钢梁制安施工方法和现场实际情况，跨乙烯管廊桥主梁在工厂内分节段加工制造，采用平板车运输至工地。桥位处搭设临时支架，采用 160 t 履带吊吊装钢梁节段在支架上方拼装，大里程侧先吊装右幅再吊装左幅，小里程侧反之。吊装到位调整线形后连接，连接顺序为先进行纵梁节段间横向连接再进行纵向连接。连接完成后由两侧边跨向中间对称卸落，完成结构体系转换，最后采用自落式滚筒型搅拌机现场搅拌后进行压重施工，完成跨乙烯管廊桥上部结构施工。

3　跨乙烯管廊桥施工技术

3.1　钢板梁内场制作

根据工程特点及资源配置，将钢板梁制造施工分为单元件制作、节段匹配制造、预拼装及涂装施工三个工艺阶段。

3.1.1　单元件划分

根据现场吊装情况和运输条件对节段进行了划分，内厂制造过程中将节段按照板单元划分为顶板单元件、底板零件、腹板零件、横隔板单元件(图2)。各单元件拼板在专用胎架上进行，焊接采用埋弧自动焊接工艺，单元件结构焊接采用气体保护自动焊接方式，以减少焊接变形，保证各构件焊接质量及外表成型美观。

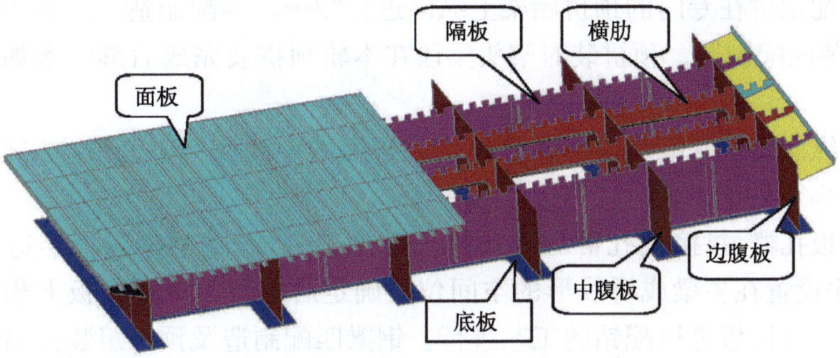

图2　钢板梁结构示意

3.1.2　钻孔工艺

(1)隔板采用后孔法，使用模板在数控钻床上先钻一端孔群，在使用模板配钻隔板一端的孔群，另一端孔群在节段现在安装时配钻。

(2)连接板采用先孔法，零件下料后使用模板钻孔，使其成为通用标准件。

3.1.3　板单元制造

面板单元件制造流程如下：

(1)T肋采用数控等离子切割机切割后组装为H型钢，焊接完成后再断开，校正；

(2)面板、T肋部件来料检查后，按装配尺寸划线装配单元件；

(3)T肋装配经报检合格后，采用专用焊接工装，用半自动气体保护焊接方式进行焊接；

(4)单元件装配焊接完后，进行矫正，报检，转序。

3.1.4　单元件存放工艺

单元件经检验合格后，转运至板单元存放区。存放区域保持通风与排水畅通，存放区域地面满足承载要求，钢构件存放按工期需要按顺存放，标志标识清楚醒目，见表1。

表1　板单元的存放安全保护措施

存　放	保　护　措　施
单元件	板单元间用枕木垫实，存放高度不得大于5层且不超过1.5 m与地面间的净空不得小于300 mm

续上表

存　放	保　护　措　施
吊　装	钢板及板零件吊装采用磁力吊和自制吊具
螺栓孔	采用塑料堵头进行临时封堵
摩擦面	摩擦面用胶布进行保护
机加面	采用专用端口保护工装

3.1.5　钢板梁总装及预拼装

(1)梁段组装与匹配制造原则

梁段匹配制作及预拼在同一胎架上一次完成，各联钢板梁均采用平胎架匹配制造方式。整体拼装时各构件错开焊缝，面底板单元和腹板单元各自分段的长度保持错开。用全站仪进行空间点的标记，保证全桥线型。

结合梁匹配预拼在专门的预拼胎架上纵向进行“2＋1”匹配制造。全桥 103 个节段共分 4 轮完成预拼装匹配制造。预拼装时端头梁段在本轮预拼装完成后继续参加下一轮次的预拼装。

每个梁段纵向定位基准均以单元件制作完毕后的中间横梁中心线为定位基准，该定位基准在定位前必须复查。

钢梁横隔板孔群、拼接板孔群均在预拼前已加工完成，主梁横隔板半边孔群均采取配钻，该配钻工序设置在主梁成桥线形的空间位置确定后进行。全桥隔板上相接的孔群均在组拼时采用标准连接板进行配钻的工艺进行。钢梁匹配制造及预拼组装控制关键点：

①钢梁预拼线型与全桥成桥线型一致性；

②吊点拉板安装质量；

③端口匹配性。

(2)匹配制造及预拼装胎架制作

根据预拼装胎架(图 3)及地标图绘制分段预拼装地标线，包含分段纵横定位线、吊点拉板定位位置线及端口检查线，采用激光经纬仪检测胎架线型。

图 3　场内胎架

(3)钢板梁节段组装流程

钢板梁组焊工艺:梁段采用反装法,以专用胎架为建造平台,并保证胎架有足够的强度和刚度,以面板外表面为建造基面进行建造。

钢板梁分段总装工艺:划线工装→中间面板上胎架→两侧面板上胎架→中间隔板安装→中间腹板定位→相邻箱室隔板安装→相邻箱室腹板定位→其他箱室隔板、腹板定位→挑臂隔板安装→焊接→安装底板→焊接完成→矫正→涂装。

3.2 钢板梁现场安装

3.2.1 临时支撑结构安装

临时支架为 2 m×2 m 的井字架(图 4),支架立柱由四根 ϕ273 mm×8 mm 钢管组成,钢管间由 70 mm×5 mm 的等边角钢连接。分配梁采用规格为 440 mm×300 mm×11 mm×18 mm 的 H 型钢,H 型钢腹板每受力位置布置一道筋板。支架长度方向分为 6 m 标准支架,3 m 标准支架,2 m 标准支架组成。

图 4 临时支撑结构

3.2.2 钢板梁现场吊装及栓焊连接

根据现场吊装条件及梁段重量,利用单台 160 t 履带吊机按站位布置顺序吊装梁段,首先起吊 30 cm 并停留 5 min,检查吊机及吊具情况、梁段平衡情况,无异常后缓慢提升,吊装到位后严格按照控制线调整纵、横向钢梁线形,调整到位后,先进行横桥向相邻梁段栓接,再进行其余焊接连接,全桥钢梁连接完成后由两侧边跨向中间对称卸落,完成结构体系转换,见图 5。

图 5 钢板梁吊装

3.3 跨乙烯管廊桥主梁压重施工

按照设计要求,钢板梁压重采用铁砂混凝土。在钢板梁制造时,顶板压重区每个箱式设置一个 500 mm×260 mm 的浇筑孔,主梁端头压重在钢梁安装及支架拆除结束后进行。为满足容重要求,经多次试配,最终采取铁珠混凝土的配比方案,铁珠混凝土的配合比为:铁珠:

铁矿石∶铁矿粉∶水泥∶减水剂∶水＝1 629∶1 075∶767∶400∶5.2∶190。铁珠混凝土灌注以压重总量控制为原则，先根据各个舱室压重量计算各种材料用量，再精确称重。铁珠混凝土采用自落式滚筒型混凝土搅拌机在桥面搅拌后，利用装载机＋料斗一次性灌注到位。

4 结　　语

跨乙烯管廊桥上部结构因跨越 80 万 t 乙烯管廊，施工风险大，匹配安装精度要求高。该桥钢梁采用履带吊机分块直接吊装方案施工，降低施工难度，减少施工风险。优化施工方案，采用了大比重压重混凝土配重、梁段间栓焊连接端口匹配制造等技术，深化设计考虑焊缝收缩余量等技术，在提高质量的同时提高施工效率。

引桥 T 梁预制与架设施工

石 雨 李 强 孙 强

1 概 述

武汉青山长江大桥南岸预制梁场设置在滩地引桥 6～8 号墩左侧，垂直桥梁方向布置，长 285 m，最大位置宽 151.5 m，占地面积约 53 亩(图 1)。靠近桥梁侧为存梁区，以方便 T 梁的架设。存梁区台座按双层存梁布置，可存梁 168 片，极限存梁 200 片。制梁区设置在桥梁远端，共设置 36 个制梁台座，其中 40 m 制梁台座 9 个，30 m、33 m 制梁台座 27 个。钢筋加工车间设置在桥梁最远端，在钢筋加工车间与制梁台座之间设置钢筋绑扎台座、钢筋吊架台座，钢筋绑扎台座共设置 6 个，钢筋吊架台座 2 个。

武汉青山长江大桥南岸陆地引桥 T 梁总计 835 片，其中 30m T 梁 540 片，33m T 梁 133 片，40m T 梁 162 片，采用 C50 混凝土。

图 1　预制梁场

2 T 梁预制施工

2.1 总体施工方案

T 梁预制采用(6＋2)mm 不锈钢复合底模和(6＋1)mm 不锈钢复合侧模。梁体钢筋骨架以及翼板钢筋分别采用专用的绑扎胎具进行整体绑扎。预应力孔道采用金属波纹管成孔，混凝土采用拌和站集中拌制，混凝土浇筑采用“龙门吊＋料斗”方式进行布料，插入式和附着式振捣器振捣，一次性浇筑完成，养护采用“自动喷淋养生系统”进行养生。

2.2 钢筋加工及安装

钢筋下料、加工严格按规范及设计图纸在钢筋加工车间进行。加工成半成品钢筋转运至钢筋绑扎台位进行绑扎，钢筋绑扎采用定型胎架进行绑扎成型(图 2)，保证钢筋绑扎的精度及质量。

伸缩缝及防撞护栏预埋筋、翼缘环形钢筋、端部横向连接筋等钢筋绑扎、安装时使用钢筋定位辅助措施进行定位。横隔板钢筋使用定位架安装，确保高低、间距一致，符合设计要求，无漏筋现象。

底腹板、顶板钢筋骨架分别采用专用吊架进行整体吊装(图 3)，挂钩间距 75 cm，共设 45 个吊点，吊装时通过调整挂钩长度，使每个挂钩均匀受力，防止钢筋骨架变形。

图 2　T 梁腹板钢筋绑扎胎架

图 3　钢筋骨架整体吊装

2.3 模板设计及加工

T 梁模板底模直接在制梁台座顶面安装，采用“6 mm+2 mm 不锈钢复合板”；侧模根据梁体设计长度分节段加工，面板采用“6 mm+1 mm 不锈钢复合板”，模板采用顶口及底口对拉加固方式，拉杆采用 PSB830 级 ϕ25 mm 精轧螺纹钢筋，沿台座布置最大间距为 90 cm，见图 4。

预制 T 梁侧模长度较设计梁长长 50 cm，每套模板配备相应的锲块模板调节，以适应不同梁长的需求，侧模支腿设置可靠调节螺杆，以满足 T 梁模板加固及拆除时的高度调整需要。模板两侧设置 120 cm 高防护栏杆，并作为施工操作平台。

T 梁横隔板端头模板采用整体式模板，与两侧翼缘环形筋梳型模板对齐。模板上严格按设计规定的钢筋位置、间距进行开槽、开孔，尤其是在横隔板主筋位置，控制主筋的平面和水平位置，保证梁体架设后横隔板连接顺畅。

图 4　不锈钢模板

2.4 混凝土浇筑施工

混凝土采用运输罐车运输，现场利用 10 t 龙门吊机辅以料斗进行混凝土的浇筑，以保证 T 梁混凝土浇筑快速、高效进行，见图 5。

图 5 T 梁混凝土浇筑

在钢筋和模板检查合格后，开始混凝土浇筑，混凝土拌和完成后，用混凝土运输罐车运到待浇梁处，利用龙门吊机配合料斗的方法进行混凝土浇筑。混凝土入模前保证混凝土不发生离析现象。灌注按照“先腹板，再顶板，从两端到中间，分层连续灌注成型”。每层浇筑厚度不超过 30 cm，下层混凝土未振捣密实时，严禁灌注上层混凝土，预制 T 梁在混凝土初凝时间内完成浇筑。

混凝土振捣以附着式振捣器振捣为主、人工振捣为辅相互结合的方法（图 6、图 7），腹板以附着式振动器为主。避免插入式振动器振动钢束锚垫板，振捣时不能碰撞模板钢筋、预应力管道等。

图 6 T 梁混凝土浇筑附着式振捣

图 7 T 梁混凝土浇筑人工振捣

混凝土浇筑完毕，采用土工布对梁面进行覆盖，混凝土初凝后顶面进行洒水养护，侧模拆除后，立即在 T 梁端头进行支撑，并继续对 T 梁腹板进行喷淋养护，养护时间不少于 7 d，见图 8。

图 8　T 梁喷淋养护

2.5　预应力施工

2.5.1　预应力智能张拉

T 梁预应力张拉采用后张法进行施工，按照初张拉和终张拉两个阶段进行。梁体预应力施工采用智能张拉(图 9)、真空压浆系统，安排专人负责。在混凝土强度达到设计强度的 85%且混凝土龄期不小于 7 d 后开始张拉。

图 9　T 梁智能张拉

预应力张拉采用张拉力与伸长量双控，当预应力张拉达到设计张拉力时，实际伸长量与理论值的误差控制在 6%范围以内。

预应力钢绞线梳理顺直，避免出现缠绞、扭麻花现象。为保证钢绞线成束时不相绞扭紊乱，用钢板仿锚板孔位缩小做成梳型板将各根钢绞线梳理顺直，每米用一道 18～22 号扎丝捆扎成束，编束后系上标签，注明束号及束长。束内每根两端均采用白胶布缠贴编号，同根同号，分别存放在防雨棚内待用。对较长的钢绞线，为便于存放运输，将其盘成大盘，圈径 3 m 左右。

2.5.2　预应力循环压浆及封锚

预制 T 梁孔道采用真空辅助压浆工艺(图 10)，方法是采用真空泵抽吸孔道中的空气，使孔道内达到负压 0.1 MPa 左右的真空度，然后在孔道的另一端以不小于 0.5 MPa 的正压力将水泥浆压入孔道中，以此来提高孔道压浆的密实度。

压浆到达管道另一端饱满和出浆，并达到排气孔排出与规定稠度相同的水泥浆为止。为保证管道中充满灰浆，关闭出浆口后，保持不小于 0.5 MPa 的一个稳压期，该稳压期不宜少于 4 min。

管道压浆顺序是先下后上，将集中在一处的管道一次压完。若中间因故停歇时，立即将管道内的水泥浆冲洗干净，以便重新压浆时管道畅通无阻。

梁体压浆完毕，经现场技术人员检查合格后即可进行梁体封锚。封锚混凝土强度与梁体混凝土强度相同,填充要密实,填充后用土工布覆盖洒水保湿养护,防止出现裂纹。

图 10　T 梁智能压浆

2.6　移梁及存梁施工

T 梁在制梁台座上张拉完成后,采用 100 t/150 t 门吊移梁至存梁区(图 11),在存梁区进行梁体真空压浆及封锚工作。

为确保在移梁过程中 T 梁不发生破角,利用 10 mm 厚 Q235 钢材加工制作专用包角,避免梁体损坏。

T 梁存放采用双层存梁方式。存梁时先在存梁台座上划分好 T 梁存放位置,在存梁台座顶垫上三层 10 cm 厚橡胶垫。T 梁两侧、大小里程端各支撑一根 ϕ168 mm×6 mm 钢管并用木楔卡紧(图 12)。梁与梁翼板湿接缝位置采用 ϕ20 mm 钢筋每隔 5 m 焊接连接,确保梁体稳定。

图 11　场内门吊移梁

图 12　场内存梁钢管支撑

为了防止预制梁上拱过大,预制梁与桥面现浇层由于龄期差别而产生过大收缩差,存梁期不超过 90 d,同时存梁时梁端悬臂不超过 1 310 mm。T 梁存放期间,定期观察梁体有无异常,存梁台座有无下沉情况。

3　T梁架设施工

3.1　总体施工方案

预制T梁架设采用架桥机逐孔架设方案，因预制梁场距南岸陆地引桥架设首孔（1号墩～S1号墩）间有400 m距离，因此T梁采用地面运梁翻越武惠堤至1号墩～S1号墩之间。为解决T梁提升上桥问题，在1号墩～S2号墩之间设置2台85 t提梁门吊（图13），满足T梁的提梁上桥需要。T梁门吊在拼装前采用2台200 t履带吊机进行起始段3孔（1号墩～S3号墩）T梁的架设，以满足后续架桥机的拼装条件。

图13　提梁门吊

预制T梁自起始段（S3号墩）开始采用“地面运梁＋桥上运梁”方案，分左右幅各配置1台JQ160-40型架桥机，架桥机错开2孔向S50号墩方向逐孔架设T梁，单孔架梁顺序为先架中梁、再架边梁。

3.2　支座安装

3.2.1　临时支座安装

T梁架设时，连续端位置先安放临时支座。临时支座采用50 t钢砂筒，每片梁连续端放置2套。测量组精确放出临时支座中心点，并用水准仪精确测量每个临时支座中心点高程，计算每个临时支座高度，将每个临时支座调整至计算的高度，安装于相应位置。安装完毕后复核其顶面高程及平整度，临时支座安装高度考虑一定的沉降值，保证T梁架上去后临时支座顶高程与设计高程齐平。

3.2.2　板式橡胶支座安装

南陆地引桥支座采用GYZ600 mm×110 mm、GYZ650 mm×130 mm、GYZF4 450 mm×84 mm及GYZF4 500 mm×90 mm四种规格。其中过渡墩采用GYZF4板式橡胶支座，连续墩采用GYZ板式橡胶支座。

安装桥梁支座前先对支座进行检查，检查支座组装位置是否正确，临时连接是否松动。安装调整完成后，其顶、底板顺桥向对称线水平投影保持重合，偏差不大于0.5 mm，临时连接螺栓处于紧固状态。螺栓紧固完成后，支座与桥梁底板之间不得有空隙。

3.3　T梁架设流程

南岸陆地引桥预制T梁自起始段（S3号墩）开始采用“地面运梁＋桥上运梁”方案，分左右幅各配置1台JQ160-40型架桥机，架桥机错开2孔向S50号墩方向逐孔架设T梁，单孔架梁顺序为先架中梁、再架边梁。

单幅架桥机架梁流程工艺：

(1)提梁上桥。运梁台车将T梁运送到提梁站下，由布置在1～S2号墩提梁站将预制T梁缓慢落放至桥面上运梁台车上(图14)。T梁落下后采用ϕ168 mm×6 mm钢管临时支撑并捆绑牢固。

(2)桥上运梁。将T梁落在运梁台车上后，安排专人负责运梁，专人指挥。运梁台车通过T梁之间的缝隙时，采用钢板作为搭板。运梁台车在桥面上行驶时，已架设T梁之间在横隔板和翼缘连接牢固，避免因为运梁而产生倾斜，确保运梁的安全。

图14　预制T梁提升

(3)喂梁。由运梁台车将待架设的梁运至架桥机后跨内，架桥机上前吊梁小车吊起梁的前端，此时T梁前端吊在架桥机的前吊梁小车上，后端支撑在运梁台车上，继续前移。当待架T梁后端达到架桥机后吊梁小车位置时，后吊梁小车吊起梁的后端，两台吊梁小车将梁提升做好携梁前移准备。

(4)中梁架设。将待架中梁用运梁平车喂梁，前、后小车将T梁纵移到前跨位置，横移到架设位置，然后下落(图15)。当下落梁距底座5 cm左右时，保持梁的稳定，当稳定后下落就位，并将梁底钢板和支承梁顶预埋钢板进行焊接，为了加强稳定横隔板与翼缘板的接缝钢筋焊接。

图15　中梁架设

(5)边梁架设。两起吊小车将边梁移到架设位置，然后下落至架设位置，梁稳定后下落，检查支座(或临时支座)上垫板位置是否安装正确，检查梁体理论支承线与支座中心是否重合，梁轴线等是否符合规范要求。当监理工程师检查验收合格后，按设计固定好边梁将架桥机横移到喂梁区，准备下一片梁的架设。

4　体系转换

4.1　先简支后连续工艺流程

先简支后连续结构特点是：结构由预制T梁和现浇段共同组成，先预制架设，后现浇连续；结构在施工中，存在由临时支座(简支)变成单排永久支座(连续)的转换过程；结构在体系转换后，在恒载与活载的作用下，受力特征为连续梁。

工艺流程：安装墩顶永久支座及底模并设置盖梁顶临时支座→吊装T梁就位，置于简支状态→浇筑墩顶现浇连续段及翼缘板、横隔板湿接缝混凝土→形成连续体→拆除临时支撑→张拉墩顶现浇连续段负弯矩钢束→转换完毕。

4.2 梁间接缝施工

4.2.1 钢筋加工

钢筋制作在钢筋加工场调直、下料，现场焊接，钢筋的尺寸严格按图纸进行制作。钢筋绑扎前，将T梁梁段预留钢筋调直、除锈，焊接的焊缝满足设计要求，对锚头进一步清理检查，清除压浆后留下的残液和松散混凝土块。梁端凿毛、锚头清理经检验合格方可进行钢筋施工。

4.2.2 模板安装

T梁连续模板采用15 mm竹胶板，肋板采用50 mm×100 mm方木，背带采用[16b型钢，永久支座与底模间的缝隙密合，并采取措施严防漏浆。模板安装前均匀涂刷脱模剂，钢筋、模板工艺经检验合格后方可进入下道工序施工。

4.2.3 混凝土浇筑及养护

对连续大于3孔的桥梁先浇中间墩顶混凝土，然后对称浇筑两侧墩顶混凝土。T梁连续段一次浇筑成型，模板安装就位后，吹洗模板内污物，底部不准有积水。浇筑混凝土时采用插入式振捣器振捣，分层振捣。分层厚度控制在30 cm左右，用插入式振动棒振捣，棒头距模板间距不大于10 cm，棒间距30 cm，插入下层混凝土10 cm，使上下密切接合。严禁振动钢筋。

混凝土浇筑完成后，注意养生，防止出现收缩裂纹。收浆后根据天气情况采用洒水养生或保温保湿养生，养生时间7 d。

4.2.4 墩顶预应力施工

T梁墩顶现浇段混凝土强度达到设计等级的85%后，可以开始进行墩顶预应力施工，张拉时采用应力、应变双控。张拉完成后随即进行压浆，孔道压浆浆体强度达到100%后，进行体系转换，拆除临时支座。临时支座拆除的顺序为：先拆除中间，后两侧对称拆除。临时支座拆除时，应做到逐孔对称、均匀、同步、平稳。体系转换后，永久支座与墩顶密贴，符合设计要求。

5 结　语

公路是我国交通运输的重要方式，而桥梁也是公路的重要组成方式，先简支后连续梁桥作为桥梁的一种形式，T梁的预应力施工和体系转换施工是T梁预制与架设过程中重要的施工工序，其施工质量将直接影响到T梁的寿命。本工程T梁预制及架设施工过程严格按照标准施工工艺施工，重要工序施工安排专人全程盯控，从根本上杜绝T梁的预制及安装质量缺陷，提高了桥梁的使用寿命。

桥面铺装施工技术

罗　航　岳荣良　石　雨

1 概　　述

武汉青山长江大桥全长 7.547 6 km，南岸引桥 2.442 km，主桥 1.638 km，北岸引桥 3.467 6 km。主桥航道桥为(350＋938＋350)m 钢箱及钢箱结合梁斜拉桥，桥面铺装分主桥桥面铺装和引桥桥面铺装两部分。

1.1 主航道桥铺装结构

根据主航道桥"重载交通钢桥面铺装试验研究"的成果，主桥中跨钢箱梁钢桥面行车道铺装结构如下：2 mm 甲基丙烯酸树脂防水体系＋3 cm 的浇注式沥青混合料 GA-10＋改性乳化沥青黏层＋4 cm 高弹改性沥青 SMA-13，总厚度 7.2 cm。主桥中跨钢箱梁中间防撞栏杆沿中心线 1 m 范围内铺装结构为：2 mm 甲基丙烯酸树脂防水体系＋7 cm 的浇注式沥青混合料 GA-10。

混凝土桥面与钢桥面的过渡段铺装，采用与钢桥面铺装一致的铺装层结构：2 mm 甲基丙烯酸树脂防水体系＋3 cm 的浇注式沥青混合料 GA-10＋改性乳化沥青黏层＋4 cm 的高弹改性沥青 SMA-13，总厚度 7.2 cm。在结合部位设置 10 mm 宽、45 mm 深的应力吸收缝，灌填高弹灌缝料。

边跨结合梁区段的混凝土桥面铺装采用：环氧树脂下封层(撒碎石)＋溶剂型沥青黏结剂＋3.5 cm 浇注式沥青混合料 GA-10＋改性乳化沥青黏层＋4.5 cm 的高弹改性沥青 SMA-13，总厚度 8 cm。

南汉主航道桥桥面铺装方案见表 1。

表 1　南汉主航道桥桥面铺装方案

结构层名称	中跨钢桥面	混　合　段	边跨结合梁
铺装上层	高弹改性沥青 SMA-13，厚度：4 cm	高弹改性沥青 SMA-13，厚度：4 cm	高弹改性沥青 SMA-13，厚度：4.5 cm
黏　层	改性乳化沥青，用量：300～500 g/m²	改性乳化沥青，用量：300～500 g/m²	改性乳化沥青，用量：300～500 g/m²
铺装下层	浇注式沥青混合料 GA-10，厚度：3 cm，表面撒布 5～10 mm 预拌碎石，用量：4～7 kg/m²	浇注式沥青混合料 GA-10，厚度：3 cm，表面撒布 5～10 mm 预拌碎石，用量：4～7 kg/m²	浇注式沥青混合料 GA-10，厚度：3.5 cm，表面撒布 5～10 mm 预拌碎石，用量：4～7 kg/m²

续上表

<table>
<tr><th>结构层名称</th><th>中跨钢桥面</th><th>混　合　段</th><th>边跨结合梁</th></tr>
<tr><td rowspan="3">防水、防腐黏结层</td><td>丙烯酸树脂黏结剂，用量：150～200 g/m²</td><td>丙烯酸树脂黏结剂，用量：150～200 g/m²</td><td>溶剂型沥青黏结剂，用量：200～400 g/m²</td></tr>
<tr><td>甲基丙烯酸树脂膜（两层），用量：2 500～3 500 g/m²</td><td>甲基丙烯酸树脂膜（两层），用量：2 500～3 500 g/m²</td><td rowspan="2">反应型树脂下封闭层，用量：400～600 g/m²
表面撒布 0.6～1.18 mm 碎石，用量：300～800 g/m²</td></tr>
<tr><td>丙烯酸防腐底漆，用量：100～200 g/m²</td><td>丙烯酸防腐底漆，用量：100～200 g/m²</td></tr>
<tr><td>钢桥面板</td><td>喷砂除锈，清洁度 Sa2.5 级，粗糙度 60～100 μm</td><td colspan="2">抛丸、清扫、清洁、形成干燥、洁净、粗糙的表面</td></tr>
</table>

1.2　引桥铺装结构

跨乙烯管廊桥、南跨堤孔桥、南陆地引桥、南岸滩地引桥、北跨堤孔桥、天兴洲滩地引桥、北汊副航道桥、北岸滩地引桥、北陆地引桥、跨汉施公路桥和新港铁路桥桥面铺装均采用行车舒适、施工迅速的沥青混凝土铺装。其组成为：防水黏结层＋下层 6 cm 厚的中粒式沥青混凝土（AC-20）＋改性乳化沥青黏层＋上层 4 cm 厚的沥青玛蹄脂碎石混合料（SMA-13）。

引桥桥面铺装方案见表 2。

表 2　引桥桥面铺装方案

序　号	施工部位	子　目　名　称
1.1	上面层	4 cm 改性沥青 SMA-13
1.2	黏　层	PCR 改性乳化沥青，用量 300～500 g/m²
1.3	下面层	厚 6 cm 中粒式沥青混凝土 AC-20
1.4	防水黏结层	二阶反应型桥面防水黏结剂，用量 300～400 g/m²
1.5	混凝土面板	抛丸或精抛挖，形成粗糙、干净、干燥的界面

2　桥面铺装施工

2.1　主桥桥面铺装

2.1.1　中跨钢桥面防水层施工

1. 喷砂除锈

根据设计要求，喷砂前必须确保钢梁表面无焊瘤，飞溅物、针孔、飞边和毛刺，用清洁剂或溶剂清洗钢梁桥面板表面的油污及其他赃物，遇下雨、下雪、结露等气候严禁施工，环境温度不低于 10 ℃且钢板表面高于露点温度 3 ℃以上，大气相对湿度≤85%。磨料采用钢丸及钢质棱角砂，其比例（50∶50）通过试验确定，磨料必须保持干燥、清洁、不含有害物质等。钢梁表面清洁度达到 Sa2.5 级以上（检修道 Sa2.0 级以上），粗糙度 60～100 μm（检修道为 30～80 μm）。

行车道打磨采用 3 台车载式抛丸机 DT-4800（图 1），检修道、护栏基座处打磨采用手持抛丸机和直磨机。每日施工之前先检测环境条件是否满足要求，检查机械配置是否完善，过程中严格控制抛丸机的行走速度（≤5 m/min），每次行走直线距离不超过 70 m，及时对已抛丸区域进行检测，对钢梁面局部打磨不合格地方，存在的飞溅和焊瘤用手持砂轮机打磨平整干净，油污用稀释剂（丙酮溶剂）及时擦洗干净，溅落的钢砂、钢丸用吸砂棒、吹风机清理回收，检测清洁度和粗糙度（9 点/1 000 m^2），均满足设计要求且验收合格后方可进行下一步施工。

2. 防水黏结层施工

（1）丙烯酸防腐底漆施工

喷砂除锈验收合格后，在 3h 内采用十字交叉法实施丙烯酸防腐底漆的滚涂（图 2），底漆使用之前先搅拌充分，外观要求平整、均匀、无气泡、裂纹、脱落、漏涂等现象，设计要求用量 100～200 g/m^2，检修道为 200～250 g/m^2，干膜厚度约为 50 μm，在现场用每段施工完成区域的油漆总量除以对应的面积来计算实际用量（一般控制在 190 g/m^2），24 h 底漆完全固化后用漆膜测厚仪检测干膜厚度，并做拉拔力试验，黏结强度≥5 MPa（25 ℃）。

图 1　钢桥面喷砂除锈施工

图 2　丙烯酸防腐底漆施工

（2）甲基丙烯酸甲酯树脂膜施工

待防腐底漆固化后进行甲基丙烯酸树脂膜的施工，施工前用塑料纸将护栏基座及索道管包裹，以防污染表面油漆，加强成品保护。行车道大面积采用两台全自动喷涂机搭配风雨棚施工（图 3），护栏基座处及边带采用人工手动喷涂，分两层施工（检修道为单层施工），每层湿膜厚度不小于 1.2 mm，施工过程中用湿膜卡检测，干膜总厚度不小于 2 mm，总用量 2 500～3 500 g/m^2，在第一层完全固化后喷涂第二层，甲基丙烯酸甲酯树脂膜含两种树脂组分（A 和 B）和一种催化（BPo），施工前先将催化剂加入 B 组分充分搅拌均匀后再和 A 组分搅拌喷涂，具体掺配比例为 1：1（B＋催化剂：A 组分），严格控制自动喷涂机喷枪横移速度（≤240 mm/s），当风速大于 5 级且温度高于 32 ℃时，严禁喷涂作业。

图 3　全自动机械喷涂

(3)丙烯酸黏结剂施工

甲基丙烯酸甲酯树脂膜喷涂结束约 1 h(23 ℃)后,立即滚涂丙烯酸黏结剂(图 4),施工前必须确保作业面干净,以免影响黏结力。施工时,用直尺或其他工具将丙烯酸树脂黏结剂与接头和搭接区分隔,滚涂必须均匀,不能出现漏涂现象。

图 4 丙烯酸黏结剂滚涂

2.1.2 边跨混凝土桥面防水层施工

1. 抛丸

混凝土桥面板必须符合下列要求:桥面高程和横坡符合规定要求,表面平整粗糙,干燥整洁,无浮浆、尘土、水迹、杂物或油污等,构造深度≥0.7 mm,用高压吹风机将浮浆、土吹扫干净,不留浮尘;满足混凝土桥面的平整度要求,大面积行车道采用 3 台车载式 2-4800DH 抛丸机(图 5、图 6),护栏基座处及边带采用手持抛丸机,一般先用手持抛丸机打磨边带后,再进行行车道大面积抛丸,提高施工效率。

图 5 行车道机械抛丸

图 6 抛丸后粗糙度检测

2. 防水黏结层施工

(1)反应性树脂下封闭层施工

混凝土桥面板打砂施工完成并验收合格后,采用人工滚涂的方式进行反应性树脂下封闭层施工。施工前先用吹风机将梁面灰尘清理干净,使用之前先将环氧树脂两种组分(A∶B)按 4∶3 混合搅拌均匀,紧跟人工撒布 0.6~1.18 mm 洁净、干燥的碎石,撒布量为 300~800 g/m^2。环氧树脂滚涂时不能出现漏涂、气泡,且滚涂均匀,碎石撒布不能出现漏撒,堆积、不均匀等现象，见图 7。

(2)溶剂型黏结剂施工

①反应性树脂下封闭层检验合格后，涂刷溶剂型黏结剂，用量为 200～400 g/m²，采用人工滚涂方法施工，为单层施工(图 8)。施工前先将作业面上的灰尘及杂物清理干净，溶剂型黏结剂属于易燃材料，在施工过程中禁止烟火，材料堆放区域加强防火措施，滚涂均匀不漏涂。

②为了保证溶剂型黏结剂与乳化沥青黏结剂之间黏结牢固，将溶剂型黏结剂分两次施工，第二次滚涂在浇筑式沥青铺装前一天，每次用量控制在 220 g/m²。

图 7　碎石撒布

图 8　溶剂型黏结剂施工

2.1.3　浇筑式沥青 GA-10 施工

1. 施工前准备

(1)在浇筑式摊铺之前，保持防水黏结层清洁干燥，必要时用吹风机进行吹风和干燥，对有油迹、油污的地方及时擦洗。

(2)由于浇注式摊铺机根据垫块和侧限挡板高度控制铺装层的平整度，因此，进行精确测量，准确定位侧限挡板的高度。

(3)Cooker 运输车在进入施工现场前，对其轮胎及底板进行清洗，防止运输车污染桥面。现场施工人员穿上鞋套，以保证施工现场清洁。

(4)保证材料及时供应，加强对施工机械的检查以及人员的调配，防止因材料、人员或机械产生的人为冷接缝。

(5)浇注式沥青混合料摊铺，因为其劳动强度大环境温度高，充分做好安全防护工作，配备必要的劳保用品。

2. 浇注式沥青混合料的拌和

(1)浇注式沥青混合料拌和温度高，搅拌时间长，因此对拌和楼的拌和能力和耐高温能力要有很高的要求。同时，浇注式沥青混合料所用的沥青黏度大，而且沥青含量比较高，混合料容易粘附在设备上，每次生产完毕后，待设备还没完全冷却时，对粘附的混合料进行彻底清理。混合料拌和温度控制：矿粉加热的情况下，集料加热温度宜为 260 ℃～280 ℃；矿粉不加热的情况下，集料加热温度宜为 290 ℃～320 ℃。混合料拌和后出料温度按 210 ℃～240 ℃目标控制。

(2)由于混合料中矿粉含量很大，因此混合料的拌和时间比较长，拌和时间为干拌 15 s，湿拌 90 s，上述工艺均需现场试拌后确定。如果矿粉加热，则石料温度为 250 ℃～300 ℃。

拌和过程中充分注意矿粉掺加、沥青用量及出料温度的控制。同时,冷料仓上料速度的设置考虑加热鼓风中细集料的粉料(<0.3 mm 材料)损失。

3. 浇注式沥青混合料的运输

从拌和楼生产出来的浇注式沥青混合料还需不断搅拌和加温,因此,浇注式沥青混合料使用专门的运输设备 Cooker 车。在 Cooker 车初次进料之前,将其温度预热至 160 ℃左右,装入 Cooker 车中的混合料保持不停地搅拌,同时让混合料升温至 220 ℃～250 ℃。尽量避免浇注式沥青混合料在高温的 Cooker 车中停留太长时间,浇注式沥青混合料拌和温度在 220 ℃～230 ℃时,拌和时间不超过 6 h;230 ℃～240 ℃时,不超过 4 h;240 ℃～250 ℃时,不超过 3 h。但在 Cooker 车中的搅拌时间至少在 45 min 以上。在从运输混合料的 Cooker 车中出料时必须对加热温度进行调节,以避免结合料硬结。同时还须减慢搅拌速度,不让空气中的氧气进入浇注式沥青中,以减少结合料的氧化。

4. 浇注式沥青混合料的摊铺

因为浇注式沥青混合料是自流成型无须碾压的沥青混合料,因此,铺装下层的摊铺使用浇注式专用摊铺机。运至现场的浇注式沥青混合料进行流动性试验,符合设计要求后,方可摊铺。具体施工工艺如下:

(1)边侧限制

浇注式沥青混合料在 220 ℃～250 ℃摊铺时具有流动性,需设置边侧限制,防止混合料侧向流动。边侧限制采用约 30 mm 厚、300 mm 宽的钢制挡板,设在车道连接处的边缘。根据钢板表面平整度的情况,用不同厚度的铁片或木片调节,以达到保证铺装表面平整的目的。

(2)厚度控制

在摊铺过程中,由中跨向边跨或边跨向中跨过渡摊铺时,及时调整摊铺机的摊铺厚度,并用钢针随时插测厚度,根据检测情况进行适当调整导轨的高度及边侧限制板,从而确定摊铺厚度。摊铺机整平板有自动的水平设备控制,按照侧限板高度摊铺规定厚度的路面。

(3)行车道摊铺

根据摊铺机及桥面宽度设定摊铺宽度为:行车道 6.1 m+6.15 m+6.1 m,用机械方式完成浇注式沥青混合料的铺筑(图 9),避免接缝位于车行道轮迹带上(可设置在行车道划线区位置或行车道正中间),边缘带为 60 cm+80 cm,采用人工方式铺设浇注式沥青混合料。

Cooker 车倒行至摊铺机前方,把混合料通过其后面的卸料槽直接卸在钢桥面板上。摊铺机的整平板的紧前方布料板左右移动,把浇注式沥青混合料铺开。摊铺机向前移动把沥青混合 料整平到控制厚度。

紧跟摊铺机后,对接缝进行加热并由工人使用木制的刮板修整。摊铺机自带天然气加热设备,用于对先铺路面的加热,保证与新铺的沥青混合料形成整体,接缝处连接可靠。在摊铺机行走过后,再采用喷枪进行加热,使新旧混合料变软;同时人工用工具搓揉,使结合部位进一步结合良好,消除接缝,同时每幅沥青之间采用贴封条的方式进行连接。

一台自身推进式碎石撒布机紧随其后,等摊铺的混合料降到合适的温度,撒布 10～15 mm 的预拌沥青碎石(图 10),预拌碎石沥青用量为 0.3%～0.5%,以碎石充分裹附沥青且不相互黏结为宜,撒布量为 7～12 kg/m²,以撒布 60%～80%覆盖率为宜,预拌沥青碎石集料满足技术要求。碎石撒布完后,可用人工滚筒或具有下限位的压路机等方式将预拌碎石压入浇注式沥青混合料中，碎石嵌入深度为集料粒径的1/2～2/3。拆除边侧限制之前，让铺装层冷却，留下一个轮廓清晰的边侧连接。摊铺机行走速度尽可能放慢，以便与拌和运输能力相匹配(整平能力适当低于拌和能力)。

图9　浇筑式机械摊铺

图10　碎石撒布及碾压

2.1.4　SMA-13高弹改性沥青施工

1. SMA-13混合料生产

每一阶段SMA混合料拌和前，均需对拌和楼进行彻底的检修与维护，避免发生导热油渗漏、沥青泵停机、矿粉掺加速度慢及掺加量不够等问题，同时，对所有计量设备进行检查。混合料拌和温度控制:石料加热200 ℃～240 ℃，混合料拌和后出料温度按175 ℃～190 ℃目标控制，不满足上述温度要求则弃料。拌和时间为干拌5～10 s，湿拌45～55 s。拌和过程中充分注意矿粉掺加、纤维掺加，沥青用量及出料温度控制，同时，冷料仓上料速度的设置充分考虑到加热鼓风中细集料中的粉料(<0.3 mm材料)损失。拌制好的混合料贮存时间不超过4 h。试验室人员按规定抽样频率取样检验并密切观察拌制混合料的量。拌和楼拌和工序必须采用自动控制。

2. SMA-13混合料的运输

(1)钢桥面铺装改性沥青SMA混合料运输采用载重10 t以上的自卸车运输，运输车辆数量足够，保证施工作业的连续进行。运输车辆先将底盘及车轮清洗干净，防止泥土杂物掉落在铺装施工范围内。运输过程中加盖帆布保温。

(2)运输车辆在摊铺机前被推行时，不紧踩刹车，防止轮胎搓动下层。同时，向摊铺机料斗中喂料时，禁止将混合料直接洒落在下层混合料上。运输车辆不在钢桥上急转弯及调头，运输车辆必须按指定路线进入施工现场，在钢桥面上行驶速度不超过10 km/h。运输车辆从装入混合料起至开始摊铺为止，运料及等待时间不超过1.5 h。

3. SMA-13混合料摊铺

(1)摊铺前一天将乳化沥青黏结剂喷洒在浇注式沥青面(图11)，并保持表面干净，施工前对摊铺机进行全面彻底的检修，确保摊铺施工中不出现设备障。摊铺机行走时，不能在浇注式沥青混合料层上转弯，禁止摊铺机在所有铺装层面上急转弯和调头，摊铺机在前一天基本就位，钢轮压路机直接在浇注式上行走时，需铺垫橡胶皮(橡胶皮干净，无油污或沥青等杂物)，由中跨向边跨或边跨向中跨过渡时，及时调整摊铺厚度达到设计要求，并用插针法随时检测厚度。

(2)摊铺开始前1 h左右使摊铺机就位于起点，并充分预热摊铺机熨平板。摊铺机采用挂线控制厚度(或用拖棒控制)。摊铺机行走速度尽可能放慢，以便与拌和楼拌和能力相匹配。铺装面层混合料摊铺时，摊铺机行走速度依据拌和能力，一般控制在 1.5～2.0 m/min 范围，最高不超过 3 m/min，摊铺最低温度为 160 ℃，见图 12。

图 11　乳化沥青喷洒

图 12　机械摊铺

4. SMA-13 混合料的压实

改性沥青 SMA 混合料碾压必须紧跟摊铺机碾压，初碾、复碾工作长度约 30 m，不允许超过 50 m。对此，施工单位采取适宜的保证措施。

(1)初碾采用自重大于 10 t 压路机进行静压。初碾压路机每次前进时，前行到接近摊铺机尾部位置。每次前进后均在原轮迹上(重复)倒退，第二次前进重叠约 2/3 轮宽，往返一次为碾压一遍，需碾压 1～2 遍。铺装表面层施工时，初碾压路机行驶速度控制在 3 km/h 范围内。初碾必须在铺装温度 150 ℃以上完成。

(2)SMA-13 铺装层复碾采用水平振荡压路机，振荡碾压 3～4 遍(图 13)，复碾完成时铺装温度大于 130 ℃。

(3)收迹碾压采用钢轮压路机无振动碾压收迹 1～2 遍，收迹碾压终了温度大于 120 ℃。在边缘、角落等周围难以用大型压路机压实的部位，需采用小型压路机及人工操作的机动夯锤夯实(图 14)。特别是铺装层在格栅泄水孔周围部位，必须由 2～3 人采用人工夯锤紧跟摊铺机，在混合料温度较高时，人工夯实，保证这些部位混合料的密实性。

图 13　压路机振荡压实

图 14　边带人工压实

2.2　引桥桥面铺装

2.2.1　二阶反应型防水层施工

引桥桥面抛丸与主桥边跨混凝土桥面一样以车载式抛丸机为主、手动抛丸机为辅的施工方式，抛丸时搭接作业面宽度重叠10～20 cm，并使搭接面的部位不出现高低差，构造深度≥7 mm。

桥面抛丸清洁完成后，在其顶面喷涂二阶反应型桥面防水黏结剂，施工中保证防水层厚度的均匀性。

2.2.2 沥青 AC-20C 铺装

1. 施工准备

设置边桩：沿铺装工作面两侧每10 m设一桩，并对应的混凝土防撞墙标明桩号。

水准测量：采用铝合金直尺表面为自动找平基准线，并将基准线调整到合适位置。

2. 混合料生产

沥青混合料出厂时逐车检测沥青混合料的温度和重量，记录出场时间，签发出料单。沥青混合料拌和的温度控制见表3。

表3　改性沥青混凝土 AC-20C 混合料温度控制表(℃)

混合料类型	沥青加热温度	出料温度	混合料废弃温度
改性沥青混凝土 AC-20C	165～175	正常范围 165～185	高于190

3. 混合料摊铺

(1)在摊铺机开始受料前，对其熨平板进行加热至不低于100 ℃，且在摊铺机料斗表面涂刷少量隔离剂。

(2)为保障铺装平整度，减少纵向裂缝，摊铺采用1台中大DT2000型沥青摊铺机整幅摊铺(图15)，摊铺速度与拌和能力、混合料的运输能力相匹配。

图15　AC-20C 现场摊铺

4. 混合料碾压

沥青混凝土的压实分初压、复压、终压三个阶段进行，混合料摊铺温度不低于160 ℃。碾压过程中禁止碾压设备在混合料上停顿，避免造成停顿轮迹。碾压过程中为避免出现混合料粘轮现象，钢轮压路机碾压过程中全过程洒水(雾化)碾压，胶轮压路机安排专人进行轮胎“打油”。

2.2.3 沥青 SMA-13 铺装

1. 施工准备

摊铺前一天喷洒改性乳化沥青黏层，控制洒布速度和喷洒量，使之保持均匀稳定，不漏洒，不过量。

边侧挡块设置选用高 10 cm、宽 6 cm 的厚实木块进行顶置，确保下面层的边线与上面层边线在同一条直线上。

2. 混合料摊铺

为保障铺装平整度、减少纵向裂缝，改性沥青 SMA-13 摊铺采用 1 台中大 DT2000 型沥青摊铺机整幅摊铺，加宽段增加 1 台摊铺机采用双机阶梯作业，摊铺速度与拌和能力、混合料的运输能力相匹配。

采用非接触式平衡梁自动找平方式进行摊铺。摊铺过程中，螺旋输送器保持不停地转动，两侧保持有不少于送料器高度 2/3 的混合料，并保证在摊铺机全宽度断面上不发生离析。

SMA-13 混合料碾压方式与中间层 AC-20C 相同。

3 结　　语

武汉青山长江大桥桥面工程具有大跨、重载、超宽等特点，对于桥面铺装施工质量要求高，同时面临工期短、施工组织难度大、桥面铺装施工环境恶劣等困难。项目严格按上述方案施工，有效地控制了施工质量，全桥桥面铺装提前施工完成，从根本上符合相关规范、验收标准的要求，达到工程完好的目标，为后续各项施工提供了保障，获得外界一致好评。

项目科研管理及施工监控

全桥科研管理及新技术应用

张　晶　胡海波

1　工程概况

1.1　工程简介

青山长江大桥是武汉市四环线跨越长江的控制性工程，该桥桥位上游距天兴洲公铁两用长江大桥约6.5 km，下游距阳逻长江公路大桥约12 km。起自武汉市化工新区八吉府街，横跨天兴洲洲尾，止于武汉市黄陂区武湖农场沙口分场。青山大桥总长为7 548 m，其中跨江主桥为350 m+938 m+350 m斜拉桥，全长1 638 m，北汊及两岸引桥长5 910 m，见图1。

图1　青山大桥建成效果图

1.2　工程特点及难点

青山大桥规模大，桥梁形式多，结构体系复杂，具有大跨、重载、超宽等特点。大桥地处武汉市区，施工环境复杂，上跨下穿多种既有构造物，协调难度大。

2　项目科研管理

青山大桥自开工以来就受到各级领导高度重视，项目部通过组织大桥局内专家组、桥科院、设计分公司、一公司、五公司、七公司等单位对本项目施工关键技术及重难点进行全面梳理、总结，研究大跨宽幅斜拉桥施工技术，为本项目的顺利推进作技术准备。青山大桥于

2015 年10 月 8 日正式开工，经过调研分析，依托本项目的建设开展了如下科研工作。

2.1 科研合同立项及结题

2.1.1 中国铁路总公司科研合同

以中铁大桥局集团公司名义与中国铁路总公司签订了《千米级跨度宽幅钢箱及钢箱结合梁斜拉桥施工技术研究》科研合同，合同起止时间 2016 年 01 月至 2018 年 12 月，2020 年 8 月 24 日顺利结题。

2.1.2 集团公司科研合同

项目部与中铁大桥局集团公司签订了《千米级跨度宽幅钢箱及钢砼结合梁斜拉桥施工技术研究》科研合同，合同起止时间 2016 年 01 月至 2019 年 12 月，2020 年 7 月 15 日顺利结题。

2.1.3 湖北省交通运输厅科研合同

项目部代表中铁大桥局集团有限公司与湖北省交通厅签订了《超大超重哑铃型双壁钢围堰快速施工技术研究》《长江流域复杂地质区大跨度斜拉桥主墩基础快速施工关键技术研究》两项科研合同，合同起止时间 2017 年 10 月至 2019 年 05 月，2020 年 8 月 24 日顺利结题。

2.2 科研管理组织机构

为了确保青山大桥各项科研工作顺利开展，项目部成立了以项目经理为组长的科研管理领导小组和以项目总工为组长的科研管理工作小组。各分部、各参与单位也分别建立了科研管理机构，确保负责科研子课题科研工作顺利开展。

科研管理领导小组统筹负责本项目科研工作总体策划及实施，科研管理工作小组全面负责青山大桥科研项目的具体实施，主持各项科研工作的开展。项目部工程技术部负责统一协调、收集、发布科研管理工作信息，编制科研管理工作清单及责任矩阵，明确科研各子课题主责单位、参与单位职责、工作任务、工作要求及人员配置。

青山大桥科研投入人员 23 人，其中高级职称 14 人，中级职称 9 人，初级职称 1 人，参与单位包括中铁大桥局青山大桥项目部、桥科院、设计分公司、一公司、五公司。

项目建立了《青山长江大桥科技管理制度》，对科研、工法等进行了统筹管理；定期开展科研课题讨论，明确科研方案的计划安排表；建立科研评审机制，即项目部内审、局内专家审查、外部专家审查三级审查制。

2.3 科研结论及成果

2.3.1 研究结论

根据研究合同，项目部组织技术人员通过加强科研过程资料的收集、科研成果的归集，取得了如下研究结论：

(1)深水超大哑铃型双壁钢套箱围堰规模巨大，围堰设计、制造、下水、浮运及定位难度大。底节围堰在船厂制造，利用斜船架法下水，既保证了底节围堰焊接质量，又确保了围堰下水安全；浮运至墩位，采用无导向船锚碇定位技术进行精确定位，而后插打定位钢护筒挂桩，进行主体钻孔桩施工，实现了既定精度目标；最后下沉围堰，进行封底混凝土施工，系梁处增设辅助桩，有效减少了封底混凝土厚度。

(2)针对19号墩半岸半水的实际条件，优化钻孔桩施工方案，改钢平台方案为筑岛法，加快了施工速度，确保施工安全的同时减少了施工投入；通过研究对比，确定锁口钢管桩围堰采用正十边形布置，保证施工方便的同时，降低内支撑加工难度且充分考虑内支撑材料倒用；针对超深基坑锁口钢管桩内支撑处支点反力较大情况，对锁口钢管桩局部进行补强设计，保证其受力。

(3)针对超大超深基坑钢管桩围堰锁口钢管桩插打制定插打顺序、合龙方式。为了保证内支撑下放顺利，并确保支承传力可靠，内支撑设计较锁口钢管桩内侧小150 mm，内支撑下放到位后浇筑混凝土作为抄垫支承，施工方便，传力安全可靠。内支撑采用“叠放拼装，整体下放，分层支承”的施工工艺，解决了筑岛后围堰施工带来的“后遗症”。

(4)针对超大、超深基坑锁口钢管桩围堰一次封底难度大，质量难以保证的难题，研究采用底隔舱后放，对锁口钢管桩围堰实现分舱封底，降低施工难度的同时，保证施工质量。

(5)结合设计对结合梁工序要求，针对边跨钢槽梁架设方法对步履式顶推、单节段拖拉两种方案进行比选，通过对施工工期、质量控制、经济性等因素分析，确定采用步履式顶推方案。

(6)对边跨钢槽梁顶推、结合梁施工过程进行模拟分析，得到各临时支点 顶推、结合两种工况下的最大反力，并根据计算结果指导主墩墩旁托架、临时墩、钢导梁等大临结构设计，确保边跨结合梁施工过程中主体结构及大临结构安全。

(7)边跨钢槽梁顶推采用三节段顶推施工技术，800 t浮吊在一侧连续吊装三个节段后转移至对岸吊装，两岸边跨钢槽梁架设共用一艘浮吊，产生了极大的经济效益；针对钢槽梁吊装时的受力特点，设计了专用吊具，通过法兰连接调整吊具尺寸，使其适用于所有边跨钢槽梁节段，方便可靠。步履式顶推施工保证了边跨钢槽梁顶推施工进度及精度。

(8)为了解决墩顶负弯矩区桥面受拉开裂问题，设计增加了临时支点同步顶落、墩顶钢梁横向压载、辅助墩支点顶落梁等一系列施工工序对混凝土桥面施加预压力，施工过程极其复杂，安全风险极高。针对结合梁施工的这些难点，通过采取分级控制临时支点同步下落、“钢管桩＋纵横向分配梁＋钢绞线”反压装置、2 000 t大吨位千斤顶等措施，成功实现了设计意图。

(9)宽幅钢箱梁悬臂架设时，架梁吊机站位节段钢梁呈现中间下挠，两侧上翘的横桥向线形，而待架梁段呈现除吊点外其余位置均下挠的横桥向线形。为了保证宽幅钢箱梁悬臂架设横桥向拼装精度，首先完成中腹板高栓连接，然后通过在边腹板处设可拆卸式牛腿，对架梁吊机调位节段及待架梁段同时施加强迫荷载，完成钢梁节段间横桥向线形匹配。

(10)针对大跨斜拉桥，中跨合龙受温度影响极大，主梁为栓焊结构钢箱梁时，常规现场配切或配钻方式合龙实施均比较困难，根据本桥全漂浮体系的特点，利用主塔处临时纵向限位采用顶推辅助合龙施工方案。通过理论分析确定钢梁顶推量及所需顶推力，指导现场施工。合龙口敏感性分析显示，竖向位移差通过调索或架梁吊机施加荷载进行调整，横向位移差通过倒链横桥向对接调整，纵向位移差主要通过主塔临时纵向限位处千斤顶调整，并在合龙口钢梁上设置顶、拉装置进行锁定。

2.3.2 主要成果

项目部以青山大桥为依托，展开多项科学研究，目前获得专利 31 项，其中发明专利 17 项，实用新型专利 14 项；公路工程部级工法 3 项，湖北省工法 2 项，中国中铁工法 2 项，企业级工法 14 项。“千米级全漂浮体系斜拉桥施工关键技术”获得集团公司科技进步特等奖，“宽幅钢箱及钢箱结合梁斜拉桥上部结构关键技术及应用”获中国公路建设行业协会科学技术进步一等奖、中国施工企业协会科学技术进步二等奖，另外获湖北省公路学会一等奖 2 项，获集团公司二等奖 2 项、三等奖 2 项。

3 新技术应用

青山大桥建立了运行有效的科技创新管理机制，项目建设广泛采用四新技术，依靠科技进步，促进品质工程建设，取得了卓越成效。

3.1 超大哑铃型围堰制造下水工艺

20 号墩围堰平面尺寸为 103.8 m×43.4 m，高 37 m，哑铃型结构，是世界上平面尺寸最大哑铃型围堰。由于本围堰复杂的结构型式，常规制造方法工期长，质量控制难度大，常规气囊法下水工艺无法满足下水要求。项目部研究了围堰单元件制造、大模块组拼施工技术，采用了斜船架法下水技术，成功实现了超大哑铃型围堰的快速制造和平稳下水。从制造到下水仅仅用了两个月时间，打破了大桥局同类工程施工记录。

3.2 大直径变截面旋挖钻深水基础施工工艺

首创大直径变截面旋挖钻深水基础施工工艺，深水基础成孔效率大大提高。根据本工程的地质条件，项目部提出了长江大直径深水基础快速施工方案，通过理论研究和试桩试验，成功实现了本项目变截面大直径深孔钻孔桩基础的旋挖钻施工工艺(直径 3 m 变2.5 m，钻深 113 m)，成孔时间控制在 4 天以内，成孔周期短，孔壁坍塌、变形概率大大降低，第三方超声检测波形良好。83 天完成了主塔桩基(共计 60 根)施工，刷新了集团公司大跨桥梁桩基施工记录。

3.3 “锁口钢管桩＋土工管袋”吹砂筑岛施工工艺

19 号墩位于长江岸坡上，原设计为钻孔平台施工方案，通过充分研究，决定采用筑岛施工方案，项目部立即与海事、航道、水务等部门沟通协调，成功实现了“锁口钢管桩＋土工管袋”吹砂筑岛施工，改水上施工为陆地施工，降低了安全风险，提升了承台施工质量。

3.4 正交异性 U 肋双面焊接新技术

针对青山大桥重载交通的运营特点，研究钢梁正交异性板 U 肋双面焊接新技术，将 U 肋的可靠熔深提高到 90％，使得 U 肋处的抗疲劳性能远高于常规焊接工艺，提高了桥梁的耐久性。

3.5 天兴洲右缘防护技术

南汉河道水深流急，河床地质抗冲刷性能差，主墩施工后，河床最大局部冲刷达 15 m，岸线后退近 20 m，为确保天兴洲右缘岸线安全，特别是 21 号墩安全，青山大桥增设了天兴洲右缘守护专题。天兴洲右缘守护工程采用水中沉排＋水下抛石镇角＋路上护坡的施工方案，有效保障了成桥后天兴洲岸线和 21 号墩的结构安全。

3.6 “多节段同步架设、步履式顶推”新技术

青山大桥是世界上最大跨度的钢箱及钢箱结合梁斜拉桥，边跨叠合梁节段尺寸大，现场安装难度高，为保证叠合梁焊接质量和拼装线性，项目部采用了工厂 8 节段长线法拼装、工地3 节段短线法安装、多点步履式同步顶推施工新技术，有效地解决了焊接拼装难题。

3.7 不锈钢钢筋新型材料的使用

首次在内河流域应用“SS-HRB”(不锈钢筋—普通螺纹钢)混合使用技术，解决了大体积异型深水承台钢筋锈蚀问题，从根本上保障了复杂应力状态下主墩基础的耐久性。

3.8 桥梁新机械、新设备的应用

施工中采用了一系列新机械、新设备提升工程建设质量，例如首次采用国内自主研发的 TR550 大型旋挖钻机进行长江深水基础施工；采用 ZSL1150 大型动臂式塔吊进行锚梁—牛腿整体吊装；自主研制 CQC500 型钢梁起重机进行主跨钢梁吊装等。新设备的广泛应用使得复杂的工序化繁为简，使得危险的工序平稳可控。

4 结 语

武汉市四环线青山长江公路大桥实施过程中，项目部通过建立科研管理组织机构、建立健全科研管理制度、加强科研成果的管理、加大科研激励措施，科研工作取得了不俗的成绩，同时，在施工过程中大力开展新技术新设备的应用，依靠科技进步促进工程建设，取得了卓越成效。

青山长江大桥大体积混凝土温度控制

魏剑峰

1 概　　述

大体积混凝土结构由于施工期水泥的水化热反应导致温度变化，在受到内、外部约束时将产生较大的温度应力，容易引起混凝土开裂。裂缝对结构的承载力、防水性能、耐久性等都会产生很大的影响。因此，在大体积混凝土施工过程中，必须准确预测、测试混凝土内部的温度分布规律，采取必要的控制措施，以保证结构不会产生危害性的裂缝。

武汉青山长江公路大桥(以下简称为青山桥)既是过江通道，又是四环线贯通、发挥环线全线功能的关键性枢纽工程。青山桥主桥采用全漂浮体系，为双塔双索面斜拉桥，桥跨布置为(98+120+132+938+132+120+98)m。该桥主跨主梁采用整体式钢箱梁结构，边跨主梁采用钢—混凝土结合梁结构。桥塔墩承台采用哑铃型基础，承台平面尺寸为99.6 m×39.2 m、高6 m，中间箱形系梁宽18 m。青山桥主塔承台平面布置见图1。

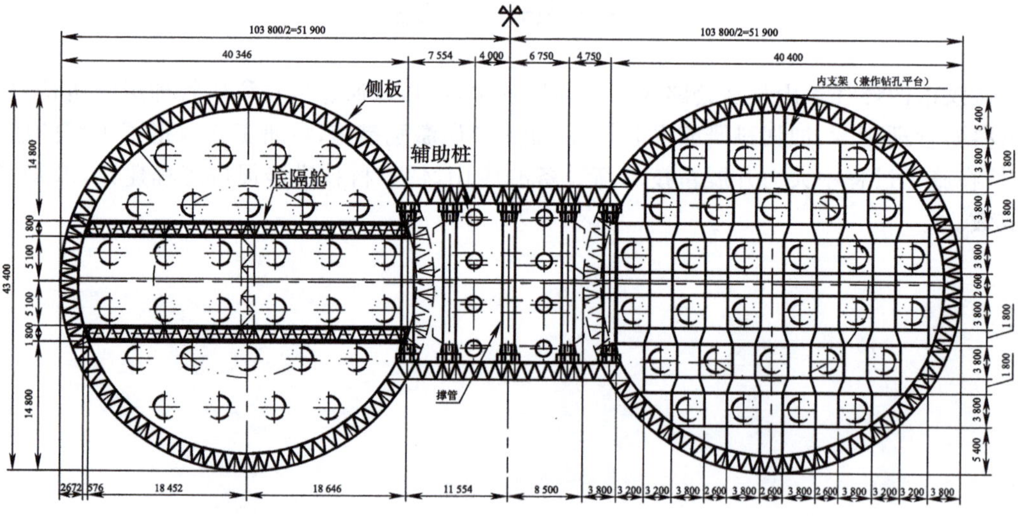

图1　武汉青山长江公路大桥桥塔墩承台平面布置(单位：mm)

青山桥桥塔墩承台混凝土强度等级为C45，其混凝土配合比为水泥∶粉煤灰∶矿渣粉∶砂∶石(粒径5～10 mm)∶石(粒径10～25 mm)∶水∶外加剂＝275∶102∶33∶697∶341∶796∶153∶

5.2。混凝土的绝热温升试验值为 45.7 ℃。该桥桥塔墩承台属于典型的超大体积混凝土结构，施工时，承台混凝土分 2 层浇筑，每层浇筑高度为 3 m。该桥桥塔墩承台大体积混凝土施工时，有以下施工难点：

(1)承台结构尺寸与混凝土方量较大，混凝土浇筑施工难度大；

(2)结构形式复杂，且系梁还包含部分空心结构，结构奇变位置较多，各部分需精心分块、分层浇筑；

(3)桥塔墩基础(含承台、塔座、系梁等)直接承受上部荷载，各部分结构功能多样，施工温度控制难度大；

(4)混凝土强度等级高，高强度混凝土将会产生较多的水化热，不利于承台施工温度控制；

(5)承台施工时间为 2016 年 6～9 月，施工时环境温度较高，混凝土的入模温度难以控制。

为保证承台大体积混凝土施工质量，防止承台出现温度裂缝，在该桥承台施工时，制订了合理的温控标准，并从混凝土入模温度、内部冷却水管循环系统、养护及防裂等方面进行温度控制。为验证该桥承台温度控制技术的合理性、可行性及有效性，采用有限元法对青山桥承台大体积混凝土进行温控仿真计算。

2 温度控制的标准及温度控制措施

2.1 温度控制标准

针对青山桥承台大体积混凝土施工，制订了适用于该桥的大体积混凝土温度控制标准：

(1)入模温度不大于 25 ℃ ；

(2)温度峰值不大于 65 ℃；

(3)混凝土浇筑体里表温差(含混凝土收缩的当量温度)不大于 20 ℃；

(4)混凝土浇筑体内部的降温速率不大于 2 ℃/d；

(5)混凝土浇筑体表面与大气温差不大于 20 ℃；

(6)冷却水进水与出水温差不大于 10 ℃。

2.2 温度控制措施

根据青山桥现场施工条件，为保证承台大体积混凝土施工质量，施工中采取了以下温度控制措施：

(1)严格控制入模温度。混凝土的入模温度确定为 25 ℃，由于混凝土拌和后运送到现场有一定的温度升高，将混凝土的出机温度控制在 23 ℃以下。

(2)合理布置内部冷却水循环系统。承台分 2 次浇筑，每层布置 3 层冷却水管，冷却水管间距 1.0 m，第一层冷却水管距离底面 0.4 m。冷却水管的直径为 50 mm、水平间距为 1 m。单个水管管路长度小于 200 m。

(3)控制冷却水的进水温度及流量，并选择适宜的停水时机。在混凝土水化热反应初期，通过大流量的自然江水以降低混凝土的温度峰值；在水化热反应后期，逐渐降低冷却水的流量、升高冷却水的温度，以控制混凝土内部的降温速率。在混凝土内部最高温与外部环境温度差值不大于 20 ℃时，停止往冷却水管内进水，以免混凝土内部温度降得过低，造成较大的收缩应力。

(4)采取合理的混凝土养护措施。青山桥承台浇筑后，对承台表面进行二次收浆抹平，并及时对承台表面进行保湿、保温。施工时，承台顶面采用 1 层塑料薄膜＋1 层土工布＋1 层防雨布；承台侧面为钢围堰，在钢模板表面贴 1 层苯板(厚 1 cm)或 1 层土工布，下雨或气温骤降时加盖 1 层防雨布。

(5)采取合理的混凝土防裂措施。主要从原材料优选与配合比设计、混凝土浇筑控制等方面进行混凝土防裂控制，其主要措施有：

①在原材料选择配合比设计方面，减小胶凝材料用量以减少混凝土收缩；严格控制骨料的含泥量；选用级配好、低热膨胀系数、低吸水率的集料，以提高体积稳定性。

②在混凝土浇筑工艺方面，在满足施工要求前提下，减小混凝土的流动度；合理设置布料点间距，避免用振捣棒赶料；后浇混凝土必须在先浇混凝土初凝前覆盖；在浇筑下一层混凝土前对先一层混凝土进行喷雾补水；混凝土浇筑过程要连续不间断，尽量缩短每次混凝土浇筑时长。

③在结构增强方面，在钢筋保护层外增设防裂钢筋网片；在结构中间部位增设水平钢筋网；适度加密构造筋。

3 温度控制计算

采用大型有限元计算软件 MIDAS 建立承台整体模型，根据轴对称取 1/2 模型，见图 2。模型中，混凝土采用实体单元模拟，共 88 378 个节点、81 363 个实体单元。冷却水管线路按照实际布置线路和位置模拟。各层混凝土的施工顺序、间歇期、对流边界、约束边界等按照实际施工情况模拟。

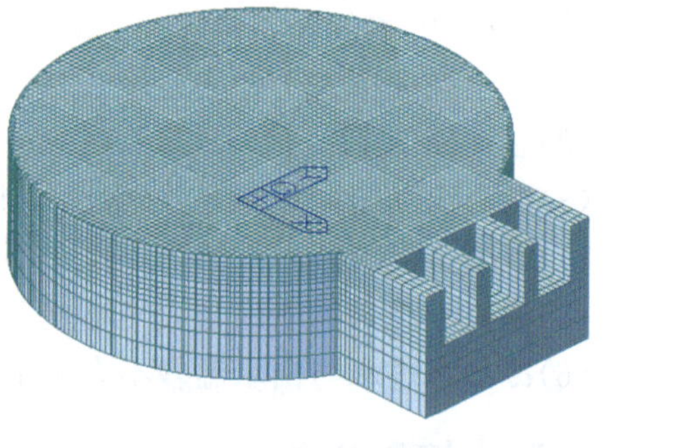

图 2 武汉青山长江公路大桥桥塔墩承台模型

在温度场模拟计算时，承台 C45 混凝土的比重为 2 402 kg/m³，线膨胀系数为1×10^{-5}，泊松比为 0.2，比热 0.96 kJ/(kg・℃)，绝热温升值 46 ℃，入模温度为 25 ℃。夏季施工时，承台顶面的等效换热系数取 25 kJ/(h・℃)；承台侧面的等效换热系数取 20 kJ/(h・℃)。承台垫层底部采用固结。按照先后浇筑施工顺序，逐次激活承台的第 1 层和第 2 层，并考虑实际的龄期差进行模拟计算。

3.1 温度计算结果

在承台第 1 层和第 2 层混凝土入模温度 25 ℃条件下，经有限元计算得到其温度场云图及温度时程曲线，结果分别见图 3 和图 4。由图可知：

(1)承台第 1 层和第 2 层混凝土的温度峰值分别为 62.1 ℃和 60.5 ℃，均满足《大体积混凝土施工标准》(GB 50496—2018)要求的 65 ℃。第 1 层和第 2 层混凝土的里表温差分别为 15.7 ℃和 14.8 ℃,满足《大体积混凝土施工标准》(GB 50496—2018)要求的 20 ℃。

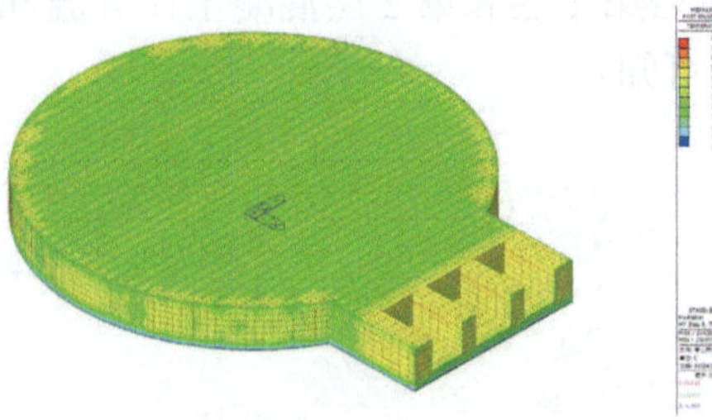

(a)第 1 层混凝土

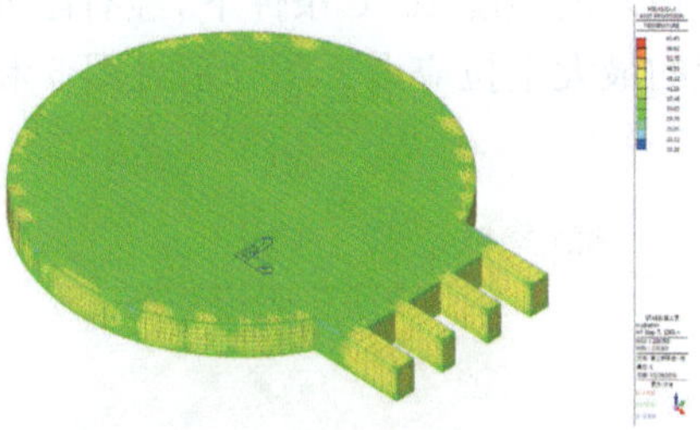

(b)第 2 层混凝土

图 3　承台第 1 层和第 2 层混凝土温度场云图(单位:℃)

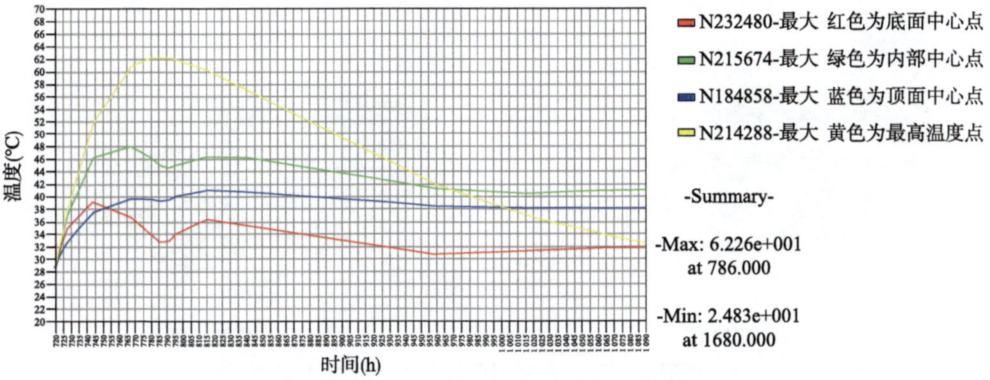

(a)第 1 层混凝土

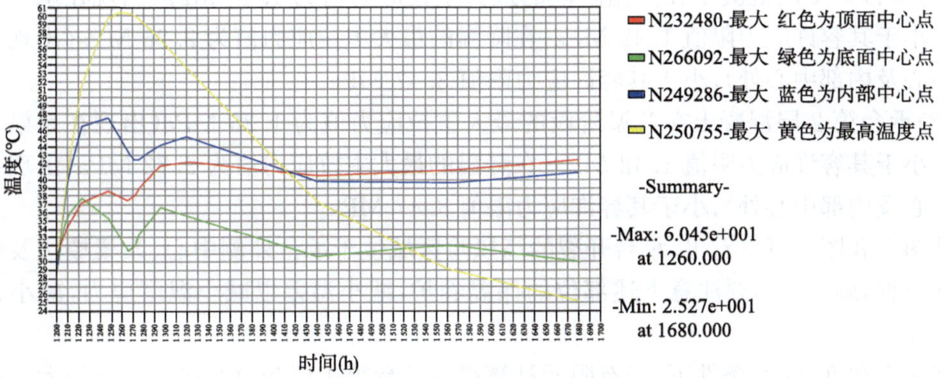

(b)第 2 层混凝土

图 4　承台第 1 层和第 2 层混凝土温度时程曲线

(2)承台第 1 层和第 2 层混凝土均在浇筑完成 60 h 后达到温度峰值。一般混凝土在 48 h 左右达到温度峰值,而该桥承台在 60 h 达到温度峰值,说明水化热反应较为平缓,有利于削减温度峰值及降低温度应力。

3.2 应力计算结果

在入模温度 25 ℃条件下，经有限元计算得到承台第 1 层和第 2 层混凝土在升温和降温阶段的最大主拉应力云图分别见图 5 和图 6。由图可知：

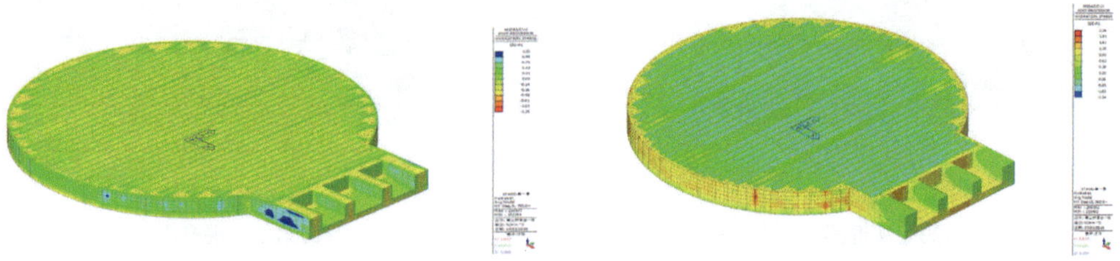

(a)升温阶段　　(b)降温阶段

图 5　承台第 1 层混凝土升温和降温阶段最大主拉应力云图(单位：MPa)

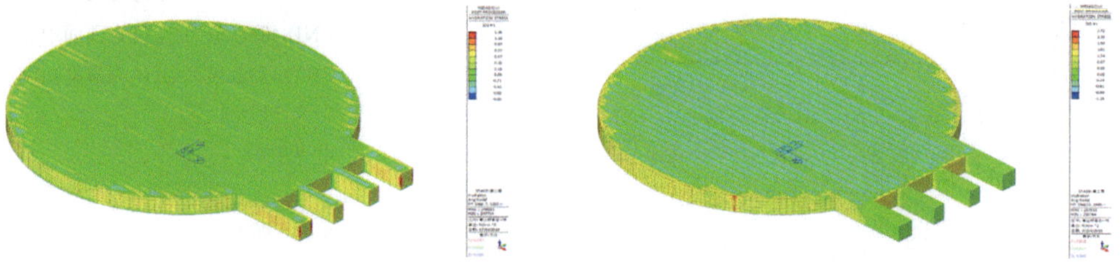

(a)升温阶段　　(b)降温阶段

图 6　承台第 2 层混凝土升温和降温阶段最大主拉应力云图(单位：MPa)

(1)承台第 1 层混凝土在升温阶段的最大主拉应力值为 1.20 MPa(出现在承台系梁棱边处)，小于其容许应力限值 1.42 MPa；在降温的最大主拉应力值为 2.26 MPa(出现在承台侧面中心及内部中心处)，小于其容许应力限值 3.47 MPa。

(2)承台第 2 层混凝土在升温阶段的最大主拉应力值为 1.36 MPa(出现在系梁端部位置处)，小于其容许应力限值 1.42 MPa；在降温的最大主拉应力值为 2.72 MPa(出现在承台侧面中心及内部中心处)，小于其容许应力限值 3.47 MPa。

从图 5 和图 6 可以看出，承台开裂的高风险区域位于承台外侧中心、系梁棱边及端部等变截面位置，施工时需要注意上述部位的保温养护，缩小温差以减小温度应力，减小开混凝土裂风险。

在入模温度 25 ℃条件下，经有限元计算得到承台第 1 层和第 2 层混凝土最大主拉应力时程曲线见图 7。由图 7 可知：

(1)承台第 1 层混凝土在升温及降温阶段的最大主拉应力均在容许应力限值以内，达到温峰前后是产生裂缝的危险期，最大主拉应力值在此时最接近容许应力。

(2)在混凝土水化热反应过程中，水化热反应初期，混凝土温度升高，表面产生拉应力；随着水化热反应减缓，混凝土逐步降温，混凝土内部由压应力转化为拉应力。

(3)混凝土浇筑后，各层表面拉应力都很快增长，在温峰到来时，内表温差达到最大，表面拉应力也达到峰值，之后表面拉应力逐渐减小。而后期，随着混凝土心部温度下降，内部收缩受到约束，中心部位逐渐出现拉应力。

综合上述计算分析结果可知，该桥承台大体积混凝土的温度及应力计算结果均满足规范要求，承台开裂风险较小，说明该桥采取的入模温度、冷却水管的布置形式、养护及防裂等大体积混凝土温度控制措施是合理、可行、有效的。

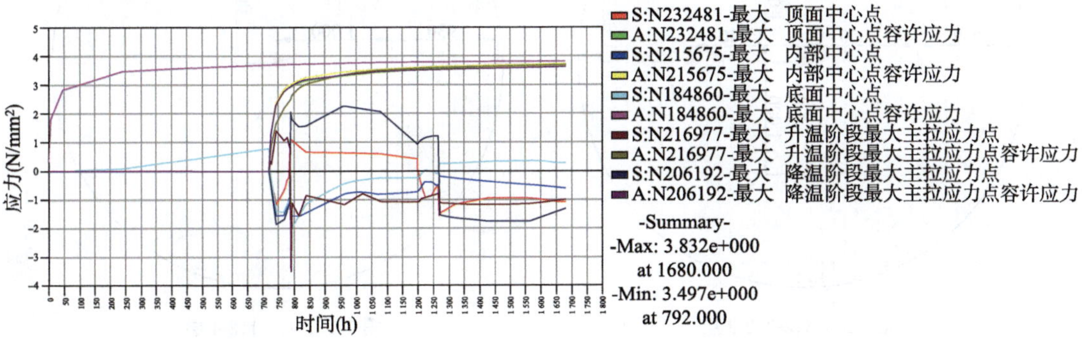

(a)第 1 层混凝土

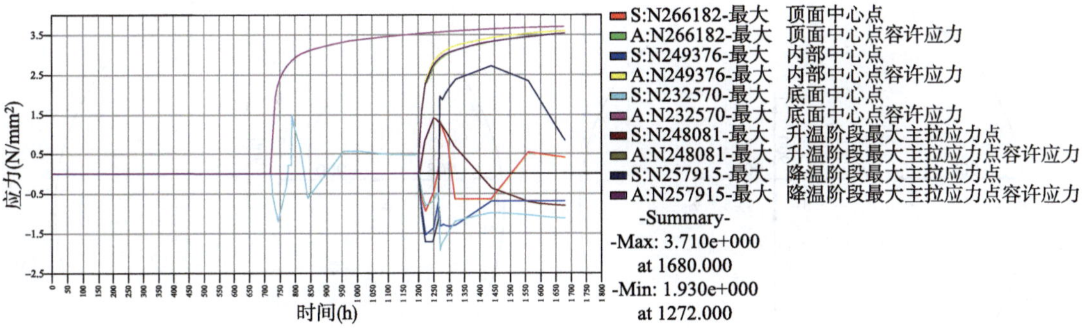

(b)第 2 层混凝土

图 7　承台第 1 层和第 2 层混凝土最大主拉应力时程曲线

5　温度监测

受篇幅限制，本文仅列出 19 号承台及塔座混凝土部分结果。

温度监测内容包括现场大气环境温度、冷却水进出口水温以及大体积混凝土里表温度场分布。青山桥 19 号承台及塔座共计 130 个温度测点，见图 8～图 10。

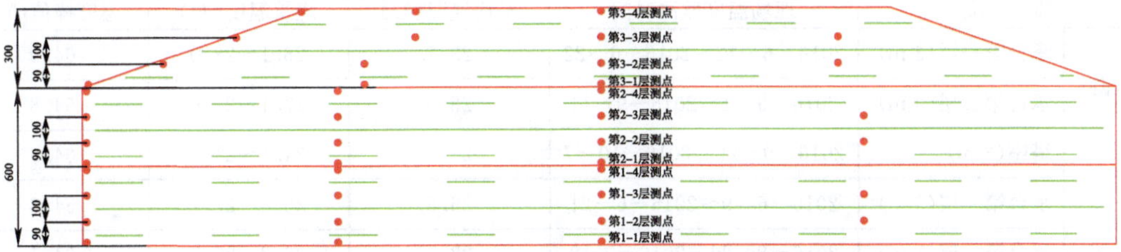

图 8　承台、塔座混凝土的温度测点立面布置(单位：cm)

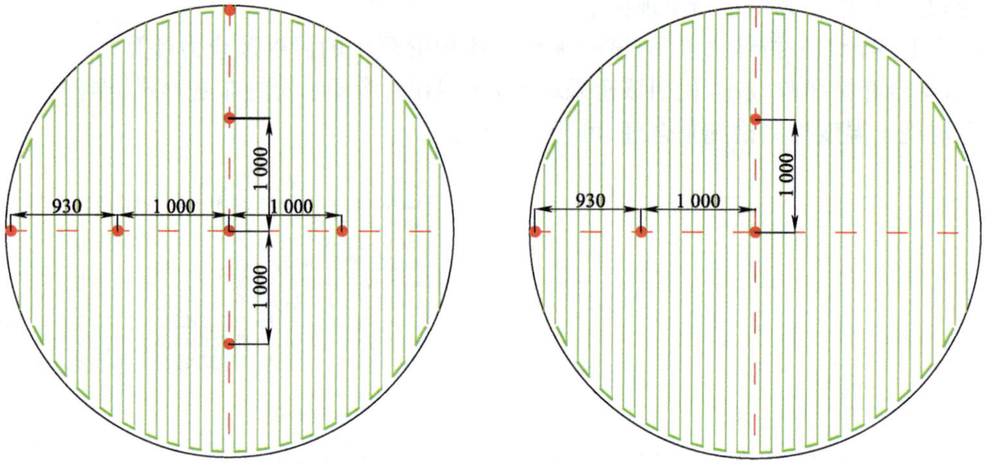

第 1-2、1-3、2-2、2-3 层　　　　第 1-1、1-4、2-1、2-4 层

图 9　承台第一、二层温度测点平面布置(单位:cm)

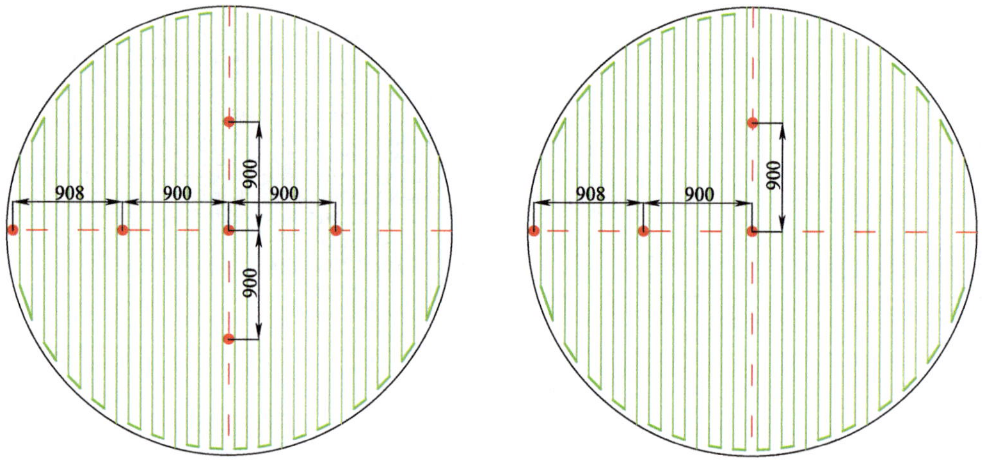

第 3-2、3-3 层　　　　第 3-1、3-4 层

图 10　塔座温度测点平面布置(单位:cm)

在 2016 年 6 月至 10 月期间,按照青山长江公路大桥南主塔 19 号墩的施工顺序,先后完成了一、二层承台和塔柱的现场温控工作。实测温度峰值的统计结果见表 1 和图 11。

表 1　实测温度峰值统计

部　　位		现场温度监测时间	平均气温(℃)	浇筑温度(℃)	温度峰值(℃)
上游	承台第一层(3 m)	2016—6—12～2016—6—22	28.7	26.1～28.0	64.9
	承台第二层(3 m)	2016—9—1～2016—9—11	28.5	27.1～27.6	64.8
	塔座(3 m)	2016—9—26～2016—10—7	25.3	24.1～25.2	64.6
下游	承台第一层(3 m)	2016—6—9～2016—6—21	26.5	26.8～27.7	64.8
	承台第二层(3 m)	2016—8—26～2016—9—8	28.7	26.2～26.7	64.7
	塔座(3 m)	2016—9—18～2016—9—29	25.8	24.2～25.5	64.7

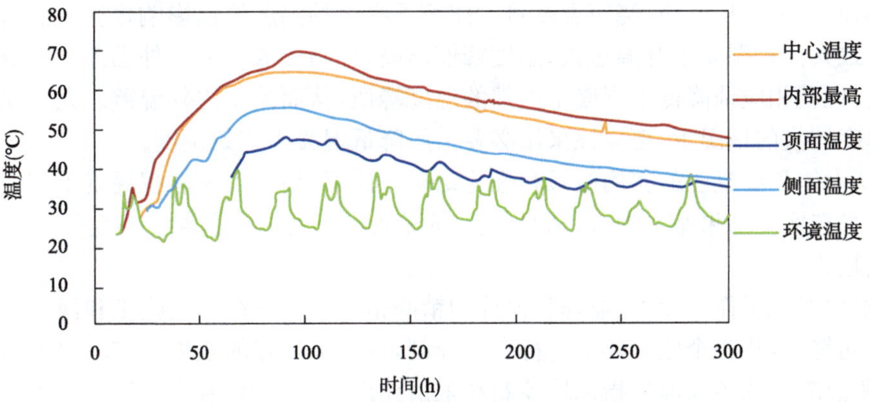

图 11　下游承台第 2 层实测温度时程曲线

在本次温控项目实施过程中,所有大体积混凝土的温度内外温差控制限值允许范围内,且表面均未发现任何温度裂缝,取得了良好的效果。

6　温度监控结果及对比分析

各个最高温度峰值、最大温升值的理论计算结果与实测结果的对比见表 2。从表 2 可以看出,各个理论计算结果与实测结果都比较接近。

表 2　温度峰值、温升值的计算结果与实测结果对比(℃)

部　位		温度峰值		最大升温值	
		实测值	理论值	实际值	理论值
上游	承台第一层(3 m)	64.9	64.9	36.9	36.9
	承台第二层(3 m)	64.8	61.3	36.7	33.3
	塔座(3 m)	64.6	64.9	36.4	38.9
下游	承台第一层(3 m)	64.5	64.9	36.8	36.9
	承台第二层(3 m)	64.7	61.3	35.9	33.3
	塔座(3 m)	64.7	64.9	36.8	38.9

(1)2016 年 6 月至 10 月期间,对青山桥主塔第一、二层承台和塔座进行大体积混凝土施工的温度监控工作。本次温控项目具有方量大、工期密集、环境温度高等特点。

(2)在大体积混凝土施工前,针对每个大体积混凝土的特点,主要考虑了各种材料参数、冷却水管、对流边界、约束和施工过程等因素,建立有限元模型进行水化热仿真分析,根据温度场和应力场的初步分析结果,制订了科学合理的温控方案,提出相应的温控措施。

(3)在大体积混凝土施工过程中,根据温度场分布特点,预先埋设温度传感器,建立现场温度监测系统,在施工过程中对大体积混凝土的温度场进行实时监测,判断其变化趋势,指导大体积混凝土施工和养护,养护遵循“内散外蓄”的原则,有效地降低了大体积混凝土的内外温差。

(4)监测数据分析表明,浇筑温度对大体积混凝土的温度峰值影响也很大。过高的浇筑温度会导致大体积混凝土升温过快,温度峰值增高,容易形成较大内外温差。降低混凝土的浇筑温度,也就相应地降低了混凝土内部的温度峰值,从而减小内外温差。尤其是夏季施工和浇筑厚度较大的情况下,更应该采用必要措施降低混凝土浇筑温度。

(5)从大体积混凝土的实测结果和理论结果对比可以看出,大体积混凝土理论计算的温度变化趋势与实测结果基本吻合,从总体上很好地反映大体积混凝土温度场的实际分布情况和变化趋势。

(6)本次温控工作在业主、监理和设计的精心指导下,经过监理、施工和温度监控单位等多方的共同努力,从各个施工环节进行有效控制,取得了良好的效果。实际温度监测结果表明,大体积混凝土的各项温控指标均控制在限值允许范围以内,所有温控部位均没有出现温度裂缝,有效防止温度裂缝的产生,确保了大体积混凝土的施工质量。

7 结　　语

(1)对大体积混凝土大体积混凝土配合比进行合理设计。水泥水化热是导致大体积混凝土温升的根本源头。青山桥南主塔 19 号墩的混凝土配合比中采用大体积混凝土施工常用的“双掺技术”:掺入粉煤灰来代替部分水泥,降低水泥的用量;添加外加剂,改善混凝土拌和物的和易性、可泵性,保持良好工作性能。这就从源头上减少大体积混凝土产生的水化热总量,有效地降低大体积混凝土内部的最大绝热温升。

(2)施工前对温度场进行预测计算。在大体积混凝土开始浇筑混凝土之前,根据已有资料对温度场和应力场预测计算,以进行合理的温控决策。根据有限元模拟计算结果和当前环境温度条件、施工方案,提出合理的表面保温蓄热措施和内部降温措施。让施工方在开始浇筑混凝土之前先将保温材料准备到位,并调试好冷却水管降温系统。

(3)建立温度监测体系。在混凝土浇筑之前,根据大体积混凝土温度场的分布特点和构造尺寸,预埋温度传感器,建立温度监测系统,24 h 监测大体积混凝土内部的混凝土温度场的变化情况,同时监测大体积混凝土施工现场处的气温、冷却水管的进出水温度。从混凝土开始浇筑开始监测,直至大体积混凝土内部温度下降至稳定温度,变化趋于平缓,且内外温差下降至 20 ℃以下。监测过程中,要根据大体积混凝土内部温度场的变化趋势和外界气温,预测内外温差的变化方向,以便于及时调整表面保温或内部降温措施,将温差和内部降温等各项指标控制在安全范围,并按照预定方向发展。

(4)控制混凝土的浇筑温度。夏季炎热天气施工时,要求施工方将粗、细骨料存放在棚屋内或进行遮盖,以减少烈日暴晒引起的原材料温升;采取降低拌和水的温度或对粗骨料进行喷水、风冷等降温措施,尽量降低原材料的入仓温度;在混凝土泵送过程中,对泵送钢管用湿麻袋进行遮盖,并且派专人进行定时来回浇水降温,降低输送过程中由烈日暴晒引起的温升。

(5)优化施工方案,确保浇筑质量。对厚度较大的大体积混凝土,尽量采用分层浇筑。在浇筑过程中应遵循薄层浇筑、均匀上升、连续浇筑的原则;保证振捣的时间和位置,防止漏振、过振和欠振,确保混凝土振捣均匀密实;混凝土浇筑完毕后,对大体积混凝土表面及时进行二次抹压处理。混凝土的密实度和均匀性对其收缩值和极限拉伸值有重要影响。改善施工工艺可在一定程度上减少混凝土的收缩、提高混凝土的极限抗拉强度。

(6)养护过程中蓄热保温，外保内降。混凝土浇筑完毕、收浆抹平后，及时采取保温保湿养护措施。夏季施工时，对大体积混凝土采用薄膜覆盖保湿养护。直至大体积混凝土内外温差下降到安全范围以内后，才允许撤除大体积混凝土表面保温层。

青山桥南主塔 19 号墩塔座采用了蓄水养护方式，对大体积混凝土表面有较好的保温保湿效果，有效防止了裂纹的产生。在养护过程中，每天对实时监测大体积混凝土温度场数据进行分析判断，并密切关注天气预报情况，对大体积混凝土温差变化趋势作出判断分析，根据需要，随时调整温控措施，确保大体积混凝土温差处于控制的安全范围以内。

(7)大体积混凝土内部降温控制。要求施工方在浇筑混凝土之前，安装好冷却水管循环系统，并进行通水试压，检查水管的密封性，对漏水的接头和部位做密封处理。江水温度较低时，设置循环水池，调节进出水温度。每个冷水管的入口设置单独开关，以便于控制流量。混凝土浇筑面超过每层冷水管高程后，即可对该层水管进行通水。大体积混凝土浇筑完毕后，开通全部冷却水管，对大体积混凝土内部进行均匀降温。温控过程中，根据实测数据，准确判断大体积混凝土内部温度的变化趋势，实时调节每层冷却水管的流量和通水时长，使内部混凝土按照预定控制速率降温，防止降温过快。大体积混凝土内外温差下降到安全范围以内，且内部温度变化趋于平稳后，即可停止通水。

南汉主航道桥边跨顶推施工监控

史 晶

1 概　述

青山长江大桥南汉主航道桥边跨采用钢箱结合梁，由钢槽梁与预制混凝土桥面板通过湿接缝与剪力钉结合成整体，边跨钢箱结合梁外轮廓总宽 48 m，设置 2%的双向横坡，主梁中心线处梁高 4.49 m，横梁标准间距 3.8 m，局部加密，采用桁架式空腹结构，支点及压重区域处横隔板采用实腹式。主梁标准索间距 11.4 m。主梁断面布置见图 1。

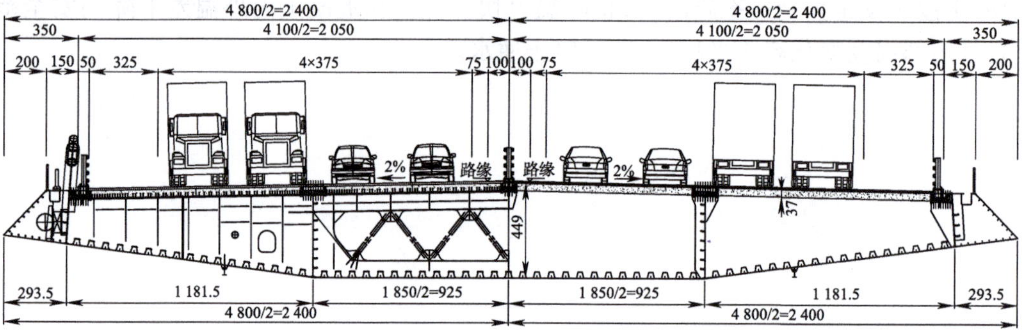

图 1　主梁标准断面(单位:cm)

边跨主梁采用先顶推架设钢槽梁，顶推到位后调整各墩反力，再在其上安装预制桥面板，最后施工湿接缝完成体系转换的总体施工方案。每个施工阶段的监控工作较为繁杂，主梁施工过程中主要是对主梁的结构变形、斜拉索梁端锚点、控制截面的应力(应变)进行监测与控制，其中主梁的结构变形主要测试内容包括钢梁匹配坐标测量、顶推过程钢梁应力及位移测量、斜拉索梁端锚点坐标、节段施工完成后几何状态测量，观测时间一般定在深夜 12 点至次日早上 6 点；组合桥面板施工过程主要测试内容包括顶落梁高程、主梁挠度及钢梁与桥面板应力。

2　边跨钢梁顶推施工控制

两岸边跨钢槽梁分为 33 个节段，编号依次为 A0～A2、B1～B30，总长约 377.3 m，总重约 9 630 t，最大节段钢槽梁平面尺寸约 44 m×15.2 m(不含两侧风嘴)，最大节段重约576 t。边跨钢槽梁为全焊结构，在工厂内整节段匹配制造后现场焊接节段间的连接焊缝。钢槽梁节段采用 800 t 浮吊在主跨侧吊装，在墩旁托架平台上拼接后往边跨侧顶推架设。

19 号和 20 号主塔墩墩旁托架、顶推临时支墩、辅助墩墩旁托架布设按照顶推顺序，为每拼接 3 个节段钢槽梁顶推 1 次，1 次顶推 1 个临时支墩间距的方式进行，每个临时支墩间距 34.2 m。桥塔墩墩旁托架长度满足存放 3 个节段的要求。首先吊装第一节段钢槽梁至墩旁托架顶，由步履式顶推器顶推前行与已吊装节段钢槽梁焊接；腾出空间后吊装第二节段钢槽梁，由步履式顶推器顶推前行第二节段钢槽梁与第一个节段钢槽梁粗定位；腾出空间后吊装后续第三个节段钢槽梁，由步履式顶推器顶推前行第三个节段钢槽梁与第二个节段钢槽梁粗定位，将 3 个节段钢槽梁精匹配并焊接完成后，将所有节段整体向前顶推 34.2 m，直至腾出下一循环的 3 个节段钢槽梁空间。

本顶推施工控制按平面模型初步计算确定，实际施工过程控制将根据空间计算、平面计算以及实际施工状态等进行优化调整，具体在监控指令中体现。

2.1 边跨顶推施工过程计算结果

(1)最大悬臂状态

在顶推过程中，当主梁过墩而导梁未上墩时，结构处于悬臂状态为最不利受力工况之一。当主梁通过 L2 号临时墩，导梁未上 L1 号临时墩时，为最大悬臂状态，整体状态见图 2。

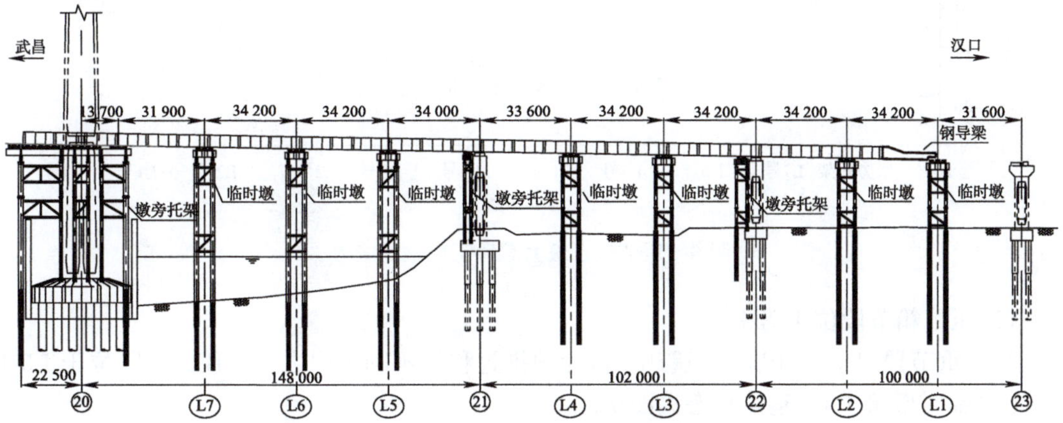

图 2 顶推过程最大悬臂工况示意图(单位:mm)

该状态下结构受力分析结果见图 3～图 6。

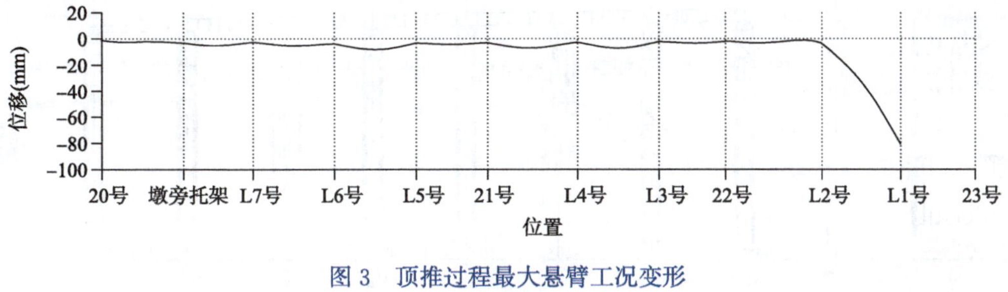

图 3 顶推过程最大悬臂工况变形

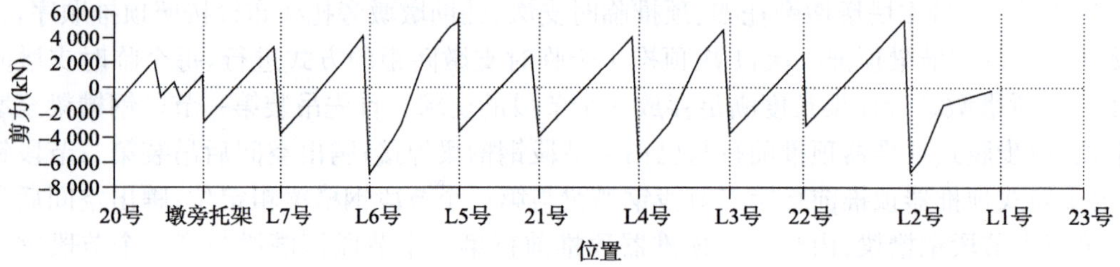

图 4　顶推过程最大悬臂工况剪力

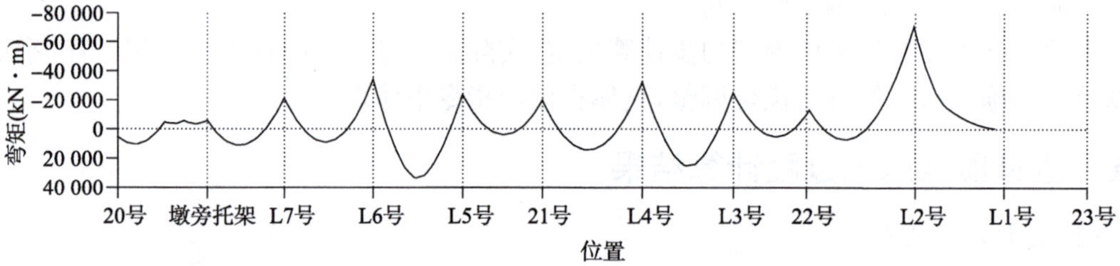

图 5　顶推过程最大悬臂工况弯矩

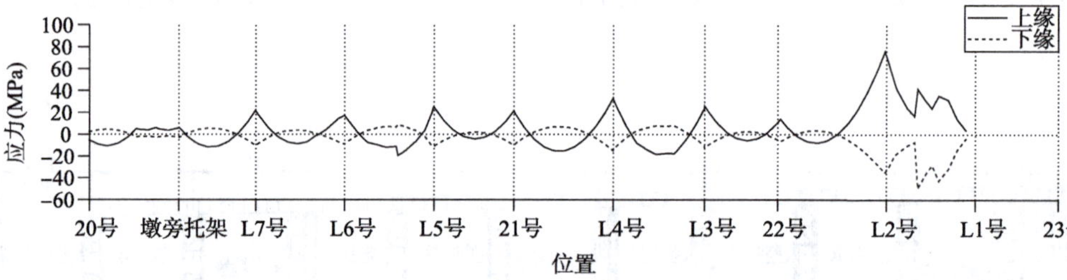

图 6　顶推过程最大悬臂工况钢梁应力

(2)压重箱节段位于跨中

当压重节段 B13 位于临时墩跨中时，为顶推过程最不利工况之一。B13 节段位于 L5 号与 L6 号临时墩跨中时，整体状态见图 7。

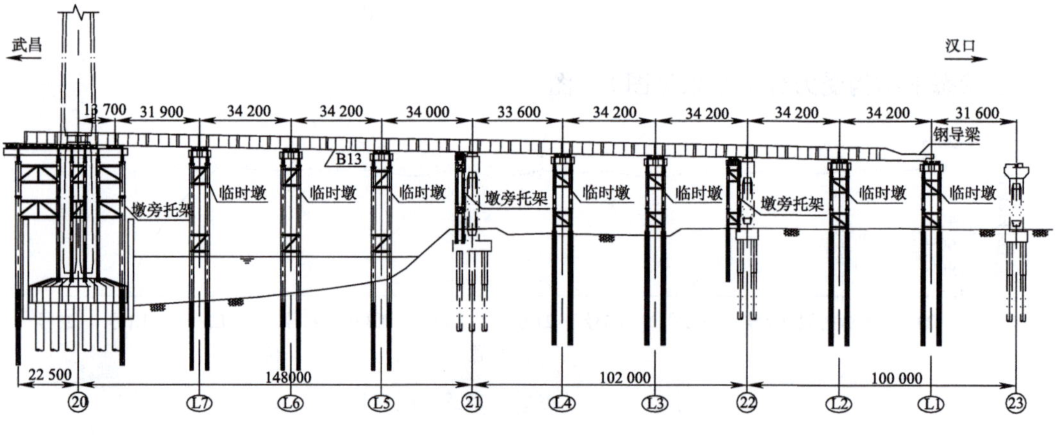

图 7　顶推过程最不利工况示意(单位:mm)

该状态下结构受力分析结果见图 8～图 11。

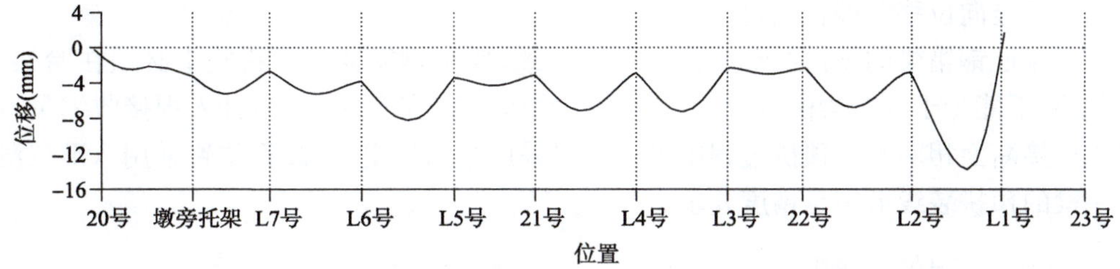

图 8　顶推过程最不利工况位移

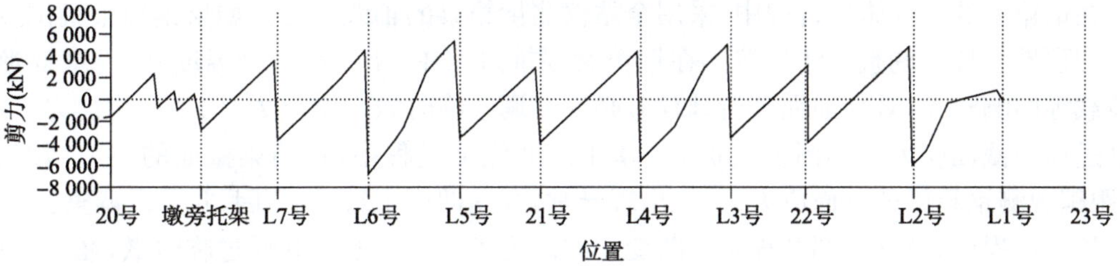

图 9　顶推过程最不利工况剪力

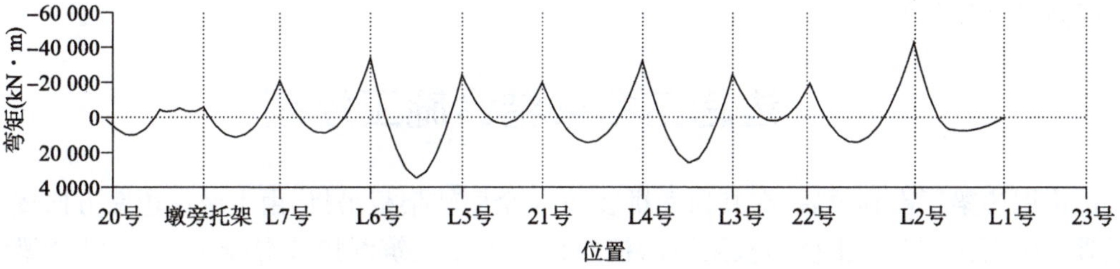

图 10　顶推过程最不利工况弯矩

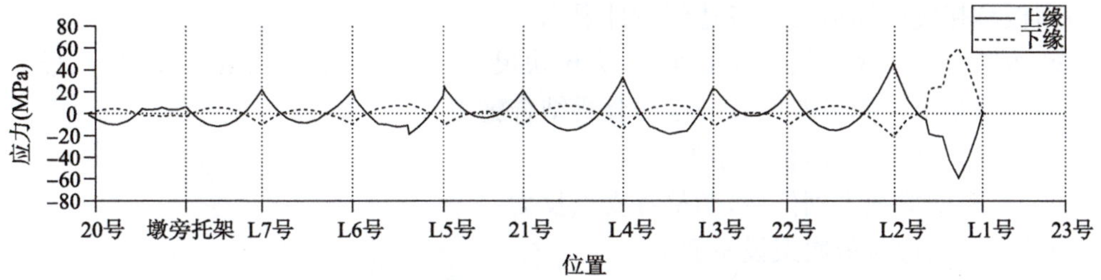

图 11　顶推过程最不利工况钢梁应力

2.2　顶推过程的线形控制

边跨侧钢箱梁均采用顶推施工，施工步骤为：边跨主梁吊装→安装梁段并进行匹配安装→完成梁段间焊接→已安装梁段向边跨侧整体顶推→重复以上步骤，进行下一梁段安装，直到边跨侧所有梁段安装完成。

边跨侧梁段顶推安装施工中对匹配安装阶段进行控制，梁段起吊后精确调整起吊梁段位置，进行主梁高程、轴偏、里程测量，确保梁段安装线形，同时对顶推过程钢箱主梁、导梁线形与控制截面应力加强监测。

边跨侧梁段顶推施工时拼接线形主要根据钢箱梁线形的预拱度设置进行确定，设计成桥线形＋预拱度即为拼接线形。预拱度主要根据成桥状态主梁线形平顺，结合施工过程中主梁的累计竖向位移等综合确定。

为了保证钢箱梁的预拼线形与设计线形一致，要求钢箱梁的预拼施工必须在胎架上进行，预拼装不能少于5个梁段，按设计线形及梁段间预留的间隙（还应计入焊接收缩量）使相邻梁段连接断面相匹配。预拼过程中平面位置采用全站仪定位，高程位置采用水准仪测量，保证主梁的预拼装线形满足精度要求。

2.3 顶推过程的监测

在钢箱梁的顶推施工过程中，采用全站仪测量箱梁的轴线偏位。如果钢箱梁偏位过大，则通知顶推主控台调整轴线位置。在钢箱梁顶推过程中，主梁线形受温度、临时墩变形、临时荷载等影响较大，必须加强分析、监测，必要时调整临时墩支承反力，调整结构内力。主梁顶推过程中截面应力是不断变化的，计算在顶推施工过程中，钢箱梁截面的应力情况。同时，跟踪观测钢箱梁的截面应力，一旦出现异常，则立即停工，查找原因，并予以调整。

顶推过程中，导梁端部高程是不断变化的。为了保证导梁顺利通过临时墩，在导梁接近临时墩时，应对其高程进行监测。如导梁高程不满足施工要求，则通过导梁端部设置的起顶设备提高导梁端部的高程。

3 边跨结合梁结合施工控制

边跨钢槽梁顶推到位后，在其顶面拼装50 t全回转架板吊机，由主墩往边墩方向逐块架设混凝土桥面板。混凝土桥面板架设后按照设计工序浇筑湿接缝混凝土，完成结合梁结合施工，同时采取临时支点同步下落、墩顶钢梁横向压载、辅助墩支点顶落梁等措施，以保证混凝土桥面板湿接缝的压应力储备达到设计要求。

单侧边跨混凝土桥面板共456块，最大单块尺寸10.135 m×3.2 m×0.37 m，最大单块重34.2 t。混凝土桥面板架设后进行结合梁结合施工。

以北岸为例，结合梁结合工序为：

(1)边跨钢槽梁顶推到位后，调整各支点反力；

(2)从主塔向边跨依次架设桥面板；

(3)浇筑非墩顶区域湿接缝；

(4)22号墩起顶17 mm，21号墩起顶15 mm；

(5)22号墩与21号墩回落到原高程，同时临时墩L1到L9依次回落80 mm、62 mm、42 mm、50 mm、40 mm、60 mm、50 mm、23 mm、10 mm；

(6)21号墩起顶120 mm，到位后再将L4、L5下落20 mm；

(7)浇筑21号墩顶区域湿接缝并养护达到设计要求；

(8)21号墩顶回落120 mm；

(9)22号墩起顶50 mm；

(10)浇筑22号墩顶区域湿接缝并养护达到设计要求；

(11)22号墩回落50 mm，完成边跨结合梁施工。

结合梁施工控制按平面模型初步计算确定，实际施工过程的主梁顶落工序及顶落量，将根据空间计算、平面计算以及实际施工状态等进行优化调整，具体在监控指令中体现。

3.1 边跨结合梁施工过程的计算结果

根据前述结合梁施工工序，21 号墩起顶及回落为结合过程最不利工况。边跨主梁结合施工过程主要计算结果如下。

(1)21 号墩起顶 120 mm 工况见图 12～图 15。

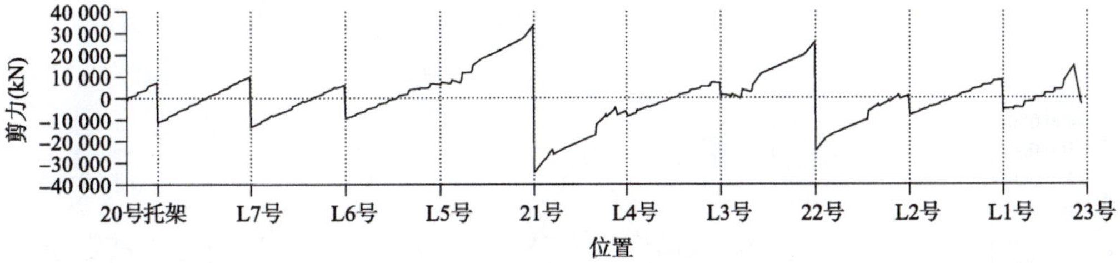

图 12　21 号墩起顶工况剪力

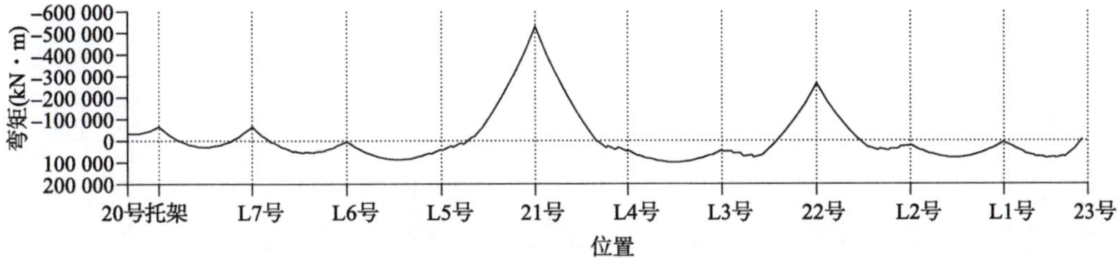

图 13　21 号墩起顶工况弯矩

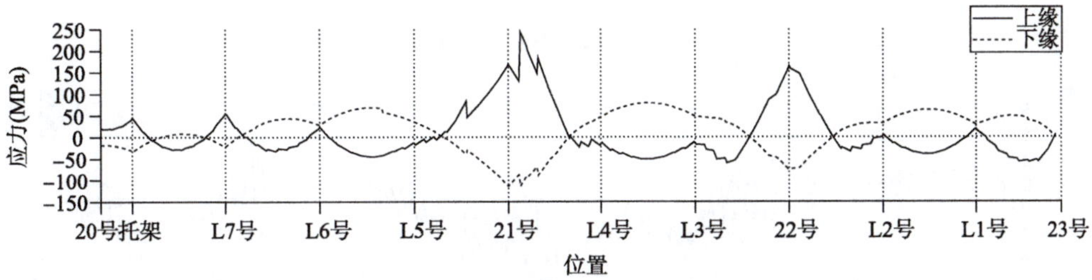

图 14　21 号墩起顶工况钢梁应力

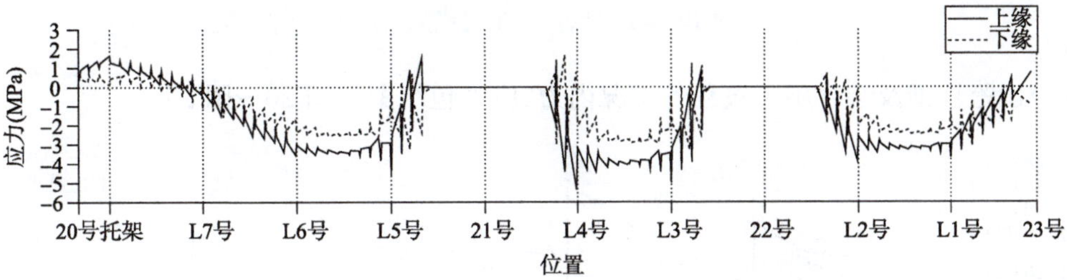

图 15　21 号墩起顶工况混凝土应力

(2)21 号墩回落 120 mm 工况见图 16～图 19。

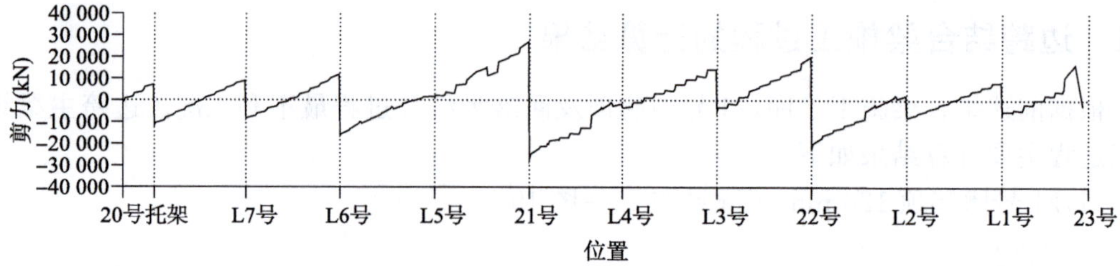

图 16　21 号墩回落工况剪力

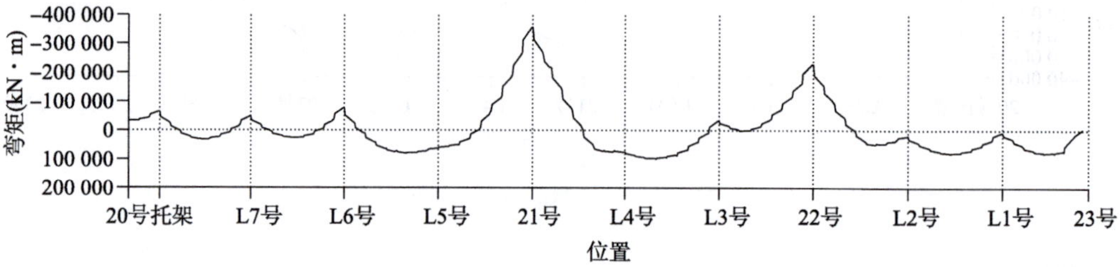

图 17　21 号墩回落工况弯矩

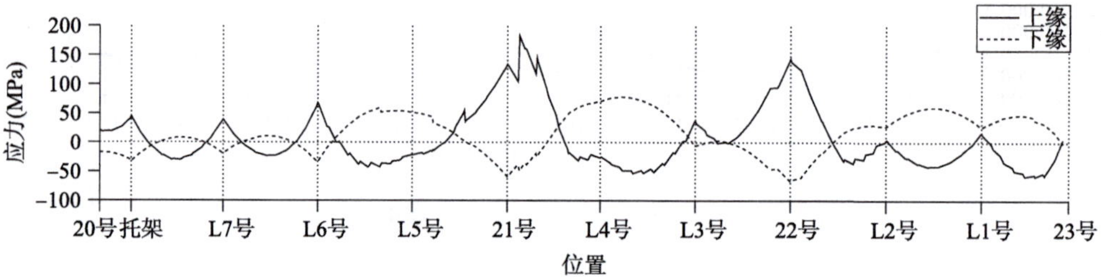

图 18　21 号墩回落工况钢梁应力

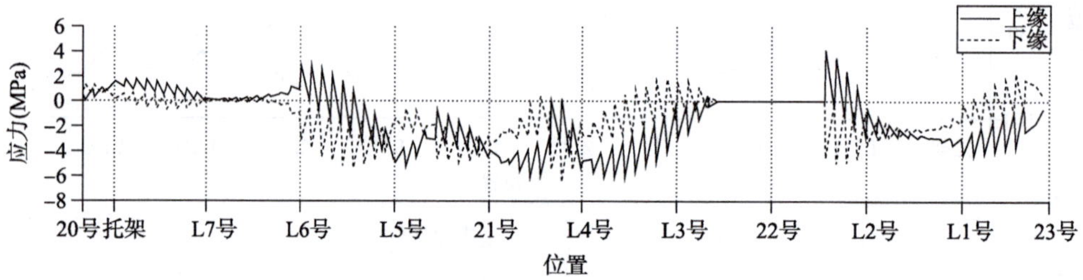

图 19　21 号墩回落工况混凝土应力

(3)边跨顶推及结合施工过程各工况内力、应力包络图见图 20～图 25。

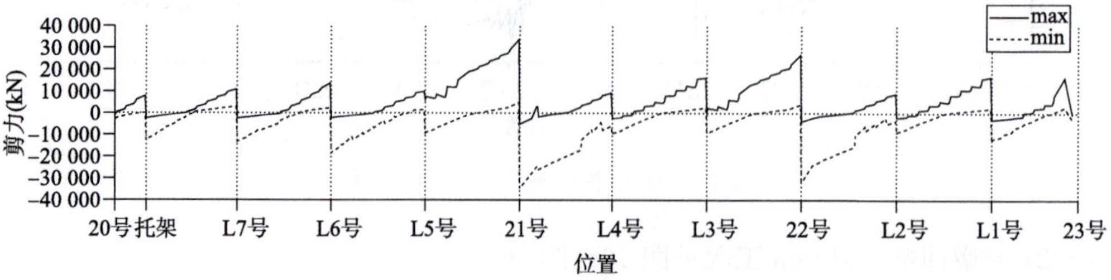

图 20　施工过程边跨剪力

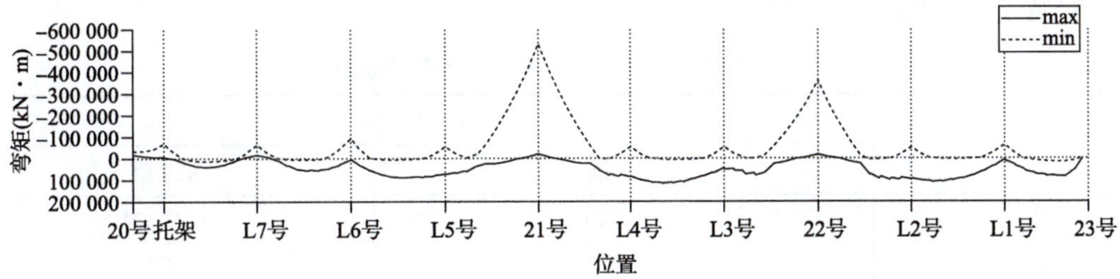

图 21　施工过程边跨弯矩

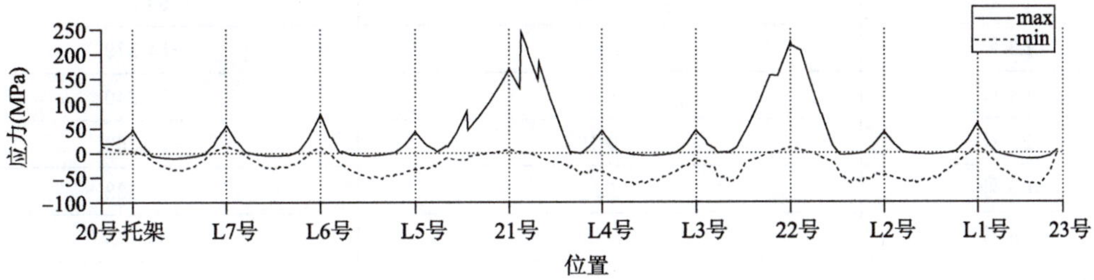

图 22　施工过程边跨钢梁上缘应力

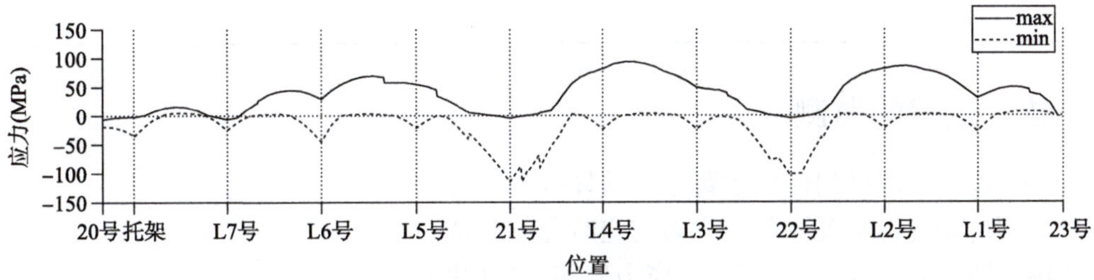

图 23　施工过程边跨钢梁下缘应力

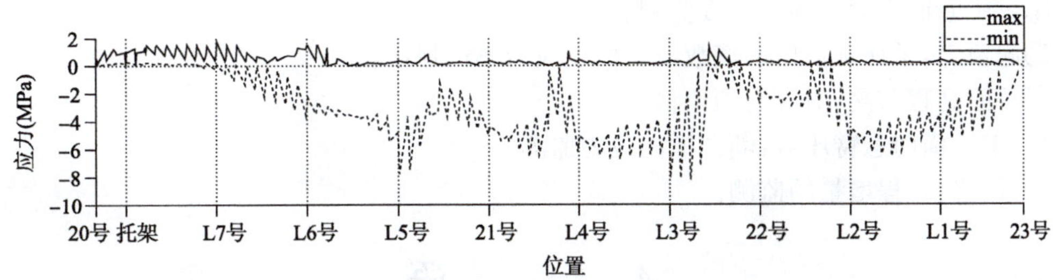

图 24　施工过程边跨混凝土上缘应力

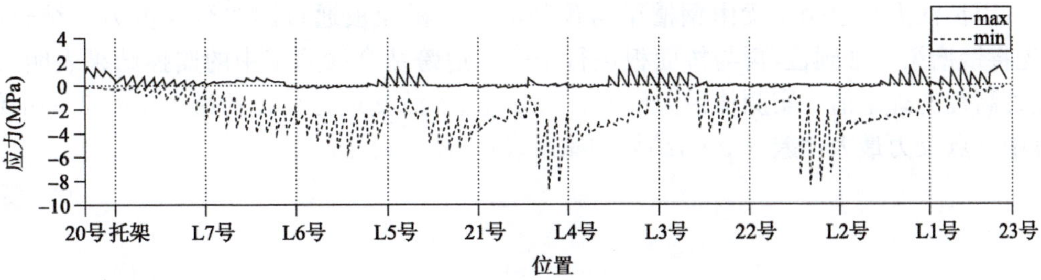

图 25　施工过程边跨混凝土下缘应力

(4)施工过程支反力包络见表 1。

表 1　边跨顶推及结合过程支反力包络表(kN)

位　置	支　反　力	
	最大值	最小值
23 号	−5 010	−27 474
L1 号	−5 253	−31 495
L2 号	0	−18 593
22 号	−8 081	−63 510
L3 号	−4 970	−24 379
L4 号	0	−19 640
21 号	−10 197	−76 369
L5 号	0	−19 802
L6 号	−4 756	−33 475
L7 号	−5 717	−23 836
托架	−2 760	−21 695
20 号	0	−5 154

3.2　结合过程的监测

(1)线形复测:顶推到位后边跨主梁整体线形复测。
(2)应力监测:钢梁关键断面应力的定时连续观测。
(3)临时墩:关键临时墩的反力、应力监测、自动化监测。
(4)起顶控制:反力和位移双控,反力为主。
①主梁断面应力自动化连续监测。
②起顶力:千斤顶油压表读数或支撑点应力测试得出。
③桥面高程监测:对应起顶位移。
(5)钢梁横向悬臂压重:断面横向应力监测;
(6)位移:高程增量的监测。

4　结　　语

青山长江大桥边跨主梁由钢槽梁与预制混凝土桥面板通过湿接缝与剪力钉结合成整体,先将钢槽梁顶推到位,再与桥面板进行结合。边跨结合梁施工中的监控结果表明,梁体支点处高程的理论值与实测值最大偏差 5 mm,上、下游支点处高程的最大偏差 2 mm,结合过程中支点反力最大偏差 5.9%,结果均满足设计、监控目标。

北跨堤孔桥施工监控

史　晶

1 概　　述

对于采用挂篮分节段浇筑施工的预应力混凝连续梁，桥梁最终结构的形成要经历一个漫长而复杂的过程，而且施工期间桥梁结构体系也将随着施工阶段的不同而不断变化。施工过程中，因设计参数误差（如材料特性、徐变系数等）、施工误差（如制造误差、安装误差等）、测量误差及结构分析模型误差等众多因素影响，施工过程中桥梁的实际状态（线形、内力）与理想目标存在一定的偏差。这种偏离如不及时加以识别和调整，累积到一定程度后，可能对施工过程中结构的可靠度和安全带来严重影响，并导致成桥后的结构状态偏离设计要求。为此，必须进行施工过程的控制，即根据设计文件和施工方案，进行施工过程计算，以确定每个悬浇阶段的立模高程，并在施工过程中根据施工监测的成果对误差进行分析、预测和调整后续梁段的立模高程，以确保施工过程中结构的可靠度和安全，确保合龙精度以及成桥后的桥面线形、内力符合设计要求。

武汉市四环线青山长江大桥北跨堤孔桥跨布置为(80+120+80)m 的三跨预应力混凝土连续梁桥，见图 1。桥面总宽 41.0 m，中间设置 2×25 cm 的空隙，设计为分离式双幅桥。

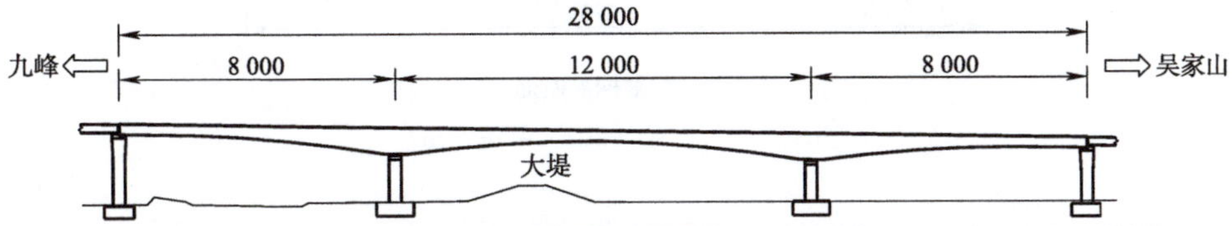

图 1　桥跨布置(单位:cm)

主桥上构采用预应力混凝土(C50)变截面连续箱梁，为三向预应力结构，纵向按全预应力体系控制。箱梁为分离的单箱双室截面，每幅顶宽 20.25 m，底宽 12.75 m，两侧翼缘宽均为 3.75 m，每幅桥面设单向 2%的横坡，见图 2。

墩顶 0 号梁段长 11 m，箱梁在根部 4 m 范围内等梁高，均为 7.5 m。“T 构”的悬臂划分为 15 对梁段(图 3)，其梁段数及梁段长度从根部至跨中各为：1×2.5 m、5×3.0 m、9×4.0 m，累计悬臂总长 53.5 m。全桥共有 1 个 2.0 m 长的主跨跨中合龙梁段和 2 个 2.0 m 长的边跨合龙梁段。左边跨 18.80 m 及右边跨 18.80 m 直线段均为支架现浇梁段，梁高相同，均为 2.8 m。

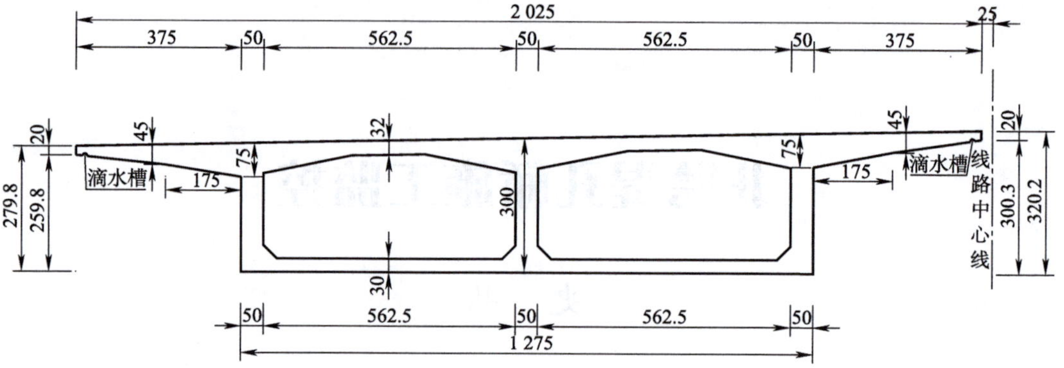

(a)跨中标准断面

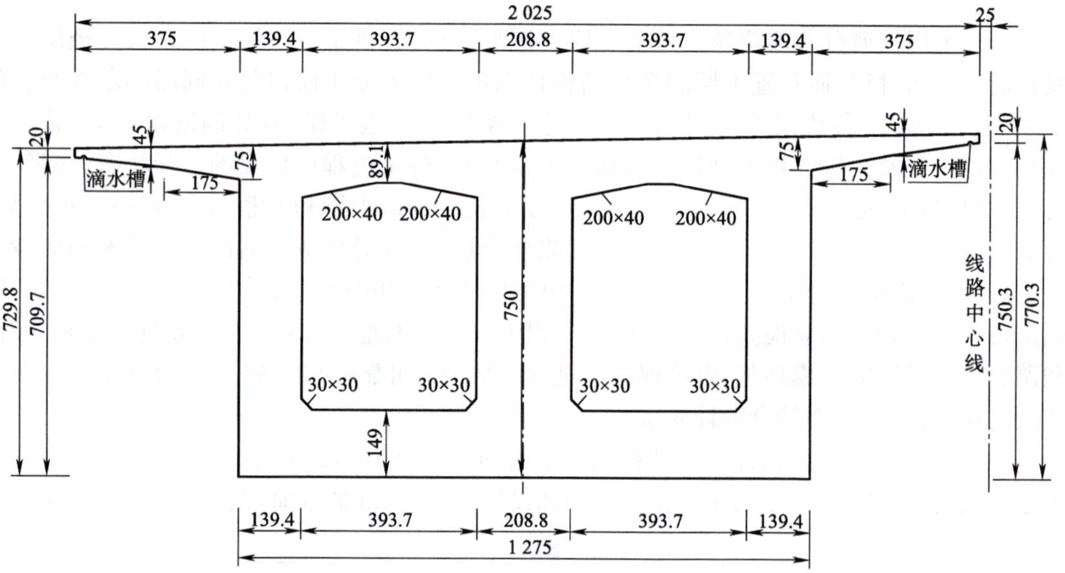

(b)根部标准断面

图 2　主梁断面布置(单位:cm)

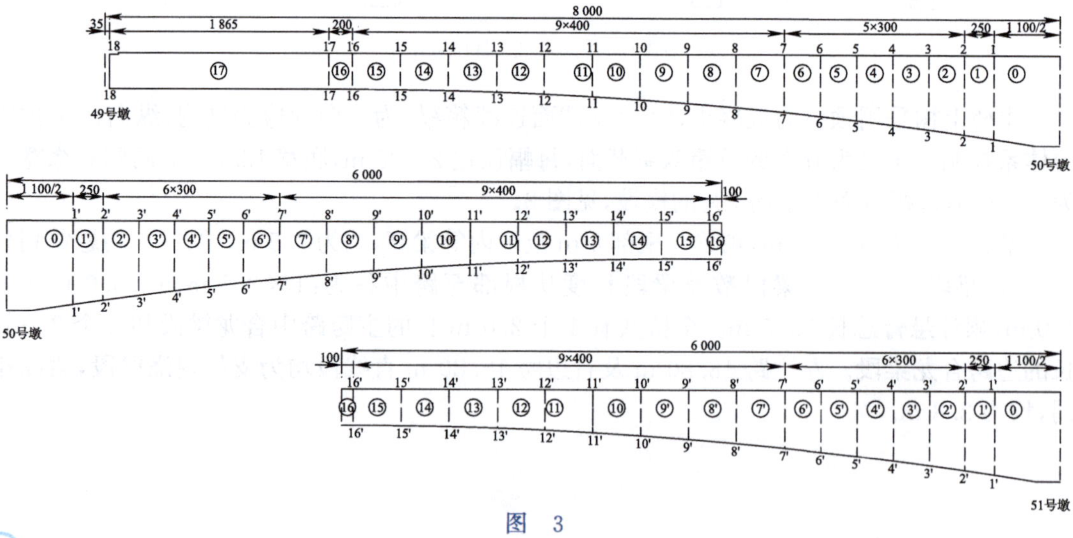

图　3

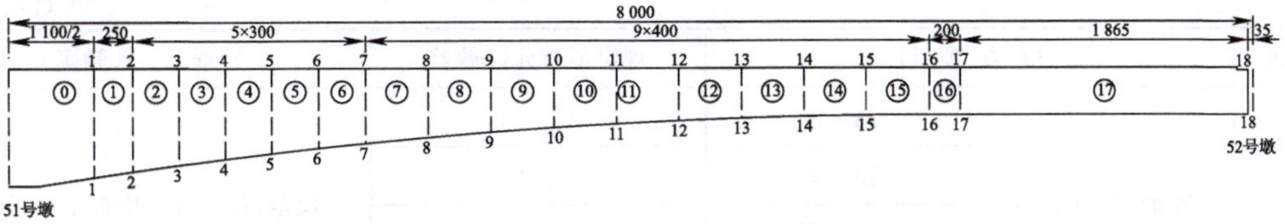

图 3　主梁梁段划分示意(单位:cm)

2　施工监控的依据和技术指标

2.1　施工监控依据

(1)《公路桥梁抗震设计细则》(JTG/T B02-01—2008);

(2)《公路桥涵设计通用规范》(JTG D60—2015);

(3)《公路桥涵施工技术规范》(JTG/T F50—2011);

(4)《公路钢筋混凝土及预应力钢筋混凝土桥涵设计规范》(JTG D62—2012);

(5)《公路钢结构桥梁设计规范》(JTG D64—2015);

(6)《公路桥梁抗风设计规范》(JTG/T D60-01—2004);

(7)《城市桥梁设计规范》(CJJ11—2011);

(8)《城市桥梁设计荷载标准》(CJJ77—98);

(9)《公路桥梁技术状况评定标准》(JTG/T H21—2011);

(10)《公路工程质量检验评定标准　第一册　土建工程》(JTG F80/1—2012);

(11)《公路工程结构可靠度设计统一标准》(GB/T 50283—99);

(12)本项目的设计文件及相关设计图纸;

(13)本项目的合同和招标文件。

2.2　施工监控技术指标

根据《公路工程质量检验评定标准　第一册　土建工程》(JTG F80/1—2012)表 8.7.4—1,监控技术指标见表 1。

表 1　监控技术指标

项次	检查项目		规定值或允许偏差	检查方法和频率
1	混凝土强度(MPa)		在合格标准内	按附录 D 检查
2	轴线偏位(mm)	$L \leqslant 100$ m	10	全站仪或经纬仪:每个节段检查 2 处
		$L > 100$ m	$L/10\ 000$	
3	顶面高程(mm)	$L \leqslant 100$ m	±20	水准仪:每个节段检查 2 处
		$L > 100$ m	$\pm L/5\ 000$	
		相邻节段高差	10	尺量:检查 3~5 处

续上表

项次	检查项目		规定值或允许偏差	检查方法和频率
4	断面尺寸(mm)	高度	+5,−10	尺量:每个节段检查1个断面
		顶宽	±30	
		底宽	±20	
		顶底腹板厚	+10,−0	
5	合龙后同跨对称点高程差(mm)	$L\leqslant100$ m	20	水准仪:每跨检查5~7
		$L>100$ m	$L/5\ 000$	
6	平整度(mm)	8		2 m直尺:检查竖直、水平两个方向,每侧面每10 m梁长测1处

3 施工监控计算

本桥监控计算采用Midas/Civil进行计算分析。

3.1 计算参数

计算参数是对桥梁结构行为进行正确计算的前提条件。通常情况下,选择构件所用材料的弹模、构件自重、施工荷载、结构温度场和施工周期等作为计算参数。计算参数包括几何参数、材料参数等确定桥梁计算结果的一系列参数。施工计划阶段的计算参数以设计图及相应的设计规范作为基本依据,对桥梁在施工各阶段的线形、内力及施工参数进行预测,并提供施工需要的初始参数、目标线形及基本控制要求。本桥的几何参数根据提供的设计图纸输入,并在计算软件中自行形成,其余计算参数取值如下。

3.1.1 混凝土

主梁:C50混凝土,其主要力学性能指标见表2。

表2 C50混凝土主要力学性能指标

力学性能	指标
弹性模量E(MPa)	34 500
轴心抗压标准强度(MPa)	32.4
抗拉标准强度(MPa)	2.65
轴心设计强度(MPa)	22.4
抗拉设计强度(MPa)	1.83
容重(kN/m^3)	26
热膨胀系数(1/℃)	0.000 01

3.1.2 预应力钢筋

预应力钢筋的主要力学性能指标和计算参数见表3、表4。

表 3　预应力钢筋力学性能指标

力学性能指标	弹性模量 E(MPa)	抗拉标准强度(MPa)
钢绞线	195 000	1 860

表 4　预应力钢筋计算参数

主要参数	纵向预应力束
型　号	15－15.24、19－15.24、22－15.24
弹性模量(MPa)	1.95×10^5
锚下控制应力(MPa)	1 392
松弛系数	0.3
孔道偏差系数	0.001 5
孔道摩阻系数	0.17
锚具变形及钢丝回缩量(mm)	6

3.2　荷载参数

结构自重：混凝土基本容重取为 26.0 kN/m³。在施工控制阶段，混凝土容重需要通过试验确定。主梁横隔板、锯齿块按集中荷载考虑。

二期恒载：按 72.4 kN/m 计。

设计活载：两车道公路Ⅰ级活载，根据规范，冲击系数取 0.05。

施工荷载：根据挂篮厂家提供的图纸，悬臂施工时挂篮、模板等临时荷载按 907 kN 计。

收缩、徐变：按各自的计算周期考虑，收缩徐变参数按《公路钢筋混凝土及预应力混凝土桥涵设计规范》(JTG D62—2004)徐变计算模式取值。

3.3　计算模型及假定

采用空间杆系单元建立结构纵向计算模型，纵向计算模型见图 4。

全桥共 132 个单元。模型的边界条件采用与设计图纸一致，由于缺少支座刚度的资料，故模型中均不考虑弹性边界条件，所有位移边界条件均为刚性约束。

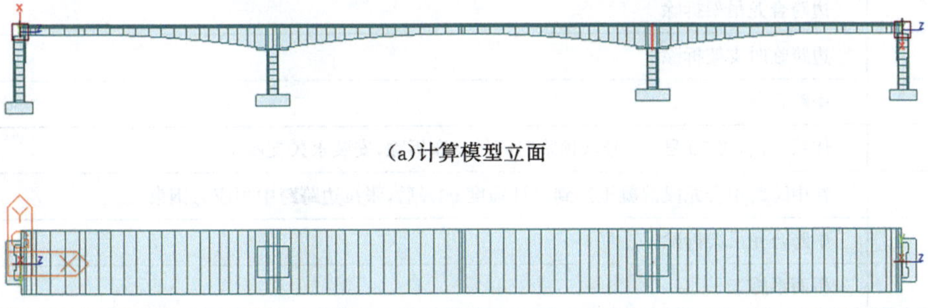

(a)计算模型立面

(b)计算模型平面

图 4　计算模型图式

3.4 施工阶段划分

根据相关施工组织设计，施工中以每节段施工确定计算阶段。另外，其施工周期是计算收缩、徐变的直接参数，故应考虑。本桥施工过程的计算工况划分见表5。

表5 施工阶段计算工况划分

施工序号	施工内容
1	下部结构浇筑
2	立模浇筑墩顶0号梁段混凝土
3	在混凝土达到设计强度90%后，对0号块临时固结，张拉0号块预应力钢束
4	张拉完成后，挂篮前移
5	浇筑1号梁段混凝土
6	在混凝土达到设计强度90%后，张拉1号块预应力钢束
7	张拉完成后，挂篮前移
8	浇筑2号梁段混凝土
9	在混凝土达到设计强度90%后，张拉2号块预应力钢束
10	张拉完成后，挂篮前移
……	……
46	张拉完成后，挂篮前移
47	浇筑15号混凝土梁段
48	在混凝土达到设计强度90%后，张拉15号块预应力钢束
49	拆除挂篮
50	边跨现浇段，支架现浇施工
51	边跨合龙口安装边跨合龙吊架，并施加合龙配重
52	边跨合龙：浇筑边跨合龙段，并卸载合龙口配重
53	拆除边跨现浇段纵向约束
54	在边跨跨中合龙段混凝土达到设计强度90%后，张拉边跨跨中预应力钢束
55	边跨合龙吊架拆除
56	边跨临时支架拆除
57	中跨合龙
58	体系转换，将50号、51号墩顶临时固结支座拆除，安装永久支座
59	在中跨跨中合龙段混凝土达到设计强度90%后，张拉边跨跨中预应力钢束
60	中跨合龙吊架拆除
61	桥面系施工

说明：施工阶段划分根据施工单位提供的施工组织方案和设计图纸施工流程图确定。

4 施工过程分析

施工过程模拟包括 0 号块到 15 号块的悬臂施工(其中每个号块的悬臂施工循环包括挂篮走行、混凝土浇筑、混凝土养护、预应力张拉四个工况),合龙段施工,体系转换,二恒施工及成桥运营 1 年、3 年、5 年、10 年的混凝土收缩徐变。

4.1 悬臂状态应力

本桥 50 号墩与 51 号墩悬臂等长,且具有相同的截面特性,故选取 50 号墩进行分析。施工到 15 号块时,达到最大悬臂状态,此时悬臂梁根部位置弯矩最大。15 号块张拉完成时,整个 T 构的应力分布见图 5。

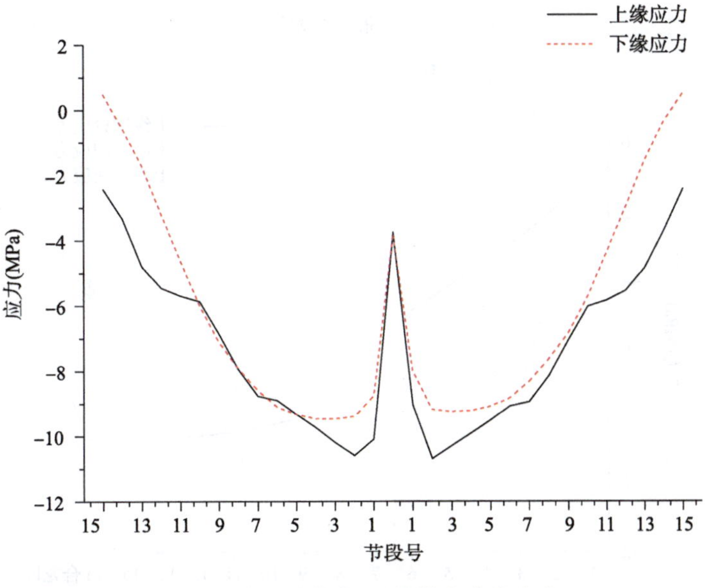

图 5 最大悬臂状态 50 号墩各节段应力

由图 5 可以看出,在最大悬臂状态下,压应力从 15 号块到 1 号块逐步增大,1 号块的压应力达到最大,且各节段压应力均未超过结构的强度允许值;0 号块墩顶处压应力达到最小极值点;整个悬臂全截面受压,未产生拉应力表明结构具有较大的安全储备。

根据上述分析,在 1 号块应力最大位置(即悬臂梁根部位置)安装 4 个振弦式应变传感器,用以监测该断面在施工过程中的应力变化趋势,见图 6。

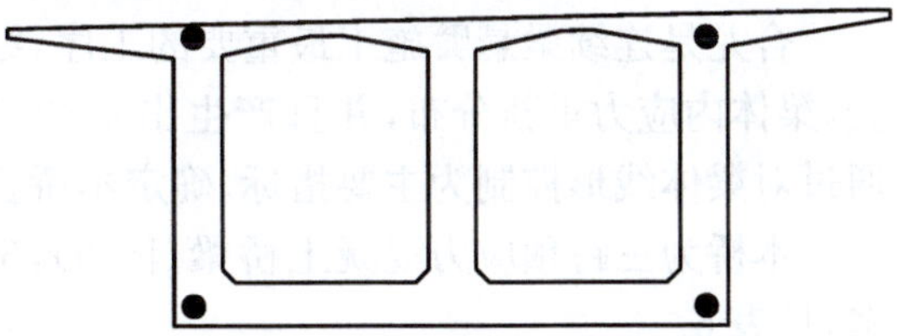

图 6 1 号块断面振弦式应变计测点布置

由图 7 和图 8 可知,在各施工阶段悬臂梁根部位置均未出现拉应力,最大压应力满足规范要求,结构受力安全;上、下缘实测应力与理论计算应力变化规律一致,且误差较小,二者基本吻合,最大误差为 1.92 MPa,出现在 12 号块张拉工况的上缘应力。

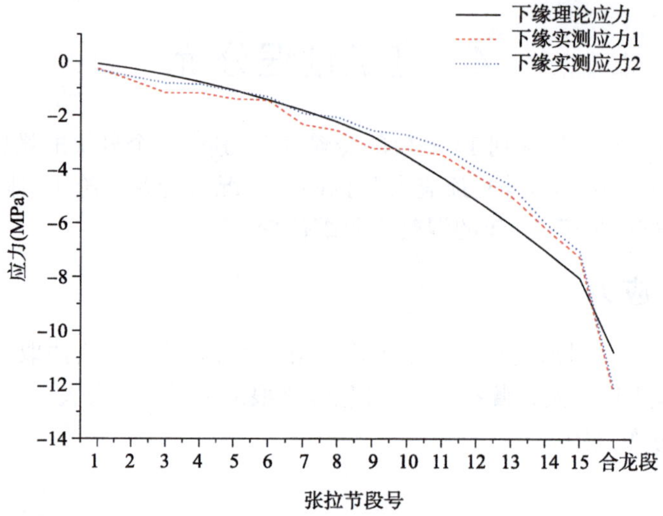

图 7　1 号块下缘各施工阶段应力

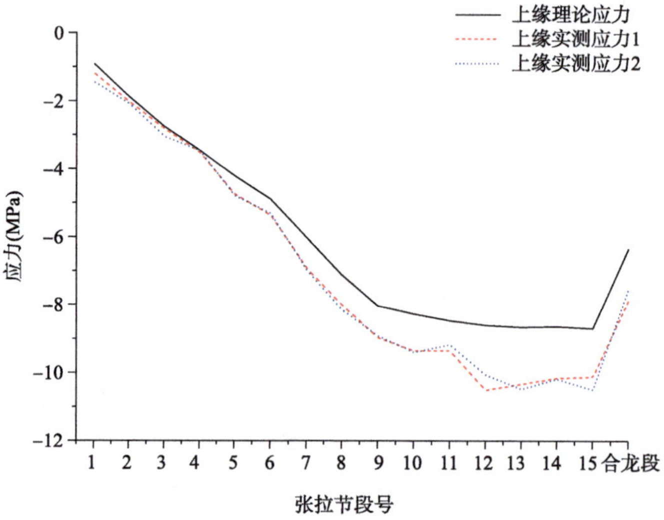

图 8　1 号块上缘各施工阶段应力

4.2　合龙顺序确定

合龙是连续梁悬臂施工最重要的工序，结构体系从静定转换为超静定，边界条件发生改变，梁体内应力重新分布，并且产生出复杂的次内力，直接影响到成桥后桥梁内力和线形。通过对梁体线形控制为主要指标，确定本桥合龙顺序。

本桥为三跨预应力混凝土桥梁(图 9)，50 号墩支座为固定支座，其合龙顺序有两种方案，见表 6。

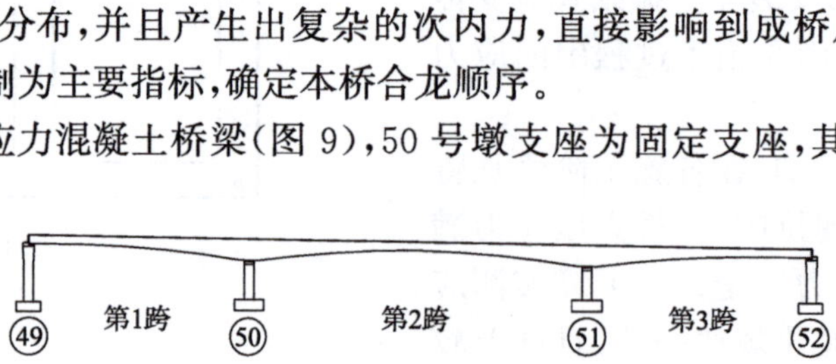

图 9　桥跨布置

表 6　合龙方案

施工步骤	方案一	方案二
1	浇筑第 1、3 跨合龙段	浇筑第 2 跨合龙段
2	解除 49 号、52 号墩纵向约束	拆除 50 号、51 号墩支架
3	张拉第 1、3 跨预应力	解除 51 号墩纵向约束
4	拆除 49 号、52 号墩支架	张拉第 2 跨预应力
5	浇筑第 2 跨合龙段	浇筑第 1、3 跨合龙段
6	拆除 50 号、51 号墩支架	解除 49 号、52 号墩纵向约束
7	解除 51 号墩纵向约束	张拉第 1、3 跨预应力
8	张拉第 2 跨预应力	拆除 49 号、52 号墩支架

方案一为先合龙边跨，再合龙中跨；方案二为先合龙中跨，再合龙边跨。按照两种合龙方案分别进行有限元模拟仿真，通过对比合龙段挠度、关键节点应力、主梁成桥弯矩，确定最佳合龙顺序。

4.2.1 挠　　度

两种方案进行有限元模拟仿真，按照合龙方案一，第 1 跨合龙段左右节点累计挠度分别为−12 mm、22 mm，第 2 跨合龙段左右节点累计挠度分别为 28 mm、28 mm，第三跨合龙段左右节点累计挠度分别为−21 mm、−11 mm；按照合龙方案二，第 1 跨合龙段左右节点累计挠度分别为 3 mm、−286 mm，第 2 跨合龙段左右节点累计挠度分别为 202 mm、201 mm，第三跨合龙段左右节点累计挠度分别为−283 mm、5 mm，见表 7。

表 7　各合龙方案下合龙段左右节点挠度(mm)

合龙方案	第 1 跨合龙段		第 2 跨合龙段		第 3 跨合龙段	
	左节点	右节点	左节点	右节点	左节点	右节点
方案一	−12	22	28	28	−21	−11
方案二	3	−286	202	201	−283	5

由表 7 可见，方案二的挠度明显大于方案一，不同合龙顺序和体系转换时间对桥梁结构线形有明显影响。

4.2.2 应　　力

在两种合龙方案下，成桥阶段主梁关键节点应力见表 8。

表 8　各合龙方案下关键断面应力(MPa)

合龙方案	悬臂根部部		1/4 跨		边跨合龙段		中跨合龙段	
	上缘	下缘	上缘	下缘	上缘	下缘	上缘	下缘
方案一	−9.6	−7.7	−9.6	−7.5	−8.0	−8.3	−5.6	−8.6
方案二	−9.2	−8.2	−8.8	−8.6	−7.5	−9.1	−3.1	−12.2

由表 8 可知，各合龙方案下成桥阶段主梁的应力基本一致，中跨合龙段处上缘应力方案一大于方案二，下缘应力方案二大于方案一。

4.2.3 弯　　矩

在两种合龙方案下，成桥阶段主梁关键节点弯矩见表 9。

表 9　各合龙方案下关键断面弯矩(kN·m)

合龙方案	墩　顶	最大正弯矩	中跨合龙段
方案一	−63 197	72 326	−24 612
方案二	−107 885	33 545	−69 971

由表 9 可知，墩顶及中跨合龙段负弯矩方案二远大于方案一。

4.2.4 最优合龙方案

根据上述分析，方案二悬臂挠度远大于方案一，虽然该挠度可以通过悬臂施工时设置预拱度消除，但会增加施工过程的控制难度，增大不确定性风险；应力方面，两个方案相差不大；弯矩方面，方案二弯矩远大于方案一。综上，选定方案一为最优合龙方案，即先边跨后中跨的方案。

4.3 预拱度设置

悬臂施工过程中，主梁各节段高程会随着施工阶段不断发生变化，因此主梁的施工预拱度和立模高程是连续梁施工控制的关键问题，线形控制和预测高程成为悬臂施工控制的核心内容。

$$H_i = H_0 + f_{ig} - f_{ip} + f_{g1} + f_a + \frac{1}{2} f_{活}$$

式中　H_0——设计高程；

f_{ig}——施工过程中各节段恒载的累计挠度；

f_{ip}——张拉预应力引起的挠度；

f_{g1}——挂篮弹性变形；

f_a——为抵消混凝土长期收缩徐变引起跨中下挠设置到附加预拱度；

$f_{活}$——活载产生的挠度。

50 号墩与 51 号墩悬臂长度与截面特性完全一致，故本文只讨论 50 号墩悬臂施工预拱度。按照上述预拱度计算方法，本桥 50 号墩悬臂施工各节段预拱度见表 10。

表 10　主梁施工预拱度(mm)

墩　号	施工断面编号	施工预拱度	1/2 活载预拱度	预加预拱度	总预拱度
50 号墩	50#-16	10.1	8.3	24.8	43.1
	50#-15	20.4	9.1	27.5	57
	50#-14	29.1	9.7	29.6	68.3
	50#-13	33.6	9.9	31	74.5
	50#-12	33.1	9.7	31.8	74.6
	50#-11	31	9.3	32	72.2
	50#-10	25.2	8.6	31.5	65.3

续上表

墩　号	施工断面编号	施工预拱度	1/2活载预拱度	预加预拱度	总预拱度
50号墩	50#-9	20.2	7.9	30.4	58.5
	50#-8	16.9	7	28.6	52.4
	50#-7	14.9	6	26.2	47.2
	50#-6	13.1	5.2	24	42.4
	50#-5	11.7	4.5	21.4	37.6
	50#-4	10.3	3.7	18.5	32.5
	50#-3	9	2.9	15.2	27.1
	50#-2	7.7	2.1	11.5	21.3
	50#-1	6.8	1.4	8.2	16.5
	0(50#墩顶)	4	0.1	0	4.1
	50#-1′	1.8	1.7	8.4	11.9
	50#-2′	0.4	2.5	11.9	14.9
	50#-3′	−0.9	3.5	16	18.5
	50#-4′	−2.3	4.5	19.8	22
	50#-5′	−3.6	5.5	23.3	25.2
	50#-6′	−4.8	6.5	26.7	28.4
	50#-7′	−6.2	7.6	29.7	31.1
	50#-8′	−7.7	9	33.5	34.8
	50#-9′	−7.7	10.4	36.8	39.5
	50#-10′	−5.8	11.8	39.7	45.7
	50#-11′	−2.2	13.2	42.1	53.1
	50#-12′	−2.4	14.4	44.1	56.2
	50#-13′	−3.8	15.4	45.7	57.4
	50#-14′	−4.8	16.3	46.9	58.4
	50#-15′	−9.6	16.9	47.7	55
	50#-16′	−19.6	17.1	48	45.5

按照表10的总预拱度依次控制每个节段立模高程，逐步施工至最大悬臂状态，合龙口两侧高差最大为9 mm，满足合龙精度要求。全桥合龙后，对主梁进行通测，主梁梁面高程的理论值与实测值对比结果见图10。

由图10可知，主梁各节段在成桥阶段实测高程与理论高程误差很小，最大误差为19 mm，符合规范要求，主梁线形控制良好。

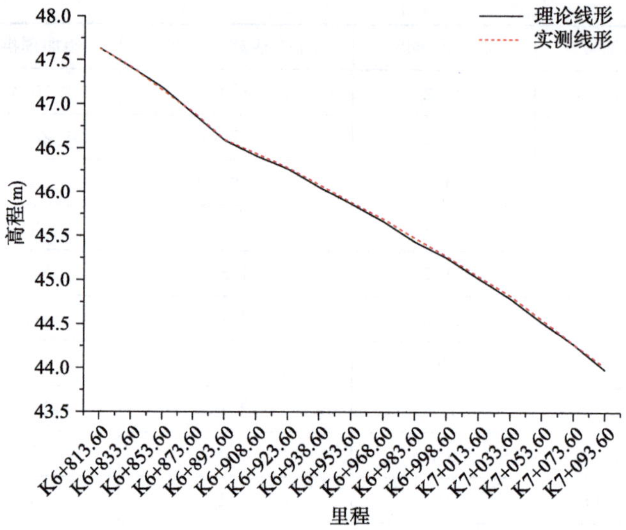

图 10　合龙后理论高程与实测高程对比

5　结　　语

本文以有限元模型计算为基础，得到该桥悬臂施工过程中关键部位内力、预拱度等关键控制参数，确定了最优合龙顺序，实现对该桥悬臂施工的精确控制。主要结论有：

(1)施工过程中实测应力与计算结果吻合，最大偏差为 1.92 MPa；

(2)对比不同合龙顺序形成的挠度、应力及内力，确定最优合龙顺序为先边跨、再中跨；

(3)通过分析计算，确定悬臂施工预拱度，最大悬臂阶段预拱度为 74.6 mm，实测合龙段高差最大 9 mm，满足合龙要求，且合龙后高程最大偏差 19 mm，整体线形满足规范要求。

南汉主航道桥主跨钢箱梁架设施工监控

梅秀道

1 概　　述

我国已建和在建主跨 700 m 以上的大跨径斜拉桥已超过 20 座，并且在持续发展中。目前关于大跨径斜拉桥的施工控制方法的理论有无应力状态法、几何控制法、自适应控制法。无应力状态法提出了结构的基本原理；几何控制法强调了索长、线形等几何要素的控制；自适应控制法指收集索、梁、塔等构件在制造、安装等过程的实际数据用于模型修正，从而有针对性、有准备地进行过程控制。

青山长江大桥南汉主航道桥为主跨 938 m 钢箱及钢箱结合梁斜拉桥，桥跨布置为（100＋102＋148＋938＋148＋102＋100）＝1 638 m，采用双塔双索面全漂浮体系，主跨主梁采用整体式钢箱梁，边跨主梁采用钢—混凝土结合梁（即钢箱结合梁），主塔采用无下横梁 A 型混凝土塔，主塔处主梁采用全漂浮体系，主塔基础为哑铃型承台的群桩基础，纵向设置阻尼器，横向设置抗风支座，边墩、辅助墩设置减隔振装置。两主塔斜拉索对称布置，从 0 号索到 31 号索，共 252 根。主桥桥式立面布置见图 1。

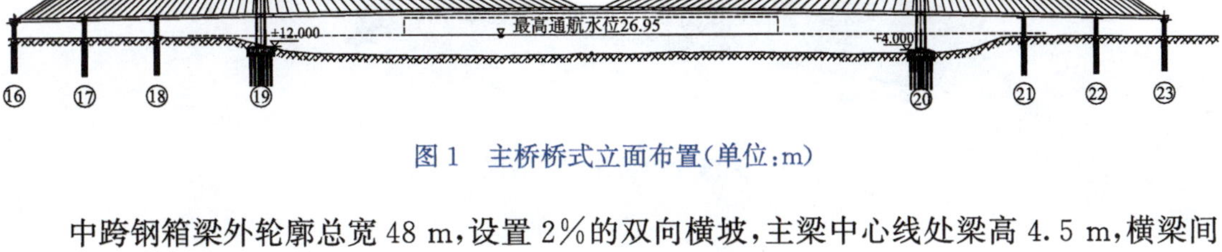

图 1　主桥桥式立面布置（单位：m）

中跨钢箱梁外轮廓总宽 48 m，设置 2％的双向横坡，主梁中心线处梁高 4.5 m，横梁间距 2.5 m，主梁索间距 15 m。中跨钢箱梁断面布置见图 2。

中跨主梁在边跨结合梁安装完成后，采用由架梁吊机按从两主塔墩分别向跨中方向逐节段悬臂架设的方案进行施工。

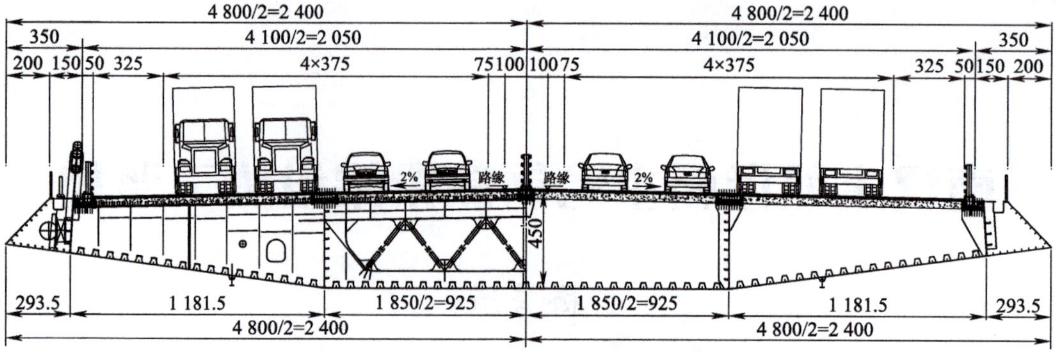

图 2　中跨主梁标准断面(单位:m)

2　施工控制计算

有限元计算分析是大跨径斜拉桥施工控制的重要内容,贯穿施工全过程,包括前期的设计参数建模、制造安装过程的模型修正、塔梁施工阶段的过程控制、合龙后的二次调索,其中索力调整是关键。在上述理论体系框架下,有较多关于斜拉桥在不同阶段的调索方法的研究。影响矩阵法可实现快速调值计算,采用索力作为调整量的影响矩阵的生成过程要求改变计算模型,操作复杂,且大跨径斜拉桥具有较强的非线性,影响矩阵的应用具有一定的适用条件;当参与调整的斜拉索数量不等于被调整参数数量时,调索转化为基于多目标的优化问题,调索过程偏于数学化,未充分体现结构特点;以"塔直主跨梁平"为目标状态的影响矩阵调索能更好地在保证索力分布均匀的同时使得塔梁变形趋于最小。

采用有限元分析软件 MIDAS/Civil 建立武汉青山长江大桥主桥有限元模型,见图 3。主梁、主塔采用梁单元,共计 4 612 个;斜拉索采用索单元,共计 252 个。考虑爬模、桥面吊机等临时荷载,边界条件按照施工方案设置。材料参数按照现场实测值确定。根据设计图纸及专项施工方案,本桥划分为 258 个施工阶段。

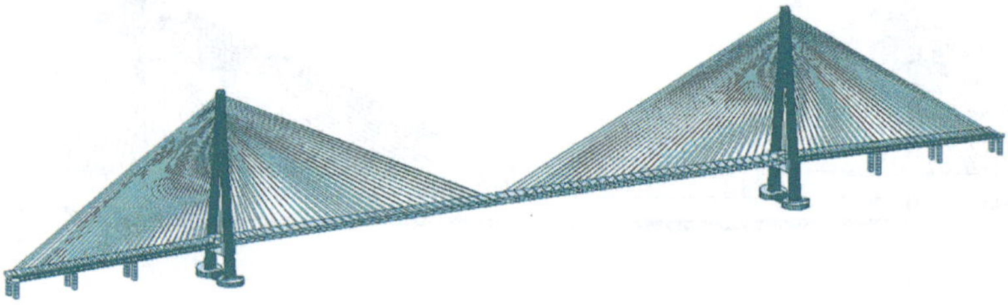

图 3　武汉青山长江大桥有限元模型

3　施工监测及结果分析

在施工监控计算中,需要根据实际施工中的现场测试或核定参数,进行仿真计算,并根据实际施工中的实时测量数据对这些参数进行分析拟合,以使施工监控计算能与实际施工相符。需要进行现场测定的参数主要包括实际材料的物理力学性能参数、实际施工中的荷载参数和现场监测数据。

(1)实际材料的物理力学性能参数：混凝土的弹性模量及容重(在工地实验室测试)；钢结构材料的弹性模量及容重(由钢结构制造厂家提供)；斜拉索的相关物理参数(由拉索制造厂家提供)。

(2)实际施工中的荷载参数：斜拉索、钢箱梁节段自重(由钢结构制造厂家提供)；二期恒载(铺装、人行道、栏杆、灯柱、过桥管线等)；施工荷载(主要施工机具、压重等)；临时荷载(临时堆放的机具、材料等)。

(3)从施工现场采集的信息除了现场测试的参数以外，大量的是现场的实时监测数据。这些实时监测数据大致可分为：物理测量，包括时间、温度、风速等；力学监测，指主塔应力、主梁应力、索力；线形监测，指主塔线形、主梁线形等。

3.1 索力监测

对斜拉桥而言，斜拉索的索力是最关键的因素之一，它直接影响主梁和主塔的内力和线形。因此，不仅要在施工之前对斜拉桥的每一施工工况进行详尽的分析和验算，从理论上保证结构在施工及运营阶段的安全，还要在施工过程中，对结构的反应进行跟踪监测，并不断调整，以保证斜拉桥在施工过程中结构的受力及变形状态始终处于设计所要求的范围之内，实现顺利合龙，同时成桥后的主梁内力和线形达到设计期望值。

频谱分析法进行索力测试是目前索力测试的一种常用方法。频谱分析法是依据索力与索的振动频率之间存在对应关系的特点，在已知索长度、两端约束情况、分布质量等参数时，将高灵敏度的拾振器绑在斜拉索上，拾取拉索在环境振动激励下的振动信号，经过滤波、信号放大、A/D转换和频谱分析即可测出斜拉索的自振频率，进而由索力与拉索自振频率之间的关系获得索力。这是一种间接方法。

青山长江大桥施工过程中的索力监测采用无线索力计和桥梁拉索索力雷达相结合的方式进行，长索利用索力雷达测试，每次可以同时监测20根以上的斜拉索索力。剩余短索索力采用无线索力计进行测量。

在二恒施工完成后对全桥索力进行测试，成桥索力与理论索力基本一致，北塔斜拉索平均偏差为3.3%，南塔斜拉索平均偏差为2.0%，见图4。

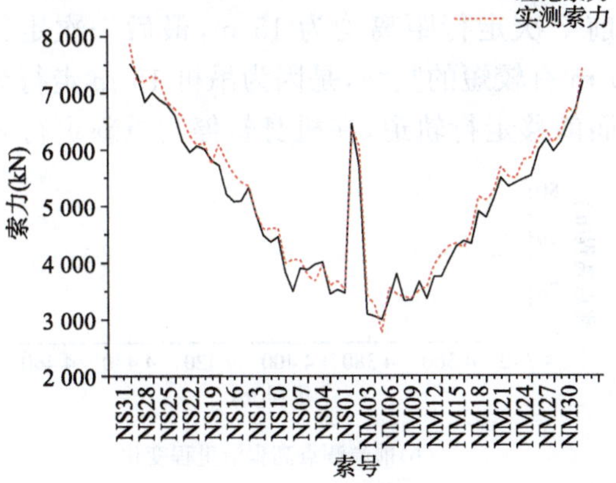

(a)北塔索力

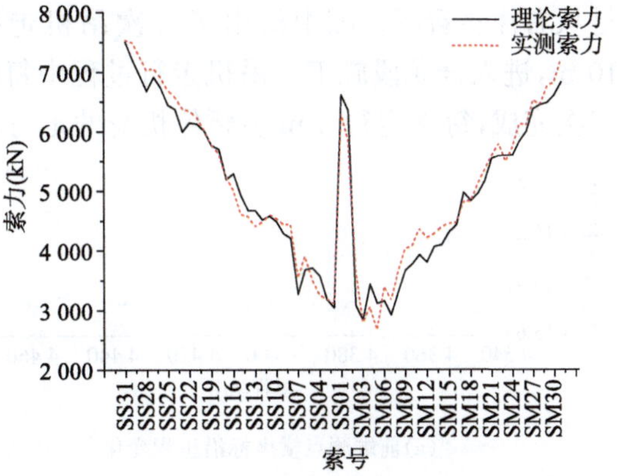

(b)南塔索力

图4 成桥索力对比

3.2 线形监测

大跨斜拉桥施工测量环境差、控制精度严格，对监测工作提出了高要求。大跨斜拉桥一个标准节段施工周期内包含吊机走行、梁段起吊、环缝焊接、斜拉索张拉等典型工况，悬臂结构体系呈现复杂的空间变形，掌握结构变形规律有助于施工测量数据解读、施工工艺优化、施工控制决策。

对于已架设主梁，在节段起吊、斜拉索张拉、环境温度作用下有竖向和横向挠度，且竖向挠度更为敏感，是施工监测的重点。施工过程中常通过实测挠度大小评估斜拉索的张拉效果；对于经精确称重的主梁节段吊装工况，还可以通过挠度值进行结构参数识别。因此主梁挠度的监测对大跨径斜拉桥具有重要意义。

目前，斜拉桥施工期监测有全站仪、水准仪、GNSS-RTK 等常用技术手段。全站仪使用方便、技术成熟，充分利用测量控制网，能进行绝对坐标的定位，是工程测量中不可或缺的仪器，但在大跨径斜拉桥挠度监测应用中则有较多不便。首先全站仪测量要求测站与测点之间通视，而大跨径斜拉桥悬臂长度大，由于主梁纵坡影响，悬臂前端测点对于固定测站不通视；其次大跨径斜拉桥悬臂主梁常处于风致振动状态，在桥面上自由设站的全站仪、水准仪等设备难以调平从而无法读数；经过转站也降低了测量精度。GNSS-RTK 监测无须通视，同时进行三维坐标的监测，适合大跨径挠度大、空间变形的特点，但 GNSS 接收机成本高，不便于大量使用，常在塔顶、悬臂前端等关键点布设（图 5）；另外在悬臂长度较短、结构变形较小时，GNSS-RTK 的精度偏低。

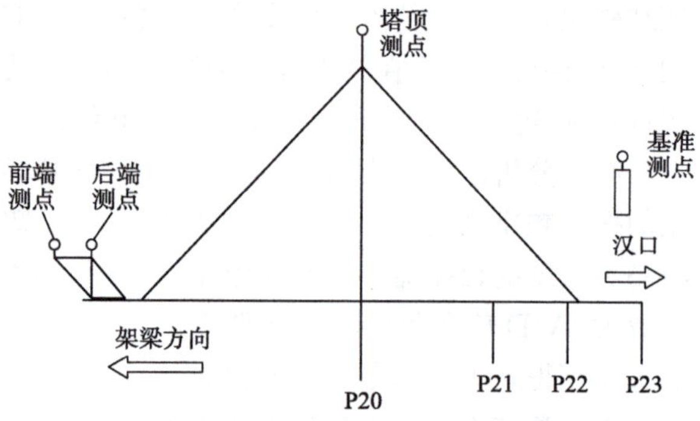

图 5　GNSS 测点布置示意

青山大桥 GNSS 监测系统经过坐标转换、测试验证等初始化工作后，在北侧主跨 NA11 节段开始连续监测直到主跨合龙，采样率为 1 Hz。本文分析 NA23 节段至合龙期间的典型工况结构变形特征，时间跨度 82 天、约 674 万条数据（由于停电等原因有部分数据缺失）。吊机前端测点监测结果见图 6，以里程为横轴，北侧悬臂往小里程方向架梁，按时间先后顺序是从右往左看图。图中给出了 8 次吊机走行，前 7 次走行距离均为 15 m，最后一次走行 10 m，进入合龙段施工。吊机走行过程中每隔 5 m 有较短的竖线，是因为吊机 15 m 走行分三次完成，每次走行 5 m 后暂停机身的走行，转而前移走行轨道，在机身暂停与重新走行时

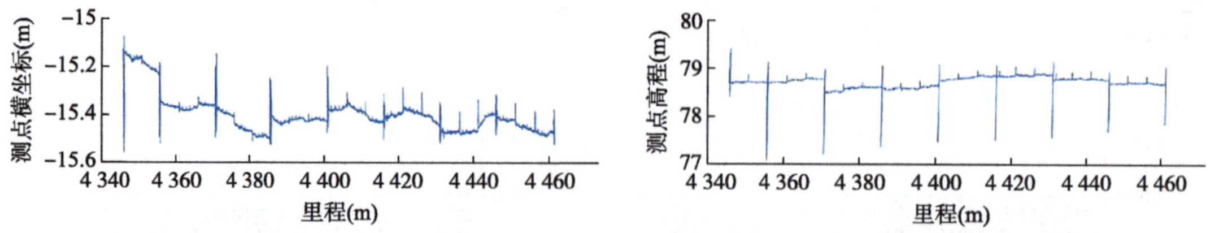

(a)前端测点横坐标沿里程变化　(b)前端测点高程沿里程变化

图 6　测点位移

进行机身姿态的调整而导致高程与横坐标有波动。图中有明显的竖线，表示吊机处于锚固状态、进行主梁节段架设作业；竖线之间表示吊机走行过程。吊机走行一般耗时 2 h 左右，而每节段架设作业最快 5 天，因此图中竖线实际由大量的数据点堆积而成。

基于连通管原理的挠度监测方法系统构造简单，成本较低，便于大量布设测点，是大跨径桥梁运营期主梁挠度监测的常用方法，在连通管结构形式、前端测点测量原理等方面有多种形式。基于压力变送器的连通管挠度系统（简称 PTDMS）具有量程大、精度高、长期稳定性好等优点，在我国大型桥梁运营期监测中有广泛应用，但对于施工期主梁悬臂长度不断增加的场景，系统安装及应用复杂，目前尚未发现有实桥应用的研究。本文依托武汉青山长江大桥施工期监测，从全寿命期监测角度出发，对 PTDMS 在大跨径斜拉桥悬臂施工期主梁挠度监测中的等效密度修正、系统对动态挠度的响应、大跨径斜拉桥悬臂主梁挠度特点等方面进行了研究，结果应用于武汉青山大桥施工控制中，也可为运营期主梁挠度监测提供参考，见图 7。

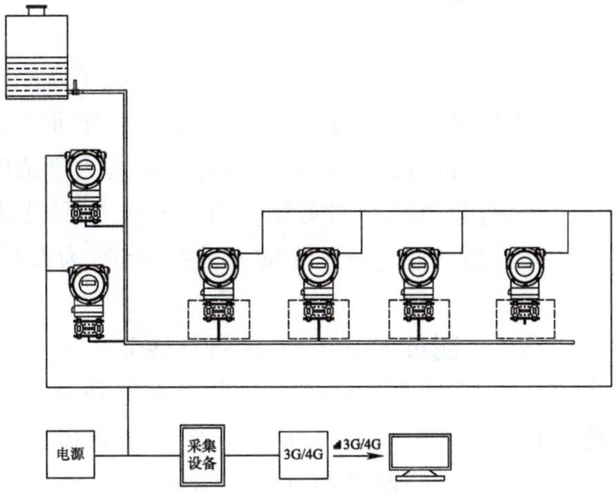

图 7 挠度监测系统

青山长江大桥北侧主梁 PTDMS 监测系统水箱安装在上游塔肢外壁，水箱附近设双基准点，高差 7.719 m；主梁悬臂前端 4 个节段各设 1 个移动测点，量程均为 100 kPa（相当于 10 m 水柱），随主梁架设由人工向前转移；根据主梁架设进度分批接长水管。由于测点转移、水管接长等工作量较大，且桥面环缝焊接施工容易对水管造成损伤，仅对 14 号节段及以前的施工阶段进行了有效监测。

以悬臂最前端的测点为例，从 4 号索张拉到 14 号节段起吊期间的挠度监测结果见图 8，除剔除异常值之外没有进行其他的预处理；5 号节段起吊前到 6 号索张拉之间、8 号索张拉及 9 号节段起吊之间有数据缺失。由图 8 可见，图中的高程明显增大表示斜拉索张拉，高程明显减小表示节段起吊；斜拉索最后张拉到位一般在夜间，第二天进行下节段的起吊，相隔时间很短，因此在大尺度时间横轴中表现为一个个波峰。在两个波峰之间为环缝焊接工况，小幅波动表示悬臂主梁每天的温度变形。由于压力变送器测点随主梁架设往前转移，主梁纵坡导致监测结果高程整体在逐步增大；转移过程中会出现数据跳变现象；图中 13 号节段起吊变形小于 12 节段是由于没有及时前移测点所致；图中 13 号斜拉索张拉变形

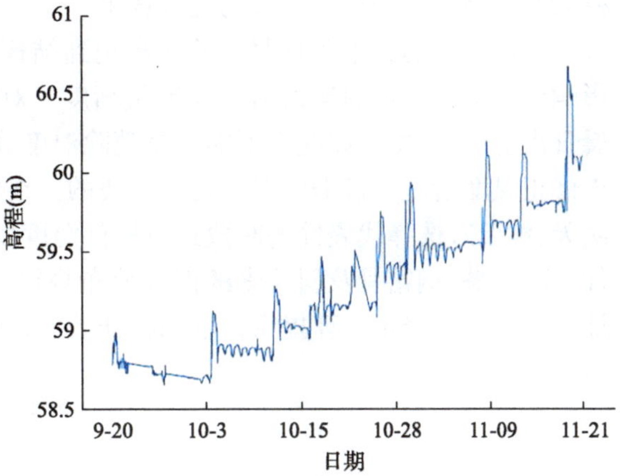

图 8 挠度监测总体结果

过大是由于在斜拉索张拉过程中前移测点造成的。节段 5、11 施工耗时较长。由于多路径噪声污染，导致 GNSS-RTK 原始监测结果在厘米级别波动，在大尺度时间横轴图中表现为一根粗线，本文采用小波进行滤波处理以提高精度，而压力变送器精度高、稳定性好，整体数据是一根细线，无须更多的数据处理。因此在结构变形较小的情况下，压力变送器挠度系统的结果更为精确。

3.3 应力监测

斜拉桥施工过程较复杂，实时、准确了解施工过程中主梁及主塔关键截面的应变（应力）状况，不仅可对主梁应力安全起预警作用，而且还可对理论参数进行校核，为施工控制提供依据。由于设计计算时采用的各项物理力学或时间参数和实际工程中的相应参数值不可能完全一致，导致结构的实际应力未必能达到设计计算预期的结果。因此有必要在施工阶段对梁体控制截面进行施工应力监控测量，为设计、施工控制提供参考数据，以确保大桥安全、优质建成。

施工监测过程中，应力观测是整个控制工作的主要内容之一，应力测量应作为一个工序来完成，测量数据应经技术及有关人员分析认可后方可进行下一工序的施工。观测记录应注明日期、时间、气温、桥面特殊施工荷载和其他突变因素等。

应力测试断面及测点选择的依据是：能监控悬臂施工阶段最大计算应力断面的应力水平，能充分反映结构纵向应力的分布规律，兼顾桥梁动静载试验对断面及测点布置的要求，能充分且必要地形成应力监测预警系统。

3.4 温度监测

青山大桥主梁跨度大、主塔高，随着温度环境的不断变化，主梁和主塔将产生较大的变形和内力变化，而同时桥梁结构由不同材料组成，其导热系数不一样，同时受日照、风向等的影响，主梁、主塔和斜拉索之间存在温差，而且主梁内外、顶底板、主塔两侧也存在温差，因此桥梁结构处在一个相当复杂的温度场中。

环境温度的大小及日照温差会影响到结构体系的线形及内力分布，结构的温度变形还影响到施工中构件的架设精度及测量精度。对于日照温差影响较大的情况，要求测量在清晨日出前进行，即使如此也不能完全消除温度分布不均匀的影响，因此建立温度监测体系对于修正温度给施工带来的误差也是必要的。在施工中针对不同季节的特征天气状况（晴天、阴天、雨天），选择代表性的时段进行构件温度场及桥址环境温度场的连续观测，以掌握该条件下的主塔、钢箱梁及斜拉索的温度分布规律，模拟各构件的特征数值温度场，为施工监控计算中的温度修正计算提供科学的特征数据，并为合龙时机选择提供参考。

4 结　　语

大跨径斜拉桥施工监控应面向施工，兼顾结构设计特点、具体施工方法、测试测量方法及误差控制手段等方面，在确保过程安全可控的前提下及允许误差范围内达到设计成桥状态，核心是几何控制。武汉青山长江大桥施工过程结果与实测值一致，调索完毕后索力、主梁线形、桥塔偏位误差均在允许误差范围内。

其他管理

智慧工地建设

陈　章　胡海波

1 概　　述

建筑行业具有明显的生产规模大宗性与生产场所固定性的特点，大部分工作都发生在施工现场，由于现场施工机械众多，施工人员良莠不齐，很容易出现安全管理混乱、事故隐患多，难以全面掌握施工现场的工作进度，成本管理不精细、盈亏不清楚，材料管理混乱，工程资料众多，查找困难等问题。工程建设的规模越大，流程越复杂，对现场的监控管理要求也更高。因此对于大型工程施工，智慧工地的建设是必不可少的。

武汉青山长江大桥自项目开工以来，就将智慧工地的建设纳入项目管理的首要任务中，将"互联网＋"理念与传统工地建设深度融合，围绕建筑工程现场生产进度、重点设备、人员管理、绿色文明施工等各方各面，充分利用物联网、传感技术、云计算、人工智能、大数据等新一代高科技信息技术，对施工现场进行一体化的可视化管理，实现智能化的交互、高效化的工作。

2 智慧工地管理系统

2.1 项目管理综合信息平台

为有效推进青山大桥项目智慧工地建设，项目建设初期构建了项目管理综合信息平台，该系统将青山大桥建设管理的主要业务集中在一个信息平台上进行管理，涵盖项目建设管理全过程。实现了建设管理主要业务之间的信息互联互通，并依据管理需求，分析整理各类数据，为各级管理机构掌控项目整体建设情况提供服务，改变过去信息孤立状况，提高了信息化管理水平。

项目管理综合信息平台能进行多业务管理，系统包含"信息平台、办公 OA、项目资料管理、合同管理、投资控制、质量试验、计划进度、安全环保、工程决算、施工监控、数据集成"及现场管理（手机 App）应用等业务处理功能模块，操作用户包括业主、设计、监理、施工单位等。项目管理综合信息平台见图 1。

2.1.1 实现全过程管理，业务之间相互关联

系统通过对公路建设中所有类别工程进行拆分，建立一系列由工程最小控制单元组成的工程编码台账，实现主要业务应用的互关联，如计量支付、工程变更、试验管理、工序控制、计划进度的相互关联，极大方便了对工程信息的统计、查询、精细化管理和掌控。

图 1　项目管理综合信息平台

2.1.2　规范工程变更、计量支付审批

依据《工程变更管理办法》，加强了工程变更过程控制，按照职责权限处理日常工作。从变更方案到变更申请，再到变更令的签发全部在平台里面完成审批流程，变更令生效后变更台账自动进入数据库参与计量支付，实现了工程变更既规范又快捷。

2.1.3　实时质量信息监控

系统汇总了各参建单位的试验设备自动采集数据、试验室视频监控信息、混凝土拌和站生产数据的监控网络平台，对不合格的试验检测结果、质量数据进行统计、汇总和报告，以利于参建各方进行跟踪。业主、驻地办、施工单位通过该网络管理平台查询、处理各种试验检测及质量管理业务，强化了质量控制，提高了工作效率。

2.2　成本信息系统

成本系统 V2.0 上线功能包括收入管理、成本管理、资金管理、分析报表、设备管理、系统管理和数据填报七大功能，涉及 196 个子功能，其中流程表单 75 个、业务报表 57 个、普通操作功能 64 个。

目前，项目部通过成本系统进行劳务、物资、机械合同、收方、验收、结算、例行例外拨款、银行付款等日常业务工作。系统自上线以来，基层员工劳动强度有所降低，同时提高了工作效率，建立了准确、丰富的信息记录并及时有序地进行传递，使得项目管理更加规范，特别是体现在工程项目债务形成管理、债务集中管理和资金集中支付审批流程，对外部客户的债务资金支付实现了按合同约定支付比例或公司规定支付比例，在公司层面进行资金支付的控制，减少或杜绝工程项目超合同付款、超计价付款、超比例付款、付款比例不均衡的问题，有效节约了资金成本，提高了资金的利用效率；并实现了项目管理由前台管理向后台管控转变。

2.3 安全质量隐患排查治理系统

安全质量隐患排查治理系统包含排查、上报、响应、督办、消除、验证、整改、延期等 23 个工作流程，系统可以查询不同周期的统计数据，并能对分部隐患排查情况适时进行评价排名，同时实现电脑系统和手机 App 两套模式，为及时发现安全隐患，及时进行隐患整改提供便利，提高了安全隐患整改效率，促进了现场安全管理水平。安全质量隐患排查治理系统见图 2。

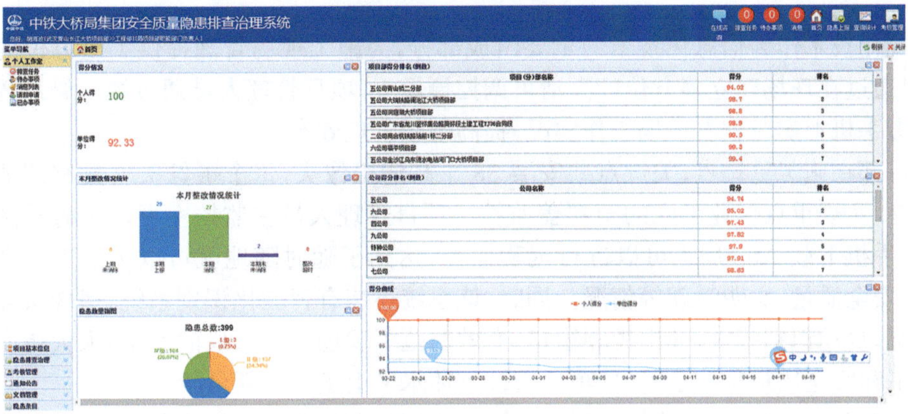

图 2 安全管理隐患排查系统

2.4 智能物资采购系统

应用中国中铁采购电子商务平台，为网上采购提供技术保障和后台服务。通过系统及时了解物资价格信息，加强物资采购价格指导和严格管理。电子商务平台融合互联网协作思维，整合供应链、产业链资源，在物资采购中可以广泛了解市场商情，利用大数据服务，体现了专业化、标准化和高效化的采购理念。物资采购平台见图 3。

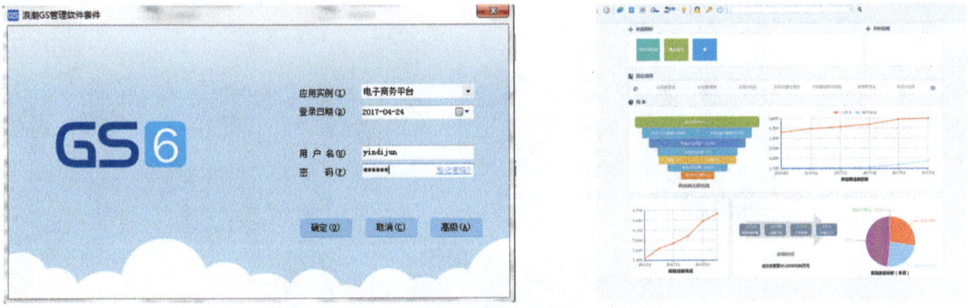

图 3 物资采购平台

2.5 劳务实名制管理系统

严格按照国家有关规定进行劳务人员实名制管理，为所有进场人员进行身份证读卡登记并录入实名制登记系统。

项目部坚持对入场施工人员开展安全和技术培训考核，组织参加高空坠落、灭火器使用、安全带保护等12项安全体验式培训。在培训合格、签订合同后，施工人员须持身份证到劳务管理办公室进行信息采集。

采用多媒体安全培训系统进行岗前培训并登记入档，劳务人员进场培训合格，上岗前，项目部发放安全防护用品，并在安全帽上制定二维码，发放人员卡片，作业工点实现实名制认证，重点作业部位（如主塔、钢梁架设工点）安装三辊闸机通道，严禁未经许可人员进入。

2.6 可视化管理系统

可视化技术作为信息化技术的重要组成部分，为施工现场管理提供了全方位的现场实景掌握，通过在现场建立多方位的高清可调控摄像头，项目管理人员通过统一管理界面能在电脑或者手机上实时查看现场工作实况，提高现场管理效率。

项目部在施工重难点、关键点共安装38个高清摄像头，每个摄像头均具有调节焦距和旋转功能，实现重点作业工区的全覆盖监控。项目管理人员在监控室可以实时看到现场施工场景，手机下载App后也可以进行远程监控，达到了随时随地就可以了解工地现场的施工动态、安全质量、文明管理等情况。同时，该系统还装有智能化识别系统，摄像头监视到可疑的情况，自动识别报警，弹出视频窗口，有效防范了现场安全事故的发生，大大提高了项目管理水平和安全质量预控水平，使项目管理整体水平上了一个新台阶。

同时在项目驻地、协力队伍生活区、施工作业区设置了高清摄像头，一方面通过监控中心显示屏、电脑、手机等不同终端，实现了对施工作业的实时监控、远程管理；同时开启了视频监控的报警功能，发挥防盗系统作用，有效提升了项目安全防范水平。可视化实施监控系统见图4。

图4 可视化实施监控系统

2.7 现场管理手机App

现场管理手机App采用安卓、苹果智能手机或PAD为移动客户终端，无缝配合现有的项目管理体系，建立便捷的工作沟通管道，通过智能移动端的动态项目管理，为决策者提供实时资讯，极大提高工作效率，进行管理习惯的升级。

3　施工过程信息化技术应用

将信息化技术引入施工过程管理中，促进现场管理的规范化，提高劳动效率，保证工程质量，降低安全风险。

3.1　施工监控

在围堰施工监控、大体积混凝土温度控制、大型临时结构施工监控中采用全自动无线采集系统，依托桥梁安全与健康监测云计算数据中心，将现场埋设的传感器数据直接上传到云平台，可以实时查看监测数据，即时获取结构受力状态，解决了传统的人工监测存在工作量大、数据采集不连续等缺点。

同时，施工监控数据与后台云计算中心并网，后台中心具备云计算和大数据存储管理分析功能，可以为现场提供异构数据融合、结构监测分析、综合安全评估与智能预警服务，提前发现隐患，制订防患对策。现场施工监控及后台云计算中心见图5。

图5　现场施工监控及后台云计算中心

3.2　施工现场语音广播系统

各分部工点都建立有现场语音广播系统，播出安全生产基本常识、安全纪律、常见安全应对和急救措施、常见疾病预防和健康养生知识，以及各类安全检查或文体活动通知等，做到反复教育，确保“习惯成自然”。

安全无小事，警钟须常鸣，项目部也将根据施工进度对小广播内容进行及时更新，让工人们有针对性的熟悉安全生产知识并遵照执行，确保大家高高兴兴上班，平平安安回家。

3.3　二维码信息管理技术

二维码技术具有存储信息容量大、获取信息便捷、成本低、易制作等特点，在青山大桥施工中得到广泛应用，现场在物资管理、劳务管理、机械管理、成品保护等众多方面引用二维码信息技术，使繁杂的信息管理工作变得更加快捷、直观。

3.4 塔吊运行监控系统

青山大桥主塔塔吊采用 1 000 t·m 的动臂式塔吊，起重量大，安装高度达 300 m，日常作业繁忙。主塔塔吊作为大型机械设备监控的重点，在两个塔吊之间安装智能作业安全防护系统，通过设置无线“电子栅栏”，做到碰撞危险报警功能，实现了主塔塔吊高低错落、灵活巧妙的立体旋转。塔吊驾驶室内布置有塔吊黑匣子，用于实时采集安装于塔吊的各类传感数据，同时在塔吊不同部位布置幅度传感器、角度传感器、力矩传感器、风速仪、警示灯等，下一步还将进一步完善无线通信模块，实现塔吊地面监控。塔吊运行监控系统见图 6。

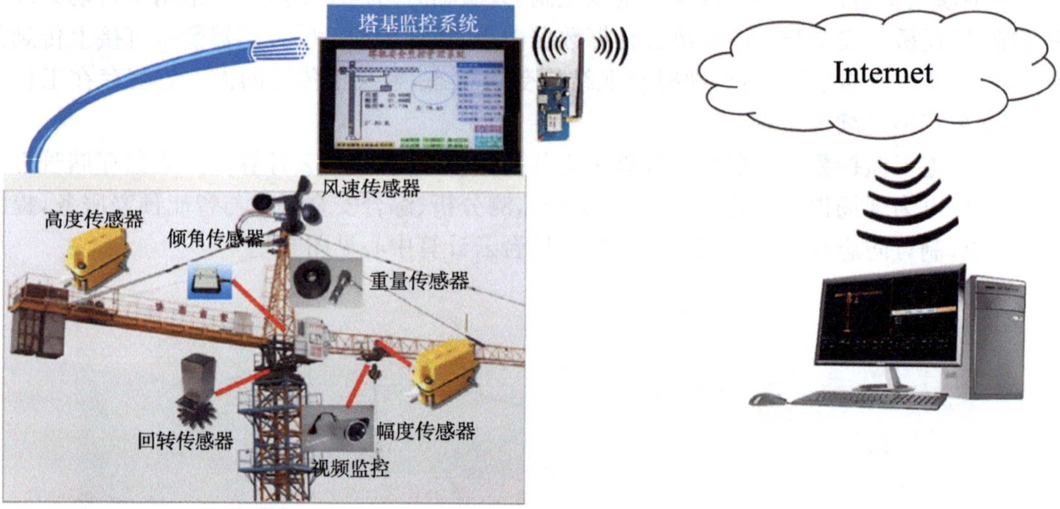

图 6 塔吊运行监控系统

3.5 即时通信调度系统

即时调度系统是充分利用各类即时通信工具进行现场施工调度管理，系统免费且稳定性好，施工人员均可立即上手，可保证在任何情况下都能够保障指挥中心与外界的通信联络，后台管理人员通过结合工地视频监控，及时对施工现场进行生产调度和施工管控。

4 智能数控装备的运用

4.1 数控立式钢筋弯曲中心

项目严控钢筋加工质量，按照工厂车间建设标准布置钢筋配送中心，配送中心充分运用数字化技术，引进智能数控装备，建立符合职业健康要求的标准化作业环境，降低了工人作业强度，提高了劳动效率，也提高了加工质量。

操作人员通过触摸屏(HMI)对所需加工的钢筋图形进行编辑，包括各边长度和弯曲角度的设定，编辑完成并将指令下发到 PLC(可编辑逻辑控制器)后，PLC 即可按照指定尺寸通过脉冲方式控制伺服电机的左右行走和上下弯曲，自动完成钢筋加工。通过数控钢筋设备加工的钢筋标准，避免了人工弯曲的误差。钢筋数控剪切线与数控立式双头钢筋弯曲中心配套使用。

4.2 数控钢筋滚焊机

桩基钢筋笼采用滚焊机集中加工制作。钢筋加工采用数控自动化集中加工，统一配送。

4.3 智能顶推与体系转换系统

青山大桥主桥边跨为钢砼组合梁结构，钢梁顶推重量约 10 000 t，采用步履式数控顶推系统，全桥共布置 1 000 t 的步履式千斤顶 68 套，顶推完成后将采用 2 000 t 千斤顶进行辅助结合梁体系转换，所有工作将由中控系统集成，实现梁体全施工过程的智能监控，在竖向起顶的同时保证水平纵移同步，并及时进行横向纠偏功能。

4.4 智能张拉系统

本项目共有 T 梁 1 617 片，分两个梁场进行预制，T 梁张拉采用智能张拉系统，自动记录张拉数据，杜绝了人为造假质量数据的可能，可进行真实的质量追溯。为了保证张拉数据可靠性，本全自动张拉系统采用三重保护：一是张拉数据通过现场专用存储器进行实时数据存储。二是张拉数据通过通信接口以无线方式传入梁场信息管理系统，可以实时显示张拉数据、张拉力曲线及伸长量曲线，同时进行本地记录保存。三是建立远程数据管理系统，通过专用的网络服务器对张拉数据进行备份，并可通过专用程序再现显示张拉数据、张拉力曲线及伸长量曲线。

5 BIM 技术的应用

5.1 建立青山长江大桥 BIM 信息管理平台

通过 BIM 信息管理平台，融合工程项目管理、平安工地、施工监控和健康监测各个子系统，对各子系统信息进行融合，在 BIM 平台上展示施工进度、计量支付进度、平安工地考核评价及隐患排查信息、施工监控及健康监测数据，实现大桥建设各参与方协同工作、提升沟通、提高生产率和提高质量控制。BIM 信息管理平台见图 7。

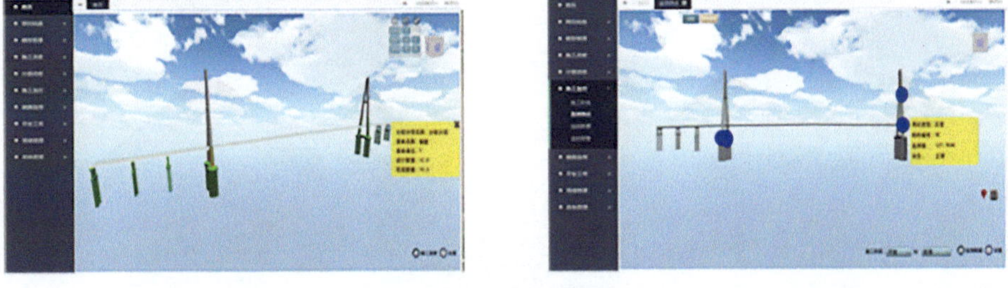

图 7 BIM 信息管理平台

5.2 利用 BIM 技术进行施工模拟

在重要方案及临时结构的比选上，以三维数字技术为基础，集成施工各阶段信息的工程数据模型，模拟出真实物体，精确、真实表现出对象的形状尺寸以及场景，利用其可视化、协调性、模拟性等诸多优势，对提高项目生产、确保施工安全质量、优化施工方案、成本精细化控制等都发挥了重要作用。BIM 技术施工模拟见图 8。

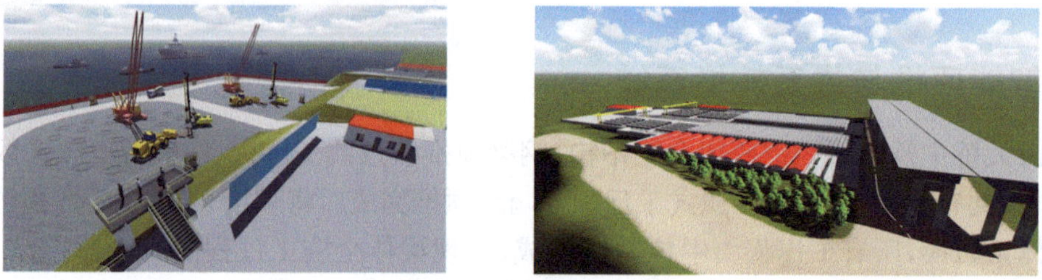

图 8　BIM 技术施工模拟

6 结　　语

武汉青山长江大桥自开工建设以来，通过智慧工地的建设，对施工现场实施可视化管理，有效保证了现场的安全文明施工，并且通过项目管理信息平台，实时准确地掌握了工程的安全、质量、进度、材料、人员、成本等方面的问题，为项目的有序推进提供了全方位的保障。

绿色工程施工

陈　章　胡海波

1　概　　述

为贯彻落实党中央提出的绿色发展理念，遵循创建资源节约型和环境友好型工地的总体要求，武汉青山长江大桥项目经理部始终坚持把打造绿色精品工程作为项目建设的基本思路，在武汉青山长江大桥的建设中，全面落实《全国建筑业绿色施工示范工程创建指南》和《建筑工程绿色施工规范》，通过加强领导组织、健全管理制度、规范施工作业、推进科技创新，追求资源投入减量化、资源利用高效化、废弃物排放最小化，最终打造出“资源节约、环境友好、过程安全、品质保证”的绿色桥梁。

2　绿色施工管理措施

项目部坚决落实绿色发展理念，严格执行国家、地方政府及建设单位有关生态环境保护的规定，贯彻“预防为主、保护优先，开发与保护并重”的原则，确立以建设环保、经济、社会综合效益最大化的绿色施工示范工程为目标。工程建设初期结合本工程施工组织设计和现场实际条件，编制并印发了《武汉市四环线青山长江公路大桥绿色施工管理制度汇编》，成立了绿色施工领导小组，制订了绿色施工管理办法，完善各项规章制度，细化分解相关指标，定期开展统计分析，严格考核，加强培训，加大宣传，提高全体参建人员的绿色施工意识，养成绿色施工习惯。

项目开工前，由总工程师牵头组织项目部及各分部主要技术骨干对建设单位提供的设计图纸和文件进行会审，遵循“以人为本、服务施工、节约资源、绿色发展”的建设理念，消除施工图差、错、碰、漏等质量问题，并结合现场施工调查情况，针对材料选型、工程数量、施工工艺等提出改善设计、变更设计的建议。

施工方案编制实施三级审查制度，通过公司内部审查、参建各方预审、外部专家审查一步步进行方案优化，全方位多角度的保障了施工方案的科学性与合理性。重点分项工程施工方案编制时实施方案比选，针对各项方案的技术可行性、工期效益、经济效益与环保效益等多方面进行对比分析，从中选取最优的方案予以实施。

3　环境保护措施

为创建绿色示范工地，项目部在进场前就广泛调研桥址周边生态环境，制订环境保护计划，将环境保护与项目管理有机结合，严格开展对尘、光、声等污染的防治，加强对气、水、渣等废弃物排放的管控。

项目部建立了生活区和生产区洒水清扫制度，安排专人对生活区、施工便道、施工场地、拌和站等施工作业区进行清扫(图 1)。施工现场还配备有降尘喷雾炮，有效控制现场扬尘。运送土方、渣土等易产生扬尘的车辆采取封闭式或遮盖措施，减少运送过程中扬尘的产生。在施工现场显著位置处设置扬尘监测系统(图 2)，实时监测施工现场扬尘情况，确保现场扬尘控制效果达标。

图 1　施工场地定期洒水除尘

图 2　扬尘监测系统

夜间进行混凝土灌注等施工时，设置带灯罩的照明灯具，要求调整灯光投射角度避免影响周围居民正常生活及船舶安全通行。电焊作业时采用有效的遮挡措施，以防止电焊弧光外泄。在降噪处理上，项目部合理进行工艺规划和工序调整，选用高效率、低噪声设备，实时进行噪声监测，严格将噪声控制在排放标准以内。

施工中，严禁使用尾气超标的车辆，并加强日常维护保养、定期年审，保证车辆的状态良好，减少废气排放。生产区设置循环净化水池，废水经沉淀达标后再循环利用。建筑垃圾分类收集、集中处理，钻孔桩破碎桩头、开挖土石方等固体废弃物用于路基填筑与场地平整，提高回收利用率，钻渣等废弃渣土均由专用车辆外运至指定弃土场，废电池、废墨盒等有毒有害废弃物均封闭储存、分类回收(图 3)。

积极开展施工现场各区域绿化，生活区与施工场地内均种植大面积草坪与植被(图 4)，防止水土流失；对完工地段施工场地及时平整、播撒草籽进行绿化。由于南汉河道水深流急，河床地质抗冲刷性能差，天兴洲右缘河床局部冲刷较大，为有效防止水土流失，同步设计了天兴洲右缘守护工程，采用“水中沉排＋水下抛石镇角＋路上护坡”的施工方案施工天兴洲右缘守护工程。

图 3　电池回收箱

图 4　生活区与施工场地绿化

4 节材与材料资源利用

项目部坚持贯彻集中招标与就地取材的原则，选择附近合格的材料供应商，大力推进工厂化、智能化、装配化生产，降低材料损耗。各类临时设施均采用可拆卸、可回收的周转材料，按定型化、工具化、标准化设置，提高周转材料循环利用率。施工辅助设施均选用大型钢管、型钢及贝雷梁支撑体系，合理规划施工工期，提高材料周转率，完工后全部回收再利用（图 5、图 6）。

图 5　施工辅助设施

图 6　现浇梁支架

工区内设置标准化钢筋加工车间（图 7），所有钢筋均由钢筋车间集中加工，统一配送，减少损耗。现场所有边角余料及工程返还材料分类归集到钢筋加工车间内指定位置，根据现场需要进行回收再利用，变废为宝（图 8）。

在满足设计图纸、规范验标和结构安全质量的前提下，项目部对全桥施工配合比进行了优化设计，在混凝土中掺加了矿粉、粉煤灰及外加剂以减少水泥用量。全桥 $\phi25$ mm 以上规格钢筋全部采用滚轧直螺纹机械连接，力争将损耗降到最低，同时还大大节约了电力消耗和减少了焊接废气的产生。

在材料加工前，技术人员吃透设计图纸，领悟设计意图，精细图纸会审，预先总体排版，优化下料方案，从设计源头避免材料浪费。项目部每月开展材料节超消耗考核，加强材料使用管控。因地制宜，推广使用新技术、新工艺、新设备、新材料，使材料得以高效使用。

办公尽量采用无纸化信息系统，确需用纸均分类摆放，纸张双面使用，废纸定期回收处理。同时利用 OA 平台、手机微信、QQ 工作群、互联网等信息化技术手段推动绿色办公。

图 7　标准化钢筋加工车间

图 8　钢筋余料回收

5 节水与水资源利用

生产与生活用水分路供应、分别计量，按照施工组织设计的总体安排，对现场生产、生活区食堂、澡堂、盥洗的给水、排水系统进行了合理布置，所有的用水器具均采用了节水器具。南、北岸预制 T 梁养护均采用全自动循环水喷淋养护系统（图 9），T 梁预制场内设置循环水池，养护用水回流至循环水池经沉淀、净化后再流入喷淋系统实现循环再利用。车辆和设备均在指定地点集中清洗（图 10），为防止清洗后的水排入长江，在混凝土拌和站修建了沉淀池，清洗后的水排入沉淀池，沉淀后的水用来喷洒路面，从而再次利用。

图 9　制 T 梁全自动喷淋养护

图 10　车辆冲洗池

现场生产用水采用长江水，并定期对水质进行了检测，满足规范要求。混凝土中加入高性能外加剂，减少拌和用水量，混凝土拌和用水采用称重计量系统控制。主塔和墩身的混凝土养护采用混凝土养护液养护，承台、塔座及桥面混凝土等采用外包塑料薄膜、土工布覆盖洒水养护（图 11），有效节约了养护用水。试验室混凝土养护采用喷淋设备，减少养护水使用量，养护水利用汇集装置汇集到一起，循环使用。

施工中采用先进的节水施工工艺，大体积混凝土采用冷却水管循环水进行降温（图 12），冷却水排至集水池由水泵抽到进水口再循环，从而形成以少量的水内循环对大体积混凝土进行降温。

图 11　桥面混凝土养护

图 12　循环冷却水管

6 节能与能源利用

项目部通过源头管控、过程监督、考核奖惩等方式加大能源管控。生活办公区和施工区实行用电分路供应、分别计量，生活办公区、生产区全部采用节能灯具，在生活区每间宿舍安装电表，项目部提供一定的基本用电额度，超额部分个人自行购买，提倡节约用电。

现场尽可能多地使用太阳能等清洁能源，如太阳能照明灯、太阳能警示灯等(图 13)。在澡堂安装空气源热泵热水器来供应热水，代替传统的锅炉和电热水器，大大减少能耗(图 14)。

图 13　太阳能路灯

图 14　空气能热水器

建立机械设备台账，定期监控重点耗能设备的能源利用情况，定期进行设备维护、保养。根据现场实际设备使用情况制订了主要施工机械分类耗能标准，并相应制订主要机械耗能统计检测管理制度，严格参照分类耗能标准进行设备选型，不符合标准的机械设备严禁进场，设备使用过程中定期进行耗能检测，对于耗能超过标准的予以退场处理。每月对主要耗能施工设备进行耗能计量核算，对能耗高的设备进行重点监控，对于不正常超出的，分析差异原因，对于那些效率低、耗能高的机械设备进行退租处理。

项目部根据整个青山大桥现有设备资源，对部分利用率不高的设备进行工区间综合调配(图 15)，做到资源共享，减少闲置。采用节能型设备和设施，电梯、塔吊、龙门吊机等设备都选用了节能高效变频设备，节约用电、降低能耗。

图 16　800 t 架梁浮吊综合调配

7 节地与土地资源保护

为促进节约用地，减少土地占用，项目办公及生活用地租用周边既有闲置房屋。

充分考虑工程建设情况及临时用地实际范围，对施工现场临时设施进行合理化布置，混凝土拌和站设置在距离混凝土使用量大的构造物位置附近，且靠近江边，方便砂石料运输进场。T 梁预制场分别设置在南、北岸预制 T 梁桥附近，减少 T 梁运输距离（图 16）。

根据施工现场实际条件，顺桥向布置施工便道，方便施工机具、车辆通行（图 17）；同时施工现场临时道路布置与原有及永久道路兼顾考虑，工区引入便道通过原有乡镇道路连接至项目部及施工现场，充分利用原有永久道路为施工服务。

图 16　T 梁预制场

图 17　施工便道

承台基坑施工放弃了传统的放坡开挖方式，全部采用钢板桩围堰或钢管桩围堰（图 18），减少土方开挖和回填量，有效保护用地。开挖土方集中堆放，并采用薄布进行全覆盖，防止扬尘。基坑施工完成后，及时进行回填、平整，并播撒草籽恢复植被（图 19）。

与当地政府签订弃土处理合作协议，现场所有弃土均外运至指定弃土场，有效保护施工用地。

图 18　承台施工钢板桩围堰

图 19　完工后回复植被

8　人力资源节约与保护

项目部制订了职业健康管理制度与卫生防疫管理制度，创造了安全的施工作业条件和工作环境，制订了卫生防疫制度和应急方案，保障参建人员职业健康，预防职业病发生。各工区均按照施工组织设计要求进行施工场地布置，合理规划施工作业区域，将施工作业区和办公生活区分开布置，生活设施均远离有毒有害物质。

项目部及现场食堂均办理了食堂卫生许可证，食堂管理员、厨师及其他工作人员定期进行体检，并持有效健康证明，实行挂牌上岗，规范作业。加强对食堂工作人员的管理，保证食堂操作间、大小餐厅整洁和各类器具的清洁卫生，规范食堂工作人员的操作行为和个人卫生，保证食品安全和人身健康。

按照部门岗位职责分工，生活区清理卫生由办公室负责。制订了《夏季高温管理规定》及《冬季防寒保暖管理制度》，宿舍安装空调（图 20），发放防暑降温和防寒用品，按制度规定严格落实消暑及保暖措施。

施工现场危险地段、设备及有毒有害物品存放等处均设置有醒目的安全标志，并配备相应防护设施。对施工作业人员发放必要的劳动防护用品，现场施工人员佩戴与其相应的防护器具，如电焊作业人员均配备护目镜和防护手套。每年都请医护人员对施工现场作业人员进行体检，保证作业人员的健康安全（图 21）。

图 20　宿舍空调

图 21　作业人员体检

9　绿色施工技术创新与应用

项目部十分重视以绿色环保为主的科技创新，积极开展绿色施工技术创新与应用。通过技术攻关，先后研发了超大哑铃型围堰整体制造斜船架法下水技术、大直径变截面深水基础旋挖钻施工技术、超高非线性索塔爬模一次爬升技术、超高索塔混凝土一次泵送技术、主塔钢锚梁与牛腿整体吊装快速定位施工技术、边跨钢梁多点步履式同步顶推施工技术等十余项创新技术，最大限度地达到经济效益、社会效益和环境效益的有效结合。通过创新管理方式，降低安全风险，节约施工设施，提质增效，确保武汉青山长江公路大桥建设施工过程绿色环保、安全可控、质量优良。

10 结　语

武汉青山长江大桥自开工建设以来，始终秉持着创建资源节约型和环境友好型工地的总体要求，以打造绿色精品桥梁为目标，全面落实绿色施工，通过加强领导组织、健全管理制度、规范施工作业、推进科技创新，有效保护了生态环境，降低了资源损耗，并从本质上保证了工程品质。

工程施工质量管理

刘建忠　丁启胜　明红兵

1 概　　述

青山长江大桥为武汉市四环线跨越长江的控制性工程，大桥两岸主塔墩均采用变径桩，其上部为 2.8～3.0 m 桩径，下部为 2.5 m 桩径，主塔墩承台为哑铃型结构，承台总尺寸为 98.9 m×39.5 m，厚 9 m，主塔采用 A 型结构，采用双塔双索面全漂浮体系，主桥布置为(350+938+350)m 钢箱及钢箱结合梁斜拉桥，质量要求高、管理难度大。为此，项目部以质量责任制为核心，以健全质量管理体系为抓手，通过“三检制”“首件制”及质量隐患排查等重要手段，预防和控制质量通病，深化创优措施，努力将青山长江大桥打造成“优质耐久、安全舒适、经济环保、社会认可”的平安百年品质工程。

2 质量管理体系的建立和运行

2.1 质量目标和方针

质量目标：确保工程质量达到国家及行业质量验收标准，各工序检验批、分项工程、分部工程一次验收合格率 100%；争创国家优质工程奖。

质量方针：严格标准、坚持创新、不断改进、质量优良。

2.2 质量管理体系

青山长江大桥项目部以“高标准、严要求、程序化、快节奏”的管理理念，精心组织，科学谋划，成立了质量管理领导小组，编订了《质量保证体系》文件．制订了质量检查、技术交底等 32 项质量管理制度，建立健全了质量管理体系，明确了质量管理职责，细化了质量管理链条，为各项质量保证措施的有效落实起到了组织保障作用，见图 1。

2.3 质量月度检查、日常巡查和领导带班专项检查

每月开展质量大检查，深入施工现场，排查质量隐患，针对检查发现的质量隐患问题，按照“五定”原则下发整改通知单。同时，坚持日隐患排查制度，发现问题，及时要求整改，对于整改不力的，给予经济处罚。对于重点工序、关键部位实行领导带班专项检查制度，即由领导牵头相关部门对施工质量情况进行检查，以此提高全员的质量意识。

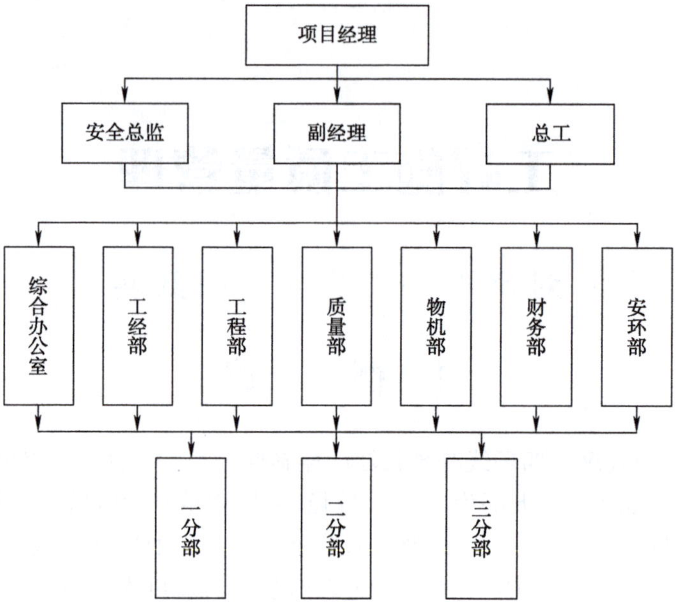

图 1　质量管理组织机构

2.4　执行“首件制”

在本标段内所有单位工程中首个钻孔桩施工、承台施工、墩身施工、主塔施工、钢箱梁架设施工(包括斜拉索挂索施工)、连续梁施工、T 梁预制和架设、桥面系及铺装等施工中，均实行首件工程认可制，首件验收经项目部认可后方可全面展开。首件工程完成后召集相关技术人员总结先进的做法，做到样板与深化施工相结合，最大限度地提高一次创建成功的频率，减少或消除经返工或维修创优的情况。

2.5　执行“三检制”

现场施工过程中各工序严格按照“三检制”制度的要求进行验收(班组长自检、技术员复检、质检员专检)，验收发现工序有质量缺陷时，督促指导班组及时整改，工序质量经三检验收均合格后，方可报请监理进行验收。

2.6　班前十分钟讲质量

项目部始终坚持把每日班前十分钟作为确保安全、高效完成各项施工任务的重要前提和保证。通过班前十分钟讲话，使班组作业人员熟悉工序施工质量注意事项和质量控制要点，强化施工质量意识。

3　施工质量过程管控

3.1　原材料质量管控

对每一批进场原材料进行试验检测，做到“先检后用”“合格才用”。在内业方面，做好各种材料的质量记录和资料的整理与保存工作，做到质量证明文件、出厂合格证(单)、验收、试验单据齐全，确保其可追溯和完整性。外业方面，应做好钢筋、砂石料等各项原材料的标识及存放工作，确保标识清楚、存放规范、无混串料。

3.2 钻孔桩施工质量管控

3.2.1 钻 孔

插打钢护筒前，应检查护筒是否有足够的强度和刚度，保证施工时不会产生变形，并结合实际情况确定护筒的埋设深度。钻孔深度达到设计要求后，对孔径、深度、倾斜度和孔底沉渣全面仔细检查，合格后方可下放钢筋笼。

3.2.2 钢筋笼制作与安装

桩基钢筋笼制作应符合图纸设计尺寸，笼体完整牢固，并采用垫块保证钢筋笼的保护层，满足规范要求。每隔 2～4 m 设置临时十字加劲撑，以防变形；加强箍筋必须设在主筋的内侧，螺旋箍筋在主筋的外侧，并与主筋焊接固定。

3.2.3 桩基混凝土灌注

桩基混凝土灌注前，应进行导管水密试验和接头抗拉试验，确保接缝的密实，保证灌注首批混凝土后导管埋入深度不小于 1.5 m。混凝土灌注过程中，易出现钢筋笼上浮现象，此时应从混凝土的灌注速度，混凝土的坍落度，泥浆的比重等主要因素上分析。要想从根本上控制钢筋笼的上浮，需要从以下几方面加以控制。

(1)混凝土的灌注速度

在钻孔灌注桩水下混凝土灌注过程中，当灌注的混凝土顶面距钢筋骨架底部 1.0 m 左右时，应降低混凝土的灌注速度。当混凝土上升到骨架底口 4 m 以上时，提升导管，使其底口高于钢筋笼底部 2 m 以上，才能恢复正常灌注速度。灌注开始后，应紧凑、连续的进行，严谨中途停顿。

(2)混凝土坍落度控制

在灌注水下混凝土时，一定要控制好混凝土的坍落度，以 18～20 cm 为宜。混凝土坍落度过小，会增大混凝土与钢筋笼的摩阻力，引起钢筋笼上浮。混凝土坍落度过大，则混凝土强度难以保证。为此，在灌注时务必要严控混凝土的坍落度，对坍落度不符合要求的混凝土坚决要弃之不用。

(3)泥浆比重的控制

在灌注水下混凝土之前，一定要严格测设孔内的泥浆指标，特别是泥浆比重。泥浆比重过大，则钢筋笼在孔内受到的浮力就会增大。这就会使得钢筋笼在孔内的实际自重会大大减小，钢筋笼在泥浆中的自重减小就会导致上浮的机会增大。泥浆比重过小，则起不到泥浆护壁的作用。泥浆比重以 1.05～1.10 为宜。

3.3 承台施工质量管控

3.3.1 桩头处理及承台封底

承台施工时，桩头要严格按设计要求和规范要求处理，且严禁桩头积水或有松散混凝土块；桩头采用风镐或人工凿除，严禁采用炸药或微膨胀剂等材料进行，也不得使用大功率镐头机进行。承台封底混凝土要求密实,不漏水,并保证浇筑厚度满足施工方案要求。

3.3.2 模板工程

承台、墩身模板安装前,进行试拼,并编好号,以保证模板间接缝的严密,保证模板间接缝的严密,安装时按编号顺序进行,同时,严格除锈,以免锈斑粘在混凝土表面,影响混凝土外观质量。

3.3.3 钢筋工程

钢筋品种、规格、间距、接头及焊接等均符合设计图纸和施工规范的要求,钢筋绑扎时,其间距、位置、混凝土保护层厚度、墩身预埋钢筋及临时设施的预埋件等的设置必须符合设计和规范要求。

3.3.4 混凝土工程

混凝土浇筑前要进行认真的检查,防止漏埋、错埋而给后续工作造成麻烦,承台大体积混凝土采取温控防裂措施时,可分次浇筑或布设冷凝管,防止承台混凝土因水化热过大而出现裂缝,影响质量。

3.4 墩身施工质量管控

3.4.1 模板工程

墩身模板安装前,进行试拼,并编好号,以保证模板间接缝的严密,安装时按编号顺序进行;统一使用同一规格的脱模剂,以求墩身节段表面色泽一致。模板要具有一定的强度、刚度及稳定性。

3.4.2 钢筋工程

墩身钢筋按设计图要求由钢筋车间加工成形,现场安装,测量放线检查钢筋笼的位置,钢筋连接时应特别注意横向箍筋焊接接头的错开,避免其在同一截面位置。钢筋、模板安装完毕,仔细检查验收,并填写检查签证表格,测量检查模板尺寸、倾斜度及轴线偏位,合格后方可浇筑墩身节段混凝土。

3.4.3 混凝土工程

混凝土浇筑时采用分层浇筑,分层振捣,控制分层厚度不大于 30 cm,浇筑时采用高频插入振动器振捣,施工中严格把关,避免漏振、欠振、过振,确保墩身混凝土内实外美。墩身混凝土浇筑完毕,墩顶混凝土表面及时覆盖,洒水养护,待达到强度后,即可拆除模板。

3.5 塔柱施工质量管控

3.5.1 模板工程

塔身液压爬模按塔身规格进行采购,经预拼检查合格后运抵现场使用,其接缝采用油腻子捻缝刮平,以保证外观质量,塔身节段现浇统一使用同一规格的脱模剂,以求塔身节段表面色泽一致。模板要具有一定的强度、刚度及稳定性,采用锥型螺母固定模板,以确保塔柱混凝土外观质量。另外,索塔下横梁均采用支架立模,横梁采用一次性浇筑;为防止支架因刚度不足导致结构开裂、模板变形导致截面尺寸削弱,必须确保支架模板的刚度和稳定。

3.5.2 钢筋工程

塔身钢筋按设计图要求在由钢筋车间分段加工，现场绑扎成型。直径大于等于 22 mm 的钢筋采用钢筋机械连接接头接长，接头等级为Ⅰ级，同一截面内主筋接头数量不得超过全部主筋数量的 1/2，其技术标准应符合《钢筋机械连接通用技术规程》(JGJ 107—2010)的有关规定。直径小于 22 mm 的钢筋按不小于规定倍数钢筋直径的搭接长度绑扎搭接。测量放线检查钢筋骨架的位置，满足设计规范要求后，用劲性骨架固定，为了使墩身混凝土外观颜色一致。

3.5.3 混凝土工程

钢筋、模板安装完毕，须仔细检查验收，并填写检查签证表格，测量人员测量检查模板尺寸及倾斜度，合格后方可浇筑墩身节段混凝土。

塔身节段混凝土由水上混凝土搅拌船集中供应，通过混凝土输送泵输送入模，混凝土浇筑时采用分层浇筑，分层振捣，控制分层厚度不大于 30 cm，浇筑时采用高频插入振动器振捣，塔身下灰口设减速溜槽，溜槽距混凝土面不超过 2 m 高度，以防混凝土离析，施工中严格把关，避免漏振、欠振、过振，确保塔身混凝土内实外美。每段浇筑混凝土的最大高度为 6 m，衔接面按施工缝的有关要求处理，保证新老混凝土的接缝质量。塔壁较厚，采取降低水化热措施，注意保护和养生，防止由于水化热过高使塔柱开裂。索塔混凝土的保湿养护时间一般不得小于 14 d。为消除索塔混凝土收缩、徐变和塔柱弹性变形的影响，在第一对斜拉索、钢锚梁安装前，按设计及监控要求设置一定的预抬量，并在以后各对钢锚梁施工时应进行动态监控，并对安装高程进行适当微调，以确保斜拉索在塔上锚固位置的准确。塔身节段混凝土浇筑完毕，混凝土表面及时覆盖，洒水养护，待达一定强度后，即可爬升模板。

3.5.4 预应力工程

主塔预应力张拉采用智能张拉系统，对智能张拉设备每 6 个月且使用不超过 300 次送检一次，千斤顶张拉力宜为预应力钢绞线张拉力的 1.2～1.5 倍。预应力施工前，对孔道摩阻和锚圈口摩擦损失率进行测试，从而确定是否调整张拉控制应力。预应力张拉前对钢绞线设计伸长量进行计算复核，当计算伸长量与设计伸长量偏差较大时，计算伸长量需经监理和设计单位签字复核后方能进行张拉。同时，做好内缩值的量测试验，并作为后续参考值。千斤顶安装前应采用钢管两端同时将夹片进行顶进，使其进入工具锚环内，保证外露长度基本一致，同时调整工作锚落入锚垫板槽内，避免偏载。施加预应力应采用张拉力与引伸量双控。预施应力过程中，应保持两端的伸长量基本一致，两端伸长量之差不宜大于 5%。当预应力钢束张拉达到设计张拉力时，实际引伸量值与理论引伸量值的误差应控制在±6%以内。实际引伸量值应扣除钢束的非弹性变形影响。预应力张拉锚固后，孔道应尽早压浆，且应在 48 h 内完成，否则应采取避免预应力筋锈蚀的措施，以防止预应力筋锈蚀或松弛。

3.6 主梁架设施工质量管控

3.6.1 钢梁预拼

钢梁出厂前应在加工厂进行试拼，并做好试拼记录，包括钢梁轮廓尺寸、拱度、节段编号及重量等。

3.6.2 钢梁架设

架设前，应对墩旁托架及临时墩进行检查签证，墩旁托架及临时墩上设置水平、中线观测点，随时观测架梁过程中沉陷和变位情况，以便及时调整。对钢梁架设中的应力和变形进行质量监控，包括钢梁在起顶过程中的应力、钢梁架设时的拱度和悬臂端的挠度等，使钢梁架设各工序都处在质量控制下进行。钢梁悬臂安装的测量工作应及时准确，每安装一个节间测量一次钢梁中线及各节点挠度，随时判断钢梁制造和安装质量，并及时与应力、索力等监控的数据相比较。桥面板安装前需经组拼、调筋、凿毛、称重、编号，并经监理人员检查签证之后才能吊运上桥，桥面板起吊时需注意各吊点均匀受力，平稳慢速，起吊时严禁与其他结构发送碰撞。钢梁节段吊装对接后，在尽可能少的定位板约束下施焊，完成节段连接。

3.6.3 钢梁顶推

临时墩顶推设备安装时，同墩两顶推设备顶高程差控制在同一水平面以内。梁顶升最大反力不得超过设计规定值。顶推速度控制在 10～15 cm/min。每节段开始顶推时，先推进 5 cm，立即停止，回油，再推进 5 cm，再停止，回油，为此反复两三次，以松动各滑动面并检查各部分设施，然后正式顶推。对顶推的梁段中线和梁底的高程进行测量、控制，并确保导梁与梁体中线偏差不大于 5 mm。每轮次最后一段及最后一轮顶推时应采用小行程点动，以便纠偏及纵移到位。为防止顶推过程中出现较大的中线偏差，主要对梁体两侧顶推力进行控制、顶推过程进行监测和设置限位装置。同时，及时做好纠偏工作，小偏差可通过停掉一侧千斤顶而另一侧施力实现左右纠偏；大偏差通过侧向导向轮被动纠偏和侧向水平千斤顶主动纠偏。顶推时，应派专人检查导梁及钢梁，如果导梁构件有变形、螺丝松动、导梁与钢梁联结处有变形或钢梁局部变形等情况发生时，应立即停止顶推，进行分析处理。

3.7 斜拉索施工质量管控

3.7.1 放　　索

放索时索体应紧贴在专用滚轮上拖拉，并控制索盘的转速，防止转速突变或倾覆。

3.7.2 挂　　索

斜拉索安装过程中不得损伤索体保护层和索端锚头及螺纹，不得堆压弯折索体。为防止斜拉索保护层受损，不得用起重钩或易于对索体产生集中应力的吊具直接挂扣拉索，采用带胶点的管形夹具尼龙吊带或设置多吊点起吊。施工中，拉索减震装置未安装前，采取措施保护索管和锚端的防水、防腐和防污染。安装期间，对斜拉索采取临时减震措施，有效抑制各类风致振动。

3.7.3 拉索张拉

索塔顺桥向两侧的拉索和横桥向对称的拉索必须对称同步张拉。张拉斜拉索用千斤顶必须配备相应的测力传感器；张拉器具设专人使用和维护，当千斤顶使用超过规定的使用时间和张拉完成 4 对斜拉索，或使用期间出现异常，均应进行一次校验，以确保测力的准确性。

3.8 钢桥面铺装施工质量管控

3.8.1 防水黏结层

防水粘接层施工前，应进行桥面钢板喷砂除锈，除锈清洁度达到 Sa2.5 级、粗糙度达到≥60 μm。磨料采用钢丸、钢质棱角砂，磨料必须保持干燥、清洁、不含油脂、盐分等有害物质。进入喷砂除锈施工现场的人员穿戴干净的手套、鞋套，并备有擦汗毛巾、口罩等，防止污染清洁表面；喷砂除锈检验合格后，在 3 h 内实施丙烯酸防腐底漆，干膜厚度约为 50 μm。待防腐底漆固化后，喷涂甲基丙烯酸甲酯树脂膜，分两层施工（检修道为单层施工），每层湿膜厚度不小于 1 mm，干膜总厚度不小于 2 mm，总用量 2 500～3 500 g/m^2，应在第一层完全固化后喷涂第二层。甲基丙烯酸树脂膜喷涂结束约 1 h(23 ℃)，应立即喷涂丙烯酸树脂黏结剂。

3.8.2 GA 生产与摊铺施工

GA 的拌和控制重点为温度、时间、计量，控制方法见表 1。

表 1 GA 拌和控制

控制要素	控制原因	控制范围
温度	集料、沥青、矿粉的温度最终影响到出料温度，温度设置不佳或控制不稳定会导致 GA 过于老化、流动性不佳、拌合不够均匀等现象	集料温度：300 ℃左右
		沥青温度：175 ℃～185 ℃
		出料温度：210 ℃～240 ℃
时间	每盘料拌和时间控制在 120 s 左右，需要对各拌和流程时间进行精确控制	干拌时间：15 s
		湿拌时间：90 s
		放料时间：8 s
计量	计量系统是否正常直接影响到拌和站生产正常与否、工程质量的好坏、材料消耗成本的高低	经常检查整个计量系统，定期校验
		保证各卸料口保持畅通，无沉积物，在计量时，石料和矿粉能迅速均匀流下
		保证卸料门关闭及时，密封良好，无漏料现象
		保证沥青和矿粉输送管道畅通，无阻滞现象

因为 GA 是自流成型无须碾压的沥青混合料，运至现场的 GA 应进行流动性试验，符合设计要求后，方可摊铺。边侧限制采用约 35 mm 厚、30 mm 宽的钢制挡板，设在车道连接处的边缘。在摊铺之前，根据钢板表面情况进行测量放样，确定一定间隔某一点的摊铺厚度，然后调整导轨的高度及边侧限制板，从而确定摊铺厚度。摊铺机带有红外加热设备，用于对先铺路面的加热，保证与新铺的沥青混合料形成整体，接缝处连接可靠。在摊铺机行走过后，再采用喷枪进行加热，使新旧混合料变软；同时人工用工具搓揉，使结合部位进一步结合良好，消除接缝。在 GA 摊铺过程中，会产生部分气泡，应采用带尖头的工具刺破，排出内部空气，使其充分致密。另外，在采用专用预拌碎石撒布机撒布一层粒径 10～15 mm 预拌碎石时，以撒布 60%～80%覆盖率为宜。碎石撒布完后，用人工滚筒的方式将预拌碎石压入浇注式沥青混合料中，碎石嵌入深度为集料粒径的 1/2～2/3。

3.8.3 SMA 沥青混凝土施工

SMA 沥青混凝土施工要严格控制沥青和集料的加热温度以及沥青混合料的出厂温度。SMA-10 沥青混合料的施工温度控制范围见表 2。

表 2　SMA-10 沥青混合料的施工温度控制范围(℃)

SMA 沥青加热温度	160～165
集料加热温度	200～240
混合料出厂温度	175～185,超过 195 废弃
混合料运输到现场温度	不低于 165
摊铺温度	不低于 160
初压开始温度	不低于 150
复压最低温度	不低于 130
碾压终了温度	不低于 120

SMA 沥青混合料运输过程中,加盖帆布保温。摊铺机熨平板内设置有电加热系统,施工开始前 20～30 min,启动摊铺机熨平板电加热系统,将熨平板加热至摊铺温度。摊铺机熨平板的振动有夯刀和熨平板两部分,振动的作用是使熨平板不粘附沥青料和使熨平板下的沥青混合料获得初始的密实度,夯锤振动器不宜开得太大,过大的振动量易引起较多设备故障和平整的破坏,一般于 4 级左右即可,直接达到规定的密实度。振动强度使熨平板不粘料,沥青砼表面不松散即可。初压采用追随式碾压,即紧跟摊铺机均匀行驶的碾压方式。初压温度 SMA 大于 160 ℃。复压一般 4～6 遍即可完全达到密实度的要求,主要控制的是复压的温度,改性沥青 SMA 复压温度大于 130 ℃。达到复压标准的表面尽快采取收迹碾压的措施,以免温度过低无法消除复压痕迹。复压压路机的前进后退的标准是,前行不超过光轮稳压的表面,后退不进入已收迹的最终路面,碾压顺序与稳压的顺序相一致。收光碾压由光轮压路机静压完成,其作用仅仅是消除各种施工痕迹,最终形成满意的外观。在桥面铺装施工中,尽可能不设置施工缝(单向一次成型)。若遇特殊情况,需设置施工横缝时,横缝设置位置在横梁间隔约 1/4 处,面层设置在另一边约 1/4 处。上下层横缝错开 1.5 m 以上。SMA 混合料的横缝界面涂布黏结剂或改性乳化沥青。铺装上层 SMA 横缝采用碾压成斜面并切割清除斜面部分,再进行下段施工,切割清除工作在上段铺装施工完毕后进行。

4　结　　语

青山长江大桥项目部实行质量管理逐级负责制度,形成全员、全方位、全过程的质量保证体系,确保了工程质量。项目部施工的钻孔桩 1 337 根,经过检测一类桩率为 100%,16 个单位工程的分部分项工程质量评定均为合格。项目部已发布 QC 成果五项,其中,《深孔大直径变径桩旋挖钻施工技术研究》QC 成果荣获武汉市 QC 优秀成果奖,《提高桩基钢筋笼制作一次验收合格率》QC 成果荣获全国工程建设质量管理小组活动优秀成果二等奖。2017 年度,在湖北省公路重点工程质量量化考核中排名第一,成为全国交通系统工程唯一被交通运输部点名表扬的项目。

公路工程“平安工地”创建经验与主要做法

付文胜　王　辉

安全生产管理是一项复杂的系统工程。本文介绍了中铁大桥局武汉四环线青山长江公路大桥项目以创建“平安工地”为载体，进而全面提升项目安全管控水平的一些经验和主要做法。

1　项目概况

武汉青山长江公路大桥是武汉市四环线跨越长江的通道，为国务院首推的 80 个示范 PPP(公共私营合作制)项目之一，项目估算总投资 53.6 亿元。桥梁全长 7.548 km，其中长江大桥长 4.374 km，接线引桥长 3.174 km。主桥为(350＋938＋350)m 钢箱及钢箱结合梁斜拉桥，采用双塔双索面全漂浮体系，施工难度大，技术含量高，具有大跨、重载、超宽三个主要特点。全线采用双向八车道高速公路标准建设，设计速度为 100 km/h。

2　“平安工地”建设活动背景与意义

“平安工地”建设是交通运输部为促进全行业安全发展，在全国范围内开展的一项重要活动，是不断深化平安交通发展的重要载体，也是夯实项目安全基础，提高安全管理水平的有效保障，是推动企业安全发展的迫切需要。

2010 年 3 月起，交通运输部在行业内开展平安工地建设活动。

2012 年，交通运输部制订了《公路水运工程平安工地考核评价标准(试行)》，指导公路水运工程平安工地考核评价工作。

2018 年 5 月，交通运输部发布并施行了《公路水运工程平安工地建设管理办法》。

3　创建经验与主要做法

中铁大桥局武汉青山长江大桥项目部紧紧围绕湖北省交通运输厅推进“平安工地”建设的统一部署，以规范安全生产行为为目的，以强化和落实安全生产主体责任为重点，以安全生产标准化建设为主攻方向，抓关键、促落实，立标杆，积极推进“平安工地”创建工作并取得了一些成效。2016 年，项目荣获湖北省公路水运工程“平安工地”建设“示范工地”称号；2017 年，在全省 60 多家施工单位评价考核中得分第一，并荣获全省唯一一个湖北省公路水运工程“平安工地”建设“示范工程”称号。同时通过平安工地的创建，全面带动和推进了项目施工安全管控水平。

3.1　明晰职责、严格考核，强化“平安工地”创建保障

3.1.1　加强安全制度建设

根据国家、部省相关法律法规规定和开展“平安工地”建设活动的工作要求，项目部制订并下发《中铁大桥局武汉青山长江大桥安全生产责任制度》《中铁大桥局武汉青山长江大桥应急救援管理办法》等20余项管理办法、制度和操作规程，建立了以制度管人、制度考核、制度促安全的工作机制。

3.1.2　严格落实安全责任

一是拟定年度安全工作目标并进行分解细化，明确管理重点部位与关键环节，同时项目部与分部、分部与作业队伍、分部经理与班子成员、部室负责人、部室负责人与岗位、班组长与作业人员之间逐级签订安全责任书，形成了一级抓一级，层层抓落实的局面。二是按照安全生产“一岗双责”相关规定，执行“技术部门负责技术安全、生产部门负责现场安全、设备部门负责设施安全、安全部门负责安全监管、管理人员负责工作范围内安全责任”的原则，明确责任分工，严格安全目标考核。

3.2　制订标准、注重预防，确立“平安工地”创建核心

3.2.1　建立安全风险预控体系

(1)做好安全风险评估工作。工程伊始，项目部成立专班编制了《武汉青山长江公路大桥施工安全风险评估报告》，先后通过了内部专家评审、参建各方审查和外部专家评审，并以此为依据，对本项目各生产系统、各作业环节、各工作岗位中存在的不安全因素进行全面辨识、分析评估，划分出危险等级并对应制订管控措施，同时结合项目进展，对危险源实施动态管控，定期发布告知并开展全员培训工作，确保每一名参建员工都具备识别岗位危险源的能力，了解岗位职业健康安全管理知识，掌握紧急状态下应该采取的应急措施。

(2)项目部每半个月对全桥施工安全管理的关键环节和重大风险进行全面梳理、辨识和分析，明确安全风险管控要点及要求并在信息平台上予以发布，为当期(半月)施工现场的安全管理提供依据和指导，过程中对标进行检查，严格考核。

(3)加强安全专项方案管控。项目部严格按照住建部《危险性较大的分部分项工程安全管理办法》及湖北省高速公路建设标准化指南相关规定，预先制订方案编制计划，过程中落实编、审、批等内控要求和外部专家论证、审查流程，严把方案编审关、严把方案交底关、严把方案实施关，严把工序验收关。开工以来，先后完成了主墩围堰、深基坑开挖、高墩、挂篮及边跨现浇梁、管桩支架连续梁、主塔爬模、主桥边跨钢梁支架及顶推、预制T梁架设和斜拉索挂设等50项安全专项方案的编制及评审工作，切实做到了一般危险性较大的分部分项工程方案编制率100%、超过一定规模危险性较大的分部分项工程方案专家论证率100%、方案的培训交底率100%、现场实施率100%、无方案不开工、方案不落实不开工的既定目标。

3.2.2　建立安全标准化体系

项目部将“平安工地”创建活动与安全生产标准化工作紧密结合，以“岗位达标、现场安全防护标、项目安全管理达标”为标准，加大投入，规范管理，推进安全标准化建设进程。

(1)工地建设标准化。按照《湖北省高速公路建设标准化指南》,结合现场实际,重视前期总体策划,遵循"因地制宜,节约土地,保护环境,安全可靠,规范有序,功能完备,布设合理,方便生活,满足生产"的原则,高起点、高要求建设了高标准的施工驻地、便道、工地试验室、预制场、钢筋加工场及混凝土拌和站,不仅美化了生产生活环境,还消除了工地建设对工程质量安全的影响。

(2)大临设施标准化。在做好施工方案设计的同时,做好安全设施的规划和设计,项目部依托集团公司设计部门技术优势,统一了施工栈桥、码头、平台的设计和施工标准,从源头做好本质安全。

(3)标志标牌标配化。在施工现场的醒目位置,设置有工程概况图、安全组织机构图、安全理念宣传牌、安全告知牌、安全管理流程牌、安全风险分析与预防措施公示牌和各类安全警示标志牌等,既达到了安全生产宣贯目的,又实现了施工现场整齐划一、美观大方的效果。

(4)防护设施标准化。统一标准制作防护设施、设备,如封闭式的墩身钢筋绑扎作业平台、盖梁及梁体临边防护栏、标准箱梯、临边洞口防护、气瓶固定存放间、电焊机、卷扬机用电设备防雨防晒机棚、气瓶、电焊机、压浆泵、张拉油泵专用手推车,切割机防护罩、预应力张拉挡板,为作业人员提供良好的安全防护。

(5)临时用电放心化。作业现场严格落实既定的临时用电规划,采用 TN-S 系统,实行三级配电两级保护,电缆线按规范要求进行埋地、穿管、架空敷设和有效保护,标准配置电箱及箱内电器,做到"一机一箱一闸一漏",在施工中严格落实临时用电专项方案,按"三相五线"制要求进行架设线路,用电机具严格按"一机、一闸、一漏、一箱"进行设置,同时制订了电工巡视制度并予以实施。除此之外,项目部还以 T 梁预制场为试点对现场临时用电进行无线化处理,保证了施工现场用电安全。

(6)台账管理常态化。以"专人负责、统一格式、及时记录、详实齐全"为准则,由专职资料员对内业资料进行及时收集、分类归档、专柜存放,真实反映本项目安全管理工作的开展情况。

3.2.3 建立安全应急保障体系

(1)根据工程所处地理环境、施工特点,梳理施工中的危险因素,将可能发生的事故加以分类,编制了综合预案、专项预案及现场处置方案。同时宣传普及事故预防、避险、报警、自救、互救知识,对预案的主要内容、应急处置程序进行交底,提高了自救能力。

(2)建立应急救援设备、物资储备点,配备常用应急防护用品、物资、药品、照明、工具、救生和消防器材等,安排专人管理做到品种适宜、常备不懈,确保应对突发应急事件之需。

(3)制订应急演练计划,组织开展桌面推演和实战演练,通过应急演练使作业人员掌握最基本的自救、逃生技巧,能正确选择和使用防护用品,提高应急能力和预案的实用性和可操作性,近两年,项目先后开展了以油品泄漏、水上救援、高空坠落等为主题的系列应急演练工作。

3.3 苦练内功、严管队伍,提升"平安工地"创建水平

3.3.1 提升作业队伍安全自律能力

(1)项目部坚持在每月的生产例会上对分部安全生产主责人员和相关人员进行安全生产法律法规及各级安全管理新要求、新规定、新做法的宣贯、培训。

(2)分部结合施工实情,依法依规、有序开展各类新进场人员培训、岗前培训、转岗培训及工前安全技术交底、班前安全讲话等。

(3)邀请外部专家来项目开展培训活动,提高管理人员和作业人员的安全意识和安全知识、操作技能。

(4)严格执行《安全生产技术交底制度》,实行逐级安全交底,根据不同施工阶段,实行由工程部门对分部分项工程、专项方案进行交底;设备部门对设施设备拆装和使用进行交底;安全部门对安全管理和现场防护进行交底,做到三级交底、四类人员参与,并由双方签字确认,规范施工过程中的操作行为,消除不安全因素。

项目部多措并举,从强化责任落实、强化宣传力度、强化培训质量、强化效果检查等方面入手,在传统的授课方式基础上,积极引进和应用安全体验馆、多媒体培训工具箱等现代化的平台和信息化手段进行教学,变单一的灌输式学习为互动式教学,着力提高安全生产教育培训工作的严肃性和实效性。

3.3.2 提升协作单位自主能力

(1)坚持严管与善待相结合,以指导、协调、监督、管理、服务为重点,按照同部署、同教育、同检查、同落实、同考核的思路进行管理,通过各种形式把安全理念、安全文化灌输给他们,促使其摒弃以往简单陈旧的、经验主义式的管理方式,引导其融入企业和项目安全管理体系。

(2)作业队伍进场后,积极参与其前期总体策划,指导其做好安全管理和建立台账,实行开工前安全管理交底和每月考核制,突出事前把控,严格过程管理,实行两个协议同时签订、严格考核奖惩和诚信评价,制约和规范其安全生产行为。

3.4 狠抓关键、着力落实,突出“平安工地”创建重点

3.4.1 规范施工现场管理

(1)项目部主要领导、分管领导及相关部室坚持深入现场开展包保检查、带班检查、专项检查、定期安全检查及日常巡查等各类检查活动。

(2)项目部各职能部门坚持日常巡查。同时,还不定期组织开展栈桥、挂篮、支架等大临设施和大型设备的专项检查、节前及汛期现场停工前后的安全检查、复查等活动。

3.4.2 深化隐患排查治理

认真梳理危险性大的事故隐患,实行分级管理和督办,完善隐患登记和整改反馈,实施“回头看”再检查,做到“整改、处罚、停工、复工”闭环管理,严格整改措施、责任、资金、时限和预案“五到位”,建立隐患排查治理常态化机制。

3.4.3 加强施工设备管理

严格执行《施工设备安全管理规定》,推行“机长负责制”,并建立大型机械设备安全健康档案,对设备进行动态管理,各级管理人员可通过扫描安全健康档案中二维码了解设备的出场、资质、检测情况,日常管理中根据设备及其使用特点,严把验收检测关、安装拆除关、方案编制关、安全交底关、日常检查关、保养维修关、登记建档关,做好特种设备检验检测,保障了施工设备的安全性。

3.4.4 推行“科技兴安”战略

项目部充分利用现代化的管理工具提高管理效率,依托互联网技术,搭建了以视频监控

系统、视频会议系统、中央数据处理系统、OA 等办公自动化系统、微信及 QQ 群通联系统等为主体的智能管理系统，全力推进“平安工地”“项目微管系统”及“安全质量隐患排查系统”的应用，有效提高工作效率，提升了安全管理防范水平。

3.4.5 加强项目安全文化建设

(1)牢固树立科学发展安全发展理念，开展安全生产宣传，加强安全知识教育，深入开展“安全生产月”“安康杯”等活动，大力推进安全文化建设，营造“关爱生命、关注安全”的舆论氛围。

(2)通过微信群等平台及时报道安全活动开展情况，积极宣传先进经验和好的做法，利用围墙、生活区域和作业点制作安全告示、提示、警示、漫画、案例图片等，注重培养“安全习惯”，减少或消除不安全行为。

(3)积极参加省市及各级单位组织的安全知识竞赛、岗位安全技能比赛、安全技术交底比赛等活动，激发广大员工参与安全生产的积极性和主动性。

(4)重视班组安全文化建设工作，用各种形式的安全教育、培训来促使一线作业人员更新理念，树立正确的安全观念。

创建“平安工地”不仅仅是为了创造一个好的施工环境，更重要的是其为全面落实安全生产的主体责任提供了载体，必须要充分认识开展“平安工地”建设活动的重要意义，进一步强化安全发展理念，夯实安全工作基础，健全各项管理制度，强化日常监督检查，才能切实提高项目安全管理水平。

施工安全重大风险源评估及控制措施

朱治宝　丁启胜

1　概　　述

青山长江公路大桥全长 7.548 km，大跨、重载、超宽是本工程的三个主要特点。主桥斜拉桥跨度为 938 m，桥面宽度为 48 m，南北主塔高度分别为 271.5 m 和 279.5 m，为世界上跨度最大的双塔钢箱及钢梁结合梁斜拉桥，桥梁规模宏大。深基坑、主塔爬模、高墩、大型吊装、水上栈桥等高风险工点多，安全管控难度大。为加强武汉市四环线青山长江公路大桥施工过程中的风险源管理，增强安全风险意识，提高施工现场安全预防有效性，改进施工措施，规范预警预控管理，降低施工过程中的安全风险，严防重特大事故发生，根据国家、交通运输部、湖北省相关法律、法规，结合中铁大桥局集团有限公司武汉市四环线青山长江公路大桥现场实际情况，对武汉市四环线青山长江公路大桥工程施工过程中可能造成的人员伤亡及经济损失进行风险评估，并提出相应的安全对策措施。

2　风险评估准备阶段

2.1　安全风险评估范围

对武汉市四环线青山长江公路大桥工程施工过程中可能造成的人员伤亡及经济损失进行风险评估。

2.2　安全风险评估程序流程

根据《公路桥梁和隧道工程施工安全风险评估指南(试行)》(交质监发〔2011〕217 号以下简称《指南》)及安全技术规范规定，风险评估过程见图 1。

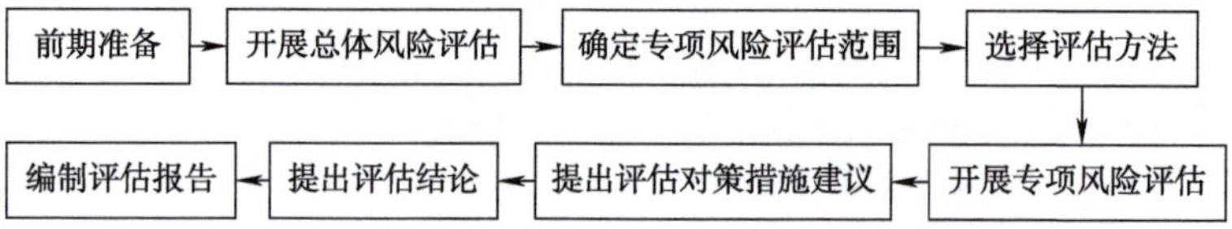

图 1　武汉市四环线青山长江公路大桥安全风险评估程序流程

2.3　成立专项评估小组

青山长江公路大桥项目部成立了安全风险专项评估小组，评估小组负责人由项目总工程师担任，小组成员由工程部、安环部 、物机部、质量部等部门人员组成。

2.4 评估小组现场踏勘

2015 年 11 月 2 日，评估小组人员对评估对象的地理、水文、气象条件等进行了现场踏勘，相关情况如下：

(1)工程地处市区，施工场地受限，且沿线结构物较多，人流量大，交通量大，特别是引桥范围建筑物多，拆迁难度大，施工受周边环境影响大。

(2)桥址处长江被天兴洲分为南北两段河道，其中南汊主航道航运极为繁忙，桥梁施工受长江航运和洪水影响大。

(3)南主塔墩处于岸坡边缘，基础施工对岸坡影响大，为保证岸坡稳定安全，须采取有效措施对岸坡进行防护加固后方可施工。

(4)大桥南岸引桥跨越乙烯管廊和乙烯快速路，北岸引桥跨轨道交通 21 号线、新港铁路和汉施公路，施工安全风险大，且受交通管制，施工组织难度高。

(5)存在主要问题：

①长江水域交通运输任务繁重，主桥基础施工受到较大的制约，施工过程中必须采取措施协调和保障航道的畅通与安全；

②城区征地工作进展会极大制约目标工期，尤其可能对重点部位安全施工造成较大的影响；

③施工区域分散导致人员的组织与管理难度大。

3 开展总体风险评估

3.1 总体风险评估步骤及方法

采用指标体系法进行总体风险评估，评估步骤如下：

(1)现场踏勘，收集与总体风险评估相关的基础资料。

(2)分析《指南》中风险评估标体系是否能较好地反映本工程的特点与难点，如有不妥，可做适当修改。

(3)根据工程具体情况，对照风险评估指标体系，依次对各风险评估指标进行风险赋值，并求和得出总体风险值。

(4)根据总体风险分级标准，确定桥梁工程施工安全总体风险等级。

3.2 总体风险评估指标体系

武汉四环线青山长江公路大桥工程施工安全风险评估主要考虑桥梁建设规模 A1 取 7，地质条件 A2 取 1，气候环境条件 A3 取 4，地形地貌条件 A4 取 2，桥位特征 A5 取 5，施工工艺成熟度 A6 取 1。

3.3 风险分级

根据桥梁工程施工安全总体风险大小计算公式，得 $R = A1 + A2 + A3 + A4 + A5 + A6$，计算可知武汉四环线青山长江公路大桥总体风险值R=20分。

根据桥梁工程施工安全总体风险等级标准得出结论：武汉四环线青山长江公路大桥主桥风险等级为Ⅳ级，属极高风险，需要组织开展专项风险评估。

4　专项风险评估

当桥梁工程总体风险评估等级达到Ⅲ级(高度风险)及以上时，将其中高风险的施工作业活动(或施工区段)作为评估对象，按照施工组织设计所确定的施工工法，分解施工作业程序，结合工序(单位)作业特点、环境条件、施工组织等致险因子及类似工程事故情况，进行风险源普查，并通过风险分析和估测，确定重大危险源，再按照风险矩阵法和指标体系法对重大危险源进行量化估测，提出相应的风险控制措施。

4.1　专项风险评估的步骤

(1)按照施工组织设计所确定的施工工法，分解施工作业程序；

(2)选择合适的评估方法，结合工序(单位)作业特点、环境条件、施工组织等致险因子，辨识施工作业活动中典型事故类型，建立风险源普查清单；

(3)对风险源进行风险分析和估测，确定重大风险源和一般风险源。

(4)采用指标体系对重大风险源进行风险估测，确定其风险等级。

4.2　施工作业程序分解

参照《公路工程质量检验评定标准》(JTG F80—2004)，以及施工组织设计文件所确定的施工工艺，将武汉市四环线青山长江公路大桥的桥梁工程按照单位工程—分部工程—分项工程—工序(单位)作业的层次进行分解，整个施工工程分解为16个区。

5　风险源分析与评价

5.1　风险源辨识

武汉四环线青山长江公路大桥程地处市区，施工场地受限，桥梁结构形式多，施工技术要求高，管理难度大，工期紧迫。为能系统、全面辨识桥梁工程的潜在风险源，评估小组通过相关人员调查、评估小组讨论、专家咨询等方式，结合《指南》中附录2“公路桥梁工程主要施工作业活动与典型事故类型对照表”对各主要作业内容风险源进行有序的辨识，见表1。

表1　主要施工作业活动与事故类型对照表

施工作业	事故类型									
	坍塌	起重伤害	物体打击	高处坠落	机械伤害	触电	淹溺	车辆伤害	中毒窒息	容器爆炸
钢护筒插打		○			○					
钻孔	○				○		○			

续上表

施工作业	事故类型									
	坍塌	起重伤害	物体打击	高处坠落	机械伤害	触电	淹溺	车辆伤害	中毒窒息	容器爆炸
桩基混凝土灌注		○			○	○				
深基坑开挖	○			○	○					
墩台模板施工	○			○	○					
墩台混凝土浇筑施工	○				○	○				
跨乙烯管廊支架的安装与拆除	○		○	○						○
钢筋工程作业			○		○	○				○
跨乙烯管廊钢箱梁安装	○		○	○	○					○
水上作业平台搭设与拆除	○	○					○			
围堰施工	○				○		○			
钢板桩插打施工		○	○		○		○			
悬臂拼装钢箱梁作业	○	○	○	○						
挂篮悬臂现浇连续梁作业	○	○	○	○						
支架法现浇连续梁作业	○	○	○	○						
斜拉索挂设作业			○	○						
斜拉桥主桥钢箱梁安装	○		○	○	○					
斜拉桥索塔爬模作业	○		○	○						
预应力张拉作业			○	○	○	○				
跨线防护支架的安装与拆除	○	○	○	○	○			○		
临时设施(塔吊、电梯、龙门架等)安装与拆除	○		○	○						

5.2 风险源分析与评价

风险源分析和估测采用LEC安全评价法对风险源进行评价。LEC评价法是对具有潜在危险性作业环境中的危险源进行半定量的安全评价方法。该方法采用与系统风险率相关的三种方面指标值之积来评价系统中人员伤亡风险大小。这三种方面分别是:L为发生事故的可能性大小;E为人体暴露在这种危险环境中的频繁程度;C为一旦发生事故会造成的损失后果。

对这三种方面分别进行客观的科学计算,采取半定量计值法,即根据以往的经验和估计,分别对这三方面划分不同的等级,并赋值。

基于武汉市四环线青山长江公路大桥实施性施工组织设计文件及相关资料,评估组对施工过程中存在的风险源进行归类、分析和评价,主要包括潜在的事故类型、可能存在的致险因子、风险赋值及其风险级别等内容。本项目风险源的归类主要分为七个部分:

(1)陆地引桥连续T梁桥区;

(2)跨乙烯管廊桥区；

(3)跨南岸、北岸、天兴洲滩地连续箱梁桥区；

(4)主桥斜拉桥区；

(5)跨南、北岸大堤、北汊副通航桥区；

(6)跨汉施公路和新港铁路桥区；

(7)大型临时结构区。

根据公式：风险 D=LEC，就可以计算作业的危险程度，并判断评价危险性的大小。其中的关键还是如何确定各个分值，以及对乘积值的分析、评价和利用。

通过对施工过程中存在的风险源进行归类，采用 LEC 评价法进行半定量分析，可以分析出本项目施工过程中可能存在的重大风险源和一般风险源。

通过采用 LEC 评价法对跨乙烯管廊桥区风险源、主桥斜拉桥区风险源、跨汉施公路、新港铁路、21 号线桥区风险源进行风险分析评价（详表省略），可以分析出风险等级在 4 级及以上危险源见表 2。

表 2 重大风险源汇总

序号	区　域	重大危险源	备　注
1	跨乙烯管廊桥区	跨乙烯管廊作业	
2	主桥斜拉桥区	液压爬模安装与爬升	
3	跨汉施公路和新港铁路桥区	跨汉施公路、在建轨道交通 21 号线作业	
	跨汉施公路和新港铁路桥区	跨铁路作业	

6　风险源控制措施

6.1　风险接受准则及应对措施

根据风险评估结果，武汉青山长江公路大桥施工中，主塔液压爬模施工为“可接受”风险，施工过程中需做好防护设施，加大安全检查。跨汉施公路、在建轨道交通 21 号线施工和跨新港铁路施工为“不期望”风险，必须采取风险处理措施并加强施工期间的监测。跨乙烯管廊施工为“不可接受风险”，必须高度重视，必要时要不惜代价将风险至少降低到“不期望”的程度，见表 3。

表 3 危险源应对措施一览

序号	危险源分布区域		应对措施
1	连续 T 梁桥区 （桩基、承台、墩身、T 梁施工）	一般	①钻孔桩基础施工安全防护措施； ②基坑施工安全控制措施； ③墩柱施工安全防护措施； ④大型机械设备安全控制措施； ⑤现场临时用电安全控制措施； ⑥预制 T 梁安装及跨线作业安全控制措施； ⑦其他风险源控制措施

续上表

序号	危险源分布区域		应对措施
2	跨乙烯管廊桥区(桩基、承台、墩身、钢箱梁施工)	一般	①钻孔桩基础施工安全防护措施; ②基坑施工安全控制措施; ③墩柱施工安全防护措施; ④大型机械设备安全控制措施; ⑤现场临时用电安全控制措施; ⑥钢箱梁安装安全控制措施; ⑦其他风险源控制措施
		重大	跨乙烯管廊桥施工安全控制措施
3	跨滩地连续箱梁桥区(桩基、承台、墩身、连续箱梁施工)	一般	①钻孔桩基础施工安全防护措施; ②基坑施工安全控制措施; ③墩柱施工安全防护措施; ④大型机械设备安全控制措施; ⑤现场临时用电安全控制措施; ⑥支架现浇施工安全控制措施; ⑦其他风险源控制措施
4	主桥斜拉桥区(桩基、承台、墩塔、钢箱梁、斜拉索施工)	一般	①水上作业安全防护措; ②钻孔桩基础施工安全防护措施; ③钢套箱围堰施工安全控制措施; ④钢管桩(钢板桩)围堰施工安全控制措施 ⑤基坑施工安全控制措施; ⑥墩柱施工安全防护措施; ⑦大型机械设备安全控制措施; ⑧现场临时用电安全控制措施; ⑨钢箱梁安装安全控制措施; ⑩索塔施工安全控制措施; ⑪其他风险源控制措施
		重大	主塔液压爬模施工安全控制措施
5	跨南、北岸大堤、北汊副通航桥区	一般	①水上作业安全防护措; ②钻孔桩基础施工安全防护措施; ③钢管桩(钢板桩)围堰施工安全控制措施 ④基坑施工安全控制措施; ⑤墩柱施工安全防护措施; ⑥大型机械设备安全控制措施; ⑦现场临时用电安全控制措施; ⑧跨武惠、武湖长江大堤施工安全控制措施; ⑨其他风险源控制措施
6	跨汉施公路和新港铁路桥区	一般	①钻孔桩基础施工安全防护措施; ②基坑施工安全控制措施; ③墩柱施工安全防护措施; ④大型机械设备安全控制措施; ⑤现场临时用电安全控制措施; ⑥悬臂浇注施工安全控制措施; ⑦其他风险源控制措施
		重大	①跨汉施公路、轻轨线施工安全控制措施; ②跨新港铁路施工安全控制措施
7	大型临时结构区	一般	①混凝土工厂安全防护措施; ②施工栈桥安全防护措施; ③施工码头安全防护措施

6.2 重大危险源控制措施

6.2.1 跨乙烯管廊桥施工安全控制措施

(1)在对乙烯管廊防护施工前应向地方政府主管部门办理方案审批手续，按照技术、安全标准确定施工作业方案和管道保护方案，确保满足管道保护标准，防护方案要组织专家进行评审，并签订安全防护协议，并在施工过程中由管廊单位人员进行全过程监控。在管廊上方做设可燃气体报警装置。

(2)管道防护施工前，要与管道所有权单位联系，配合所有权单位进行施工过程中的安全巡视。在基坑开挖施工中，应边开挖边防护，防止基坑坍塌，影响管廊基础稳定。现场机械施工应设专人指挥，防止机械作业中碰撞乙烯管廊及其支架结构。基坑开挖后应及时进行防护基础施工，并及时压实回填，避免施工区积水对管廊基础的影响。施工中要做好现场警示与监护工作，根据现场实际情况，增设警示桩(牌)，划定施工警戒区。

(3)脚手架安设过程中严禁碰撞现有管廊，脚手架要与管廊保持一定的安全距离。

(4)施工机械设备使用前行进行强制性的安全检查，保持生产过程中的机械设备正常运转状况，保证机械设备在跨乙烯管廊作业时正常运行，不带病作业。

(5)在施工过程中，乙烯管廊附近严禁使用明火，氧气乙炔使用时应进行防护，防护结构钢筋不得在场内加工，成品钢筋安装过程中应尽量减少电焊机的使用，严禁电机地线搭设到管廊及支架上。施工过程中严禁私拉电线或者没有相应的漏电保护系统，跨越乙烯管廊的电缆必须加设塑料管保护。模板吊装施工过程中，应将吊车的位置调整适当，做到稳起稳落，就位准确，严防模板碰到乙烯管廊或已安装模板。

(6)跨乙烯管廊上部施工时，施工前按施工安全专项方案搭设防护棚，防止物体坠落，施工平面上的杂物应及时清理干净。顶面板吊装施工时，司机要认真操作，严禁与现有管廊及其他物品撞击。同时，加强对施工段管廊的变形监测及乙烯浓度监控工作。

6.2.2 主塔液压爬模施工安全控制措施

(1)爬模设备的进场检验

爬模进场时，制造厂家需提供制造许可证、生产合格证及相关的检验检疫证明，否则不予验收。

(2)爬模的检查签证

爬模施工实行检查签证制度，即在爬模安装完成后、爬模爬升前、爬模爬升中、爬模爬升后分别进行检查签证。

(3)爬模施工消防用水用电的线路敷设

在整个施工过程中，爬模每层平台均设置四个灭火器，同时，在主桥 19 号墩和 20 号墩墩柱外侧各设置高压水管一根(直径不小于 150 mm)，高压水管高度随爬架的升高跟进，主塔墩顶层作业平台各备置消防水桶 2 个。爬模施工用电线路采取三相五线制的铜芯电缆，线路上行至爬模施工点后分设二级配电柜，最后根据用电部位分设若干三级配电柜。

(4)液压爬模安装拆除

液压爬模的安装与拆除必须在具有相应专业资质的专业人员指导下进行作业，参加作业的人员应经过技术、安全培训。

(5)液压爬模使用与维护

施工集中荷载应靠近支架退均匀布置,每架体堆载不得超过设计要求。爬模提升时必须挂设安全保险钢丝绳。爬架自外墙主平台护栏以下设全封闭式防护栏,外墙模板主平台上方外围应满设安全网。爬升操作设专人负责指挥,爬升到位后,及时插上承重销及安全插销。

6.2.3 跨汉施公路、轻轨线施工安全控制措施

(1)跨汉施公路、轻轨线桥梁采取挂篮悬浇,挂篮使用前必须经过详细验算和加载试验,以保证其具有足够的安全性。挂篮安装安全防护网,满铺木板,禁止掉落任何杂物到汉施公路上。

(2)在汉施公路、轻轨线上方搭设防护棚架作为安全通道(挂篮下方),保证车辆、行人安全。安全通道计划采用直径 630 mm 作支架,在支架上架设简易桁架,然后在桁架上铺设工字钢,在工字钢上铺设钢板作防护。防护的整体结构形成封闭形式,以保证桥下行车安全。在安装安全通道模板及支撑过程中,其模板安装顺序采用自下而上进行安装,并随时进行检查,严格控制垂直度、中心线、高程及各部分尺寸。另外,在安全通道里及进出口范围设置醒目的警示灯、夜间照明灯、交通安全标识、标牌及发布安全告示等。冬天雨雪及路面结冰季节,在棚架进出口设置减速带和防滑措施。

(3)施工过程中,为防止施工时坠物落下,挂篮在顺桥向设防护护栏和高强安全网防护,并在悬浇梁两侧悬挂高强安全网。在挂篮悬臂现浇梁体前,施工计划和安全防护方案报相关部门批准后实施。同时,加强与交警、路政等相关部门沟通,对其提出的安全注意事项和施工要求积极落实。

(4)设专职安全防护员,负责汉施公路、在建轻轨线的安全防护工作,且在培训后持证上岗。

6.2.4 跨新港铁路施工安全控制措施

(1)跨新港铁路桥梁采用悬浇挂篮施工,施工前在铁路上方挂篮底部搭设防护棚架,防止杂物等落下,危及既有线行车安全。防护棚制作要求同 6.2.3 节第(2)条。防护棚架搭设和挂篮走行作业按要求进行要点施工,按照批准的慢行计划、封锁要点计划、施工组织方案施工,严禁超计划施工和点前超量作业。

(2)跨既有线施工严格执行营业线施工许可证制度,遵守既有铁路运营线施工准入审查制度,按规定取得营业线施工许可证后,方可在营业线上施工。

(3)认真执行安全协议制度。开工前与设备管理单位和行车组织单位签订施工安全协议书、明确双方的责任和义务、施工责任地段和期限、安全防范内容和措施、结合部安全分工、发生责任行车事故的处罚办法、安全监督配合费用等。

(4)加强要点施工的组织管理,要点方案的制订必须坚持"安全第一,预防为主"的方针。要点施工时,必须认真落实领导逐级包保责任制,由项目部领导带班作业,切实做到无违章作业、无违章指挥,在确保行车运输安全的前提下进行施工。

(5)在营业线旁边作业的施工车辆,操作人员必须学习跨越道口和列车限界有关的知识。所有机械设备操作人员、特种作业人员、安全防护人员,必须经专业安全技术培训考试合格后,方可持证上岗。

(6)与设备管理单位积极沟通协调,在施工线路及其邻线距施工点两端,根据施工对行

车影响程度，按铁路施工安全技术规程的规定，设置减速信号牌、减速地点标、停车信号牌、司机鸣笛标及道口标和作业标等防护信号。

7 结　语

武汉市四环线青山长江公路大桥通过对跨乙烯管廊桥、跨汉施公路、轨道交通 21 号线和跨新港铁路进行专项安全防护设计，提高了现场安全防护标准，改善了安全生产条件，降低了施工风险，确保了施工安全。项目先后获得了“中铁大桥局安全生产先进单位”、“中国中铁安标工地”及湖北省公路水运工程“平安工地”示范工程等荣誉称号。2017 年，交通运输部下发《关于 2017 年公路工程质量安全督查情况的通报》，中铁大桥局承建的武汉青山长江大桥成为全国交通系统工程中唯一被点名表扬的项目。